CB078865

# Marketing Eletrônico

## Integrando Recursos Eletrônicos no Processo de Marketing

R$ 6,00
R_Adm
3020749190
1005

**Dados Internacionais de Catalogação na Publicação (CIP)**
**(Câmara Brasileira do Livro, SP, Brasil)**

Reedy, Joel
Marketing eletrônico : integrando recursos eletrônicos no processo de marketing / Joel Reedy, Shauna Schullo ; tradução Vertice Translate ; revisão técnica José Mauro da Costa Hernandez. — São Paulo: Thomson Learning, 2007.

Título original: Electronic marketing : integrating electronic resources into the marketing process.
Bibliografia.
ISBN 978-85-221-0535-9

1. Marketing na Internet 2. Telemarketing I. Schullo, Shauna. II. Título.

07-1598 CDD-658.85

**Índice para catálogo sistemático:**
1. Marketing eletrônico : Administração 658.85

2E

# Marketing Eletrônico

## Integrando Recursos Eletrônicos no Processo de Marketing

**Joel Reedy**
University of South Florida

**Shauna Schullo**
University of South Florida

**Tradução**

Vertice Translate

**Revisão Técnica**

José Mauro da Costa Hernandez

Tecnólogo em Processamento de Dados, Bacharel e Mestre em Administração de Empresas pela FEA-USP e Doutor em Administração de Empresas pela EAESP-FGV. Professor do Curso de Marketing da EACH-USP e do Mestrado em Administração da Uninove.

THOMSON

Austrália Brasil Canadá Cingapura Espanha Estados Unidos México Reino Unido

THOMSON™

**Gerente Editorial:**
Patricia La Rosa

**Editora de Desenvolvimento:**
Tatiana Pavanelli Valsi

**Supervisor de Produção Editorial:**
Fábio Gonçalves

**Produtora Editorial:**
Renata Siqueira Campos

**Supervisora de Produção Gráfica:**
Fabiana Alencar Albuquerque

**Tradução:**
Vertice Translate

**Copidesque:**
Norma Gusukuma

**Revisão:**
Adriane Peçanha
Andréa Vidal
Renata Costa

**Revisão Técnica:**
José Mauro da Costa Hernandez

**Composição:**
Join Bureau

**Capa:**
Eduardo Bertolini

**Título e ISBN da Edição Original:**
Electronic Marketing – Integrating electronic resources into the Marketing process
ISBN 0-324-17595-7

COPYRIGHT © 2004
COPYRIGHT © 2007 adquirido por Thomson Learning Edições Ltda., uma divisão da Thomson Learning, Inc.
Thomson Learning™ é uma marca registrada aqui utilizada sob licença.

Impresso no Brasil.
Printed in Brazil.
1 2 3 4 09 08 07

Condomínio E-Business
Rua Werner Siemens, 111
Prédio 20 – Espaço 03
Lapa de Baixo
CEP: 05069-900 – São Paulo – SP
Tel.: (11) 3665-9900
Fax: (11) 3665-9901
sac@thomsonlearning.com.br
www.thomsonlearning.com.br

Todos os direitos reservados. Nenhuma parte deste livro poderá ser reproduzida, sejam quais forem os meios empregados, sem a permissão, por escrito, da Editora. Aos infratores aplicam-se as sanções previstas nos artigos 102, 104, 106 e 107 da Lei n. 9.610, de 19 de fevereiro de 1998.

**Dados Internacionais de Catalogação na Publicação (CIP) (Câmara Brasileira do Livro, SP, Brasil)**

Marketing eletrônico : integrando recursos eletrônicos no processo de marketing / Joel Reedy, Shauna Schullo ; tradução Vertice Translate ; revisão técnica José Mauro da Costa Hernandez. – São Paulo : Thomson Learning, 2007.

Título original: Electronic Marketing : integrating electronic resources into the marketing process.
Bibliografia.
ISBN 978-85-221-0535-9

1. Marketing na Internet
2. Telemarketing I. Schullo, Shauna. II. Título.

07-1598 CDD-658.85

**Índice para catálogo sistemático:**
1. Marketing eletrônico : Administração 658.85

# Sumário

## Capítulo 6



## Capítulo 7

# Prefácio

## Dedicatória

*Para meus pais, Melissa e o finado Edward, cuja fé, determinação e amor me deram forças em épocas de saúde turbulenta. JER*

*A meu marido, Scott. A grata paciência e apoio foram, como sempre, meu porto seguro. SJS*

*A meus pais, Tarek e Jawaher, pelo amor e apoio infinitos, e a Joel, pela inspiração e pelo apoio. FK*

## Sobre este Livro

Na medida em que o mundo das informações em marketing vai ficando cada vez mais complexo, os profissionais de marketing devem procurar simplificar os processos de tomada de decisão. Nos últimos 25 anos, o volume de dados de que um profissional deve tratar cresceu ao ponto de chegar a intimidar, e essa abundância de dados foi alimentada por recursos de informática, como os hand-helds, celulares, laptops, PCs e computadores de médio e grande porte. Felizmente, essas mesmas ferramentas de informática estão sendo alimentadas pelos profissionais de marketing para auxiliar a análise, o planejamento e a implementação de programas de marketing para negócios envolvendo consumidores ou empresas. A melhora nas comunicações e o aperfeiçoamento da memória corporativa são resultados dos ambientes de marketing eletrônico, quer a empresa conte com dois funcionários, quer conte com 2 mil funcionários. Recentemente, foram feitas previsões na mídia popular, de "*Trying to make world safe for e-commerce*: A iniciativa do comércio eletrônico [em Seattle] visa a derrubar barreiras antes que elas se instalem para que, assim, se encontre uma oposição menos fortalecida" (Murray, Alan. Trying to make world safe for e-commerce. Washington, D.C.: *Wall Street Journal*. A-21) a "*There's little but fool's gold in the Internet boomtown*. Uma capa recente da revista *Fortune* retrata a Internet como um arco-íris – com, presume-se, um pote de ouro no fim. Eis a realidade: neste verão, um varejista da Internet pediu a alguns de seus funcionários habilidosos a criação de uma loja on-line para venda de livros de beisebol. Em dois meses, eles receberam cinco pedidos, totalizando $ 76,75. Ao todo, excluindo o trabalho, mas incluindo propaganda nos sites, foram gastos $ 485. [Diz-se] O comércio eletrônico não é rápido nem fácil" (Kedorky, Paul. There's little but fool's gold in the Internet boomtown. 23 de novembro de 1998. Manager's Journal, *Wall Street Journal*, A-22).

Qualquer empresa pode se beneficiar das melhorias da eficácia e da eficiência operacional, e a função do marketing agora é adotar mais recursos eletrônicos à medida que os custos de computação diminuem e a utilidade do computador aumenta. Costuma-se dizer que a carreira bem-sucedida de um profissional de marketing depende de duas qualidades – capacidade de organizar e capacidade de persuadir. O objetivo deste livro é auxiliar profissionais e estudantes de marketing a reconhecer o valor dos recursos de marketing eletrônico e demonstrar como integrar essas ferramentas eletrônicas em cada estágio do processo de marketing. Uma melhor organização por meio de uma estratégia aperfeiçoada de segmentação ou de um melhor gerenciamento do banco de dados, assim como uma melhora na execução dos canais de comunicação on-line, leva a um gerenciamento melhor da função do marketing que, é claro, conduz à melhora do desempenho. A capacidade de organizar, seja em pesquisa de marketing, perfis de consumidores potenciais, estratégias de segmentação ou mídia, sistemas de comunicação com o consumidor ou arranjos do banco de dados, permite que o profissional de marketing siga em frente, com uma direção firme. Do mesmo modo, saber a distância mais curta entre dois pontos – digamos, do desenvolvimento do conceito de um produto até o momento em que o produto é consumido – vale ouro para qualquer empresa. Ainda que este livro não aborde a segunda qualidade de marketing (a persuasão), programas de marketing bem delineados e estruturados com cuidado podem ser bastante persuasivos para os chefes e colegas do profissional de marketing. Estratégias concisas são, sim, muito significativas.

O conteúdo desta obra e as experiências e os exemplos das atividades de marketing foram reunidos coletivamente a partir da experiência no ensino e na vida profissional dos autores. A experiência deles se alarga por três décadas de história do marketing. Como os autores têm especialidades dentro de áreas de marketing aplicado, eles se unem na abordagem de apresentar recursos eletrônicos para melhorar as etapas do processo de marketing. Os estágios de uma abordagem tradicional de marketing são cuidadosamente seguidos, especificamente ao se tratar da análise de situação que leva ao planejamento de marketing e, em seguida, avança para um padrão de implementação de marketing. Os autores acreditam que os métodos pelos quais se atinge o sucesso em marketing podem ser mais precisos e pontuais. O livro propõe a introdução e a integração das melhores práticas para o processo de marketing contemporâneo. O leitor observará que o conteúdo do texto é basicamente dirigido para melhorar a capacidade de escolher ferramentas promocionais, principalmente propaganda e outras formas de comunicação. No marketing tradicional, o elemento promocional é uma parte onerosa do orçamento. Os esforços promocionais podem ficar mais eficientes e apresentar uma melhor relação custo-benefício?

Isso leva ao desenvolvimento de aplicações para a Internet, mais especificamente para a World Wide Web. A Web é reconhecida como um meio extraordinariamente flexível e perfeitamente adequado à função do marketing. A Web será utilizada de diversas maneiras neste livro: como ferramenta de pesquisa, como ferramenta para a propaganda e outras atividades promocionais, como veículo de contato com o consumidor e como veículo de *feedback* do consumidor. A Internet se sai admiravelmente bem em todas essas tarefas de pesquisa e comunicação; é bom relembrar que esses eram os objetivos originais da Internet – comunicação em épocas de crise e auxílio no meio acadêmico. O objetivo atualmente é a comunicação (atualmente, mais de 45% da população utiliza o e-mail nos Estados Unidos); outros meios tradicionais, como jornal e televisão, ainda são necessários para se alcançar um número maior de consumidores. Em outras palavras: a rede formada pela Internet ainda não é grande o suficiente para usarmos exclusivamente a comunicação on-line. O uso da Internet está crescendo, mas ainda precisa de mais tempo para amadurecer (54% do povo norte-americano usa a Internet – A nation on-line: how americans are expanding their use, publicado pela The National Telecommunications and Information Administration e pela The Economics and Statistics Administration). A maioria dos profissionais e acadêmicos de comunicação compara a penetração nos lares à da televisão a cabo. O cabo levou mais de 20 anos para se tornar um veículo viável de publicidade, e os profissionais de marketing acreditam que o uso da Internet irá superar os níveis de aceitação da televisão a cabo.

O estilo de redação do livro procura dar um tratamento claro, conciso e interessante aos assuntos de marketing eletrônico e comércio eletrônico, e exemplos atuais e vinhetas situacionais são usados abundantemente em todos os capítulos. A organização do material dentro de cada capítulo segue um caminho essencial de pensamento: *quem, o quê, quando, por quê,* levando ao *como* no desenvolvimento dos processos de marketing. Essa abordagem direta e repetitiva deixa os processos na mira. No texto em narrativa, são feitas referências freqüentes ao ciclo de marketing de produtos e serviços. Para evitar uma terrível repetição desses dois elementos, muitas vezes estará escrito 'produtos', sem necessidade de reafirmar a mesma posição de marketing para os serviços. Portanto, quando estiverem sendo discutidos produtos, o aluno deve ler a referência como 'produtos e serviços', a menos que declarado em contrário.

Esta obra é dividida em cinco partes, organizadas de acordo com o planejamento e a implementação, desde o conceito de marketing até determinados tópicos especiais do processo de marketing. A primeira parte, "Os Conceitos do Marketing Eletrônico", explica os fundamentos da pesquisa e do marketing on-line e traça paralelos com os estágios do processo tradicional de marketing (análise da situação, planejamento e implementação de marketing). A segunda parte, "Integrando Recursos de Marketing Eletrônico", desenvolve a substituição da ferramenta eletrônica pela ferramenta tradicional e dá exemplos de como deve ser a execução on-line. A terceira parte, "Implementando a Estratégia de E-commerce", oferece orientações para facilitar suas estratégias de marketing on-line e demonstra como capitalizar com ferramentas eletrônicas para garantir que seus projetos de marketing eletrônico dêem certo. A quarta parte, intitulada "Integrando o Conceito de Marketing e E-commerce", versa sobre as atividades concretas para montar e promover uma loja virtual com atenção voltada para as responsabilidades correntes do profissional de marketing eletrônico e do Webmaster. A quinta parte, "Tópicos Especiais", aborda as oportunidades únicas que a Internet apresenta – como canal direto business-to-business (B2B), comércio eletrônico internacional, ética no e-marketing e possibilidades de expansão do comércio no futuro do marketing eletrônico. Os apêndices da obra trazem um esboço para criar um programa de marketing on-line; análise de dados geodemográficos, lista dos atuais recursos em marketing eletrônico e endereços da Web e um formato de pesquisa para entrevistar profissionais de negócios on-line.

Um último comentário sobre a navegação na Internet: por favor, entenda que os endereços da Web mudam constantemente e às vezes são abandonados por seus criadores. Ainda que os autores tenham se esforçado para incluir endereços atuais e ativos de sites no momento da publicação, alguns deles podem ter mudado ou sido apagados pela fonte de informação. Às vezes, pode estar incluída uma notícia publicada na página à qual você foi dirigido, informando o visitante sobre as alterações; às vezes, esse novo endereço é um link para um local ativo. Nesses casos, siga o link para ver se as informações desejadas estão nesse site ou confira novamente o endereço digitado.

## Material Suplementar

No Website http://reedy.swlearning.com, clicando em *Electronic Marketing: Integrating Electronic Resources into the Marketing Process – Reedy and Schullo, Second Edition,* você poderá encontrar os seguintes materiais suplementares (em inglês): Career Information (Informações sobre carreira); Marketing Topics (Tópicos sobre Marketing); NewsRoom (Sala de Notícias); e Student Resources (Recursos para Estudantes).

# Agradecimentos

Muito obrigado à South-Western por montar uma equipe tão profissional, capacitada e simpática, tornando o processo de redação da segunda edição fácil e completo, da concepção à publicação do livro. Steve Hazelwood, editor de aquisições e fã de beisebol, deu forma à nossa obra, indicou-nos uma direção a seguir e ofereceu muito incentivo em todo o projeto. Christina Loehrke, nossa editora de desenvolvimento, aproveitou todas as oportunidades para fazer melhorias e demonstrou uma paciência excepcional quando escrevíamos e reescrevíamos. Ela entrou de cabeça no projeto e auxiliou, cutucou e elogiou nossa equipe de forma a produzirmos o melhor manuscrito que conseguíssemos. Janine Swank, editora de *copy*, publicou o trabalho com maestria, enquanto os editores de produção, Amy Brooks e Dan Plofchan, conduziram o programa de produção com a destreza de maquinistas, de olhos colados nos detalhes. Além disso, os agradecimentos se estendem para os seguintes membros da equipe: Nicole Moore, gerente de marketing; John Hill, editor de fotos e direitos; Peggy Buskey, editora de desenvolvimento de mídia; Pam Wallace, editor de produção de mídia; e Diane Lohman, coordenadora de produção. Obrigado também aos profissionais de marketing da Valpak, especialmente a Lynn Johnson, que produziu a análise de dados em GIS (Sistema de Informação Geográfica) de acordo com minhas expectativas. Diane Dean-Nau, sócia da Claritas, Inc., em San Diego, deu-nos permissão para reproduzirmos os arquivos com dados da empresa em Tampa Bay e na área metropolitana de Orlando, a serem usados no exercício geodemográfico. O executivo da Claritas, Bob Giest, compartilha conosco os dados de segmentação desde 1995. Um velho amigo, Tom White, nos conta as notícias mais quentes em catálogo eletrônico e sistemas de pagamento.

## Agradecimentos de Joel Reedy

Definir e descrever a dinâmica de um novo processo de marketing e de uma nova mídia são tarefas difíceis, mas também é uma oportunidade rara para o profissional de marketing. Eu também gostaria de agradecer ao chefe do Departamento de Marketing, Bill Locander; a meus amigos Paul Salomon e Jim Hensel; a todos os meus colegas de departamento, incluindo a antiga gerente do escritório, Lori Wilder, e nossa atual gerente, Kim Mitchell, pelo incentivo e apoio ao meu empenho durante um ano problemático para minha saúde. Dessa estrutura acadêmica surgiu este livro sobre marketing.

Procurei os melhores profissionais e os entrevistei longamente para conseguir idéias e *insights* sobre a Internet e marketing on-line. Obrigado a Rebecca Hall Klahm, Ginger Watters, Terry Taormina, Susan Cook, Peter Kageyama, Howard Ellis, Sara Suarez e Kristy Funderburk pelas excepcionais contribuições ao desenvolvimento do curso; cada uma dessas pessoas somou sua experiência no desenvolvimento dos materiais do curso. O aluno de doutorado Rich Gonzalez demonstrou grande compreensão dos processos eletrônicos de gerenciamento de informações, mostrando-me algo novo a cada aula. Ele compartilhava suas idéias sobre o futuro da informação, e logo alguns universitários de sorte poderão se aproveitar de seus conhecimentos em marketing eletrônico. Um ex-aluno, Chris Bilotta, atualmente profissional de promoção de vendas e marketing na Valpak Direct Marketing Systems, contribuiu com conceitos de marketing direto.

Formei uma parceria com dois profissionais de setores diferentes. Shauna Schullo, especialista em softwares e softwares de ensino, leciona na University of South Florida. Shauna atuava como palestrante convidada e discorria sobre HTML, Websites e design de formulários durante o lançamento do meu curso em marketing eletrônico. Seu conhecimento e a facilidade em softwares de sistemas de marketing me impressionaram de imediato, e eu lhe propus que contribuísse com a instrução sobre ferramentas da Web para o livro. Ela concordou. Também tive sorte ao atrair uma brilhante graduada em marketing, Laura Van Vliet. Essa pesquisadora está entre os profissionais mais capacitados e graduados que existem por aí.

Rose Stambaugh, minha enfermeira, deu-me um enorme apoio durante todo o processo. Agradecimentos e amor é o que ofereço à minha irmã, Mary Ann Mason, que se encarregou da tediosa tarefa de digitar transcrições de entrevistas para histórias de *cases*; e a meu querido pai, Ed, que me ajudou com as responsabilidades e afazeres de todos os tipos antes de sua morte, durante a redação desta edição.

Ainda que terminar este livro seja muito gratificante, as conquistas da minha família são meu maior motivo de orgulho. Chanel terminou a faculdade de direito em Yale, Chandler se formou em Harvard e minha esposa, Shirley, e eu comemoramos nosso 30º aniversário de casamento. O que mais eu posso querer?

## Agradecimentos de Shauna Schullo

A redação de um livro é um enorme esforço que, vim a perceber, toma tempo, energia e entusiasmo por todo o longo caminho. Escrever sobre os recentes desenvolvimentos em tecnologia em marketing e editar a obra original são tarefas igualmente árduas. No entanto, a experiência foi uma mão na roda que me ensinou muitas lições. A mais importante é que agora eu posso dizer com orgulho que o trabalho está finalizado e que me alegro com a qualidade deste livro. Nesta nota, gostaria de reservar um momento para expressar meus agradecimentos pela experiência que adquiri por fazer parte desta equipe de escritores. Em primeiro lugar e mais importante de tudo, gostaria de agradecer a Joel Reedy por sua mão firme e pelo incentivo durante toda a redação deste livro. Joel é um homem maravilhoso cujo vigor é realmente inacreditável. Mesmo passando por adversidades, seu entusiasmo e positividade permaneceram inabaláveis. Obrigada, Joel, por me conceder uma oportunidade de iniciar minha carreira de escritora e de trabalhar com tantas pessoas legais. Em segundo lugar, gostaria de agradecer a meus amigos, à minha família e, especialmente, ao meu marido, Scott, por sempre acreditar que eu posso fazer qualquer coisa, mesmo quando às vezes eu mesma não acredito.

## Agradecimentos de Fayssal Kaddoura

Optar por fazer parte desta fantástica tarefa me ensinou algumas lições que nunca serão esquecidas. Ao iniciar, pensei que o trabalho requisesse habilidades funcionais. Mas à medida que seguia em frente, comecei a me dar conta de que o processo de escrever um livro precisa de mais foco, visão e centralização no consumidor. Contudo, fazer parte de uma grande equipe e trabalhar com Joel tornaram essa experiência muito gratificante.

Gostaria de agradecer a Joel por me dar a oportunidade, a confiança e a inspiração. Joel me ensinou que na vida não há limites e que as grandes pessoas vencem por méritos próprios. Mas o mais importante: Joel me ensinou que desistir não é uma opção. Gostaria de agradecer ao meu pai por instilar em mim o amor pelo aprendizado e pela pesquisa; à minha mãe por me dar amor suficiente para durar uma eternidade; e ao meu irmão e às minhas irmãs pelo amor e apoio intermináveis. Gostaria de agradecer também a todas as pessoas que me deram apoio nessa jornada, especificamente a Sarah, pelo amor e paciência.

# Sobre os Autores

## Joel Reedy

Joel Reedy (bacharel em publicidade pela University of Florida e MBS – Master of Business System – pela University of South Florida, Tampa) possui credenciais comprovadas no planejamento e na execução de programas de marketing eficientes. Ele é usuário ativo de ferramentas de marketing eletrônico, bem como de tecnologia interativa. Antes de iniciar sua carreira letiva como instrutor de marketing na USF (http://coba.usf.edu/Reedy), em 1990, ele trabalhou como diretor e estrategista de uma agência de publicidade durante 20 anos. Entre suas especialidades de planejamento estavam o planejamento de contas, o planejamento de mídia e a avaliação do processo. Enquanto estava na USF, sua atenção era dirigida para as estratégias de segmentação e promoção visando a um desempenho mais eficiente do marketing. Durante seus 12 anos de aulas em tempo integral na USF, Reedy ganhou quatro prêmios de ensino universitário. Em 1993, ele publicou um livro de estratégia de segmentação, *Marketing to consumers with disabilities*, pela Probus Publishing (atual McGraw-Hill), em Chicago. Reedy aposentou-se do magistério em janeiro de 2002 para se dedicar à leitura e pesquisa.

## Shauna J. Schullo

Shauna J. Schullo (shauna@usf.edu) é atualmente diretora dos serviços Vital oferecidos pelo Florida Center for Instructional Technology, na University of South Florida. Ela é bacharel em química e mestre em engenharia química e está cursando o doutorado em tecnologia instrucional. Schullo trabalhou no setor privado e conhece a aplicação da tecnologia on-line ao comércio. Ela também possui experiência de ensino em classe, em treinamento de ferramentas on-line e relacionadas à Web, além de experiências em vários softwares, incluindo Lotus Notes, Excel, Access, navegadores, programas de correio eletrônico, HTML e design de pesquisas/formulários. Schullo tem proficiência em Authorware, pacotes de multimídia, softwares de rede e programas gráficos, como Adobe Photoshop e Adobe Premiere.

## Fayssal Kaddoura

Fayssal Kaddoura tem bacharelado em marketing e MBA pela University of South Florida. Ele concentrou seus estudos em gerência de promoções e estratégia de marketing e seu MBA foi na área de sistemas de informação. Atualmente, é assistente de ensino de pós-graduação no Programa de Certificação de CRM, oferecido pelo Departamento de Marketing da University of South Florida. Como conseqüência, ele tem concentrado suas pesquisas em tecnologias da informação em marketing e softwares de CRM, bem como em sua implementação e implicações para a estratégia de marketing global.

# Parte Um

1

## Os Conceitos do Marketing Eletrônico

O sucesso de qualquer programa de marketing está na boa qualidade do produto ou do serviço, em boas estratégias de apreçamento, em um bom planejamento de distribuição e em boas atividades promocionais. Subjacente ao plano de marketing está uma boa pesquisa sobre as necessidades e os desejos dos clientes potenciais. Esses fatores motivadores são revelados ao longo de uma atividade minuciosa e extensa chamada análise da situação – a etapa inicial, seja do processo de marketing tradicional, seja do processo de marketing on-line. Os recursos de marketing eletrônico deixam mais nítidos os perfis e comportamentos dos segmentos de mercado almejados.

# CAPÍTULO 1

## Introdução aos Recursos de Marketing Eletrônico

Recuperar informações da Internet é como tentar beber água de uma mangueira do corpo de bombeiros.

*Anônimo*

### Objetivos de Aprendizado

- Apresentar e explicar os vários recursos de marketing eletrônico que podem ser integrados ao processo de marketing tradicional para cultivar a meta principal dos sistemas de comércio eletrônico bem-sucedidos.
- Demonstrar como os recursos de marketing eletrônico aumentam os usos e as percepções de valor agregado de produtos e serviços do e-commerce.
- Diferenciar os usos estratégicos e táticos dos recursos de marketing eletrônico, melhorando assim o gerenciamento da relação com o consumidor.

# Introdução

Empresas imensas como a Dell Computers e a Microsoft, que servem tanto ao público em geral quando ao público corporativo, foram criadas com o uso do **comércio eletrônico**. O e-commerce é a prática de satisfazer as necessidades e desejos de consumidores e empresas por meio do fornecimento de produtos e serviços on-line. A tecnologia on-line melhorou enormemente o processo do **marketing eletrônico** e facilitou o comércio eletrônico. Um meio eletrônico de comunicação e informação chamado **Internet** semeou inovações em software e hardware, projetadas especificamente para auxiliar a conveniência das compras on-line. Junto da Internet, estão sendo integrados **recursos de marketing eletrônico** aos tradicionais programas de marketing, melhorando o alcance, a eficiência e a eficácia do contato com o público-alvo. Entre os exemplos desses recursos estão: pesquisa on-line de consumidores, e-mail, marketing viral, mensagens instantâneas, Websites, dispositivos do tipo Palm Pilot, agentes de compra inteligentes para seleções eficientes, seja no mercado de ações, seja no supermercado, incluindo as pesquisas on-line auto-identificadoras e o atendimento on-line ao consumidor. O marketing on-line é uma extensão estratégica, tática e de alta tecnologia da coleta de informações. Ferramentas de marketing direto, como a Amazon.com, o eBay e o feedback do consumidor, são atividades indispensáveis do programa de **IMC (Comunicação Integrada de Marketing)**. Por fim, investigaremos os processos do marketing eletrônico, ampliados em várias áreas de comunicação, transação e decisão pelos recursos de marketing eletrônico, que suavizam o caminho para o sucesso e a conveniência do comércio eletrônico.

# O comércio entra na era on-line

A tecnologia penetrou em quase todos os negócios, exceto na barbearia. Os avanços tecnológicos estão permitindo que o profissional de marketing identifique consumidores potenciais específicos e apresente produtos específicos para consumo por meio de mercados específicos, usando o ***narrowcasting*** (contrário de *broadcasting*, ou divulgação em massa) e as mensagens on-line. **Ferramentas eletrônicas** como Websites, listservs, grupos de discussão, Usenets, publicidade em banners, comunicados à imprensa on-line ou conferências on-line são algumas das táticas eletrônicas. O marketing eletrônico possui uma personalização capaz de lembrar a preferência nos pedidos do consumidor, qual o sabor, aroma ou textura e com que freqüência, em quais quantidades, se é um presente ou se é para uso pessoal e por qual tipo de entrega o consumidor costuma optar nos hábitos de compra. O marketing eletrônico ajuda você, profissional de marketing, a determinar a estratégia de segmentação antes de levar os produtos e serviços ao mercado, utilizando **pesquisa de marketing** on-line e analisando a percepção pós-compra dos consumidores por meio de atendimento on-line ao consumidor e pesquisas. O marketing eletrônico, a entrega on-line de benefícios e satisfação por intermédio da utilização de recursos de marketing eletrônico influenciam todas essas qualidades e considerações.

- O comércio eletrônico é o ato de realizar comunicação corporativa e transmissões por redes e computadores e, mais especificamente, a compra e venda de bens e serviços e a transferência de fundos por comunicação digital. O comércio eletrônico também pode incluir todas as funções internas e externas da empresa (como marketing, finanças, manufatura, vendas e negociação) que possibilitem o comércio e usem correio eletrônico, **EDI (Electronic Data Interchange – Transferência Eletrônica de Dados)**, transferência de arquivos, **transmissão por fax**, **videoconferência**, tarefas ou interação com um computador remoto. O comércio eletrônico pode incluir a compra e a venda pela **WWW**

(**World Wide Web**) como um todo, a transferência eletrônica de fundos, os *smart cards*, o dinheiro digital e todas as outras maneiras de se fazer negócio pelas redes digitais.

- O marketing eletrônico responde por todas as atividades on-line ou eletrônicas que facilitam a manufatura de bens e serviços pelo produtor para satisfazer os desejos e as necessidades do consumidor. O marketing eletrônico se baseia firmemente na tecnologia de 'redes' para coordenar a pesquisa de mercado, ajudar no desenvolvimento de produtos, expandir estratégias e táticas para persuadir consumidores a comprar, proporcionar a distribuição on-line, manter registros do consumidor, conduzir serviços de satisfação ao consumidor e obter feedback dos clientes. O marketing eletrônico é um avanço do programa de marketing global que, por sua vez, dá sustentação aos objetivos corporativos do comércio eletrônico.
- Os recursos de marketing eletrônico são aquelas ferramentas de marketing tecnológicas ou eletrônicas usadas para preencher as diretrizes de marketing. Os recursos de marketing eletrônico são, principalmente, orientados para a implementação na comunicação, processamento de informações ou transações comerciais. Recursos típicos de marketing em tecnologia envolvem a Internet, os Websites interativos, os agentes de compra, os **avatares**, que representam pessoas ou objetos em ambientes de realidade virtual, os shoppings virtuais, os cupons eletrônicos, as informações automáticas ou as apresentações em CD-ROM. Muitos recursos de marketing eletrônico contam com multimídia; será discutido o objetivo de cada ferramenta na melhora do marketing eletrônico.

## Ouvindo o que o consumidor tem a dizer

Quais são os bens mais preciosos que o consumidor valoriza no mercado atual? Se você lê jornais de negócios, as respostas mais comuns são economizar dinheiro, economizar tempo e ter mais conveniência. Daí nosso amor pelo telefone celular. Todos lamentamos que nós, como consumidores, sejamos pobres em tempo e ricos em tarefas. A vida e o trabalho têm um ritmo rápido alarmante, quase perigoso, e para o futuro tudo o que podemos esperar é um estilo de vida ainda mais rápido e cheio de informações. Vários dispositivos eletrônicos on-line, como editores de notícias personalizadas, softwares de apoio à decisão e sistemas self-service de compra ou rastreamento de encomendas, estão influenciando os métodos como coletamos as informações necessárias, melhoramos os processos de tomada de decisão, compramos bens necessários e convenientes, comunicamo-nos com o departamento de atendimento ao consumidor de uma empresa e verificamos a data de entrega. A lista de sistemas on-line de tipos de comunicação ou tipos de transação pode se estender longamente.

A comunicação, as atividades de transação e a pesquisa de informações fazem parte do marketing tradicional; mas será que os profissionais de marketing conseguem melhorar ou simplificar esses processos tradicionais de marketing? Utilizando algumas das facilidades universais da comunicação eletrônica, como e-mail, grupos de discussão on-line e Internet, e investigando alguns dos recursos mais confidenciais de marketing eletrônico, fica aparente que os processos tradicionais podem ser melhorados ou simplificados. Com essas ferramentas, você pode pesquisar melhor a sua indústria, investigar melhor tendências ambientais, escolher melhor seu público-alvo, conhecer e comunicar-se melhor com os consumidores atuais e potenciais e receber feedback quase instantâneo sobre novos produtos ou serviços. Em resumo, ao empregar ferramentas de marketing eletrônico, você pode se tornar um profissional de marketing melhor, servindo melhor os consumidores. A distância, relevante para a distribuição dos produtos, deixa de ter importância. Os recursos de marketing eletrônico introduziram uma velocidade e uma previsão nunca antes vistas, sem falar na ajuda para construir um relacionamento pessoal – impossível na mídia de massa, como televisão, rádio ou anúncio em jornais. Graças à consciência eletrônica, quase todas as mídias, de televisão, rádio e jornal até placas de imobiliárias e caixas de fósforo, exibem um endereço na Internet. Mais tarde, serão investigadas novas ferramentas de marketing que explicam como planejar e executar melhor programas de marketing e serão examinados exemplos atuais e relevantes na indústria.

O que se segue é uma declaração de princípios específica e prioritária em relação aos recursos de marketing eletrônico. A lógica e a consistência do processo de marketing, mais especificamente a **análise da situação**, o **planejamento de marketing** e a **implementação de marketing**, são firmemente endossadas; seguir essas etapas-padrão causará mais sucesso que falhas. É importante definir *"o quê"*, ou o estabelecimento de objetivos do processo de marketing, mas *"o como"*, ou o estágio de implementação, pode ser mais bem executado com as ferramentas de mercado recém-disponibilizadas. O telégrafo foi substituído pelo telefone analógico, que está sendo substituído pela telefonia digital, complementada por pagers, assistentes pessoais digitais, videoconferência ou dispositivos portáteis de correio de voz. Independentemente da capacidade do instrumento, todas essas inovações levaram ao progresso nas comunicações. As pessoas ainda conversam, fofocam e reclamam entre si; a única diferença é o tipo de equipamento de comunicação que elas usam. As compensações de cada estágio de inovação estavam relacionadas à economia de tempo e de dinheiro e à melhora da facilidade e conveniência de uso. Depois de estabelecida a inovação, a entrega do produto ou do serviço melhorou continuamente, ainda que a melhora tenha sido minúscula. Com essa linha de pensamento, o objetivo do livro é melhorar o estágio de execução do processo de marketing, menor sob alguns aspectos e por vezes importante, pelo menos na visão do profissional de marketing. Ainda que o consumidor provavelmente não perceba nem se importe com as diferenças nas técnicas de marketing, é missão do profissional de marketing melhorar o processo de marketing, preferivelmente de modo inovador ou em etapas incrementais, de forma que proporcione ao consumidor o maior benefício e satisfação possível.

Enquanto estivermos explorando os recursos de marketing eletrônico, é uma idéia boa e proveitosa alternar entre a mente de um consumidor e a mente de um estudante de marketing para observar por inteiro o trabalho das ferramentas de marketing eletrônico, cuja aplicação não estava disponível há 15 anos. Esses meios de marketing eletrônico estão provando ser a salvação e a maldição dentro da indústria de marketing. O uso das ferramentas eletrônicas é uma janela maravilhosa para o mundo da coleta de informações para o tecnoconsumidor informado. No entanto, esse mesmo consumidor possivelmente será bombardeado com malas diretas geradas por computador e com ofertas indesejadas por e-mail. Uma das premissas fundamentais do marketing eletrônico é fornecer informações *desejadas*, não o lixo indesejado empurrado por muitos anunciantes. Assim, para se alinhar com a abundância de tecnoconsumidores, este livro tentará apresentar materiais e afiar suas habilidades como tecnoprofissional de marketing. A discussão a seguir se aprofunda no potencial das futuras oportunidades que você irá encarar na carreira de marketing.

## A importância dos recursos de marketing eletrônico nos negócios nos dias de hoje

Trocando em miúdos, quanto melhor você conhecer seus consumidores, melhor você poderá servi-los e, espera-se, antecipar as suas necessidades. Você poderá conseguir satisfazer as necessidades e os desejos deles antes de um concorrente. É recomendável manter-se a par dos interesses dos consumidores, pois, à medida que o conhecimento deles cresce, os profissionais de marketing devem se sair com uma curva de conhecimento correspondente. Além disso, muitos consumidores exigem gratificação instantânea, o que significa que a velocidade da entrega e a precisão em cumprir o pedido são essenciais. Em outros cursos de marketing, você, aluno, provavelmente foi exposto a histórias de mudanças inesperadas de tecnologia ou concorrência feroz, marcadas por guerras de preço ou táticas onerosas de promoção de vendas. Bater de frente com a concorrência é uma estratégia cara e perigosa. Com recursos de marketing eletrônico, os profissionais de marketing podem se prevenir contra essas estratégias de concorrência pouco produtivas e caras, introduzindo a premissa de serviços de *valor agregado* para todos e cada um dos seus clientes. Os clientes esperam que você conheça a personalidade deles, do que gostam e do que não gostam e seus caprichos, da mesma forma como você conhece os da sua família. Ao agregar valor ao produto ou serviço, você pode aumentar o valor e a reputação da sua marca de uma forma que nenhum dos seus concorrentes irá conseguir igualar. Digamos que a sua base de consumidores tenha milhares, talvez milhões de pessoas; como você pode conhecê-los? Talvez, por outro lado, sua empresa esteja se expandindo e seja seu trabalho selecionar o local das novas lojas, até mesmo um novo local de produção. Como você pode selecionar um local que corresponda ao perfil demográfico com algum grau de certeza? Uma de suas responsabilidades, no entanto, pode ser iniciar um sistema que receba críticas dos funcionários sobre as políticas da empresa ou a sua forma de ser gerenciada. Cada uma dessas situações pode ser melhorada pelos sistemas de marketing eletrônico ou comunicação prontamente disponíveis. É seu trabalho usar soluções eficazes para problemas e oportunidades de negócios e saber quando e como trazer esses recursos para o campo. Especificamente, eis aqui algumas situações de negócios para as quais os recursos de marketing on-line são muito adequados.

- A **comunicação com a empresa**, para mensagens internas e externas, é um bom exemplo de onde os recursos de marketing on-line podem ser utilizados. Considerado atualmente um velho aliado, uma coisa comum, o correio eletrônico, ou apenas e-mail, é uma ferramenta de comunicação econômica e de longo alcance (um "aplicativo matador" para qualquer negócio). Quer você precise enviar uma mensagem para o prédio ao lado, para o próximo quarteirão ou para outro país, o e-mail é um veículo simples e permanente (até você optar por apagar a mensagem). Quando as pessoas pedem seu telefone, a pergunta seguinte normalmente é "E qual é seu **endereço de e-mail**?". O e-mail pode conectar grupos de pessoas com o toque de uma única tecla, usando uma lista de e-mail de nomes e endereços designados. Com o e-mail, você pode se comunicar 24 horas por dia e na hora que você quiser. O e-mail espera até ser aberto e você pode conseguir muito mais entregas do que com o serviço diário de correio. A cultura corporativa foi infectada pelo e-mail e parece que os funcionários preferem enviá-lo a conversar por telefone. Multidões de pessoas reconhecem a sua utilidade. De acordo com uma recente pesquisa da Jupiter Research, 93% daqueles que se conectam à Internet atualmente são usuários ativos de e-mail, número que, espera-se, baterá nos 98% em 2007 (Greenspan, 2002). O e-mail elimina a corrida ao telefone, pois as mensagens são recebidas enquanto você está em uma reunião, na estrada ou durante a noite, enquanto você dorme. O e-mail é um recurso que aumenta o desempenho das pessoas e que encontrou seu espaço em todos os lugares das corporações. Dizem que o e-mail é responsável por fazer renascer a arte perdida da correspondência, pois quem escreve tem de pensar para compor as mensagens, antes de pressionar o botão Enviar. As pessoas estão se esforçando de forma mais consciente no que escrevem, pois a mensagem de e-mail é uma reflexão tangível de seus próprios processos mentais. As mensagens escritas normalmente são mais bem criadas que pedaços de sons apressados. Ainda que as palavras faladas raramente sejam gravadas, um e-mail impresso tem os nomes escritos nela. Mensagens apressadas e malfeitas também têm nossos nomes nelas, e elas podem ser mantidas para sempre, se o destinatário assim desejar.

- A pesquisa de marketing é outra tarefa antes temida (pelo menos por algumas pessoas) que foi enriquecida pela comunicação on-line. O pesquisador pode testar atitudes, manter diálogos com vários tipos de consumidores e gravar opiniões que podem ser monitoradas por longos períodos de tempo. A medição de um Website, como o número de visitantes ou quanto tempo o visitante passou no Website ou em determinada página, pode revelar muitas coisas interessantes, além de desvendar alguns mistérios sobre como, quando e por que as pessoas usam a Internet. Este livro investigará alguns desses softwares de medição. As organizações de marketing freqüentemente fazem pesquisas com visitantes ou ouvintes sobre as preferências no uso de endereços da Internet. São muito comuns programas esportivos que fazem charadas para os telespectadores e dão prêmios à primeira pessoa que entrar no Website do programa ou enviar um e-mail com a resposta correta. Redes de jornalismo locais e nacionais que patrocinam pesquisas de opinião sobre eventos da atualidade também estão ficando comuns. Atividades de pesquisa assim lembram a politicagem do "homem comum", quando todos os homens (claro que antes de 1920) tinham seu próprio voto. Esse mecanismo de resposta individualizada é a resposta do profissional de marketing à criação de amostras de vários tamanhos e localizadas em diversos pontos geográficos. Um exemplo pode ser uma discussão em grupo de foco de proprietários de automóveis sobre determinada marca de carro. Esse fórum informal poderia analisar do que as pessoas mais gostam e do que menos gostam, bem como o que deveria ser melhorado em modelos futuros – o que há de mais moderno em pesquisa de marketing para obter informações relevantes. Descobrir crenças e atitudes nunca foi tão rápido ou preciso como é agora.
- Planejamento de marketing e suporte às vendas são outras situações de negócios nas quais os recursos de marketing on-line são adequados. Quanto mais pessoas forem expostas à Internet, mais irão se basear nesse meio para obter informações de marketing. Novamente, esse método de disseminação pode ser usado para públicos internos ou externos. Ainda que algumas pessoas hesitem em comprar pela Internet, vários milhões desejam comprar informações usando esse veículo. Com a conclusão dos protocolos Secure Electronic Transaction (SET), as pessoas terão mais confiança em fornecer o número de cartão de crédito pela Internet. Os consumidores que estão sendo mimados pela velocidade de conclusão entre o pedido e a entrega em casa aumentarão ainda mais os esforços de marketing. Até recentemente, os comerciantes prometiam entrega para três a seis semanas após o pedido; agora, os comerciantes costumam perguntar se você prefere entrega rápida ou para dali a dois dias.
- **Inovações de produtividade** são ainda outras situações que usam recursos de marketing on-line. Os vendedores do campo se beneficiam dos recursos on-line, pois, mais uma vez, as ferramentas eletrônicas aceleram o tempo de resposta do vendedor em relação a perguntas sobre níveis de estoque, detalhes de produtos e outras consultas do gênero. Itens que antes eram apenas sonho, como faxes e e-mails sem fio e fechamento de pedidos pelo laptop, já fazem parte da realidade. Os mais produtivos se acostumaram a enterrar a concorrência. Isso é inovação nos negócios em sua melhor forma.
- Para o futuro imediato, marketing e vendas on-line trarão muito mais contribuições para os **negócios business-to-business (B2B)**. Em 1998, analistas estimaram que o comércio eletrônico era formado por aproximadamente 85% de compras empresariais, sendo os 15% restantes responsáveis pelos gastos do consumidor. Os negócios on-line de apenas

três empresas – Cisco Systems, Inc. (http://www.cisco.com)*, Dell Computer Corp. (http://www.dell.com – Figura 1.1) e General Electric Co. (http://www.ge.com) – totalizaram cerca de $ 3 bilhões em 1997 (Wysocki, 1998). Em 2000, o valor das transações comerciais B2B pela Internet em todo o mundo passou dos $ 433 bilhões, um aumento de 189% sobre as transações em 1999. Estimava-se que o comércio B2B pela Internet em todo o mundo bateria em $ 1,9 trilhão em 2002. Em 2003, o mercado aumentaria para $ 3,6 trilhões e, no final de 2004, a previsão era que as transações de vendas B2B pela Internet no mundo alcançariam $ 6 trilhões (Pastore, 2001). À medida que os departamentos de vendas abram caminho, os consumidores começarão a adotar transações on-line com mais confiança e maior expectativa. O aumento na utilização de bancos para realizar transações financeiras on-line é um obstáculo que os profissionais de marketing de bancos parecem ter superado. A ACNielsen e a Yahoo! relataram que os consumidores parecem mais dispostos a fazer transações on-line. A pesquisa descobriu que 53% dos usuários de Internet disseram que planejam comprar on-line, gastando em média $ 199. Esse valor está acima dos 42% verificados em 2001. Com base nessas projeções, o gasto dos consumidores na Internet baterá nos $ 14 bilhões, acima dos 41% de 2001 (Saunders, 2002). Se os consumidores se sentirem confortáveis em transferir on-line seus bens conseguidos com muito suor, atividades como pedir vídeos, comprar automóveis e até mesmo adquirir casas não ficarão muito atrás.

- Os consumidores percebem um aumento na disponibilidade de Websites comerciais. Para começar, a loja ou o serviço com os quais você está tentando entrar em contato nunca fecham. Você pode precisar deixar uma mensagem de voz, mas seu pedido estará em vias de ser processado no próximo dia útil. Um sistema automatizado de resposta de **audiotexto** pode responder a perguntas, dar especificações ou proporcionar suporte técnico, provavelmente a partir de um sistema de retorno automático de fax. O contato com seus fornecedores ou distribuidores também pode ser mantido de maneira semelhante. Empresas espertas disponibilizam diversos métodos para receber pedidos, como números 0800, correio ou fax, além de dar suporte a uma equipe de vendas de campo. Quanto mais você facilitar para o consumidor, com mais freqüência ele retornará para mais transações comerciais. Os sistemas eletrônicos de recebimento permitem um melhor gerenciamento da programação de trabalho, pois os pedidos podem ser arquivados para aliviar os picos e os vales do cumprimento do trabalho. Essas operações se provam vantajosas para alocação maximizada de recursos de toda a entidade corporativa.
- A **lealdade do consumidor** é outra situação corporativa na qual os recursos de marketing eletrônico podem entrar na jogada. Muitas empresas se interessam pelos hábitos e preferências de compra de seus consumidores e estão desenvolvendo bancos de dados detalhados para rastrear as atividades de compra. O comportamento do passado normalmente preveria ações e informações futuras, como se isso pudesse ajudar os gerentes a planejar vendas ou eventos futuros de mechandising, gerenciar níveis de estoque ou rastrear o movimento das marcas. Padrões de comportamento, como volume de despesas, preferências por marca ou item, dia ou hora da semana de ocorrência da compra, método de pagamento e muitas outras perguntas semelhantes de segmentação, tiram boa parte da adivinhação das decisões de merchandising. Também populares são os programas de lealdade do consumidor, nos quais os comerciantes rastreiam compras do consumidor para recompensá-los com pontos ou descontos para compras futuras. Os programas de

* Como os endereços da Internet podem sofrer alterações, a Editora não se responsabiliza por quaisquer problemas nas conexões dos sites publicados. (N.E.)

**Figura 1.1** O Website da Dell parece ser um catálogo on-line de vastas informações. Links com informações levam a outros links com mais dados e tudo sobre a Dell que o comprador on-line poderia querer saber.
*Fonte*: Dell Computers (http://www.dell.com).

milhagem das companhias aéreas são um bom exemplo de como determinada linha aérea pode incentivar o viajante de negócios a concentrar suas viagens aéreas em uma só companhia. Do mesmo modo, a Pepsi (http://www.pepsiworld.com) e os cigarros Marlboro criaram programas de bônus com base em pontos de compra. Esses programas renovam o interesse por produtos maduros e encorajam a compra de maiores quantidades de produto para aumentar as vendas. Outros esforços promocionais podem ser dirigidos para consumidores leais na forma de novos produtos, cupons de desconto, anúncios on-line ou newsletters que tratam esses compradores como pessoas especiais. O **marketing de afinidade** é construído sobre a crença de que benefícios mútuos para o consumidor e o comerciante on-line levarão a relacionamentos de longo prazo – não compras únicas, e sim anos ou décadas de lealdade à marca e recompra freqüente. Para o consumidor, os benefícios podem ser a consistência do produto, o conhecimento do que esperar em termos de qualidade ou preço, a disponibilidade do produto e o prestígio associado à compra do produto. Para o comerciante on-line, os benefícios podem ser o fluxo de receitas futuras e transações mais lucrativas. Até no caso de automóveis, que geralmente são comprados com pouca freqüência, seus fabricantes tentam desenvolver lealdade de marca por meio de um atendimento superior ao consumidor mesmo muito tempo após a aquisição. O marketing de relacionamento também destaca o fato de ser menos caro manter e satisfazer consumidores antigos do que conquistar novos consumidores, o que pode ser uma tarefa sem fim, uma porta giratória virtual de novas faces. Conhecer as necessidades ou requisições de consumidores antigos ajuda o profissional de marketing a planejar programas e serviços futuros.

- O **alcance globalizado** é outra situação de negócios na qual os recursos de marketing on-line podem ser benéficos. Como a Internet é uma conexão internacional de computadores interligados, o marketing global pode ser conseguido com o toque de uma tecla. Uma empresa pequena sem filiais pode parecer uma firma internacional se for dada atenção adequada ao design do Website, às ofertas de produto ou serviço e à ligação a Websites complementares para estender esse alcance. Conforme a história da propaganda demonstra repetidas vezes, a imagem (seja ou não a realidade) pode ser tudo para criar uma empresa de sucesso. Se você navegar a esmo pela Web, verá diversos Websites coloridos e cheios de conteúdo que podem impressioná-lo. Por causa do anonimato da Internet, no entanto, você não saberá se o dono do Website é real ou não. Sem dúvida essa aparência-fantasma não afeta apenas os Websites norte-americanos. Além do possível conhecimento do país de origem, a exposição global é bastante cega. Os profissionais de marketing, portanto, devem pensar com cuidado como abordarão a presença internacional. Para empresas modestas, um público global pode ser de pouco benefício, em função da economia envolvida. Uma firma pequena pode perder dinheiro ao enviar um pedido minúsculo à Nova Zelândia – os custos da entrega podem ser maiores que o preço do conteúdo. Diferenças de idiomas também podem causar problemas com o atendimento ao cliente ou com o suporte técnico. Um catalão pode ficar decepcionado se não conseguir entender o cronograma de entrega, depois de conversar com um operador que fala espanhol latino-americano. Todos os negócios deveriam pensar nas conseqüências do marketing internacional pela Internet, pois há vantagens e desvantagens. Afinal de contas, o objetivo do marketing é criar um bom relacionamento ou uma boa experiência com consumidores atuais e potenciais.
- Para ter **inteligência competitiva**, a empresa precisa utilizar os recursos de marketing on-line. O Website na Internet é um livro aberto para a concorrência investigar suas ofertas de produtos e serviços, e você pode fazer o mesmo. Na realidade, algumas organizações convocaram uma *vigília tecnológica*, delegando a atividade a diferentes pessoas dentro de um departamento para rastrear áreas de tecnologia específicas importantes para a empresa. Talvez a empresa seja orientada para computadores. Um membro da equipe pode ser responsável por ler revistas de comércio, monitorar listas de discussão ou ir a conferências que tratem apenas de servidores. Outra pessoa pode inspecionar informações sobre networking ou áreas de tecnologia emergente, e outro funcionário pode observar as ações e inovações de um concorrente próximo. Tomar o pulso de um concorrente próximo e agressivo pode ajudar você a desenvolver seu próximo plano de marketing estratégico.
- Empregar recursos de marketing on-line pode ajudar a empresa a usar o **gerenciamento de custo**. Os departamentos de marketing hoje em dia percebem que os orçamentos estão cada vez mais apertados e disputados, já que parece haver cada vez mais pessoas disputando os escassos recursos disponíveis na organização. O e-mail é um substituto excelente para as despesas com ligações de longa distância ou para as despesas com correio. Ferramentas eletrônicas como videoconferências e EDI (Transferência Eletrônica de Dados) podem substituir os altos custos de viagem. Qualquer gerente de marketing confirmará que, se o nível de eficiência for o mesmo, o método mais barato será o esco-

lhido. Após a instalação inicial de equipamentos, os recursos de marketing eletrônico têm custos muito mais baixos; em muitos casos, mesmo com os custos de instalação, a introdução de recursos de marketing eletrônico tem uma ótima relação custo-benefício em comparação com os benefícios proporcionados ao consumidor.

- **Parceria e logística** ficam mais fáceis de serem mantidas por meio dos recursos de marketing eletrônico. As corporações gostam de se ver como enxutas. Os recursos de marketing eletrônico se somam a essa percepção e realidade, pois as pessoas podem agir de forma mais decisiva e rápida quando estão eletronicamente conectadas. Essas conexões podem incluir **intranets** internas ou **extranets**, além de **colaboração** ou parcerias externas com empresas terceirizadas. Essas redes são enxutas porque muitos departamentos, equipes e atividades, que antes deveriam obrigatoriamente ser internos, agora são terceirizados. A comunicação entre empresas deve ser rápida e precisa para se conseguir uma operação eficaz. Uma empresa deve saber o que a outra está fazendo. Essa colaboração deve ser capaz de compartilhar dados rapidamente, daí a necessidade de EDI. Quantias enormes de dados são trocadas dentro de/ou entre empresas ou filiais. Seu banco local é um excelente exemplo. Transações diárias devem ser encaminhadas para um banco central de forma rápida e precisa. Isso não significa supor que as pessoas não façam mais parte dessas trocas, porém, recentemente, mais pessoas estão trabalhando à distância, longe do escritório central. Esse arranjo é chamado de **teletrabalho**, dando à equipe mais opções de ambientes de trabalho, como em casa, no campo de futebol, na biblioteca ou em qualquer lugar (exceto dentro d'água) em que um computador possa ser utilizado. Outro importante aspecto de comunicação é a natureza **assíncrona** da transmissão de informações, que permite haver uma diferença entre o momento em que a mensagem é enviada e aquele em que é recebida. Um exemplo de transação assíncrona pode ser a compra de peças para uma bicicleta às 2h30, cuja ordem é processada às 8h30 da manhã seguinte. Lembre-se de que a Internet está *em qualquer lugar, em qualquer momento*, então você pode tocar os negócios em Tóquio ou em Londres, o que for mais conveniente.
- Os recursos de marketing on-line também podem ser utilizados para **recrutamento de pessoas**. Profissionais de tecnologia estão em falta. Os recrutadores, portanto, devem usar a cabeça. Como os gênios tecnológicos passam todo o tempo que estão acordados na frente de um monitor colorido, eles provavelmente podem ser encontrados em listas de discussão on-line ou em respostas a recados da Usenet. Empresas podem localizar potenciais funcionários, bem como buscar consultores, documentos governamentais, negócios especializados ou fornecedores em geral. A Texas Instruments utilizou seu Website corporativo para oferecer ferramentas de desenvolvimento de carreira a estudantes especialistas em Internet. A seção "Ask a Cyber Recruiter" (Pergunte a um Recrutador Online) é uma área interativa na qual os estudantes podem pedir orientação vocacional, fazer perguntas sobre a Texas Instruments e aprender a usar a Internet para buscas (Bellinger, 1999). Se você, o empregador, reservar meia hora por dia para procurar empregados bem treinados e para divulgar suas oportunidades de emprego, descobrirá onde estão as pessoas que contam com as habilidades eletrônicas necessárias. Além disso você conversará com eles no ambiente propício. Esteja preparado, contudo, para apresentar um processo de entrevista coerente e profissional.

Há outros benefícios que podem ser explorados à medida que se expandem os recursos eletrônicos, que, por sua vez, diminuem o custo da tecnologia. Com as intranets, uma empresa pode dividir recursos ou educar sua força de trabalho independentemente do tempo ou da distância ou do departamento em que o funcionário trabalha. Atividades como seminários empresariais, atualizações técnicas, políticas da empresa ou calendários de eventos podem ser publicadas e prontamente acessadas por consumidores, funcionários da intranet ou distribuidores. O treinamento também pode ser realizado, eliminando custos de viagem e acomodação, por meio de publicação na Internet ou na intranet ou sessões de videoconferência. As extranets, redes de comunicação mantidas para fornecedores externos ou outros grupos externos, também disseminam informações privilegiadas de forma eficiente.

## O e-commerce é para empresas grandes ou pequenas?

Ainda não existem parâmetros para encaixar o e-commerce nos programas tradicionais de marketing e vendas, só o comprometimento com o uso cuidadoso e adequado da estratégia de marketing. Uma empresa menor como a SoBe Beverages (http://www.sobebev.com), de Norwalk, Connecticut, Estados Unidos, começou a usar seu Website como ferramenta de comunicação para aumentar a lembrança dos consumidores sobre suas bebidas saudáveis. As bebidas receberam nomes exóticos, como "Black Tea", "Elixir", "Zen Blend" e "Power". O Website começou simples, exibindo as bebidas engarrafadas com links para uma página de mercadorias e um mapa dos Estados Unidos destacando os territórios de vendas. Não há textos de propaganda no Website; os lagartos da SoBe são as estrelas do Website. Agora, assim como a linha de produtos, o Website se expandiu, virando uma ótima ferramenta de marketing.

Por outro lado, os Websites da Coca-Cola e da Pepsi são muito elaborados, apresentando pesquisas, mercadorias, informações históricas, demonstrações de cultura *pop*, até mesmo cartas de amor de fãs dedicados. Mais uma vez, esses Websites não incentivam as vendas de produto on-line; os Websites de entretenimento se dedicam a dar apoio às marcas Coca-Cola (http://www.coca-cola.com) e Pepsi (http://www.pepsi.com – Figura 1.2). Será o objetivo de dar apoio a marcas, distribuidores ou lojas varejistas parte do conceito do e-commerce? Sem dúvida. Enquanto as vendas on-line de produtos e serviços estão crescendo, o tradicional canal de vendas em atacado e varejo está totalmente maduro. Na opinião do MarketWatch, da CBS (http://www.marketwatch.com):

> Segundo números recentes da BizRate.com, o **varejo on-line** deu um salto à frente quando as vendas cresceram 51% no segundo trimestre de 2002, em relação ao mesmo trimestre de 2001. As vendas no segundo trimestre, de $ 11,92 bilhões em 2002, ofuscaram os $ 7,91 bilhões de 2001 em $ 4 bilhões (BizRate, 2002).

A questão, portanto, não é sobre os volumes adequados de vendas ou sobre o número de funcionários, e sim sobre um intenso interesse da empresa em participar do e-commerce. "O varejo on-line acabou de sair da fase experimental e está acelerando o passo para virar uma tendência", disse James L. McQuivey, analista do serviço de Estratégias de Varejo On-line da Forrester. "Os comerciantes estão relatando um crescimento drástico tanto nas vendas quanto no tráfego dos Websites ao longo dos últimos 12 meses. Esse padrão irá se tornar um ciclo que alimenta a si mesmo – quanto mais consumidores comprarem on-line, mais os varejistas competirão agressivamente pelas vendas, o que por sua vez trará ainda mais consumidores e comerciantes para a Web" (Barnako, 1998). "O e-commerce está claramente colhendo os frutos de uma aceleração firme no índice de taxa de adoção e na migração on-line", disse Chuck Davis, presidente e CEO da BizRate.com. "O que é especialmente animador é ver que a taxa de crescimento continua a crescer à medida que os consumidores depositam total confiança na conveniência de fazer compras 24 horas por dia, 7 dias por semana, de suas casas ou trabalho. Além disso, os consumidores adoram o poder de comparação da compra on-line, particularmente porque a experiência 'off-line' de ir de shopping em shopping é muito mais enfadonha e cara" (BizRate, 2002). É fácil fazer cota-

Figura 1.2 A página inicial da Pepsi exibe links para tudo que está relacionado à marca.
*Fonte*: Pepsi (http://www.pepsi.com). Utilizado com permissão.

ções e previsões. O aluno irá se deparar com muita coisa relacionada ao comércio eletrônico, pois esse tópico é muito popular. No entanto, falar sobre e-commerce e praticá-lo são duas coisas diferentes. Fique com as previsões animadoras, mas prepare-se para seguir o processo tradicional de marketing para aumentar as vendas e a lembrança das marcas, atender os clientes ou compilar bancos de dados. A Internet é meramente outro veículo a ser integrado no mix de marketing para alcançar essas finalidades do comércio eletrônico.

## Quais ferramentas de marketing eletrônico estão dando forma ao futuro?

Velocidade, acessibilidade, precisão de informações e vantagem competitiva são quatro das principais forças que impulsionam os negócios (de uma empresa de jardinagem formada por duas pessoas, na qual os proprietários usam pagers ou celulares, até uma empresa farmacêutica listada na Fortune 500, que institui um sofisticado sistema de retorno de fax para dar suporte aos representantes de vendas na resposta a perguntas de clientes sobre possíveis efeitos colaterais ou interações perigosas resultantes da ingestão de medicamentos vendidos com prescrição médica). Some a essas forças a capacidade de personalizar a mensagem com o produto ou a ordem de serviço, o sistema de pagamento, a data de entrega e até mesmo a hora do dia e o profissional de marketing, o varejista e o atacadista podem oferecer ao consumidor um pacote de conveniência sem precedentes. Esses métodos eletrônicos assumem várias formas, e seus propósitos são aumentar a velocidade da comunicação e melhorar a memória corporativa. O clichê "tempo é dinheiro" nunca foi tão verdadeiro. Pense no custo de capital, na perda de receita, até mesmo na perda de credibilidade entre seus clientes se houver muito atraso no programa de marketing on-line. Os gerentes, cada vez mais, querem os relatórios atualizados ou as informações de inteligência para ontem. Portanto, você deve guiar suas operações tendo a rapidez em mente. O melhor de tudo é que os consumidores esperarão esse tratamento especial no futuro e se voltarão para a organização que prometer e entregar rapidez, acessibilidade e precisão, tudo personalizado de acordo com suas necessidades.

Quais são exatamente as ferramentas que dão forma ao futuro da informação e do comércio? Em grande parte, os sistemas são projetados para distribuir informações para resolver problemas organizacionais específicos. Os sistemas de base eletrônica suprem a capacidade da organização de se comunicar com seus consumidores, revendedores, representantes e fornecedores. Algumas ferramentas respondem ao *"o quê"*, por exemplo, para melhorar a memória corporativa; outras respondem ao *"como"*, por exemplo, na forma de armazenamento e recuperação de dados. As categorias dos recursos de marketing eletrônico incluem:

- Informações e pesquisas on-line acessíveis por bancos de dados públicos e privados para necessidades nacionais e internacionais de informações. As estratégias e os veículos específicos de pesquisa serão discutidos no Capítulo 2.
- Recursos baseados em computador e em software que incluem propaganda e promoções de vendas na Web, redes e softwares proprietários de gerenciamento de estoque, softwares geodemográficos e psicográficos, gerenciamento de banco de dados proprietários, atendimento ao consumidor on-line, pesquisa com consumidores atuais e potenciais, videoconferência, *smart cards* e ambientes de realidade virtual.
- Recursos de **telefonia** que incluem sistemas de fax e de retorno de fax, pagers, bipes e telemarketing.
- Recursos baseados em rede, como a Internet, sites da World Wide Web, intranets, extranets, redes de notícias, Transferência Eletrônica de Dados e redes de transação e autenticação. Muitas tecnologias, como o uso da Web para comunicação e transações, podem se sobrepor.
- Recursos para o interior de lojas, como scanners ópticos, distribuidor de cupons eletrônicos, quiosques eletrônicos, transmissão por rádio de baixa freqüência, etiquetas eletrônicas de preço nas gôndolas e carrinhos de supermercado com vídeo.

Diversos aplicativos úteis derivaram de outras formas de nova tecnologia, mas todos são rápidos e caros. Você pode já estar familiarizado com alguns sistemas, pois todos podem ser decompostos em programas de marketing conforme a necessidade. Os vários procedimentos a seguir serão discutidos com mais detalhes à medida que seus lugares no processo de marketing forem alcançados no livro: sistemas de retorno de fax, métodos de rastreamento de consumidor como os programas de banco de dados Access, pesquisas com clientes e formulários de pedido usando editores de **HTML (Hypertext Markup Language)**, *smart cards*, leitores ópticos, **shoppings virtuais** e sistemas de comunicação eficientes.

## Recursos de marketing eletrônico: estratégicos ou táticos?

A resposta à pergunta que você deve estar se fazendo é: sim, as ferramentas de marketing eletrônico podem ser utilizadas no planejamento estratégico e na execução tática. No aspecto estratégico, o profissional de marketing pode afinar a direção a longo prazo do plano de marketing usando bancos de dados eletrônicos de estatísticas do governo e informações de associações de comércio, investigando Websites da concorrência ou utilizando softwares geodemográficos para criar perfis de determinadas áreas do mercado. Mary J. Cronin, professora de administração no Boston College, apresenta um excelente argumento para inserir a Internet no planejamento estratégico.

> Todas as empresas precisam passar por um processo de avaliação de seu ambiente, identificando oportunidades, superando barreiras ao comércio eletrônico e projetando e implementando programas on-line que agregarão valor tanto à organização quanto ao consumidor. Estabelecer esse processo de criação de estratégia e afiná-lo freqüentemente são partes essenciais para o sucesso contínuo. A primeira etapa é a avaliação realista das barreiras atuais ao comércio na Internet, com uma visão geral das soluções emergentes. A segunda etapa é uma avaliação das principais capacidades da Internet, examinando o modo como as empresas estão usando os recursos da rede global em diferentes ambientes corporativos. A análise dos obstáculos e das oportunidades proporciona a fundamentação necessária para avaliar como a Internet pode melhorar o gerenciamento de informações internas. Por fim, um modelo para integrar aplicativos de Internet, o qual coloca as interações com o consumidor no centro de um sistema de gerenciamento de informações em rede, oferece uma estrutura para que se possam reprojetar as funções tradicionais de uma empresa, de modo a se obter máxima vantagem (Cronin, 1996, p. 8).

Por exemplo: talvez o profissional de marketing esteja trabalhando em uma empresa que possua franquias e sua tarefa seja selecionar locais para novas lojas. Podem ser empregados recursos eletrônicos em diversas áreas estratégicas de planejamento. Na seleção do local da loja, o profissional de marketing pode precisar de dados de avaliação da situação sobre o crescimento do número de lares, perfil da população, renda e ocupação, tráfego ou características psicográficas para comparar o potencial de diferentes pontos comerciais. A tomada de decisões é aperfeiçoada quando os dados brutos são introduzidos no planejamento estratégico e são utilizados bancos de dados ou fontes de informação, como o Census Bureau (http://www.census.gov)[1] ou bancos de dados semelhantes disponíveis na Internet. Esses sistemas reduzem a incerteza na tomada de decisões e contribuem nos estágios de definição da análise da situação e no planejamento das atividades de marketing. Essas ferramentas são particularmente úteis se o profissional de marketing não estiver familiarizado com as forças ambientais e as idiossincrasias de cada mercado. A análise financeira sobre o desempenho de várias corporações também está disponível. Um recurso mais abrangente é o Hoover's Online (http://www.hoovers.com)[2], um serviço de informações que contém perfis úteis, dados financeiros e boletins do setor em forma eletrônica.

Assim como no exemplo do Hard Rock Cafe, os capitães da indústria, também conhecidos como CEOs, estão atentos em como a Internet pode afetar a maneira de conduzir os negócios. Em uma pesquisa de outubro de 2000 patrocinada pela PricewaterhouseCoopers com 377 presidentes de empresas, 20% deles indicaram que acreditavam que o comércio eletrônico daria uma forma

1 Corresponde ao IBGE no Brasil (http://www.ibge.org.br). (N.R.T.)

2 Corresponde aos serviços da Serasa (http://www.serasa.com.br). (N.R.T.)

## O E-Marketing em Ação

### O HARD ROCK CAFE ESTABELECE UM COMPROMISSO ESTRATÉGICO COM A WEB

O Hard Rock Cafe International, Inc., uma empresa global de restaurantes temáticos e entretenimento musical, lançou seu Website musical no endereço http://www.hardrock.com. Criado pelo Hard Rock e desenvolvido pela USWeb, uma das principais empresas de serviços estratégicos para a Internet, em cooperação com a agência de publicidade interativa CKS, o Website hardrock.com possui diversas facetas: proporciona informações e imagens dos Hard Rock Cafes, dos Hard Rock Hotels & Casinos e dos locais de shows do Hard Rock em todo o mundo, exibindo diariamente notícias da indústria do rock e previsões de shows, oferecendo incentivos, promoções e premiações ao visitante, além de apresentar cinco lojas de varejo on-line, incluindo a Gallery, onde se compram fotografias de ícones do rock tiradas por fotojornalistas lendários e nunca antes oferecidas. Nas palavras de Jim Berk, presidente e CEO dos Hard Rock Cafes: "Ao formar parceria com a USWeb, construímos um Website que não apenas serve como fonte de informações, mas também conecta nossas propriedades espalhadas pelo mundo todo e, pela primeira vez, traz a marca Hard Rock para dentro da esfera do comércio on-line".

O lançamento foi estrategicamente integrado no ambicioso esforço do Hard Rock de estender sua marca e seus negócios para o mundo todo. A empresa continua se esforçando para oferecer mais a seus consumidores por meio de novos empreendimentos e extensões estratégicas de marca, que incluem hotéis, locais para shows, gravadoras, shows e programa musical semanal televisionado e a cerveja Hard Rock. O Website hardrock.com poderia ser considerado uma amostra do uso estratégico da Internet. A estratégia é ser muito mais que um Website promocional, incentivando um nível maior de interação e oferecendo oportunidades de alto nível para alcançar novos consumidores. Esse Website realmente proporciona uma experiência on-line tão agradável quanto as lanchonetes, os hotéis e os espaços de shows.

*Fonte*: Hard Rock cranks up the volume by launching its music-oriented Internet site 'http://www.hardrock.com'. PR Newswire [on-line], quarta-feira, 18 de novembro de 1998, Orlando, Flórida.

completamente nova à maneira como as empresas fariam negócios. Desses presidentes de empresas, 59% declararam que isso levaria a alterações significativas nas estratégias de negócios. Um estudo de 2000, de autoria da Forrester, previa um grande crescimento da ordem de $ 268 milhões para aquele ano. Em 1998, esperava-se que os comerciantes on-line batessem nos $ 2,6 bilhões em vendas, de acordo com uma estimativa geral feita pelo *Iconocast Newsletter* (http://www.iconocast.com) (*Iconocast Newsletter*, 1998). Em 2002, o Departamento de Comércio norte-americano estimou vendas de varejo no e-commerce em $ 10,243 bilhões (*United States Department of Commerce News*, 2002).

Pense na aplicação tática, nessas atividades de curto prazo que fazem a implementação de marketing ganhar vida ao colocar idéias estratégicas em ação. Nesse estágio do processo de marketing a Internet é o meio de estimular o desenvolvimento de produtos inovadores, aumentar a lembrança entre consumidores potenciais, manter-se em contato com consumidores atuais por meio de pesquisas ou por e-mail, melhorar a memória corporativa por meio de bancos de dados

Quadro 1.1

**O SERVIÇO POSTAL REVIDA COM APONTAR, CLICAR = SELOS!**

A forma mais moderna de enviar uma carta ou um pacote pelo correio norte-americano requer pouco mais que um clique do mouse – e em breve estará disponível em um computador próximo a você. Diversas empresas, incluindo a E-Stamp Corp.'s Internet Postage, foram os primeiros sistemas de postagem on-line a conseguir aprovação do Tio Sam. A tecnologia possibilita que os consumidores comprem com segurança a postagem on-line – imprimindo selos "digitais" nos envelopes, rótulos ou quaisquer outros documentos – usando apenas um computador e uma impressora comum. O custo da postagem é deduzido de uma conta pré-paga, que pode ser "carregada" por meio de um cartão de crédito. As empresas trabalharam estreitamente com o serviço postal norte-americano para desenvolver suas respectivas tecnologias, garantindo que as normas universais de segurança e implementação fossem cumpridas.

O correio finalmente chega à era dos serviços 24 horas por dia, 7 dias por semana.

*Fonte*: Point, click = stamps! Nova York, 19 de novembro de 1998, CNNfn wire.

de consumidores potenciais ou consumidores que registram as características das compras realizadas, tais como categoria de produto, quantia gasta e preferências, ou ainda suportar os sistemas de rede. Esses ataques táticos conferem velocidade, precisão e conveniência para o consumidor. Os benefícios ao profissional de marketing incluem a criação da lealdade do consumidor, a execução dos programas de marketing no prazo e a contribuição para a eficiência organizacional que aumenta a lucratividade do negócio.

## Navegando por um mundo de mudanças

O mundo do marketing está sendo testado para lidar com mudanças contínuas e de grande porte. Um elemento do mix de marketing que precisa ser abordado são as promoções. As promoções obrigam a comparação dos meios tradicionais com os complementares (ou talvez com um meio de substituição). Essa alteração está sendo conduzida, em grande parte, pela segmentação, pois é isso que os anunciantes estão exigindo. O maior gasto em propaganda é colocado nos 1500 jornais diários dos Estados Unidos. Os líderes nessa indústria (a edição interativa do *The Wall Street Journal*, http://www.djinteractive.com, é um bom exemplo) estão se voltando para versões on-line do formato impresso. Tradicionais revistas impressas de notícias e negócios, como a *Fortune*, a *Time* e a *Money* (http://www.pathfinder.com), oferecem Websites on-line projetados para estender a circulação de edições semanais a quinzenais para a cobertura diária. Redes de televisão que se vêem diante de taxas de utilização de televisores (HUT) da ordem de 50%, as quais já foram próximas dos 90% no início dos anos 1970, agora estão tentando trazer os telespectadores ligados em tecnologia de volta para a "gangue", usando endereços e Websites da Internet com as últimas manchetes, atualizações sobre esportes e previsão do tempo para todo o país. Até mesmo as estações de rádio procuram manter relações com o ouvinte, por meio de Websites com páginas de programas arquivados transcritos ou pesquisas com ouvintes em eventos nacionais ou locais (como exemplo, há a WCBS-AM Newsradio, http://www.newsradio88.com, da cidade de Nova York). Os meios tradicionais estão tentando abranger a mídia on-line como uma extensão de suas capacidades. Há muita confusão e, possivelmente, timidez entre os meios estabelecidos nos objetivos e estratégias ao acatar ou rechaçar essa concorrência on-line.

# Resumo

Tendo dito tudo isso, utilizar recursos de marketing eletrônico é estabelecer uma vantagem competitiva no mercado. Seguir os objetivos de velocidade, acessibilidade e precisão é a melhor maneira de ficar próximo do consumidor. Os meios eletrônicos dão ao profissional de marketing uma capacidade dupla: primeiro, chegar ao consumidor; segundo, reagir com rapidez às necessidades e aos desejos do consumidor. Os recursos de marketing eletrônico também melhoram as vantagens técnicas e estratégicas do marketing on-line com velocidade e precisão, levando a uma melhora na tomada de decisões. Os consumidores esperam tratamento especial das empresas responsáveis pelos produtos e serviços que eles compram. Essas ferramentas de marketing que foram apresentadas possibilitam aos profissionais de marketing se equipar melhor para a era da informação que nos rodeia. O e-commerce também oferece conveniência ao consumidor, melhorada pela velocidade, acessibilidade e precisão. Os varejistas também podem incentivar com facilidade o consumidor a comprar em sua empresa e estabelecer uma presença na Web bem pesquisada e bem executada.

## Perguntas e exercícios

1. Dentro da estrutura dos processos tradicionais de marketing de análise da situação, planejamento e implementação de marketing, em qual etapa você acredita que os recursos de marketing eletrônico têm mais valia e são mais adequados? Faça uma pequena redação justificando sua resposta.
2. Todos os avanços tecnológicos têm suas vantagens e desvantagens em relação aos sistemas que substituem. Quais são as vantagens e desvantagens do uso de recursos de marketing eletrônico no processo de marketing? Esteja preparado para discutir esses pontos na aula seguinte.
3. Entreviste um executivo que esteja envolvido com marketing eletrônico ou comércio eletrônico. Qual foi a experiência dele ao integrar ferramentas eletrônicas nos atuais sistemas da empresa? Essa integração foi bem ou malsucedida em comparação com as atividades de marketing tradicional? É cedo demais, na opinião desse executivo, para fazer um julgamento? Quais são os critérios de desempenho utilizados para julgar o sucesso ou o insucesso? Redija uma breve notícia para o jornal local, anunciando suas descobertas.
4. Discuta por que a empresa poderia não empregar recursos de marketing eletrônico em toda a sua extensão. Será que determinados departamentos sempre devem estar equipados com ferramentas de marketing eletrônico ou eles sempre devem ser excluídos delas? Prepare um esboço de seus pensamentos.
5. Muitas situações de marketing são trocas entre as opções ideal e real. Se fosse obrigado a escolher uma única opção, o que você, como profissional de marketing, selecionaria: um bom produto com uma promoção on-line ruim ou um mau produto com uma promoção on-line boa? Redija um curto memorando aos acionistas, justificando sua posição.
6. Vá até a biblioteca da faculdade ou acesse uma biblioteca on-line para investigar histórias de cinco empresas que anunciaram recentemente a criação do primeiro Website delas. Imprima a notícia e escreva um relatório de uma página resumindo o objetivo do Website da nova empresa.
7. A comunicação on-line cobre um amplo espectro de marketing de contato com o consumidor, de bancos de dados contendo características do consumidor a atividades interativas na Web a atendimento on-line ao cliente após a compra. Em que categoria do mix

promocional (propaganda, promoção de vendas, relações públicas, marketing direto ou venda pessoal) você acredita que a Internet se encaixa melhor? Qual seria a segunda melhor opção do elemento promocional? E a terceira? Escreva um memorando de uma página a seu chefe, explicando o que você pensa sobre o mix promocional e a Internet.

8. Os Websites podem ser usados para vários objetivos. Acesse diversos Websites com os seguintes objetivos: imprima a página inicial e redija um parágrafo explicando o objetivo (anunciar um novo produto, aumentar a lembrança da marca, vender um produto específico, servir como suporte à propaganda, estabelecer um relacionamento com o produto ou serviço, anunciar vagas de emprego ou fazer pesquisa com consumidores) de cada Website ou página.
9. O que é marketing de relacionamento? Como os recursos de marketing eletrônico podem auxiliar no desenvolvimento e no suporte de relacionamentos contínuos com os consumidores? Envie suas respostas por e-mail ao professor.
10. Acesse a Internet, do laboratório de computação da faculdade ou de sua casa, para pesquisar os cinco maiores fornecedores B2B on-line em volumes de venda nos últimos três anos. Use qualquer mecanismo de busca básico na Internet (como o http://www.dogpile.com) para conferir os números de vendas de diversos fornecedores. Registre o desempenho dessas cinco empresas e entregue na próxima aula.

## *Bibliografia*


BARNAKO, Frank. Net retailers to gobble up market share. MarketWatch.com. Disponível em: <http://cbs.marketwatch.com/news/story.asp?guid=%7B2121625C%2DE3DE%2D43E3%2D91C3%2DDFF93C745E80%7D&siteid=mktw>. Acesso em 20 nov. 1998.

BELLINGER, Robert. TI taps cyber recruiting to attract Net-savvy students. CMP Media LLC. Disponível em: <http://www.techweb.com/wire/story/TWB19990212S0007>. Acesso em 12 fev. 1999.

BIZRATE. Q2 online sales growth accelerates with 51% yearly gain, according to bizrate.com. MarketWatch.com. Disponível em: <http://cbs.marketwatch.com/news/newsfinder/newsArticles.asp?guid=% 7BE0C3D94B%2D148D%2D40A9%2DA47A%2D5B864E1FB60B%7D&doctype=2005&siteid=mktw&selCount=20&value=online + retail + sales&property=word&>. Acesso em 10 jul. 2002.

BUNDY, Beverly. Eat, drink and be happy with popular herbal foods. Houston Chronicle, 25 Abr. 1998, p. 3F.

CNNFN WIRE. Point, click=stamps! Cable News Network LP, LLLP. Disponível em: <http://money.cnn.com/1998/11/19/technology/stamps/>. Acesso em 19 nov. 1998.

CRONIN, Mary. *The Internet strategy handbook*. Boston: Harvard Business School Press, 1996. Reimpresso com permissão de Harvard Business School Press. Copyright (c) 1996 Harvard Business School Publishing Corporation. Todos os direitos reservados.

GREENSPAN, Robyn. Widespread use despite abuse. Jupitermedia Corp. Copyright 2004 Jupitermedia Corporation. Todos os direitos reservados. Utilizado permissão. Disponível em: <http://cyberatlas.internet.com/bigpicture/applications/article/0,,1301 1462941,00.html>. Acesso em 13 set. 2002.

ICONOCAST NEWSLETTER. Iconocast Inc., 10 Jun. 1998, p. 1.

LENDERMAN, Max. South beach change yields healthy products and results. Periscope, 31 Oct. 1997, p. 8.

PASTORE, Michael. Economic downturn slows B2B commerce. Jupitermedia Corp. Copyright 2004

Jupitermedia Corporation. Todos os direitos reservados. Utilizado com permissão. Disponível em: <http://cyberatlas.internet.com/markets/b2b/article/0,,10091 719571,00.html>. Acesso em 21 mar. 2001.

PETERS, James W. Lizard logo leaps beyond new age beverage positioning. Brandpackaging, p. 28 abr/maio 1998.

PR NEWSWIRE. Hard Rock cranks up the volume by launching its music-oriented Internet site 'http://www.hardrock.com'. PR Newswire Association LLC. Disponível em: <http://www.prnewswire.com/cgi-bin/stories.pl?ACCT=104&STORY=/www/story/11-18-1998/0000806407&EDATE=>. Acesso em 18 nov. 1998.

SAUNDERS, Christopher. Consumer confidence in Web rebounds. Jupitermedia Corp. Copyright 2004 Jupitermedia Corporation. Todos os direitos reservados. Utilizado com permissão. Disponível em: <http://cyberatlas.internet.eom/markets/advertising/article/0,, 5941 1376841,00.html>. Acesso em 25 jun. 2002.

UNITED STATES DEPARTMENT OF COMMERCE NEWS. US Census Bureau. Disponível em: <http://www.census.gov/mrts/www/ecom.pdf>. Acesso em 22 ago. 2002.

WYSOCKI, Bernard, Jr. Internet is opening up a new era in pricing. *The Wall Street Journal*, 8 Jun. 1998, p. A1 A18. Copyright 1998 Dow Jones & Co. Inc. Reproduzido com permissão de Dow Jones & Co. Inc. no formato Textbook via Copyright Clearance Center.

# CAPÍTULO 2

# Conceito de Comércio Eletrônico e o Processo de Marketing Tradicional

"Atualmente passamos por uma descontinuidade tecnológica de proporções épicas, e a maioria não está sequer remotamente preparada. O velho paradigma, um sistema de produção em massa, a mídia em massa e o marketing em massa, está sendo substituído por um paradigma totalmente novo, um sistema econômico baseado no um-para-um (1:1). O futuro 1:1 será caracterizado por produção personalizada, mídia orientada para o indivíduo e marketing 1:1, mudando totalmente as regras da competição e do crescimento dos negócios. Em vez de participação de mercado, a meta da maioria das empresas será a participação de consumidor – um consumidor por vez. O negócio 1:1 no futuro irá se concentrar menos em lucros a curto prazo derivados de volumes de transação trimestrais ou anuais e mais no tipo de lucro que pode ser conseguido com a retenção de longo prazo do consumidor e com o valor do consumidor ao longo de sua vida."

*(Peppers and Rogers 1993, p. 5)*

## Objetivos de Aprendizado

- Examinar o público atual e potencial do comércio eletrônico.
- Descrever como o processo de e-marketing afeta o comércio eletrônico.
- Explicar como os recursos de marketing eletrônico podem ser utilizados para monitorar a análise da situação.

# Introdução

Há um paralelo entre os processos de marketing on-line ou eletrônico e o processo de marketing tradicional. Ambos demandam uma análise da situação para estabelecer o padrão de comparação (*benchmark*) da situação de marketing do passado e do presente. A partir dessa base de opiniões e fatos, podem ser estabelecidas as etapas seguintes, o planejamento de marketing e a implementação de marketing. Os recursos de marketing eletrônico auxiliam na análise da situação ao proporcionar recursos de pesquisa mais prontamente acessíveis de modo mais rápido e conveniente para o profissional de marketing; na essência, as estatísticas dos órgãos de pesquisa governamentais e privados chegam até você onde quer que você esteja. Buscas de estudos de opinião, números internacionais de comércio ou características de comportamento do consumidor podem ser conduzidos on-line, e os resultados podem ser integrados no processo on-line de planejamento de marketing. Saber onde você estava e onde você está hoje é essencial para planejar aonde você quer chegar amanhã.

O processo de marketing eletrônico é circular. As atividades iniciam com a análise da situação e depois as descobertas moldam as estratégias futuras do planejamento de marketing. O planejamento leva à ação, a etapa de implementação de marketing, e da implementação conhecem-se os resultados do programa, sejam eles positivos ou negativos. Esses resultados alimentam a análise da situação do ano seguinte como um importante fator a ser integrado na programação futura. Em cada etapa, os recursos de marketing eletrônico agregam um recurso único ao processo de marketing tradicional: a interatividade. Interatividade é a capacidade de comunicação bilateral entre o consumidor e o comerciante on-line ou o profissional de marketing on-line. Você pode dizer que isso reduz a necessidade de leitura de pensamento. Um forte programa de marketing eletrônico abre caminho para os sucessos do **comércio eletrônico**.

As estimativas do comércio eletrônico são substanciais, ainda que entre os produtos de consumo geral, como utensílios para casa, vestuário e acessórios, ou eletrodomésticos, o sucesso ainda precise ser comprovado. As primeiras indicações sólidas da compra eletrônica vieram com o feriado de Natal de 1998. "Esse foi o primeiro Natal de fato ditado pela Internet nos Estados Unidos. Quando foram contados todos os cliques de mouse e o dinheiro, os consumidores gastaram cerca de $ 4 bilhões comprando bens e serviços (excluindo viagens) on-line durante o quarto trimestre de 1998 e quase $ 10 bilhões em todo o ano, de acordo com o Boston Consulting Group (http://www.bcg.com). As vendas em e-commerce mais que triplicaram em relação ao ano anterior. Com o mouse e o **modem**, os consumidores em mais de oito milhões de lares votaram que prefeririam comprar on-line que brigar por Furbys[1] e vagas de estacionamento nos shoppings" (Sellers, 1999, p. 71).

# Tem alguém aí?

Antes de ser iniciada a discussão sobre o comércio eletrônico cabe a pergunta: exatamente quem está usando a World Wide Web para fazer compras? O número estimado de usuários da Internet varia muito e, considerando que é um veículo de comunicação bastante jovem, isso é fácil de entender. Usando uma pesquisa mundial da Internet, a Nua estimou que 581 milhões de pessoas estavam conectadas à Internet em maio de 2002 (Nua, 2002a). Um consenso de institutos

---

1 Brinquedo eletrônico que se tornou uma mania nos Estados Unidos após o seu lançamento no verão de 1998. Devido ao seu sucesso, as pessoas passaram a fazer imensas filas em frente às lojas para poder comprar os brinquedos, que se esgotavam rapidamente. (N.R.T.)

de pesquisa conceituados (IDC, GFK Research, Media Metrix/Sifo, Mori de Mexico, Norsk Gallup, Proactive, Taloustutkimus, D'Alessio/Harris, Nielsen//NetRatings, Eurobarometer) fixou a população norte-americana on-line em 149,6 milhões na pesquisa de 2000. A estimativa de novembro de 2001 previa que o número de usuários da Web já tinha atingido 181,4 milhões (CommerceNet/Nielsen, 2001).

Esse número excedia substancialmente o do *Iconocast Newsletter*, que estimava que 57 milhões de consumidores estivessem usando a Web desde 1999. Em abril de 2002, a Harris Interactive pesquisou usuários adultos da Internet para descobrir que 137 milhões estavam ativos somente nos Estados Unidos, um bom aumento em relação aos 127 milhões de 2001. Segundo a Nua, em 2002 havia 183 milhões de pessoas conectadas à Internet nos Estados Unidos e no Canadá, 186 milhões na Europa e 168 milhões na Ásia/Pacífico (Nua, 2002a).

Em 2000, 44 milhões de lares norte-americanos tinham pelo menos um membro da residência conectado à Internet (CyberAtlas 2000) e uma pesquisa de junho de 2001 da Gartner Dataquest descobriu que 65 milhões de lares norte-americanos estavam usando ativamente a Internet, um aumento de 8,4 milhões de usuários em relação à pesquisa de novembro de 2000. Uma consideração que deve ser significativa para os profissionais de marketing é o acesso à Internet, não necessariamente o número de hits, mas o tempo que o usuário passa visitando – quanto mais longa a visita, mais interessado o visitante. Os Websites que retêm a atenção do usuário por mais tempo são descritos como *sticky* (pegajosos). Na verdade, o Website mais *sticky* de 2000 foi o http://Weatherbug.com. Entre 2002 e 2004, houve uma corrida das mulheres à Internet. Elas já superavam os homens em número de usuários on-line, 52,1% *versus* 47,9% (acima de 18 anos). Segundo a Mediamark Research (http://www.mediamark.com), em 2004 havia 39 milhões usando a Internet no trabalho. A empresa estimava na época que nove entre dez crianças em idade escolar (6 a 17 anos) tinham acesso à Internet na escola. Os níveis de educação já se equilibravam, embora lentamente. Na década de 1990, cerca de dois terços dos usuários da Internet tinham em média 30 anos e pelo menos formação universitária. Em 2004, o número de usuários com nível superior completo já havia caído para 22,9% do universo de usuários e os universitários respondiam por 26,6%. O restante dos usuários, 50,5%, não tinha curso superior. Para o profissional de marketing, o potencial de mercado de muitos produtos e serviços aumentou. Dados de 2000 revelavam que a idade média dos usuários da Web havia subido de 30 anos para 38 anos em todo o mundo (Mediamark Research, 2000).

Qual estimativa está certa? Todas as estimativas, das mais conservadoras às mais extravagantes, são geradas por empresas de pesquisa respeitadas, bem como "pseudofuturistas" acenando com seus papéis cheios de previsões com números contendo de seis a nove zeros como

**Quadro 2.1**

**ADULTOS ON-LINE NOS ESTADOS UNIDOS**

| Ano | Adultos On-Line |
|---|---|
| 1995 | 9% |
| 1997 | 30% |
| 1998 | 56% |
| 2000 | 63% |
| 2001 | 64% |
| 2002 | 66% |

*Fonte:* Adaptado do U.S. online population holds steady. *CyberAtlas Newsletter*. 7 de novembro de 2001; Harris Interactive Poll® nº 18, 17 de abril de 2002. Penetração da Internet entre 66% dos adultos (137 milhões) em todos os Estados Unidos.

Quadro 2.2

**AS 10 MAIORES POPULAÇÕES ON-LINE DO MUNDO**
(POPULAÇÃO MUNDIAL DA INTERNET)

| Projeção classificada para 2004 | |
|---|---|
| 102,0 milhões | Estados Unidos |
| 20,0 milhões | Japão |
| 15,1 milhões | Alemanha |
| 13,1 milhões | Coréia do Sul |
| 13,0 milhões | Reino Unido |
| 8,8 milhões | Canadá |
| 8,3 milhões | Itália |
| 6,0 milhões | Brasil |
| 5,6 milhões | Austrália |
| 5,5 milhões | França |
| 5,0 milhões | Taiwan |
| 4,5 milhões | Holanda |

*Fonte:* Adaptado do The world's on-line populations. *CyberAtlas Newsletter*. 21 de março de 2002.

universo de usuários. Provavelmente não há um número preciso para usuários da Internet com o qual construir um plano de marketing para levar a cabo. Nesse ponto, não existe recurso certeiro para delinear os números exatos de usuários ou compradores. Basta dizer que usar a Internet é um jeito difícil de se fazer medições, pois os usuários podem acessar em diversos locais diferentes – trabalho, casa, escola, campus, bibliotecas, e assim por diante. Para os objetivos deste livro, será usado somente o melhor da lógica para determinar o uso da Internet.

Se o número de usuários da Internet não pode ser quantificado, como se pode criar um perfil do usuário em geral? A diferença entre sexo e idade não existe mais. Há muitos anos, o usuário da Web era um indivíduo com nível superior completo e 30 anos de idade. Agora a idade média dos usuários subiu para 38 anos, e os usuários estão divididos igualmente entre os que freqüentaram a universidade e os que não o fizeram. As pessoas que têm nível superior ou pelo menos freqüentaram um curso de pós-graduação representam 22,9% dos usuários; as pessoas que têm nível superior incompleto formam 26,6% dos usuários da Internet. Os 50,5% restantes nunca freqüentaram uma universidade.

Se o estado civil for importante para o profissional de marketing, uma pesquisa da Mediamark Research feita na primavera de 2002 estimou que a maior categoria de respondentes (57,2%) era casada, a segunda maior era composta por solteiros (24,0%) e, por último, 18,8% caíam na categoria "outros". A renda familiar foi quantificada em quatro segmentos. Os trabalhadores especializados representavam 10,4% dos usuários da Web e os gerentes executivos ou administradores respondiam por 9,9%. O terceiro segmento, compreendido por vendedores, técnicos e profissionais não-especializados, somava 18,3% dos usuários da Web; por fim, o quarto grupo, formado por indivíduos que trabalhavam com artes, manutenção e instrumentos de precisão, compunha 7,1% dos usuários da Web.

Os padrões de uso em casa também têm o que dizer. O alcance dos serviços on-line continua a crescer. A Decision Analyst, Inc. (http://www.decisionanalyst.com), da Fort Worth, relatou que 23% dos lares possuíam serviço de Internet até dezembro de 2000. Esse número era maior que os 12% do ano anterior e os 5% de 1995. Segundo o instituto de pesquisa Harte-Hanks

Quadro 2.3

**APLICATIVOS MAIS POPULARES**

| Ranking | Item | Mencionado por |
|---|---|---|
| 1. | E-mail | 93% |
| 2. | Mecanismo de busca utilizado | 79% |
| 3. | Produtos e serviços pesquisados | 63% |
| 4. | Informações locais | 60% |
| 5. | Concursos/apostas | 59% |
| 6. | Notícias | 53% |
| 7. | Mensagens instantâneas | 52% |
| 8. | Cartões/postais virtuais | 52% |
| 9. | Visualização on-line de contas | 48% |
| 10. | Jornal on-line | 46% |

***Fonte:*** Adaptado de Greenspan, Robyn. *American surfers keep it simple*. 19 de setembro de 2002. Copyright © Jupitermedia. Todos os direitos reservados. Utilizado com permissão.

Market Intelligence (http://www.zdintelligence.com), o uso residencial estava e ainda continua impulsionando o crescimento da Internet. De acordo com Nielsen//NetRatings, o acesso residencial à Internet, em todo o mundo, já se aproximava dos 500 milhões no primeiro trimestre de 2002 (Pastore, 2002b). Enquanto o e-mail continuava a ser a atividade mais popular da Internet, com 93%, o aumento no número de compras feitas pela Internet era digno de nota.

Em 2001, a Harte-Hanks Market Intelligence descreveu uma nova categoria: pesquisar na Internet, mas comprar usando os canais normais. Em 2002, a Jupiter Research estimava que 66 milhões de consumidores se enquadravam nessa categoria de "compradores multicanais". Estimava-se que compradores multicanais e leais a uma marca continuariam a responder por cerca de 19% desse total, ainda que compradores em canais cruzados que não demonstravam lealdade a uma marca de varejo já houvessem atingido 64% (Saunders, 2002). Para entender toda a extensão do uso da Internet, dê uma olhada em como o uso da banda larga na Internet ultrapas-

Quadro 2.4

**PCs EM USO POR REGIÃO**
(EM MILHÕES)

| | 1995 | 2000 | 2001 | 2007 |
|---|---|---|---|---|
| Em todo o mundo | 229 | 530 | 603 | 1,150 |
| Participação em residências | 35,2% | 43,5% | 45,1% | 52,3% |
| Estados Unidos | 93,5 | 162 | 175 | 251 |
| Participação em residências | 36,9% | 49,0% | 50,4% | 54,6% |
| Europa Ocidental | 62,4 | 139 | 158 | 285 |
| Participação em residências | 39,2% | 48,5% | 49,9% | 52,9% |
| Ásia-Pacífico | 43,6 | 139 | 166 | 367 |
| Participação em residências | 29,3% | 35,8% | 38,3% | 53,9% |

***Fonte:*** Computer Industry Almanac. 11 de março de 2002.

Quadro 2.5

**O USO DA INTERNET PELOS ADOLESCENTES**

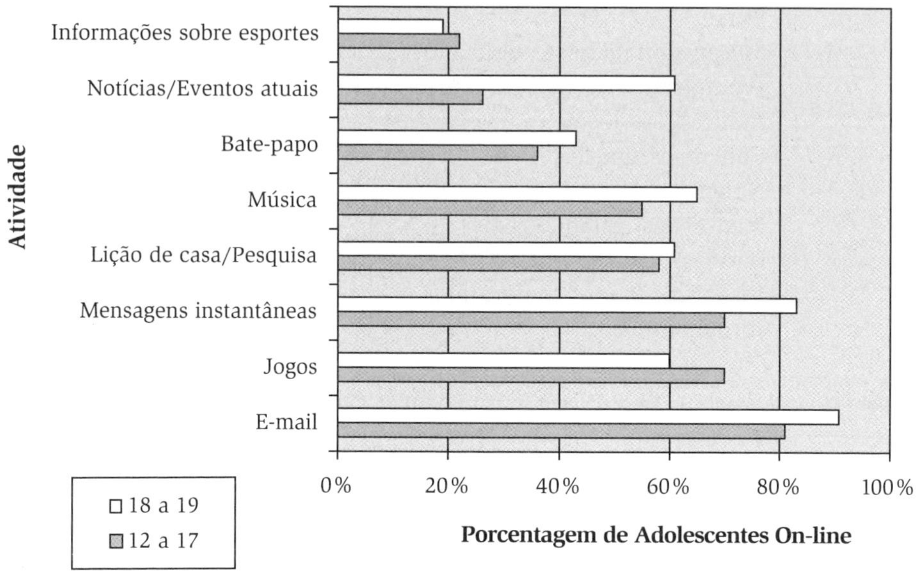


*Fonte:* Internet Key to Communication Among Youth, Michael Pastore. 25 de janeiro de 2002. (http://www.clickz.com/stats/sectors/demographics/article.php/961881)

sou o uso da banda estreita a partir de janeiro de 2002. De acordo com a Nielsen//NetRatings, os usuários de banda larga usaram 1,19 bilhão de horas, respondendo por 51% dos 2,3 bilhões de horas gastos on-line durante aquele mês. Quase 21,9 milhões de usuários domiciliares acessaram a Internet via conexão banda larga em janeiro de 2002, um aumento de 67% em relação a janeiro de 2001, correspondendo a 21% da população total on-line em residências (Pastore, 2002c).

Pense no consumidor de amanhã. De acordo com uma recente pesquisa da Nielsen//NetRatings, crianças e adolescentes foram responsáveis por quase 20% da população on-line ativa nos Estados Unidos no mês de julho de 2002. Na realidade, um em cada cinco crianças e adolescentes norte-americanos, entre 2 e 17 anos de idade, acessaram a Internet de casa durante o mês de julho de 2002, equivalente a 20 milhões de usuários no total. Ainda que os Websites de compras sejam populares entre os adolescentes, um estudo de 2001 com os dados da Media Metrix descobriu que adolescentes gastavam a maior parte dos minutos usando os portais Yahoo! e MSN e checando o e-mail no Hotmail (Pastore, 2001). Essa tendência não estava mudando drasticamente, pois um estudo de 2002 da AOL descobriu que a Internet se tornou a principal ferramenta de comunicação para adolescentes, em alguns grupos ultrapassando até mesmo o telefone. Oitenta e um por cento dos adolescentes entre 12 e 17 anos de idade enviavam e-mails a amigos e parentes, enquanto 70% usavam aplicativos de mensagens instantâneas para enviar mensagens de texto via computador e dispositivos sem fio (ou seja, mensagens de texto pelo celular). Entre os adolescentes mais velhos que acessavam a Internet (18 a 19 anos), os número eram muito maiores – 91% usavam e-mail e 83% usavam mensagens instantâneas. Dos respondentes com idade entre 18 e 19 anos, 56% na verdade preferiam a Internet ao telefone. A AOL também descobriu que 58% dos adolescentes mais novos e 61% dos mais velhos acessavam a Web para fazer a lição de casa, enquanto 26% dos mais novos e 61% dos mais velhos acessavam a Internet para ver notícias e informações sobre eventos atuais. Como seria de se esperar, o download de músicas digitais já era um dos usos mais populares da Internet para os adolescentes: 55% dos adolescentes mais jovens usavam a Internet para ouvir e fazer **download** de música digital e 65% dos adolescentes mais velhos utilizavam esse serviço. Não surpreende, portanto, que a participação em jogos on-line fosse ainda mais popular. No entanto, 70% dos adolescentes mais novos usavam a Internet para jogar, em comparação a somente 60% dos adolescentes mais velhos. Na época deste estudo, parecia que os adolescentes mais velhos estavam caminhando para outros interesses, como viagens, com 51% deles confiando na Internet para planejar as férias e buscar informações de viagem (Pastore, 2002a).

Uma pesquisa contínua da Nielsen//NetRatings[2] rastreia o número de usuários ativos da Internet em 20 países, respondendo por mais de 90% dos usuários mundiais da Internet. O número de usuários ativos é uma estimativa do número de pessoas que realmente acessam a Internet em determinado mês, e não do número de pessoas com acesso. A última contagem pode ser encontrada no quadro CyberAtlas Stats Tool em Online Populations (http://cyberatlas.internet.com/big_picture/stats_toolbox/article) (CyberAtlas, 2002). A Nua compila essa e outras pesquisas em um relatório sucinto que oferece uma estimativa dos usuários mundiais da Internet. O relatório mais recente deles exibe os seguintes dados:

As estimativas do volume de comércio eletrônico são, na melhor das hipóteses, evasivas. Uma respeitada firma de pesquisas, a comScore Media Metrix, estima que as vendas totais ao consumidor (excluindo leilões) em julho de 2002 bateram nos $ 6 bilhões, 26% acima do mesmo período em 2001. Vendas não relacionadas a viagens cresceram 20%, subindo para $ 3,1 bilhões (Greenspan, 2002a).

**Quadro 2.6**

**QUANTOS ESTÃO ON-LINE?**
(em milhões)

| | |
|---|---|
| Total no mundo | 605,60 |
| África | 6,31 |
| Ásia/Pacífico | 187,24 |
| Europa | 190,91 |
| Oriente Médio | 5,12 |
| Canadá e Estados Unidos | 182,67 |
| América Latina | 33,35 |

Esses números são uma estimativa de quantas pessoas estão on-line em todo o mundo após setembro de 2002.
*Fonte:* Adaptado de *How many online?* Nua Internet Surveys. Setembro de 2002.

A eMarketer estimava que os usuários da Internet nos Estados Unidos gastavam on-line cerca de $ 866 em 2001, número que saltou para mais de $ 1.089 ao final de 2002.

2 No Brasil, o Ibope associou-se à Nielsen//NetRatings para formar o Ibope//NetRatings. Dados atualizados sobre a utilização da Internet no Brasil podem ser encontrados no Website http://www.ibope.com.br. (N.R.T.)

A Shop.org estimou que o mercado on-line houvesse alcançado $ 72,1 bilhões em 2002, um crescimento de 21% sobre 2001.

## Por que as empresas devem pensar em usar marketing eletrônico?

Você já deve reconhecer que o marketing na Internet requer abordagens para mais de uma situação padrão. As decisões de se acatar a Internet podem ser feitas por empresas estabelecidas há tempos procurando novas abordagens. Outros empreendedores podem usar a Internet para dar vida a um negócio que está começando ou a outro que já tenha alguma história, mas nenhum dinheiro. Outra possível opção é que uma empresa nacional atual veja um produto ou serviço que se encaixe em um mercado específico de um determinado país ou região; por exemplo, geléias deliciosas ou doces de qualidade podem atender o gosto da região sul da Europa. Em cada caso, o profissional de marketing deve se dar conta de que é necessário um novo tipo de inteligência, a e-informação que se ajuste ao e-marketing. Buscas de informações amplas devem incluir recursos on-line adequados.

Antes de qualquer empresa se decidir por subir no trem da Internet, é inteligente analisar os motivos pelos quais o comércio eletrônico é certo para a firma. A exploração da Internet é modismo ou besteira para seu setor? A empresa possui um plano estratégico sólido e um processo de implementação para a sua principal ofensiva de marketing? Será que mergulhar na Web seria colocar o carro na frente dos bois? O início da presença na Web é meramente uma instrução do chefe? São muitas as perguntas que o profissional de marketing deve fazer a si mesmo antes de quaisquer ações de mídia eletrônica serem tomadas. Muitas organizações atacaram o meio Internet sem estabelecer metas ou planos específicos ou sem um método de medir o desempenho. Antes de gastar uma grande quantidade de dinheiro e tempo, faça a si mesmo as seguintes perguntas sobre o marketing on-line:

- Qual é o objetivo da empresa ao engajar-se em comunicação on-line? Quais são as metas adequadas? A empresa está procurando por lucros ou prestígio? Há seriedade na questão de criar uma presença on-line?
- Por que a empresa deve criar um Website? Para apresentar novos produtos? Para reduzir os custos de distribuição? Para alcançar novos clientes? Para melhorar o suporte técnico? Para melhorar as relações com o revendedor?
- O que esperamos conseguir com a presença on-line? Empresas diferentes possuem expectativas diferentes. Dentro de uma empresa, diferentes departamentos podem ter necessidades diferentes de um Website da Internet ou de um sistema de intranet. O departamento de engenharia pode precisar de uma intensa troca de dados. O departamento de recursos humanos pode esperar usar o Website para anunciar vagas de emprego ou armazenar registros de pessoal, enquanto o pessoal de relações públicas pode preferir usar o Website para canalizar as perguntas que chegam da mídia.
- Como o departamento de comunicação irá integrar essa presença na Web e identificar os materiais promocionais mais adequados ao meio? Quem estará a cargo dessa transformação de identidade? Quem irá verificar se todos os pontos críticos foram cumpridos?
- Do mesmo modo, quem será responsável pela criação do Website? Como será o fornecimento de informações dos diversos departamentos em relação às suas expectativas para o Website? Quem será o árbitro final sobre o conteúdo final do Website? Quem será o **Webmaster**?

- Quem irá definir o orçamento para a produção e a implementação do Website? De qual departamento serão retirados os custos das atividades on-line? A empresa possui recursos suficientes para ter uma representação on-line excepcional?
- A empresa tem o talento e a paciência para permitir que o Website cresça e se torne um veículo de comunicação maduro e produtivo? Sua empresa opera com foco no curto ou longo prazo? As atividades on-line se beneficiam apenas com uma perspectiva a longo prazo.

Entenda que perguntas simples podem precisar de respostas complexas. Se seus superiores não puderem lhe dar respostas suficientes e bem compostas a essas questões relacionadas a marketing e às operações, pode não ser aconselhável continuar no projeto de Internet. As atividades na Internet – assim como outros programas com potencial, mas não testados – podem não gerar sucesso por um ano ou mais. Além disso, o comerciante deve continuar a cuidar do projeto em meio à incerteza e até mesmo à zombaria de outras pessoas dentro da empresa. Portanto, esteja preparado para receber críticas e conselhos assim que o projeto de Internet começar.

Agora que alguns objetivos e expectativas para as atividades da Internet já foram estabelecidos, a discussão a seguir se voltará na direção de uma maior compreensão do comércio eletrônico. Você encontrará muitas definições diferentes de comércio eletrônico, mas normalmente a diferença é grande só na indústria. Em uma definição simples, o comércio eletrônico é um sistema on-line de compras e recuperação de informações acessado por redes de computadores pessoais. O comércio eletrônico pode ser considerado o resultado *final*; os recursos de marketing eletrônico são os meios, as ferramentas pelas quais o comércio eletrônico, ou e-commerce, é executado de forma mais eficiente e eficaz. Esse método de comércio normalmente é uma transação direta – que pode ser de bens ou serviços e que pode também incluir informações, videoclipes ou som ou ainda seqüências de movimento – do fabricante ao consumidor final. O intercâmbio pode envolver o pedido de bens de um varejista, e os varejistas mais agressivos introduziram sistemas de apresentação e pedidos on-line. Quase todos os varejistas, fabricantes ou distribuidores contarão com um endereço de Website na Internet ou de e-mail, ou ambos. Você pode pensar na Internet como uma torneira promocional adicional a canalizar o fluxo das compras dos consumidores atuais e potenciais. Outras torneiras emanam dos veículos promocionais tradicionais, como jornal, televisão, rádio ou correio direto. Os profissionais de marketing desenvolvem receitas próprias de táticas promocionais para adequar as linhas de produto ou indústrias em que eles concorrem. Agora, as ferramentas de comunicação eletrônica são e continuarão a ser um importante ingrediente no mix promocional.

Como as empresas estão usando a Internet? Dados da Jupiter Media Metrix indicavam que cerca de 52,8 milhões de pessoas usavam a Internet no trabalho. A Nielsen//NetRatings estimava que quase 46 milhões de pessoas acessaram a Internet do trabalho em 2002, um aumento de 17% sobre 2001. A pesquisa também descobriu que a maioria dos usuários no trabalho procurava mais por informações do que por entretenimento. Em uma pesquisa de 2002 conduzida pela Dunn & Bradstreet, cerca de 50% dos pesquisados disseram que suas empresas possuíam um Website próprio que era 'parte integral' da forma como eles faziam negócios. Esse número era superior aos 43% de 2001. No entanto, 34% disseram que o Website 'não era importante' para os negócios e que eles não tinham um. Além disso, somente 16% desses 34% planejavam ter um Website 'no futuro próximo', menos da metade dos 35% que estavam na mesma posição em 2001 (21º relatório anual resumido de pesquisa com pequenas empresas, de 2002). Um relatório fornecido pela Intergov International sugeriu que 66% dos negócios já usavam a Internet para propaganda, marketing e relações públicas. Enquanto isso, atendimento ao consumidor e suporte técnico (9%), pesquisa (7%) e e-mail (4%) respondiam pelo restante (Intergov, 2002). Outro estudo da American Express, conduzido com proprietários/gerentes de pequenos negócios, mostrava que 66% integraram a Internet como uma ferramenta para auxiliá-los a gerenciar os negócios (Greenspan, 2002b).

O Quadro 2.7 esboça as atividades relatadas como mais comuns aos usuários de Internet de pequenos negócios:

**Quadro 2.7**

| Atividade | Porcentagem |
|---|---|
| Fazer planos de viagem | 36 |
| Comprar materiais e equipamentos de escritório ou outros serviços corporativos | 36 |
| Conduzir pesquisa no setor ou no mercado | 34 |
| Marketing ou propaganda | 29 |
| Networking com outros empreendedores | 24 |
| Comprar bens de atacadistas | 22 |
| Gerenciar contas e fazer pagamentos | 16 |

*Fonte:* Adaptado de Greenspan, Robyn. *Small biz benefits from Internet tools*. 28 de março de 2002.

## Entre no mercado virtual

A oportunidade para uma vasta exposição 24 horas, ininterruptamente, levou ao surgimento dos varejistas virtuais, das vitrines virtuais e dos shoppings virtuais. Essas entidades existem? Sim, mas não em tijolo e cimento; em representações eletrônicas de lojas, armazéns ou shopping centers. A porta da frente, o teto e a porta dos fundos de uma loja virtual são a superfície plana do seu monitor. Por exemplo: uma das maiores livrarias, com milhões de consumidores em mais de 200 países, a Amazon.com (http://www.amazon.com – Figura 2.1) é uma livraria virtual sem local físico, (no final de 1998, no entanto, a Amazon adquiriu um centro de distribuição real com quase 7.500 m² na região sul de Seattle), sem vendedores e sem livros arrumadinhos nas prateleiras. Quando você busca e faz o pedido de livros, fitas de áudio ou vídeos, o sistema de pedidos alerta a editora ou o atacadista para enviar diretamente para o endereço do comprador. A maioria dos livros e de outras mercadorias jamais é tocada pela empresa Amazon. Se, no entanto, você olhar atentamente na Internet, verá uma grande presença da Amazon fazendo propaganda em mecanismos de busca, em várias páginas iniciais e em diversos links que levam à Amazon. Por outro lado, a tradicional loja Barnes & Noble (http://www.barnesandnoble.com) mantém uma cadeia de lojas de varejo, além de ter uma grande visibilidade na Internet. O que motiva as diferentes estratégias entre as duas empresas? Provavelmente uma das principais motivações inclui o fato de cada varejista servir consumidores com diferentes características demográficas, **psicográficas** e comportamentais. Elas também têm diferentes estratégias de distribuição, mas ambas vendem o mesmo produto – livros e material impresso. Há ainda uma maior divergência na estratégia de vendas, por exemplo, no fato de que a Amazon decidiu recentemente vender CDs pela Web, enquanto a Barnes & Noble decidiu vender CDs em suas lojas, mas não pela Internet. As duas livrarias usam estratégias de diferenciação distintas – a Amazon ostenta grandes descontos e uma lista de 2,5 milhões de títulos disponíveis, enquanto a Barnes & Noble cria uma atmosfera de cafeteria e dá descontos menores –, mas ambas abraçaram a Internet como um importante veículo de comunicação e vendas.

Quem são os outros participantes da operação de vendas on-line, além do vendedor dos bens ou serviços? Os profissionais de marketing contratam especialistas em comunicações, como designers ou Webmasters que trabalham internamente, para criar e manter a posição da empresa na Web. A empresa pode, no entanto, optar por contratar uma empresa externa para desenvolver e implementar um Website (sistema ***turnkey***[3]). Essa empresa externa pode ser uma operação de uma só pessoa ou uma **agência de publicidade interativa** de abrangência nacional, e a escolha quanto ao fornecedor adequado depende dos planos e das necessidades do profissional de marketing. O terceiro participante é o **IP (provedor da Internet)** ou o **ISP (provedor de serviços da Internet)**, que proporcionam os equipamentos necessários (servidores, conexão com a Internet e manutenção do sistema) para lidar com as operações diárias de seus clientes. Essas três partes devem manter contato próximo para que o Website seja atraente e atualizado e opere adequadamente. O trabalho do profissional de marketing é monitorar o desempenho do Website, bem como a entrega, pelo ISP, de um serviço sem interrupções.

## Comparando com o modelo do processo de marketing tradicional

É possível, e certamente vantajoso, introduzir recursos de marketing eletrônico em cada uma das etapas do processo de marketing. Por quê? Os recursos eletrônicos promovem dados mais precisos em níveis micro e macro do mercado. A Internet também é perfeita para comunicações individuais que levem em conta, com os padrões de serviço adequados, um relacionamento mutuamente benéfico entre o comerciante e o consumidor. Você provavelmente já salvou nos seus Favoritos – a prática de salvar os endereços úteis da Internet em um diretório especial – diversos Websites usando o navegador e fez isso porque esses Websites oferecem informações ou entretenimento que você quer. Talvez esses Websites favoritos sejam a ESPN Sports (http://ESPN.SportsZone.com), a Casa Branca (http://www.whitehouse.gov), a CBS Primetime (http://www.cbs.com) ou o *South Park* (http://www.comedycentral.com). Esses são Websites de que você gosta e, ao longo de meses ou anos, tornaram-se seus amigos, algo que você pode acessar e com o qual pode 'conversar' prontamente. Esse é um relacionamento, como você sabe, no qual alguém estará em casa quando você ligar.

Como podem ser comparadas as etapas do processo e quais ferramentas podem ser integradas para se criar um diálogo ainda mais rico com o consumidor? Diz-se que, sem uma direção, qualquer estrada o levará até lá, mas com planejamento, você pode chegar ao seu destino mais diretamente. O modelo do processo de marketing tradicional será discutido antes que os novos recursos eletrônicos sejam apresentados. Esteja você introduzindo um produto ou serviço novinho em folha ou planejando o programa de marketing do ano que vem para um produto ou serviço existente, os profissionais de marketing devem compreender a dinâmica correta do mercado de trabalho. O que mudou desde o ano passado? Novos concorrentes invadiram o mercado? Quais são os fatores ambientais que você deve enfrentar hoje? As taxas de juros subiram? Em caso positivo, pagamentos com mais juros podem tirar um pouco do seu público do mercado. Quais são as tendências demográficas que afetam as vendas do seu produto? As taxas de natalidade estão aumentando, os casamentos ou divórcios estão diminuindo? Se você está vendendo para o mercado infantil, pode estar falando com um público menor que antes. Se seus serviços da área da saúde são orientados para o mercado da terceira idade, quais são as tendências em aposentadoria hoje em dia? E os aposentados estão se mudando para sua região? Todos esses exemplos são

---

3 *Turnkey* refere-se a um sistema adquirido de uma empresa de softwares pronto para ser utilizado imediatamente – basta apenas virar a chave ("turn the key") para o sistema começar a rodar. (N.R.T.)

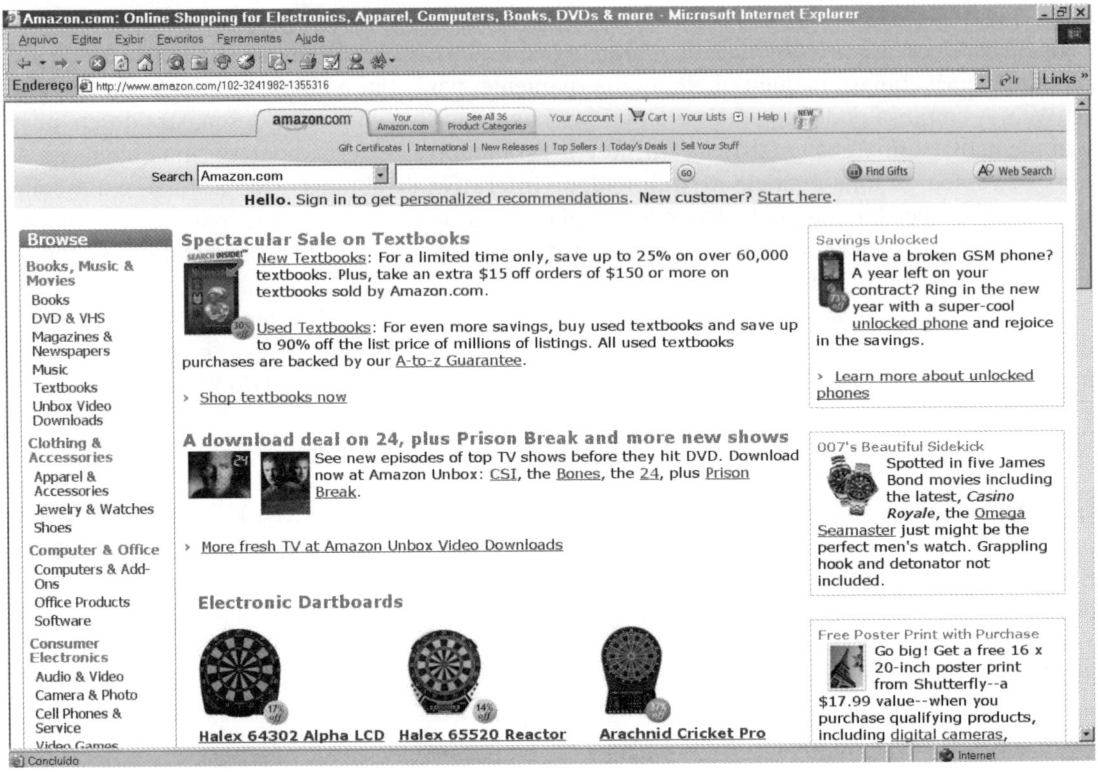


**Figura 2.1** A Amazon.com é o modelo financeiro e de operação de marketing para lançar empresas on-line. Ela incentiva os varejistas independentes a colocar um mecanismo de busca da Amazon em seus Websites para que eles ganhem mais comissões.
*Fonte*: Amazon.com (http://www.amazon.com). Copyright © 2006. Todos os direitos reservados. Utilizado com permissão.

# História de um Case de E-Marketing

## CEO DA PRICELINE VÊ A INTERNET GUIANDO AS VENDAS DE CARROS

O empresário de comércio eletrônico Jay Walker, presidente da empresa privada Priceline.com, diz que espera lucrar com o fato de muitos consumidores abominarem as concessionárias. O novo serviço da Priceline reduz o sofrimento e o estresse da compra de carros ao eliminar a parte mais irritante do processo – o vendedor. "Os carros, infelizmente, são um item em que os consumidores menos gostam em termos do processo (de compra)", disse Walker à Reuters em uma entrevista. A Stamford, a Priceline.com de Connecticut, que tem cem funcionários, lançou um serviço "diga-o-seu-preço" para carros e caminhões novos no Website da empresa. O serviço, inicialmente oferecido somente na região de Nova York e destinado à expansão por todos os Estados Unidos, contou com 20 mil visitantes em seu primeiro dia, disse Walker. "O serviço inicial da Priceline, as passagens aéreas, foi lançado na primavera de 1998 e acumulou vendas de 30 mil passagens nos primeiros três meses", disse Walker (Lewis, 1998). No primeiro trimestre de 2002, a Priceline relatou receita em viagens de $ 302.882,00 (Priceline, 2002).

assuntos ambientais que você, o profissional de marketing, não consegue controlar. É uma boa idéia, no entanto, que você tenha consciência das alterações no mercado antes de começar a fazer seus planos de marketing e gastar o seu orçamento de marketing. As tendências ambientais de rastreamento de informações estão disponíveis para o profissional de marketing? Sim, e com as ferramentas eletrônicas as tendências podem ser estudadas mais a fundo e com mais rapidez. Veja a seguir uma ilustração do modelo tradicional.

## MODELO DE PROCESSO DE MARKETING

Análise da situação • Planejamento de marketing • Implementação de marketing

A primeira etapa na sua visão geral de marketing é fazer uma análise da situação. Essa prática é especialmente importante, uma vez que constitui a base para as duas outras etapas. Assim como um foguete viajando para a lua, o menor erro na trajetória no lançamento resultará em um grande erro no alvo, lá longe. Quanto maior o erro, mais longe a meta estará. Portanto, tome muito cuidado ao estabelecer fatos e opiniões, pois seu programa de marketing pode ser construído sobre areia. A seguir está um esboço para estabelecer as etapas do processo de marketing on-line e os recursos eletrônicos correspondentes:

| Etapa | Recursos eletrônicos |
|---|---|
| I. Análise da situação | |
| A. Declare os objetivos da pesquisa de marketing | |
| B. Pesquisa de dados relevantes sobre o mercado | Websites do setor ou de associações, grupos de discussão, **Usenets**, fontes de dados governamentais, boletins eletrônicos, **CD-ROMs** |
| 1. Defina de quais informações você precisa. | |
| 2. Essas informações estão disponíveis? | |
| 3. Onde você pode conseguir as informações necessárias? | |
| C. Descrição dos mercados atual e potencial | Bancos de dados de empresas, Websites do setor, fontes governamentais, pesquisas por e-mail, CD-ROMs |
| D. Descrição do novo produto ou serviço | Bancos de dados de consumidores, pesquisas por e-mail, grupos de discussão, boletins do setor |
| E. Fatores ambientais e tendências de mercado | Fontes de dados governamentais, pesquisas por e-mail, Websites do setor |
| F. Dados demográficos e outras características | Software de dados demográficos, Websites do setor, fontes de dados governamentais |
| G. História e/ou competências da empresa (se aplicável) | Documentos internos, entrevistas com funcionários |

| | |
|---|---|
| H. Análise e avaliação da concorrência | Websites da concorrência |
| I. Avaliação das oportunidades de **nicho** de mercado | Análise de todos os fatores |

## Avaliando a situação do marketing on-line

Ao iniciar a análise da situação, é provável que você descubra alterações inesperadas no mercado, independentemente de você ser um executivo de marketing calejado ou um estagiário de verão. A demanda por seu produto ou serviço pode ser levemente (ou fortemente) alterada em função de fatores externos que chegam a você ou ao departamento sem avisar. A concorrência incansável pode estar minando seus canais de distribuição, atacando relacionamentos com o revendedor ou se preparando para a introdução de um novo produto com apoio de grandes gastos em publicidade. É extremamente fácil ficar preguiçoso quando você está no topo e é igualmente fácil esquecer como sua empresa chegou ao topo. Esses pequenos esforços, como entrar em contato com os vendedores ou revendedores semanalmente, fazer estudos de preço com a concorrência, olhar as novas superlojas dos seus rivais, entrevistar consumidores trimestralmente, verificar indicadores econômicos para o seu mercado e preparar programas de treinamento para seus funcionários, são provavelmente alguns dos métodos para colocar sua empresa no topo. Não há linha de chegada quando você, o profissional de marketing, está entre os líderes da indústria.

Assim como em qualquer esforço de marketing, on-line ou não, o profissional de marketing deve saber onde começar e onde terminar. Pode haver dois lugares diferentes para começar, dependendo do fato de o programa de marketing on-line estar iniciando do zero ou ser uma continuação ou um suplemento de um plano em andamento. Se o programa já existir, os resultados do desempenho do ano anterior devem ser cuidadosamente analisados para julgar a eficiência dos recursos on-line. Saber em que ponto começar é sempre o segredo para o sucesso dos esforços de marketing; as importantes perguntas *quem, o quê, quando, onde* e *por quê* são conceitos convencionais e comprovados de início para investigação. Essa medição do desempenho atual será discutida em breve. Enquanto isso, a discussão imediata assumirá que o programa de marketing está nos estágios iniciais de planejamento. Por onde você deve começar? O profissional de marketing deve decidir quais são os objetivos da presença on-line. Existem diversos objetivos que podem ser escolhidos para o marketing on-line.

- Inicie um programa para criar um índice de lembrança on-line como extensão do programa promocional do produto ou serviço. Nesse caso, os documentos e gráficos devem aderir aos temas existentes da propaganda ou da promoção de venda. Nos primórdios da promoção da Web, os anunciantes simplesmente reproduziam uma propaganda impressa em versão on-line. Esse espelhamento das propagandas impressas existentes não oferecia muita gratificação para o visitante interessado, pois poucos Websites continham interatividade, como links dentro do Website, ou acomodavam conteúdos exclusivos nos quais o visitante poderia saber mais sobre o produto. No meio da década de 1990, os profissionais de marketing e Web designers estavam criando Websites com gráficos, sons e movimentos amigáveis e especiais. Ainda que não fossem tão divertidos como o videogame, os Websites se tornaram veículos exclusivos nos quais os consumidores poderiam ter controle sobre as informações que escolhessem acessar ou desconsiderar. Agora, quase nenhum anúncio para consumidores ou empresas é produzido sem um endereço de Website ou e-mail.

- Um objetivo de um Website pode ser auxiliar no plano de mídia global, dirigido a consumidores ou a empresas, com a introdução de um produto ou serviço on-line. O planejador de mídia pode usar a propaganda como veículo primário, com suporte tradicional de mídia, ou optar por usar a propaganda on-line como meio de suporte para a mídia tradicional. Dependendo do setor – como no de computadores ou outro comércio de alta tecnologia no qual a exposição on-line seja o principal veículo de mídia – as propagandas on-line reforçam as mensagens transmitidas por meios primários, como a televisão ou mídia impressa. Uma vantagem das mensagens transmitidas pela Web é a capacidade de incentivar a resposta interativa – a Web permite que o leitor do jornal ou da revista, o telespectador ou o ouvinte digitem imediatamente um endereço da Web e façam uso do conteúdo de seu interesse. A propaganda tradicional sempre foi um monólogo do anunciante se comunicando com o consumidor, mas não vice-versa. Com o advento do meio on-line, pode ser criado um verdadeiro diálogo, na esperança de resultar em um relacionamento de longo prazo entre ambas as partes. Não só os recursos da Web produzem um diálogo de duas vias, como a Web também realiza suas funções com grande velocidade. Portanto, diversos membros da Geração X, que estão acostumados com um mundo em alta velocidade, ficam impacientes ou se apressam em fornecer soluções instantâneas a suas necessidades de negócios e, dependendo do tipo de conexão – modem telefônico, T-1, fibra óptica, **ISDN (Rede Digital de Serviços Integrados)** ou outro serviço de conexão fornecido –, nunca nenhum deles parece ser rápido o suficiente. Os profissionais de marketing devem reconhecer a "necessidade de velocidade" quando planejam a comunicação ou a logística do plano de marketing.
- Outra faceta oferecida pela comunicação on-line é a capacidade de melhorar o diálogo e reagir rapidamente a questões do atendimento ao cliente. Um endereço de e-mail para comentários ou reclamações de consumidores é um excelente companheiro para um número 0800. Um conjunto bem pensado de FAQs (Frequently Asked Questions – Perguntas Mais Freqüentes) muitas vezes pode economizar o tempo dos representantes do atendimento ao consumidor. O consumidor atual ou potencial pode analisar a lista de FAQs da organização, selecionar a pergunta e receber uma resposta que seja relevante para a sua questão. Sem dúvida nenhuma algumas questões precisarão de uma resposta personalizada, mas uma boa lista de FAQs pode abranger as informações solicitadas com mais freqüência.
- Semelhante às capacidades do atendimento ao consumidor, o suporte técnico também pode ser melhorado com a comunicação via e-mail. Os consumidores podem enviar por e-mail perguntas de hardware ou software, como problemas de configuração, aos técnicos que podem ajudá-lo a resolver o problema. Assume-se que respostas escritas (ou seja, e-mails) possam ser coletadas no período noturno para serem manuseadas em lotes durante o turno do dia. Essa estratégia assíncrona pode reduzir os custos de trabalho ao eliminar a necessidade de ter especialistas técnicos de plantão 24 horas por dia e, assim, a carga de trabalho é distribuída de forma igual. Outro benefício é que as informações técnicas podem ser entregues com uma melhor qualidade de consistência se menos pessoas estiverem lidando com consumidores. A consistência das informações prestadas resultará do treinamento da equipe de atendimento ao consumidor, do qual o departamento de marketing deve participar ativamente. Cada vez mais empresas estão se dando conta de que o contato com o consumidor é, em grande parte, uma função de marketing e estão cobrando o departamento de marketing para desenvolver um esquema de treinamento que se mescle com as missões e visões corporativas.
- A Internet contribui para o teste de conceitos de novos produtos e serviços entre amigos, como os atuais consumidores ou revendedores, ou até mesmo com grupos de consumi-

dores potenciais. Como o endereço de um Website pode ser passado sem alarde, o profissional de marketing pode coletar dados secretamente, e então uma nova interação pode ser testada repetidas vezes. Ao apresentar o New Beetle em 1998, a Volkswagen (http://www.vw.com) realizou 18 meses de pesquisas sobre o design do novo veículo e sobre a reação dos consumidores por meio da Web. O esforço provou valer a pena, pois a reação do consumidor fez com que as entregas do New Beetle sempre fossem insuficientes. A Volkswagen também precisou estabelecer o limite de somente 18 veículos por mês às concessionárias. Pesquisar cuidadosamente as opiniões dos consumidores e depois incorporá-las à pesquisa no design e na produção do renovado Fusca são exemplos significativos de afinação com o público da Volkswagen.

- O rastreamento de consumidores ficou muito mais fácil e preciso à medida que as empresas instituíram programas de desenvolvimento de banco de dados que atualizam automaticamente as atividades do comprador ao longo do tempo. A freqüência de compra e os tipos de produtos começam a formar padrões distintivos a partir dos quais os varejistas on-line podem começar a oferecer menus personalizados de mercadorias, como tipos específicos de vestuário de inverno ou artigos esportivos, CDs de um compositor favorito ou obras literárias de um autor famoso. Diversos comerciantes on-line, como a Amazon.com e a Columbia House (http://www.columbiahouse.com), usam avisos por e-mail quando são disponibilizados novos produtos ou serviços que se encaixam em padrões de compra prévios. Os bancos de dados registram os interesses dos consumidores, bem como seus hábitos de compra, cartões de crédito preferidos, níveis de gastos e outras atividades de compra selecionadas; inspirando-se nos parâmetros do banco de dados, as promoções dirigidas podem ser personalizadas para cada grupo de consumidores. O benefício pode ser mútuo para o consumidor e para o varejista, visto que a oferta de mercadorias selecionadas economiza tempo e evita a irritação do comprador, enquanto o varejista afina sua comunicação de marketing para criar listas de compradores qualificados e interessados.
- Outra oportunidade que os profissionais de marketing on-line estão descobrindo é a de recrutamento de funcionários para vários departamentos ou instalações em toda a empresa ou no mundo. As empresas podem anunciar vagas, desenvolver bancos de currículos ou auxiliar funcionários com informações de mudança de endereço em relação a facilidades, escolas, residências, apartamentos, shopping centers ou outras acomodações de moradia, como o grupo de desenvolvimento econômico para a região de Tampa Bay – Tampa Bay Partnership (http://www.tampabay.org). Empresas novas ou potenciais ou recém-chegadas são apresentadas a extensas informações sobre a região de Tampa Bay por uma coalizão de sete municípios. O Website de empregos da Clorox (http://www.clorox.com) anuncia vagas de emprego para o profissional experiente e para jovens recém-formados. Ele também incentiva os candidatos a registrar o currículo em uma área reservada do Website. Esse método de enviar currículos é uma excelente idéia, pois é provável que sejam atraídos trabalhadores com bons conhecimentos e habilidades eletrônicas.

## Definindo a busca de informações

Em qualquer esforço de marketing, o profissional de marketing deve desenvolver uma lista de compras de pesquisas e dados relevantes de pesquisa de mercado para ajudar a estabelecer a direção para um plano de marketing. Novamente, quanto melhor a base de informações factuais, melhores serão os resultados. A lista de compras pode ser formada por **pesquisa primária**, **pesquisa secundária** ou ambas. A pesquisa primária é encarregada de coletar informações especícas sobre um produto ou serviço utilizado (ou com previsão de uso) pelos mercados-alvo. A pesquisa primária pode ser considerada uma investigação personalizada no sentido de que a informação obtida é proprietária; ela é da empresa encarregada pelo estudo ou pesquisa. Grandes empresas orientadas para o consumidor, como a Procter & Gamble (http://www.pg.com) ou a Gillette (http://www.gillette.com), realizam pesquisas contínuas com o consumidor para se manter em contato com as suas expectativas e desejos. As opiniões dos consumidores podem mudar rapidamente, sem aviso. Isso é particularmente verdadeiro nos setores de moda e cosméticos, nos quais a imagem da marca e a lealdade podem mudar do dia para a noite. Recentemente, empresas farmacêuticas, especialmente aquelas que lidam com grupos de consumidores, viram sua fortuna aumentar e diminuir depois de resultados de estudos governamentais – a pílula para emagrecimento Redux – e a introdução de novos produtos – o Viagra, a droga para a impotência masculina (http://www.viagra.com). A pesquisa primária pode descobrir fatos e opiniões inesperados que podem alterar enormemente as estratégias de marketing. Um exemplo de opinião imprevisível pode ser o da reação negativa de grupos de defesa dos interesses judaicos à fusão dos gigantes da indústria automobilística, a Chrysler Corporation e a Daimler-Benz (http://www1.daimlerchrysler.com). Grupos de defesa dos interesses judaicos lembraram-se do papel que a Daimler teve com o uso de trabalho forçado durante a Segunda Guerra Mundial. O sentimento foi tão intenso em alguns círculos judeus que foi organizado um boicote aos produtos da Chrysler. Pesquisas de atitudes e opiniões, devidamente construídas, podem ser um sistema de advertência a tempo para prever possíveis problemas e, assim, despertar programas específicos de marketing e relações públicas para mitigar possíveis situações negativas.

As restrições orçamentárias podem limitar a possibilidade da realização de pesquisas de dados primários, e o profissional de marketing precisará utilizar fontes de dados secundários, formadas por dados coletados por fontes externas, geralmente a partir de documentos públicos como os do Census Bureau (http://www.census.gov) ou do Bureau of Labor Statistics (http://www.bls.gov). Dados públicos são muitas vezes excelentes nos detalhes, mas podem ficar desatualizados a partir do momento em que são lançados. Pesquisas secundárias podem ser obtidas nos registros governamentais para comércio nacional e internacional; as associações do setor, como a American Association of Advertising Agencies (http://www.aaaa.org), o Food Marketing Institute (http://www.fmi.org) ou a National Association of Broadcasters (http://www.nab.org), podem ter departamentos de pesquisa e bibliotecas ou ainda encomendar estudos em nome de seus associados. Muitas vezes esses estudos são disponibilizados ao público. Existem também empresas que oferecem para venda relatórios de pesquisa conduzidos como pesquisa primária e que, depois de seis a doze meses, são vendidos como pesquisa secundária. Uma empresa respeitada é a Find/SVP (http://www.findsvp.com); a Find/SVP sempre tem um estoque de relatórios de pesquisa para venda. Esses relatórios normalmente têm um escopo muito específico, com tópicos como consumo de bebidas dietéticas à base de cola por consumidores de mercearias ou preferências das mecânicas automotivas em relação a diferentes óleos de motor. Ocasionalmente o profissional de marketing encontrará relatórios de pesquisa secundária como esses que se encaixam em seu setor. A pesquisa secundária é menos cara que a primária, mas está disponível para toda a concorrência. Se você, aluno de marketing, for conferir o preço desses relatórios na página da Find/SVP, provavelmente vai considerá-los muito caros para um estudante. Um documento básico, "Encontrando pesquisa de negócios na Internet", custa $ 175.

Talvez o profissional de marketing quisesse uma resposta a uma única pergunta de negócios. Para evitar o aborrecimento da pesquisa na Web ou a contratação de uma empresa de pesquisa com serviço completo, o profissional de marketing precisa usar uma empresa de pesquisa on-line, como a de dados personalizados BizAdvantage (http://www.bizadvantage.com – ex-Brainwave), agora parte da Dunn & Bradstreet (http://www.dnb.com). A D&B declara que simplificou seu Website para melhorar o acesso às informações relacionadas a determinados negócios –, como perfis de empresas, relatórios de crédito, pesquisa de marketing, por exemplo – para que o profissional de marketing possa "pagar pelo que usar" em todo o Website. O preço de vários tipos de informações inclui, por exemplo, para aqueles que detêm uma conta, a possibilidade de escolher, a partir de uma lista de países, um breve resumo sobre um determinado país ($ 1,25), passando por um relatório completo sobre o país ($ 630) até o perfil de uma empresa ($ 3,50). Não existe taxa para verificar se está disponível um relatório para uma empresa específica. Como a BizAdvantage é um recurso do tipo auto-serviço pela Internet, o profissional de marketing recebe uma resposta quase instantânea. Esse serviço é uma anomalia para a maioria dos serviços de informação da Internet e para quase todos os sistemas tradicionais de recuperação de informações, pois a BizAdvantage cobra pelo conteúdo na Internet. Criar uma conta é fácil, já que a BizAdvantage aceita os principais cartões de crédito. Útil para o cliente é também o uso com o tempo, uma familiaridade para usar o sistema. É uma boa fonte de pesquisa em negócios, mas, com o uso freqüente, o serviço pode ficar caro (preços da BizAdvantage em 2002).

Talvez a sua necessidade de informações seja muito mais complexa. Existem Websites com informações especializadas e extensas em todo o mundo, então está nas suas mãos localizá-los e compreender essas várias fontes de dados. Por exemplo: talvez você seja o diretor de marketing de um cerealista do Meio-Oeste norte-americano. O verão foi extremamente seco, a ponto de criar focos de incêndio nas plantações de trigo e milho. A empresa inteira está ansiosa e insegura em relação à colheita e comercialização da safra. Você pode ser encarregado de investigar o fenômeno dos focos de incêndio, contribuindo talvez com as condições para prevenção, extinção, volta da produção ou procedimentos futuros em caso de incêndio, ou ficar responsável por localizar um especialista nesse tipo de incêndio – ou ainda ter de virar você mesmo o especialista, da noite para o dia. De Freiburgo, na Alemanha, Johann Goldammer opera o Website Fireglobe Web (http://www.ruf.uni-freiburg.de/fireglobe), que fornece em tempo quase real (na verdade, no mesmo dia) informações de satélite sobre os incêndios previstos ou descontrolados em todo o mundo. Sua organização, no sudoeste alemão, está no centro de um movimento global de combate à onda de incêndios descontrolados no planeta durante a última década. As páginas da Fireglobe Web fornecem avisos de incêndio, dos Estados Unidos ao sudeste da Ásia e à Austrália, e materiais educacionais. Nesse dia em particular, a Fireglobe emitiu alertas para o norte do Mississipi e do Alabama e publicou fotografias de incêndios reais em progresso nessas áreas, mas não divulgou nenhuma advertência para as áreas mais altas do Meio-Oeste. Com essa segurança tão oportuna, a Fireglobe tornou-se um valioso recurso de inteligência, e você pode começar a instruir seus gerentes em diversos estados em relação às condições atuais. Em relação à recuperação de informações, é tão fácil quanto o acesso à Web no dia-a-dia (Zachary, 1999).

Após a pesquisa relevante ser definida, a segunda etapa no processo de pesquisa é determinar se e onde as informações podem ser obtidas. A maioria das universidades estaduais e várias instituições privadas possuem extensos recursos de marketing para investigações demográficas, psicográficas e comportamentais. O censo norte-americano (realizado a cada dez anos) e dados sobre trabalho, comércio internacional e desempenhos industriais e de serviços são apenas algumas das pesquisas secundárias da riqueza disponível on-line ou impressas na biblioteca universitária. Informações psicográficas ou de estilo de vida normalmente estão disponíveis em publicações, como a Simmons Market Research Bureau (http://www.smart-mktg.com), a Mediamark Research, Inc. ou a Standard Rate and Data Service's Lifestyles Market Analyst (http://www.srds.com). Essas fontes de pesquisa oferecem perfis completos e de comportamento de mercados-alvo, estilo de vida e padrões de uso da mídia. Os recursos do banco de dados eletrônico serão vistos com mais detalhes em breve.

Em primeiro lugar: por que realizar pesquisas primária ou secundária? Quanto melhores as informações, melhor será o processo de decisão. Os funcionários de um departamento de marketing podem ficar relaxados ou cheios de manias na rotina de cumprir as demandas dos consumidores e as alterações ambientais. Além disso, os amores e desafetos individuais do profissional de marketing podem ofuscar, com a subjetividade, decisões que deveriam ser tomadas com uma objetividade austera. Além disso, dar apoio ao programa de marketing com páginas de fatos em preto-e-branco demonstra a diligência e a preparação de iniciativas em novos mercados. O insucesso dos programas de marketing é maior quando há subjetividade (como em relação ao que o chefe aprecia) do que quando há objetividade. A pesquisa de marketing pode auxiliar o profissional de marketing a se distanciar de um grande problema se os fatos e as opiniões do povão forem escutados.

## Descrição do mercado proposto

O que vem primeiro: a seleção do produto ou a seleção do mercado-alvo? A maioria dos profissionais de marketing velhos de guerra apostaria que, até identificar as necessidades e os desejos do consumidor, não há nada a se fazer. Muitos produtos e serviços apodreceram nas prateleiras das lojas porque não ofereciam benefícios a nenhum segmento de mercado. Após a definição dos fatores ambientais, deve ser descrito um mercado potencial – talvez dois ou três segmentos de mercado possam ser adequados em termos de padrão de comunicação e consumo. Com a experiência, às vezes dolorosa, o profissional de marketing calejado deve começar a ter uma idéia do público-alvo, em termos amplos. Talvez o consumidor potencial seja homem com nível superior completo, de 25 a 49 anos de idade, casado e com filhos pequenos, com renda anual entre $ 30.000 e $ 49.000, vivendo em um bairro confortável, trabalhando como gerente ou profissional respeitado e com um computador pessoal em casa com acesso à Internet. Esse perfil se ajusta perfeitamente a um típico consumidor que tem potencial de comprar pela Internet. Deixar os parâmetros de marketing em aberto permite que o profissional de marketing comece a criação da estratégia de marketing e, à medida que o plano de marketing evoluir, começarão a surgir perfis mais definidos e claros.

## Definição do novo produto ou serviço

O profissional de marketing deve conseguir descrever de forma concisa o conceito do novo produto ou serviço; se ele não conseguir, é bobagem esperar que o público pare para tentar entender. Costuma-se dizer que, se um gerente não conseguir escrever sua idéia no verso de um cartão de visitas, o conceito é muito ambíguo e difícil de usar. Assim como com o modelo de marketing tradicional, o produto ou serviço deve satisfazer uma necessidade ou desejo do mercado-alvo, ainda que o consumidor potencial não esteja comprando o objeto tangível sozinho. O consumidor potencial está comprando, alugando ou fazendo leasing dos benefícios que o produto oferece. O profissional de marketing deve pensar em termos de benefícios esperados que sejam atraentes para o público-alvo. O produto ou serviço é um pacote de benefícios, não apenas um bem tangível ou uma função primária de serviço. O executivo não compra um terno novo por causa do tecido e da costura; ele compra um terno Armani por causa do estilo, do caimento, da ostentação. O nome da marca fala muito mais alto que o bom gosto do próprio executivo. Ao enquadrar o produto ou serviço, diversas facetas devem ser levadas em conta: a utilidade geral do bem, a conveniência ao adquiri-lo, o prazo de entrega e o ambiente em que o bem é comprado. Quando o profissional de marketing avalia o mercado, é importante que esses atributos sejam incluídos como benefícios ao consumidor final, e a prática de satisfazer as demandas do cliente é chamada de marketing orientado para o consumidor. Diversos novos produtos são desenvolvidos enquanto os profissionais de marketing ficam de olho nas tendências do mercado dentro da indústria deles.

Podem ser obtidas sugestões de produto a partir de recomendações de consumidores, publicações do setor ou recursos on-line do setor.

Um serviço novo é mais difícil de se estabelecer, seja on-line ou não, pois a maioria dos serviços deve ser consumida antes que qualquer julgamento da satisfação seja obtido. O típico serviço é uma promessa de desempenho, uma substância intangível que oferece outros benefícios intangíveis, como economia de tempo, melhora da aparência, segurança ou transmissão de conveniência. Os serviços podem ser soluções às necessidades e aos desejos. Pense em um serviço simples, como um corte de cabelo. Ele pode ser a resposta a uma necessidade – "Amanhã vou comparecer a uma entrevista para um emprego incrível" – ou a um desejo – "Vou cortar meu cabelo para ficar parecido com o Chandler Bing, do seriado *Friends*". O produto ou serviço deve proporcionar satisfação, e é função do profissional de marketing ser notado pelo mercado-alvo que o produto precisa satisfazer. Os atributos para agradar devem ser descritos com cuidado e criatividade para manter o nome do produto ou do serviço na memória, e as descrições que apelam para os sentidos – paladar, olfato, tato, audição e visão – são as mais memoráveis. Nesse ponto da investigação de marketing, o profissional de marketing deve estar pensando em termos altamente descritivos relacionados aos benefícios gerados pelo conceito do novo produto ou serviço. Assim como na definição dos perfis de consumidores potenciais, pense de forma ampla sobre os benefícios prometidos.

## Fatores ambientais e tendências de mercado

Atualmente nenhuma organização opera no vácuo. O *status quo* nas indústrias não existe mais, e a única certeza é a mudança. Há muitos fatores que influenciam o comportamento do consumidor, e é responsabilidade do profissional de marketing prever e gerenciar as forças de mercado para o benefício da marca. Existem quatro categorias principais de fatores ambientais que o profissional de marketing deve monitorar. Ele deve reconhecer que as forças ambientais não podem ser controladas por uma empresa, nem mesmo por um governo, mas os planos de marketing podem ser desenvolvidos para minimizar os problemas que surgem com as mudanças ou para lucrar com tendências de mercado. Essas quatro categorias importantes são os ambientes econômico, cultural, legal e político. Um programa de marketing estratégico é, por definição, de longo prazo, e o foco macro deve prever alterações de ano para ano.

Cada um desses quatro ambientes é igualmente importante, visto que um desequilíbrio em uma área pode criar tremores inesperados em outras. Há alguns anos, os Estados Unidos viram uma crise econômica se instalar na Ásia, o qual levou a um déficit comercial crescente. As empresas e os consumidores asiáticos importaram menos produtos, fazendo com que as empresas norte-americanas cortassem os planos de expansão. Isso, por sua vez, reduziu a criação de novos empregos e contraiu as economias locais. Como esse tipo de reação em cadeia muitas vezes é inevitável, o profissional de marketing deve pensar longe, observar as várias oportunidades e ameaças e, depois, agir de forma a preservar o patrimônio de marketing da empresa. Quais são os sintomas que sinalizam problemas ou oportunidades nos ambientes? Veja a seguir alguns dos fatores ambientais que podem surgir para uma empresa que esteja conduzindo negócios nacionais e internacionais:

- Qual é a tendência em taxas de juros, queda ou ascensão? Qual é a tendência em inflação, queda, ascensão ou estabilizada? Como as principais bolsas estão se saindo, tanto nos Estados Unidos quanto nos outros países?
- Qual é a tendência nos preços do produtor (um dos melhores indicadores da direção geral da economia)? Mais uma vez, o índice está em queda, ascensão ou estabilizado?
- Qual é a tendência de salários? E as taxas de desemprego?

- Em relação ao comércio internacional, como estão o câmbio e a estabilidade do dólar?
- Qual é a situação comercial de cada um dos principais negócios internacionais da empresa?

Ainda que esses pontos não incluam o horizonte econômico, a direção dos mercados de ações e títulos normalmente prevê o humor da confiança do público na economia. Níveis mais altos do índice Dow Jones (http://www.dowjones.com) incentivam igualmente investidores grandes e pequenos.

A seguir estão alguns fatores culturais que podem surgir para uma empresa tanto no comércio nacional quanto no internacional:

- Existe alguma alteração entre os diferentes segmentos de estilo de vida? Existe um movimento entre os mais jovens em relação a uma mentalidade mais conservadora ou liberal?
- Qual é o conteúdo do entretenimento popular, particularmente entre programas de televisão e filmes?
- Como é a consciência coletiva nacional: pessimista ou otimista? Indulgente ou altruísta? Ativa ou passiva?
- Quais são os atuais ícones culturais ou os líderes intelectuais, espirituais, no esporte ou nos negócios?
- Quais são os valores e a moral almejados pelo público?
- Os tabus estão mudando entre as gerações?

Um exemplo específico de mudança de tabus pode ser observado no aumento do tabagismo entre os adolescentes. Como pais, mídia e governo não incentivam o tabagismo, esse boicote o tornou uma prática proibida. Acredita-se que esse tabu implícito melhore a imagem de rebeldia e desobediência dos adolescentes. Outros exemplos são o aumento das tatuagens vistas (ou não) entre mulheres jovens e dos brincos usados por homens de todas as idades.

A seguir estão alguns fatores políticos que a empresa pode enfrentar ao fazer negócios nacionais e internacionais:

- Qual é a opinião geral dos líderes públicos? Eles exercem uma boa ou uma má influência?
- As eleições nacionais ou locais ocorrerão logo? Existem diferenças significativas entre os principais partidos, particularmente em relação aos negócios?
- Em geral, qual é a opinião do público sobre os negócios dentro da sociedade?
- Em empresas internacionais, qual é a estabilidade do governo? Qual é a atitude em relação ao investimento estrangeiro?

Como resultado da crise econômica asiática, o líder da Indonésia, o presidente Suharto, foi forçado a renunciar ao posto que ocupara por 32 anos. A confiança pública foi perdida, a moeda andava mal, os negócios estavam parados e até alimentos estavam sendo acumulados por causa da incerteza em todos os setores.

Os fatores legais a seguir precisam ser levados em consideração pela empresa ao fazer negócios nacionais e internacionais:

- Qual é a posição do governo em relação aos negócios em geral: ele apóia ou restringe?
- Como a lei ou as regras afetam sua indústria? Existe alguma lei pendente que mudará a forma como os negócios são conduzidos?

- No comércio internacional, qual é o método para estabelecer disputas comerciais? Será necessário aconselhamento jurídico local ou lobby?

Na arena jurídica, a empresa Microsoft (http://www.microsoft.com), liderada por Bill Gates, continua sob intensa investigação pelo Departamento de Justiça (http://www.usdoj.gov) do governo federal norte-americano. Uma das maiores investigações foi sobre a inclusão forçada do navegador Internet Explorer, a qual causou uma grande confusão sobre a data de lançamento do Windows 98. Questões de práticas monopolistas pela Microsoft não são novas para os gigantes da indústria, como podem comprovar a AT&T (http://www.att.com) e a IBM (http://www.ibm.com). Ambas chegaram a um acordo com o Departamento de Justiça, assim como a Microsoft.

## Demografia e outras características

Existe uma quinta dimensão de fatores ambientais a serem considerados. Essa é uma área de mudanças que se aplica às pessoas na equação de marketing. As informações demográficas vêm do censo decenal iniciado em 1790 e, a cada novo censo, os demógrafos lutam para interpretar os dados, procurando alterações grandes ou pequenas ou importantes mudanças nas tendências populacionais. O Census Bureau leva de um ano a um ano e meio para processar os dados, que são então revelados ao público. Empresas privadas com estatísticos e analistas pegam os dados brutos e os modelam para que se aproximem das representações demográficas e psicográficas norte-americanas. Essas interpretações são importantes em várias decisões de marketing, e os analistas que fazem um prognóstico próximo às estimativas do mercado norte-americano são profissionais valiosos. As informações demográficas são relativamente fáceis de se coletar e manipular. As projeções psicográficas requerem qualidades de arte e ciência, pois a psicografia é construída com atitudes, e muitas delas são difíceis de serem quantificadas. Por exemplo, uma empresa de dados de mercado divide todos os lares norte-americanos em 50 grupos de características específicas, enquanto outra cria um perfil de lares em 48 grupos de características semelhantes. No entanto, como os lares são divididos e cada empresa usa diversas técnicas de modelagem, uma provavelmente é tão boa quanto a outra. Aplicações dos softwares geodemográficos serão discutidas em breve.

Ao segmentar as populações em grupos semelhantes, o profissional de marketing pode analisar diversos fatores, inclusive aqueles fornecidos pelos dados do censo. Alguns dos recursos mais esclarecedores são:

- Mudanças nos números absolutos da população ou em participações relativas a períodos anteriores podem ser ferramentas úteis para segmentar as populações. Muitas empresas também projetam números esperados de população futura. Essas porcentagens podem ser números positivos (que aumentam) ou negativos (que diminuem); a maioria dos profissionais de marketing busca por mercados em crescimento e, portanto, por porcentagens positivas.
- Outra informação interessante a ser considerada é o número de lares e as alterações nas participações relativas. Os lares podem ser descritos de várias formas, como número total por município, código postal, setor censitário, distância ao centro do setor ou em relação ao chefe da família.
- Os perfis por idade são importantes, assim como os relatórios de dados demográficos em diversos formatos de idade, como grupos de homens e mulheres, grupos de mulheres com filhos e grupos de idade geral da população. Essas participações relativas compostas são valiosas para decidir o potencial de produtos ou serviços.

- Os grupos de renda também são importantes, e são estimadas as rendas médias *per capita* e familiar. Alguns programas também estimam a renda futura total.
- Os níveis de educação podem ser importantes para seu programa de marketing; as conquistas educacionais, como nível médio completo, alguma faculdade, nível universitário e nível pós-universitário, podem ser estimadas.
- O *status* ocupacional, como executivo, vendas, gerencial, comercial ou operário, é estimado para cada área geográfica escolhida. Dependendo do mercado-alvo, você pode fazer uma busca no banco de dados pelas áreas com maiores concentrações do perfil ocupacional desejado.
- A análise psicográfica ou do estilo de vida acompanha os perfis demográficos e normalmente apresenta grupos de estilo de vida de renda alta e baixa em relação a moradias urbanas ou rurais. Essas descrições de estilo de vida são engraçadinhas e informativas, como "jardins e churrascos" ou "ensino e aparelho nos dentes". Um conhecimento sólido do segmento é criado à medida que os dados psicográficos são sobrepostos por informações demográficas.

Descobrir a importância geográfica dos segmentos de mercado ou a composição demográfica das áreas do mercado-alvo mostra-se benéfico na relação custo-benefício e na eficiência do programa. A análise psicográfica pode revelar características do estilo de vida que o profissional de marketing está procurando ou auxiliar na comprovação dos indícios do potencial do mercado. Quanto melhor o profissional de marketing conhecer as características do mercado, melhor será a comunicação.

## História e capacidades da empresa

O que fez o sucesso da empresa? Por trás de todos os negócios bem-sucedidos estão habilidades ou competências que distinguem a empresa. Os consumidores reconhecem essas competências, como confiança, vasta seleção, conveniência como em múltiplos escritórios ou criatividade no fornecimento de soluções aos problemas do cliente. O gerente de marketing pode realizar uma auditoria interna (ou uma auditoria externa entre fornecedores, consumidores atuais ou consumidores do passado) para avaliar os pontos fortes reais e percebidos; essas competências devem refletir na forma de benefícios ao consumidor. Todas as grandes corporações mostraram possuir capacidade superior em um ou dois benefícios para o usuário e, após um estudo cuidadoso, iniciaram um programa promocional demonstrável e consistente. Pense nesses exemplos. A FedEx (http://www.fedex.com – Figura 2.2) promete a entrega "certeira e confiável" do pacote do dia para a noite a seus dois milhões de consumidores todos os dias. A Merrill Lynch (http://www.ml.com) ostenta que "a diferença é a Merrill Lynch" como a principal consultora financeira. Projetando uma imagem amigável e confortável, a Nabisco (http://www.nabiscoworld.com) lhe dá as boas-vindas ao "Mundo Nabisco", que oferece ao visitante jogos e concursos em sua página. Cada empresa isolou os benefícios ao consumidor – sua razão de ser – em imagens concisas e convincentes. A FedEx serve ao mercado de empresas que valorizam a velocidade e a precisão em todos os seus negócios; o desempenho da FedEx a torna um valioso parceiro de negócios. A Merrill Lynch, com seu poderoso logotipo de touro, tenta se diferenciar da "turma" ao prometer ser diferente das outras. Retratando-se como um simpático morador de uma pequena cidade, a Nabisco cria seu próprio "mundo", no qual as crianças podem brincar e a área de compras da rua principal é uma série de vitrines à moda antiga. A imagem "família" da Nabisco é adequada, uma vez que suas marcas – Lifesavers, Oreos e Chips Ahoy! – são atraentes para o mercado familiar. Todas são amostras da estratégia de posicionamento, que é uma

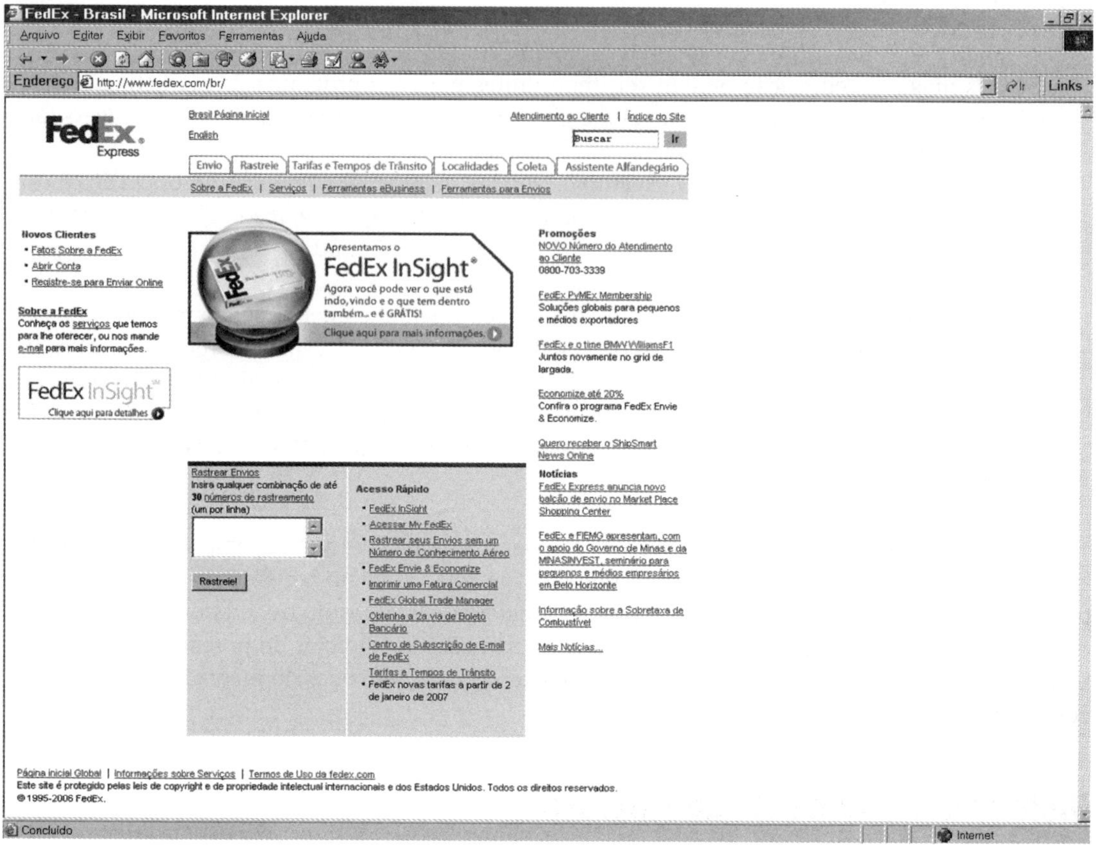


Figura 2.2 A FedEx viaja o mundo entregando pacotes e, dessa forma, diversos Websites em todo o planeta são traduzidos no idioma do país. Esta é a versão brasileira dos serviços da FedEx. *Fonte*: FedEx (http://www.fedex.com/br.)

técnica de conscientização para selecionar a imagem correta pela qual a empresa ou marca deseja ser percebida.

Esse conceito de posicionamento foi desenvolvido no início da década de 1970 por Jack Trout e Al Ries em suas influentes obras *Marketing de guerra* (Makron, 1989) e *Posicionamento – A batalha por sua mente* (Makron, 2004). A alegação deles é de que cada concorrente, cada empresa, cada marca ou cada serviço compete como rivais em categorias de produtos, e cada uma é classificada pelo consumidor em uma escada de produtos. Naquela época, a IBM (http://www.ibm.com) estava no patamar superior da escada da categoria de computadores, a Hertz (http://www.hertz.com) estava no topo do aluguel de carros e a Coca-Cola (http://www.coca-cola.com) estava no topo dos refrigerantes. Se o principal concorrente estiver bem entrincheirado, as marcas menores não devem atacar de frente, e sim tentar flanquear o líder, criar um novo posicionamento ou estabelecer uma nova categoria de produtos. A Avis (http://www.avis.com) batalhou mais que a Hertz e conseguiu subir da sexta para a segunda posição; a Seven-Up (http://www.7up.com) optou por não desafiar os líderes de refrigerantes de cola, criando uma nova categoria de refrigerantes, a posição "não-cola". Empresas com competências valorizadas pelo consumidor podem avaliar onde estão e decidir aonde querem ir. Uma estratégia de posicionamento lógica e coerente pode ajudar a empresa a conseguir suas metas promocionais. Às vezes, a posição da empresa irá flanquear outros inimigos próximos e, às vezes, a posição desejada estará em um nicho pelo qual ninguém se interessa. Para posicionar precisamente um produto ou serviço, o profissional de marketing deve conhecer tanto os seus pontos fortes e fracos quanto os de seus concorrentes.

## Análise e avaliação da concorrência

O profissional de marketing deve estar vigilante em suas estratégias de pesquisa e marketing à medida que os concorrentes entram e saem do mercado. Proteger a atual participação no mercado é tão importante quanto desenvolver participação entre novos consumidores; todos brigam pela renda discricionária do consumidor. Essa batalha pode se materializar quando a concorrência direta invade seu território; por exemplo, um concorrente de um banco abre uma agência na mesma rua que a sua, bem em frente. Um banco luta para manter seus clientes, enquanto o outro trabalha para estabelecer-se no mercado. Pode haver também concorrência indireta, na forma de serviços (ou produtos) substitutos. Os mecanismos de poupança podem incluir cooperativas de crédito, fundos mútuos ou previdência privada. Mesmo o consumo, o gasto daquele dinheiro que seria destinado à poupança, é uma ameaça competitiva. Ao entender o mercado, o profissional de marketing precisa analisar as opções para atrair o dinheiro do consumidor. Como o consumidor tem livre-arbítrio, para ter sucesso o produto ou serviço deve oferecer uma vantagem competitiva, alguma diferenciação em relação a produtos semelhantes, para gerar compra e recompra. Espera-se que o padrão de compra leve a um comportamento habitual ou previsível em um esforço para criar a lealdade de marca. A maioria dos programas promocionais funciona para criar ou dar apoio à identidade da marca. Os consumidores esperam determinados benefícios dos produtos ou serviços que selecionam, e uma forte identidade de marca ajuda a distanciar o produto dos outros dentro da mesma categoria.

A realização de pesquisa sobre produtos ou serviços da concorrência foi facilitada pelo uso da Internet, pois muitos Websites contêm muitas informações. Nem é preciso pensar muito para saber que a CDNOW (http://www.cdnow.com), uma das lojas de música mais populares da Internet, certamente fica de olho nas atividades e ofertas dos concorrentes próximos, como a Tower Records (http://www.towerrecords.com), que se gaba de suas entregas rápidas. Especificações, preço, disponibilidade no estoque, localização de revendedores ou varejistas, opções de frete e até mesmo informações financeiras fornecem detalhes valiosos que eram muito difíceis de serem conseguidos no passado. Os profissionais de marketing devem ter cuidado com a quantidade de informações que são publicadas em um Website. Há uma linha muito tênue entre intrigar um cliente potencial e contar aos concorrentes tudo o que existe para ser sabido sobre sua empresa. Se o Website responder a todas as perguntas, o contato futuro pode ser mínimo. No entanto, surfar para obter informações da concorrência é uma boa idéia, particularmente se o profissional de marketing estiver entrando em novos campos ou territórios. Imprimir páginas do Website de um concorrente é tão bom quanto ter um livro de vendas. Basta digitar o nome no navegador: você ficará surpreso com a quantidade de dados da concorrência que surgirá.

## Avaliação das oportunidades de nicho

Após essa cuidadosa análise dos fatores e das forças do marketing, o profissional de marketing poderá estabelecer o nicho de seu produto ou serviço para então partir para o desenvolvimento do plano de marketing. A ênfase está no nicho, um segmento de mercado relativamente pequeno que a empresa tem competência para servir. A idéia de que nenhuma empresa pode atender todos os mercados, visto que uma série de segmentos de mercado terá uma série de necessidades, em geral é compreendida. Provavelmente o melhor equilíbrio em um relacionamento de marketing ocorre quando as necessidades de um segmento do mercado são atendidas satisfatoriamente enquanto a operação da empresa é rentável e eficiente. As oportunidades de marketing podem surgir da base de consumidores atuais, como, por exemplo, estender as ofertas atuais a novos produtos - Coca-Cola normal a Diet Coke a Coca-Cola sem cafeína - ou criar uma nova demanda ou usos para os produtos ou serviços existentes - fermento Arm & Hammer (http://www.armhammer.com) como desodorizante de geladeiras ou a expansão da Southwest Airlines (http://www.iflyswa.com) para rotas no leste - ou novos produtos para novos mercados - roupas femininas da Tommy Hilfiger (http://www.tommyhilfiger.com). Em cada caso, os gerentes de marketing estudaram as tendências de mercado - os consumidores de refrigerantes de cola se preocupavam com o aumento do peso ou queriam reduzir o consumo de cafeína; a saturação dos vôos nas rotas do oeste da Southwest Airlines ou a aparência tradicional das roupas Tommy para as mulheres. Fatores ambientais apontaram para tendências positivas de demanda nas quais a penetração no segmento de mercado poderia ser estabelecida. O varejista Limited (http://www.limitedbrands.com) segmentou com sucesso seus mercados e ofereceu a cada um deles um produto diferenciado - Limited, roupas casuais; Express, para quem quer ficar na moda; Limited Too, para bebês e crianças; Lerner New York, para roupas mais sociais; Victoria's Secret, para lingerie; Abercrombie & Fitch; Henri Bendel; Bath and Body Works, para produtos de banho e cosméticos; Structure; Galyan's Trading Company e Lane Bryant, para tamanhos grandes. A Gap (http://www.gap.com) também diferenciou as ofertas - Gap, GapKids, babyGap, Old Navy e Banana Republic -, cada uma atendendo a um mercado diferente, com diferentes benefícios de produto.

## Resumo

Todos os programas de marketing de sucesso são construídos a partir de uma avaliação cuidadosa das condições de mercado; essa avaliação é a análise da situação. Essa análise reflete os atuais fatores de marketing encarados pela empresa, suas marcas de produtos ou serviços e a concorrência em cada categoria de produto. A partir da análise da situação, o profissional de marketing entende o mercado e as oportunidades que ele proporciona. As oportunidades de mercado, normalmente uma seleção de mercados-alvo chamados de nichos, são resultado de estudo das tendências de mercado e de segmentos de mercado que estão sendo malservidos. Todas essas informações de marketing constituem a base do plano de marketing, que será examinado no próximo capítulo.

### Perguntas e exercícios

1. Sua chefe diz em uma reunião: "Sempre fiquem de olho nos seus consumidores. Eles continuam a ser alvos em movimento". O que ela quis dizer com isso? Traduza essa observação em uma mensagem de e-mail para a equipe que se reporta a você.
2. Avalie e comente a seguinte frase: "Os recursos de marketing eletrônico são os meios para os fins do comércio eletrônico". Redija um memorando de uma página, com exemplos ilustrando seus pontos, para uma aula básica de marketing que explica esse conceito.

3. Em que o processo de marketing tradicional difere do processo de marketing eletrônico? Quais elementos dos processos são os mesmos e quais são diferentes? Redija um memorando de uma página a seu chefe explicando esse conceito.
4. Na discussão do texto, recomenda-se que o ponto de partida para um plano de marketing seja a análise da situação. Muitos profissionais de marketing lidam com seus produtos e empresas durante anos e anos. Dada essa longa experiência, será que é necessário que até mesmo o profissional de marketing calejado execute a análise da situação, muitas vezes reafirmando o que já sabe, ou ele deve pular esse estágio e começar com o plano de marketing? Prepare-se para discutir suas idéias em aula.
5. Como os três estágios do processo de marketing são discutidos no texto, qual etapa – análise da situação, planejamento de marketing ou implementação de marketing – é mais importante? Escreva sua resposta na forma de um e-mail para uma colega que está iniciando a primeira tarefa em gerenciamento de marketing.
6. Você é o principal analista estratégico de uma divisão recém-criada de uma empresa de doces centenária. Muitas de suas marcas lideram em categorias importantes para o consumidor. Nos últimos seis meses, você vem coletando dados do mercado que serão essenciais para lançar uma nova marca requintada em lojas de departamento. Muitas das informações, contudo, são contraditórias, como o interesse do mercado-alvo em chocolate de qualidade e, ao mesmo tempo, a desconsideração de preços altos. Em quais fontes de dados você deve prestar mais atenção – nas estatísticas do setor, nas estatísticas da empresa, nas opiniões dos consumidores ou nas opiniões de pesquisa com consumidores? Prepare sua resposta como um esboço para uma dissertação que você fará em uma reunião com acionistas.
7. Você é o gerente de atendimento ao consumidor e está analisando os comentários de diversos consumidores enviados ao seu e-mail. Você sabe que um em cada dez consumidores potenciais compra seu produto, o que significa que nove deixam a loja sem comprar. Prepare uma proposta que pesquise esses consumidores que deixam a loja sem comprar e projete o que você espera aprender com o estudo.
8. No capítulo são discutidas as várias influências que dão forma ao ambiente competitivo no qual as empresas devem operar. Na sua opinião, classifique os fatores ambientais do mais para o menos importante – tendências econômicas, culturais, legais, políticas e demográficas. Redija um memorando ao seu chefe explicando por que essas influências são importantes e em que ordem elas devem ser estudadas.
9. Usando a tática do posicionamento, muitas marcas criaram imagens únicas para si. Assista a comerciais de televisão, leia uma revista popular ou passeie em uma loja de departamento ou em um supermercado para selecionar dez exemplos de produtos e serviços bem-sucedidos e seus respectivos posicionamentos. Redija um breve parágrafo identificando o posicionamento e explique o benefício ou benefícios que são oferecidos pelas marcas.
10. À medida que a marca atinge mais e mais sucesso, muitas vezes os gerentes de marketing começam a reduzir as atividades e os gastos em marketing. Isso parece uma sensatez para salvar valiosos recursos financeiros em curto prazo. Levando em consideração as atividades em marketing eletrônico, você concorda ou não com essa linha de pensamento? Redija um e-mail para o CEO, definindo sua posição sobre a estratégia correta e o nível de gastos com marketing.

*Bibliografia*

BIZADVANTAGE PRICING. D&B. 2002. Disponível em: < http://www.bizadvantage.com/cgi-bin/writer.cgi/pricing.htm > .

COMMERCENET/NIELSEN. *Internet Demographics Survey*. 2001. Disponível em: < http://www.commercenet.com > .

CYBERATLAS. The world's online populations. Jupitermedia Corp. Copyright 2004 Jupitermedia Corporation. Todos os direitos reservados. Utilizado com permissão. Disponível em: < http://cyberatlas.internet.com/big picture/geographics/article/0,1323,5911 151151,00.html > . Acesso em 21 mar. 2002.

GREENSPAN, Robyn. Ecommerce continues to post gains. Jupitermedia Corp. Copyright 2004 Jupitermedia Corporation. Todos os direitos reservados. Utilizado com permissão. Disponível em: < http://cyberatlas.internet.com/markets/retailing/article/0,,6061 1448961,00.html > . Acesso em 19 ago. 2002a.

______. Small biz benefits from Internet tools. Jupitermedia Corp. Copyright 2004 Jupitermedia Corporation. Todos os direitos reservados. Utilizado com permissão. Disponível em: http://cyberatlas.internet.com/markets/smallbiz/article/0,,10098 1000171,00.html. Acesso em 28 mar. 2002b.

GREENSPAN, Robyn; SAUNDERS, Christopher. Online consumer confidence, spending grows. Jupitermedia Corp. Copyright 2004 Jupitermedia Corporation. Todos os direitos reservados. Utilizado com permissão. Disponível em: < http://cyberatlas.internet.com/markets/retailing/article/0,,6061 1473651,00.html > . Acesso em 1o out. 2002.

INTERGOV INTERNATIONAL LATEST WEB USAGE STATISTICS. InterGov. Disponível em: < http://www.intergov.org/public information/general information/latest web stats.html > . Acesso em 27 set. 2002.

LENHART, Amanda et al. Teenage life online: The rise of the instant-message generation and the Internet's impact on friendships and family relationships. Pew Internet & American Life Project. Disponível em: < http: //www.pewinternet.org/ > . Acesso em 20 jun. 2001.

LEWIS, Matthew. Priceline CEO sees Net driving car sales. Reuters. Disponível em: < http://www.reuters.com > . Acesso em 10 jul. 1998.

MEDIAMARK RESEARCH. 2002. Disponível em: < http://www.mediamark.com > .

NUA. Global Internet audience increases. ComputerScope Ltd. Disponível em: < http://www.nua.ie/surveys/index.cgi?f = VS&art id = 905358259&rel = true > . Acesso em 13 ago. 2002a.

______. How many online. ComputerScope Ltd. Disponível em: < http://www.nua.ie/surveys/how many online/ > . Acesso em set. 2002b.

PASTORE, Michael. Web influences offline purchases, especially among teens by teens. Jupitermedia Corp. Copyright 2004 Jupitermedia Corporation. Todos os direitos reservadas. Utilizado com permissão. Disponível em: < http://cyberatlas.internet.com/markets/retailing/article/o,,6061 804141.00.html#table2 > . Acesso em 18 jul. 2001.

______. AOL study: Internet key to communication among youth by youth. Jupitermedia Corp. Copyright 2004 Jupitermedia Corporation. Todos os direitos reservados. Utilizados com permissão. Disponível em: < http://cyberatlas.internet.com/big picture/demographics/article/0,,5901961881,00.html > . Acesso em 25 jan. 2002a.

______. At-home Internet users approaching half billion. Jupitermedia Corp. Copyright 2004 Jupitermedia Corporation. Todos os direitos reservados. Utilizado com permissão . Disponível em: < http://cyberatlas.internet.com/big picture/geographics/article/0,,5911 986431,00.html > . Acesso em 6 mar. 2002b.

______. Broadband users pull ahead in online hours. Jupitermedia Corp. Copyright 2004 Jupitermedia Corporation. Todos os direitos reservados. Utilizado com permissão. Disponível em: < http://cyberatlas.internet.com/markets/broadband/article/0,,10099 985891,00.html >. Acesso em 5 mar. 2002c.

PEPPERS, Don; ROGERS, Martha *The one to one future*. Nova York: Currency-Doubleday, 1993.

PRICELINE ANNUAL REPORT. Priceline. Disponível em: < http://media.corporateir.net/media files/NSD/pcln/reports/balancesheets2.pdf >. Acesso em jun. 2002.

SAUNDERS, Christopher. Multi-channel shoppers actually not so hot. Jupitermedia Corp. Copyright 2004 Jupitermedia Corporation. Todos os direitos reservados. Utilizado com permissão. Disponível em: < http://cyberatlas.internet.com/markets/retailing/article/0,,6061 1438471,00.html >. Acesso em 2 ago. 2002.

SELLERS, Patricia. Inside the first e-Christmas. *Fortune*, p. 71, 73, 1º fev. 1999.

TROUT, Jack; Ries Al. *Marketing warfare*. Nova York: McGraw-Hill, 1986.

______. Positioning: The battle for your mind. Nova York: Warner Books, 1993.

21ST ANNUAL SMALL BUSINESS SURVEY SUMMARY REPORT. D&B. 2002. Disponível em: < http://sbs.dnb.com/survey/2002survey.pdf >.

ZACHARY, Pascal G. A scientist tracks the world's fires. *The Wall Street Journal*, 8 fev. 1999, p. B1. Copyright 1999 Dow Jones & Co. Inc. Reproduzido com permissão de Dow Jones & Co. Inc. no formato Textbook via Copyright Clearance Center.

# CAPÍTULO 3

## Estágio do Planejamento de Marketing para Atividades On-Line

"A Internet não foi concebida com o comércio em mente; ela foi criada por cientistas para publicar e compartilhar informações. Esses objetivos não eram por acaso, pois estavam enraizados na arquitetura do sistema. O significado de 'marketing' nesse novo ambiente continua sendo um dos desafios menos compreendidos pelas empresas que buscam usar a Internet como canal de vendas. Ainda que seja improvável que surja uma resposta definitiva a essa pergunta a curto prazo, é possível descrever algumas estratégias gerais que as empresas podem usar para que possam realizar vendas pela Internet."

*(Gonyea e Gonyea, 1996, p. 80-81)*

### Objetivos de Aprendizado

- **Definir os elementos produto, preço, promoção e distribuição do mix de e-marketing e as respectivas medidas de desempenho.**
- **Apresentar os métodos de segmentação de mercado.**
- **Explicar como os recursos de marketing eletrônico podem melhorar as atividades tradicionais de marketing de uma estratégia de planejamento eficaz e eficiente.**

# Introdução

O marketing eletrônico tornou-se sinônimo de informação, e somente boas informações dão conta do recado. Os profissionais de marketing de hoje em dia enriquecem suas habilidades de pesquisa on-line acessando informações ricas e detalhadas de diversas fontes públicas e privadas – habilidades que foram discutidas no Capítulo 2 como análise da situação. A pesquisa da análise da situação dá informações sobre as condições de mercado, sobre possíveis concorrentes ou sobre fatores econômicos que causam impacto nas decisões relacionadas ao planejamento do profissional de marketing em relação à possibilidade de atingir os objetivos, os prazos e, acima de tudo, o sucesso do produto ou serviço. A criatividade dá personalidade à mesmice da análise fria, e os recursos de marketing eletrônico estabelecem um limite na construção de um mix de marketing criativo. Os componentes eletrônicos podem incluir a seleção de consumidores potenciais com auxílio do computador ou a familiaridade com o banco de dados do consumidor, modelos de apreçamento que permitem a previsão dos efeitos de alterações da situação ambiental e softwares de distribuição para projetar os modos de entrega ideais e as práticas de fluxo de trabalho. Um último e importante aspecto do planejamento estratégico são as promoções e as novas capacidades eletrônicas da Web – acessibilidade, aparência e usabilidade dos Websites – que dão aos profissionais de marketing novas dimensões na interatividade e na forma de se comunicar com os consumidores. Os Websites oferecem uma combinação de gráficos nunca antes disponibilizada, cores, movimentos, sons e ambientes de realidade virtual para dar apoio à interatividade com o consumidor. Essa nova interatividade, uma comunicação bidirecional entre o profissional de marketing e o consumidor, dá velocidade e acessibilidade às transações de e-commerce. Ao usar os sistemas de comunicação e de transações da Web, o planejamento de marketing nunca mais será o mesmo para os profissionais de marketing de varejo ou business-to-business.

# Planejando com Ps eletrônicos

Nos dois capítulos a seguir, serão discutidas as duas últimas etapas do processo de marketing – planejamento e implementação de marketing. Não é por serem as últimas etapas do processo de marketing a serem discutidas que a sua importância deve ser minimizada. Muitas pessoas acreditam que podem tomar os fatos e as opiniões definidos na análise da situação e criar um plano de marketing à prova de falhas, tendo como base, infelizmente, seus próprios dados mal compreendidos. Elas também podem pensar que podem fazer a ponte entre o planejamento de marketing, que é o programa orientado para o futuro, e o programa de implementação de marketing, que é o estágio orientado pelas ações. Na verdade, esses supostos profissionais de marketing carecem do conhecimento e das habilidades necessários para iniciar um programa de marketing, pois estão atolados em dados e ficam confusos sobre qual seria a próxima etapa do processo. A lógica do planejamento e da implementação de marketing é bastante clara. No planejamento de marketing, o profissional da área se baseia nos resultados da análise da situação e constrói atividades futuras de acordo com as estrutura dos Ps de marketing. A análise da situação indica que há segmentos de mercado ignorados ou malservidos e, dentro do módulo de planejamento de marketing, um ou mais grupos específicos são selecionados. Os aspectos promocionais do plano de marketing serão explorados em detalhes, já que diversos recursos eletrônicos se ajustam aos requisitos exigidos por um processo de comunicação eficiente. As atividades de implementação também estão bem ajustadas aos pontos fortes dos recursos eletrônicos, especificamente no que se refere ao recebimento de feedback dos consumidores, à definição do perfil dos consumidores potenciais, à manutenção de registros de dados ou, ainda, à possibilidade de realizar transações comerciais. Esses termos devem soar familiares para o profissional de marketing. Afinal de contas, o processo do marketing na Web corre paralelo ao do marketing tradicional; assim como foi declarado anteriormente, só as ferramentas mudam – dos recursos tradicionais para os eletrônicos. As conclusões da análise da situação sugerem o nicho de mercado que se deseja atingir, resultando na definição da necessidade de um produto. Isso, por sua vez, leva à criação de uma marca de acordo com determinados parâmetros da **imagem** que se deseja para ela e que culminará nos elementos da **identidade**. Assim, a oferta do novo produto é formada por benefícios de uma nova imagem e identidade moldada às percepções de um novo segmento de mercado-alvo. Se a análise da situação indicar um vácuo na venda de calçados masculinos, pense: qual é objetivo do calçado? Caminhadas, trilhas, boliche, lazer, trabalho? Se for uma bota para trilhas e você trabalhar para a Timberland Company (http://www.timberland.com), pode querer apresentar o sapato com a marca Timberland e lhe dar um aspecto rústico para uso ao ar livre. Essa seria a imagem buscada pelos benefícios. Qual é a diferença entre imagem e identidade? A imagem é aquilo que o profissional de marketing deseja que o público pense e se lembre do produto – o "*o quê*" do produto – e a identidade é formada pelas ferramentas que constroem a imagem – ou "o *com o*" a imagem será entregue. Na atual propaganda de imagem da American Express (http://hww.americanexpress.com), a flexibilidade do uso é definida pelo **posicionamento**, "Faça mais". Os materiais da identidade que transmitem a imagem desejada são os comerciais de TV, as propagandas em jornais e revistas, os folhetos enviados com o extrato do cartão, as plaquetas de escritório e até mesmo o design do cartão em si. A coordenação entre imagem e identidade é essencial, pois todos os materiais de marketing devem falar com **uma só voz**. Mais recentemente, o conceito foi alterado para ***branding*** (gerenciamento de marcas), novamente uma mensagem de marketing onipresente aos consumidores e para elevar o interesse de marketing em interesses business-to-business. A atenção aos detalhes é uma indicação clara do comprometimento da empresa com seu programa de marketing. Ainda que a implementação possa ser a parte mais tediosa do processo de marketing, elementos da identidade executados com cuidado e no momento certo têm muita importância no marketing de alto nível. Portanto, é possível que o primeiro aspecto a ser desenvolvido para consumo pelo segmento-alvo seja estabelecer a imagem do produto ou do serviço.

## Moldando imagem e identidade únicas on-line

O que, essencialmente, o produto ou serviço do profissional de marketing faz pelos seus clientes? Muitos manuais de marketing sugerem que uma estratégia de marketing bem-sucedida se baseie em uma simples proposição da qual o usuário irá se beneficiar. Com um conceito atraente e uma execução sólida do produto, espera-se que a oferta não seja facilmente copiada por um concorrente. Dada a exclusividade implícita ou real, o profissional de marketing pode construir uma estratégia on-line do nicho projetada para diferenciar seu produto ou serviço do da concorrência. Ao estabelecer um benefício único, seja um molho delicioso para churrasco, seja um serviço de dedetização superior, algumas empresas são colocadas em uma posição exclusiva. Normalmente há uma qualidade difícil de ser igualada, encontrada no produto ou serviço prestado, impulsionando sua cobiça. Qualquer produto em praticamente qualquer setor pode ser posicionado para oferecer qualidades especiais. Ele compreende os motivos do comprador geral e de como o produto ou serviço preenche o vazio do consumidor. *Slogans* inteligentes fazem os produtos serem lembrados. Marcas fortes estabeleceram ofertas de benefícios que, por meio de promoções, são bem conhecidas, como "Aveia Quaker... aquece seu coração e sua alma" (http://www.howoatswork.com) ou "AOL... Tão fácil de usar, só podia ser a nº 1" (http://www.aol.com). Ou então pegue o *slogan* do Kentucky Fried Chicken (mais conhecido como KFC): "A gente acerta no frango" (http://www.kfc.com). A KFC fez sua concorrência comer poeira durante décadas. Desde 1952, as "onze diferentes ervas e temperos" criaram uma imagem mística e, à medida que os mercados foram amadurecendo, o alimento em si foi se atualizando de acordo com os padrões de consumo. Concorrentes do porte do Church's Chicken, do Scott's e até mesmo do poderoso McDonald's foram todos nocauteados pela KFC com um sucesso estrondoso. O uso consistente da figura do "Colonel" e o design padrão do restaurante são fortes elementos de identidade. O cardápio conta com produtos familiares e inovadores para agradar ao paladar da família inteira. Até mesmo mercadorias como laranjas (da marca Sunkist, http://hww.sunkist.com – Figura 3.1) e batatas (da marca Idaho, http://www.idahopotato.com) foram promovidas como superiores a uma laranja ou batata comuns. Além disso, normalmente um produto considerado superior pode suportar preços mais altos, levando a um aumento nas margens de lucro.

Um planejamento estratégico semelhante pode ser aplicado aos programas de marketing on-line, e o conceito de marketing de nicho combina bem com a capacidade de personalizar ofertas e Websites. As considerações de marketing eletrônico começam, naturalmente, com o nome do produto, e deve-se dar atenção especial ao nome da URL para que ela seja distintiva e faça o usuário se lembrar prontamente do nome do produto. Qual será o nome do seu servidor, o do ISP ou o do seu servidor próprio? Qual é a designação própria do domínio? Você vai usar o prefixo www

**Figura 3.1** A Sunkist Growers apresenta seus produtos em uma roupagem saudável e informativa. Os links são variados e vão de receitas e dicas de nutrição à área infantil da Sunkist. Notícias da imprensa, como safras e danos das geadas, podem ser acessadas pelo link "Press Room" (sala de imprensa).
*Fonte*: Sunkist (http://www.sunkist.com).

no endereço? Você vai optar por colocar hiperlinks para outros Websites e, em caso positivo, vai retribuir o favor? Que tipo de links você vai permitir nas suas páginas? Diferentes mecanismos de busca possuem graus diversos de visibilidade. Em que tipos de mecanismos de busca você vai registrar o endereço do seu Website? Você vai bloquear a impressão da sua página, para que o usuário não consiga imprimi-la? Essas considerações contam em uma imagem on-line, e você deve garantir que ela é sua – só sua.

Se a estratégia do profissional de marketing for introduzir um produto existente na Web, ele pode preparar uma relação com as vantagens e desvantagens do produto para comparar com as vantagens e desvantagens da exposição na Web. Como sua marca chegou ao *status* que tem hoje (por quais razões seu produto tem seguidores)? Quais atributos seu público valoriza e por quê? Se você fosse um consumidor, por que compraria seu produto? Quais destes benefícios seus consumidores valorizam? Qualidade em durabilidade ou em confiança? Atendimento mais rápido e mais simpático? Técnicos com alto nível de conhecimento? Serviços rápidos? Conveniência 24 horas? Garantia de devolução do dinheiro? Serviço de rastreamento 24 horas? Talvez vendedores bem treinados e atenciosos? Saber quais desses atributos os consumidores do profissional de marketing valorizam e quais benefícios são considerados supérfluos ou pouco importantes contribui para um programa de marketing bem desenvolvido. Agora, quais destas competências você conseguirá usar nas atividades de marketing on-line? Preços precisos dos produtos no Website, respostas rápidas a consultas por e-mail, políticas corretas publicadas nas perguntas freqüentes, boas conexões de modem, ofertas atualizadas de produtos? Se o segmento de mercado deseja essas qualidades off-line, será que não seria igualmente receptivo com relação aos veículos de marketing on-line?

## Criando o plano de marketing

Antes de se distrair com *como* os problemas de marketing serão resolvidos, você, o profissional de marketing, deve primeiro voltar a atenção para *o que* deve ser conquistado, ou seja, os objetivos das atividades de marketing on-line. Não há diferenças do marketing tradicional: os objetivos normalmente são estabelecidos com metas numéricas, mas esses alvos numéricos não mostram a direção para alcançar esses objetivos. Exemplos de objetivos numéricos poderiam ser participação no mercado, volume de vendas em dólares, cota das vendas em dólares por representante de vendas, retorno sobre o investimento, volume de vendas em dólares por território, e assim por diante. Essas medidas podem mudar de setor para setor, dependendo das expectativas da gerência; assim, não há regras fixas. No entanto, comparar as medidas entre si não leva em consideração a direção do marketing. Para resolver esse impasse, podem ser estabelecidos grupos adicionais de objetivos, como descrições do mercado-alvo, objetivos de comunicação, vendas, mídia ou, ainda, objetivos de relações públicas. Quanto mais detalhado o planejamento, menor será o nível de adivinhação daqueles que executam o programa. Além disso, ao estabelecer objetivos numéricos, o profissional de marketing conseguirá comparar o desempenho do programa no fim do ano. Essa análise proporcionará informações úteis para o planejamento do ano seguinte, respondendo se é melhor continuar fazendo o que deu certo ou eliminar aquilo que foi pouco produtivo.

Como você estabelece as metas inicialmente? Não existe uma resposta definitiva para isso. Os bons profissionais de marketing consultarão a literatura atual, como as revistas *Tire Review* ou *Advertising Age* (http://www.adage.com – Figura 3.2), conversarão com colegas da equipe e com associações do setor e até mesmo entrarão em contato com concorrentes para definir parâmetros realistas para o programa. Os programas de marketing serão diferentes, dependendo do estágio de vida do produto (por exemplo, no estágio de introdução do ciclo de vida, as atividades promocionais são essenciais para estabelecer o conhecimento e o posicionamento do novo produto), do

**Figura 3.2** Versão interativa do símbolo da indústria da publicidade, a Advertising Age oferece cobertura diária por meio de seu Website informativo. O mecanismo de busca interno auxilia na localização das informações.
*Fonte*: Advertising & Age (http://www.adage.com). Reimpresso com permissão da Advertising & Agel Copyright © Crain Communications, Inc.

nível da concorrência, do tamanho do território de vendas, do tipo de produto (mercadoria de luxo, item de compra ou compra de conveniência) e da sazonalidade do produto ou serviço. Os fatores que afetam os objetivos de marketing e o desempenho subseqüente são inúmeros, e é impossível prever alguns dentro do escopo do plano de marketing. Consultar profissionais de marketing experientes dentro de uma empresa certamente auxiliará no estabelecimento de previsões realistas para o programa. No marketing, tentativa e erro são poderosos educadores.

## A seleção dos segmentos de consumidores potenciais é essencial

Agora tem início uma investigação completa dos segmentos de consumidores potenciais. Com o método do marketing de alvo (*target marketing*), o profissional da área deve avaliar todos os segmentos possíveis no universo de consumidores potenciais. Igualmente importante é a maneira como o profissional de marketing segmenta esses consumidores atuais e potenciais. Qual é a maneira mais lógica para segmentar o mercado: por características geográficas, demográficas, psicográficas ou comportamentais? Talvez o serviço comercializado seja o aluguel de apartamentos de luxo; qual seria a melhor forma de isolar os vários possíveis segmentos? A pesquisa pode auxiliar o profissional de marketing a identificar segmentos de consumidores potenciais, como aqueles que já residem na região e os que acabaram de chegar. Isso não é particularmente útil, visto que os residentes na região já têm casa, e os recém-chegados estão se mudando para a região sem ter uma origem migratória previsível. Outro método alternativo de **segmentação** pode ser por grupos demográficos. Para determinada região, os dados do censo são coletados por idade, sexo, número de lares, etnia e outras categorias numéricas. O número de pessoas em cada uma das faixas etárias, como 18 a 24 anos ou 25 a 30 anos, assim como outras combinações de faixas etárias, pode ser combinado com a taxa de ocupação de imóveis para alugar em uma determinada área, como a definida por um código postal (CEP). No entanto, com essa estratégia, identificar consumidores potenciais de alto poder aquisitivo é quase impossível, pois idade e renda muitas vezes andam de mãos dadas, ainda que os mais velhos prefiram ter suas próprias residências a alugar um apartamento. Buscar um mercado mais maduro, portanto, produziria um público menor e menos interessado.

O profissional de marketing pode utilizar as características psicográficas como estratégia de segmentação. A psicografia, estudo dos estilos de vida e dos autoconceitos (como as pessoas se vêem), poderia ajudar na identificação de áreas do mercado habitadas por indivíduos que se julgam pertencentes aos segmentos mais ricos da população. Pode haver diversos segmentos de estilo de vida a serem quantificados – jovens profissionais, sejam eles solteiros ou casados, jovens gerentes ou vendedores, profissionais de meia-idade, provavelmente sem filhos, ou adultos ou casais mais velhos que têm aversão às tarefas de manutenção doméstica. Cada segmento possui razões diferentes para escolher morar em um apartamento alugado, mas do ponto de vista das expectativas sobre si mesmos (os autoconceitos), todos esses diferentes segmentos desejam um apartamento de confortável a luxuoso em um condomínio de aluguel que seja considerado elegante e esteja na moda. Dividir o mercado em segmentos psicográficos pode conquistar sua meta de diferenciação por estilo de vida. Ferramentas de pesquisa, como análise de dados geodemográficos e psicográficos, serão discutidas no Capítulo 8.

Um último método de segmentar o mercado é investigar os padrões comportamentais e de uso do produto, como usuários freqüentes (*heavy users*), moderados e ocasionais (*light users*). Essa abordagem não proporciona um método de segmentação preciso, pois os locatários dos apartamentos só podem consumir uma unidade por vez. Portanto, todos os consumidores potenciais seriam alocados em um único segmento não-diferenciado. Entretanto, também é verdade que muitas indústrias nascem e morrem por tendências de marketing ditadas pelo comportamento, como é o caso do consumo de cerveja (aos olhos da empresa, os bebedores inveterados são os melhores consumidores) ou do segmento de cremes dentais (os usuários freqüentes, que escovam os dentes mais vezes do que apenas pela manhã, deveriam ser o mercado-alvo). Escolher a abordagem de segmentação correta vem com a experiência. Para esse estudo, a segmentação psicográfica parece ser a melhor solução, com apelos promocionais que fazem referência ao ego ou às atividades de lazer do consumidor potencial.

Para a segmentação do universo do locatário, o profissional de marketing deve selecionar um ou dois segmentos principais como mercados primários nos quais serão dirigidas as atividades promocionais, provavelmente ferramentas de propaganda on-line e grupos de discussão. Nesse ponto, o perfil de mercado – ou seja, o delineamento das características demográficas e psicográficas da área de mercado – é especialmente útil e elucidativo. O mercado é formado por jovens profissionais, famílias de meia-idade ou aposentados na ativa? Que outros segmentos você pode encontrar? Um segmento supera em números todos os outros? Em caso positivo, qual estratégia de marketing, provavelmente altamente dependente de propaganda e promoção de vendas, é adequada para o segmento de mercado? As vantagens e desvantagens do mix promocional on-line serão discutidas no Capítulo 9. É favorável para o profissional de marketing reconhecer que diferentes segmentos de mercado reagem de forma distinta a diferentes atividades promocionais. Além disso, como diferentes segmentos de mercado possuem preferências de mídia diferentes, um único plano promocional não se encaixa em todos os casos. Muitas das atividades de marketing são bastante óbvias e racionais, mas algumas diferenças entre segmentos de mercado são sutis. Por exemplo, todos os segmentos de mercado preocupam-se com a segurança quando selecionam apartamentos para alugar. Em geral, os valores do mercado de pessoas mais velhas priorizam estacionamento em vez de lazer; o jovem profissional está mais interessado em um endereço de prestígio que ofereça atividades sociais. Os dois segmentos de mercado pagarão a mesma quantia pelo apartamento, mas cada um possui suas próprias motivações ao procurar abrigo.

Nesse ponto, você já preparou uma estratégia de segmentação de mercado e desenvolveu uma medida pela qual comparar a população em cada segmento. Essas medidas podem ser coletadas de bancos de dados geodemográficos ou psicográficos on-line ou off-line da região. A medida pode ser o índice de crescimento de lares, a porcentagem de apartamentos para alugar como parte de residências, as várias porcentagens do nível de renda, a população de várias faixas etárias, como o grupo de 18 a 34 anos, o grupo de 35 a 49 anos, o grupo de 50 anos ou mais, ou outras combinações de segmentos de idade, ou a população de vários grupos de ocupação profissional. A medida do tamanho do segmento dará alguma direção em relação aos segmentos-alvo com maior potencial e, com esse método de classificação, mais partes do plano de marketing ficarão mais claras para o profissional da área. Dependendo dos segmentos de marketing, as decisões sobre a oferta de produtos, a estratégia de apreçamento, o mix promocional e a estratégia de distribuição podem ser tomadas com mais certeza. Quanto melhor a informação, melhor a decisão.

Entendendo melhor o mercado-alvo, a etapa seguinte é desenvolver uma análise de benefícios, uma declaração dos benefícios selecionados. Há tempos se diz que as pessoas não compram uma furadeira elétrica; na verdade, elas compram os buracos. Essa é uma boa maneira de se chegar a uma conclusão entre produtos e serviços e os benefícios decorrentes. O bom profissional de marketing sabe quais benefícios seus consumidores procuram. O fã de basquete compra um ingresso para um jogo – não o papel ou a impressão, e sim a diversão que o ingresso para o ginásio proporciona. Uma pessoa com dor de dente não vai ao dentista para ser simpática ou para conversar; o objetivo da consulta é aliviar a dor. Já que diferentes segmentos de mercado podem ter motivos diferentes para comprar o mesmo produto, é bom que o profissional de marketing compreenda as várias motivações do consumidor que movem seus mercados. Por exemplo: óculos escuros são um item muito popular entre consumidores. Eles podem ser comprados por diversos motivos: para a proteção dos olhos (seja contra o sol seja contra objetos que podem atingir o rosto ao se aparar a grama), como um item de moda, para ter um estilo diferente todos os anos, ou por razões especiais, como ser inquebrável ou poder ser dobrado, como o de boa parte dos jogadores de beisebol. Do mesmo modo, comprar um relógio pode ter diferentes motivos: simplesmente para dizer as horas com precisão; como um acessório da moda, como o Swatch (http://www.swatch.com), que entrou na moda há alguns anos; por prestígio ou autoestima, como Rolex (http://www.rolex.com) ou Patek Philippe (http://www.patek.com), ou para fins especiais, como cronômetros para corredores ou nadadores medirem seus tempos ou como cronômetro para mergulhadores. O profissional de marketing deve preparar uma avaliação do objetivo para compreender melhor os motivos de compra, evitando que a subjetividade turve o processo. Muitas falhas de marketing foram resultado da insistência do profissional de marketing em criar produtos para seu próprio gosto, independentemente das conclusões da pesquisa de marketing (caso tenha sido feita). Nem todos gostam de batatinhas sabor atum ou de mousse de cabelo com aroma de chocolate. Produtos como esses, entretanto, entraram no mercado, mas não por muito tempo.

A partir dessa análise de benefícios, o profissional de marketing conseguirá uma direção excelente para desenvolver uma estratégia de posicionamento do produto ou do serviço que será reforçada em todo o programa de comunicação eletrônica. A partir da discussão anterior, a estratégia de posicionamento estabelece a imagem ou destaca os benefícios valorizados pelos segmentos. É tarefa do gerente de marketing (ou do publicitário, caso não exista um cargo formal de marketing) desenvolver o conceito do posicionamento, que pode consistir de algumas poucas palavras-chave ou talvez de uma frase. O profissional de marketing planeja a essência dos benefícios do comprador e depois entrega essas preciosas palavras ao gerente de publicidade ou à agência publicitária para que criem um posicionamento memorável – uma frase criativa que

## História de um Case de E-Marketing

### BAYER PHARMACEUTICAL, INFORMAÇÃO À LA CARTE: RETORNO DE FAX

A Bayer Pharmaceutical é uma das líderes mundiais em produtos farmacêuticos. Mais especificamente, o principal produto da Bayer, o Cipro, é responsável por quase metade de sua receita. Quando descobriu que a Pfizer Pharmaceutical estava prestes a lançar seu novo antibiótico, o Trovan, a Bayer percebeu que estava em apuros. Segundo Sherlyn Celone, gerente de comunicação de marketing da Bayer, "ficamos muito preocupados. O novo produto da Pfizer iria nos atingir em cheio, e sabíamos que precisávamos contra-atacar à altura". Assim, a Bayer decidiu lançar uma "estratégia desafiadora", na qual tentaria contornar a tentativa direta da Pfizer de roubar a participação de mercado nesse importante segmento.

Como parte da estratégia desafiadora, a Bayer reconheceu que seu departamento de comunicações clínicas precisava conseguir responder às solicitações de informações dos médicos. Na verdade, a Bayer já contava com um sistema do gênero. A força de vendas instruía os médicos a ligar diretamente para a Bayer e conversar com um especialista no produto. Este, por sua vez, dava instruções à equipe de suporte, que, então, ia até os arquivos para coletar a informação em papel, fazia cópias, enviava o material por fax ao especialista e, por fim, criava um registro da transação. Não demorou muito para ficar claro que esse método, embora bom para várias pesquisas, não era suficiente para atender às necessidades da Bayer nesse caso. Pensou-se no uso de Websites e e-mail, mas isso foi descartado; mesmo que todas as informações sejam aprovadas pela FDA, ainda é necessário haver uma assinatura do médico, pelo menos transmitida eletronicamente. A solução de retorno de fax, FaxBack, foi a única alternativa restante e precisava alcançar os seguintes objetivos:

- responder às solicitações de informações em até uma hora;
- fornecer processamento e resposta automatizados às solicitações dos médicos;
- proporcionar alto volume de solicitações (2.200 solicitações de uma página por dia);
- proporcionar alto volume de respostas (33 mil faxes enviados por dia);
- reduzir a administração a um único membro da Bayer.

inclua os benefícios entregues ao mercado. Esses posicionamentos devem ser integrados em todas as atividades on-line. A maioria dos grandes publicitários contrata agências de publicidade para lidar com a criação, por causa da experiência e da habilidade da equipe em comunicação. Veja alguns posicionamentos inesquecíveis: "Sempre Coca-Cola"; "Como uma rocha", dos caminhões Chevrolet (http://www.chevrolet.com); "*The computer inside*", da Intel Pentium II (http://www.intel.com); "A companhia aérea preferida de todo o mundo", da British Airways (http://www.britishairways.com); e "Movendo-se na velocidade dos negócios", da United Parcel Service (http://www.ups.com). Quanto mais forte a execução criativa, normalmente maior será a duração do posicionamento. Ainda que campanhas publicitárias venham e vão de acordo com a situa-

## História de um Case de E-Marketing (continuação)

Quando foi aberta a licitação para empresas interessadas em fornecer esse serviço em nome da Bayer, a empresa ficou estupefata ao descobrir que três meses de serviço custariam cerca de $ 300.000 – valor próximo da criação de um sistema do zero. Portanto, após uma cuidadosa análise das opções disponíveis, a Bayer tomou a decisão de usar uma combinação de formulários personalizados criados em Lotus Notes com um software conjunto de duas empresas parceiras, Cardiff Software e RightFAX Corporation. E eles ainda contariam com o benefício adicional de que a Bayer seria proprietária do sistema, quando estivesse pronto.

Hoje essa solução permite que a Bayer, por meio de seu número gratuito, aceite solicitações de informações por fax de médicos em qualquer lugar dos Estados Unidos, 24 horas por dia, sete dias por semana. Um formulário especial de fax, especialmente desenhado para a Bayer, possibilita que o computador use a tecnologia de Reconhecimento Óptico de Marcas (OMR) para decifrar a solicitação do médico, incluindo a capacidade de descobrir se o médico a assinou. O sistema cria uma carta personalizada com base na carta e a envia de volta por fax ao médico em minutos, naturalmente acompanhada das informações requisitadas do produto e por outras literaturas. Segundo Sherlyn, "nossa solução FaxBack é fantástica. Ela possibilitou que diminuíssemos o tempo de respostas de solicitações para apenas alguns minutos e reduziu nosso excesso de pessoal para essa tarefa para apenas uma pessoa".

Como veio à tona, o departamento de comunicações clínicas da Bayer não foi o único beneficiado dessa solução de marketing. Eles logo perceberam que estavam com uma mina de ouro nas mãos. O sistema foi modificado para capturar a informação de médicos, combiná-la com outras informações nos bancos de dados da Bayer e encaminhá-la ao departamento de marketing da Bayer, onde a equipe poderia trabalhar em cima dessa nova fonte de dados demográficos. E mais: a Bayer começou até mesmo a usar o FaxBack para divulgar comunicados à imprensa e outras informações de interesse vital à comunidade médica, utilizando os dados coletados do esforço original do FaxBack!

*Fonte:* Entrevista por telefone com Sherlyn Celone, gerente de comunicação de marketing da Bayer Pharmaceutical, realizada pelo autor em 3 de janeiro de 2000.

ção, posicionamentos fortes devem durar, como "*Snap, Crackle, Pop*[1]". Precisa mencionar o nome do produto? Alguns posicionamentos funcionam ainda melhor com as cores, o movimento e os sons da Internet. Aos olhos atentos do profissional de marketing, o posicionamento e o endereço da Web e do e-mail deveriam estar salpicados dentro e fora de documentos, Websites, propagandas, folhetos publicitários, placas, papéis de carta e qualquer item grande o suficiente para manter a legibilidade. Essa continuidade da mensagem e da identidade é uma grande parte do estágio de implementação e, por meio de atenção adequada, impulsiona o investimento contínuo em imagem e identidade corporativa.

## Estruturando os Ps do plano de e-marketing

Parece que a análise da situação deixou peças espalhadas por todo o chão. A próxima tarefa do profissional de marketing é dar ordem ao processo definindo a estratégia de marketing eletrônico de acordo com os Ps de marketing. O perfil do consumidor potencial foi selecionado em função de alguma tendência de combinar o consumidor com uma motivação ou um grupo de motivações. Espera-se que a demanda seja satisfeita com a criação de um produto ou serviço, seja um bem primário ou substituto, ou com a melhoria de um produto ou serviço substituto. O profissional de marketing deve, agora, delinear as características de quais bens ou serviços devem ser abrangidos.

## Definindo o produto ou serviço

Em relação à estratégia de preencher um nicho de oportunidade ainda não totalmente explorado, pode haver diversas possibilidades para o profissional de marketing. Não há dúvidas de que a pesquisa do consumidor entre os membros do segmento de consumidores potenciais é bem fundada, particularmente se houver um produto para o grupo tocar, provar ou experimentar de alguma outra forma. Resultados em pesquisas podem fazer um produto ou serviço passar por diversas mudanças para melhora, e os bons profissionais de marketing sempre devem ouvir atentamente as reações e opiniões dos usuários. Os mercados estão continuamente mudando, adicionando e subtraindo casas todos os dias. Ao longo de alguns anos, a composição e o consumo do mercado podem virar de cabeça para baixo, como já aconteceu com os produtores de carne, peixe e frango. Ao não assumir nada e continuar ouvindo, o profissional de marketing pode investigar uma ou mais dessas iniciativas de produtos. Uma aplicação para o comércio eletrônico poderia ser lançar um produto ou serviço para venda, aluguel ou leasing. Alguns dos pioneiros da venda on-line assumiram um produto ou serviço tradicional, provavelmente menos que fascinante, com uma embalagem para conveniência, e depois produziram um forte programa promocional para exibi-lo (ou talvez exibi-lo em excesso) ao público on-line. Os produtos ao consumidor, como CDs, vídeos, livros, software ou itens semelhantes para o lazer, vendem bem porque o aspecto da experiência possui muito pouco risco, visto que o consumidor possui uma longa experiência com o meio. O sucesso na venda pela Web ainda é regido pela exposição ao mercado-alvo correto. O *Iconocast Newsletter* faz estas observações:

> Assim como os comerciantes de tijolos e cimento, os comerciantes on-line se baseiam no tráfego para criar oportunidades de vendas. A Media Matrix disse que as visitas aos Websites de shoppings haviam subido 55% em 1997, proporcional ao crescimento da

1. Snap, Crackle e Pop são personagens populares que há décadas vêm estampados na caixa do cereal Rice Krispies, da Kelloggs. Seus nomes são uma alusão ao som feito pelo cereal ao ser consumido. *Fonte*: http://www.kelloggs.com/brand/characters/snapcracklepop.html. (N.T.)

*Quadro 3.1*

**CATEGORIAS COM MAIOR GASTO ON-LINE, SETEMBRO DE 2001**

| Classificação | Categoria | Dólares gastos (em milhões) | Porcentagem de crescimento |
|---|---|---|---|
| | Set. de 2000 | Set. de 2001 | |
| 1. Serviços de viagem | $ 795 | $ 1,148 | 44% |
| 2. Roupas/acessórios | $ 276 | $ 494 | 79% |
| 3. Leilões | $ 173 | $ 407 | 135% |
| 4. Hardware de computador | $ 226 | $ 380 | 68% |
| 5. Livros | $ 121 | $ 300 | 148% |

*Fonte*: Adaptado do estudo eCommercePulse da Nielsen//NetRatings e da Harris Interactive. Setembro de 2001.

população na Web, que continuava a se expandir (Consensus, 1998). O polpudo terceiro semestre de 2002 viu o e-commerce nos Estados Unidos pular 37%, subindo para $10 bilhões em vendas on-line a varejo (Hyman, 2002). Assim como os shoppings mudaram a cara do varejo, a Internet está lentamente entrando na psique dos consumidores em todo o mundo. E está fazendo isso por meio dos bolsos da atividade de compra (Consensus, 1998).

Relatórios contínuos concentram-se em produtos e serviços adquiridos pela Internet. A tabela a seguir mostra os resultados de um estudo que coletou dados de uma pesquisa on-line de 36 mil internautas em setembro de 2001. Descobriu-se que o número de compradores on-line teve uma alta sem precedentes, com 38,6 milhões de pessoas comprando pela Internet.

Quais são algumas das categorias que estão sendo vendidas na Web? Em geral, as diretrizes para produtos e serviços de interesse giram em torno de qualidades como melhor, mais rápido, mais conveniente ou mais exclusivo. Primeiro, pense em como o sucesso foi conseguido nos canais tradicionais de marketing direto; o que fez da empresa um sucesso? Em seguida, pergunte-se se esse sucesso pode ser transferido para as ferramentas ou as atividades on-line. Então, misture uma ou mais qualidades previamente mencionadas. Sua recompensa mais significativa é o consumidor atual ou potencial memorizar o endereço de Internet da empresa. O profissional de marketing consegue alcançar esses processos e promessas?

- Ofereça uma variedade fora de série de um único produto, com a tática do foco concentrado e seleção ampla como proposta para Web. Essa é a estratégia de lojas de produtos para o lar, como a Bed, Bath, & Beyond (http://www.bedbathandbeyond.com), com atenção particular a acessórios de cozinha e banheiro.
- Ofereça um produto que dure mais ou venha com uma garantia melhor. As ferramentas Craftsman, da Sears, há tempos são reconhecidas pela garantia vitalícia; essas ferramentas podem ser encontradas, com outros itens, no Website www.sears.com. O Website da Sears também é apresentado em espanhol.
- Ofereça conveniência aos canais de distribuição da empresa. É por isso que você pode se comunicar com a loja de bonés Lids pela Internet (http://www.lids.com), por um telefone gratuito ou por e-mail (info@lids.com). Essa empresa também oferece uma estreita seleção de produtos (bonés), mas apresenta bonés de todas as maneiras: de faculdades, de times esportivos profissionais e itens de interesse especial.

- Ofereça mais expertise (lembre-se do foco mais concentrado e do conhecimento mais profundo) e demonstre esse comprometimento nas páginas da Web. Veja o Website da popular Vermont Sign School at Stowe (http://www.signschool.com), que se dedica ao tricô, à instrução, à educação e à consultoria sobre a criação de placas tridimensionais esculpidas e direcionais. O proprietário, Jay Cooke, criou uma escola, um quadro de avisos, um banco de dados e uma galeria dedicados à arte das placas de madeira; o brasão da escola diz: "Habilidade, Orgulho, Negócios Lucrativos". A escola demonstra o sucesso de sua instrução ao exibir o trabalho dos alunos na página Gallery.
- Um serviço mais rápido a consumidores atuais ou potenciais deveria ser óbvio. Responda os e-mails em até 24 horas e retorne as ligações telefônicas no mesmo dia. Ainda que esteja tudo bem quanto à obrigação do atendimento ao consumidor, a ação do atendimento fala mais alto que uma promessa. Em alguns negócios, o presidente ou dono da empresa pede todos os registros ou respostas de todos contatos com consumidores ao fim do dia. Dedicar um tempo para analisar a correspondência do atendimento ao consumidor demonstra, da mesma forma, a consumidores e funcionários que a comunicação é importante aos olhos da gerência. Durante duas horas por dia, Andy Grove, ex-CEO da Intel, respondia aos e-mails de funcionários, consumidores e amigos ao fim de cada dia e sentia que isso o fazia entrar em contato com o andamento da empresa (Grove 1996, p. 156).
- Exiba os prêmios, certificações ou afiliações do setor que a empresa conseguiu, pois isso contribui para a credibilidade que ela precisa ter para obter parcerias no comércio online. Um exemplo de divulgação de credenciais está no Website da Product Safety Engineering, Inc. (http://www.pseinc.com), que inclui o selo Underwriters Laboratory como agência certificada.
- Se o Website for dirigido ao consumidor, incorpore um livro de visitas com os nomes e telefones dos visitantes do Website, ou publique cartas de elogios sobre vários aspectos da experiência de compra do consumidor. Esses depoimentos podem falar da excelência do produto, da conveniência da realização do pedido, da velocidade da entrega ou de quaisquer aspectos que o consumidor tenha considerado extraordinários. Os varejistas e fabricantes também podem usar essa tática de reconhecimento do consumidor caso os compradores reconheçam o desempenho. Os números de telefone são úteis para um contato posterior – o que pode ser arriscado, pois o contato não é moderado. Talvez os consumidores estejam tão entusiasmados e satisfeitos que você possa criar um grupo de discussão sobre seus produtos ou serviços. A participação do consumidor em um grupo de discussão pode ser o maior elogio de todos.

Categorias específicas podem incluir produtos e serviços novos ou existentes; a imaginação de um profissional de marketing experiente pode incluir muitos mais. Para concentrar a atenção, o empreendedor pode estudar atentamente as páginas amarelas da lista telefônica para analisar várias categorias de negócios. Depois de analisar as categorias de interesse, o profissional de marketing pode comparar os atributos de negócios com o conceito do produto ou do serviço. Considere estes tópicos para comércio; lembre-se de que, quanto mais especializado ou exclusivo, melhor:

Academias
Acessórios e equipamento para mergulho
Acessórios para boliche
Agências e serviços de empregos
Alojamentos do tipo *bed and breakfast*
Aquários e acessórios

Astrologia
Bandeiras e banners
Banheiras
Bexigas - propaganda
Bonés
Bordados
Cafés especiais e acessórios
Casas noturnas
CDs
Centros de diversão
Charutos/cigarros e acessórios
Coleções de autógrafos
Consultores de informática
Consultores de Internet e serviços
Consultores de marca
Consultores de marketing
Consultores de negócios
Consultores de pesquisa
Consultoria e serviços educacionais
Corretores de ações e títulos
Corretores de transporte rodoviário
Design de interiores e decoração
Designers gráficos
Diamantes - atacado/varejo
Ensino e material para fazer acolchoados
Equipamento de estúdio de gravação
Equipamento de filmagem
Equipamento de fitness
Equipamento de golfe
Equipamento de playground
Equipamento de sinuca
Equipamento de som
Equipamento de vídeo
Equipamento e acessórios para esqui aquático
Equipamento e acessórios para fazer vinho
Equipamento fotográfico
Equipamento para deficientes
Equipamento para editoração
Equipamento para fabricar cerveja em casa
Equipamentos estéreos e hi-fi
Escolas de dança - adultos e crianças
Especialistas em caligrafia
Estampas em borracha e plástico
Figurinhas e lembranças de esportes
Floriculturas e acessórios
Gibis
Guias e grupos de pesca
Hospitais veterinários
Hotéis e motéis
Itens colecionáveis de todos os tipos
Itens de couro
Itens religiosos
Joalherias - atacado e varejo
Jornais ou notícias
Laboratórios
Livros - novos, usados, antigos
Loja de culinária
Mailing lists - e-mail ou correio
Mapas
Máquinas de auto-atendimento - varejo
Marketing direto
Móveis e acessórios para escritórios
Museus
Óptica
Orientação vocacional
Ourivesaria
Personal trainers
Perucas e apliques
Pipoca e materiais para pipoca
Planejamento de festas
Produção de vídeo
Produtos farmacêuticos
Psicologia
Relógios - varejo

Roupas antigas
Seguros
Selas
Serviço de devolução de impostos
Serviço de hipoteca
Serviço de reciclagem
Serviço de telemarketing
Serviços ambientais
Serviços de aconselhamento financeiro
Serviços de busca de executivos
Serviços de enfermagem
Serviços de engenharia
Serviços de limusine
Serviços médicos
Serviços para festas e casamentos
Serviços para o controle de peso
Serviços para viciados em drogas
Sistemas de alarme de incêndio e segurança
Sistemas de segurança – computadores
Sistemas e equipamento por satélite
Sonhos (donuts)
Sorveterias
Tradução e interpretação
Uniformes
Veículos de recreação
Vendas de tickets e eventos
Vestuário formal
Videogames – varejo
Violões
Vitaminas e suplementos alimentícios

Novamente, os produtos mais específicos e difíceis de serem encontrados vendem bem na Internet. Negócios varejistas são mais fáceis de implementar, uma vez que as transações do fabricante ou do atacadista normalmente são negociadas em grandes quantidades – inadequadas para a maioria dos consumidores individuais. O profissional de marketing também sabe que a maioria dos negócios na Web está relacionada a compras discricionárias, de forma que a seleção de produtos e a apresentação promocional são motivadas pelos desejos. Talvez algumas escolhas cuidadosas sejam: coleções de Beanie Babies (bichinhos de pelúcia produzidos especialmente para serem colecionados nos Estados Unidos) ou figurinhas de futebol, sandálias ou óculos de sol diferentes ou *jukeboxes* antigas. Com isso, pode ser necessário que o Website tenha capacidade de lidar com grandes quantidades de informações em muitas classificações diferentes, como o Website de leilões eBay (http://www.ebay.com – Figura 3.3); criado como um Website de busca dos porta-balas Pez (o porta-balas Pez é um item colecionável e muito procurado nos Estados Unidos), atualmente ele oferece mais de 7,9 milhões de itens para leilão diariamente, em mais de 18 mil classificações. O Website provou que a capacidade da Web para busca torna o exclusivo e o sem igual fáceis de encontrar. Os itens devem ter um público muito maior e se tornam mais facilmente comercializáveis por meio da exposição on-line. Talvez o consumidor esteja interessado em encontrar uma foto colorida e autografada de Ted Williams, no formato de 8 cm x 10 cm, da temporada de beisebol de 1959. Ele pode acessar o Website de coleção de autógrafos, como o Autograph World (http://www.autographworld.com), para conferir o que está disponível atualmente em autógrafos. Talvez um entusiasta, para satisfazer um interesse em cerâmica indígena norte-americana de Fannie Nampeyo, consiga encontrar um vaso de casamento Hopi da sra. Nampeyo no Website http://www.indianterritory.com, completo, com descrições e fotografias.

Agora é hora de o profissional de marketing considerar com que eficiência a Web, no papel de veículo de distribuição, encaixa-se na logística do produto ou do serviço. Obviamente, serviços de informações como software, preparação de imposto de renda, aconselhamento jurídico e serviços de busca em bibliotecas são adequados para uso on-line, mas e os produtos tangíveis, com peso e dimensões? Como regra, os produtos tangíveis devem ser armazenados em uma embalagem compacta (quadrada é melhor) e carregados com uma mão. Como a conveniência é altamente estimada pelos consumidores, o profissional de marketing deve oferecer também entrega em 24 ou 48 horas, que incentive mais ainda embalagens pequenas e mais compactas. A expedição de itens perecíveis ou frágeis não é uma boa idéia, pois o profissional de marketing não pode garantir a condição dos bens recebidos. É mais provável que o consumidor fique decepcionado se o cheesecake [torta de queijo, uma das sobremesas mais tradicionais dos Estados Unidos] New York tiver chegado de cabeça para baixo. Além disso, para reduzir a irritação, o produto deve chegar com o menor número de etapas de montagem possível. Centros de chamadas telefônicas podem ser necessários para a equipe, mas explicações telefônicas muitas vezes são mais difíceis de seguir e, portanto, podem ser frustrantes. O profissional de marketing deve manter a instalação o mais simples possível. Um último ponto sobre a adequação do produto precisa ser destacado: a exposição on-line é aplicável a empresas privadas ou sem fins lucrativos e é igualmente aceitável (e provavelmente tem uma relação custo-benefício melhor) para uso por organizações sem fins lucrativos. A missão de muitos grupos beneficentes é disseminar informações sobre a

**Figura 3.3** O primeiro Website de leilão. Entusiastas podem comprar, vender, negociar ou apenas navegar por 7,9 milhões de itens em mais de 18 mil categorias.
*Fonte*: eBay (http://www.ebay.com). Esses materiais foram reproduzidos com permissão da eBay Inc. Copyright © eBay Inc. Todos os direitos reservados.

causa que defendem, e uma presença on-line é um excelente veículo para apoiar outros meios de comunicação.

Os serviços de informação são populares; algumas remessas igualmente comuns são os resumos das novelas e o horóscopo[2], e esses produtos provavelmente se beneficiaram com a experimentação do mercado com os números de audiotexto 900[3]. Informações como aconselhamento e outras notícias autorizadas podem ser distribuídas de forma fácil e ampla pela Internet. Provavelmente o aspecto mais desajeitado da Internet de informações para vendas seja a tradução de idiomas, embora a língua franca seja o inglês; atualmente, o inglês ainda domina a Internet, sendo que mais de dois terços das páginas da Internet estão nesse idioma (Pastore, 2000). Há a possibilidade de Websites comerciais gravitarem em relação ao totalmente visual, em vez do altamente textual. Os Websites de propaganda internacional a seguir são exemplos em que o método de comunicação se baseia na persuasão visual e na navegação intuitiva do Website: Levi's (http://www.levi.com – Figura 3.4), Nike (http://www.nike.com) e Joe Boxer (http://www.joeboxer.com). Outra forma de tráfego comercial na Internet é a da pesquisa; pesquisadores de mercado estão reconhecendo rapidamente a usabilidade interativa da Internet como ferramenta de pesquisa. As pesquisas podem ser desenhadas, administradas e tabuladas entre amostras iguais ou diferentes com muita rapidez. Há economias associadas à pesquisa on-line, pois pesquisas impressas, envelopes e selos são eliminados. Usando listservs ou grupos de discussão, as amostras da população são geradas mais facilmente. É claro que o pesquisador deve ter cuidado para restringir as amostras ao universo adequado, pois somente 61% dos lares estão ativamente on-line (Pastore, 2001). Uma famosa falha na pesquisa de opinião foi a do *Literary Digest*, que fez entrevistas por telefone e declarou depois que Alfred Landon ganharia de Franklin Roosevelt na eleição presidencial norte-americana de 1936. A metodologia de amostragem, de entrevistar lares com telefones, foi malconcebida, visto que lares abastados com telefones eram a minoria, muitas vezes tendendo para os candidatos republicanos. É desnecessário dizer que muitos democratas sem telefone votaram em Roosevelt para o cargo. O *Literary Digest* retraiu-se, humilhado.

É mais do que provável que os profissionais de marketing usem a Internet para anunciar novos empreendimentos como parte do plano promocional. Um motivo é o custo menor das inserções de mídia em comparação com a mídia tradicional, e muitos empreendedores muitas vezes trabalham com orçamentos apertadíssimos. Como será discutido no Capítulo 9, o design de um Website simples pode ser conseguido com menos de $ 1.500. Se for colocado ao lado de mídias tradicionais, como televisão, jornais ou revistas, o custo da mídia tradicional é muito maior, e a maioria dos Websites opera 24 horas por dia, todos os dias do ano. Compare os custos de um comercial de 30 segundos na rede de TV local, o qual passa uma vez ou outra por rápido meio minuto, ou um anúncio de página inteira, em preto-e-branco, no jornal local, que geralmente é jogado fora no dia seguinte, aos custos de um Website na Internet: o custo de manutenção do Website parecerá pequeno. A exposição na Web rivaliza com a da televisão, com cores, movimento, sons e mudança de canais. A presença na Web é melhor que na televisão convencional, pois há a capacidade interativa de diálogo entre o visitante e o profissional de marketing. Um exame mais profundo, no entanto, revela que existem alguns gastos que o profissional de marketing da Web precisa sustentar. O publicitário precisará registrar o endereço do Website nos mecanismos de busca adequados ou pode ter de considerar banners de publicidade, patrocínio de grupos de discussão ou participação de conferências, tudo com custos adicionais.

---

2. Resumos de novelas e horóscopo (*soaps and scopes*) são dois dos produtos mais solicitados em serviços de portais de voz, uma forma de acesso à Web por meio de um serviço telefônico. (N.R.T.)
3. O número 900 nos Estados Unidos indica os números de telefones de serviços telefônicos que são cobrados na conta do usuário. (N.R.T.)

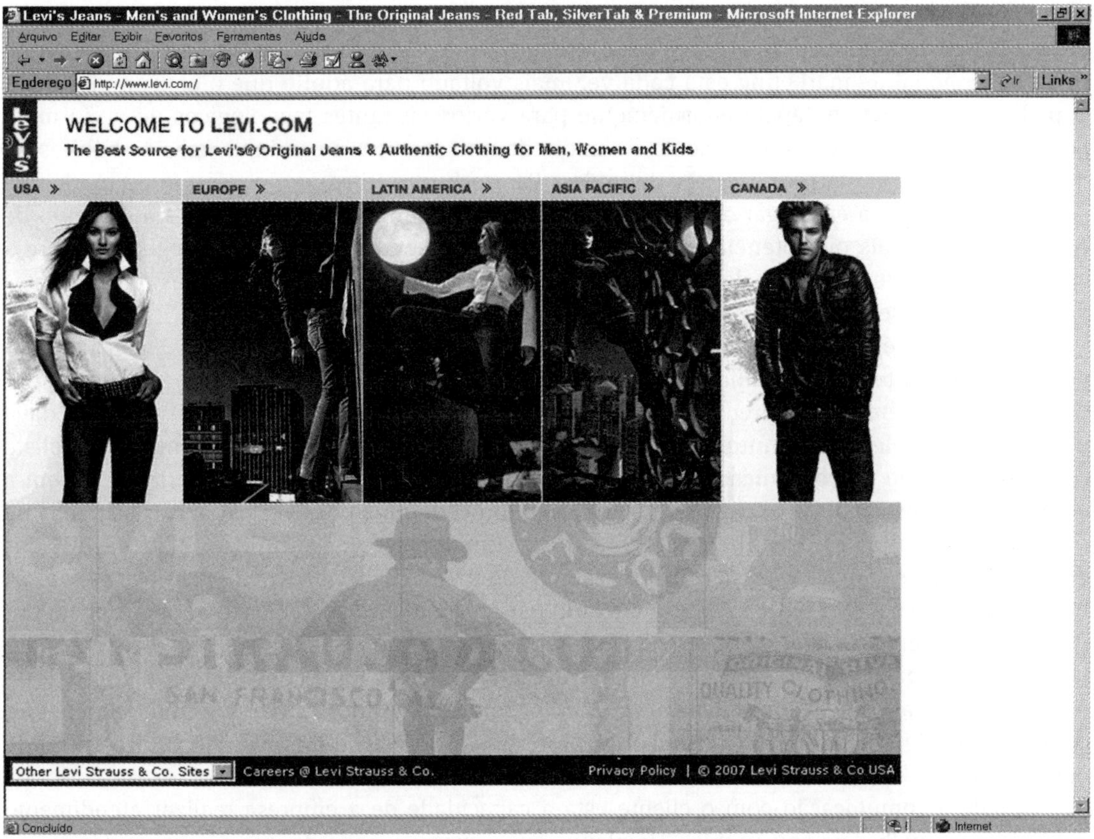


**Figura 3.4** As atividades de marketing das roupas da Levi's sempre se caracterizaram pela sua atitude e agora eles estão também reforçando suas atividades promocionais. O Website deles atende aos mercados interno e externo.
*Fonte*: Levi's (http://www.levi.com). Copyright © Levi Strauss & Co. Usado com permissão.

Uma segunda razão pela qual a mídia on-line pode ser preferida às tradicionais campanhas de marketing é que o produto ou serviço pode ser eletrônico por natureza e, portanto, atraente à massa tecnológica. Usar grupos de discussão, Websites para anúncio de novos produtos ou serviços ou Usenets pode criar um burburinho dentro dos segmentos de mercado de interesse restrito e pode resultar em informações positivas e de boca-a-boca passadas de grupo para grupo. As mensagens de Internet são facilmente encaminhadas a novos endereços, assim como os Websites são marcados para consulta futura. A cultura da Internet dá apoio ao compartilhamento de informações, e a notícia de Websites divertidos se dissemina rapidamente entre os fiéis internautas.

Outro cenário provável na seleção do canal de distribuição é o de aproveitar um produto ou serviço existente para a presença on-line, produzindo assim outro método de distribuição e veículo de publicidade para atingir o público on-line. Essa forma de promoção de produto ou serviço pode conter promessas inesperadas, pois muitos usuários da Internet abandonaram a mídia tradicional de notícias, voltando-se para os Websites de notícias 24 horas, como a CNN (http://www.cnn.com) e a NBC Nightly News (http://www.nbc.cm), ou de esportes, como o canal Fox (http://www.foxsports.com). Os visitantes podem escolher os tópicos de notícias que mais lhe interessarem, quando eles desejam acessar as informações (com freqüência maior ou menor que às 6h da manhã ou às 11h da noite) e onde querem acessar o Website (no escritório ou em casa), muitas vezes fazendo o download do arquivo para referência futura, de forma assíncrona. O pensamento do profissional de marketing está cada vez mais voltado para aquilo que o consumidor quer. O poder desse programa apela enormemente para vários visitantes tecnológicos de visão independente. O uso da Web como veículo de mídia de notícias está a caminho, mas os hábitos da mídia do usuário ainda precisam ser definidos. Para o futuro imediato, o gerente de marketing sensato continuará a empregar a mídia tradicional e a mídia nova como métodos de contato de consumidores atuais ou potenciais. À medida que forem sendo estabelecidos registros sobre a conveniência ou desempenho de vários mixes de mídia, mais eficientes e eficazes os programas de comunicação serão.

Nessa estratégia de exposição on-line de produtos estabelecidos e existentes, mais compradores passarão a ter mais familiaridade com endereços da Web, a ponto de suspeitar dos anunciantes que não têm um endereço na Web. Assim como um anunciante que há 20 anos não dava um número de telefone gratuito, o consumidor chegou a esperar que o fabricante ou varejista carregasse o fardo da comunicação. Se um grupo de consumidores quiser se comunicar com a empresa, o profissional de marketing deve fazer tudo o que for possível para criar sistemas de mensagens gratuitos e fáceis de usar para o consumidor acessar e utilizar. Não há dúvidas de que o e-mail se encaixa nesses critérios, sendo de baixo custo para a empresa e acessível 24 horas por dia. O sistema pode ser automatizado para responder com um sistema de resposta por fax, ou o remetente pode conferir as informações lendo a seção de FAQs que se aplica à pergunta. Os profissionais de marketing devem incentivar o contato com o consumidor, a ponto de se sentirem lisonjeados pela comunicação do cliente. Se o consumidor estiver entrando em contato com o centro de atendimento telefônico do profissional de marketing, ele não estará entrando em contato com a concorrência.

Aliada à comunicação com o cliente está a capacidade de a empresa realizar atendimento mais rápido e melhor ao consumidor. Há alguns anos, surgiu a onda de que o consumidor era rei (ou rainha, dependendo do caso), e com esse novo nível de interação com o comprador, o consumidor pode ser tratado como se fosse da realeza. Vamos admitir: nem toda transação e nem todo serviço são executados com perfeição, mesmo com muito esforço e com a melhor das intenções. A comunicação on-line permite uma resposta rápida e uma desculpa genuína à desordem do atendimento ao consumidor que deveria ter sido corrigida. As empresas podem aumentar a velocidade da prestação de serviço do suporte técnico, a qual rendeu um olho roxo à indústria da informática. Histórias de horror abundam sobre a quantidade de tempo e o custo das ligações de longa distância, em geral em todo o país, que os compradores de computador foram forçados a bancar. Empresas voltadas de fato para o consumidor determinarão que a comunicação com o cliente deve ter prioridade sobre todas as comunicações, em toda a empresa. Os compradores são educados para ler os rótulos de conteúdo nutricional, depois os endereços de contato com a empresa e, por último, as informações do preço. Os profissionais de marketing devem decidir qual paradigma é adequado à visão da empresa: maior valor nas informações e margens mais altas ou menor valor nas informações e margens mais baixas. Mais do que nunca, preço e valor andam de mãos dadas.

## O preço será conhecido universalmente

Os níveis de preço são um grande tormento, visto que a maioria dos consumidores fica feliz em comprar on-line, mas hesita em fazê-lo usando cartões de crédito. Eles preferem comprar off-line em nome da segurança. A prática do comércio eletrônico pode requerer que o varejista repense os modelos tradicionais de apreçamento, pois o consumidor terá conhecimento perfeito da estrutura de preços do profissional de marketing. O vendedor não terá mais na manga os mistérios do estabelecimento de preços. O profissional de marketing não terá mais que se debater entre as vantagens de um preço de desnatamento (*skimming price*) para um novo produto *versus* um preço de penetração para conquistar participação de mercado. As estratégias de apreçamento ficarão mais simples para o comerciante estabelecer e para o consumidor decifrar. Em questão estão os consumidores espertos, armados com informações de preços atualizadíssimas, a maioria sobre o preço de venda a varejo sugerido pelo fabricante, e assim o preço na Web cria um campo de atuação mais nivelado quando se lida com varejistas ou fabricantes. Com o tempo, a Internet pode vir a ser mais um equalizador do que um cortador de preços. Para os teóricos econômicos, um conhecimento perfeito de marketing tende a fazer os preços convergirem. O *Wall Street Journal* observou:

> A história do papel da Internet no apreçamento de bens e serviços está apenas começando a se desenvolver. Mais do que uma maneira de aceitar pedidos ou entregas, a Internet está surgindo como um paraíso para compradores que fazem comparação de preços. Os últimos anos trouxeram muitos Websites e serviços on-line que colocam mais informações de preços nas mãos dos compradores. Com dados incrivelmente melhores sobre os preços de clubes de golfe, passagens aéreas e carros, os consumidores estão fazendo negócios melhores (Wysocki, 1998).

Consumidores conscientes estão chegando às concessionárias com os custos completos dos fabricantes todos os dias, e estima-se que 30% de todo o tráfego tenha feito download das informações principais, graças a páginas como as informações de preços do "Faça você mesmo" da Chevrolet. A postura do vendedor e o desconto no preço com o gerente de vendas podem ser uma história antiga no futuro. Um Website, o Auto by Tel (http://www.autobytel.com), apresenta ao consumidor os preços dos fabricantes, depois entra em contato com algumas das três mil concessionárias concorrentes (por região) para perguntar sobre a disponibilidade do automóvel, dando cotações ao futuro comprador. O Website conta com estoques de carros novos e seminovos; as informações estão disponíveis para todos os Estados Unidos, bastando clicar no botão "novo" ou "usado", inserir o fabricante e o modelo do carro em que você está interessado e seu CEP. As concessionárias regionais pagam comissão à empresa. O consumidor potencial pode se inscrever on-line para financiamento, leasing ou seguro, lidando diretamente com a companhia financeira. Para dar credibilidade, a Auto by Tel promete uma garantia de 100% de devolução do dinheiro, em até 72 horas, de seus carros seminovos com garantia e exibe um pequeno desenho de um casal de Pasadena, na Califórnia, com o seguinte depoimento: "Ótima experiência. Sem aborrecimentos. Um jeito fácil – o único". A Auto by Tel se posiciona como tendo "melhores negócios – melhores concessionárias".

Existe uma estratégia alternativa para proteger a qualidade e as margens de lucro contra os preços cruéis. Os compradores on-line valorizam dois itens que os profissionais de marketing on-line podem proteger: 1) informações relacionadas à qualidade do produto ou serviço e 2) diferenciação de marcas dentro de uma categoria. As compras on-line podem levar a menos sensibilidade de preço em nível de marca e mais sensibilidade aos atributos de busca associados à qualidade do que as compras tradicionais. Um estudo do *Journal of Marketing* concluiu:

> Existe um ponto crítico para os fabricantes que oferecem mercadorias diferenciadas com atributos muito bons. Do mesmo modo, os varejistas que possuem mercadorias exclusivas e/ou dão informações excelentes sobre a mercadoria podem enfrentar menos, e não mais concorrência de preços. Talvez seja por isso que os fornecedores que cooperam com agentes de busca de diversas categorias, como o Fido the Shopping Doggie (http://www.shopfido.com), sejam predominantemente fabricantes e varejis-

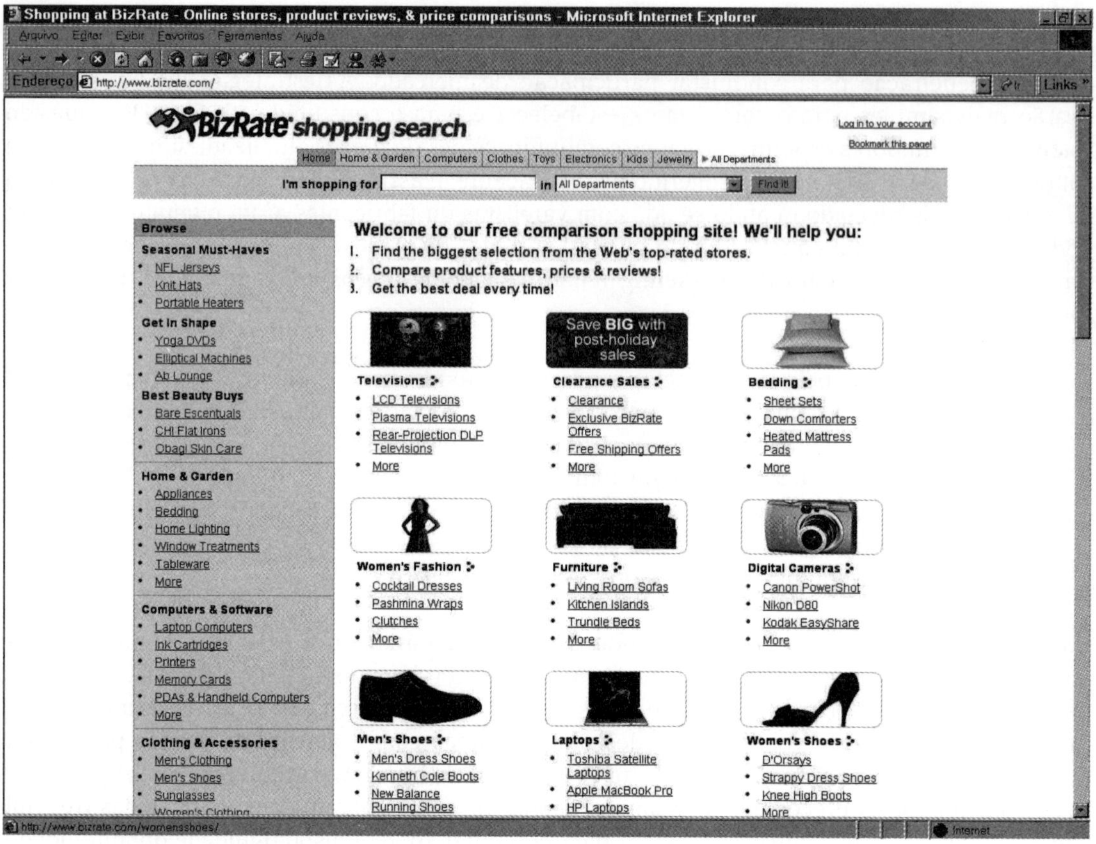


**Figura 3.5** O Website possibilita que os visitantes selecionem diversas categorias. A BizRate faz comparações em diversas áreas em uma única interface, de fácil utilização. Outras informações também estão disponíveis, sobre a nota que os consumidores deram às lojas.
*Fonte*: http://www.bizrate.com. Utilizado com permissão.

tas que vendem mercadorias altamente exclusivas, como arte e artesanato, música alternativa, molhos e temperos apimentados e alimentos finos e vinhos. De modo oposto, os fabricantes de mercadorias menos exclusivas e que competem no custo podem esperar uma concorrência mais intensa no preço com a introdução do home shopping interativo (IHS). Os comerciantes de mercadorias vendidas em todo o país com serviço limitado também enfrentam aumento na concorrência de preços. Portanto, a introdução do canal IHS intensificará o ambiente competitivo, mas isso não precisa mudar a ênfase da qualidade para o preço. Ao dar mais informações aos consumidores com um custo mínimo de busca, os fabricantes e varejistas com ofertas diferenciadas terão mais oportunidade de educar consumidores sobre os benefícios que oferecem. Os consumidores acharão mais fácil acessar e comparar as ofertas de empresas que competem em preços (Alba et al., 1997).

Essa parte da estratégia dos Ps é, possivelmente, a mais remodelada de todas as funções de marketing. A logística é o fio ou distribuidor universal que planeja e coordena a entrega de produtos e serviços a consumidores de todo o mundo. Muitas das atividades de logística incluem: planejamento estratégico, transporte, compras, armazenamento, manuseio de materiais, controle de estoque e previsão. A logística está envolvida todas as vezes que um produto é comprado, seja comida, remédio ou roupa. Não importa como o consumidor compra – na loja, por correio, por vendas diretas ou pela Internet –, ele está sendo servido pelas interações logísticas de diversas empresas. Do ponto de vista do marketing, a logística facilita o intercâmbio de mercado, aumenta o número de empregos e é uma grande compradora de bens e materiais (Council, 1998). A logística, também chamada de distribuição, o elemento *praça* (do inglês *place*) dos Ps de marketing, tornou-se uma arma mais ofensiva que seu papel passado de mero entregador de pedidos. O contato direto com o consumidor abriu várias novas oportunidades para canais de distribuição e vendas. A Web é o primeiro veículo de comunicação dirigida, distribuição e consumo em massa que pode ser monitorado pelo comprador em todos os momentos. Essa capacidade de se manter próximo ao consumidor deve-se aos recursos on-line, que continuarão amadurecendo com o e-commerce. Embora a distribuição sempre tenha desempenhado uma função estratégica e tática no processo de marketing, a função da distribuição agora requer mais atenção e uma perspectiva diferente. Ao desenvolver ferramentas eletrônicas, o profissional de marketing deve desmembrar a função da logística em etapas menores e mais gerenciáveis.

Pense na função de distribuição como um sistema de input e output no qual a comunicação do consumidor é o input (ou pedido) inicial que leva ao output (entrega do produto ou serviço), com contato contínuo com o consumidor para iniciar o processo novamente. Como as ferramentas on-line melhoram o ciclo de distribuição? O fio da velocidade, precisão e eficiência percorre a estratégia de logística, da entrega da embalagem até as vendas do hambúrguer, até a reencomenda do estoque de roupas a varejo. O segredo de qualquer plano de distribuição é remover os gargalos, sejam internos ou externos por natureza, do registro da informação até o produto acabado e entregue. Na verdade, um programa de distribuição excelente fará previsões dos gargalos antes mesmo de a produção começar. Empresas como a FedEx e a United Parcel Service criaram uma indústria com a melhoria dos métodos de distribuição, sendo que a UPS originalmente fazia transporte por terra e a FedEx, pelo ar. As atividades das duas empresas possibilitaram que os profissionais de marketing expandissem a geografia do empreendimento, e a expansão, por sua vez, satisfez os desejos e necessidades dos novos consumidores. Essa expansão também deu forças para o crescimento econômico de diversas regiões dos Estados Unidos. Prazeres simples, como o sorvete da Ben & Jerry's (http://www.benjerry.com), poderiam estar limitados a um pequeno raio das instalações de produção de Waterbury, Vermont, se uma infra-estrutura de distribuição para servir os 50 estados norte-americanos com esse produto perecível não tivesse sido criada nos últimos 20 anos. Do mesmo modo, os consumidores potenciais da Limited aumentaram quando a empresa comprou seu próprio Boeing 747, que se dedica a trazer pedidos de roupas das fábricas no Extremo Oriente para os centros de distribuição da Limited em Columbus, Ohio. Um imenso esforço foi empreendido pela Limited para capturar as tendências de moda populares, eliminando o antigo navio lento vindo da China. Os comerciantes nacionais, que sabem melhor como rastrear os movimentos de vendas, lidaram com o problema de níveis de estoque *versus* vendas. O Wal-Mart (http://www.walmart.com), por exemplo, monitora as vendas diárias por categorias de produtos por meio da interconexão de scanners ópticos nos caixas com transmissão via satélites no teto, que enviam informações para um sistema por satélite. Os estoques do Wal-Mart e os funcionários de compras podem ler o movimento de mercadorias para saber o que comprar ou do que refazer o pedido ou enviar para as lojas, a partir dos armazéns locais. Os fornecedores de fast-food como o Burger King (http://www.burgerking.com) também estão usando rastreamento de vendas eletrônico em seus 11.450 restaurantes em todo o mundo, reabastecendo seus ingredientes das vendas de 11,3 bilhões para 15,7 milhões de consumidores todos os dias. Aliás, o Burger King mudou seu sistema de distribuição para acomodar o motorista, aquele que está passando de automóvel em frente às suas lojas. O Burger King relata que aproximadamente 60% de suas vendas são derivadas do movimento no drive-thru; pense nas receitas perdidas se a gerência do restaurante tivesse lutado contra a preferência do consumidor em comprar por esse sistema. Outra empresa on-line, a Travelocity (http://www.travelocity.com), estabeleceu-se como a principal fonte virtual de viagens, pois seu plano de distribuição corre por fora da tradicional agência de viagens. O Website fornece informações sobre 400 linhas aéreas nacionais e internacionais por meio de mecanismos que fazem a busca com base em parâmetros estabelecidos pelo consumidor, como menor preço, nome da companhia aérea ou determinados horários de saída e chegada. O viajante insere sua seleção e as preferências são apresentadas, como preços mais baixos, em ordem ascendente. A Travelocity pode auxiliar no aluguel de carros ou em reservas de hotel também; é apresentada, além disso, a previsão do tempo no destino. Não é preciso dizer que os agentes de viagem não gostam dessa oportunidade de distribuição direta, mas o consumidor de viagens trabalha em seu melhor interesse, envolvendo-se ativamente na recuperação de informações e na tomada de decisões. Estes são exemplos de criatividade em logística que contam tanto quanto criatividade na propaganda, inovações em operações ou inovações no serviço ao consumidor. Definitivamente, a força que impulsiona (ou oprime) a distribuição é o tempo; não uma pressa desvairada para minimizar os minutos, as horas, os dias, e sim um movimento controlado que segue um plano pré-ordenado de quais devem ser as etapas. Fazer um gráfico das atividades de distribuição é um outro processo que o profissional de marketing coordena com os gerentes de operações ou produção. A previsão economiza tempo e esforços na corrida controlada de levar os produtos ao mercado. Quais são as ferramentas de distribuição que o profissional de marketing deve gerenciar e que o consumidor pode acessar facilmente? É aqui que a Internet brilha. A partir dos materiais promocionais que mostram o produto ou serviço de interesse, o consumidor faz o pedido, seja on-line ou off-line, e o Website pode ser configurado para reconhecer o pedido e prever uma data de entrega. Esse procedimento evita o problema do atraso postal; por transmissão eletrônica, o pedido entra para o calendário de produção. Se o prazo para realizar a entrega for curto, como o envio em até 24 horas, ou maior do que os dias necessários para entrar em contato com o atacadista, fabricante ou até mesmo com a editora, o cronograma pode ser determinado e comunicado ao consumidor. O sistema de rastreamento da FedEx atribui um número de rastreamento e, ao usar softwares próprios, o consumidor pode descobrir exatamente onde a embalagem ou a expedição está localizada. Essas confirmações são importantes, pois os relatórios do software produzem uma representação tangível de um serviço alusivo. A Web, por meio de sua capacidade de comunicação, agrega uma dimensão de precisão até então pouco confiável. Essa é uma valiosa qualidade de negócios para o consumidor e o agente de expedição. Surge mais uma vez a metáfora do campo de ação nivelado, com informações iguais para as duas partes. O consumidor pode ser um participante ainda maior das compras on-line. Segundo o conselho de logística:

> Os consumidores realizam uma grande parcela da função de distribuição ao comprar nas lojas. Eles transportam a mercadoria das lojas para seus lares e levam mercadorias não satisfatórias de volta para a loja. Em um sistema interativo de compras on-line, esses custos substanciais de entrega domiciliar e devoluções serão inteiramente arcados pelo vendedor e devem estar contidos no preço. Como esses custos são substanciais, os usuários de IHS que podem selecionar e embalar diversos itens para entrega a lares individuais terão uma vantagem competitiva em relação aos concorrentes IHS que não têm essas habilidades. A importância dessa vantagem é naturalmente maior quando o preparo para envio constitui uma grande fração do preço global do produto (Council, 1998).

O programa de logística emprega aspectos da comunicação da Web para disseminar informações de marketing, colocar e receber o pedido, atualizar o cronograma de produção e escolher o expedidor mais eficiente dos bens ao consumidor. Se os bens forem softwares de computador ou informações textuais ou gráficas, a transação pode ser concluída quase instantaneamente.

As ferramentas on-line também criam recursos interativos para a equipe de vendas existente, particularmente para dar suporte a representantes de venda do campo. Há um crescimento na popularidade do sistema de retorno de fax, no qual um vendedor solicita ao banco de dados da empresa, por exemplo, informações sobre a disponibilidade de certos produtos em estoque (normalmente designado pelo seu número de estocagem ou SKU – *stock keeping unit*). A solicitação é enviada por fax para o banco de dados central, e os dados são devolvidos por fax para quem os pediu. Mais uma vez, a velocidade na resposta é a arma tática para o vendedor. Muitas vezes a resposta pode ser dada ao representante de vendas enquanto ele está sentado no escritório do cliente. O e-mail também é utilizado para se comunicar com o home office ou com os departamentos de informática ou estocagem, mas esse contato requer que um recebedor designado de e-mails esteja trabalhando e alerta. Conectar-se à página de estocagem da empresa no Website dela é outra opção. No entanto, as informações sobre estocagem devem ser atualizadas constantemente, à medida que os produtos entrarem e saírem da estocagem da empresa.

## Estratégia promocional dirigida

Com várias decisões de marketing já tomadas, como o segmento de consumidores potenciais pretendido, o mix de componentes do produto ou serviço, a estratégia de apreçamento e o plano de distribuição, o profissional de marketing pode desviar sua atenção para a estratégia de promoção on-line. As seleções do mix promocional incluem propaganda, promoção de vendas, relações públicas, marketing direto e venda pessoal, cada uma com pontos fortes e fracos, vantagens e desvantagens. A mídia on-line oferece uma tremenda vantagem de seletividade sobre os veículos tradicionais de propaganda em massa, promoção de vendas e relações públicas, e a Internet é poderosa tanto para entregar mensagens a grandes públicos pela propaganda em navegadores e banners quanto para entregar mensagens a listservs fechados e separados. A mídia on-line se encaixa melhor na categoria de marketing direto – no futuro, o marketing direto pode mudar de nome para marketing interativo para destacar o potencial de diálogo –, visto que muitas transações do consumidor ou de negócios são executadas como vendas diretas, eliminando em grande parte o varejista ou o atacadista. Como parte do procedimento normal, o marketing direto exige relacionamento direto com consumidores, tornando desnecessárias a propaganda em massa ou longas promoções de vendas. As contribuições da exposição eletrônica incluem presença na Web, e-mails, listservs, quadros de avisos eletrônicos, patrocínio de grupos de discussão, Usenets, FAQs e arquivos .sig[4]. Cada um desses recursos possui usos, vantagens e desvantagens específicos. Saber em quais situações usar cada um é importante para o profissional de marketing. Além disso, saber como complementar a mídia tradicional como a impressa (jornais e revistas), difusão (televisão e rádio) ou até mesmo mídia de suporte (sinais, propaganda especializada ou colocação de produto) é essencial para um programa integrado de comunicação de marketing. O livro se concentra na capacidade on-line dos recursos de marketing eletrônico, e no Capítulo 9 serão apresentadas explicações completas das estratégias promocionais eletrônicas.

---

4. Arquivo .sig é um bloco de texto anexado ao final de uma mensagem de e-mail contendo informações sobre o remetente da mensagem. Esse tipo de arquivo, cuja extensão é uma abreviação de *signature* (assinatura), pode ser utilizado para propósitos promocionais ao incluir não apenas dados do remetente, mas também dados sobre produtos e serviços. (N.R.T.)

## Formulando o orçamento em marketing

Uma última atividade de planejamento é preparar um orçamento de marketing mestre para as atividades propostas. É comum dar pouca atenção ao processo de definição de orçamento, com omissões aparecendo ao longo do caminho de marketing. O desenvolvimento do orçamento não deve ser uma tarefa casual, delegada às vezes a funcionários de marketing inexperientes. Em corporações competentes e precisas, o orçamento aprovado acompanhará o profissional de marketing durante o ano inteiro. Assim, as empresas, da mesma forma que as pessoas, não podem gastar além de seus ganhos. O orçamento do marketing on-line é um componente do programa de marketing abrangente, e os profissionais de marketing devem ser responsáveis para realizar uma atividade de marketing dentro do orçamento aprovado. Para acompanhar o orçamento de marketing, deve-se preparar uma sólida fundamentação para explicar onde o dinheiro deve ser gasto. Esse exercício de fundamentação auxilia o profissional de marketing (e provavelmente seu superior) a prever a miríade de atividades a serem enfrentadas e a estabelecer critérios que o programa de marketing deve alcançar. É freqüente que expectativas prepotentes só tenham voz para serem cortadas por fundos insuficientes. A perspicácia no detalhamento planejado pode evitar ser ofuscado por problemas orçamentários.

O melhor método para criação de orçamento, independentemente de ser programa on-line ou tradicional, é o **método do objetivo e da tarefa**, no qual o profissional de marketing delineia as tarefas de marketing para o período e depois calcula um custo para cada tarefa. Esse processo assume que todos os programas serão cuidadosamente examinados na relação custo-benefício, e os programas que forem produtivos serão levados para o período seguinte de orçamento, enquanto novos objetivos de programas são estabelecidos. Essa disciplina de objetivo e tarefa também é chamada de **orçamento base zero**, pois todos os programas começam de novo, com orçamento zero. Isso é muito mais difícil e demorado, pois todas as peças do quebra-cabeça são inspecionadas cuidadosamente; o método mais fácil é pegar o orçamento do ano anterior e adicionar 10% arbitrários. No entanto, esse é um uso injustificado e desperdiçador de muitos recursos. O profissional de marketing deve substanciar todas as fases da função de marketing para demonstrar o controle e as expectativas do esforço de marketing. O plano de marketing será executado em fases, as quais contêm o estágio das ações do processo de marketing. As ações, ou implementação de marketing, também devem ser cuidadosamente delineadas, de modo que os membros da equipe de marketing compreendam quais delas estão sob sua responsabilidade. Lembre-se de que nada acontecerá até as ações serem colocadas diante do público-alvo. Até mesmo o plano de marketing mais elegante é meramente uma coleção de idéias; é a implementação de marketing que coloca a mão na massa para as coisas começarem a acontecer.

## Resumo

Formulado a partir de fatos, atitudes e opiniões da análise da situação, o planejamento de marketing se baseia no segmento do consumidor potencial que o profissional de marketing considera malservido ou negligenciado. Esse segmento de mercado é chamado de grupo-alvo, e o processo de planejamento é iniciado usando o paradigma tradicional dos Ps de marketing. Com um olho no segmento-alvo, o profissional de marketing começa o design de um produto ou serviço que satisfaz o vazio do mercado, estrutura uma estratégia de apreçamento, desenvolve o sistema de distribuição adequado e administra a criação de programas promocionais tradicionais e eletrônicos. Além do programa de marketing tradicional, os pontos fortes do programa de marketing eletrônico são a velocidade, a precisão e a capacidade interativa, que ajuda a criar um relacionamento de marketing de longo prazo com o consumidor atual ou potencial. Esse nível de intimidade que o profissional de marketing consegue alcançar com ferramentas de marketing eletrônico pode crescer e produzir um relacionamento mutuamente benéfico.

## Perguntas e exercícios

1. Bill Gates disse: "Todos terão acesso à maioria das informações do mundo". Do ponto de vista do profissional de marketing, essa é uma ocorrência positiva ou negativa? Ou depende da situação? Justifique sua resposta em uma declaração de três parágrafos para o CEO.
2. Qual é a diferença entre branding, imagem, identidade e posicionamento à medida que o profissional de marketing cria uma percepção de um novo produto ou serviço business-to-business? Qual tática é mais importante ao estabelecer uma percepção pública do novo produto? Redija uma declaração de estratégia de uma página, relatando os planos para novos produtos da sua divisão para o relatório anual da empresa.
3. A coordenação entre imagem e identidade é essencial, pois todos os materiais de marketing devem falar com uma só voz. Os profissionais de marketing, em geral, aceitam essa afirmação como verdade. Você consegue pensar em circunstâncias especiais nas quais os veículos on-line podem ter uma voz diferente? Redija um memorando de uma página aconselhando o diretor de relações públicas sobre seu desvio do plano de marketing e por que essa alteração faz sentido.
4. Boa parte da força promocional da comunicação on-line vem da aprovação boca-a-boca por meio de Usenets ou grupos de discussão. Os consumidores também podem verbalizar suas insatisfações sobre produtos usando Usenets. Selecione um grupo que você apreciaria ou detestaria e entre em um Website de grupo de discussão como o Google Groups (http://groups.google.com/) para monitorar o que outras pessoas estão dizendo sobre seu produto. Redija um e-mail para seu professor resumindo a opinião pública sobre o produto selecionado.
5. Talvez um ex-funcionário decepcionado – demitido da sua empresa por roubar materiais – tenha declarado em entrevista a um jornal que sua empresa de água mineral na verdade estava vendendo água de torneira, coletada na caixa d'água municipal. Essa alegação era falsa, mas para combater rumores você enviou o produto para um teste, que confirmou a pureza da água, que vem de uma fonte natural. Para atingir os consumidores mais educados e inteligentes tecnologicamente, qual seria a melhor tática para apresentar o caso e os resultados: colocar o estudo no Website da empresa, inserir anúncios on-line, patrocinar uma conferência on-line ou usar as Usenets? Redija uma estratégia de ação para enviar ao diretor de marketing.
6. Existe um segundo método de segmentação, diferenciação de produto, que se concentra em oferecer produtos e serviços com diferentes características, mas dentro da mesma categoria. Pense na série de marcas diferenciadas da General Motors, como Saturn, Chevrolet, Pontiac, Oldsmobile, Buick e Cadillac, com recursos que vão do econômico ao luxuoso e que tornaram as marcas famosas. Na sua opinião, qual estratégia, segmentação de mercado ou diferenciação de produto, é mais orientada para o consumidor e, portanto, mais preocupada em lhe entregar benefícios? Prepare suas reflexões na forma de uma conversa de cinco minutos com alunos de marketing básico.
7. Estratégias de identificação de mercado de segmentação demográfica, psicográfica, geográfica e comportamental são maneiras muito diferentes de criar perfis dos segmentos de mercado. Defina as bases da diferenciação para cada método na forma numérica e cite as

vantagens e desvantagens de cada estratégia. Prepare-se para apoiar ou defender cada método em uma discussão em sala de aula.

8. A distribuição/logística há tempos é vista como elemento promocional para criar vantagem competitiva. Defina os recursos de marketing eletrônico que produziram vantagens táticas no plano de marketing e como essas ferramentas conseguiram uma boa relação custo-benefício. Redija um memorando para seu CEO.
9. No artigo do *Journal of Marketing* sobre home shopping interativo, os autores declararam que uma quantidade considerável de custos de distribuição é arcada pelo consumidor quando uma mercadoria não-satisfatória é devolvida. Dentro desse esquema de distribuição, como os recursos de marketing eletrônico podem evitar esses custos ao consumidor? Assumindo que ninguém compra um produto simplesmente para devolvê-lo, formule cinco políticas de distribuição que poderiam ser usadas em conjunto com sistemas eletrônicos de pedidos e transações.
10. Uma vez que as políticas operacionais da empresa normalmente são guiadas por eficiências orçamentárias, como produção de baixo custo ou agrupamento de benefícios para melhorar a eficiência de produtos de menor sensibilidade ao preço, você acredita que os recursos de marketing eletrônico se saem melhor? Suas idéias estão na forma de uma resposta ou outros fatores precisam ser considerados? Quais são esses fatores? Prepare-se para apresentar suas idéias em uma discussão em sala de aula.

## *Bibliografia*


ALBA, J. et al. Interactive home shopping: Consumer, retailer, and manufacturer incentives to participate in electronic marketplaces. *Journal of Marketing*, jul. 1997, n. 61, p. 46.

CELONE, Sherlyn. Entrevista por telefone, 3 de Janeiro de 2000.

CONSENSUS of estimate of seven research studies. *Iconocast Newsletter*, 10 Jun. 1998. Disponível em: <http://www.iconocast.com/issue/19980610.html>.

COUNCIL ON LOGISTICS MANAGEMENT. *Careers in Logistics*, 1998.

GONYEA, James C.; Gonyea Wayne M. *Selling on the Internet*. Nova York: McGraw-Hill, 1996.

GROVE, Andrew S. *Only the paranoid survive*. Nova York: Doubleday, 1996.

HYMAN, Gretchen. A rosy outlook for holiday e-commerce. Jupitermedia Corp. Copyright 2004 Jupitermedia Corporation. Todos os direitos reservados. Utilizado com permissão. Disponível em: <http://cyberatlas.internet.com/markets/retailing/article/0,,6061 1476761,00.html>. Acesso em 4 out. 2002.

PASTORE, Michael. Web pages by language. Jupitermedia Corp. Copyright 2004 Jupitermedia Corporation. Todos os direitos reservados. Utilizado com permissão. Disponível em: <http://cyberatlas.internet.com/big picture/demographics/article/0,,5901 408521,00.html>. Acesso em 5 jul. 2000.

______. Spending carefully or all teched out? Jupitermedia Corp. Copyright 2004 Jupitermedia Corporation. Todos os direitos reservados. Utilizado com permissão. Disponível em: <http://cyberatlas.internet.com/big picture/hardware/article/0,,5 921914411,00.html>. Acesso em 31 out. 2001.

WYSOCKI, Bernard Jr. Internet is opening up a new era of pricing. *The Wall Street Journal*, 8 jun. 1998, p. A1. Copyright 1998 Dow Jones & Co. Inc. Reproduzido com permissão de Dow Jones & Co. Inc. no formato Textbook via Copyright Clearance Center.

# CAPÍTULO 4

## As Ações da Implementação de Marketing

"O marketing interativo é muito mais que a multimídia utilizada para entreter ou envolver um consumidor. É um nível mais alto de marketing estratégico, viabilizado por tecnologia sofisticada e bancos de dados inteligentes que conseguem responder a relacionamentos interativos. A Internet foi levada a um cenário de tempo real e causou um impacto drástico na propaganda tradicional. A tecnologia atual nos permite capturar, medir, comparar e analisar os dados do consumidor e depois classificar essas informações de forma inteligente e alocar estrategicamente recursos tradicionais e interativos. As empresas que desejam equilibrar riscos e conhecimento e que compreendam esse novo mercado eletrônico conseguirão obter grandes benefícios. As que não têm isso em mente estão assumindo um risco ainda maior. Esta é a era dos verdadeiros pioneiros, e o ouro está nos relacionamentos criados pela tecnologia interativa."

*(Komenar, 1997, p. 87-88)*

## Objetivos de Aprendizado

- Descrever os problemas táticos enfrentados pela execução prática das estratégias do mix de marketing eletrônico.
- Explorar as tarefas, vantagens e desvantagens de envolver fornecedores externos.
- Estabelecer objetivos de desempenho para determinar se o progresso em marketing alcançou os objetivos corporativos.

# Introdução

Esse estágio de implementação significa ação, fazer com que os planos projetados sejam executados. As habilidades de implementação são essenciais para o sucesso de um programa de marketing. Ainda que as peças de comunicação consigam causar impacto memorável para produtos e serviços, se elas não forem colocadas na televisão e em revistas ninguém as verá. Sem exposição na mídia para seu produto, os consumidores potenciais comprarão outros produtos. Portanto, o planejamento de marketing aponta a direção, e a implementação de marketing faz o trem parar nas estações certas. As tarefas de implementação podem ser complexas ou simples; muitas vezes é o especialista em implementação de marketing que vê uma forma nova e mais fácil de realizar o mesmo trabalho com melhores resultados.

Indivíduos com forte talento para implementação são raros. Às vezes, por falta de experiência, os planejadores de marketing podem sugerir o design de um Website impossível de ser produzido dentro do orçamento ou do tempo disponíveis. Aí entra o especialista em implementação, concluindo a tarefa dentro da especificação, do orçamento e do prazo. Todo mundo ganha. As ações de implementação requerem habilidades lógicas em criatividade e pensamento crítico: perguntar *quem*, *o quê*, *por quê*, *onde* e *quando* para decidir *como* a tarefa de marketing eletrônico, como o design para a Web, deve ser produzida. A implementação de marketing abrange mais do que somente a comunicação na Web; igualmente importantes são as ferramentas eletrônicas para coletar e registrar as preferências do consumidor e para manter contato com o cliente. A execução da recuperação e da análise das informações disponíveis em bancos de dados, a manutenção de coletores de dados eletrônicos, como leitoras ópticas e digitais, sistemas de feedback disponíveis no Website ou por e-mail, as pesquisas eletrônicas ou a entrega dos pedidos realizados por meio de transações eletrônicas: tudo isso pertence à implementação de marketing. Essas são as peças que tocam o consumidor e, muitas vezes, são responsáveis por formar a impressão que ele tem sobre produtos e serviços.

Às vezes, em decorrência da expertise necessária ou de prazos curtos, fornecedores externos são chamados para auxiliar na implementação do programa. Há vantagens e desvantagens para o profissional de marketing se envolver com fornecedores externos para concluir os sistemas. Serão discutidos com mais detalhes como o fornecedor pode auxiliar, como avaliar as credenciais do fornecedor e como manter a equipe interna e o fornecedor externo trabalhando bem juntos.

Deve-se pensar em adicionar outro P de marketing relativo à mensuração da performance, questionando se as atividades e os gastos em marketing estão produzindo resultados com uma boa relação custo-benefício. Alguns profissionais de marketing podem ter medo das respostas, mas, sem mensuração, programas ineficazes ou ineficientes podem continuar por anos e anos. Os recursos de marketing eletrônico, como pacotes estatísticos de tráfego no Website, produzem uma análise direta e de fácil compreensão do desempenho do Website. Os sistemas de pedidos eletrônicos também levam em conta a compreensão das atividades de compradores e não-compradores. Os profissionais de marketing sensatos preferem saber a 'chutar'.

# Pensando nos detalhes

Na profissão de marketing, quantas vezes se disse, particularmente em programas de marketing bem-planejados e bem-executados, que o sucesso veio porque "o segredo está nos detalhes"? O planejamento pode ser uma função de marketing mais estimulante e vistosa, mas os implementadores de sucesso, aquelas pessoas que sabem como negociar espaços de 30 segundos no rádio quando o espaço na emissora já está esgotado, como localizar o fornecedor de embalagens especiais em 24 horas ou onde encontrar uma roupa legal de proteção radioativa para a gravação de um comercial no mesmo dia, pertencem a uma determinada raça implacável que faz as coisas acontecerem independentemente das circunstâncias (e às vezes independentemente do orçamento) no cumprimento das táticas de promoção e marketing. Essas pessoas podem ter cargos de assistente de marketing, gerente de produção, assistente de produção, comprador de mídia ou supervisor de tráfego, e cada uma possui tarefas e responsabilidades que são essenciais para fazer o programa de marketing ganhar força e alçar vôo. Ainda que a sorte seja uma circunstância maravilhosa, é uma ocorrência elusiva demais para servir como base quando a carreira das pessoas ou milhões de dólares estão no jogo do sucesso de marketing. Bons profissionais de marketing preparam planos de implementação viáveis e realistas e, se a sorte os agraciar, melhor ainda. Já discutimos antes o fato de o planejamento de marketing ser orientado para o futuro, pegando informações sobre segmentos de mercado e transformando esses dados em benefícios de produto e programas promocionais (com estratégias dos outros Ps de marketing), que, então, se tornam a substância elusiva da ação de marketing. A implementação de marketing está no presente, talvez no hoje, sem dúvida não mais que 30 dias no futuro. O planejamento é o amanhã, até mesmo a meses de distância, mas a implementação, colocar os planos em ação, é o agora.

Se os planos estão próximos dos sonhos, como a realidade dentro da fantasia de marketing pode ser alcançada? O profissional de marketing cria a realidade com cinco palavras simples: *quem, o quê, quando, onde* e *por quê*, que foram vistas na avaliação da situação de marketing online discutida anteriormente. Como a maioria dos programas envolvidos nas atividades de marketing é formada por processos – uma série de decisões ou etapas criadas decisão após decisão –, estas cinco palavras, *quem, o quê, quando, onde* e *por quê*, são essenciais na tomada de decisões estratégicas e táticas, pois as ações de marketing devem ser ordenadas de forma lógica para alcançar eficiência e eficácia. Assim como na análise da situação e no planejamento de marketing, essas cinco palavras (e mais um útil *como*) auxiliam na definição da direção entre as opções estratégicas abstratas ou vagas enfrentadas pelo profissional de marketing. Uma compreensão mais clara do marketing lógico beneficia a empresa ou organização inteira, pois departamentos diferentes sabem quais funções desejam ter e por quê, quando e onde executá-las. O objetivo está voltado para a revelação total, pois quando os sócios ou a equipe tentam ler mentes, a tendência é que isso seja feito incorretamente todas as vezes. Portanto, as atividades de implementação são definidas como medidores para acompanhar metas de *timing* e desempenho. Colocar em gráfico as ações de implementação é tão importante quanto os resultados da avaliação da situação ou da formulação criativa dos Ps de marketing; muitas vezes os detalhes da execução da campanha de propaganda, colocar em prática o marketing direto, como contar o número de cupons recebidos, responder a solicitações por telefone ou e-mail ou até mesmo treinar operadores do call center, passam despercebidos ou sem supervisão durante longos períodos. Essa parte do processo de marketing é particularmente importante e às vezes tristemente ignorada, pois, nesse ponto, o consumidor atual ou potencial já respondeu à oferta da empresa e espera a consumação do ciclo de vendas. Em outras palavras, as funções da empresa estão em estreita supervisão pelo consumidor e errar na entrega de satisfação irá, no mínimo, decepcionar o comprador ou, no máximo, enfurecer um consumidor humilhado que, por sua vez, pode contar a dezenas de amigos sobre as más práticas da empresa. Aproximar-se do consumidor é uma superficialidade muito comum nos negócios hoje em dia, e as políticas de implementação bem-sucedidas fazem do encontro um prazer. Será que os recursos de marketing eletrônico conseguem auxiliar nesse adágio da proximidade? Sem dúvida, e provavelmente com mais destreza que nas duas etapas anteriores do processo.

Durante a implementação de marketing, muito do interesse e da comunicação foi estabelecido pelas ferramentas do mix promocional (propaganda, promoção de vendas, relações públicas, marketing direto, a nova disciplina do marketing cibernético e vendas pessoais), de forma que a ênfase do marketing agora recai sobre a entrega e o contato contínuo ou feedback do consumidor. Os recursos eletrônicos são excepcionalmente adequados para comunicação e manutenção de registros, o que também é definido como melhora da memória corporativa. O departamento de marketing deve fornecer ao departamento de sistemas de informação as necessidades para o banco de dados, desenvolver o plano de logística (como discutido anteriormente, logística na forma de distribuição ou embalagem podem ser uma vantagem competitiva decisivamente importante), explorar oportunidades de terceirização e estabelecer linhas de comunicação com o consumidor, além de coleta de pedidos e, possivelmente, coleta de opiniões futuras. Todas essas atividades estão dentro do escopo da implementação, que pode estar fortemente ligada às ferramentas eletrônicas. Se o departamento de marketing decidir o *quem*, quais funções de implementação podem ser facilitadas por recursos eletrônicos? Antes das funções de implementação, pergunte-se: qual elemento é mais importante para o plano de marketing: o consumidor potencial ou o produto?

## Estratégias de rastreamento do consumidor

Depois que o consumidor potencial tiver sido identificado e atraído, os programas de marketing projetados para reter e expandir o relacionamento comercial devem entrar em ação. A maioria dos profissionais de marketing tenta ganhar o máximo possível ao criar perfis dos dados ou dos hábitos do consumidor, sem invadir sua privacidade. Muitos relacionamentos de marketing se baseiam em benefícios mútuos e, se o consumidor quiser analisar os itens ou serviços que lhe interessam, as preferências pertinentes em geral são prontamente divulgadas. Aqui o profissional de marketing desenvolverá um sistema de rastreamento do consumidor (ou rastreamento do consumidor potencial, uma vez que muitas compras possuem longos ciclos de decisão, como compra da casa própria ou aquisição de um veículo de passeio) para registrar hábitos individuais de compra ou interesses especiais. O profissional de marketing pode criar um banco de dados usando um pacote simplificado de software que pode fazer as vezes de dispositivo de rastreamento de estoques ou, em empresas grandes e médias, o departamento de marketing pode trabalhar com os funcionários do MIS para colaborar com um programa de banco de dados personalizado. O profissional de marketing deve definir quais características devem ser registradas, como nome, endereço, idade, sexo ou opções semelhantes. Outras informações podem incluir datas de compra, extensão da garantia, categorias de mercadorias, uso pessoal ou presente ou preferência de pagamento; características diferentes são importantes para setores diferentes. O profissional de marketing com experiência saberá quais características capturar no design do banco de dados. Ainda que predeterminar essas qualidades do consumidor pareça ser óbvio, o design e a formatação do banco de dados começam antes de o programa de coleta ser construído. O design do banco de dados em geral evolui a partir de uma lista de características compiladas pelo departamento de marketing ou de vendas. Profissionais de marketing experientes sabem que a seqüência apropriada é o esboço, a formatação dos dados de entrada e, por fim, a construção do banco de dados.

Ao mesmo tempo que se pensa na considerada inserção de dados, igualmente importante é pensar de antemão nos formatos do relatório. As informações de marketing serão utilizadas como relatórios formais para outros gerentes, com o fim de dar suporte aos dados para avaliação do programa? As informações de marketing serão formatadas para listas de endereços para consumidores, revendedores, atacadistas ou consumidores potenciais? As informações serão mantidas para os registros de atendimento ao consumidor ou manutenção? Cada uma dessas situações pode exigir um formato diferente, dependendo dos objetivos de comunicação. Nas análises do programa de marketing, os movimentos das vendas dos produtos ou serviços, especialmente daqueles apresentados em jornais, rádio ou propaganda na Web, podem ser um fator decisivo para planejar gastos futuros com publicidade. As várias inserções de anúncios podem conter algum código ou chave de identificação, como números de telefone diferentes, endereços diferentes ou caixa postal,

## História de um Case de E-Marketing

### SISTEMA TRAXX DA CBSDIRECT

Vamos falar sobre timing. A Corporate Buying Service, um Website de marketing direto que vende computadores pessoais e acessórios e tem sede em Boca Raton, na Flórida, foi lançada em 1992 para vender hardware e software ao mercado corporativo. Inicialmente, o plano de vendas previu atividades de venda direta por meio de um centro telefônico, recebendo pedidos por telefone, bem como pedidos por correio, gerados pelos catálogos de produtos da empresa. O ano anterior, 1991, havia presenciado a disponibilização da Internet para consumidores e empresas. Nas palavras de Russell Madris, presidente da Corporate Buying Service: "A transformação em nossos negócios foi fenomenal, quando da inclusão do marketing na Web. Oitenta por cento dos pedidos são processados eletronicamente, e estamos abertos 24 horas por dia, 365 dias por ano. Estou empolgado com os benefícios que a Web trouxe para a minha empresa". Em 1998, 80% das vendas da empresa eram geradas pela Web, e os 20% restantes referentes a vendas feitas por telefone para empresas sem acesso à Internet.

Como uma fonte sofisticada de suprimentos corporativos, a CBS logo percebeu que deveria oferecer mais serviços e conveniências que os pedidos por telefone a seus milhares de membros e, em abril de 1993, introduziu um software de suprimentos chamado TRAXX. Ao resolver moldar seus negócios segundo o TRAXX, a CBS melhorou o software para torná-lo um sistema completo de compras, não somente uma página da Web. Para oferecer informações mais completas a seus membros, a TRAXX:

- permite a comparação de preços de distribuidores atacadistas dos quais os revendedores compram;
- possui um design que permite que todos os compradores dividam e rastreiem todas as informações do pedido;
- possui um sistema que retém um histórico completo dos pedidos por mais de cinco anos;
- consegue manter pedidos recorrentes dentro do sistema para serem efetuados a qualquer momento;
- consegue criar propostas, depois editá-las e convertê-las em pedidos;
- permite o rastreamento de pedidos por cidade, estado, data, transportadora e número de rastreabilidade.

Outros benefícios de marketing, além dos pontos fortes de vendas e logística, são que a CBS eliminou todas as brochuras e outros itens relacionados. Como resultado do sistema de compra automatizado, a CBSdirect consegue oferecer atualmente a seus consumidores uma seleção de mais de $ 2 bilhões em estoque dos principais distribuidores e mais de 80 mil produtos com preços competitivos. A CBSdirect implementou o controle de estoques, comparação de preços de produtos em estoque, pedido automático de estoque, especificações de produtos em estoque, e tudo isso sem ter estoques. A CBS parece ter encontrado o equilíbrio entre banco de dados e comunicação para os serviços de compras do século XXI.

*Fonte*: Entrevista por telefone com Russell Madris, presidente da Corporate Buying Service, realizada pelo autor em 3 de janeiro de 2000.

cada um para um jornal, televisão ou revista diferentes. Esses **códigos de cupom** nos veículos de mídia em massa exigem muita atenção para manter o desempenho dos veículos, ou força de atração, diferenciado. Consultas ou pedidos pela Internet são mais fáceis de serem documentados, visto que o endereço de e-mail ou do formulário do pedido aparece na transmissão. Com os Websites, os pacotes de softwares estatísticos podem monitorar o Website, revelando respostas para praticamente qualquer pergunta que o profissional de marketing conseguir formular; esse software de relatórios registra o tempo, a data, os nomes de domínio, os dias da semana, as semanas do mês, o tipo de consulta, como visualizações da página ou visualizações específicas na página, a quantidade de tempo passada no Website. Pacotes diferentes oferecem informações de relatório diferentes, e muitos permitem que o profissional de marketing personalize os relatórios de acordo com as necessidades de informação. O software de rastreamento também organizará as informações em relatórios de fácil leitura e compreensão, com gráficos e tabelas coloridos. Essa consulta estreita com o comércio pela Internet, dados do usuário e desempenho do Website oferece um excelente feedback para projetar parâmetros de marketing para futuras atividades on-line. Esforços generosos para rastrear desempenho da publicidade ou de outros tipos de comunicação não devem estar confinados às atividades na Web. Todos os veículos de propaganda devem ser medidos em relação ao custo por consulta, custo por milhar, custo por *rating point*, custo por venda ou qualquer outro critério de avaliação que fizer sentido para qualquer empresa, geografia, situação competitiva ou tipo de negócio. Os critérios de avaliação estão disponíveis na maioria dos casos, e as atividades de medição de marketing são um requisito necessário para qualquer empresa ou organização.

## Mantendo-se próximo do consumidor

Profissionais de marketing estimaram que é sete vezes mais caro atrair novos consumidores que vender e prestar serviços à base de clientes já existente de uma empresa. Para reduzir ainda mais os custos de marketing, os profissionais bem-sucedidos reconhecem que consumidores felizes e satisfeitos contam a amigos e parentes sobre suas compras. Essa aprovação boca-a-boca leva a oportunidades de referência de baixo custo. Gerar referências é uma função de baixo custo, mas não é uma atividade sem nenhum custo, pois manter os clientes satisfeitos ainda requer uma excelente execução de marketing, com um olho em consumidores sensíveis à comunicação da empresa. Existem várias maneiras de lembrar o consumidor que compra com muita ou pouca freqüência. Notificações por e-mail são usadas nas duas situações. A partir do perfil dos consumidores, o profissional de marketing consegue criar segmentos de interesses em produtos ou serviços semelhantes, podendo, assim, combinar ofertas promocionais para serem entregues por e-mail. A empresa pode pedir ao cliente seu endereço de e-mail para enviar um boletim eletrônico com o assunto de interesse do consumidor ou criar um *mailing* de cupons com filmes de ação, por exemplo, a partir das preferências de aluguel. Talvez o fã de filmes de ação não tenha visitado a loja nos últimos 60 dias; um cupom eletrônico ou uma correspondência direta oferecendo pipoca de microondas grátis, como fez a Blockbuster (http://www.blockbuster.com – Figura 4.1), pode seduzir o sócio da locadora a dar uma paradinha. Como a Blockbuster reconhece o indivíduo que gosta de filmes de ação, romance, suspense ou comédia? Empresas como a Blockbuster e a Tower Records produzem cartões de identificação para os consumidores que, ao devolverem os filmes, devem passar esse cartão, registrando o gênero do filme, o dia da semana em que foi alugado, se foi pago com dinheiro ou cartão de crédito, se foram alugados diversos filmes, se foi usado um cupom de desconto no pagamento ou não e outras informações relevantes. As compras pela Internet (ou por telefone) podem ser confirmadas por e-mail; se o consumidor comprou livros da Barnes & Noble, será enviado um e-mail de confirmação em até uma hora. Esse serviço é mais útil

Figura 4.1 Além de contar com uma grande variedade de vídeos e games para compra ou aluguel, produtos eletrônicos, informática, brinquedos e cine & foto, o visitante pode dar uma olhada nas opções de entretenimento antes de visitar a loja virtual e até mesmo fazer seus pedidos on-line. *Fonte*: Blockbuster (http://www.blockbuster.com.br). Copyright © Blockbuster, Inc. Todos os direitos reservados. Utilizado com permissão.

para o consumidor saber que o pedido foi feito corretamente e para a empresa on-line saber que foram enviados os itens corretos e o estoque correspondente foi baixado para fins de inventário. O consumidor gosta que a confirmação contenha uma linha de agradecimento, como um gesto de gentileza.

Novos produtos ou serviços podem ser anunciados por e-mail, como fez recentemente a Amazon Books, quando começou a vender CDs em seu Website. Criar um banco de dados preciso é essencial para compartilhar informações de interesse nas quais a propaganda ou a promoção de vendas poderiam, então, incitar novas oportunidades de vendas. Esse cenário de anunciar novos produtos ou serviços é perfeito para patrocinar trailers para consumidores preferenciais que chegaram a esse *status* pelo rastreamento do banco de dados. Outra ferramenta orientada para o consumidor é um sistema de feedback do consumidor, no qual a clientela pode colocar uma mensagem qualquer em uma página especificamente desenhada para esse fim, muitas vezes acessível por um título como "Entre em contato conosco". Os funcionários do atendimento ao cliente então pesquisam a pergunta ou o *status* do pedido e respondem ao consumidor por e-mail. Muitos profissionais de marketing aprendem muita coisa sobre as preocupações dos consumidores ao estudar os elogios e as reclamações, a ponto de esses comentários serem encaminhados para o departamento de marketing. Um exemplo de crítica pode ser que os consumidores norte-americanos da Costa Oeste não conseguem entrar em contato com o representante de serviço da Costa Leste em função da diferença de fuso horário de três horas. Talvez o consumidor tenha largado toda a mercadoria porque o carrinho de compras se desfez. Ainda que esses problemas sejam fáceis de serem resolvidos, eles exigem a atenção de um gerente de plantão que tome a iniciativa de ler e responder aos comentários do consumidor. Muitas das melhores idéias de serviços vêm do consumidor que percebe ou é prejudicado por falhas do serviço. Soluções simples e rápidas também evitam problemas que vão tomando proporções maiores com o tempo. Operações entre empresas também se beneficiam com um atendimento atencioso e proativo ao consumidor. Programas sofisticados de rastreamento que reafirmam ao consumidor o local do pacote 24 horas por dia já são utilizados por empresas de entregas de encomendas, e um **GPS (Global Positioning System)** é um valioso fator de diferenciação em alternativas de transporte, como aluguéis de carro e embarcações para uso de lazer. Empresas de transporte rodoviário podem usar o GPS para monitorar e localizar remessas por todo o país. O ponto é que os consumidores querem conhecer os fatos, ainda que não gostem das respostas.

Os profissionais de marketing muitas vezes ditam como deve funcionar o sistema de criação de relatórios do atendimento ao consumidor. Centenas de mensagens do consumidor podem ficar sem resolução se nenhuma pessoa for indicada para o trabalho de respondê-las. A propriedade, com a capacidade de tomar decisões para retificar inadequações, deve ser concedida às pessoas que interagem com consumidores. Pode ser inventado um sistema de roteamento no qual uma amostra representativa de consultas do consumidor (melhor ainda, todas as consultas) é encaminhada eletronicamente para o departamento de marketing todos os dias. Perguntas de acompanhamento ou respostas podem ser emitidas dentro de um padrão de tempo, como no prazo de 24 horas, independentemente de o problema ter sido originado internamente ou por um fornecedor externo. Relatórios de feedback do consumidor só são úteis se forem lidos e resolvidos, e essa resolução é mais bem atendida pelo departamento de marketing.

## Estabelecendo prioridades de ação

Conforme discutido previamente, a implementação de marketing pode ser simples ou complexa; pode necessitar de atividades nacionais, regionais ou locais. Podem-se agrupar fabricantes, atacadistas e varejistas, e os detalhes de marketing podem parecer sufocantes. Bons profissionais de marketing, contudo, concordarão que cada programa é preenchido de forma linear – um passo por vez. Fazer tudo de uma vez é não fazer nada. A experiência sob fogo ensina a importância da organização e da delegação para chegar aos resultados esperados. Muitos profissionais de marketing iniciam cada esforço de implementação ao definir as tarefas e determinar quem irá implementá-las. Esse é outro caso de desmembrar o programa inteiro em partes digeríveis, para orquestrar as atividades de *quem*, *o quê*, *quando*, *onde* e *por quê*. Depois de diversas tarefas de implementação, o assistente de marketing reconhecerá que um checklist detalhado ajuda a ordenar essas questões e que a maioria das ações de implementação começa a se parecer com o último programa e com o programa seguinte. O checklist de pessoas, materiais, materiais promocionais, displays ou mídias de suporte é um excelente método de organização e ajuda a garantir que nada será esquecido. Raramente um evento promocional, seja eletrônico ou não, escapa de algum equívoco, mas um bom planejamento reduz o excesso de preocupações depois.

O profissional de marketing precisa coordenar funcionários e tarefas internos, além dos recursos externos para o e-commerce. Deve-se preparar um esboço das tarefas on-line, para que todo mundo saiba quem está fazendo o quê e quando. A implementação on-line pode ser comple-

Quadro 4.1

**CHECKLIST DAS VÁRIAS TAREFAS DE IMPLEMENTAÇÃO DE EVENTOS**

**Checklist de Eventos Especiais da Roberts Communications**

Evento: ____________________ Cliente: ____________________

Data: ____________________ Horário: ____________________

Local: ________________________________________________

| **Item** | **Data de Entrega** | **Responsabilidade** |
|---|---|---|
| Kit de imprensa | | |
| ■ Capa do kit de imprensa | | |
| Resumo geral | | |
| Currículos | | |
| Descrição do evento | | |
| Histórico | | |
| Atividades | | |
| Fotografias | | |
| Cartões de visita | | |
| Mapas | | |
| ■ Comunicado à imprensa | | |
| ■ Comunicado on-line | | |
| ■ Convites | | |
| *Mailing list* | | |
| Endereços de e-mail | | |
| Texto | | |
| Layout | | |
| Produção | | |
| Impressão | | |
| RSVP | | |
| Envio de convites | | |
| Liberação por e-mail | | |
| ■ Pauta | | |
| ■ Programa | | |
| ■ *Souvenirs* | | |
| ■ Sinalização do evento | | |
| ■ Instruções de estacionamento | | |
| ■ Segurança | | |
| ■ Ensaio | | |

*Fonte*: (http://www.robertscommunications.com). Copyright © Roberts Communications, Tampa, Flórida. Utilizado com permissão.

xa, visto que os fornecedores de telecomunicações ou hardware precisam de um tempo de execução maior. Por exemplo: montar um call center ou iniciar um programa de fax para pedidos exigem tais responsabilidades contratuais para hardware, equipamentos de suporte, linhas dedicadas de telefone, contratação e treinamento de operadores, sistemas de desenvolvimento de software e fornecedor de ISP (provedor de serviços da Internet). Os fornecedores podem ser de grande ajuda. Muitos profissionais de marketing terceirizarão algumas atividades essenciais, como desenvolvimento de software ou tarefas de treinamento de pessoal, normalmente porque não possuem recursos internos ou a criação desses recursos pode ser cara e demorada. Fornecedores confiáveis podem ser uma bênção, mas o profissional de marketing deve se dar conta de que precisa dar uma direção ao projeto – explicar toda a situação e estratégia de marketing a ser implementada. Essa doutrinação pode tomar diversos meses de reuniões e muitos planos de projeto para colocar todos no mesmo patamar. Existem diversos aplicativos de planejamento eficientes, como o BusinessObjects, que ajuda a identificar tarefas, estabelecer prazos e apontar marcos para o progresso do julgamento.

Entra em pauta agora uma discussão sobre os fornecedores, aquelas pessoas ou organizações essenciais que trabalham fora da empresa. Ao trabalhar com algum 'não-funcionário', é uma boa idéia delinear quais são os resultados finais esperados – uma mentalidade de "o que pode acontecer", como o trabalho ou os sistemas devem ser desenhados e como o progresso deve ser medido, quem são as pessoas que formam a equipe do fornecedor e quais são as qualificações da empresa, qual a duração esperada desse envolvimento, como a manutenção contínua do Website deve ser realizada e como ou quando o fornecedor deve ser pago (como pré-pagamentos, pagamentos a prestação ou pagamentos com os resultados). Muitas vezes o cliente insistirá em entrevistar e selecionar pessoalmente os membros da equipe do fornecedor. O e-commerce é uma indústria jovem, na qual são feitas muitas promessas grandiosas aos clientes, mas, depois de iniciar a tarefa, as promessas terminam em ausência de desempenho. Assim, é preciso muito cuidado para selecionar os analistas, designers ou técnicos que formam o grupo do fornecedor; o cuidado deve ser aplicado pelo cliente de marketing e com o líder da equipe do fornecedor. Experiência, compreensão da tarefa e boa química pessoal entre o cliente e o fornecedor são as qualidades básicas que quase sempre resultam em sucessos de marketing maravilhosos. Existem opiniões misturadas sobre o valor ou a flexibilidade no uso de fornecedores externos. Quem apóia a idéia acredita que envolver desenvolvedores de software externos adiciona pensamentos novos e objetividade, introduz a experiência adquirida com outras tarefas e empurra os custos extras para a firma de consultoria. O pensamento novo, muitas vezes liberto de restrições corporativas ou burocracia, é provavelmente a qualidade mais valiosa adquirida, pois a firma do cliente recebe a melhor, mais atual e mais lógica experiência de recurso de marketing eletrônico disponível no mercado. Um velho ditado, bastante adequado aqui, é que você está aprendendo à custa dos outros. O profissional de marketing pode telefonar para outras empresas com as quais o fornecedor tenha trabalhado para verificar as credenciais da firma dele. Solicitar uma explicação detalhada e por escrito do plano do projeto esperado em forma de proposta é uma boa precaução, visto que algumas idéias podem ser perdidas ou mal-interpretadas nas reuniões do projeto. Pedir declaração de qualificações (SOQ – Statement of Qualifications) na qual o fornecedor detalha como o projeto proposto se une aos seus pontos fortes e à sua experiência – também é uma boa opção para o profissional de marketing. Propostas bem-projetadas e bem-construídas auxiliam o profissional de marketing a compreender a atenção do fornecedor aos detalhes e sua capacidade de comunicação e a julgar o cuidado com o qual a empresa ouve. Com base nos documentos escritos, nas amostras do trabalho anterior e nas intuições de ambas as partes, inicia-se a estrada para o sucesso ou o fracasso.

Os que se opõem a contratar uma firma externa também têm muita munição. Muitos consultores nacionalmente reconhecidos em desenvolvimento de sistemas, marketing do consumidor ou business-to-business ou aconselhamento de relações públicas cobram preços altos e pagamento adiantado. É difícil para o gerente de marketing justificar o que esse dinheiro está comprando, antes de qualquer trabalho ter sido realizado. Às vezes currículos estrelados ou planos de projetos passados de mão em mão não dão ao cético inabalável a prova ou promessa necessária de conclusão bem-sucedida; tenha em mente que muitas pessoas têm problemas em visualizar o produto ou serviço final. Muitas vezes não há problemas que a presença dessa pessoa depreciativa ajude a afinar as habilidades de apresentação do gerente de marketing e o preparo de materiais. O ato de simplesmente pedir confiança não cai bem entre gerentes profissionais. O profissional de marketing deve fornecer projeções o mais precisas possível que pesem custos previstos *versus* benefícios previstos. Opiniões críticas podem ser influenciadas pelo uso de previsões financeiras detalhadas e realistas sustentadas por abordagens de marketing criativas. Uma preocupação freqüente ao envolver fornecedores externos é de que a equipe do fornecedor seja incompetente – mais adequada para contar histórias fantásticas que para produzir o trabalho – ou de que a equipe interna também seja incompetente para lidar com as tarefas on-line, o que pode ser verdade ao se julgar a experiência on-line. As credenciais da firma do fornecedor são facilmente verificadas ao se ligar para clientes atuais e passados, conversar com fornecedores que fizeram negócios com a empresa e fazer um relatório de consulta financeira, como os perfis financeiros da Dunn and Bradstreet (http://www.dunnandbradstreet.com). Empresas com problemas financeiros estão desesperadas para manter seus negócios até chegar ao ponto de fraude; operadores sem escrúpulos podem lesar terrivelmente muitas pessoas e negócios inocentes. Quanto mais o profissional de marketing souber sobre as práticas de negócios do fornecedor, melhor. Algumas pessoas na área de marketing reclamam que conhecem as estrelas da firma do fornecedor, mas depois que o contrato é assinado e o pré-pagamento é processado, funcionários inexperientes fazem a ligação com o cliente. Para garantir que se dê atenção por igual ao cliente antes e depois do acordo, o representante de marketing do cliente pode fazer constar no contrato de negócios quem será o contato da empresa, a equipe de design do software e quem em cada firma será o árbitro, caso surjam problemas ou desentendimentos.

Cada vez mais clientes e fornecedores se preocupam com problemas de sigilo e segurança. As duas preocupações são reais, danosas, e é difícil se recuperar delas. Uma triagem cuidadosa da firma do software e de seus associados é um imperativo operacional, e todas as partes, incluindo o fornecedor e as partes interessadas do cliente, devem assinar contratos de confidencialidade. Recentemente, vem ganhando mais exposição uma preocupação com a segurança física do edifício – fortalecendo-o com barreiras de parâmetros de bom gosto (mas seguros), acompanhamento de funcionários da segurança para visitantes do prédio do momento da entrada até a saída e um exame cuidadoso e verificação da autenticidade por agências especializadas de todos os provedores de serviços do prédio, como zelador, entregas, consertos do prédio ou instaladores de telefone. Existe um fascínio do público da TV ou do cinema por programas de ação que se baseiam em operações secretas, espionagem governamental ou conspirações semelhantes; muitos argumentos dos programas não ficam muito longe da verdade. Os profissionais de marketing devem separar os mocinhos dos bandidos antes de o fornecedor roubar planos ou tecnologias. Um último cuidado ao usar fornecedores externos é que o profissional de marketing deve suspeitar de ligações como contratar a empresa de software do cunhado ou sua agência de publicidade, empregar um velho camarada de faculdade como CEO ou outro funcionário de alto escalão ou contratar a esposa do presidente para decorar a nova sede corporativa. Mais uma vez, o membro desse círculo possui conexões para chegar às posições de marketing ou tecnologia da informação, mas não o conhecimento ou a determinação para efetivamente levar a empresa a níveis mais altos de sucesso. Às vezes esse funcionário obtém sucesso em função dos anos anteriores de experiência no setor; contudo, o CEO pode ver o marketing como uma baixa prioridade ou um mal necessário, acreditando que colocar seu cunhado na posição de marketing não prejudicará a empresa. Existem genuínas indecisões para serem consideradas ao contratar fornecedores, e a melhor abordagem é empregar o mais qualificado, equilibrando o dinheiro necessário com a conclusão do trabalho no tempo designado. O fornecedor independente, portanto, precisa atuar na capacidade máxima, pois não haverá parentes para ajudá-lo. O respeito temperado com sinais de desconfiança é a melhor maneira de contratar bons serviços dos fornecedores.

## Atribuindo as responsabilidades do programa

Novamente, ao aplicar a lógica, o profissional de marketing decide quem é melhor para implementar os vários elementos do programa e por que essa é a pessoa mais adequada para executar as ações de marketing. Por ora, você já deve se sentir confortável com o conceito de *quem*, *o quê*, *quando*, *onde* e *por quê* em cada marco importante. O profissional de marketing também pode acrescentar duas qualidades adicionais – as dos conceitos de eficiência e eficácia apresentadas no capítulo anterior. Há uma diferença significativa entre esses dois conceitos. A eficiência muitas vezes é descrita como fazer uma tarefa corretamente e pode ser determinada pelos números. Comparações de duas alternativas de mídia normalmente podem ser medidas relativamente por meios numéricos, como **CPM (custo por milhar)**, para jornais ou rádio, ou um custo por *rating point* (**GRP**, **Gross Rating Point**, ou **TRPs**, **Target Rating Point**, para públicos mais definidos), para televisão. Infelizmente os critérios de medição de Websites ainda estão nos estágios de formação, com muitos gurus on-line discutindo o que deve ser contado e como os dados devem ser compilados e relatados. Alguns teóricos insistem que hits de página, a exibição inicial da página, são iguais em valor às **taxas de cliques (clickthroughs)**, o número de páginas vistas em uma visita. Quanto mais vezes uma página é visitada pelos internautas, melhor, e quanto mais fundo em determinada página esse internautas se embrenham também é considerado melhor. Outros presumem que a quantidade de tempo gasto no Website é a estatística mais reveladora, e outros ainda avaliam que o número de retornos de visitantes é o mais importante. O conceito de **visitantes únicos**, situação em que um visitante é contado uma única vez, não importa quantas vezes ele visite o Website, também é considerado o número mais confiável. Em algum lugar, entre a contagem de visitantes únicos e os totais de hits não-diferenciados, surgirá uma técnica de medição realista e razoável. Foram desenvolvidos muitos esforços para quantificar o desempenho. Maneiras de medir o desempenho podem incluir: medir cada vendedor por meio do volume mensal de vendas, vendas por linha de produto ou total da venda por território; avaliar a loja de varejo pela quantidade de vendas por metro quadrado, as vendas por metro quadrado de cada departamento ou o volume mensal de vendas; ou avaliar determinadas empresas pela medição da quantidade do volume de faturamento por funcionário para determinar o lucro de cada conta, como em uma agência de publicidade. Em grande parte os negócios podem ser medidos e colocados sob o microscópio da eficiência. No entanto, aqueles que não podem ser quantificados são julgados de outras formas.

O segundo conceito, eficácia, é fazer as coisas certas e é qualitativo em explicação, distintivo dentro de um espectro definido com parâmetros mais brandos. Perguntas relacionadas à eficácia podem ser semelhantes à criativa resolução de problema apresentada pelo jovem Alexandre, o Grande, quando ele estudava o enigmático nó górdio; no entanto, os profissionais de marketing ainda se deparam com consultas dos dias atuais sobre eficácia. Durante a preparação do orçamento ou em níveis de gastos com mídia, muitas vezes são feitas perguntas como quanto é suficiente ou quanto é baixo para ser considerado baixo sem comprometer a campanha. Infelizmente, não há uma resposta fixa, pois tudo tem seus prós e contras. Por exemplo: dois artistas gráficos podem fazer uma oferta no mesmo projeto de página da Web, e as quantias podem ser muito diferentes. O profissional de marketing deve aceitar a oferta mais baixa (a mais eficiente) e dar continuidade ao projeto? Ou a qualidade do trabalho de cada artista deve ser o fator decisivo (o mais eficaz)? Ou qual a qualidade que a mercadoria precisa ter (uma pergunta que causa uma completa confusão para o profissional de marketing)? Julgamentos qualitativos podem ser mais difíceis para decidir a melhor seleção, e opções de marketing sólidas vêm com a experiência. A pesquisa também pode ser desenvolvida para colocar números em idéias criativas ou conceitos de campanhas. Nessa abordagem, desenvolve-se um ranking normalmente classificando idéias de 1 a 10, nas quais a nota 1 representa o sentimento ou reação de forte descontentamento ou forte desaprovação. A nota 10 poderia representar o sentimento de contentamento ou aprovação fortes. Emoções ou reações menos distintivas caem entre o 1 e o 10, com uma posição neutra, às vezes nem gostando nem desgostando, ficando entre 5 e 6. Esperam-se algumas reações de aprovação ou desaprovação da abordagem, mesmo mais fortes, para dar uma resposta definitiva e guiar o desenvolvimento qualitativo.

Essa discussão de eficiência *versus* eficácia (o melhor resultado seria uma direção ou solução que seja igualmente eficiente e eficaz) é muito relevante na decisão do profissional de marketing em prestar um serviço ou produzir um bem internamente, em vez de comprar esse serviço ou produto de um fornecedor externo. O profissional de marketing deve estabelecer expectativas de custo e qualidade dos programas de marketing, como em um Website sensacional (que é caro), uma atraente brochura de vendas em três cores (moderado) ou um kit de publicidade produzido em uma única cor (barato). É preciso estabelecer se esses custos englobarão recursos da Web, equipamento, propaganda e outros elementos promocionais, funcionários do atendimento ao cliente e treinamento ou diretrizes de expedição. Um critério de julgamento pode ser considerar o público para o qual a peça promocional é destinada – quanto mais importante o público, mais esforços e orçamento são alocados para o programa de marketing. Em resumo: a lista é longa e complicada quando entram em cena trocas como qualidade mais baixa e custo menor. Essa é uma situação recorrente na qual o profissional de marketing deve ou se voltar para a equipe interna para executar o programa de marketing ou trabalhar com fornecedores externos que requerem expertise profunda – como produção de CD-ROM ou algo que prove ser extremamente demorado em coordenação, como criação de banco de dados e entrada de dados – ou, de preferência, um pouco dos dois. Diferentes membros da equipe terão pontos fortes diferentes, assim como fornecedores diferentes de marketing. Bons fornecedores conhecem seus pontos fortes e suas limitações tanto quanto os bons profissionais de marketing, e os profissionais confirmarão ou negarão suas habilidades na execução do programa. Como um profissional de marketing confiável, você provavelmente optará por delegar algumas tarefas de gerenciamento da comunicação para a equipe interna e comprar alguns programas e materiais específicos de fornecedores qualificados e confiáveis. Usar recursos externos pode dar uma aparência ou personalidade nova e fresca a um produto ou serviço familiar, mas talvez cansado. Intuitivamente, a maioria dos profissionais de marketing conhece as habilidades de todos os seus parceiros, dentro e fora da organização, e combinará o checklist de tarefas para as partes com mais capacidade. O *insight* mais importante para os gerentes de marketing reconhecerem é que, a menos que alguém seja especificamente destinado e responsável pela tarefa, ninguém será responsável pela conclusão. Tarefas órfãs não são responsabilidade de ninguém.

Está se descobrindo que muitos sistemas on-line ou eletrônicos exigem altos níveis de expertise e experiência nos problemas práticos encontrados em trabalhos anteriores. Esses aplicativos de alta tecnologia parecem ser mais bem utilizados por fornecedores entendidos, que podem custar mais a curto prazo, mas podem economizar dinheiro, reputação e tempo e provavelmente evitar que os consumidores mudem de fornecedor à medida que novos serviços sejam adicionados a longo prazo. Treinar uma equipe interna em um software complexo de banco de dados como o Oracle (http://www.oracle.com – Figura 4.2) ou sistemas de comunicações como o Lotus Notes pode ocasionar excesso de atrasos no trabalho, ausência de produção e uma equipe estres-

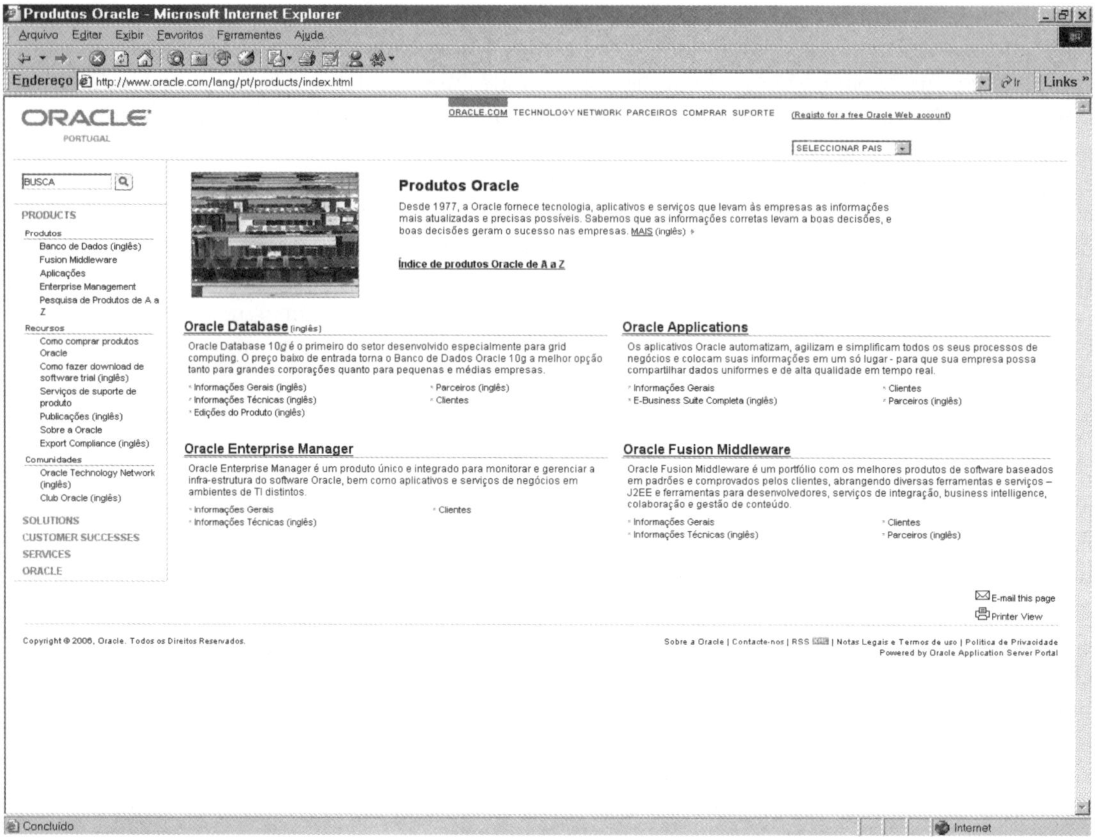


**Figura 4.2** Compre on-line e economize 10% em softwares da Oracle na Oracle Store. Esse Website de marketing de relacionamento oferece produtos em destaque, softwares para avaliação, descontos especiais, suporte à decisão, boletim on-line e diversos outros serviços e produtos de interesse aos usuários da Oracle.
*Fonte*: Oracle Store (http://www.oracle.com/lang/pt/products/index.html).

sada que pode não conseguir desenvolver aplicativos de software. Notícias semanais no *The Wall Street Journal* fazem críticas sobre o 'falecimento' de empresas, grandes e pequenas, atribuído à ineficiência de softwares de cobrança, estoques, expedição e até mesmo cobrança de impostos sobre a venda. Na maioria dos casos, os profissionais de marketing podem fugir de vários dos aplicativos comuns, mas complicados, de recursos eletrônicos, como desenvolvimento de páginas da Web, coleta de e-mails, pedidos on-line, desenvolvimento de intranet empresarial e outros elementos de marketing, ao contratar fornecedores treinados para realizar o trabalho. Ao delegar uma tarefa única para desenvolver um aplicativo, o profissional de marketing pode solicitar uma descrição detalhada da tarefa, estabelecer um cronograma realista e ter uma estimativa de orçamento que não deve ser excedida. Se satisfeito, o profissional de marketing pode continuar a emitir tarefas de projetos trimestre após trimestre para manter os sistemas fortes e o orçamento adequado.

É tarefa do fornecedor especificar o equipamento e a infra-estrutura necessários para fazer comércio e operações on-line. Mais uma vez: o checklist é uma ferramenta de planejamento necessária, e o fornecedor deve conhecer os ingredientes que formam a tarefa. No entanto, o profissional de marketing deve se dar conta de que, ao usar fornecedores externos, estes verão somente parte do cenário de marketing, mas podem executar as tarefas de forma admirável, de qualquer forma. Os esforços de marketing são formados por uma série, talvez centenas, de pequenas etapas ou ligações que levam a um final feliz. Pode ser bastante confuso e frustrante quando os fornecedores (e também os funcionários internos) cometem erros no estágio da implementação. Nesses momentos, começa uma batalha aparentemente de vida ou morte. Imagine que você esteja montando um estande de exibição em uma feira de informática para consumidores finais. Os gerentes da feira alugaram uma área de exibição de 3,5 m × 3,5 m que contém três paredes e um chão de concreto, e o espaço deve ser transformado em uma representação atraente, informativa e memorável do produto ou serviço. Todos os displays são portáteis, pois existe um circuito e uma programação de eventos direcionados aos consumidores finais que proporcionará uma excelente exposição do produto. Quando você chega ao seu cubículo 'pelado', às 5h da manhã, os organizadores da feira não providenciaram energia elétrica para o estande, o que estava estipulado em sua reserva/contrato – e o pior, o ar-condicionado do lugar não está funcionando. Como o seu negócio é a venda de casas na região central da Flórida, em uma comunidade residencial pitoresca que foi equipada com a mais recente infra-estrutura de comunicação, como linhas terrestres de fibra óptica e uplinks de satélites, e a exposição de vendas ao consumidor é dirigida a um público de classe média-alta, tecnológico e domiciliar, é importante descrever o estilo de vida da comunidade dos seus clientes usando painéis de fotos, uma apresentação de PowerPoint e um quiosque interativo que retrate a infra-estrutura próxima ao empreendimento, como locais de compras, campos de golfe, hospitais e aeroportos. O quiosque destaca a localização de diversas dessas conveniências quando o comprador potencial aperta um botão do menu. Existe um computador com um banco de dados que compila nomes e cidades de origem, de forma que, quando o comprador potencial digita a cidade onde mora, os nomes dos residentes, possivelmente conhecidos dele, aparecerão. Para mostrar a beleza de paisagens remotas e abertas, você costuma pintar as paredes de azul profundo para destacar a fotografia estelar dos residentes, casas e colinas salpicadas com lagos cristalinos. Depois de pintar as paredes, a tinta não seca e, pior ainda, os murais de fotos estão começando a se soltar das molduras por causa da umidade. O ar-condicionado finalmente é consertado por volta do meio-dia. Você começa a consertar as fotos com um adesivo seco, pois um úmido não ficará pronto a tempo – mesmo com a ajuda de um secador, ainda será afetado pela umidade do local, que é imenso. Durante esse tempo, seu assistente de marketing descobre que se esqueceu de pegar os fios de extensão que vão até a tomada de energia, que foi ligada por volta das 14h, e a feira começa às 16h. Ele se lembra de ter visto um Wal-Mart no caminho e corre para lá para comprar as extensões usando seu próprio cartão Visa. Enquanto os displays de marketing eletrônico estão sendo aprontados, você percebe que a tela de PowerPoint no centro do estande faz com que o público não consiga ver as fotos. Então, você decide mudar a apresentação de PowerPoint para o canto, na coluna estrutural. Como você fica sabendo que não há energia elétrica nesse canto, você pede ao gerente da convenção para fazer um furo no patamar de madeira (que fica mais ou menos a meio metro do chão para permitir que os cabos de força, dos alto-falantes ou outras subestruturas não atrapalhem o caminho dos visitantes do estande). O gerente da feira consegue que alguém da manutenção vá lá por volta das 17h30, cobrando $ 650 (mínimo estipulado pelo sindicato) para fazer o furo e passar energia por ele. O ritmo é tenso, a equipe de marketing e os fornecedores devem estar bem-preparados e serem flexíveis para lidar com essas alterações ou surpresas de última hora. Muitas vezes, nessas feiras o profissional de marketing precisa fazer um plano prévio de contingências que podem ocorrer. Em feiras ou exposições, itens pouco importantes e menosprezados, como um rolo de fita isolante ou veda-rosca, podem custar $ 20. Ao usar o talento do fornecedor, quanto mais a equipe de marketing trabalhar em conjunto, mais tranqüilamente os programas promocionais poderão ser implementados.

## As desvantagens da implementação

Alguns profissionais de marketing acreditam que a implementação de marketing é como um remédio amargo: se o gosto é ruim, deve fazer bem. Essa atitude de fuga nunca levará a um sucesso completo dentro do universo do marketing. Se os planos forem bem desenhados, a implementação de marketing não será uma atividade difícil. O sucesso está no acompanhamento. O profissional de marketing Komenar comenta:

> Um dos locais em que muitas empresas falham é em um estágio logo após a implementação. Se elas não tiverem um entendimento completo do que foi criado, de como manter e desenvolver isso, o investimento pode resultar em uma perda desnecessária. Usar talentos habilidosos e moldados, respeitar a experiência de agências [interativas] que gerenciaram a visão geral para clientes, prestar igual atenção no conhecimento e na direção fornecidos por firmas de design que se especializam em desenvolvimento e implementação de novas mídias: tudo isso aumentará a probabilidade de sucesso. Fazer uso disciplinado dos sucessos e insucessos da concorrência ocasionará uma vantagem necessária nesse mercado eletrônico (Komenar, 1997, p. 87).

Uma implementação excelente requer compreensão, observação e paciência para concluir o processo de marketing. Com experiência, os profissionais de marketing aprendem que existem maneiras difíceis de fazer tarefas simples e maneiras fáceis de fazer tarefas difíceis. Fazer perguntas e receber respostas ponderadas torna a etapa de implementação seguinte muito mais fácil.

## Planejando o ano inteiro

Os profissionais de marketing planejam novos produtos e novos serviços com muita diligência e entusiasmo; eles também usam o tempo como tática competitiva para maximizar as oportunidades no mercado. O tempo, sem dúvida, está disponível para todos; assim, para criar uma vantagem competitiva, o profissional de marketing deve ser engenhoso e decidido para empregar o tempo como arma de marketing. O ponto de partida para o planejamento anual ou de novos produtos não está na contagem de dias ou meses; o ponto de partida é coletar informações precisas e realistas sobre design, produção e distribuição da inserção pretendida de novos produtos ou novas versões de um produto existente. Sem dados precisos e realistas, as agendas de promoção não têm valor, os incentivos do revendedor não têm nenhuma conseqüência e as atividades de publicidade são fúteis. Expectativas realistas para as várias seqüências de produção também são importantes, pois nenhum profissional de marketing consegue criar milagres na introdução de um produto se não tiver um tempo adequado. Ainda que os profissionais de marketing sejam algumas das pessoas mais decididas do planeta, ninguém consegue produzir um produto do nada. Como já foi discutido, os programas de marketing são uma série de etapas ou decisões indissoluvelmente ligadas, mas não necessariamente com estoque de produtos, entrega de serviços ou ações de marketing.

Dito isso, a maneira mais eficiente de dar vida ao processo de marketing é por meio do planejamento, usando o método do objetivo e da tarefa, que estabelece as tarefas específicas que devem ser realizadas, como criação do logotipo e da embalagem, estabelecimento de objetivos para os vários veículos de exposição, como o design das páginas da Web ou jornal ou aliados à mídia tradicional, desenvolvimento do conceito e do visual gráfico da mídia, seleção e definição de orçamento para suporte da mídia, planejamento da distribuição, treinamento do varejista e dos vendedores e muitos outros objetivos em potencial. Com tantas tarefas e tão pouco tempo (apesar

## Quadro 4.2

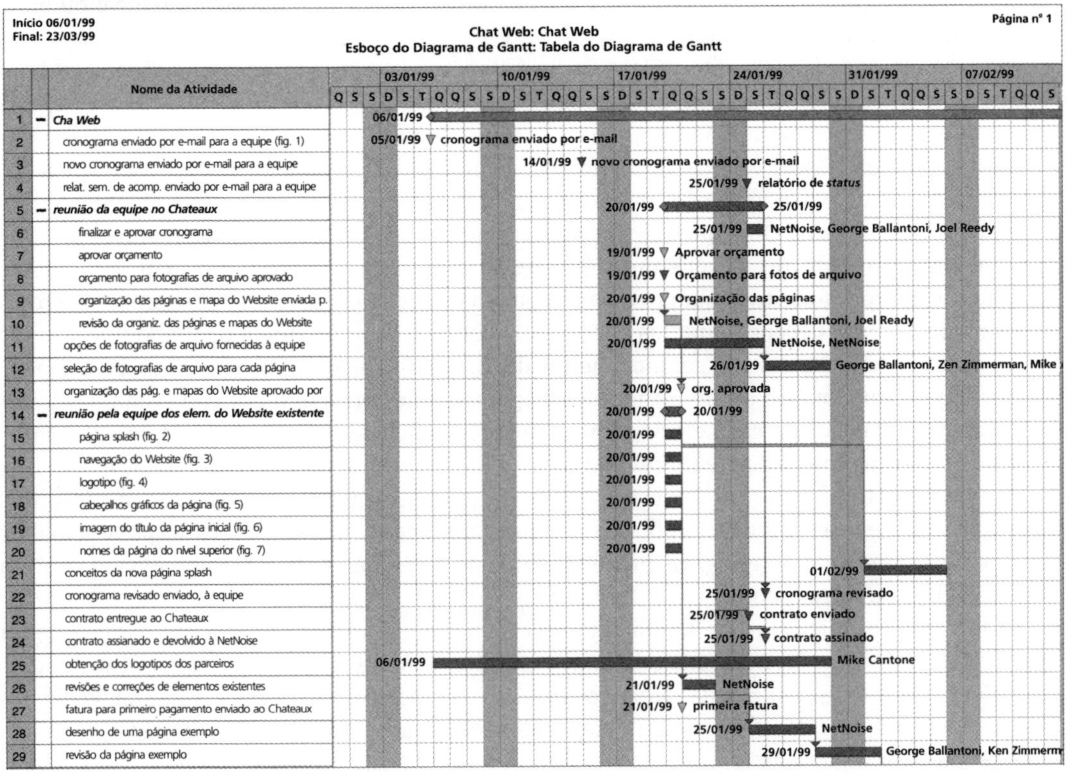


Detalhe de um gráfico de projeto de atividades anuais de planejamento. As atividades e tarefas a serem completadas estão relacionadas nas colunas verticais, e as datas e o tempo estão colocados nas linhas horizontais. Os ajustes são feitos de acordo com as tarefas completadas, tarefas atrasadas ou tarefas adiantadas.
*Fonte*: Kenneth Zimmerman, presidente, Chateaux Software, Stamford, CT. Utilizado com permissão.

de se dizer que a pressão de tempo cresce ou diminui de acordo com o tempo destinado a cada atividade, ou seja, quanto mais distante o prazo, por mais tempo você pode adiar), um planejamento cuidadoso e em um tempo lógico é a melhor maneira de estabelecer uma agenda de lançamentos de 12 meses. O profissional de marketing deve identificar cada tarefa e conversar com os gerentes apropriados dentro da empresa, como os gerentes de design, produção, assuntos jurídicos (se houver aprovações estaduais ou federais a serem obtidas, como para produtos farmacêuticos ou álcool), expedição (por exemplo, quaisquer especificações alfandegárias ou de contêiner para países que constituem mercados de distribuição), relações com varejistas (como no setor automotivo, o treinamento dos funcionários da concessionária é uma ligação importante para a introdução dos novos modelos, ou na indústria de fast-food que, para trazer novos itens de menu ao público, precisa da concordância dos franqueados e do treinamento no preparo do produto) ou departamentos de atendimento ao consumidor. Esses todos são assuntos importantes para o pessoal interno, cujos objetivos e processo de comunicação devem ser prontamente entendidos, visto que cada parte possui benefícios mútuos em trabalhar em conjunto. Os benefícios para esses funcionários internos podem ser aumento de salário, bônus, promoções, opções de compra de ações, reconhecimento na área ou satisfação pessoal em ver uma tarefa difícil simplificada. Para pessoas de fora da empresa – franqueados, principais fornecedores, funcionários do governo ou a indústria financeira –, as recompensas podem incluir aumento de lucros para os franqueados, aumento de vendas para os principais fornecedores, crescimento econômico para o governo local ou maior atividade para a indústria bancária.

Não podemos colocar muita ênfase no trabalho com tempos precisos e realistas. Alguns gerentes de marketing (e seus superiores) mentem na alocação de tempo dada a outros departamentos, outros assistentes de marketing ou de comunicação e fornecedores externos. Nesse jogo de estipular prazos falsos, alguns profissionais de marketing assumem que receberão prazos pouco precisos e que o departamento de produção ou o desenvolvedor do software também estão dando prazos exagerados. O resultado? Um produto ou serviço inferior, possivelmente mal terminado, entra para o mercado. O refinamento necessário é desconsiderado, e o mau desempenho subseqüente do produto se torna uma vergonha para a empresa e, provavelmente, um desperdício de seus recursos. Essa decepção muitas vezes ocorre quando o profissional de marketing não tem certeza de suas habilidades no gerenciamento do processo ou quando tem suspeitas sobre o desempenho do funcionário ou do fornecedor. Espera-se que o respeito por cada uma das partes e por suas habilidades seja estabelecido antes de serem iniciadas as operações de manufatura e marketing, de forma que todos tenham uma base grande e honesta sobre a qual criar as obras de arte da empresa. Caso contrário, o esforço subseqüente levará a lapsos de serviço, desordem de produção, decepções do distribuidor e, por fim, acusações, incriminações e, possivelmente, demissão da equipe de marketing. Os procedimentos de gerenciamento de tempo devem começar com a agenda de planejamento.

O método do objetivo e da tarefa estabelece que, em primeiro lugar, é necessário definir todas as tarefas de uma determinada atividade e a ordem em que cada uma deve ser executada; a seguir, define-se o tempo que cada tarefa consumirá e, então, com base nessas definições, é possível fazer o planejamento iniciando da data estabelecida para o término da atividade e voltando no tempo até a primeira das tarefas. Esse assunto de *timing* tático é essencial nos níveis médios de gerência e fornecedor. Depois de os gerentes de marketing terem aprovado a idéia principal, a direção estratégica a ser seguida por um período de campanha especificado – as tarefas de implementação agora são divididas entre as partes adequadas, interna e externa da organização. Sem dúvida os gerentes de marketing recebem informações diárias ou semanais sobre o progresso do programa, e as **atividades concomitantes** e lineares são comparadas ao cronograma para determinar quais tarefas estão dentro da programação, as que estão atrasadas e, de preferência, as que estão adiantadas. As **atividades lineares** são aquelas que seguem uma seqüência de desenvolvimento especificada, como análise da situação que leva ao design do Website, depois ao design da página, depois à produção da página e, por fim, à publicação do Website. Atividades concomitantes são aquelas tarefas que podem ser produzidas de forma independente da programação seqüencial. Veja estes exemplos: selecionar ilustrações ou fotografias (de origem interna ou de fornecedores) para uso na produção da página antes da publicação final, programar gráficos animados empregando scripts de Java – uma linguagem de programação especializada que pode dar movimento a uma produção estática da página da Web, com cores, sons ou outros efeitos especiais – ou aplicar pacotes estatísticos, respostas automáticas de e-mail ou outros pacotes eletrônicos padrão. Esses elementos de produção podem ser compostos ao mesmo tempo (por isso são descritos como concomitantes) e inseridos no trabalho em progresso, conforme a opção dos funcionários de marketing encarregados da tarefa ou da equipe do fornecedor. Em outras palavras: a seqüência linear da produção do trabalho pode seguir adiante enquanto essas tarefas são executadas, sem deixar mais lenta a programação de marketing tático.

O profissional de marketing fica cada vez mais familiarizado com a quantidade de tempo necessária para cada etapa dos vários elementos do processo de marketing. No geral, algumas etapas levam muito mais tempo (estratégia do programa de marketing e a plataforma criativa para os elementos de campanhas futuras) e outra precisam de menos tempo (integrar um pacote estatístico padrão nas instruções da página utilizando Hypertext Markup Language [HTML, as instruções que serão usadas freqüentemente neste livro para falar sobre o desenvolvimento de recursos eletrônicos]). Os profissionais de marketing também descobrem quais fornecedores são rápidos para entregar trabalhos de design ou produção e qual o trabalho envolvido na concepção do plano mestre. É claro que haverá atrasos, até mesmo desastres, à medida que as atividades de implementação de marketing se desenrolarem. Programas de computador podem ser apagados ou danificados, funcionários ou fornecedores internos podem entender erroneamente suas funções ou atribuições, elementos de campanha enviados do dia para a noite podem se perder ou outros perigos inimagináveis podem ocorrer. Em cada caso de sucesso ou adversidade, o gerente de marketing é responsável por continuar com as conquistas ou por suportar a derrota. O planejamento cuidadoso rende mais conquistas que falhas; quanto mais atenção o profissional de marketing dedicar à monitoria dessas etapas de implementação, com mais eficiência ele poderá conduzir a velocidade, precisão e relação custo-benefício do lançamento de marketing.

## Medindo a performance

Existe um P de marketing invisível que um número cada vez maior de profissionais de marketing está trazendo à tona. Este é o P de performance, e sua responsabilidade é a medição de todos os recursos empresariais, corporativos ou organizacionais; de fato, metas de desempenho estão sendo criadas para todos os programas de marketing. Qualquer plano de marketing que não estime metas aceitáveis, bem como o tempo e o orçamento alocados para alcançá-las, é um plano de marketing incompleto. Essa é uma atividade muito sensata, pois, durante muitas décadas, profissionais de marketing e empresas eram acusados de jogar dinheiro no lixo. Gerentes corporativos raramente eram considerados responsáveis pelo desempenho do programa de marketing. Começando no fim da década de 1980, atravessando a década de 1990 e indo além, no entanto, os profissionais de marketing desenvolveram metas de desempenho para incluir em todos os programas de marketing de produtos ou serviços. Quer tenha o esforço de marketing alcançado suas metas ou não, trata-se de um fator importante na análise da situação do ano seguinte. As conseqüências podem ser o replanejamento do produto a partir do feedback de usuários antigos ou a descontinuação por completo do produto ou do serviço. Que abordagem o profissional de marketing deveria ter para tomar a melhor decisão? Perguntando-se por que o produto não está vendendo e usando os dados disponíveis de vendas, o profissional de marketing pode tomar uma decisão informada de prosseguir ou não com a estratégia. Se os resultados de marketing estiverem abaixo do esperado, a raiz do problema está na publicidade ineficiente ou em não gastar totalmente o orçamento de mídia? O plano de distribuição foi mal-executado ou os vendedores do varejista foram maltreinados e não se saíram bem? Talvez a embalagem do produto estivesse com defeito e as devoluções dos clientes tivessem sido excepcionalmente altas, caso em que o programa de marketing deve ter alcançado todas as expectativas de desempenho, mas o produto funcionou mal, sem culpa do marketing. Os japoneses possuem uma prática de gerenciamento incisiva de questionar o gerente que tem performance inferior sobre as atividades decepcionantes de venda; o alto executivo de marketing pergunta por que o produto ou serviço não está alcançando as metas de desempenho. Essa pergunta é feita seqüencialmente pelo menos cinco vezes, e geralmente o problema é descoberto. O questionamento pode ser algo como: o executivo de marketing faz uma pergunta ao gerente de marketing mais ou menos genérica como "As projeções de vendas não estão de acordo com as expectativas de vendas. Por quê?". O gerente de marketing responde: "Estamos recebendo as mercadorias nas lojas com muito atraso nesta temporada". O alto executivo de marketing vai mais fundo: "Por quê?" "Porque os designers estão levando muito tempo para prever a moda de outono, primavera, verão." "Por quê?" "Porque os gerentes de produto não estão dando informações de cada conta em tempo hábil para nosso pessoal de design e produção." "Por quê?" "Porque nos falta uma liderança forte entre os gerentes de produto, uma vez que dois dos quatro gerentes pediram demissão há mais ou menos três meses, e não há ninguém no lugar deles." "Por quê?" "Porque o novo pessoal do ateliê não produz bem sem direção." Se as medições de desempenho forem estabelecidas no início do ano, monitoradas o ano inteiro e comparadas no fim do ano (de preferência no fim de cada trimestre), respostas como essas poderão ser conseguidas, e os resultados podem ser divididos ou ajustados aos programas futuros. No entanto, existem fatores que podem ocorrer às vezes e que precisarão de uma compensação incomum para alcançar o desempenho esperado (o El Niño causou uma mudança climática incomum, e por vezes ameaçadora, há alguns anos, espalhando confusão nos setores da agricultura, construção e turismo).

Dependendo dos resultados, o profissional de marketing inteligente analisará os sintomas e os efeitos para prescrever ações corretivas para planos futuros. Se o custo por venda for alto demais (isso significa que a medida de planejamento foi estabelecida entre $ 10 e $ 12 por unidade para publicidade), e a medida resultante tiver sido uma média de $ 15,50 por unidade, a publicidade criou um movimento de vendas, mas a força de vendas não teve sucesso em fazer o volume de vendas projetado? Ou havia muito poucas lojas de varejo para os programas nacionais de propaganda, gastando-se, assim, muito em propaganda para um volume de vendas menor que o projetado? Ou a fabricação e a distribuição estavam com 60 dias de atraso na entrega do produto aos franqueados, apesar de os dois comerciais de 30 segundos no Super Bowl para esse produto não poderem ser cancelados e, assim, a propaganda foi ao ar, mas as prateleiras estavam vazias? Existem tantos cenários para serem pesquisados que o gerente de marketing deve entender e conseguir analisar as causas subjacentes ao sucesso ou ao fracasso. O desempenho do programa normalmente é encontrado em um ou mais dos seguintes fatores: orçamento, tempo e pessoas. A revista *Communication Arts* uma vez apresentou um ateliê de design gráfico por seu trabalho excepcional; na porta da frente havia uma espirituosa plaquinha na qual estava escrito: "Qualidade, Rapidez e Preço: Escolha Quaisquer Dois". Esse aviso irônico apóia a comparação de orçamento, tempo e capacidade humana de produzir trabalho de qualidade. À medida que o profissional de marketing pesquisa os tropeços do programa, provavelmente a melhor seqüência a ser analisada é avaliar o gasto com o orçamento (em excesso ou carência de suporte para cada produto ou serviço, muito cedo ou muito tarde, demais para os parceiros de negócios ou pouco para os públicos consumidores ou quanto foi gasto em cada elemento do mix promocional), depois pensar no *timing* do programa (cedo ou tarde demais para o período de vendas da indústria, erro no *timing* dos canais de distribuição ou erro no *timing* das promoções, de acordo com as várias regiões) e, por fim, considerar o assunto de pessoas/qualidade (execução da tarefa com eficiência e eficácia, que se soma a essa pergunta muito bem). É uma boa idéia investigar os problemas de desempenho das pessoas por último, pois essa investigação pode intimidar ou ofender se a causa verdadeira do insucesso tiver sido ou os parâmetros de orçamento ou os parâmetros de *timing*.

Diferentes empresas e diferentes setores estabelecem critérios diferentes de medição do desempenho. Este livro abordou os parâmetros de medição para julgar o desempenho do vendedor em volume ou rentabilidade por produto ou serviço ou por cliente. A indústria do varejo desenvolveu seus próprios critérios de medição, em geral vistos em termos de propriedades como vendas por metro quadrado, vendas no balcão ou vendas por loja. O setor de serviços se tornou muito criativo em relação aos sistemas de medição relativamente novos que exigem a medição do serviço, a verdadeira razão de a empresa existir. O desempenho entre certas empresas pode ser medido pelo número de reclamações por mil transações, pela porcentagem de resoluções de reclamações do consumidor no prazo de 24 horas, pela porcentagem de revenda aos consumidores atuais ou pela quantidade de tempo que um consumidor atual ou potencial gasta esperando, quando telefona para a empresa. Conforme declarado, os critérios de medição podem ser criativos; o mais importante é que eles meçam as etapas que levam à satisfação do consumidor. Essas etapas especiais também são normalmente geradas pela pesquisa, perguntando ao consumidor sobre o que ele valoriza mais no consumo do produto ou serviço da empresa. O feedback e as pesquisas com o consumidor serão discutidos com mais profundidade no Capítulo 13.

# Resumo

Este capítulo completa os fundamentos para a compreensão das três etapas do processo de marketing tradicional: 1) análise da situação, 2) planejamento de marketing e 3) implementação de marketing. A ênfase é dada à execução em si das etapas que ligam o estágio de planejamento ao de implementação, bem como à percepção de todas as relações internas e externas, grandes e pequenas, dentro desse programa de ação que leva o programa de marketing a seu público. Uma importante visão geral dessa fase de marketing é o equilíbrio da consciência de questões primárias de *quem, o quê, quando, onde* e *por quê*. Cada ação da implementação de marketing deve ser avaliada de acordo com essas cinco considerações. O profissional de marketing deve, então, investigar esse elemento mais a fundo para continuar ou abandonar o assunto.

Foi apresentada uma discussão completa sobre o valor do uso de fornecedores fora da empresa para aumentar a capacidade de marketing da organização sem contratar especialistas de marketing ou comunicação. Existem vantagens e desvantagens de envolver fornecedores, as quais devem ser cuidadosamente consideradas dentro das políticas de segurança corporativa, bem como o valor do custo-benefício para a atividade de marketing. O capítulo foi encerrado com uma análise da importância da estrutura de prazo do planejamento e da execução para otimizar os recursos da empresa. Quanto mais bem gerenciado for o processo de marketing, maior será a probabilidade da introdução do produto ou do serviço. Por fim, a medição da performance poderia ser considerada o quinto P de marketing; resultados importantes de marketing devem ser medidos e comparados com o desempenho do ano anterior e usados como informação para o programa do ano seguinte. Muitas vezes o insucesso em marketing pode ser trilhado por ações específicas de marketing e, se identificada pela medição, a implementação de marketing pode ser simplificada para atividades futuras.

## Perguntas e exercícios

1. Você está contratando um diretor assistente de marketing para ajudar a tocar um departamento de marketing composto de duas pessoas. Quais são as cinco principais características de personalidade que você procura no novo contratado? E por que essas características são importantes? Faça uma lista por escrito para servir de referência durante a entrevista.
2. Você é o gerente responsável pela produção de um novo Website para sua empresa. Você tem o design de várias páginas da Web, mas carece de informações sobre a tarefa. O diretor de marketing da sua empresa está tirando férias de duas semanas e espera que o Website já esteja ativo uma semana após ele voltar. Que perguntas você faria por e-mail para implementar essa tarefa?
3. Ao implementar um sistema de confirmação de pedidos por e-mail, você sabe que o objetivo primário do sistema é reconhecer o recebimento de pedidos pelos consumidores.

Quais são os outros benefícios, alguns deles psicológicos, que advêm desse tipo de contato com o consumidor? Prepare um memorando de uma página sobre os benefícios do sistema que serão usados para treinar os representantes de atendimento ao cliente.

4. Está sob sua responsabilidade a implementação de um grande sistema proprietário de banco de dados que conterá todos os registros financeiros da empresa, além de projetos de clientes e registros dos funcionários; sua empresa de construção civil estatal possui vendas de mais de $ 3 bilhões. Você se reporta ao CEO, e ele se mostra extremamente nervoso e paranóico quanto à possibilidade de perder o controle desses dados. Para determinadas fases da transição entre a integração de três bancos de dados do sistema antigo para uma rede de informações recém-consolidada, você precisará usar uma firma terceirizada especializada em armazenamento de dados e que tenha um software proprietário que consiga fazer o sistema inteiro operar 25% mais barato nos custos de processamento, funcionar 35% mais rápido e produzir estimativas de construção em metade do tempo, com 15% de melhora na precisão da estimativa. Seu chefe, entretanto, já declarou que não haverá consultores nem fornecedores externos para essa tarefa. Você conversou com o fornecedor do armazenamento de dados, que está disposto a assinar acordos de confidencialidade que sua firma redigir. Com quais argumentos você pode abordar seu chefe para mudar a opinião dele e, assim, produzir um sistema melhor para a empresa? Argumentos de custo? Argumentos de desempenho? Inexperiência da equipe em determinadas fases? Outras considerações lógicas? Prepare uma lista de pontos a serem discutidos com seu superior, de modo que você seja tão persuasivo que ele só possa dizer sim. Desenvolva pelo menos cinco argumentos e contra-argumentos para discutir com ele.
5. O planejamento da implementação requer uma mente organizada e lógica para conseguir pensar em tempo linear e concomitante. Você mantém anotações de reuniões, checa duas vezes os números e redige relatórios de progresso, destacando os desenvolvimentos da semana. Uma manhã, ao tomar café, você descreve suas atividades para um assistente de marketing de outra divisão, e ele ri dos seus esforços. "Você não consegue guardar isso na cabeça?", ele caçoa. Qual é sua resposta para ele? Prepare seis cenários que podem lhe ocorrer quando você organiza seu trabalho em papel e em planilhas, e o que pode ocorrer a ele se mantiver tudo só na cabeça.
6. O texto falou sobre concluir projetos de implementação em especificações, em orçamento e em tempo. Como gerente de marketing, que objetivo você sente que é mais importante para beneficiar seu trabalho? Qual é o mais importante para beneficiar sua divisão? Para o benefício da sua empresa? Existem conflitos? Redija um resumo de uma página descrevendo suas idéias em atingir as metas nesses vários níveis de interesses pessoais e da empresa.

*Bibliografia*

KOMENAR, Margo. *Electronic marketing*. Nova York: John Wiley & Sons, 1997.

MADRIS, Russell. Presidente de Corporate Buying Service. Entrevista por telefone conduzida pelo autor em 3 de janeiro de 2000.

2

# Parte Dois

## Integrando os Recursos de Marketing Eletrônico

Na Parte 1, Os Conceitos do Marketing Eletrônico, construímos uma base usando o processo de marketing tradicional da análise da situação, do planejamento de marketing e da implementação de marketing. Tendo delineado os objetivos corporativos, divisionais e da linha de produto ou serviço, o profissional de marketing cria as estratégias para alcançar os objetivos. O programa de marketing, que é uma mistura dos objetivos de produto, preço, promoção, distribuição e performance, é formulado para satisfazer um segmento de mercado que compartilha semelhanças em características, necessidades e desejos. Com essa estrutura, o profissional de marketing agora pode introduzir e simplificar o processo de marketing pelo emprego dos recursos técnicos de marketing eletrônico.

# CAPÍTULO 5

## Introdução à Internet

"Uma das virtudes do ambiente virtual é que ele pode ser o que você quiser que ele seja. Por boa parte de sua história, esse foi o encanto da Internet – um cruzamento entre um poço e um buraco de minhoca cosmológico, um local secreto em que *nerds*[1], *geeks*[2] e afins poderiam se reunir e, depois, ignorando o tempo e a distância, viajar para qualquer lugar do mundo, muitas vezes para o santuário eletrônico secreto de instituições que os teriam afastado, caso eles tivessem se apresentado em pessoa e batido à porta. Todos eram iguais na Net. Ela operava fora das tarifas e regras que governavam o restante das comunicações, mesmo quando se transformou na Web e os interesses comerciais começaram a invadi-la, e os endereços cibernéticos apareceram em capas de revistas e trailers de filmes e cartões de visitas. A Internet dominou a imaginação popular como uma forma de conectar-se com outras pessoas e se esconder atrás da tela do anonimato."

*(Kupfer, 1998)*

### Objetivos de Aprendizado

- Apresentar idéias sobre como e por que a Internet foi desenvolvida.
- Apresentar e esclarecer a operação e a tecnologia da Internet.
- Discutir os recursos da Internet que serão mais vitais para uso no processo do marketing eletrônico e do e-commerce.

1 *Nerd*: indivíduo estudioso, geralmente pouco sociável. (N.R.T.)

2 *Geek*: gênio da computação, mas também pouco sociável. É um *nerd* da computação. (N.R.T.)

# Introdução

O mundo começou a descobrir e a utilizar recursos que pouco mais de uma década só eram usados pelo governo, por pesquisadores universitários e por algumas almas aventureiras. Esses recursos são formados por diversas ferramentas, mas no geral a Internet é a ferramenta que mais cresce. A Internet engloba diversos componentes, dos quais a agora conhecida World Wide Web é apenas parte. Para entender realmente o poder da Internet e os recursos disponíveis ao profissional de marketing, a Internet conta com toda a *facilidade* de um kit de ferramentas contendo utensílios para usos diversos, com diversas inovações. Uma visão geral dessas inovações, explicando onde elas começaram e como evoluíram, deve ser bastante útil para entender o potencial da Internet de melhorar o marketing eletrônico.

Descrevendo de forma bem simples, a Internet é uma rede mundial de redes, possibilitando que milhões de pequenos computadores compartilhem entre si informações e diversos recursos de comunicação, bancos de dados e transações. Cada indivíduo conectado à Internet pode entrar em contato com qualquer outra pessoa na Internet, trocar ou divulgar idéias e vender produtos com despesas mínimas. A Internet teve um impacto drástico nos negócios e na educação superior, à medida que mais empresas ofereciam bens e serviços e universidades ofereciam cursos on-line (Introdução da Internet, 1998).

Com o aprofundamento da complexidade e diversas aplicações crescendo dia a dia, o e-profissional de marketing e o comerciante cibernético aprenderam mais sobre as características do comércio e da promessa da Web. Além disso, essas experiências estão facilitando as compras e a satisfação dos consumidores com cada transação. Do encanto dos gráficos em cores e dos sons, que eram novos no cenário da Web, até a incerteza inicial das compras on-line, até os e-mails e boletins informativos e correntes para o consumidor, e até a familiaridade crescente dos hábitos de compra do consumidor leal, o comércio na Web está amadurecendo. O poder da interatividade está permitindo que isso aconteça; o poder da perspicácia está tocando a Web a uma velocidade de perder o fôlego. Jamais um meio cresceu tão rápido.

# A Internet como um todo

Para fazer o melhor uso da tecnologia, muitas vezes é importante saber como determinadas tecnologias evoluíram. A Internet começou como um projeto do governo federal e ainda está crescendo em função do apoio do governo e, mais recentemente, evoluiu para satisfazer as demandas dos interesses comerciais. Ainda que muitas organizações tenham feito um uso cada vez maior da **WWW (World Wide Web)**, a Internet era uma pequena rede, bastante tranqüila, há pouco mais de uma década. Este capítulo discute como a Web evoluiu até chegar ao que é hoje em dia – um recurso elegante, dinâmico e proveitoso – e como está revolucionando a distribuição e a recuperação das informações na Internet.

A invenção do telégrafo, do telefone, do rádio, da televisão e do computador preparou o terreno para uma integração inovadora de tecnologias, mais especificamente da Internet. Com essa integração de veículos, a Internet revolucionou o mundo do computador e das comunicações. Então, o que é a Internet, exatamente? Existem muitas definições, da ambígua descrição técnica àquela que pode ser prontamente entendida por todos. Aqui são apresentadas algumas que podem ajudar a desfazer um pouco a confusão. A Internet é uma rede mundial de computadores acessada via modem, linhas de comunicação especiais ou até mesmo por satélite. A Internet conecta universidades, laboratórios governamentais, empresas e pessoas em todo o mundo. Em 1998, esse sistema global conectou cerca de cem milhões de usuários, e mais de cem países estavam interligados para compartilhar informações, em grande parte sem custo para o usuário. Em um artigo de março de 2002, a CyberAtlas estimou que mais de 500 milhões de usuários ativos em mais de 70 nações acessaram a Internet, totalizando mais de 90% dos usuários mundiais da rede (CyberAtlas, 2002). Para dar uma idéia mais geral do objetivo da Internet, trata-se de uma tecnologia de comunicação mundial, um vasto mecanismo de disseminação de informações e um meio de colaboração e interação entre indivíduos e seus computadores sem levar em consideração a localização física. Ela pode ser vista como uma comunidade virtual de cooperação que cobre o planeta inteiro, englobando os espectros político, econômico e cultural. A Internet é virtual no sentido de que não possui lar, nem dimensão física, nem peso, nem textura. Os usuários da Internet podem se comunicar entre si, enviando correios eletrônicos, transferindo arquivos e acessando informações em velocidades que há alguns anos sequer eram imaginadas.

Há uma diferença significativa entre a Internet e os serviços comerciais on-line. Os serviços on-line são controlados e programados centralmente para servir aos desejos dos assinantes; a Internet é descentralizada, com pouco controle por qualquer uma das partes. Vista por alguns como vilã por natureza, a Internet foi desenhada com o propósito de ser descentralizada. Pense em um sistema redundante de comunicação que nunca seria silenciado. Especificamente em caso de guerra ou desastre, as conexões da Internet poderiam ser quebradas em um lugar, mas apareceriam reconectadas em outro local igualmente utilizável. Descrita como anarquia, a Internet provou ser um sistema que trabalha com estabilidade e ordem surpreendentes. Na discussão sobre recursos de marketing eletrônico, o texto deste livro alternará o uso de on-line e eletrônico para descrever a acessibilidade e o oferecimento de comunicação e transações. No entanto, essas referências não expressam as características de controle ou caos, somente que os sistemas são ligados entre os participantes.

## História da Internet

A fim de compreender a velocidade com que a Internet evoluiu, entra na pauta uma aula de história, que pretende ser breve e incompleta. Você pode encontrar informações sobre a história, a tecnologia e o uso da Internet em outros livros e na própria Internet. Após ler essa breve história, pode ser uma boa idéia investigar mais a fundo fazendo outras leituras. Muito se escreveu sobre o fenômeno da Internet, e você pode encontrar excelentes informações nos seguintes Websites:

http://www.pbs.org/internet/timeline/index.html
http://www.zakon.org/robert/internet/timeline/
http://www.isoc.org/internet-history/brief.html

Além dos Websites on-line, abundam livros e revistas sobre a história da Internet e novas proezas a serem aproveitadas. Ainda que a história da Internet já se alongue por cerca de 30 anos, sua utilidade e seu potencial jazem no futuro, não no passado.

## No início

A primeira descrição de interações registrada por meio de **networking** foi em uma série de memorandos escritos por J. C. R. Licklider, do MIT, em agosto de 1962 (apenas dois meses antes da crise dos mísseis de Cuba, que colocou uma ameaça nuclear a 150 km do território norte-americano), a qual discutia o conceito de "Rede Galáctica". Ele previu um grupo de computadores conectado globalmente, por meio do qual todos poderiam acessar rapidamente dados e programas de qualquer local. Na essência, o conceito é muito parecido ao da Internet atual. Licklider, um psicólogo que era considerado a principal autoridade em psicoacústica, foi nomeado o primeiro chefe do programa de pesquisa em computadores da **DARPA (Department of Defense Advanced Research Projects Agency**, http://www.arpa.mil/); foi daí que a Internet se originou.

Em 1969, a DARPA criou uma rede experimental de computadores chamada **ARPANET (Advanced Research Projects Agency Network)**, com o intuito de constituir um local de testes para as tecnologias de rede emergentes. A ARPANET original conectava quatro universidades (UCLA, Stanford Research Institute, University of California de Santa Bárbara e University of Utah), possibilitando assim que cientistas dividissem informações e recursos de longas distâncias. A ARPANET continuou a se expandir, crescendo e conectando muitos outros Websites, principalmente nos circuitos acadêmico e de pesquisa, ao longo das décadas de 1970 e 1980.

*Quadro 5.1*

**VISÃO GERAL RÁPIDA DE ALGUNS EVENTOS IMPORTANTES DA HISTÓRIA DA INTERNET**

| Ano | Evento |
|---|---|
| 1969 | Começa a ARPANET |
| 1971 | Foi desenvolvido o e-mail |
| 1974 | Foram desenvolvidos o Telnet e o FTP (File Transfer Protocol) |
| 1976 | A rainha Elizabeth II envia o primeiro e-mail |
| 1982 | Começa a revolução dos computadores desktop |
| 1984 | O número de hosts passa dos mil |
| 1985 | Primeiro domínio registrado da Internet, Symbolics.com |
| 1987 | O número de hosts supera os 10 mil |
| 1988 | O **IRC (Internet Relay Chat)** é desenvolvido |
| 1989 | O número de hosts supera os cem mil |
| 1992 | O número de hosts passa de um milhão |
| 1993 | Backbone da NSFNET atualizado para T3 (44.736 Mbps) |
| 1994 | A Casa Branca (Estados Unidos) entra na era on-line (http://www.whitehouse.gov/) |
| 1997 | 71.618 listas de e-mail registradas no Liszt (http://liszt.com) |
| | A ABCNews.com publicou acidentalmente versões de teste da pesquisa eleitoral nos Estados Unidos um dia antes. |
| 1999 | Uma página da Web falsificada e feita para se parecer com uma história jornalística da Bloomberg elevou as ações de uma pequena empresa de tecnologia em 31%. |
| 2000 | Estima-se que o tamanho da Internet já passe de um bilhão de páginas indexáveis. O regime talibã, no Afeganistão, baniu o acesso em todo o país, incluindo o de escritórios governamentais, em uma tentativa de controlar o conteúdo. |

*Fonte*: Hobbes Internet Timeline; Copyright © 1993-2003 Robert H. Zakon (http://www.zakon.org/robert/internet/timeline/). Utilizado com permissão.

Em 1973, Bob Kahn, da ARPA, propôs um problema da Internet que iniciou o programa de pesquisa Internetting na Advanced Research Projects Agency (ARPA). Esse programa investigava técnicas e tecnologias para redes de transmissão por pacotes de vários tipos. O objetivo era desenvolver protocolos de comunicação ou padrões comuns que permitissem que computadores ligados em rede se comunicassem com transparência por meio de diversas redes de transmissão por pacote interligadas. Ao fazer a analogia com **pacotes**, as informações seriam divididas em muitas unidades pequenas, que seriam mais fáceis de direcionar pela rede; longos fluxos de informações poderiam travar o sistema, da mesma forma que trens muitas vezes são parados para esperar pela liberação de um trilho. Por meio da **comutação de pacotes**, as informações, estivessem elas em uma mensagem de texto, uma fotografia, uma ilustração, um movimento ou um som, seriam desmontadas na origem da mensagem em pacotes menores. Alguns desses pacotes viajariam para o norte, outros para o sul, em todas as direções cobertas fisicamente pela rede interligada. Quando os pacotes atingissem seu destino, eles seriam remontados em uma mensagem completa e inteligível. A idéia original de uma arquitetura de gateway foi montada por Vinton Cerf, no verso de um envelope, no lobby de um hotel em San Francisco. Nesse mesmo ano, Cerf e Kahn apresentaram suas idéias básicas de Internet no Internet Network Working Group (INWG). O sistema de protocolos, que foi desenvolvido durante essas atividades de pesquisa, ficou conhecido como **Suíte de Protocolo TCP/IP**, tendo recebido esse nome em função da combinação de dois protocolos ini-

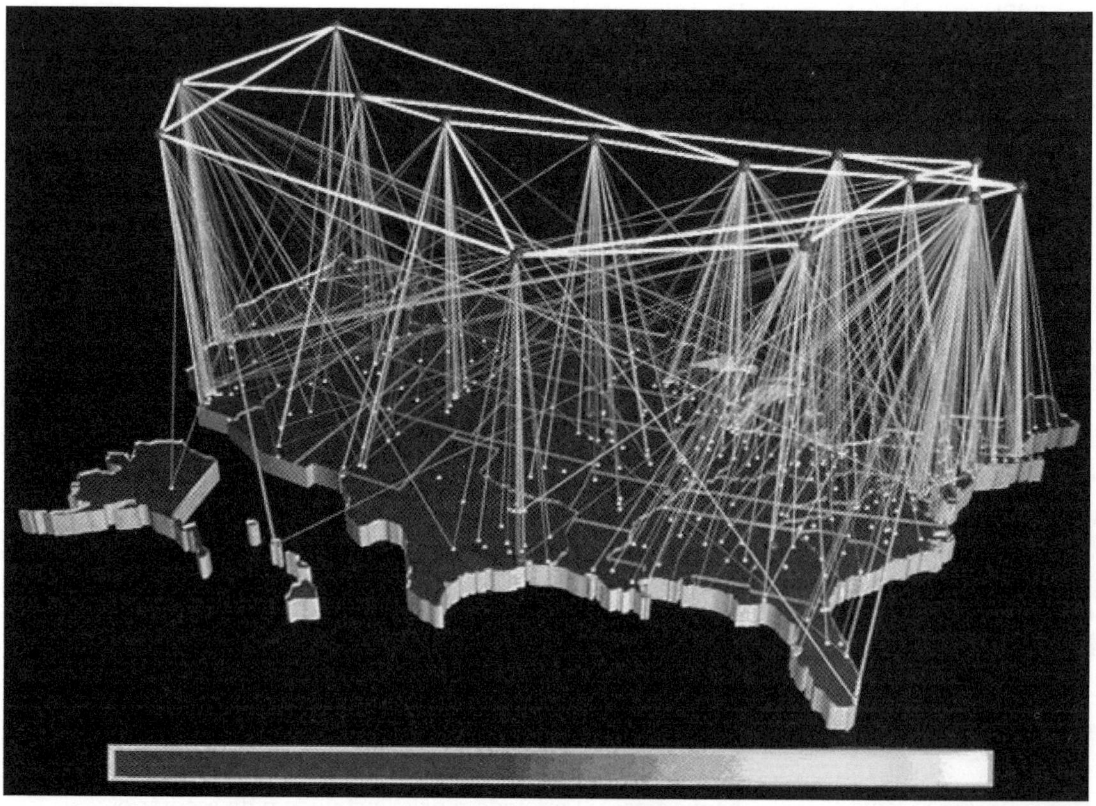

**Figura 5.2** Diagrama que representa a NSFNET e suas conexões dentro dos Estados Unidos. *Fonte*: Donna Cox e Robert Patterson (http://archive.ncsa.uiuc.edu/SCMS/DigLib/text/technology/Visualization-Study-NSFNET-Cox.html). Utilizado com permissão.

ciais: TCP (Transmission Control Protocol Suite) e IP (Internet Protocol). Esses protocolos de comunicação são usados para ligar computadores hosts na Internet; o TCP/IP está embutido no sistema operacional **Unix**, tornando-o o padrão para transmissão de dados por redes. Montar esses padrões foi uma etapa principal para programadores, designers de sistemas e desenvolvedores de softwares trabalharem com um entendimento comum de como a rede deveria se comportar. Além disso, essa padronização levou à criação de diversas aplicações de comunicação que provaram aumentar a precisão e a velocidade dos negócios.

## A invenção das ferramentas da Internet

Em 1971, Ray Tomlinson, da Bold Beranek Newman (BBN, http://www.bbn.com – Figura 5.1), inventou o primeiro programa de e-mail, capaz de enviar mensagens por uma rede distribuída. Esse programa original derivou de dois outros: um programa de e-mail (SNDMSG) e um programa experimental de transferência de arquivos (CPYNET). Ele continuou a melhorar o programa de e-mail em 1972, permitindo que o remetente usasse o software para enviar e receber e-mails. Também em 1972, Larry Roberts, pesquisador do MIT, escreveu seu primeiro utilitário de e-mail para listar, ler seletivamente, arquivar, encaminhar e responder mensagens.

Outras principais etapas na criação da Internet, na forma como ela é conhecida hoje em dia, foram a evolução da **Telnet**, que foi desenvolvida pelo National Center for Supercomputing Appli-

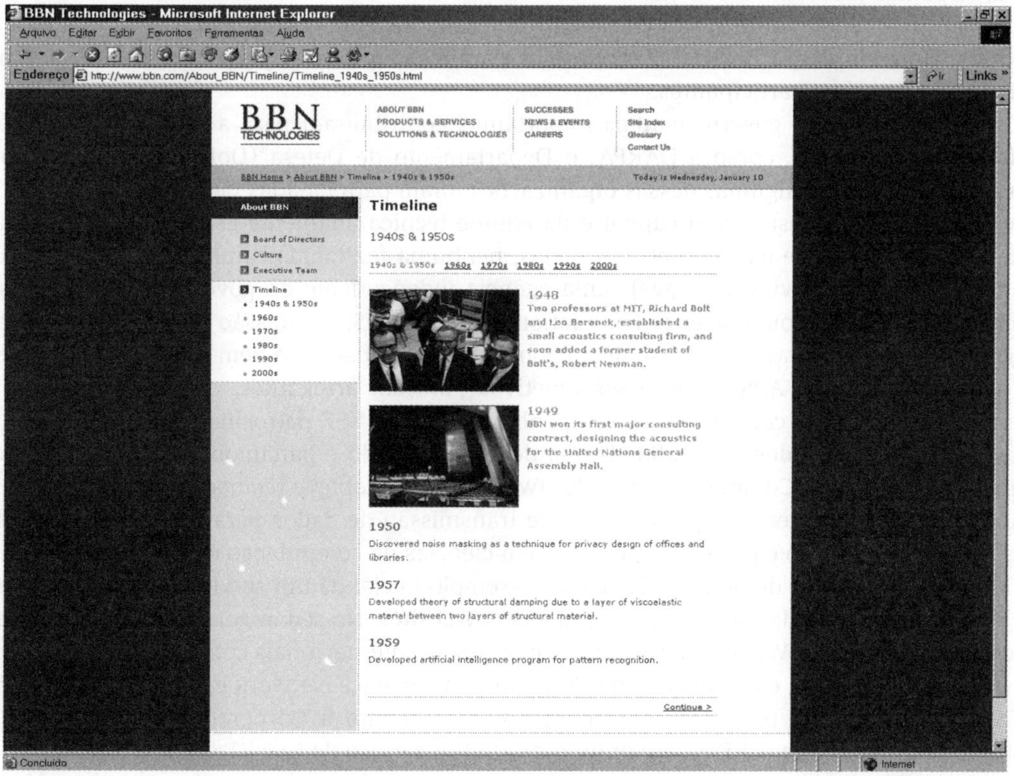


**Figura 5.1** Um exemplo da linha do tempo da Internet, da BBN.
*Fonte*: BBN (http://www.bbn.com/about_bbn/timeline). Copyright © BBN Technologies. Todos os direitos reservados. Utilizado com permissão.

cations (NCSA), e o FTP (File Transfer Protocol). A Telnet permitia o acesso remoto, tornando mais fácil conectar-se com um computado distante. O FTP padronizou a transferência de arquivos entre computadores em rede; por exemplo, um aluno ou profissional de marketing pode fazer pesquisa por um assunto específico, encontrá-lo em um computador host do outro lado do país, usar o FTP para ligar para outro host remoto e transferir o arquivo para o computador do aluno ou do executivo. Esse sistema de transferência reduziu enormemente as exigências de armazenamento do usuário do dia-a-dia, pois ele sempre poderia localizar os dados desejados, mesmo se as informações estivessem em outra parte do mundo. Em 1974, a BBN abriu a Telnet, que foi o primeiro serviço público de comutação de dados por pacotes (a versão comercial da ARPANET).

## Começa uma comunidade on-line

O desenvolvimento da rede continuou a se acelerar. Entre 1980 e 1981, foram iniciados dois outros projetos de rede, BITNET e CSNET. A BITNET (http://www.cren.net/index.html), acrônimo de "Because It's Time NETwork" (trocadilho que pode ser entendido como "*Porque é hora de a Net funcionar*"), começou como uma rede de cooperação na City University of New York, tendo a Yale University, em Connecticut, como sua primeira conexão. O acrônimo original era "There" (há) em vez de "Time" (hora), em referência aos protocolos gratuitos fornecidos pelos sistemas da IBM. A BITNET oferecia servidores de correio eletrônico e listservs para distribuir informações, bem como transferências de arquivos. A listserv é uma lista de comunicações que os participantes assinam ou em que se inscrevem de acordo com um interesse em comum, um serviço normalmente gratuito; as mensagens do assinante são encaminhadas para o e-mail dos usuários. Hoje em dia, a BITNET e suas redes paralelas em outras partes do mundo possuem milhares de Websites participantes.

Diversas agências governamentais importantes contribuíram para a Internet durante esse período de nascimento, como a DARPA, o Departamento de Defesa (DoD) e a **NSF (National Science Foundation)**. Algumas dessas organizações foram patrocinadas pelo governo federal, em função dos enormes gastos com capital e da equipe técnica altamente especializada necessária para desenvolver a rede da Internet. Entre elas, nenhuma fez tantas contribuições significativas quanto a NSF (http://www.nsf.gov/), uma agência independente do governo norte-americano, criada pela Lei da National Science Foundation (NSF) de 1950. A missão da NSF é promover o progresso da ciência, o avanço da saúde nacional, a prosperidade e o bem-estar, além de assegurar a defesa nacional. Ainda que esses objetivos pareçam arrogantes, o desenvolvimento da Internet é um exemplo concreto do desempenho da NSF. A NSF patrocinou diversos programas igualmente bem-sucedidos; na realidade, ela deve ter cuidado e parcimônia nos programas que assina. Por exemplo, a Computer Science NETwork (CSNET) obteve recursos da National Science Foundation para fornecer serviços de redes de transmissão de dados para universidades, indústrias, órgãos do governo e grupos de pesquisa em ciências da computação que não tinham acesso à ARPANET. O servidor de nome CSNET é um exemplo inicial de um serviço de lista de assinantes, e esse software ainda está em uso em diversos Websites. No seu auge, a CSNET contava com aproximadamente 200 Websites participantes e conexões internacionais com cerca de 15 países. A CSNET mais tarde ficou conhecida como Computer and Science Network e, em 1987, a BITNET e a CSNET se juntaram, para economizar custos, e formaram a Corporation for Research and Educational Networking (CREN). No outono de 1991, o serviço da CSNET foi interrompido e desfeito, após ter cumprido sua importante função na prestação do serviço de networking acadêmico. No fronte comercial, as primeiras transmissões de sinal entre uma transportadora de correio eletrônico comercial e a Internet foram desenvolvidas com o MCI Mail, pela Corporation for the National Research Initiative (CNRI), e a CompuServe, pela Ohio State University. As empresas

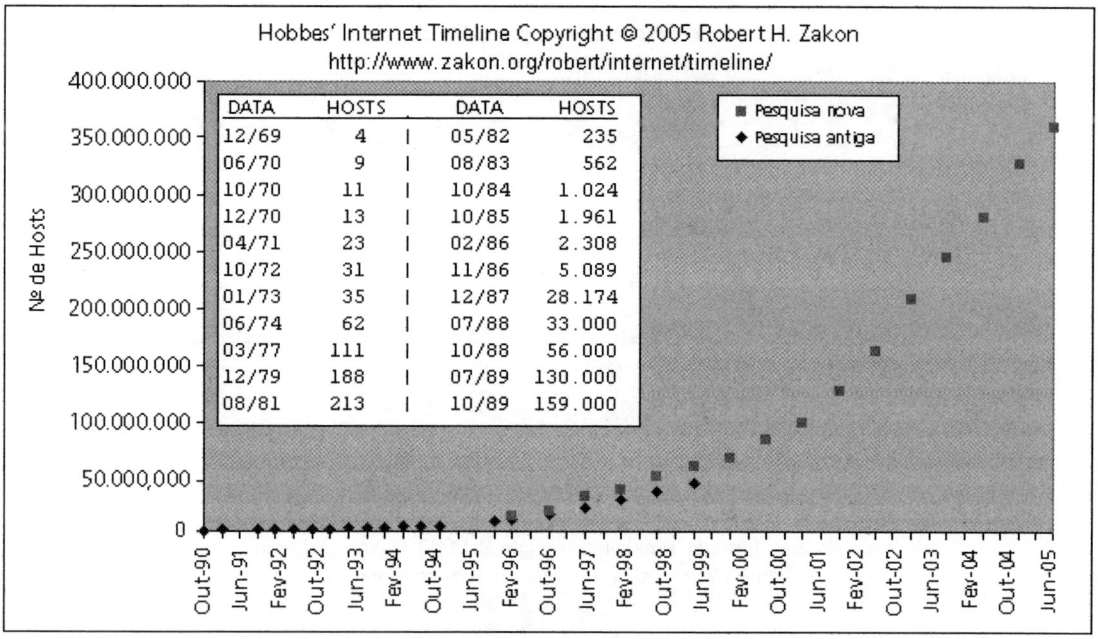


**Figura 5.3** Crescimento da Internet, conforme retratado na linha do Tempo de Hobbes
*Fonte:* Hobbes Internet Timeline; Copyright © 2005 Robert H. Zakon (http://www.zakon.org/robert/internet/timeline/). Utilizado com permissão.

estavam começando a descobrir, utilizar e abraçar os méritos da Internet. À medida que as aplicações comerciais se expandiram, as empresas encontraram cada vez mais maneiras de explorar a velocidade, a precisão e a economia de custos da comunicação pela Internet.

## A revolução começa com a explosão dos computadores pessoais (PCs)

Em 1982 e 1983, os primeiros computadores desktop começaram a aparecer. Muitos eram equipados com um sistema operacional chamado Berkeley Unix, que incluía um software de networking. Esse software proporcionava conexões relativamente fáceis com a Internet usando a Telnet. A revolução do computador pessoal continuou até a década de 1980, tornando o acesso aos recursos de computador e às informações em rede cada vez mais disponível ao público em geral. Também em 1983, um servidor nomeado foi desenvolvido na University of Wisconsin, e os usuários não precisavam mais saber o caminho exato para outros sistemas. Os programas de computador anteriormente eram muito inflexíveis, exigindo que os endereços fossem colocados com as letras, números e símbolos exatos. O nome da máquina que o usuário desejava contatar passou a ser única informação necessária. Com os servidores nomeados, o usuário de uma rede de comunicação não precisava se conectar a cada computador individualmente – ele poderia conectar-se às redes locais de computadores. De 1985 a 1986, a U.S. National Science Foundation conectou os seis centros de supercomputadores da nação. Essa rede foi chamada de **NSFNET (National Science Foundation Network)**, ou **backbone** da NSFNET, e proporcionou o backbone principal (o principal meio de transporte dos dados) para os serviços de comunicação da Internet até 30 de abril de 1995. Em 1995, o backbone da NSFNET foi retirado de serviço e privatizado com sucesso.

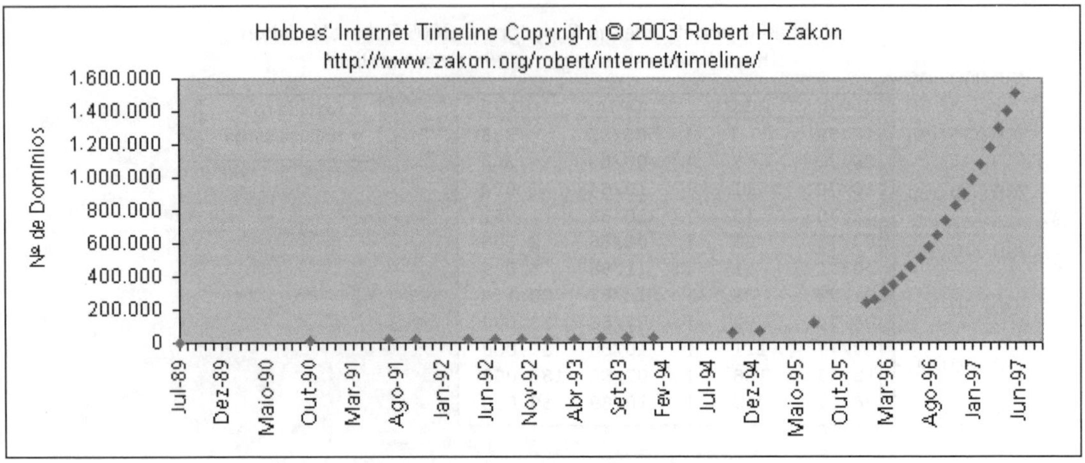


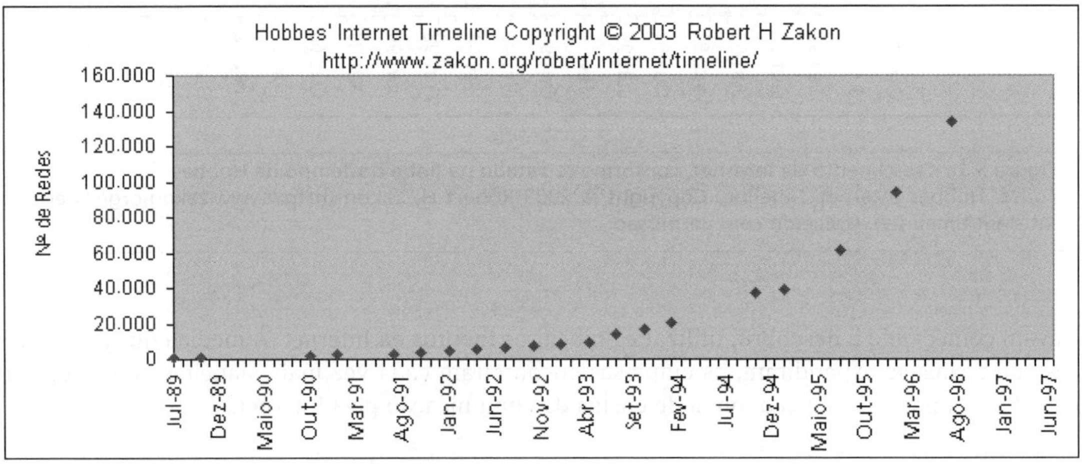


**Figura 5.4** Expansão da Internet de acordo com o aumento nas redes e domínios, conforme retratado na linha do Tempo de Hobbes
*Fonte*: Hobbes Internet Timeline; Copyright © 1993-2003 Robert H. Zakon (http://www.zakon.org/robert/internet/timeline/). Utilizado com permissão.

A transição incluiu uma nova arquitetura, na qual o tráfego é trocado nos pontos de interconexão chamados de NAPs (Network Access Points, ou *pontos de acesso à rede*), conectando backbones comerciais, de forma que a rede permaneceu conectada no nível superior depois que a NSFNET se retirou. A maior parte do tráfego da Internet agora é suportada por esses backbones comerciais, formados por ISPs independentes, incluindo MCI, AT&T, Sprint, UUnet, BBN planet, ANS e outros. Nos Estados Unidos, são 11 pontos em que as linhas principais se cruzam – quatro NAPs originais localizados em San Francisco, Chicago, New Jersey e Washington D.C.; três NAPs históricos (CIX, FIX-EAST e FIX-WEST) e quatro NAPs *de facto* (MAEs). Os NAPs usam equipamentos de rede de alta velocidade para conectar o backbone a outras redes, que são de propriedade de ISPs menores, regionais e locais. Esses ISPs, por sua vez, concedem acesso a empresas e indivíduos nas áreas em que servem. Para visualizar a rede como ela é atualmente, você pode querer visitar a página ISP de Russ Haynal (http://navigators.com/isp.html), onde podem ser vistos mapas da infra-estrutura dos principais provedores. Para expandir o acesso à Internet, a NSF apoiou o desenvolvimento de redes regionais, que então foram conectadas ao backbone da NSFNET. Além disso, a NSF deu apoio a instituições, como universidades, em suas atividades, para conectar-se às redes regionais. Os provedores de rede comercial nos Estados Unidos e na Europa começaram a oferecer concorrência no suporte de acesso e backbone a quaisquer partes interessadas.

Para manter algum controle e padronização com o vasto crescimento da Internet, o Internet Activities Board (IAB, http://www.isi.edu/iab) foi criado. Em 1986, a Internet Engineering Task Force (http://www.ietf.cnri.reston.va.us/home.html) e a Internet Research Task Force (IRTF) foram criadas pelo IAB para auxiliar na organização e na padronização da Internet. A primeira **FreeNet** (Cleveland) entrou on-line em julho. Mais tarde, o gerenciamento do programa FreeNet foi assumido pela National Public Telecomputing Network (NPTN), em 1989. Cada um desses movimentos expandiu o conhecimento da Internet e aproximou as empresas e o público das verdadeiras razões da existência daquela florescente rede.

## Problemas e soluções

Um dos primeiros problemas (e a resultante publicidade negativa) da Internet ocorreu em 1988, quando o **worm** da Internet se embrenhou pela Net, afetando aproximadamente seis mil dos 60 mil computadores host existentes na época. Na noite de 2 de novembro, um programa autoreplicante (o worm) foi lançado na Internet. Esse programa invadiu grandes sistemas de computadores, executando versões do Berkeley Unix e usando seus recursos para atacar ainda mais computadores. No intervalo de poucas horas, esse programa se espalhou pelos Estados Unidos,

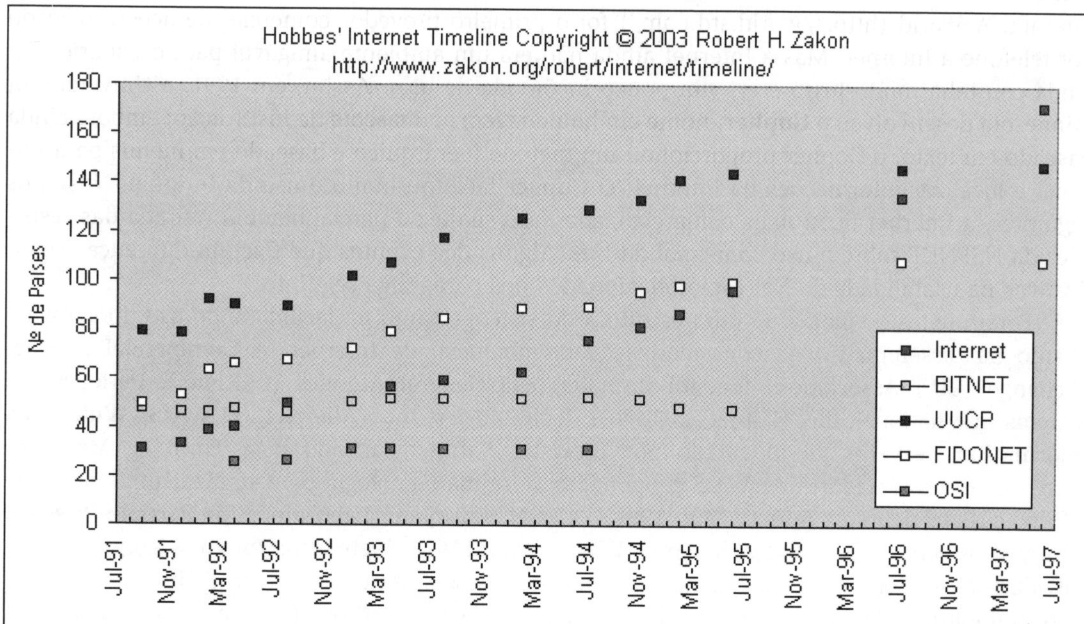


**Figura 5.5** Crescimento das Redes Mundiais, conforme retratado na linha do Tempo de Hobbes
*Fonte*: Hobbes Internet Timeline; Copyright © 1993-2003 Robert H. Zakon (http://www.zakon.org/robert/internet/timeline/). Utilizado com permissão.

infectando milhares de computadores e inutilizando vários deles em função da carga de sua atividade. Logo após o incidente do worm, a DARPA formou o **CERT** (**Computer Emergency Response Team**, http://www.cert.org) para responder a problemas como o do incidente do worm, emitindo conselhos e ajuda. Embora os ataques de vírus ainda sejam freqüentes e novos vírus sejam lançados na Internet todos os dias, os danos foram limitados, em função da experiência e da rápida resposta dos funcionários do CERT. Existem diversas formas de vírus de computador e, mais ainda, de hoaxes na Internet que podem causar medo no internauta. Em 2001, vírus como o Code Red, o SirCam, o Nimda e o Klez.H atormentaram administradores e usuários. Conscientizar-se sobre como se proteger contra vírus como esses e onde encontrar informações sobre vírus e hoaxes é uma boa estratégia. Alguns dos principais produtores de softwares de proteção de vírus são o McAfee Antivirus, da McAfee.com, e o Norton AntiVirus, da Symantec. Informações sobre vírus e hoaxes também podem ser prontamente encontradas na Internet com uma simples busca. Experimente ir ao Yahoo e fazer uma busca por hoaxes da Internet e veja o que você encontra. Ainda que os hoaxes de computador continuem a ser um problema à medida que a tecnologia continuar a avançar, em função dos investimentos do governo e, mais recentemente, das empresas na infra-estrutura da Internet, a vigilância do sistema continuará a crescer.

## As coisas aceleram e a Internet decola

Em 1989, a fim de acertar o passo na demanda por informações, o backbone da NSFNET foi atualizado para **T1**, o que significa que ele passou a ser capaz de transmitir dados na velocidade de 1,5 milhão de bits de dados por segundo, ou cerca de 50 páginas de texto por segundo. A velocidade da comunicação estava começando a acelerar. Em 1990, a Internet havia se expandido a ponto de a ARPANET ser dissolvida, e o mundo começou a usar os provedores comerciais de Internet. A World (http://world.std.com/) foi o primeiro provedor comercial de acesso discado por telefone à Internet. Mas a Internet ainda não era um ambiente amigável para o usuário. Ela ainda continha muito texto e era um pouco incômoda de usar. Assim, em 1991, a University of Minnesota desenvolveu o **Gopher**, nome em homenagem ao mascote da instituição; embora ainda baseado em texto, o Gopher proporcionou um método hierárquico e baseado em menus para fornecer e localizar informações na Internet. O Gopher facilitou muito o uso da Internet. Nos anos seguintes, a Internet ficou mais comercializada. Isso se deveu parcialmente à retirada das restrições da NSFNET sobre o uso comercial da Net. Alguns dos eventos que fizeram diferenças significativas na usabilidade da Net estão relacionados nos parágrafos seguintes.

Foram feitas melhoras na infra-estrutura do sistema, tanto na facilidade de uso do software quanto na disseminação da conscientização do potencial da Internet. A Commercial Internet eXchange (CIX) Association, Inc. foi formada pela General Atomics (CERFnet), Performance Systems International, Inc. (PSInet) e UUNET Technologies, Inc. (AlterNet). O **WAIS (Wide Area Information Servers)** foi inventado por Brewster Kahle e lançado pela Thinking Machines Corporation. Os servidores do WAIS proporcionaram uma tecnologia para se fazer uma busca de informações eficiente na Internet. Em 1991, o **CERN** (**European Laboratory for Particle Physics**, http://www.cern.ch/), na Suíça, lançou a WWW (World Wide Web, http://www.w3.org/), desenvolvida por Tim Berners-Lee, agora em residência no Massachusetts Institute of Technology (http://www.mit.edu). A Web usa um protocolo de transferência de hipertexto (http) e links de hipertexto – a capacidade de transmitir e receber diversos tipos de mídia, como texto, fotos, som, movimentos e cores; essas atraentes adições causaram um interesse maior na Internet em função do componente da Web –, mudando, assim, a maneira como as informações podiam ser organizadas, apresentadas e acessadas na Internet. Como analogia, a diferença entre a Internet e a Web é semelhante à distinção entre um computador e um programa multiusuários que é executado no computador

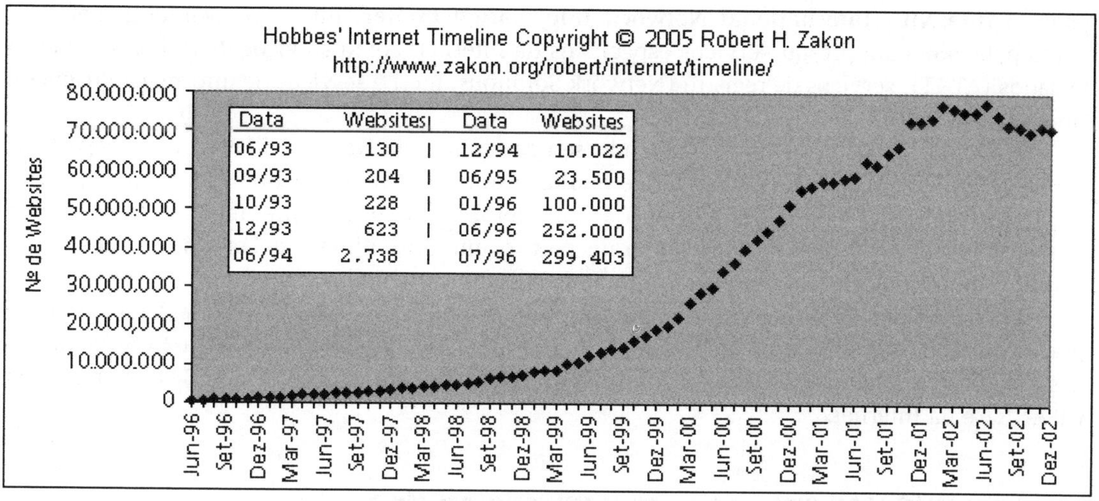


**Figura 5.6** Crescimento da World Wide Web, conforme retratado na Linha do Tempo de Hobbes
*Fonte*: Hobbes Internet Timeline; Copyright © 2005 Robert H. Zakon http://www.zakon.org/robert/internet/timeline/). Utilizado com permissão.

(Microsoft Corporation 1998, p.2). Para garantir a privacidade da recém-formada Web, um programa de segurança chamado Pretty Good Privacy (PGP) foi lançado por Philip Zimmerman. Uma lei norte-americana (U.S. High Performance Computing Act) criou a National Research and Education Network (NREN), e o tráfego da NSFNET passou de um trilhão de bytes por mês, dez bilhões de pacotes por mês. A Web é uma etapa essencial da Internet, da tecnologia e do mundo.

Em 1992, a **Isoc** (**Internet Society**, http://www.isoc.org/) foi organizada. Essa organização é uma sociedade voluntária cujo objetivo é promover a troca global de informações por meio da tecnologia da Internet. Foram vistas e ouvidas na Internet as primeiras difusões múltiplas de áudio (março de 1992) e de vídeo (novembro de 1992) do First Multicast BackBone (MBONE). Uma nova ferramenta de buscas do Gopher, o Veronica (várias ferramentas de busca têm nomes estranhos inspirados em personagens de histórias em quadrinhos, como Archie, Jughead e Betty), foi lançada pela University of Nevada, enquanto o popular termo *surfar* pela Internet foi cunhado por Jean Armour Polly (http://netmom.com/about/surfingmezz.shtml). Em 1993, a rede do backbone da NSFNET foi atualizada para T3, significando que era possível transmitir dados em velocidades de 45 milhões de bits de dados por segundo, ou cerca de 1.400 páginas de texto por segundo. O usuário não só podia começar a acelerar a Internet como também poderia usar sons e cores para melhorar a aparência enquanto surfava. Esse foi um dos principais avanços na forma como o mundo começaria a se comunicar. O usuário agora poderia se comunicar mais rapidamente e com mais estilo, usando gráficos e sons para retratar seus conceitos. A velocidade da comunicação logo viraria um dos mais importantes fatores no uso da Internet.

## O mundo vira um gráfico

Agora que a Web foi lançada, surgiu a necessidade de tecnologias melhores e interfaces mais fáceis. Assim, de 1993 a 1994, os **navegadores** gráficos, **Mosaic** e **Netscape Navigator**, foram apresentados e divulgados pela comunidade da Internet. Em função da natureza intuitiva e da interface gráfica, esses navegadores tornaram a Web e a Internet mais atraentes para o público em geral. O **InterNIC (International Network Information Center**, http://www.internic.net/) foi criado pela NSF para prestar serviços específicos da Internet, como serviços de diretório e banco de dados (AT&T), serviços de registro (Network Solutions, Inc.) e serviços de informação (General Atomics/CERFnet).

Worms de novos tipos foram trilhando seu caminho pela Net; aos WWW Worms (W4) se juntaram **Spiders, Wanderers, Crawlers** e **Snakes**. Ao contrário do Worm original, esses programas facilitaram a descoberta de informações na Internet. Em 1994, a Internet Talk Radio iniciou suas atividades, as Nações Unidas entraram para o mundo on-line e a Lei Nacional de Infra-Estrutura da Informação foi aprovada. Agora, as empresas e a mídia começaram de verdade a se dar conta da Internet, e o Mosaic, um aplicativo que simplifica o acesso à Web, entrou como um furacão na Web. A Web se propagou com um índice anual de crescimento de 341.634% de tráfego de serviço. O crescimento do Gopher foi de 997%. Tudo isso coincidiu com o 25º aniversário da ARPANET e da Internet.

## Os consumidores entram para o mundo on-line

As comunidades começaram a se conectar diretamente na Internet – algumas das primeiras foram Lexington e Cambridge, Massachusetts. Esse foi um sinal de que os consumidores não estavam muito atrás. Logo vieram shoppings, estações cibernéticas (RT-FM) e o primeiro banco da Internet, First Virtual, aberto para a realização de negócios na Internet, e a capacidade de fazer um pedido da Pizza Hut pela Internet entrou em prática. A Web passou uma rasteira na Telnet e se tornou o segundo serviço mais popular da Internet, só atrás do e-mail. Em 1995, o backbone da NSFNET reverteu-se em uma rede de busca e foi substituído por uma nova arquitetura de rede chamada vBNS (very high speed backbone network system – *sistema de rede de backbone de velocidade muito alta*), que utiliza provedores de serviço de rede, redes regionais e NAPs (Network Access Points).

Em 1995, a RealAudio (http://www.realaudio.com), uma tecnologia de streaming de áudio, permitiu que o internauta ouvisse em tempo real, o mais próximo do evento quanto possível. A Web ultrapassou o FTP como o serviço com maior tráfego na NSFNET baseado em contagem de pacotes, em março de 1995, e baseado em contagem de bytes, em abril de 1995. Tradicionais sistemas discados on-line, como a CompuServe (http://www.compuserve.com/), a America Online (http://www.aol.com/) e o Prodigy (http://www.prodigy.com/) começaram a fornecer acesso à Internet. Diversas empresas relacionadas à Net foram a público, com o Netscape liderando a turma, sendo o terceiro valor de ação mais alto na NASDAQ IPO (9 de agosto de 1995). O registro de **nomes de domínio** não era mais gratuito. Começando em 14 de setembro de 1995, foi imposta uma taxa anual de $ 50, que até então era subsidiada pela NSF; a NSF continuou a pagar pelo registro .edu e temporariamente pelo **domínio** .gov.

Em 1996, a Internet permitiu que companhias telefônicas registrassem usuários, possibilitando que eles acessassem a Internet. Vários **ISPs (Provedores de Serviço da Internet)** sofreram grandes quedas do serviço, levantando a questão da capacidade de eles poderem suportar o número crescente de usuários: a AOL (19 horas), a Netcom (13 horas), a AT&T WorldNet (28 horas, somente e-mail). A MCI atualizou seu backbone da Internet, adicionando cerca de 13 mil pontos de acesso. Isso elevou a velocidade efetiva de 155 Mbps para 622 Mbps. Começou a guerra dos navegadores, disputada inicialmente entre a Netscape e a Microsoft. A Internet havia entrado com tudo em uma nova era de desenvolvimento de software, na qual lançamentos eram feitos todos os trimestres com a ajuda de usuários da Internet loucos para testar versões futuras (beta). Em 1997, o American Registry for Internet Numbers (Arin, http://www.arin.net/) foi criado para lidar com administração e registro de números IP para as áreas geográficas atualmente manuseadas pela Network Solutions (InterNIC). Havia 101.803 servidores nomeados no banco de dados WhoIs no final de 1997.

Robert H. Zakon publicou formalmente uma versão cibernética da Hobbes Internet Timeline (http://www.zakon.org/robert/internet/timeline/). A linha do tempo de Hobbes existe desde o início da década de 1990, mas até 1998 ela ficava em um servidor do Gopher, e não em um servidor da Web. Essa é uma ótima fonte de informações sobre a história da Internet, e boa parte da história retratada neste capítulo foi adaptada de Hobbes. Nesse mesmo ano, o governo facilitou um pouco as coisas ao criar selos eletrônicos. Por meio do serviço de correios norte-americano, o U.S. Postal Service (http://www.usps.gov/), os selos podiam ser comprados on-line. Algumas das atrações mais populares da Web nesse ano foram a Olimpíada de Inverno, a Copa do Mundo e o relatório Starr.

Em fevereiro de 1999, o First Internet Bank of Indiana tornou-se o primeiro banco completo disponível somente na Internet, o tribunal estadual norte-americano determinou que os nomes de domínio fossem propriedades que pudessem ser embargadas, e nossa primeira guerra cibernética de grande escala ocorreu simultaneamente com a guerra na Sérvia e em Kosovo. Em outras notícias internacionais, Abilene, a rede da Internet2, atravessou o Atlântico para conectar a NORDUnet e a SURFnet. A MCI/Worldcom lançou o vBNS+, uma versão comercializada do vBNS destinada a instituições educacionais e de pesquisa de pequeno porte. Computadores gratuitos entraram na moda (desde que você assinasse um contrato de serviços de Internet de longo prazo). O mundo se preparava para problemas que poderiam existir com a Internet e com o novo milênio (Y2K). Comércio on-line, Internet *banking* e MP3 viraram as tecnologias do ano, enquanto telefones Netcell, aparelhos finos e computação integrada surgiram como novos avanços tecnológicos.

Em 2000, o ano da virada do milênio, o departamento do horário oficial norte-americano (USNO) e alguns outros serviços de horário no mundo viram o Ano-Novo como 19100. Um ataque maciço do tipo "negação de acesso" foi lançado contra grandes Websites como Yahoo, Amazon e eBay. Em novembro, a justiça francesa determinou que o Yahoo! precisava bloquear o acesso dos usuários a produtos que incitassem o ódio em seu site de leilões. Como o Yahoo! não podia fazer tal bloqueio na Internet, os leilões foram inteiramente removidos em janeiro de 2001. O ano de 2000 também viu ataques bem-sucedidos a empresas como RSA Security, Apache, Western Union e Microsoft. As tecnologias de mais destaque no ano foram Active Server Pages (ASP) e Napster, enquanto os dispositivos wireless estavam surgindo no front da tecnologia.

Em fevereiro de 2001, o mundo assistiu ao primeiro musical transmitido ao vivo – The Technophone & The Madman – pelas redes da Internet2. Em março, encaminhar e-mails foi proibido na Austrália, visto como infração técnica do copyright pessoal. Estações de rádio da Web foram silenciadas por disputas de royalties em abril, e colégios em cinco estados norte-americanos (Michigan, Missouri, Oregon, Virgínia e Washington) foram os primeiros a ganhar acesso à Internet2. O Napster se viu mergulhado em um processo legal e forçado a suspender os serviços gratuitos, voltando mais tarde, nesse mesmo ano, como um serviço por assinatura. Em outras notícias, o European Council finalizou um tratado internacional de crimes pela Internet, o qual se tornou o primeiro a abordar crimes cometidos pela Internet. Em julho, grandes vírus (o worm Code Red e o Sircam) se infiltraram em milhares de servidores da Web e em contas de e-mail, causando um súbito aumento no uso da largura de banda da Internet e grandes violações de segurança. Mais tarde, nesse mesmo ano, ocorreu na Internet2 a primeira transmissão não compactada e em tempo real de HDTV sobre rede IP, quando a computação entrelaçada[3] e a computação pareada[4] tornaram-se as "novas" tecnologias no mercado.

---

3 Computação entrelaçada é uma tradução de *grid computing*, um grande sistema de computadores conectados em rede, cuja capacidade de processamento conjunta poderia resolver a maior parte dos problemas encontrados no processamento de informações da Web. (N.R.T.)

4 Computação pareada é uma tradução de *peer-to-peer computing*, a capacidade de executar transações entre dois computadores, como nos jogos eletrônicos. (N.R.T.)

A Internet evoluiu ao longo de uma série de avanços tecnológicos em computadores e networking. Desde o início, em 1969, a ARPANET oferece um terreno de testes para pesquisa e desenvolvimento em redes. Um importante fato que floresceu dos desenvolvimentos da ARPANET foram os protocolos TCP/IP, que colocaram regras padronizadas para computadores ligados em rede se comunicarem entre si. Outros eventos significativos incluíram a introdução do desktop, o desenvolvimento de ferramentas de networking, como Telnet, FTP, Gopher, World Wide Web, e o lançamento dos navegadores gráficos. Avanços em networking possibilitaram que a NSFNET aumentasse a velocidade diversas vezes, permitindo cada vez mais conexões.

## Tendências atuais de uso da Internet

Agora que se formou uma imagem clara de como a Internet começou, é hora de darmos uma olhada nas atuais tendências de uso da Internet. Um profissional de marketing inteligente deve investigar e se certificar do que os consumidores estão usando em termos de velocidade de processador, velocidade de modem, versão de softwares, tamanho de monitores ou tipo e versão de navegador. Para onde as atividades de marketing devem ser dirigidas para alcançar o maior público possível? Quais são os mercados-alvo da Web? Um bom lugar para começar a procurar por dados estatísticos sobre tendências e uso da Internet é o Yahoo (http://www.yahoo.com/Computers_and_Internet/Internet/Statistics_and_Demographics/), onde vários Websites úteis são relacionados sob o tópico Computadores e Internet/Internet/Estatísticas, ou no Stat Market (http://www.statmarket.com/), um Website global que mantém estatísticas sobre os navegadores e sistemas operacionais mais usados, horários mais movimentados do dia e outras pesquisas úteis de uso da Internet. Esses Websites cobrem estatísticas derivadas de previsões publicadas ou com suporte de pesquisas públicas. Nem sempre é o conjunto de estatísticas mais atual, mas esses Websites contêm muitas informações pertinentes para uso do programa de marketing. Você precisa conferir como pode fazer para encontrar informações demográficas sobre o público da Internet usando o Yahoo.

## O que pode revelar um endereço da Internet?

Por meio de um endereço da Web, podem ser obtidas informações adicionais sobre os internautas; diferentes fontes dão diferentes idéias sobre os usuários regulares da Web. Muitos tipos diferentes de pessoas e empresas usam a Web. Muitas vezes, você pode conseguir algumas informações sobre a pessoa ou organização que criou a página da Web pelo endereço ou **URL (Uniform Resource Locator)** da página que você estiver visualizando. A URL possui o seguinte formato – esquema://host.domínio[:porta]/caminho/dados, usando números e letras, mas não espaços. O esquema, host e domínio podem dar informações sobre os autores da página, como o nome deles, a organização à qual eles pertencem, se a organização é educacional, comercial, governamental ou uma rede, ou talvez o país de origem da mensagem. Uma análise bem-feita da URL pode ajudá-lo a decidir se você vai responder ou não às comunicações. Pacotes estatísticos de tráfego da página podem ser instalados no servidor da Web para contar o número total de hits, os visitantes únicos, as origens do domínio e os parâmetros de tempo, como hora do dia ou dia da semana ou mês, para resumir as personalidades pertinentes de usuário. Entender e conhecer a lógica do endereço ajuda tanto o consumidor quanto o profissional de marketing a julgar como responder e como estruturar o endereço de forma criativa e intrigante.

# Operação e ferramentas atuais da Internet

A arquitetura da Internet é simples. Com base no conceito do relacionamento de cliente-servidor entre computadores e uma linha de transmissão, alguns computadores agem como servidores, ou provedores da informação, enquanto outros agem como clientes, ou receptores da informação. A arquitetura cliente-servidor não é um relacionamento individualizado: um único computador cliente pode acessar diversos servidores diferentes, e um único servidor pode ser acessado por diversos computadores clientes diferentes. O computador cliente muitas vezes é um PC, seja um palmtop, um laptop, um desktop ou um mainframe. O link de conexão para a rede também é flexível; o computador pode estar ligado por modems telefônicos ou cabo, fibra óptica, transmissões por microondas ou satélite. Em função dessas variedades de conexões, a Internet permite acesso fácil a várias ferramentas de comunicação. Os usuários acham fácil empregar correio eletrônico, quadros de avisos, grupos de notícias da Internet e salas de bate-papo para discutir e explorar de tudo, de críticas de filmes a problemas técnicos com computador, passando pela contratação de agentes de compra robóticos. As informações sobre qualquer assunto estão a somente uma conexão da Internet de distância. Todos os dias o mundo coleta informações sobre as últimas manchetes, esportes, clima, informações de referência e muito mais usando seus computadores. Veja a seguir uma breve descrição de algumas das ferramentas que possibilitam essa coleta de informações.

*Quadro 5.7*

**EXEMPLOS DE DOMÍNIOS USADOS EM URLS (UNIFORM RESOURCE LOCATORS)**

| Domínio | Explicação |
|---|---|
| edu | Educacional |
| com | Entidades comerciais |
| org | Sem fins lucrativos |
| net | Provedores de acesso |
| mil | Organizações militares |
| gov | Governo |
| ca | Canadá |
| uk | Reino Unido |
| jp | Japão |
| info | Novo – para uso geral, espera-se que se torne tão popular quando o .com |
| biz | Novo – para uso comercial geral, espera-se que se torne tão popular quando o .com |
| ws | Website ou Samoa Ocidental |
| tv | Televisão ou Tuvalu |

## E-mail

E-mail é a sigla em inglês para correio eletrônico. Ele foi projetado para comunicações pessoais e comerciais pela Internet. Para usar o e-mail, o usuário precisa de uma agência de correios eletrônica, ou endereço de e-mail. Esse endereço é formado por um nome de usuário, um nome de máquina ou host e um domínio. Por exemplo, se você enviar um e-mail para jdoe@ritchie.acomp.uoa.edu, esse endereço vai direcionar o e-mail para Jane Doe no servidor chamado "ritchie" no Departamento de Computação Acadêmica da Universidade da América. Com o e-mail vêm List Servers ou listservs. Os List Servers são programas que permitem que uma mensagem de e-mail vá para várias pessoas em uma lista. As listas desses programas são criadas por pessoas que as assinam ou são inscritas nelas. As listas normalmente são feitas de pessoas com interesses semelhantes. Os listservs podem ser ferramentas muito poderosas para o profissional de marketing. Eles podem ser usados de diversas maneiras, como para monitorar a opinião do consumidor, manter-se par a par com a concorrência e construir relacionamentos com seu público-alvo. Uma lista de listas pode ser encontrada no Website http://www.liszt.com ou http://groups.yahoo.com. Outros tipos de listas que também podem ser úteis para os profissionais de marketing e vários usuários da Internet são listas de assistência de diretório, como a People Search do Yahoo (http://people.yahoo.com/) e as páginas amarelas (http://www.yellowpages.com). Essas listas são muito parecidas com as publicadas e podem ser usadas da mesma forma.

## Telnet

Um passo além do correio eletrônico está a capacidade de controlar um computador remoto usando a Telnet. A Telnet permite que os usuários se teletransportem virtualmente para qualquer lugar da Internet e usem os recursos localizados fisicamente no host. Alguns **hosts** possuem gateways para outros hosts, que terão outros gateways, e isso é sem fim. Para usar a Telnet, você precisa de um programa de Telnet; um exemplo é o Microsoft® HyperTerminal, que vem com os sistemas operacionais baseados em Windows. Trata-se de um programa que você pode usar para se conectar com facilidade a um computador remoto, a um quadro de avisos ou a um serviço on-line. A Telnet pode ser usada para acessar computadores remotos para **MUDs (Dimensões Multiusuários)** ou **MUSEs (Ambientes de Simulação Multiusuário)**, que são realidades virtuais usadas para participar de jogos, colaboração e descoberta por exploração.

## File Transfer Protocol (FTP)

O File Transfer Protocol (FTP) é o programa utilizado para recuperar um documento de texto, um software ou outro item de um host remoto (como em longa distância). A prática normal é enviar um FTP para o host que você deseja e se conectar como "anônimo" (*anonymous*). Alguns Websites usam a senha "convidado" (*guest*), enquanto outros exigem que você digite seu endereço de rede como "senha". Fazer upload de um arquivo refere-se ao processo de enviar informações para um computador remoto, enquanto fazer download refere-se a acessar as informações a partir de outro computador e copiá-las para o disco rígido ou para um disco. Alguns Websites populares de FTP são o ftp.netscape.com e ftp.microsoft.com.

## A World Wide Web (WWW)

Em março de 1989, Tim Berners-Lee, um médico inglês que trabalhava no European Lab for Particle Physics (conhecido como CERN), propôs o início de uma rede mundial como um protocolo para um sistema de distribuição da Internet a ser utilizado entre grupos de pesquisa de física de alta energia. Mais tarde, foi adotado por outros, que formaram um consórcio. Esse consórcio atualmente é conhecido como W3; o W3 (http://www.w3.org/) uniu forças para desenvolver padrões para a Web e continua a criar os padrões até hoje. A Web é oficialmente descrita como um sistema de informações de iniciativa de recuperação de informações em hipermídia em rede de longa distância que liga dados de diversos serviços da Internet sob um conjunto de protocolos. A Web usa navegadores ou clientes Web para interpretar documentos em HTML (Hypertext Markup Language) exibidos por aquilo que é conhecido como servidor da Web. O HTTP é um equalizador, permitindo que os usuários criem documentos em HTML em qualquer plataforma (PC, Mac, Unix, OS/2) e os usem em qualquer outra plataforma de forma coerente. A Web é capaz de oferecer acesso aos vários recursos disponíveis na Internet.

Desde o final da década de 1990, uma nova fase de comercialização veio à tona. Originalmente, os esforços comerciais eram compostos principalmente por fornecedores oferecendo os produtos básicos de networking e provedores de serviços da Internet (ISPs) oferecendo conectividade e serviços básicos da Internet. A Internet se tornou quase uma mercadoria, e boa parte da atenção que tem atraído ultimamente é sobre o uso da infra-estrutura de informação global para sustento de outros serviços comerciais. Isso foi extremamente acelerado pela expansão e rápida adoção de navegadores e pela tecnologia da World Wide Web, permitindo aos usuários fácil acesso às informações ligadas em todo o planeta. Os produtos estão disponíveis para facilitar o fornecimento dessa informação, e muitos dos últimos desenvolvimentos em tecnologia se voltaram para fornecer serviços de informação cada vez mais sofisticados no topo da comunicação de dados básica da Internet.

## Ferramentas de busca

Você pode encontrar informações na Internet de diversas maneiras. Uma maneira é usar uma das muitas ferramentas de busca disponíveis. Ao clicar no botão Pesquisar da barra de ferramentas do seu navegador, você ganha acesso a diversos serviços de busca que oferecem diferentes tipos de capacidades de busca. Experimente os diferentes serviços de busca para ver que tipos de informações eles fornecem. Você pode fazer pesquisa por palavras, pessoas ou empresas, escolhendo ferramentas diferentes. Depois de ir para uma página da Web, você pode fazer uma pesquisa por um texto específico nessa página usando a ferramenta Localizar, que normalmente é encontrada no menu Editar do seu navegador.

## Resumo

A Internet mudou muito durante as três décadas de sua existência. Ela foi criada na era do *time-sharing*, ou compartilhamento de tempo, mas sobreviveu até a era dos computadores pessoais, relacionamentos cliente-servidor, computação pareada e computador em rede. Ela foi projetada antes de existirem as redes locais, mas acomodou essa nova tecnologia de rede. Ela foi conceituada como suporte a diversas funções, de compartilhamento de arquivos e acesso remoto a compartilhamento e colaboração de recursos, ainda que também tenha criado o correio eletrônico e a World Wide Web. Mais importante, no entanto, foi que ela iniciou como a criação de um pequeno grupo de pesquisadores dedicados e cresceu, tornando-se um sucesso comercial, com bilhões de dólares investidos anualmente.

No entanto, a Internet não parou de mudar. Embora seja rede no nome e na geografia, trata-se do terror do computador. Ela vai continuar a mudar, evoluindo na velocidade da indústria da informática, para sempre ficar no jogo. Tendências atuais nos trazem novas capacidades em informática e comunicação, como celulares que enviam fotos ou vídeos e carros que incluem controles ativados por voz para acessos a sistemas veiculares como informações, entretenimento e comunicação. Os avanços na rede sem fio e a expansão da pesquisa em voz sobre IP também estão evoluindo rapidamente. A disponibilidade da Internet e de poderosos computadores relativamente baratos e portáteis (laptops, pagers bidirecionais, PDAs, celulares) está possibilitando um novo paradigma de computação e comunicação móvel.

A Internet está evoluindo, permitindo formas mais sofisticadas de formação de preços e levantamento de custos. Ela está mudando para acomodar ainda outra geração de tecnologias de rede com diferentes características e exigências, de acesso residencial com banda larga a satélites. De acordo com um relatório do Multimedia Research Group, Inc., o número de assinantes de Internet banda larga no mundo deveria chegar aos 30 milhões em 2004 (Pastore, 2001). Outra pesquisa mostra que, no geral, mais de 25 milhões de internautas em casa acessavam a Internet por cabo, DSL, ISDN ou LAN em abril de 2002 (Greenspan, 2002). Novos métodos de acesso e novas formas de serviço renderão novas aplicações, que, por sua vez, continuarão a incentivar a revolução da Internet.

## Perguntas e exercícios

1. A Internet se tornou uma das palavras da moda no mundo do marketing. Faça uma dissertação de duas páginas descrevendo o que é a Internet e qual impacto se espera que ela tenha sobre o marketing no futuro. A Web expandirá as suas fronteiras além das possibilidades do marketing direto? Por quê?
2. Usando o que você aprendeu neste capítulo e nos anteriores, relacione cinco atividades de negócios que você pode realizar ao colocar sua empresa na Internet. Dê exemplos específicos de pesquisa eletrônica, comunicação ou transações e qual o propósito delas. Prepare-se para, na próxima aula, discutir exemplos de como isso está atualmente sendo feito por outras pessoas ou dê exemplos de idéias originais, o que for mais adequado.
3. A Internet nem sempre foi tão conhecida e popular como é hoje em dia. Certos eventos na história da Internet aumentaram esse fenômeno. Qual foi a principal invenção que estimulou a popularidade da Internet e por que a internet foi usada pelo mundo corporativo ao se determinar que era benéfica para suas organizações?
4. Listservs são úteis para comunicação com grande número de pessoas com interesses semelhantes. Como você, profissional de marketing, usa isso a seu favor? Descubra pelo menos duas listas (de preferência bem ativas) que lhe sejam de interesse e inscreva-se nelas. Após três semanas observando o movimento da lista e participando de discussões, redija um trabalho curto sobre o conteúdo e o tom das discussões e os lados positivo e negativo das listas de e-mail para coleta de inteligência de marketing.
5. Em um prazo muito curto, a Web se transformou de um texto visual unidimensional, simples e em preto-e-branco em um veículo de comunicação colorido, cheio de sons e movimentos. Usando sua imaginação, descreva três maneiras como você consegue ver as capacidades de marketing e comércio na Web no ano 2020. Lembre-se de que o marketing serve a interesses e satisfação do consumidor; como suas visões darão apoio a esses objetivos? Redija um esboço de uma página descrevendo as oportunidades de marketing, a

tecnologia necessária e os benefícios à empresa e ao consumidor de cada uma das três idéias; seus comentários devem ser dirigidos ao diretor de planejamento estratégico da empresa.

6. Ferramentas de busca são muito importantes para o profissional de marketing por diversas razões. Relacione alguns exemplos de propaganda e promoção na página inicial de um mecanismo de busca e como ele seria útil para oferecer exposição para sua empresa. Esses exemplos podem ser banners de propaganda disponíveis com o clique do mouse, listagens com preferência na hierarquia de busca ou patrocínios de notícias, como manchetes ou previsão do tempo. Realize essas buscas na Internet e imprima amostras de cinco elementos promocionais. Prepare-se para compartilhar seus exemplos e explique como diferentes promoções podem alcançar diferentes alvos contidos dentro do seu programa de marketing.
7. O próprio nome de domínio e URL podem ser importantes na estratégia de marketing. Sua empresa precisa ter um nome de domínio próprio? Como você decide? Explique por que isso é importante e depois descubra dois exemplos de empresas que perceberam vantagem na imagem em razão do nome do domínio e duas que podem ter perdido oportunidades porque alguém chegou primeiro.
8. Os profissionais de marketing usam estudos de demografia e tendências para determinar a melhor maneira de abordar o mercado-alvo. Nesse contexto, por que é importante conhecer quem usa a Internet? Discuta, em cinco parágrafos, como você faria para determinar as informações que julga necessárias sobre usuários da Web. Não se esqueça de citar os Websites que você usaria para encontrar as informações.
9. É sempre importante saber para onde as tendências do consumidor estão indo, e o bom profissional de marketing sabe que pode aprender com o passado. Dê uma olhada em Websites contendo tendências de uso da Internet discutidas neste e nos capítulos anteriores. Por que as tendências mais importantes, como acesso à Web e crescimento do uso de computador, são relevantes ao profissional de marketing? Redija um e-mail para o gerente europeu da sua empresa relacionando dez tendências a serem observadas ou pesquise as experiências de marketing na Internet nos Estados Unidos.
10. Agora que você tem um entendimento geral de como a Internet foi desenvolvida e quais ferramentas estão disponíveis, você deve estar ciente de como usá-la para sustentar as atividades de marketing. Além de sustentar as vendas e criar uma presença corporativa, existem algumas outras maneiras dentro do mix promocional pelas quais a Internet pode apoiar as atividades de marketing? Envie por e-mail uma curta resposta a seu professor.

*Bibliografia*

CYBERATLAS. The world's online populations. Jupitermedia Corp. Copyright 2004 Jupitermedia Corporation. Todos os direitos reservados. Utilizado com permissão. Disponível em: http://cyberatlas.internet.com/bigpicture/geographics/article/0,,5911 1511 51,00.html. Acesso em 21 mar. 2002.

GREENSPAN, Robyn. Big boosts in broadband. Jupitermedia Corp. Copyright 2004 Jupitermedia Corporation. Todos os direitos reservados. Utilizado com permissão. Disponível em: http://cyberatlas.internet.com/markets/broadband/article/0,,10099 1141701,00.html. Acesso em 20 maio 2002.

KUPFER, Andrew. Four forces that will shape the Internet. *Fortune*, 6 jul. 1998, p. 93. © 2004 Time Inc. Todos os direitos reservados.

MICROSOFT Corporation's Internet introduction. Microsoft Corporation, 1998, p. 1, 2.

PASTORE, Michael. Growing broadband market could lift economy. Jupitermedia Corp. Copyright 2004. Jupitermedia Corporation. Todos os direitos reservados. Utilizado com permissão. Disponível em: <http://cyberatlas.internet.com/markets/broadband/article/0,, 10099 802141,00.html>. Acesso em 16 jul. 2001.

ZAKON, Robert H. Hobbes Internet timeline. 1993-2003. Utilizado com permissão. Disponível em: <http://www.zakon.org/robert/internet/timeline/>.

# CAPÍTULO 6

# Conceito de Loja Virtual para Produtos e Serviços de Marketing

O Internet Commerce Program (Programa de Comércio pela Internet) foi desenvolvido para suprir as crescentes necessidades de empresas de todos os tamanhos em fazer negócios pela Web. O IDC estimava que o número de negócios nos Estados Unidos que conseguiria oferecer capacidade de e-commerce cresceria de 6% em 1998 para 32% em 2003. Para negócios maiores, esse número estaria próximo de 70%. Ao todo, em 2003, previa-se que as transações de e-commerce excederiam $ 1.300 bilhões nos Estados Unidos. "A Visa inova no mundo da tecnologia de pagamento eletrônico há mais de duas décadas", disse Kevin Weller, vice-presidente da e-Visa, unidade de comércio eletrônico da Visa U.S.A. "Estamos convencidos de que o Internet Commerce Program é um dos programas de desenvolvimento mais rápidos e com a melhor relação custo-benefício do mercado atual."

*(Visa, 2000)*

## Objetivos de Aprendizado

- **Reconhecer a diferença entre as práticas do comércio virtual e do comércio tradicional e relacioná-las ao e-commerce.**
- **Apresentar as vantagens e desvantagens de se operar a loja virtual.**
- **Discutir estratégias para construir a lembrança da loja virtual.**

# Introdução

Empresas de atacado e varejo estão se reinventando para se manterem atualizadas com os gostos do consumidor, mudanças nos sistemas de distribuição, sistemas de venda simplificados e inovações promocionais. As que não modernizam suas operações nem seus sistemas financeiros e de pagamento e marketing normalmente são condenadas, como as extintas Zayre's, Woolco, W. T. Grant e as guerreiras Montgomery Ward e Sears. A tecnologia foi a vantagem competitiva desses comerciantes, como o generalista Wal-Mart e o especialista Foot Locker (http://www.footlocker.com), uma enorme rede de calçados e artigos esportivos do mundo, com duas mil lojas entre América do Norte, Europa, Austrália e Japão. Nos últimos 25 anos, a tendência do comércio voltou-se para a experimentação, de formatos especializados e limitados, como as roupas de safári da Banana Republic, à criação por profissionais de marketing de lojas como a Sharper Image, a clubes atacadistas como o Sam's Club (http://www.samsclub.com). Muito dessa experimentação inclui tecnologia de comunicação. Um exemplo extremamente bem-sucedido foi o sistema de controle de vendas e estoque por satélite do Wal-Mart, e um exemplo vergonhoso de fracasso foi o do desfile em **video streaming** da Victoria's Secret (http://www.victoriassecret.com), em fevereiro de 1999. Os trabalhos em e-commerce começaram como uma experiência, e o *Iconocast Newsletter* fez a seguinte observação:

> No início de 1997, a Amazon anunciou vendas de $ 15,7 milhões em 1996. Em 1999, as vendas aumentaram para $ 610 milhões. Em 2001, a Amazon relatou vendas de $ 3,12 bilhões e continuou com as vendas pela Internet, com aumento de 21% para o segundo trimestre de 2002 (Cox, 2002). Em março de 1997, a Nielsen Media Research relatou que 15% dos internautas haviam comprado alguma coisa no ano anterior. Uma pesquisa da **Arbitron** no outono de 1998, com 1.350 pessoas que mantinham diários, descobriu que 26% "usavam a Internet para fazer compras" [prefere-se a pesquisa da Pew Research, que é mais rígida, ainda que mais baixa, de que "11% compraram alguma coisa on-line nos últimos 30 dias"] (Tchong, 1999). Mesmo agora, o eCommerce ainda está em expansão. De acordo com a empresa de pesquisa BizRate.com, de Los Angeles, o comércio norte-americano durante o terceiro trimestre de 2002 resultou em $ 10 bilhões em vendas on-line a varejo, um salto de 37% em relação aos números do ano anterior (Hyman, 2002).

Na edição anterior, o Iconocast havia feito sua observação sobre o crescimento do e-commerce para todo o ano de 1998:

> A Forrester-Forrester Research começou o ano de 1998 com uma previsão de $ 17 bilhões para negócios B2B. Em novembro de 1998, a empresa havia elevado sua previsão para $ 109 bilhões. A previsão de e-commerce para o consumidor, de $ 4,8 bilhões, também aumentou, para $ 7,8 bilhões. Mas esses números desaparecem em comparação à estimativa de $ 13 bilhões do Boston Consulting Group, em um estudo feito pela Shop.org. E a maior parte desse comércio será feita on-line por comerciantes e lojas virtuais na Web (Tchong, 1999). A Forrester Research espera que o e-commerce B2C atinja $ 562 bilhões em 2006 (Sharrard, 2001).

Em outro estudo, as vendas on-line a varejo nos Estados Unidos alcançariam $ 104 bilhões em 2005 e $ 130 bilhões em 2006, um aumento em relação aos $ 34 bilhões de 2001, segundo a Jupiter Media Metrix (2001). Os comerciantes e as lojas virtuais da World Wide Web são responsáveis por boa parte dessas transações comerciais. Discutiremos mais tarde como as lojas ou lojas virtuais possibilitam essas transações com consumidores e empresas.

Mais de três a cada quatro internautas nos Estados Unidos fariam compras on-line em 2003, de acordo com o relatório de compras do consumidor eletrônico (eConsumer Shopping Report). O número de compradores na Internet nos Estados Unidos aumentaria para 73%, atingindo 63,4 milhões no fim de 2000, e pairando em 106 milhões em 2003. A receita norte-americana resultante das compras on-line do consumidor alcançaria $ 37 bilhões no fim de 2000 e cresceria para $ 104 bilhões em 2003. Além disso, o relatório mostrava que 68% de todos os internautas norte-americanos fariam compras on-line até o fim de 2000, em comparação com 53% de adolescentes usuários da Internet. Em 2003, 77% dos usuários da Internet fariam compras on-line (Enos, 2000).

## Abordagens de varejo: virtual *versus* física

Ao criar e manter a tradicional loja física, a administração sempre equilibrou três funções principais de uma entidade de negócios, particularmente no varejo: o aspecto financeiro, o aspecto operacional e o aspecto de marketing. Enquanto construir e manter a loja virtual são novidades, o atacado e o varejo eletrônicos ainda seguem esses princípios, mas o fazem no **back office**, às escondidas do contato com o público. Essa forma de administrar é invisível, pois a natureza do negócio é formada por dados eletrônicos invisíveis (mercadorias ou ofertas do Website), hospedados e promovidos em um meio eletrônico (Websites, e-mails, listservs, grupos de discussão) e entregues por um sistema de distribuição eletrônico (muitas vezes, a World Wide Web). Ainda que isso pareça descrever a televisão, a maior diferença é a capacidade de interatividade que nenhuma mídia de massa tradicional consegue igualar. Para essa capacidade de interação, a maioria das principais lojas de departamento e lojas especializadas dos Estados Unidos criou também um Website para complementar suas lojas físicas tradicionais de rua ou de shoppings. Em 1996, a Macy's (http://www.macys.com) juntou-se aos demais varejistas e também lançou seu site na Web, assim como a Gap, a Limited, a Dillard's (http://www.dillards.com) e a JCPenney (Figura 6.1). Diversos varejistas possuem diferentes estratégias para a Web, que são apresentadas de forma proeminente em suas páginas. A Macy's, por exemplo, incentiva o comprador a clicar nas Informações ao Consumidor, nas Relações com a Comunidade e nos localizadores de lojas, mas oferece um serviço diferenciado, o MBA (*Macy's By Appointment*, ou Macy's com Hora Marcada), que são compras pessoais com hora marcada – http://www.macys.com/about/special/mba.jsp. A Macy's vangloria-se de poder atualizar seu guarda-roupa, ajudar com solicitações especiais e tomar conta dos detalhes. Essa grande conveniência está disponível com ligação gratuita para qualquer pessoa a leste ou oeste do rio Mississippi e também para consumidores em outros países. A Macy's proporciona conveniência a consumidores apressados por meio desse programa. Além do registro de lista de chá de cozinha e de presentes e dos links para presentes da Macy's, páginas separadas por categoria (Feminino, Masculino, Geração X, Bebê) apresentam de forma atraente seleções como itens básicos do guarda-roupa e necessidades para homens, itens essenciais para mulheres ou para o guarda-roupa das novas gerações. Além disso, o Website da Macy's oferece cartões-presente em mercadorias, que são apresentados na parte inferior dos links. Ainda que o design da página seja discutível, a home da Macy's e as páginas subseqüentes têm um bom equilíbrio entre os elementos de design e a quantidade de texto, que pode ser descrito como títulos coesos e uma explicação rápida.

Qual foi o principal fator para a entrada da Macy's na Internet? Foi meramente uma decisão de marketing e vendas? Foi por um motivo operacional? Foi uma decisão financeira? Parece que está um pouco relacionado a todos esses assuntos. Do ponto de vista de marketing, a decisão de abraçar uma presença na Web rendeu repentinamente à Macy's uma exposição global. Do ponto de vista operacional, a Web poderia ajudar na distribuição, bem como fazer melhor uso dos recursos da empresa com um serviço de compras 24 horas. Por uma perspectiva financeira, normalmente quando um desempenho excelente em marketing é unido a uma atividade profissional simplificada, os resultados financeiros geralmente cuidam de si próprios. Então, parece que, como essas três forças estão equilibradas, há equilíbrio à medida que a empresa progride; quando um está desalinhado, os outros dois sofrem, incapazes de recobrar a forma como os negócios eram conduzidos anteriormente. O profissional de marketing que for um excelente analista de problemas pode farejar a empresa que não está em boa situação e tomar as medidas corretivas necessárias. Observe também que os fatores dentro da Web podem ter um efeito positivo ou negativo, todos dentro de um meio-termo. Portanto, os esforços comerciais do profissional de marketing devem ser intercalados, não emaranhados dentro do foco estratégico e tático da empresa.

## O Website da Amazon

A Amazon.com (http://www.amazon.com) apresenta a mais ambiciosa home dirigida a compradores, à comunidade em geral e a acionistas e investidores. A começar pela página inicial, a Amazon.com promove seus produtos, serviços e ofertas especiais, aumentando a lembrança do consumidor para o que é novo, o que está por vir e o que é interessante. Como você aprenderá neste livro, a premissa mais básica do e-commerce é personalização e individualização. A página inicial da Amazon inclui recomendações com base nas buscas já feitas pelo consumidor e em seu comportamento de compra. O que a Amazon faz é coletar informações em tempo real, depois projetar páginas e conteúdos que são realmente personalizados de acordo com os gostos implícitos do consumidor (customer feedback). Porém, a Amazon foi muito além desse ponto. Criou um Website orientado para a comunidade. Todos os produtos contêm análises e recomendações coletadas de consumidores que usaram o produto. A Amazon também criou **parcerias** com outros varejistas ou comerciantes cibernéticos para servir melhor à necessidade global do consumidor. A Amazon.com é um excelente exemplo de integração de recursos de marketing, conceitos de e-commerce e tecnologia que une tudo isso. Com isso, ela passou de um Website comum de comércio na Web para um "Website-monstro", assim como o Super Wal-Mart da Web. Além disso, a Amazon incluiu seus consumidores em cada etapa do planejamento e da implementação. Ao coletar continuamente feedback e informações dos consumidores, ao projetar as ferramentas de marketing necessárias para manter os consumidores "presos", isto é, as **newsletters**, a Amazon criou um relacionamento verdadeiramente mútuo no qual ambas as entidades investem entre si.

No lado minimalista, em comparação com os boletins da Amazon, está o foco mais estreito da Barnes and Noble (http://www.bn.com). O Website abre com uma oferta de frete gratuito, no momento da redação deste livro, enquanto a página inicial abre com recomendações e novos lançamentos desmembrados em assuntos e mídia. Essa aplicação menos agressiva de um Website é típica de comerciantes on-line menos experientes, uma vez que o Website inteiro possui informações completas e capacidades de e-commerce, mas há menos interatividade para o prazer do comprador. O Website oferece busca por determinado item que pode estar em falta no estoque local e depois envia um e-mail se o produto ou item for disponibilizado. O Website também possui um endereço de e-mail/hiperlink e um número gratuito que permite que o consumidor entre em contato com a empresa. Esse Website não é uma má abordagem para integrar a capacidade da Web, pois muitos comerciantes mergulharam na Web, em vez de apenas testar esse conceito de distribuição, adicionando elementos lentamente à medida que o meio continuava a provar que valia a pena. Muitos profissionais de marketing esperam resultados instantâneos de um teste de veículo de nova mídia ou de uma nova oportunidade promocional. À medida que a Web prova seu valor para atrair consumidores, a Barnes and Noble espera aumentar o índice de adoção de tecnologia e seu perfil em presença na Web.

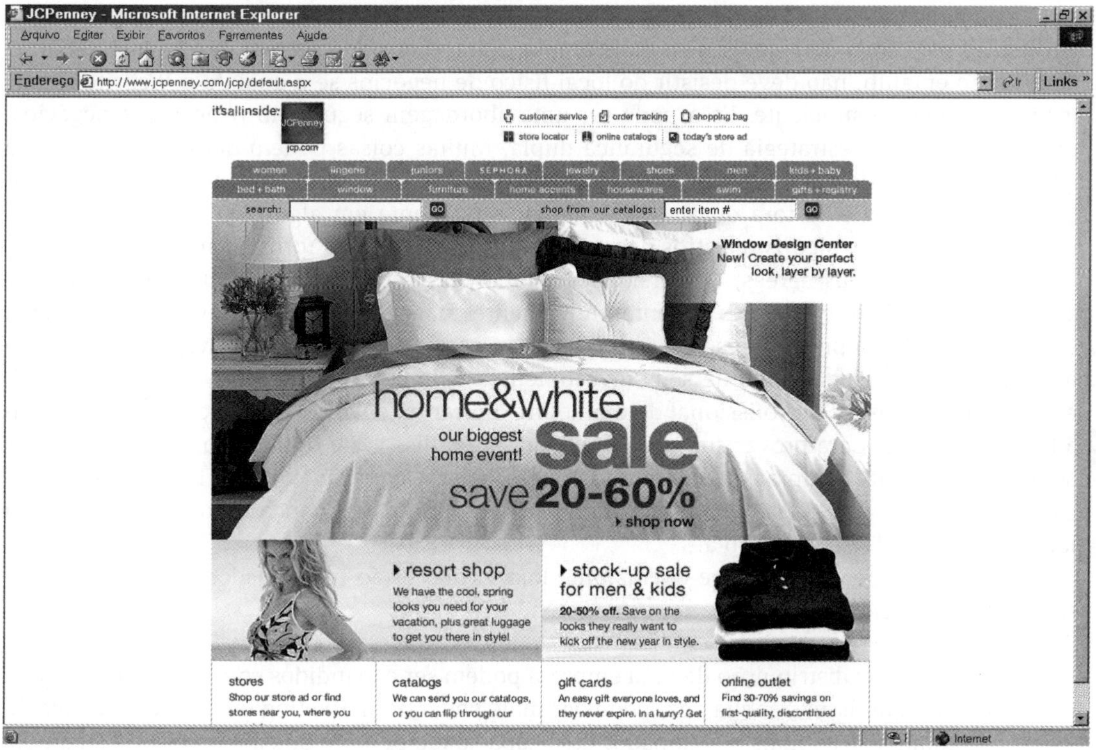


Figura 6.1 Este Website bem-desenhado fornece ao comprador uma infinidade de informações sobre os diversos produtos disponíveis na JCPenney. O Website da JCPenney é um exemplo de uma abordagem variando de média a alta agressividade.
*Fonte*: JCPenney (http://www.jcpenney.com).

A Tiffany & Co. (http://www.tiffany.com) optou pelo meio-termo, oferecendo informações sobre diamantes, cuidados com jóias, distribuição de catálogos e folhetos (pelo correio norte-americano) e local das lojas. Esse Website apresenta um bom conteúdo embalado pela famosa caixa azul da Tiffany, utilizada em todas as páginas da Web. Qual é a execução correta dos negócios de varejo? Depende dos objetivos corporativos, dos objetivos de marketing, das preferências da clientela, dos métodos atuais de vendas e distribuição, das sensibilidades promocionais e da geografia atual do comércio. Em outras palavras, o *quem*, *quando*, *onde* e *por quê* de uma transição para o e-commerce. É impossível dar uma resposta a essa pergunta sem conhecer as interações do consumidor e do varejista. Profissionais de marketing inteligentes provavelmente perguntarão *por quê* centenas de vezes, antes de se aventurar em quaisquer opiniões ou conclusões. Como muitos assuntos da indústria são circulares, a tomada de decisão adequada é uma mistura da arte do conceito e da ciência dos números. É preciso uma tendência especial para conseguir alternar entre dados no papel e fluxos práticos que o comércio na Web demanda. A flexibilidade é uma virtude.

## As vantagens de uma loja virtual

Assim como com quase todos os programas de marketing, há vantagens e desvantagens associadas a cada estratégia e decisão. Nenhuma estratégia de marketing está isenta de riscos, mas sempre há maneiras de minimizar a exposição financeira. Se a estratégia do varejista é expandir sua distribuição para uma área geográfica mais ampla, a Internet pode ser um movimento sábio. O varejista, no entanto, não deve desistir do local físico de negócios se e quando o Website suportar um e-commerce suficiente. Essa pode ser uma abordagem segura em relação aos negócios, pois trata-se de uma estratégia de segurança dupla. Muitas coisas podem dar errado quando a loja virtual está sendo desenvolvida. Você pode ter recebido mensagens de que o sistema bancário está temporariamente fora do ar e deve tentar novamente em alguns minutos e depois se preocupar se restaram alguns registros das suas finanças. Da mesma forma, para agências governamentais, companhias aéreas, universidades, bibliotecas e outros centros de alto volume de chamadas, incentivar quem liga a tentar novamente mais tarde é inaceitável. Se o sistema de informática da empresa apresentou problemas e o usuário quiser um serviço imediato, ele não conseguirá acessar o saldo de seus investimentos e do cartão de crédito, nem usar e-mail, nem acessar o Website. O profissional de marketing, portanto, deve dar ao novo sistema eletrônico tempo suficiente para provar sua confiabilidade. Além disso, até o universo de consumidores da Web em potencial comprar um computador e estabelecer conexão com um ISP, provavelmente não haverá transações na Web suficientes para equilibrar as finanças – outro motivo para manter uma base de vendas dupla.

Em geral, os benefícios de se operar uma loja virtual estão relacionados a várias áreas da estratégia de negócios:

- Os canais de distribuição de uma empresa podem ser expandidos com a presença de uma loja virtual. Isso, por sua vez, pode dar mais poder ao marketing direto, que é o veículo de comunicação mais direcionado. Essa capacidade permite que a empresa escolha qual deve ser o objetivo do Website: vendas on-line, propaganda on-line, serviço on-line ao consumidor ou, ainda, outras vendas ou atividades de comunicação. Usar a Web como um novo canal de distribuição exige uma revisão estratégica dos outros canais de distribuição da empresa para simplificar a função de marketing direto. Muitas vezes, o tipo de mercadoria, como roupas ou serviços, influencia a integração da Web na estratégia de promoção e distribuição.
- Com a presença virtual, o gasto de capital é muito menor ao iniciar programas de marketing dirigido para o consumidor ou para outros negócios. O gasto de capital para abrir uma loja eletrônica é muito menor do que para abrir uma loja física (imóvel e estruturas); esse fator deve reduzir a quantia a ser emprestada, que provavelmente é destinada para equipamentos eletrônicos, servidor ISP e os softwares necessários para sustentar a loja virtual.
- Há muito mais flexibilidade no fornecimento de uma base para operações para sustentar a loja virtual. A flexibilidade é tal que o empreendedor poderia manter as vendas e o serviço em qualquer local. O Website pode operar 24 horas por dia, todos os dias, e essa capacidade é valorizada pelas empresas que fazem comércio internacional. A barreira dos fusos horários é removida, apagada pela capacidade de enviar retornos de fax ou confirmações por e-mail. Seja a equipe composta por pessoas de carne e osso ou por um sistema automatizado, o consumidor fica aliviado ao ver que seu pedido foi feito.
- Para expandir as credenciais e qualificações da empresa, o Website de varejo pode distribuir automaticamente material de marketing ou vendas, mediante solicitação. Os folhetos de vendas podem ser obtidos por consumidores potenciais (e pela concorrência também) por meio de um Website e, com a proliferação das impressoras em cores, os folhetos de vendas retirados da Web são tão atraentes quanto uma peça de vendas impressa. Conforme definido antes, esse material de vendas está disponível para download e impressão 24 horas por dia.

- Em função da incerteza geral das empresas, seja no caótico Sudeste Asiático ou em países em crise do Leste Europeu ou Rússia, ambientes voláteis de negócios devem ser monitorados por meio de algumas medidas de controle de mercado. Quer a empresa opere em um negócio altamente competitivo ou se depare com uma inflação desenfreada, existem sistemas eletrônicos para atualizar preços, especificações ou outros dados de produtos ou serviços – hora a hora, se necessário. Esse controle dos preços dos produtos dá um alívio ao profissional de marketing e permite que o preço do produto se mantenha em linha com o mercado, subindo ou descendo. Em função do sistema de apreçamento automático, a concorrência pode não conseguir se equiparar aos ajustes de preços feitos por computador.
- Produzir um Website de primeira classe irá melhorar a presença virtual da empresa usando os elementos do mix promocional. Promoções patrocinadas pela empresa que são levadas para o Website (por exemplo, a Pizza Hut usa em seu Website um *hot button*, ou link, para se conectar à sua antiga campanha Book It, que incentiva o interesse infantil pela leitura) seguem o paradigma de comunicação integrada de marketing. Com o advento da cor, do som, do movimento e da seletividade da Web, podem ser incorporadas outras ferramentas promocionais ao design da página ou na forma de um banner em uma página de um mecanismo de busca. Isso será discutido mais amplamente no Capítulo 9.
- Em vez de fazer os consumidores esperarem uma resposta do departamento de rastreamento de pedidos, as dúvidas podem ser investigadas com mais rapidez no Website da empresa. Em muitos casos, a empresa dará ao consumidor um número de rastreamento, de modo que ele possa seguir a encomenda até sua entrega. A Web permite que a empresa ofereça serviços rápidos e responsivos ao consumidor. A loja virtual é adequada para realizar um serviço sério ao consumidor, pois diversas empresas virtuais nada mais são que funcionários ocupando um call center telefônico. Quando um consumidor faz uma ligação, os funcionários do call center simplesmente puxam o registro dele e o abordam cordialmente, confirmando seu nome e seus hábitos de compra anteriores. O *status* do pedido pode ser determinado imediatamente. A confirmação do pedido é seu registro, onde a Pizza Hut (http://www.pizzahut.com) ou a Domino's (http://www.dominos.com) mantêm e rastreiam sua clientela; a compilação em banco de dados será vista com detalhes no Capítulo 12.
- A oportunidade de testar novos produtos ou serviços pode ser uma das maiores vantagens da Web. Essa capacidade interativa também pode ser empregada na distribuição de amostras grátis de um novo produto ou serviço entre as bases de clientes já existentes. É uma ótima maneira de obter feedback das opiniões do consumidor para uso futuro. A empresa Mars criou um Website (http://www.mars.com) para permitir que consumidores do mundo inteiro tivessem a chance de votar em duas novas cores dos M&M's que seriam adicionadas à cartela de cores. Segundo o *Wall Street Journal*:

> Alguns publicitários estão silenciosamente experimentando o marketing direto com produtos direcionados para nichos de mercado em seus Websites. Em julho de 1998, a Nabisco Holdings, de Parsipanny, New Jersey, começou a vender Knox NutraJoint (http://www.knox.com), sua mistura para preparo de uma bebida à base de gelatina, diretamente para consumidores com 20% de desconto. O suplemento nutricional não é comercializado por muitos estabelecimentos comerciais. "Você pode continuar a aproveitar os benefícios de ter articulações flexíveis e ainda contar com a conveniência de receber o Knox NutraJoint diretamente na porta da sua casa" (O'Connell, 1998).

- Experimentar novas tecnologias também é possível usando testes em Websites. São disponibilizadas quase que diariamente novas ferramentas, que são integradas a Websites para avaliação e conveniência do consumidor. Outro relatório do *Wall Street Journal* observou:

> A Lands' End Inc. está adicionando um recurso em seu Website que permitirá aos usuários verem qual o caimento das roupas em seu corpo. Esse recurso, chamado de My Virtual Model (Meu Modelo Virtual), possibilita que o usuário selecione a cor do cabelo, o peso, a largura dos ombros, a cintura e o tamanho dos quadris, correspondendo a seu corpo. A tecnologia então combina esses recursos para formar um corpo virtual tridimensional. O Website (http://www.landsend.com) depois seleciona roupas que combinam com esse tipo físico, e o comprador pode clicar nos itens para ver o modelo. A tecnologia leva em conta 15 diferentes combinações de características (Cotlier, 2001).

- O varejista, que até então só vendia por catálogos, é a primeira empresa norte-americana a oferecer esse recurso on-line. A Public Technologies Multimedia Inc., Quebec, desenvolveu a tecnologia por trás do conceito. A varejista canadense Boutique San Francisco ofereceu o modelo virtual em seu Website durante um ano (Lands' End, 1998).
- Muitos profissionais de marketing estão ansiosos para vender internacionalmente com suporte eletrônico mínimo. Existem muitos problemas de marketing a serem considerados, além dos problemas operacionais e financeiros, para vender e entregar o produto ou serviço em outros países. Um bom lugar para fazer essas perguntas de negócios é um ambiente de listservs. Como os membros dos grupos de discussão estão em todo o mundo, de posse de um produto sem fronteiras, um programa de marketing eficaz pode atingir os mercados de teste selecionados. O alcance da Web é internacional – então com embalagens traduzidas para os idiomas e grande cuidado para acomodar as restrições legais dos países, bem como os padrões e os valores dos consumidores, o profissional de marketing pode vender para todo o mundo com um custo de comunicação impressionantemente baixo.
- As capacidades de monitoração incluem cookies, pesquisa, taxa de cliques (*clickthroughs*) e visualização de produtos.

## As desvantagens de uma loja virtual

A lista anterior de benefícios é difícil de ser negada, mas como participante objetivo, o profissional de marketing deverá investigar as desvantagens e as possíveis ciladas de abrir uma **loja virtual**. O potencial de uma loja virtual é ao mesmo tempo atraente e intimidador. Antes de se lançar no espaço virtual, o profissional de marketing deve avaliar as desvantagens de manter uma loja virtual.

- Nem todo produto ou serviço é adequado para exposição de vendas na Web. Muitos bens de consumo, como produtos perecíveis ou com data de validade, não estão sendo vendidos na Web. Entre os exemplos óbvios desses tipos de bens estão bebidas alcoólicas e material pornográfico. O menos óbvio pode incluir produtos de consumo de baixo valor nominal (por exemplo, raramente veremos pacotes de bolachas água e sal ou sabonetes serem vendidos pelo correio) ou itens do vestuário. Muitas empresas simplesmente não estão preparadas para a venda na Web. Os principais varejistas não vão abordar essa possibilidade sem um cuidadoso planejamento de acesso ao mercado, mix de mercadorias, preço, logística e atendimento ao consumidor de acordo com os padrões que atualmente posicionam a empresa. Todos concordam que anúncios oferecendo opções de compra on-line são os mais eficientes. Embora a Procter & Gamble (http://www.pg.com) e a Unilever (http://www.unilever.com) digam que estão acelerando para realizar vendas diretas pela Web, na verdade elas ainda não o fazem. A P&G começou a oferecer opções de "compra" e "amostras grátis" em seu Website, mas a Unilever ainda não está pronta para vendas diretas. Barreiras de distribuição ocultas até o momento limitaram o crescimento de estabelecimentos on-line, como a Peapod (http://www.peapod.com – Figura 6.2) e a NetGrocer (http://www.netgrocer.com). Ainda que varejistas tradicionais como o Wal-Mart tenham entrado na Web, o varejo tradicional ainda fica para trás. Softwares, livros e música tiveram a maior parte das vendas, de acordo com o Índice On-Line de Varejo da NRF/Forrester (CyberAtlas, 2002b).

- No entanto, mesmo quando estão envolvidos itens perecíveis, as transportadoras desses produtos marcam presença na Web. A Publix Corporation montou um Website chamado Publix Direct (http://www.publixdirect.com), no qual permite que os consumidores montem uma conta, criem uma lista de compras e tenham os itens enviados a eles.

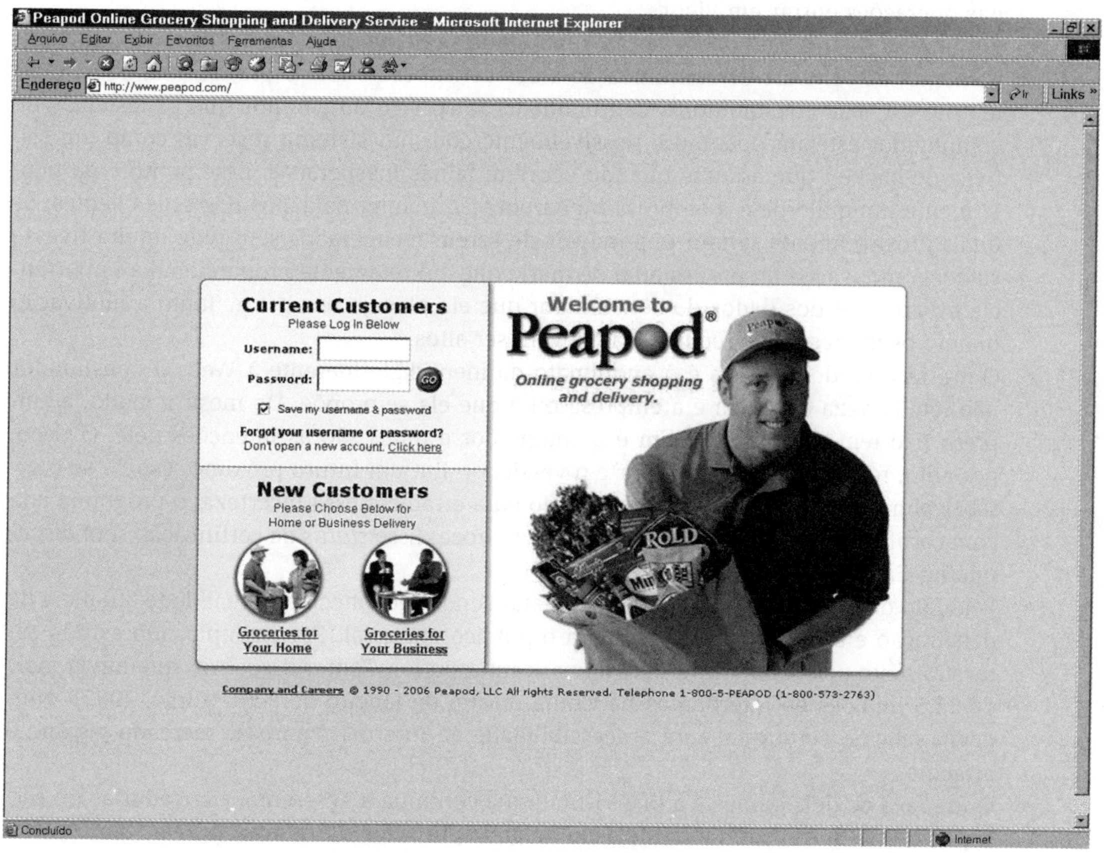


**Figura 6.2** Considerada a mercearia e drogaria nº 1 da Internet, a Peapod entrega diretamente na porta do usuário. A Peapod serve consumidores residenciais e comerciais.
*Fonte*: Peapod (http://www.peapod.com). Todos os direitos reservados. Utilizado com permissão.

- Ainda que as despesas de capital possam ser reduzidas, ofertas de Websites, comunicação e manutenção exigem muitas horas, dias ou semanas da atenção do Webmaster. Pode até ser necessário o trabalho de diversos Webmasters. O marketing da Web é uma atividade que toma tempo; o bom Webmaster deve passear pela concorrência pelo menos uma tarde por semana e verificar duas vezes a posição da página em todos os principais mecanismos de busca. Se o profissional de marketing tiver contratado um consultor da Web, ele deve verificar o trabalho da empresa e suas contribuições para a estratégia da Web.
- A promessa de serviço 24 horas por dia é uma faca de dois gumes; as falhas podem causar repercussões graves, caso as atividades de serviço dêem errado. Poucos profissionais de marketing se dão conta do quanto é necessário investir em tempo e dinheiro com atendimento ao consumidor, distribuição e comunicação associados com uma operação 24 horas por dia, sete dias por semana. O treinamento necessário é uma responsabilidade para garantir que o turno da noite forneça a mesma qualidade de informações que os turnos da manhã e da tarde. Talentos operacionais serão necessários para uma transação rápida em três turnos de oito horas ou dois turnos de 12 horas. É necessário determinar quais funcionários estão interessados em trabalhar no turno da noite e é preciso definir o pagamento de diferenciais de turno para incentivar os funcionários. Muitos problemas, pequenos e grandes, virão à tona quando essa alteração nas operações entrar em vigor.
- Em um dia de trabalho de 24 horas, uma empresa depende, além das pessoas, do equipamento, do software de comunicação e das conexões do ISP. O profissional de marketing deve a seus consumidores continuidade de serviço ao garantir que os sistemas de computador estejam operando, possivelmente com um **sistema reserva**, como um sistema de backup que assume quando ocorrem falhas inesperadas. Esse ponto é particularmente tranqüilo para a empresa ou corporação manter os dados dos seus clientes, os quais provavelmente seriam impossíveis de serem recuperados se a rede inteira tivesse caído. A motivação do profissional de marketing é diretamente proporcional à importância ou ao valor dos dados do consumidor que ele planeja recuperar. Tanto a motivação quanto os interesses de recuperação devem ser altos.
- Outra faca de dois gumes é o anonimato da identidade inerente à Web. O consumidor não tem certeza de quem é a empresa ou a que ela se propõe. Do mesmo modo, a empresa não tem certeza de quem é o comprador e quais são as intenções dele. O risco, portanto, recai sobre o comprador e o vendedor. Em um futuro próximo, espera-se o estabelecimento de um sistema de comércio para erradicar essa incerteza; o programa lida com certificação que introduz um terceiro na troca. Esse *status* de certificação será discutido no Capítulo 15.
- Pelo fato de o alcance mundial da Web estar sendo reconhecido, a realidade atual é a de penetração e exposição limitadas para o público em geral. Por exemplo, um estudo semestral feito pelo China Internet Network Information Center descobriu que havia mais de 22,5 milhões de internautas na China no fim de janeiro de 2001 (Cinic, 2002). Ninguém sabe ao certo qual será a acessibilidade da Internet para esse mercado gigante e atraente.
- Outra faca de dois gumes é a loja virtual, que continua a apresentar mercadorias ou serviços, desde que o servidor esteja no ar ou o provedor da Internet esteja sendo pago. Assim como as vacas da fazenda precisam ser ordenhadas diariamente para preservar a saúde, o comerciante da Web também pode se beneficiar muito se tiver a intenção de receber e enviar os pedidos ou comunicar-se diariamente com o consumidor. A boa notícia é que a loja está aberta, e a má notícia é que a loja está aberta. Para a continuidade

dos negócios, não é uma boa idéia tirar o Website do ar, pois se ele tiver sido colocado nos Favoritos pelos consumidores, eles esperam encontrá-lo novamente sem dificuldade. Se o Website estiver ausente, o consumidor irá descartar o endereço inteiramente, e será difícil, para não dizer impossível, atrair novamente o cliente. Se o empreendimento for pequeno, ele ainda assim irá precisar de atenção prática; devem ser feitos planos de previsão de férias, e até mesmo de doenças, para evitar a fuga do consumidor.

## O valor da loja virtual e do shopping virtual

Assim como no bridge, comece o plano estratégico apostando em seus pontos fortes. Quais são os atributos que a Web consegue oferecer quase impecavelmente? A resposta inclui confiabilidade, coerência, privacidade, acessibilidade, precisão e tempo de resposta. Esses são os pontos estratégicos para criar relacionamentos de longo prazo com consumidores, com energias táticas de seleção, oferta e satisfação dos segmentos do consumidor. O poder do varejo é construído sobre a natureza fundamental do uso da Internet: a demografia da conectividade, conteúdo e motivação do consumidor. A demografia da conectividade é simples. Qual a correspondência entre a demografia de um internauta em relação ao produto ou serviço que o profissional de marketing está oferecendo? A demanda por skates pode enfrentar dificuldades se as atividades de marketing forem dirigidas para os idosos. Um pouco de pesquisa diria ao profissional de marketing para não comercializar tacos de alumínio para jogadores profissionais de beisebol, pois a Liga de Beisebol baniu o uso desse tipo de equipamento. Novamente, algumas correspondências entre produtos e mercados são óbvias; outras precisam de mais pesquisa antes que surjam erros fatais. Palavras de cautela enquanto são desenvolvidas estratégias de marketing: profissionais e pesquisadores de marketing sensatos irão se lembrar de que uma grande parcela de usuários da Web tende a ser composta por 60% de homens, com idades entre 25 e 45 anos, com muitos anos de estudos e renda média de mais de $ 50.000. Esses consumidores potenciais estão dispersos geograficamente, ainda que possam estar agrupados em empregos que exigem maior nível de escolaridade. Esses consumidores, além disso, são elusivos, pois acessam a Internet do trabalho, das bibliotecas, dos centros comunitários, das escolas, das universidades ou até mesmo dos cybercafés, e no mundo atual por telefones celulares, PDAs e dispositivos sem fio. Pense nos outros usos da Web: localizar informações, relaxar nas salas de bate-papo ou participar de jogos ou outras diversões.

A loja virtual normalmente possui uma atração especial de interesse para o comprador tecnológico – normalmente produtos de uma limitada amplitude, mas considerável profundidade dentro da categoria do produto. Um bom exemplo pode ser uma loja virtual que mantém em estoque apenas pôsteres de filmes, dos antigos até os últimos lançamentos. Mecanismos de busca podem ajudar os consumidores potenciais a encontrar o endereço da loja virtual e, com visual atraente, grande estoque e manuseio e expedição cuidadosos, o consumidor potencial se torna um consumidor real. Indivíduos navegam e compram o dia inteiro e a noite inteira, e o profissional de marketing ou comerciante desenvolveram um sistema de pedidos para coletá-los e classificá-los pontualmente, em geral em 48 horas. O profissional de marketing reconhecerá que muitos internautas só estão fazendo pesquisa para coletar informações sobre alternativas antes de tomar a decisão de compra; muitos acabarão comprando fora da Internet, muitas vezes usando um número gratuito que serve às atividades de vendas da loja virtual. Mais uma vez: o hábito de vários compradores virtuais é pesquisar nos Websites fazendo uma seleção e depois comprar os itens usando uma linha telefônica, percebida como segura.

Quando diversas lojas virtuais se agrupam, dando ao consumidor uma maior seleção de mercadorias em um local ou endereço, esse agrupamento é chamado de **shopping virtual**. Assim como faz com os shoppings concretos, o profissional de marketing, com assistência de seus funcionários, investigará os shoppings virtuais – que geralmente contam com uma loja-âncora virtual com um grande tráfego e que, possivelmente, tem a capacidade de atrair um fluxo maior de pessoas para o shopping – para encontrar o shopping que melhor se adapta às mercadorias, informações ou ofertas que ele oferece. Os operadores dos shoppings virtuais cobram uma taxa do dono da loja virtual (que pode ser tanto um valor mensal fixo quanto um valor variável, dependendo do número de visitantes ou hits na loja) para a loja se associar. Uma alternativa à associação a um shopping virtual é a vitrine virtual, na qual o endereço da loja possui ligação com um Website popular de interesse geral. Esses Websites podem ser de propriedade da FoxWorld, por exemplo, como no caso do Website do *Arquivo X*, ou o banner de propaganda pode ser alugado do dono do Website. Qual é a melhor opção? Depende da correspondência do Website com os produtos ou serviços complementares que são vendidos. Quanto melhor a correspondência, melhor a oportunidade de vendas. É semelhante à indústria da mídia de propaganda: quanto maior a circulação ou o público, maior o custo do espaço ou do tempo.

Um estudo conduzido pelo professor de marketing Sunil Gupta, da Escola de Administração da University of Michigan e membro do Projeto Hermes (um sistema para integrar semanticamente sistemas de raciocínio e fontes de informação atuais e possivelmente heterogêneas (http://www.cs.umd.edu/projects/hermes/overview\html), em associação com Jim Pitkow, do Centro

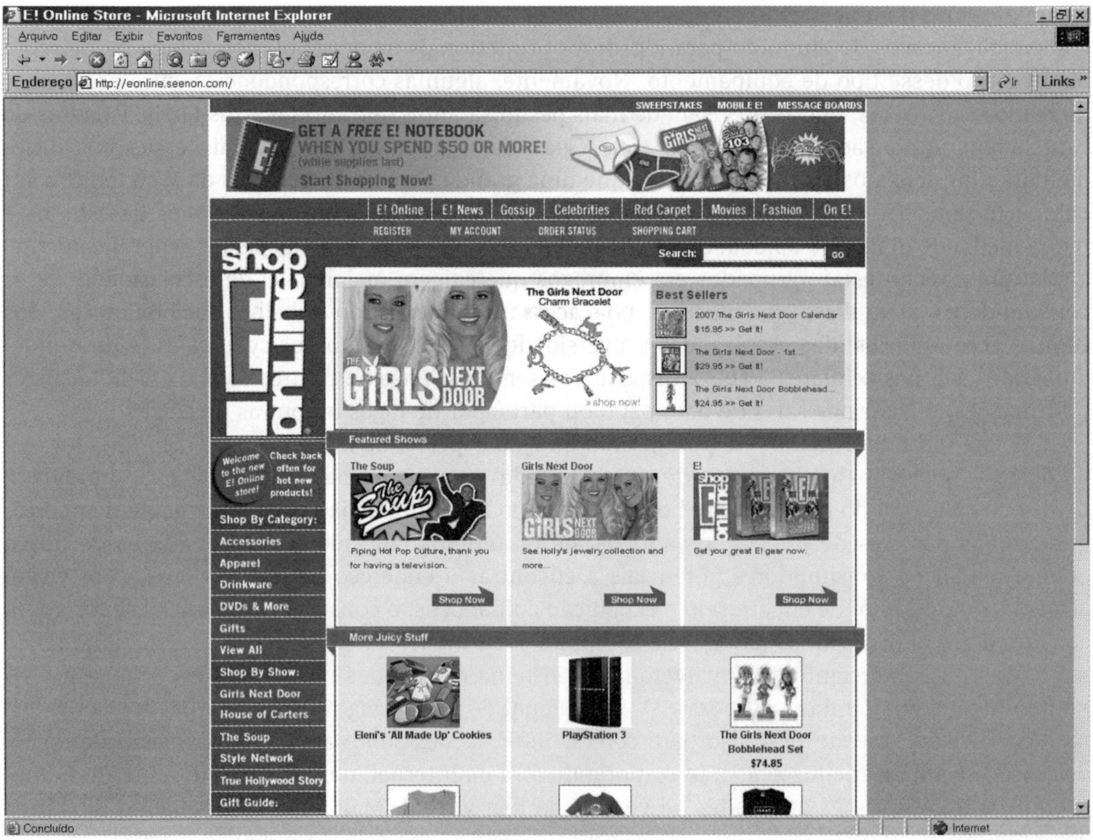


**Figura 6.3** Notícias e mercadorias do mundo do entretenimento formam este conhecido Website sobre Hollywood. Notícias de celebridades, loja on-line vendendo mercadorias e o "Tribunal da Celebridades".
*Fonte*: E! Online (http://www.eonline.com).

GVU da Georgia Tech, coletou informações sobre os padrões de compra de usuários da Web durante um período de seis meses, finalizado em 10 de maio de 1995. A pesquisa, publicada em 10 junho de 1995, foi formada por 13 mil entrevistas (10.482 pessoas dos Estados Unidos, 1.276 da Europa, 718 do Canadá e do México e 530 da Ásia, Austrália e Nova Zelândia) sobre os hábitos de compra on-line. "Em geral, as fontes de informações utilizadas para fazer compras foram declaradas como não-comerciais; fontes de informações baseadas na Internet, como grupos de notícias, Websites e outras fontes da Internet continuam a ser mais freqüentemente utilizadas que os catálogos enviados pelo correio tradicional. Há um claro atraso em comparação ao uso dos meios impressos. O que torna o cenário mais complexo é a popularidade de E-zines e jornais eletrônicos" (Kehoe e Pitkow, 1995). Essas observações serão mais detalhadas no Capítulo 9. O estudo observa que as atividades do consumidor incluíram busca de informações on-line e compras nos últimos seis meses; o uso principal da Web foi para obter informações e comprar. Essa observação ainda é verdadeira. Segundo a 10ª Pesquisa da WWW da GVU, 18,7% dos respondentes disseram que usam a Web principalmente como fonte de informações pessoais, enquanto 13,3% a utilizam para compras (GVU, 1999). Os pesquisadores atribuem a baixa penetração de compras pela Internet à deficiência em segurança e confiabilidade das compras on-line. Em relação às preocupações com segurança, as atitudes dos respondentes sobre informações on-line relacionadas à transação incluem as seguintes razões para não comprar on-line:

- Fornecer as informações do cartão de crédito on-line é uma grande bobagem, conforme 60% dos respondentes acreditam um pouco ou totalmente nessa afirmação.
- Preocupações de segurança são o principal motivo para não comprar [on-line], como 56% das pessoas crêem um pouco ou totalmente.
- Fornecer informações do cartão de crédito ou sobre uma compra a um comerciante distante ou a um comerciante desconhecido, longe de casa, é mais arriscado que fornecer informações pelo telefone ou por fax.
- Dadas as várias opções de pagamento, enviar informações do cartão de crédito por e-mail é a menos apreciada.
- Ligações gratuitas/fax estão associadas à segurança da transmissão. Parece haver um pouco de reserva com transações eletrônicas.
- Os respondentes expressaram uma clara preferência pelo envolvimento de um terceiro na transação. No cenário descrito pela pesquisa, o usuário criaria uma conta em um terceiro que, então, concluiria a transação com os distribuidores participantes. As remessas seriam feitas diretamente do fornecedor para o comprador. Há uma clara preferência pelo envolvimento de empresas de cartão de crédito ou bancos (Chatterjee e Gupta, 1995).

O que as pessoas que buscam informações on-line estão procurando? Segundo a Nielsen//NetRatings, os Websites de finanças foram os preferidos de todos; 44% dos pesquisados em 2002 haviam visitado um Website de finanças pelo menos uma vez (CyberAtlas, 2002a). Segundo a pesquisa do professor Gupta, os consumidores estão ativos na Web, e eles parecem navegar pelos Websites comerciais procurando informações. Além disso, o comerciante virtual deve reconhecer que a transação de pagamento é considerada arriscada, de maneira que a percepção e a realidade do pagamento seguro devem ser abordadas de um modo à prova de falhas.

Quais são as características de um comerciante virtual que dariam segurança aos compradores virtuais? O Website de e-commerce deve oferecer *informações de qualidade* em relação às opções de compra ou categorias para optar por um vendedor na Web. Os respondentes observaram que ter o menor preço é o menos importante. Os respondentes são avessos a riscos. Eles têm a *confiabilidade* do fornecedor e a segurança das informações financeiras em alta conta. E o mais importante, essas são duas características que os fornecedores da Web percebem como vantagem competitiva. Os fornecedores da Web se saem bem em características relacionadas à conveniência, como facilidade de contato com o fornecedor e realização de pedidos.

## Criando a lembrança da loja on-line

A empatia pelos desejos e necessidades dos consumidores é um dos principais ingredientes para o sucesso da loja virtual. Essa luta para satisfazer um segmento de consumidores não é diferente da atração de compradores para uma loja real, repleta de mercadorias desejáveis. O profissional de marketing desenvolve uma estratégia de marketing a partir das informações do consumidor potencial (ou reações do consumidor, se a loja virtual for uma extensão de uma empresa de vendas feita de tijolo e cimento). A partir da estratégia de merchandising (apresentação de mercadorias, sistemas de pedidos como on-line/cartão de crédito, telefone/cartão de crédito ou opções de correio e opções de entrega), o profissional de marketing começará a abordar a presença on-line. As principais preocupações com as quais o profissional de marketing deve lidar são a correspondência com a estratégia corporativa, o conteúdo do Website, a aparência dos gráficos e do texto e a segurança do Website para pedidos e privacidade do consumidor. Esses assuntos estratégicos e táticos devem ser constantes, independentemente de o Website ser um endereço único ou parte de um shopping virtual.

A consideração dos objetivos corporativos ou da divisão deve ser declarada no plano de marketing corporativo; esses objetivos podem ser estipulados para gerar 60% de vendas e lucros da divisão de romances para jovens adultos, desenvolver novos canais de distribuição para servir aos mercados europeus ou ampliar os interesses atuais do consumidor em vídeos sobre saúde e exercícios. Objetivos específicos, que normalmente são expressos numericamente como volume de vendas ou porcentagem do retorno sobre o investimento ou ativos, dependerão das forças ambientais ou competitivas que a empresa como um todo ou uma divisão em particular enfrentam. Com essas diretrizes corporativas, a verdadeira medida de um profissional de marketing habilidoso é decidida pela orquestração da arte e da ciência de atividades de marketing.

## Decidindo os objetivos de marketing on-line

Depois de definir a missão de marketing, o profissional de marketing decidirá quais objetivos serão adequados para as atividades de marketing na Web novas (ou existentes), e essas decisões de marketing exigem conhecimento completo do histórico do produto ou do serviço, relações com o varejista ou com o distribuidor e expectativas do consumidor – em outras palavras, familiaridade completa dos pontos fortes e fracos da oferta, bem como suas oportunidades e ameaças. As possibilidades de marketing podem ser variadas, mas um profissional de marketing experiente irá determinar, entre as muitas direções, duas ou três características que são atingíveis. Como elemento promocional, a presença na Web e seus mecanismos podem não vender tanto quanto esperam os clientes e funcionários corporativos. A presença na Web, assim como a propaganda impressa ou televisionada, só pode informar e criar interesse ou curiosidade. Com esse interesse estabelecido, o trabalho de venda é transferido para um vendedor real, para a equipe de um call center ou para o dispositivo de pedidos do Website. É uma boa idéia manter as habilidades dos diversos elementos promocionais em mente para ter expectativas realistas dos programas de marketing.

Quais são as metas adequadas para o marketing on-line? No marketing tradicional, novos produtos podem ser lançados a partir de um único Website ou de uma oferta da empresa. Talvez o objetivo seja ampliar a lembrança de uma marca de creme dental, escova de dentes e fio dental Colgate Total (http://www.colgate.com), com a bênção do confiável nome da Colgate. Como já discutimos, o objetivo on-line pode constituir um novo canal de distribuição para consumidores ou segmentos de negócios ou concentrar-se no uso de um elemento promocional, como uma atividade de publicidade. Outro possível objetivo é a melhora do atendimento ao consumidor entre os clientes atuais satisfeitos.

A diferença competitiva desse veículo on-line em comparação à mídia tradicional é a oportunidade para desenvolver a interatividade. O profissional de marketing pode não só produzir um comercial na Web, como também pode processar uma solicitação direta de um pedido do consumidor. O marketing direto obteve sucesso por mais de cem anos, mas ao se comprar diretamente do fabricante, fazia parte da experiência um atraso significativo, normalmente de quatro a seis semanas de entrega. O profissional de marketing on-line deve planejar o tempo de resposta, visto que o veículo da Web oferece pedidos interativos com pouco tempo de entrega. Por que os consumidores deveriam esperar?

Como o comércio on-line foi considerado uma extensão do marketing direto, o profissional de marketing pode aprender muito com o esquema do marketing de resposta direta. Ao estudar a eficácia do marketing direto, constata-se que o sucesso normalmente se baseia em algum tipo de oferta de amostra grátis ou utilização de cupons de desconto. A oferta de amostras grátis pode incluir algum chamariz adicional e gratuito, como, por exemplo, uma cotação on-line de um seguro de automóvel ou de vida, minutos gratuitos, como prometeu a PrimeCo (http://www.primeco.com) para serviços telefônicos digitais, ou ingressos de cinema gratuitos por fazer um test-drive em um Oldsmobile (http://www.oldsmobile.com). A amostra grátis pode incluir a criação de parcerias com um produto ou serviço complementar para atrair um público parecido, como o McDonald's promovendo o novo Disney World Animal Kingdom, ou a criação de parcerias com empresas diferentes, como o mecanismo de busca AltaVista (http://www.altavista.digital.com) publicando um Website de interesse geral da Johns Hopkins e Intelihealth Health Care (http://www.intelihealth.com) como informação de serviços públicos. O programa de amostras grátis também pode incluir uma promoção interna, como os serviços de longa distância da MCI (www.mci.com) oferecendo um desconto de $ 5 por mês para aqueles que também assinarem o serviço de Internet da MCI. O uso de cupons também pode tomar diversas formas, como descontos a partir de alguns centavos ao pagar, abatimentos após a compra, ofertas de "dois por um" ou cupons para serem trocados por um produto diferente da mesma empresa. O objetivo tanto do programa de amostras grátis quanto do uso de cupons é a expectativa de marketing de que, assim que o consumidor tiver experimentado o produto ou serviço, esses descontos sejam recebidos de volta com um relacionamento de longo prazo com o comprador. Com um produto bastante superior, essa estratégia de desconto não é tola; novos Websites podem ter de comprar seu caminho nas preferências dos consumidores.

## Imagem do e-commerce e desenvolvimento da identidade

Se você, profissional de marketing, pudesse criar uma presença virtual para um Website de e-commerce, como você o faria? Quais as qualidades que o seu público-alvo valoriza quando se trata de lembrança e entrega do produto ou serviço? Até o momento, foram abordados neste livro os elementos essenciais para a escolha de um determinado produto: conveniência na hora do pedido, na entrega e no atendimento ao consumidor, velocidade e acessibilidade do Website de comércio eletrônico, precisão na conclusão do pedido e segurança e privacidade da identidade do comprador. Ao criar uma receita do plano de marketing de diferentes medidas dessas qualidades que são apresentadas a um segmento de marketing, o profissional de marketing deve examinar a interação desses atributos para formular a imagem e a identidade de um produto ou serviço. Qual é a diferença? A imagem é o pacote que o profissional deseja que o mercado tenha em mente quando o consumidor pensar na categoria do produto. Espera-se que os Ps de marketing tenham elevado o produto ou serviço para o grupo de desejo dos compradores; em outras palavras, a lista de marcas cuja compra é levada em consideração. A imagem é o *qual*, qual a impressão do bem a ser consumido. Na categoria de relógios, o consumidor pode querer definir a imagem do Rolex como cara e prestigiosa, ou do Swatch como jovem e na moda, ou do Timex (http://www.timex.com) como útil e barato. Cada imagem foi cuidadosamente cultivada por meio de um marketing constante e concentrado da marca em relação à sua categoria de mercado. Pode levar anos de constância de marketing para criar uma imagem de marca entre consumidores. Associações de longa data que surgem à mente são as das marcas da Nabisco ou da Campbell (http://www.campbellsoup.com) ou da NBC e da CBS, com as quais gerações de norte-americanos foram criadas. As imagens da marca, as associações que se referem ao "*o quê*", às vezes podem ser desenvolvidas mais rapidamente, como os softwares da Microsoft, os produtos da Apple Macintosh (http://www.apple.com) ou o serviço da Southwest Airlines. Todas essas marcas têm menos de 25 anos de idade, mas são capazes de criar fortes impressões de marca imediatamente, tanto entre usuários quanto entre defensores da categoria.

A identidade pode ser descrita como o conjunto de elementos gráficos, musicais ou sonoros utilizados para transmitir a imagem. Em termos de e-commerce, a aparência e o desempenho dos Websites, a embalagem do produto, a propaganda tradicional ou a promoção de vendas, o design da sinalização, as faturas ou capas de videocassete ou a maneira como os telefones são atendidos são parte da execução da identidade. Profissionais de marketing meticulosos dão atenção a todos os elementos de identidade que entram em contato com o mercado-alvo. A imagem é o "*o quê*", e a identidade é o "*como*". Bernd Schmitt, professor de marketing da Escola de Administração de Columbia, e Alex Simonson, professor de marketing da Georgetown University, ambos especialistas no processo de *branding* de produto, resumem o processo de forma sucinta como "A identidade cria a imagem" (1997, p.36). Uma construção cuidadosa da imagem por meio do trabalho de identidade cria valor para a marca, o que no e-commerce é uma qualidade difícil de ser capturada e mantida. Caso contrário, o produto ou serviço se torna uma commodity normalmente deixada para a concorrência de preço ou a guerra declarada. Assim como o marketing tradicional, o segredo para o valor do produto ou serviço é uma diferenciação deliberada.

Entretanto, há uma tendência recente, particularmente nas indústrias de alta tecnologia, de relacionar a imagem da empresa à magia dos grandes nomes da Internet simplesmente adicionando o sufixo ".com" ao nome da empresa. Incitado pelo sucesso da Amazon.com, o mercado deu boas-vindas a novas empresas, algumas vezes simplesmente reembaladas, como Beyond.com, Tman Global.com (facilmente reconhecida como uma empresa de artes marciais), ImaginOn.com, Siti-Sites.com, FinancialWeb.com e Software.com, entre outras. Os consultores de *branding* não se renderam à prática de adicionar um ".com" como tática de glamour.

> Nem todos consideram uma boa idéia essa corrida desenfreada das empresas para colocarem um ".com" no final de seus nomes e assim tirar vantagem da atual mania de todas as coisas estarem relacionadas à estética de marketing pela Internet. "Uma grande parte do nome da marca é um elemento diferenciador, e você não pode ser diferente se todos têm seu nome, uma vez que o '.com' está se tornando cada vez mais comum", disse Allen Adamson, da Landor Associates, uma empresa de identidade corporativa. "O *branding* baseado na forma de distribuição dos produtos de uma empresa nunca será uma jogada de longo prazo." Em vez disso, ele incita os negócios a pensarem à frente. "Como o nome da empresa é algo com que o negócio precisa conviver durante 15 anos ou mais, pergunto aos clientes em que negócio eles vão querer estar nessa época", diz Allen, que observa diversas maneiras táticas de indicar que seus negócios estão relacionados à Internet, como marketing direto e relações públicas (Swisher, 1998).

## Buscando por diferenciação de produtos ou serviços

Como parte do plano de marketing inicial, o profissional de marketing deve considerar o traço ou os traços, reais ou percebidos, que suportam a diferenciação de tal forma que nenhum outro produto ou serviço poderia igualar facilmente. Afinal de contas, por que um cartão da American Express é melhor que um cartão da Visa? Ou por que o jeans da Levi's é melhor que o jeans da Lee? Ou por que escolher entre um automóvel sueco da Volvo (http://www.volvo.com) e um da Saab (http://www.saab.com)? Do ponto de vista da utilidade, cada produto ou serviço parece igualmente funcional. Da estratégia de posicionamento, no entanto, diferentes recursos ou benefícios são enfatizados nos objetivos de comunicação. Por exemplo, no caso dos produtos automobilísticos suecos, a Volvo destaca seu compromisso com a segurança, com a proteção de passageiros. A propaganda da Saab anuncia suas habilidades em desempenho e engenharia adquiridas com a tecnologia de jatos da Saab. Em termos de segmentação, essa estratégia de selecionar diferentes recursos valorizados por diferentes pessoas é chamada de estratégia de marketing de nicho, que molda um grupo específico de consumidores, com o produto ou serviço cuidadosamente talhado para as expectativas ou necessidades do grupo. A meta é ganhar esse segmento ao criar um ponto de diferenciação real ou percebida, construída pela imagem da marca, de outros produtos dentro dessa categoria. Pesquisas por levantamento, observação, hábitos de uso, grupos focais ou por outros métodos podem ser úteis para definir a exclusividade e transmitir essa imagem por materiais de identidade. O jornal britânico *Director* fez a seguinte observação sobre a diferenciação on-line:

> A customização e, mais particularmente, a personalização são fatores essenciais para criar e sustentar a vantagem competitiva na Internet. As empresas que podem conseguir isso com seus Websites criarão "alternativas de custo" para consumidores e obterão as informações de que precisam para diferenciar ainda mais suas ofertas. Sem isso, muitas inovações na Internet são fáceis de serem copiadas. Uma marca estabelecida pode ajudar, assim como um vasto arquivo de informações difíceis de serem replicadas. Caso contrário, a concorrência pode imitar rapidamente o que você está fazendo (Pearson, 1998).
>
> Assuntos importantes para empresas que pensam em marcar presença na Web são como fazer para mudar de serviços existentes simplesmente copiados em forma eletrônica para a personalização e desenvolvimento de novos serviços, como facilidade de ajuda on-line nas experiências de múltiplos usuários. As empresas também precisam decidir se desejam capturar uma parte maior da "cadeia de valor" para o produto – por exemplo, ao eliminar distribuidores ou fornecedores – e como isso pode ser conseguido. Esse é um problema clássico de gerenciamento do uso de canais. O problema principal é se alguma outra pessoa vai ou não fazer o movimento de qualquer forma e, assim, minar a posição competitiva (Pearson, 1998).

Algumas estratégias de diferenciação foram desenvolvidas com base nos países de origem (queijo holandês, vinhos franceses, cerveja alemã), grupos étnicos (sanduíches gigantes italianos, churrasquinho grego, pão cubano), locais geográficos (pão fermentado de San Francisco, *Buffalo wings*, feijões cozidos de Boston, laranjas da Flórida), padrões de uso (beber cerveja Corona [http://www.corona.com] com uma fatia de limão, presentear com chocolates Godiva [http://www.godiva.com] em ocasiões especiais ou virar o cartão da Hallmark [http://www.hallmark.com] para conferir o logotipo) e outros exemplos de datas comemorativas ou momento: estação, dia ou mesmo hora (virada do Ano-Novo e champanhe Korbel [http://www.korbel.com]). Qual pode ser o ponto de diferenciação? Preferivelmente, qualquer aspecto que nenhum outro produto

**Figura 6.4** Informações sobre sucos, alimentação saudável com grapefruit e cítricos frescos podem ampliar os hábitos de comportamento para aumento do consumo e fortalecimento da lealdade do produto.
*Fonte*: Florida Citrus (http://www.floridajuice.com). Cortesia de Florida Department of Citrus. Utilizado com permissão.

da sua categoria compartilhe pode ser seu ponto de diferenciação; o profissional de marketing é inteligente para evitar a concorrência de preço, pois ele não é uma vantagem sustentável a longo prazo. A loja virtual deve ser atraente ou intrigante à primeira vista, com algum benefício de produto ou serviço para manter o comprador clicando até a seleção do produto. Possíveis idéias para utilizar essa loja virtual podem precisar incluir itens colecionáveis de vários tipos, informações ou sociedades de clube, presentes corporativos, pôsteres coloridos ou informações de troca ou garantia. Uma diferenciação apoiada pela experiência e pelos benefícios do Website pode levar à lealdade do consumidor.

> Se os vários comerciantes não conseguirem se destacar entre a "turma", é provável que eles transformem a maioria dos mercados on-line em negócios de commodities com baixas margens de lucro. Cortes de preço são a principal arma na batalha caótica pela participação de mercado. Esperando evitar essa redução de lucros, as empresas on-line estão gastando muito para tentar criar marcas no espaço virtual. Elas estão inflando os orçamentos de publicidade, desenvolvendo comunidades on-line do que esperam que

sejam consumidores leais e tentando dificultar a ida dos consumidores a qualquer outro lugar que não seja o Website delas (Anders, 1998).

O e-commerce pode recompensar uma visão de mundo criativa ou uma nova interpretação dos interesses do segmento, o estabelecimento de um nicho de produto ou serviço e uma estratégia de diferenciação sólida e sustentável. Uma imaginação ativa suplementada com muita navegação na Internet pode produzir ótimas idéias de comunicação, apresentação do Website, propaganda, promoção de vendas e estratégias de logística.

Além da diferenciação de marketing, a empresa que oferece produtos e serviços pela Web pode usar aspectos técnicos para promover seu produto. Alguns desses aspectos podem ser os recursos de segurança do Website. Em um estudo feito pela Jupiter Research, 38% dos consumidores pesquisados responderam que consideram a segurança uma prioridade ao fazerem compras on-line.

# Resumo

Dado o interesse de explorar o e-commerce, o profissional de marketing descobrirá que há diversos métodos para concluir essa missão. Os consumidores podem ser servidos por um hiperlink de uma página da Web visitada freqüentemente que venda espaço em propaganda, em uma loja virtual ou em uma loja virtual em um shopping virtual. O profissional de marketing deve ponderar as vantagens e desvantagens dos vários métodos de vendas virtuais antes de entrar em programas de marketing on-line. Foram discutidos os Websites de diversos varejistas para destacar maneiras e comprometimentos diferentes com a venda ou fornecimento de informações on-line.

Assim como em qualquer empreendimento de varejo, a lembrança do consumidor da imagem e identidade dos produtos ou serviços do varejista é essencial para o sucesso. A lembrança é conseguida com diversas estratégias de marketing, e o profissional de marketing precisa equilibrar objetivos realistas de marketing on-line, estratégias de segmentação e diferenciação, além de desenvolvimento da imagem da marca. Esses processos podem levar muitos anos para tornar uma marca bem reconhecida, e esse privilégio pode gerar sucesso de marketing e resultar em lucros por diversas décadas, se bem gerenciado.

## Perguntas e exercícios

1. Quais são os fatores que podem incentivar o varejista tradicional a investir tempo e dinheiro no desenvolvimento de um Website? Redija sua resposta como um memorando ao executivo de merchandising da sua empresa, apoiando ou rejeitando uma ferramenta de vendas on-line para sua companhia.
2. Crie um esboço das etapas necessárias para adotar uma estratégia de loja virtual e prepare uma proposta para apresentar à sua gerência sobre os benefícios às atividades operacionais, de finanças e de marketing. Redija a proposta com uma visão dos prós e contras da atividade, contando à gerência sobre os resultados esperados depois que a loja virtual estiver on-line.
3. Se você ficou encarregado da construção de um Website dirigido aos consumidores da China Continental, o qual oferece vídeos de música com opção de legendas nos dialetos cantonês e sichuan, crie uma lista de etapas que realizaria para montar um Website no

idioma chinês. Redija um memorando ao diretor de operações asiáticas de sua cadeia de revenda de música. Pense no pagamento, na expedição e nos sistemas de distribuição e incorpore essas funções ao seu plano.

4. A partir da discussão do texto, pesquise uma história de sucesso de um varejista tradicional que se muda para a Web como um canal de vendas alternativo. Aponte quatro razões pelas quais abrir essa função de vendas e comunicação foi um sucesso e apresente suas visões para substanciá-las. Escolha uma indústria com a qual você esteja familiarizado e trate este exercício como um relatório de inteligência competitiva preparado para o presidente de sua empresa.
5. Como no exercício anterior, faça um relatório sobre uma experiência ruim na Web de um tradicional varejista que fechou suas operações de vendas on-line ou as converteu em outro propósito, como suporte técnico ou atendimento ao consumidor. Aponte quatro razões pelas quais abrir a função da Web não deu certo e apresente suas visões para substanciá-las. Você pode ter dificuldade em localizar uma atividade encerrada na Web, então peça exemplos a seus amigos ou confira uma lista local de endereços da Web para varejistas. Digite os endereços e veja se eles ainda estão em operação. Trate este exercício como um relatório de inteligência competitiva preparado para abrir sua própria empresa.
6. Prepare um seminário de três minutos sobre como uma desvantagem de usar a Web para comércio também pode ser uma vantagem. É possível que rigorosos protocolos de segurança retardem o processamento de cada pedido; a vantagem pode ser uma maior probabilidade de o comerciante ser pago por transação. Selecione seu tópico, discuta-o com o professor e sustente-o com dois ou três exemplos da proposta de vantagem/desvantagem.
7. Na sua opinião, quais seriam os dois maiores atributos da vantagem competitiva para os seguintes negócios que estão tentando criar uma lembrança na Web?
   a. uma rede de floriculturas
   b. um fabricante de adesivos
   c. um serviço de consultoria de análise de contas de hospital
   d. uma cadeia nacional de calçados infantis
   e. um grupo regional de agências de seguros

   Redija um parágrafo sobre cada atributo, dois para cada cenário, e entregue na aula seguinte.
8. Como uma empresa decide sobre a estratégia de diferenciação para execução na Web? Quais etapas devem ser consideradas para estabelecer uma diferenciação exclusiva dos outros na mesma categoria? Suponha que a empresa esteja no setor educacional técnico/administrativo. Redija uma estratégia selecionando pontos de diferenciação para apresentar em seu Website. Suponha também que a empresa possua um histórico de 25 anos na formação de alunos técnicos bem-sucedidos em seus programas de 18 meses.
9. Sua empresa é uma fabricante de telhas asfálticas e há tempos conta com a posição principal no setor de construção civil em função da excepcionalmente longa garantia de 25 anos para as telhas. Nos últimos dois anos, um *boom* da nova construção civil trouxe novos concorrentes ao mercado e você ficou sabendo que um recém-chegado no ramo de telhas agora oferece garantia de 30 anos. A diferenciação das telhas, conhecidas como "Telhas Two-Score, a maior garantia do país", já não é mais verdadeira. Qual estratégia de mensagem na Web você deve adotar? Você muda sua estratégia de diferenciação/mensagem, ignora a concorrência, espera para ver como isso evolui, aumenta sua garantia para se igualar ou exceder à do concorrente ou executa outras ações? Esta mensagem será utilizada, além das mensagens da Web, para ser incorporada em um programa inte-

grado de comunicação de marketing. Prepare-se para formar um comitê de marketing com três ou quatro pessoas e apresentar sua estratégia à classe.

10. Dos possíveis atributos on-line da vantagem competitiva em relação à velocidade, precisão, acessibilidade ou conveniência, qual você, como comerciante on-line, considera mais importante? Redija um e-mail justificando sua seleção ao professor de marketing, quando ele lhe perguntar sobre a direção de marketing que você definiu para sua empresa de tratamento de fotos.

## *Bibliografia*


ANDERS, George. Comparison shopping is the Web's virtue — unless you're a seller. *The Wall Street Journal*, 23 jul. 1998, p. A1.

BECKETT, Paul. Visa touts ease of shopping on Internet. *The Wall Street Journal*, 30 Out. 1998. p. B12. Copyright 1998 Dow Jones & Co. Inc. Reproduzido com permissão de Dow Jones & Co. Inc. no formato Textbook via Copyright Clearance Center.

CHATTERJEE, Rabikar; Gupta, Sunil. HERMES project. 1995. Disponível em: < http://www-personal.umich.edu/ ~sgupta/hermes/survey3/summary.html >.

CINIC (China Internet Network Information Center). Semiannual survey report on the development of China's Internet. 2002. Disponível em: < http://www.chineselocal.com/cnnic.htm >.

COTLIER, Moira. Case study: Lands'end. *Catalog Age*, fev. 2001.

COX, Beth. Amazon sales jump 21%. Jupitermedia Corp. Copyright 2004 Jupitermedia Corporation. Todos os direitos reservados. Utilizado com permissão. Disponível em: < http://ecommerce. internet.com/news/news/article/0%2C%2C10375 1431621%2C00.html >. Acesso em 23 jul. 2002.

CYBERATLAS. Finance sites the stickiest online. Jupitermedia Corp. Copyright 2004 Jupitermedia Corporation. Todos os direitos reservados. Utilizado com permissão. Disponível em: < http://cyberatlas.internet.com/markets/finance/article/0,,5961 983221,00.html >. Acesso em 28 fev. 2002a.

______.December rakes in the e-commerce dough. Jupitermedia Corp. Copyright 2004 Jupitermedia Corporation. Todos os direitos reservados. Utilizado com permissão. Disponível em: < http://cyberatlas.internet.com/markets/retailing/article/0,,6061 961291,00.html >. Acesso em 24 jan. 2002b.

ENOS, Lori. Report: 77 percent of Net users will shop by 2003. Triad Commerce Group, LLC, 12. Disponível em: < http://www.ecommercetimes.com/perl/story/3752.html >. Acesso em 12 jul. 2000.

GUPTA, Sunil; Pitkow Jim. *The Third WWW Consumer Survey.* 1995. Disponível em: < http://www-personal.umich.edu/ ~sgupta/hermes/survey3/ >.

GVU TENTH WWW USER SURVEY. Georgia Tech Research Corporation. 1999. Disponível em: < http://www.gvu.gatech.edu/user surveys/survey-1998-10/ >.

HYMAN, Gretchen. A rosy outlook for holiday e-commerce. Jupitermedia Corp. Copyright 2004 Jupitermedia Corporation. Todos os direitos reservados. Utilizado com permissão. Disponível em: < http://cyberatlas.internet.com/markets/retailing/article/0,,6061 1476761,00.html >. Acesso em 4 out. 2002.

JUPITER MEDIA METRIX. U.S. online retail sales to reach $130 billion by 2006. Jupitermedia Corp. Copyright 2004 Jupitermedia Corporation. Todos os direitos reservados. Utilizado com permissão. Disponível em: http://www.about.com/industry/retailindustry/librarv/bl/T2/bl jup052201.htm. Acesso em 22 maio 2001.

KEHOE, Colleen; Pitkon James. Results from the *Third WWW User Survey*. *The World Wide Web Journa*, 1995, n. 1, p. 1. Disponível em: <http://www.cc.gatech.edu/gvu/user surveys/papers/survey 3 paper.html>.

LANDS' END site will let users "model" clothes on body type. *The Wall Street Journal*, 16 nov. 1998, p. A12. Copyright 1998 Dow Jones & Co. Inc. Reproduzido com permissão de Dow Jones & Co. Inc. no formato Textbook via Copyright Clearance Center.

O'CONNELL, Vanessa. Soap and diaper makers pitch to masses of Web women. *The Wall Street Journal*, 20 Jul. 1998, p. B1, B4. Copyright 1998 Dow Jones & Co. Inc. Reproduzido com permissão de Dow Jones & Co. Inc. no formato Textbook via Copyright Clearance Center.

PEARSON, Michael. Attractors: Building mountains in the flat landscape of the World Wide Web. Director, Jun. 1998, p. 81.

SCHMITT, Bernd; Simonson Alex. *Marketing aesthetics*. Nova York: The Free Press, 1997.

SHARRARD, Jeremy. Expand globally, comply locally. Disponível em: <http://www.forrester.com/ER/Research/Report/Summary/0,,1338,11947,00.html>. Acesso em dez. 2001.

SWISHER, Kara. Companies rush to add ".com" to names. *The Wall Street Journal*, 31 dez. 1998, p. B5. Copyright 1998 Dow Jones & Co. Inc. Reproduzido com permissão de Dow Jones & Co. Inc. no formato Textbook via Copyright Clearance Center.

TCHONG, Michael. The Internet is under-hyped. *Iconocast Newsletter*, 27 fev. 1999, p. 2, 3.

VISA. One-stop-shop to provide Web solutions in 14 days. Visa International Service Association. Disponível em: <http://www.e-visa.com/news/2000/0720.asp>. Acesso em 20 jul. 2000.

# CAPÍTULO 7

# As Ferramentas dos Recursos de Marketing Eletrônico

"Além da convergência das mídias, da mudança do consumidor e do nível de distribuição das informações, estamos passando por uma mudança fundamental no estilo de vida do consumidor médio, ocasionada pela aceitação da tecnologia. Essa mudança tem sido liderada pelas pessoas que têm acesso à tecnologia, seguidas pelos adotantes pioneiros e, gradualmente, pelo público consumidor. Os telefones celulares são um ótimo exemplo. Há dez anos, a maioria dos celulares era limitada a CEOs ou aos supervendedores. Hoje, a maioria sequer é vendida aos homens de negócios e sim para pessoas em geral. A proliferação de celulares é tão grande que muitas áreas estão sendo forçadas a adicionar códigos internacionais de área para lidar com o volume de números e atividades. Os aparelhos de fax são outro exemplo. Há somente cinco anos, os aparelhos de fax eram encontrados principalmente em escritórios. Agora o segmento que mais cresce é o de uso doméstico. As vendas de computadores agora superaram as de televisores em valor vendido por ano. Nós, como sociedade, estamos ficando cada vez mais tecnicamente capacitados e com menos medo de novas tecnologias."

*(Brady, Forrest e Mizerski, 1997, p. 304-305)*

## Objetivos de Aprendizado

- Apresentar e explicar as ferramentas e os softwares do marketing eletrônico.
- Apresentar as vantagens e desvantagens das ferramentas de marketing eletrônico na implementação de um programa de marketing on-line.
- Prever os problemas associados à manutenção de um Website de marketing.

# Introdução

O comércio eletrônico não pode funcionar sem equipamentos eletrônicos, redes ou sistemas de transação. Os consumidores e os executivos não compram ferramentas nem sistemas de comércio. Tanto os consumidores quanto as empresas desejam mesmo é comprar tecnologia que melhorará a eficiência e a eficácia de uma determinada atividade. Na maioria dos casos, a interatividade da informação proporciona uma sensação completa de gratificação para o consumidor. O que define essa gratificação? O consumidor define a gratificação, talvez em termos de mais velocidade, conveniência, precisão ou até mesmo capacidade de acesso, como, por exemplo, a possibilidade de entrar em contato sem receber sinal de ocupado ou uma mensagem de erro do servidor. Em diversas situações comerciais ao longo dos últimos 20 anos, foram dados grandes passos nas capacidades de comunicação e de bancos de dados, a fim de disponibilizar a tecnologia para mais pessoas e empresas. Para conseguir uma base em comunicações eletrônicas pessoais e comerciais, discutiremos as funções e operações de recursos de marketing eletrônico populares.

Com qualquer avanço da tecnologia, existem vantagens e desvantagens com a sua difusão no mercado. Com as ferramentas de marketing eletrônico não é diferente; os elementos que justificam a maior desvantagem – o custo dos dispositivos e sistemas – também serão analisados. Em geral, gastar dinheiro e tempo em recursos eletrônicos é justificado pelo aumento da eficiência e da eficácia; no entanto, as análises de custo-benefício são boas práticas para confirmar as premissas do profissional de marketing. Quanto mais tempo passar no amadurecimento da tecnologia, o melhor estará por vir no desenvolvimento de ferramentas de marketing mais precisas e mais convenientes.

# A parte eletrônica do e-commerce

Os recursos de marketing eletrônico proliferaram nos últimos dez anos. Os profissionais de marketing estão concentrando seus esforços de comunicação especialmente no mercado individual, não no de massa. Se este livro tivesse sido escrito nos anos 1950, 1960, 1970, 1980 ou até mesmo no início dos anos 1990, os recursos de marketing eletrônico teriam sido definidos e utilizados em mensagens de mídia, usando veiculação por televisão, rádio, telefone e **fac-símile**. Para esta discussão, no entanto, o foco nos recursos de marketing eletrônico será ampliado (ou talvez limitado para mercados individuais) a fim de incluir outras ferramentas eletrônicas essenciais que os profissionais de marketing podem usar para melhorar a comunicação e a segmentação de mercado ou para guardar as preferências do consumidor. Além das ferramentas mencionadas anteriormente, os recursos de e-commerce agora incluem videografia, CD-ROM, **quiosques interativos**, pagers, scanners ópticos nos caixas, transmissores de modulação de baixa freqüência (FM) para transmissões dentro da loja e **smart cards** para gravar transações. No entanto, facilitando as atividades de e-commerce, esta análise irá se limitar ao computador e às tecnologias da informática. O poder do espectro das comunicações atinge todas as ferramentas de marketing eletrônico. A interatividade é a capacidade que oferece a ligação mais forte entre o fornecedor e seu consumidor, em função do fator da gratificação proporcionada pela velocidade, precisão ou conveniência. Muitas das ferramentas eletrônicas combinam habilidades de computação com o alcance das telecomunicações. Mais do que uma mera transmissão da mensagem para um determinado público, esses recursos permitem comunicações diretas e interativas de uma forma cada vez mais confortável e conveniente para o consumidor. A marca das atuais ferramentas interativas de marketing eletrônico é a combinação de comunicações diretas e direcionadas com uma resposta instantânea. Se você quiser ir mais fundo nas ferramentas de marketing eletrônico, talvez queira ler o abrangente livro de William Martin, *Interactive marketing* (1994). Quando falamos das ferramentas de marketing eletrônico de hoje em dia, exatamente quais recursos se tornaram tão valiosos para o profissional de marketing?

## O armazenamento de dados

Ao analisar a Web, a maioria de vocês provavelmente vê um meio de comunicação transitório, no qual a utilidade do Website parece estar embutida na interface gráfica. Isso, durante os primeiros anos, foi a força motriz do desenvolvimento de bons Websites. Como um Website pode envolver o visitante de forma mais eficaz? A Web foi vista como o próximo paradigma para distribuição da comunicação de marketing, da mesma forma que a televisão, o rádio e outros métodos de distribuição eletrônica. O profissional de marketing perspicaz passou a ver a Web de uma forma totalmente diferente. Mais especificamente, a mídia tradicional começou a ser vista como um mecanismo apenas-para-leitura (*read-only*) no qual as informações são "empurradas" somente em uma direção – a do usuário. A Web é uma maneira realmente interativa de cativar a audiência. O telespectador ou ouvinte agora faz parte de um diálogo entre ambas as partes. Como o diálogo se intensificou, você, profissional de marketing, ficou incumbido de encontrar novas maneiras de controlar consumidores e compradores potenciais em tempo real. Entre em um banco de dados corporativo. Esse é o meio realmente tradicional dos departamentos dos Sistemas de Informação (IS) de empresas médias a grandes. No entanto, os métodos para capturar e transmitir informações mudaram drasticamente. A Web apresentou um novo componente para o então quadro familiar do processamento de dados: volumes instantâneos e maciços de dados que entram e saem. Em vez de fazer o Website conter informações de marketing estagnadas, os brilhantes e bem-sucedidos Websites de propósitos múltiplos de hoje em dia combinam mensagens de marketing efetivas com sistemas de coleta de dados realmente impressionantes. Em muitos casos, os participantes não têm ciência de que fazem parte de uma acirrada luta por informações úteis. Quantos de vocês visitaram Websites como o da Pepsi (http://www.pepsi.com), que conta com uma interface gráfica impressionante, e não ficaram impressionados? Sendo um pouco mais sutil: quantos de vocês visitaram esse Website e sabiam que, enquanto navegavam, estavam sendo coletadas informações para serem adicionadas ao banco de dados eletrônico de informações do consumidor? O navegador transmite informações únicas sobre o indivíduo, incluindo endereços de e-mail, da sua máquina ou do computador, a quantidade de tempo gasta no Website ou número de cliques do mouse, e sua sessão mais recente na Web é comparada a outras informações já conhecidas de outras visitas na Web. Muitas das tradicionais atividades de marketing sofrem com a falta de capacidade de medição real. A habilidade interativa da Web dá ao profissional de marketing uma visão de 360° do consumidor. Como mencionado antes, isso permite que o profissional de marketing tenha uma resposta instantânea do consumidor. A realização de uma oferta on-line pode ser medida e monitorada de bem perto.

Assim, surgiu recentemente uma nova tecnologia para abordar as disparidades entre o esforço do profissional de marketing para manter uma empresa (operação) e o seu esforço em prever o futuro dos negócios (estratégia corporativa que inclui a estratégia de marketing). Essa tecnologia alavanca as vastas quantidades de informação colhidas ao longo de muitos anos e muitas transações para serem colocadas em um banco de dados seguro, com o objetivo expresso de armazenar esses dados para análise de tendências atuais e históricas. Essa tecnologia é chamada de **data warehousing**, **mineração de dados** e **enterprise reporting** e, com isso, o banco de dados do passado foi colocado em nova roupagem. Pela perspectiva da estratégia de marketing, isso faz muito sentido, pois o comportamento passado do consumidor em geral prediz o seu comportamento futuro, particularmente em atitudes de preferência de marcas e compras. Esses prognósticos não são feitos apenas para benefício do comerciante. Igualmente importante se tornou a troca de estatísticas vitais da transação com o participante. Muitos de vocês provavelmente já visitaram

Websites como o Amazon.com. Lá você não só encontra seu livro de interesse com um preço razoável; você também, no papel de consumidor, melhora a experiência de compra e os processos de decisão. Para os designers desse Website, ele ainda rende outra informação importante: quais segmentos de pessoas, arranjados sob um perfil de características demográficas, psicográficas ou comportamentais, selecionaram o mesmo livro para compra. É um resultado direto da nova tecnologia em banco de dados, o *data warehouse*. Um bom exemplo é o novo produto da Oracle, o Oracle 8i; ele foi feito especificamente para os grandes bancos de dados da Internet. Essa tecnologia possibilitou que a Amazon.com, a Yahoo! e outros comerciantes cibernéticos criassem Websites capazes de examinar quantidades intermináveis de informações e depois recebessem dados dos usuários que refletissem diretamente suas experiências on-line. Esse esforço direto da parte dos fornecedores em envolver seus consumidores no diálogo da compra ajudou a criar uma nova era de capitalização das ações, em que o valor líquido é valorizado não por lucro ou potencial a curto prazo, e sim pelo exorbitante valor potencial da Internet em si.

O poder do marketing de banco de dados, no entanto, pode ser sentido mais profundamente ao analisarmos projetos de grande escala. Uma empresa como a AOL (http://www.aol.com) mantém um registro de seus atuais usuários, usuários convidados e consumidores potenciais. O número desses usuários será responsável por milhões e milhões de "terabytes" de informações que a empresa precisará armazenar, limpar e analisar para uso em marketing.

## E-mail, um mensageiro trabalhador

O e-mail tornou-se a mais importante ferramenta de comunicação para troca de mensagens em âmbito local, nacional ou internacional. Seu crescimento foi estimulado pela popularidade dos serviços para o público geral da Internet, como America Online, Prodigy, CompuServe, MCI, GTE e outros serviços nacionais e locais de IP; a AOL expandiu-se para servir mais de 14 milhões de membros, e mais pessoas se inscrevem todos os anos. Recentemente, encontramos provedores gratuitos ou de baixo custo como Yahoo!, Hotmail (agora de propriedade da Microsoft), o e-mail do AltaVista e freenets, em todos os tamanhos e regiões, incentivando o crescimento. Softwares de e-mail podem incluir produtos educacionais, como o **PINE** ou o Eudora, ou produtos comerciais, como o MS Mail, o cc:Mail, o Notes Mail ou o Vines Mail. O e-mail está se tornando um recurso padrão para a maioria dos serviços de IP e mecanismos de busca, pois assim que as conexões tiverem sido criadas, o software de comunicação não será um problema. O e-mail surgiu de comunidades de pesquisa e educação, e algumas instalações adicionais ainda usam PINE (com texto sem gráficos e exibição monocromática). Ainda que não seja bonito em comparação com a **GUI (Interface Gráfica do Usuário)** de muitos navegadores, o e-mail trabalha arduamente no espaço virtual, assim como o telefone de disco serviu ao seu público por décadas. As empresas adotaram os sistemas de e-mail, pois enviam mensagens de baixo custo bastante flexível para abordar públicos internos de indivíduos, grupos ou empresas. Ele também é adequado para comunicações externas, como, por exemplo, para enviar links a consumidores, parceiros de negócios e consumidores potenciais. O e-mail constitui uma comunicação eficiente na criação de listas de correspondência (*mailing list*); assim, uma única mensagem de e-mail pode ser enviada a diversos endereços de uma só vez. Essas listas podem ser particulares, monitoradas por um administrador de lista, ou públicas, permitindo que os indivíduos adicionem seus endereços, bastando pedir ao administrador da lista. Os administradores da lista, também chamados de moderadores, monitoram os envios para a lista (muitas vezes chamados de listservs ou grupos de discussão) e decidem se as mensagens são adequadas e interessantes para os participantes da lista. Algumas listas não são moderadas, o que significa que as mensagens são publicadas na lista sem supervisão. Listas moderadas e não-moderadas podem conter informações excelentes, mas o profissional de marketing deve tomar cuidado ao investigar a fonte da transmissão, para ter certeza de que as informações são autênticas e precisas. O e-mail pode ser anônimo, deixando quem o recebe incerto sobre a origem da informação. Assim, o destinatário deve conhecer o remetente antes de tomar uma decisão de grande porte ou fazer uma transação. Você nunca sabe quem está do outro lado da linha.

O e-mail é um veículo de resposta rápida particularmente adequado para reconhecer o recebimento do pedido de venda ou para responder a uma solicitação de informação. Por exemplo, o consumidor pode acessar um Website comercial como o CDNOW (http://www.cdnow.com) para comprar diversos CDs. O pedido pode ativar uma resposta automática, possivelmente agradecendo ao consumidor pela compra e exibindo uma estimativa da data de entrega. Talvez o consumidor potencial tenha uma pergunta sobre a forma de pagamento – uma mensagem automática poderia listar os cartões de crédito aceitos, os termos que regem a aceitação de cheques pessoais ou de ordens de pagamento. Muitos consumidores solicitam as mesmas informações, então uma lista predeterminada de respostas automáticas, as FAQs discutidas anteriormente, pode economizar tempo e energia do call center e do consumidor.

Onde o e-mail funciona? A maior parte dos respondentes da 10ª Pesquisa da WWW da GVU relata ter mais de uma conta de e-mail que eles acessam de casa (52%). No geral, 27% dos entrevistados relataram ter uma conta de e-mail, enquanto 72% relataram ter mais de uma. Os europeus têm uma probabilidade maior que os norte-americanos de ter várias contas e acessá-las de diversos locais. Os europeus também apresentam uma probabilidade maior de acessar suas contas somente do trabalho, independentemente de quantas eles tiverem. Esse pode ser um poderoso fato para os profissionais de marketing *business-to-business* que vendem para o exterior. Os respondentes mais velhos têm uma probabilidade maior de acessar contas de casa (77%). Eles também apresentam uma probabilidade maior de ter uma única conta (67%) (GVU, 1999).

## O E-Marketing em Ação

**ENVIE UM E-MAIL PARA UM MODELO DA CALVIN KLEIN**
**A CALVIN KLEIN ESTÁ FINALMENTE ENTRANDO NA ERA DIGITAL. OU QUASE.**

O estilista ainda não tem um Website, mas as propagandas impressas de televisão, rádio e outdoor para a fragrância cK one terão endereços de e-mail dos três modelos que aparecem nesses anúncios. Os consumidores que enviarem um e-mail para essas estrelas da propaganda receberão mensagens escritas nas vozes fictícias de cada uma delas. "A próxima geração do cK one possui valores diferentes e se comunica de uma maneira muito moderna", disse Calvin Klein. "O que você tem é uma nova intimidade que é realmente um paradoxo – pessoas de todo o mundo estão mais em contato do que nunca, mas isso ocorre individualmente por e-mail e pela Internet. Quando levamos essa campanha para o e-mail, isso a torna muito pessoal".

"Um redator irá se encarregar do fluxo constante de respostas de e-mail que serão enviadas aos consumidores em intervalos irregulares, para imitar a natureza real e aleatória da comunicação por e-mail. Os três novos personagens englobam o público-alvo do cK one: Anna, uma sofisticada adolescente de 13 anos de idade; Tia, uma profissional de 20 e poucos anos; e Robert, um cidadão metropolitano 'descolado' e de meia-idade".

*Fonte*: E-mail a Calvin Klein model. *Wired News* [publicado on-line em 25 de novembro de 1998]

Que diferença um único ano faz. Uma comparação esclarecedora é feita na tabela a seguir, com os dados da pesquisa GVU de 1997 comparados aos de 1998 sobre o que os respondentes consideravam indispensável em termos de tecnologia. As seis categorias de tecnologias mais indispensáveis são:

Quadro 7.1

| Tecnologia | Pesquisa GVU 9 | Pesquisa GVU 8 | % de alteração |
|---|---|---|---|
| E-mail | 93,3 | 84,3 | 9,0 |
| WWW | 90,6 | 88,7 | 1,9 |
| Java/Java Script | 29,7 | 21,6 | 8,1 |
| Bate-papo | 23,9 | 22,3 | 1,6 |
| Áudio | 20,9 | 17,1 | 3,8 |
| Vídeo | 7,9 | 6,0 | 1,9 |

***Fonte***: Adaptado de 8º Pesquisa da *GVU Eight WWW User Survey; GVU Ninth WWW User Survey*.
Copyright © 1994-1998 Georgia Tech Research Corporation. Todos os direitos reservados.
Pesquisa da GVU com usuários da WWW – http://www.gvu.gatech.edu/user_surveys.

Na mais recente pesquisa da GVU, a décima, descobriu-se que o e-mail e a World Wide Web ainda são duas das aplicações mais usadas da Web. Para responder àquilo que os usuários consideram o uso "indispensável" da Web, os resultados mostraram como são importantes o e-mail e a WWW para o consumidor, apesar das novas tecnologias que surgem. Os resultados da pesquisa estão apresentados a seguir:

Quadro 7.2

**"INDISPENSÁVEL"**

| Categoria | Porcentagem |
|---|---|
| WWW | 27,1 |
| E-mail | 28,2 |
| Bate-papo | 5,9 |
| Telefone pela internet | 2,2 |
| Fax pela internet | 2,2 |
| *Push* | 1,3 |
| Áudio | 7,7 |
| Vídeo | 5,2 |
| Videoconferência | 2,7 |
| Sinal digital | 2,6 |
| 3-D | 1,7 |
| Java | 8,4 |
| Outros | 4,0 |

***Fonte***: Adaptado da *GVU Tenth WWW User Survey*.
Copyright © 1994-1998 Georgia Tech Research Corporation. Todos os direitos reservados.
Pesquisa da GVU com usuários da WWW – http://www.gvu.gatech.edu/user_surveys.

Espera-se que o e-mail continue a crescer à medida que mais pessoas tiverem acesso à Internet. Como discutimos no Capítulo 1, especulou-se que o e-mail está ajudando a ressuscitar a arte perdida da correspondência. As conversas ao telefone exigem pouco esforço e pouco pensamento; como dissemos, a comunicação é esquecida. No entanto, com o e-mail, é preciso um pensamento consciente para expressar a mensagem, de forma que escrever em vez de falar produz uma linguagem mais sucinta. Do mesmo modo, a mensagem de quem escreve é mais tangível, pois continua em tinta e papel ou na caixa de entrada do seu programa de e-mail, em vez de ser uma transmissão de voz rápida instantaneamente perdida. Embora as mensagens de e-mail possam parecer um pouco com o shopping virtual, as emoções podem ser expressas pelo uso de **emoticons**, que serão discutidos no Capítulo 10. Como foi dito anteriormente, as corporações adotaram o e-mail como um sistema de mensagem eficaz e de baixo custo. Mais que isso, o e-mail e os sistemas de mensagens também estão sendo implementados nos softwares de gerenciamento de fluxo de trabalho. Isso também está sendo automatizado, de forma que as mensagens são produzidas e distribuídas automaticamente, o que, por sua vez, aumenta a produtividade e os recursos da organização.

## As interconexões da Internet

A maioria das pessoas do mundo corporativo está familiarizada com as origens da Internet. Conforme discutimos no Capítulo 5, historicamente a Internet começou como um projeto governamental de defesa no fim da década de 1960, e seu propósito durante esses anos de Guerra Fria era criar uma rede de redes de computadores interconectados – um sistema sobressalente que pudesse guiar as comunicações por e entre nós e computadores. A meta do governo era evitar a interrupção nos links das comunicações por telefone ou satélite em caso de guerra nuclear ou desastres naturais. Essa interconexão de computadores era supervisionada por uma agência governamental, a DARPA (Defense Advanced Research Projects Agency), e acabou a cargo da National Science Foundation (NSF), para uso em aplicações de pesquisa e educação. Do simples início, que foi agrupar linhas telefônicas a quatro universidades, a Internet cresceu até chegar a uma rede poderosa e praticamente onipresente, que é a forma como é conhecida hoje. A grande inovação que tornou a Web mais amigável para o usuário navegar foram o desenvolvimento e a possibilidade dos navegadores gráficos. O primeiro a chegar foi o navegador **Mosaic**, desenvolvido na University of Illinois e agora representado pelas várias versões do Netscape Navigator e pelo Internet Explorer. Desde a comercialização do componente Web da Internet, cada vez mais pessoas estão explorando a interface gráfica e as facilidades de elaboração de textos tanto para informação quanto para divertimento. Vários departamentos, além do de marketing, estão usando a Web para relações públicas, recrutamento, informações de investidores e acionistas, rastreamento do estoque ou das entregas de revendedores ou fornecedores ou para pesquisa e desenvolvimento. As pessoas estão usando a Internet no trabalho e em casa, normalmente por um computador pessoal. O que se pode considerar acesso completo à Internet? Para se ter uso de todas as funções on-line, a maioria dos especialistas recomenda ter acesso à World Wide Web, às Usenets e aos newsgroups, e-mail, além de conexões com FTP (File Transfer Protocol) e Telnet. Provavelmente os melhores softwares e ferramentas de comunicação sejam aqueles que os consumidores, parceiros e fornecedores relacionados ao profissional de marketing usam. Acesso tem pouca utilidade se os softwares do emissor e do receptor não forem compatíveis, e o profissional de marketing deve investigar como se compatibilizar com o seu público.

## As maravilhas da World Wide Web

Algumas pessoas se perguntam como sobreviveram sem a assistência e o companheirismo da World Wide Web. A Web é um recurso relativamente novo de marketing e comunicação que foi apresentado ao público em 1991. Desse ano em diante, muita intensidade, inovação e imaginação foram concentradas para criar entretenimento e apresentações virtuais persuasivas para empresas, organizações, redes e indivíduos. Alguns Websites são totalmente de negócios, alguns são irreverentes, alguns são informativos e alguns são de humor. A chegada de monitores em cores, modems mais rápidos, placas de som com alto-falantes, além da expertise moldada dos Web designers e técnicos, produziu listas de novos Websites "legais" anunciados por mecanismos de busca todos os dias ou semanas. Os saltos em tecnologia produziram um veículo de comunicação maravilhoso que não pode ser equiparado pelos tradicionais veículos de mídia. Os recursos e as inovações continuarão a fascinar consumidores e a desafiar profissionais de marketing e designers por décadas.

Nos últimos anos, Websites comerciais ganharam vida com a adição de movimentos e sons, além da possibilidade de manipulação de cores e gráficos. Antes disso, esses enfeites eram praticamente impossíveis de se conseguir, em função das capacidades limitadas do hardware dos usuários médios. Os modems eram incapazes de carregar as enormes quantidades de dados necessárias para recriar fotografias ou ilustrações intrincadas; os sons também demandavam grandes quantidades de RAM para reproduzir a música, as vozes ou os efeitos de som que se somavam à atmosfera do Website. Com modems mais rápidos, melhora da resolução dos monitores em cores e estações de trabalho mais rápidas, com memórias expandidas, alguns Websites agora se parecem com minifilmes. Na realidade, o marketing dos filmes freqüentemente emprega videoclipes de trailers, normalmente com alguns minutos de duração e com gráficos e áudio cada vez melhores.

Com os recentes requintes na reprodução de vídeo, os Websites ficaram mais intrigantes, persuasivos e motivadores como o principal veículo de marketing. Como todos sabemos agora, trailers completos se tornaram mais comuns nos Websites, muitas vezes combinados com cenas de arquivo e animatics dos filmes; veja a melhora nos gráficos após 20 anos, no relançamento dos filmes da série *Guerra nas estrelas*, em 1997 (http://www.starwars.com – Figura 7.1). A BMW criou um Website com uma série de filmes curtos apresentando seus carros; todos esses filmes podem ser acessados pela Web (http://www.bmwfilms.com). Essa campanha teve tanto sucesso que recebeu a Medalha de Ouro de propaganda em novas mídias pela Promotion Marketing Association.

Com essas melhorias, a Web passou a ser considerada uma *killer application* entre os círculos de marketing, em função das capacidades visuais, sonoras e interativas. Os Web designers gostam de trabalhar em seus Websites; os desenvolvedores muitas vezes vêem seu trabalho como diversão e brincadeira. A combinação de elementos é infinita e a criatividade é altamente valorizada. Os Websites estão tendo um papel cada vez maior nos programas de comunicação em marketing, particularmente no suporte às atividades de propaganda e relações públicas. Suas habilidades de persuasão, a dispersão da riqueza de informações e a eficiência da realização interativa de pedidos estão agora sendo desenvolvidas corretamente por esses Web designers em cenários adequados. Talvez você esteja interessado em design de páginas; há muitos guias e livros de design de páginas hoje em dia. Você pode tomar umas aulas ou aprender sozinho sobre o assunto. Consulte referências na Web, como os guias de HTML da Biblioteca do Congresso (http://lcweb2.loc.gov), encontrados no endereço http://www.loc.gov/iug/html40/40intro.html, e explore a Internet com os hiperlinks ali disponíveis.

Outro exemplo da melhoria em Websites que aperfeiçoou a recuperação de informações é a integração de um mecanismo de busca no Website. Em vez de clicar em todas as páginas do Website, o visitante pode usar essa ferramenta amigável para acelerar a busca de informações, como se ele estivesse digitando as palavras-chave (agora o visitante pode digitar perguntas inteiras na esperança de receber uma resposta) nas caixas de busca do Yahoo!, Lycos, Excite ou

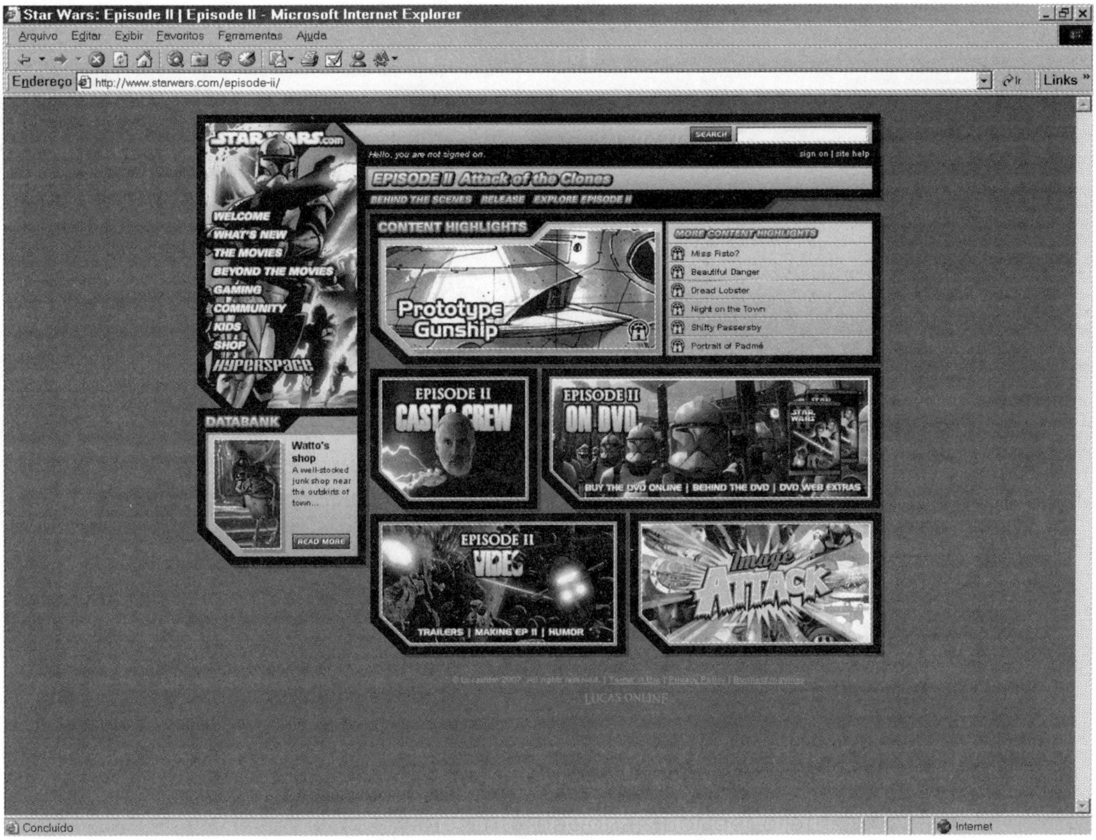


Figura 7.1 O *Episódio II, O ataque dos clones*, ofereceu ao público on-line extensas informações sobre a produção do filme, a vida dos atores e uma expansão da fantasia, da mitologia e das trivialidades de *Guerra nas estrelas* – tudo o que os fãs queriam.
*Fonte*: *Guerra nas estrelas* (http://www.starwars.com). Cortesia de Lucasfilm Ltd. & TM. Utilizado com permissão.

Infoseek. A facilidade de uso é um recurso motivador, possivelmente diferenciador, que causa um distanciamento dos outros na categoria e, conforme foi discutido, satisfazer o indivíduo é um esforço constante do profissional de marketing eletrônico.

## As vantagens e desvantagens da presença na Internet

Do ponto de vista de marketing, a flexibilidade é um recurso essencial para o Website de um produto ou empresa. Os custos de produção do Website podem variar de algumas centenas a muitos milhões, dependendo da complexidade do Website, como integração de um banco de dados de estoques, relatórios de desempenho, nomes e hábitos de compra de consumidores, utilização de um sistema de resposta automática de fax ou e-mail ou suporte a operações internacionais. Além disso, o Website pode ser atualizado na freqüência que o profissional de marketing desejar para fazer alterações nos preços para determinados produtos ou revendedores ou em promoções especiais. Os elementos gráficos podem ser substituídos ou aumentados em questão de minutos;

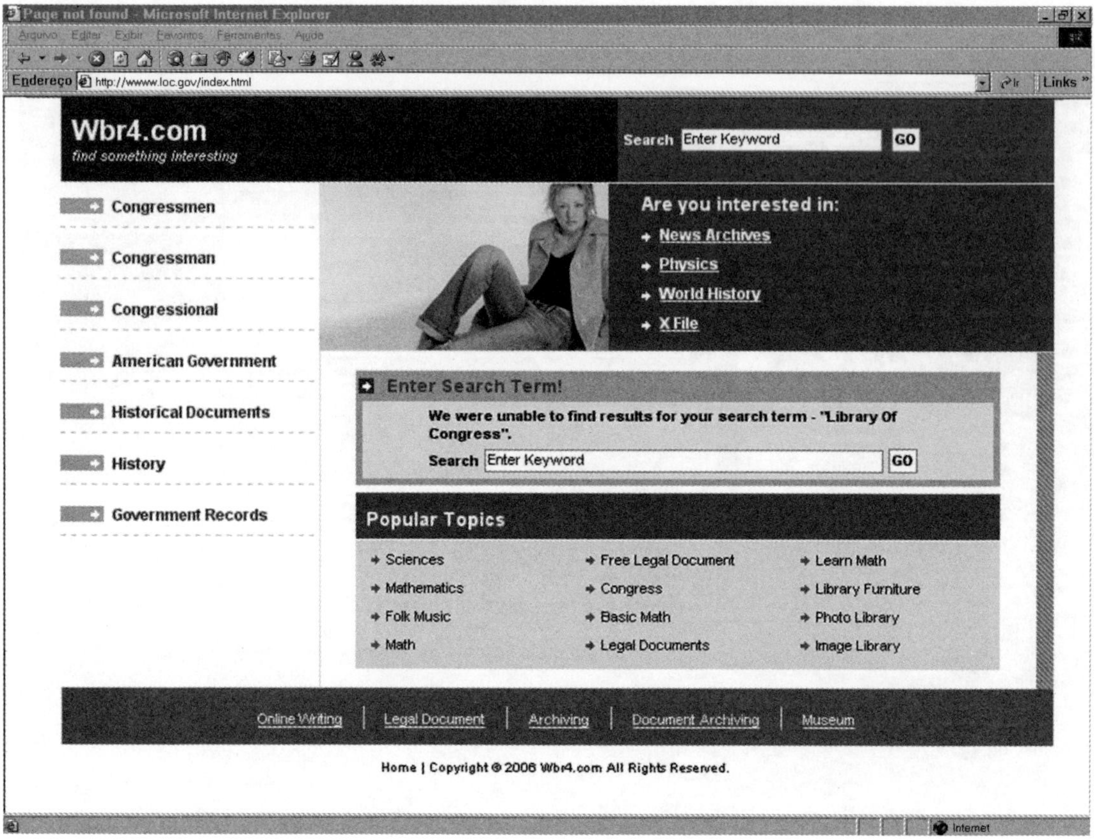


**Figura 7.2** Os diversos serviços e coleções da Biblioteca do Congresso estão on-line, em inglês, e disponíveis para crianças em idade escolar de todos os Estados Unidos.
*Fonte*: Biblioteca do Congresso (http://www.loc.gov/index.html).

mapas, menus e **mouse overs** (aquelas pequenas caixas de texto contendo descrições ou explicações que aparecem quando o mouse é colocado sobre um **hot spot**) podem ser adicionados ou corrigidos de forma igualmente rápida. Essas atividades de manutenção podem ser executadas pela equipe interna, no cargo muitas vezes chamado de **Webmaster**, ou por um fornecedor de materiais de comunicação, como uma agência de publicidade interativa ou uma boutique especializada. Existe também a flexibilidade nesse assunto de manutenção, visto que o tempo para atualizar o Website é questão de uma tarde, talvez uma espera não maior que 48 horas. Os veículos de propaganda tradicionais podem exigir semanas ou meses de tempo de produção, como em filmagem e pós-produção de comerciais de televisão ou no projeto, produção ou impressão de elaboradas brochuras de vendas. As revisões da Web são concluídas quase instantaneamente, o que nenhuma outra ferramenta de publicidade consegue equiparar, exceto talvez em alterações no texto de rádio. Mesmo para a troca da mensagem no rádio, um meio rápido, normalmente são necessárias 48 horas.

Existe também flexibilidade no modo como o consumidor pode interagir com o veículo da Web. A sessão pode ser inteiramente dedicada à coleta de informações, à localização de lojas de varejistas ou revendedores, à criação de uma estimativa de custo, como já ocorre no caso de automóveis e embarcações, à troca de mensagens via e-mail com a equipe de atendimento ao consumidor da empresa ou ao download dos bancos de dados do Website. O profissional de marketing pode desenvolver um Website para consumidores potenciais, outro para usuários atuais, para consumidores ausentes, para fornecedores ou para revendedores. Em cada uma dessas situações, o usuário pode precisar de informações especializadas, e o profissional de marketing pode atender à necessidade de informação desses públicos. Essa é outra grande razão para o profissional de marketing conhecer bem seu público.

Você provavelmente foi submetido aos atuais avanços tecnológicos no atendimento ao consumidor via telefone. Embora essas tecnologias tenham um impacto definitivo na capacidade de muitas empresas serem competitivas em face dos desafios cada vez maiores, questiona-se se essa tecnologia criou uma experiência positiva para os consumidores. Alguns exemplos dessa tecnologia são a **tecnologia de transferência** e a **estatística de espera**. A tecnologia de transferência é o método de empregar menus por tons ou reconhecimento de voz, para encaminhar ligações ao departamento adequado. Ainda que isso tenha uma boa relação custo-benefício em comparação à tradicional posição da recepcionista, coloca-se sobre o consumidor o fardo de ouvir e responder aos longos avisos. Do mesmo modo, a tecnologia de estatística de espera permite que o consumidor descubra exatamente de quanta paciência ele precisará para conseguir a atenção necessária.

A flexibilidade corre lado a lado com o potencial de uma resposta quase instantânea. A resposta instantânea é a exigência para o comprador que opta por ajudar a si mesmo a catalogar informações. O Website possibilita ao usuário uma coleção instantânea quase garantida de informações de um Website de FAQ – o tempo que leva para o usuário imprimir as informações desejadas do Website. Esses recursos de tempo e conveniência deixam para trás a típica consulta por telefone, quando o consumidor é forçado a usar o menu de audiotexto e é transferido de departamento para departamento. Com essa aborrecida tecnologia de transferência, podemos nos perguntar se os gerentes de marketing ou de atendimento ao consumidor já tentaram ligar para seu próprio sistema automatizado. Neste livro, já discutimos sobre as pressões de tempo que os consumidores enfrentam. A Web ajuda a remediar essas pressões de tempo com praticidades como seleção em menus, FAQs, mecanismos de busca em Websites e caixas de texto de e-mail.

Para muitos profissionais de marketing, o potencial de comércio global é mais atraente, particularmente com o surgimento das economias de livre-mercado em todo o mundo. Os padrões de vida estão melhorando, e os recursos disponíveis a serem destinados a bens de consumo e duráveis da classe média, especialmente na América do Sul e na Indochina, estão crescendo. As expectativas do consumidor estão começando a florescer nos países do ex-Bloco Soviético, à medida que empreendedores tecnológicos desenvolvem os setores de informática, especialmente na ex-Checoslováquia e na Hungria. Os mercados russo e chinês devem estar a todo vapor na primeira década do século XXI. Uma boa medida para a velocidade da adoção da Internet é o número de servidores da Internet ou computadores host. Em uma pesquisa, a Ovum previa para o mercado global de *Web hosting* um crescimento de $ 10,3 bilhões em 2001 para $ 46,9 bilhões em 2006, com os Estados Unidos e o Canadá, atualmente e no futuro, sendo os maiores gastadores. Da mesma forma que um Website consegue atrair vendas internacionais, o Website opera 24 horas por dia, sete dias por semana. A interação com consumidores é mais atraente para empresas que servem diversos mercados de consumidores em vários continentes; quanto mais universal o produto ou serviço, melhor será o esquema de operação 24 horas.

## A cultura da Internet floresce

Quando a Internet surgiu e foi alimentada pelos setores acadêmico e de pesquisa, talvez ela só estivesse tirando vantagem (ainda que somente do conceito) da expectativa de que o uso da

Internet sempre seria um bem gratuito. A infra-estrutura era grátis, as transmissões eram grátis, os nomes de domínio eram grátis e o registro desses nomes também era grátis. As facções consideravam a Internet algo frágil e precioso que deveria ser protegido. O governo federal pagou a conta, e estava tudo bem com a maior parte da constituição da Internet. Havia uma expectativa de que os interesses comerciais não teriam lugar na Internet e, se eles tivessem o ingresso permitido, a exploração seria certa. Essa foi a posição durante as décadas de 1970 e 1980 e até o meio da década de 1990, quando o uso comercial da Internet começou a ocorrer com frequência.

Isso não foi bem visto pelo setor acadêmico nem pelos grupos de interesse especial, cujo objetivo era proteger a Web do mau gerenciamento. A Web deve ser pública ou privada, comercial ou sem fins lucrativos, somente para uso em educação e pesquisa ou para uso comercial? Essas são perguntas feitas com freqüência, mas por enquanto parece que o mercado relegou esse argumento para o ramo secundário do pensamento acadêmico. Outro aspecto do mundo atual da Internet é o conceito de **comunidades**; o Website http://www.eGroups.com é um ótimo exemplo. O eGroups é um Website que permite que usuários criem e mantenham grupos de discussão virtuais sobre assuntos que vão de religião a circuitos eletrônicos. Ele também permite que os usuários postem imagens e sons e dêem feedback. Da perspectiva de marketing, essas comunidades eletrônicas são excelentes recursos de conhecimento de mercado e feedback.

## A disseminação da cultura da Internet

Steven Johnson, o editor-chefe da revista *FEED*, documentou um interessante fenômeno que permeia nossa atual sociedade – a disseminação da cultura da interface. Em seu recente livro, *Interface culture: how new technology transforms the way we create and communicate* (Cultura da interface: como o computador transforma nossa maneira de criar e comunicar), Johnson aborda a sinergia de tecnologia e cultura e demonstra como as interfaces subitamente ganharam um lugar legítimo em nossos lares e locais de trabalho. Sem dúvida, essas interfaces descendem do antigo Apple Macintosh e das interfaces gráficas seguintes do Windows, que foram projetadas para usar um símbolo em vez de um jargão técnico confuso ou idiomas internacionais malcompreendidos. Esses elementos gráficos podem ser comparados aos sinais de trânsito, muito anteriores, de "Atravesse" e "Não Atravesse" – o desenho do bonequinho ou a mão aberta/fechada e linhas transversais, quando adequado. Esses símbolos gráficos foram acompanhados por cores para prender mais a atenção. Johnson não só demonstra como as interfaces – esses botões, gráficos e palavras na tela pelos quais as informações são controladas – influenciam nossas vidas diárias, mas também como essas interfaces guardam suas raízes em romances vitorianos, no início do cinema e até no planejamento urbano medieval.

> À medida que nossas máquinas entram cada vez mais nas redes globais de informação, fica mais difícil imaginar o mundo digital na palma de nossas mãos, para retratar toda a complexidade de nossa imaginação. Para representar todas essas informações, precisaremos de uma nova linguagem visual, tão complexa e significativa quanto as grandes narrativas metropolitanas dos romances do século XIX.
>
> Ferramentas auxiliares, como o Microsoft Bob, as torradeiras voadoras e as paisagens dos videogames dizem à sociedade digital como imaginar a si mesma e como se sair bem no mundo pouco familiar do espaço virtual. Abundaram interfaces, além dos computadores e teclados. Ícones esportivos, de painéis automotivos a faróis, de limpadores de pára-brisa a isqueiros; mais ícones sem dúvida serão usados à medida que os produtos forem comercializados internacionalmente. Os custos de produção devem ser reduzidos por meio do uso de ícones gráficos, e a confusão feita pelo usuário também

deve ser reduzida. Você já vê essa tendência nos botões das copiadoras, das cafeteiras, dos videocassetes e de quaisquer outros produtos elétricos e não-elétricos. Seria uma boa idéia as empresas considerarem o GIS ao simplificar a operação de seus produtos (Johnson, 1997).

# Agentes-robô de compra

Muitos dos mesmos produtos são vendidos por diferentes comerciantes virtuais em toda a Web; quem diz que o comprador está pagando o preço mais justo ao fazer uma compra? Sem dúvida, comparar preços de Website a Website pode garantir o menor gasto para o consumidor, mas o custo em tempo e esforço pode não valer a pena, especialmente para produtos baratos, com preços por volta de $ 20, por exemplo. Como produtos populares como filmes, CDs e livros caem nessa categoria, eles também acabam entrando no carrinho de compras do comprador. Esses compradores automáticos estão se tornando uma grande conveniência para o consumidor, possivelmente uma inconveniência ou ameaça de roubo de vendas para o comerciante virtual. Como esse detetive de preços funciona? Talvez você esteja interessado em comprar o filme *Party girl*, com a atriz Parker Posey. Você pode visitar os Websites da Blockbuster, da Columbia House, da Amazon.com, da Borders, da Webmarket ou da Reel.com. Quantos Websites você deseja visitar antes de seu tempo valer cada vez menos? No entanto, existem ferramentas de busca que fazem isso por você. Por exemplo, se você visitar o Website Jango e digitar o que quer, o mecanismo de busca de produtos Jango, da Excite, normalmente irá relacionar até 12 preços mais baixos entre diversas categorias (laser/DVD ou VHS, novos ou usados) e os sistemas de pedidos on-line dos varejistas que facilitam a compra. Basta clicar no botão Comprar para concluir a compra, e a mercadoria será enviada para o endereço do seu cartão de crédito.

Mas lembre-se de que nem todos os Websites participam dos **bots (robôs de compra)**. Alguns Websites simplesmente batem a porta na cara dos bots e se recusam a responder solicitações de páginas vindas de conhecidos Websites de bots. Portanto, alguns dos preços mais populares não aparecem na lista de comparação de preços, dando a impressão de que a Amazon.com ou a Borders não são competitivas. Alguns desses populares lojistas podem tentar confundir os robôs, mudando o formato ou a aparência do Website, de forma que eles não saibam onde procurar as informações sobre o preço. Jason Olim (fundador da CDNOW, um dos maiores varejistas de música da Internet) não gosta dos bots invasivos; ele os bloqueia com freqüência para evitar que peguem os preços e os listem com os dos concorrentes. Do que os comerciantes têm medo? Alguns temem que os agentes de compra transformem a Internet em uma lojinha barata ou em um mercado de pulgas em que o preço mais baixo ganha, e os serviços de valor agregado ao consumidor, embutidos nos Websites de varejo, se tornem menos atraentes para o consumidor. Esses Websites querem competir com outros fatores, além do preço. "Você não compra se baseando somente no preço. Existem vários aspectos, como a conveniência de ter tudo em um só lugar", diz Vieky Harinarayan, vice-presidente da Junglee. Portanto, outra decisão que você, o profissional de marketing, precisa tomar é se vai ou não participar da tecnologia dos agentes de compra. A resposta deve vir do seu conhecimento do mercado e das preferências de compra por preços baixos, pela conveniência, pela experiência social de visitar um local físico ou pela compra final. As informações de marketing do consumidor devem reinar (Quick, 1998).

Um conceito adicional que deve ser observado é a separação dos agentes horizontais e verticais. Por exemplo, o Website http://www.pricewatch.com é um ótimo exemplo de agente vertical voltado para o setor de informática. Por outro lado, o Website http://www.Pricegrabber.com é um agente que serve a diversos setores. Assim como as lojas eletrônicas independentes, por funcionarem como uma estação de distribuição central para os comerciantes, é necessário tomar uma decisão estratégica em relação aos mercados-alvo. Os robôs de compra têm de decidir se querem se especializar em um setor específico e fazer os planos correspondentes.

## A memória estendida dos CD-ROMs

Os profissionais de marketing estão encontrando outras aplicações para esses discos plásticos cobertos de alumínio, além da reprodução de músicas. O CD-ROM, acrônimo de *compact disk read-only memory*, tem a capacidade de armazenar quantidades enormes de dados pelo uso da tecnologia de laser óptico. Por armazenar os dados opticamente, os CD-ROMs têm uma capacidade muito maior que um disco flexível de 3,5 e 5 1/4 polegadas, que armazenam os dados magneticamente. No entanto, as unidades comuns de CD-ROM, que são os dispositivos usados para acessar as informações de dados dos CD-ROMs, são menos flexíveis na armazenagem e só podem ler informações do disco, sem gravar nada nele. Para comparar, os CD-ROMs podem suportar quantidades enormes de dados e, portanto, são populares para armazenar bancos de dados e materiais multimídia. O CD-ROM mais comum suporta aproximadamente 630 megabytes, enquanto um disquete normal armazena cerca de 1,44 megabyte. Uma grande diferença na capacidade.

Os CD-ROMs e os CDs de áudio são quase idênticos na estrutura e no formato de dados. A diferença entre os dois está no dispositivo usado para ler os dados, o tocador de CD-ROM ou o tocador de CD. Os tocadores de CD-ROM são usados quase exclusivamente como componentes ou periféricos e acessam os dados com muito mais rapidez que o disco rígido típico do computador. Ainda que a velocidade seja importante para o profissional de marketing, as capacidades de multimídia oferecem benefícios ainda maiores. Apresentações de marketing persuasivas e divertidas muitas vezes são colocadas em CD-ROMs para serem reproduzidas durante chamadas de vendas em campo por representantes da empresa; a qualidade dos gráficos e do som é excelente. O equipamento é compacto e pode ser demonstrado em diversos ambientes. Os CD-ROMs também se tornaram um meio de transferência para software; os dados colocados em CD-ROMs fazem download mais rapidamente que em disquete ou dados coletados da Internet. Com o surgimento de novos formatos compactados de arquivo, como MP3, DIVX e DVD, os profissionais de marketing estão usando essa eficiente tecnologia para criar pacotes completos de publicidade em um CD-ROM.

## Os benefícios do banco de dados e de outros softwares de marketing

Melhorar a memória corporativa é a meta dos aplicativos de gerenciamento de banco de dados há muitos anos. Só agora empresas pequenas e grandes podem se beneficiar do gerenciamento do banco de dados. Pequenas empresas podem usar o Microsoft Access como aplicativo de banco de dados para manter uma lista de nomes de consumidores ou registros de estoques mínimos, enquanto grandes empresas têm a oportunidade de usar diversos pacotes poderosos de bancos de dados, como o Oracle Developer 2000 ou o Oracle Data Warehouse. A palavra de ordem é "Depende" – e de fato é assim. Qual é o objetivo ou o escopo operacional da empresa – a área geográfica a ser coberta, a equipe ou o orçamento para gerenciamento dos estoques ou dos registros de consumidores? Talvez seja necessário manter registros enormes de pessoal, registros nacionais de serviço sobre a frota de automóveis ou registros financeiros detalhados, para utilizar com sucesso um software de gerenciamento de banco de dados. Existe uma ferramenta de gerenciamento de banco de dados que se encaixa na situação. Na maioria das vezes, os aplicativos são completos e ditam o nível de expertise para avaliar e integrar o aplicativo. Às vezes, os clientes optam por contratar um desenvolvedor de software *in-house* ou comprar os serviços de uma empresa de desenvolvimento de software externa. Novamente, depende da situação do cliente e, às vezes, da duração do projeto. Segundo a Oracle Corporation, um estudo de uma extraordinária empresa de pesquisa de mercado do setor de informática relatou que as implementações de data warehouse empresarial tendem a ser projetos de vários anos. O banco de dados para uma loja, por outro lado, é uma versão em pequena escala de um data warehouse empresarial com ciclos de implementação de três a seis meses. Diferentes aplicativos de banco de dados possibilitam que as organizações não só respondam rapidamente às flutuantes condições das empresas, mas também ajudem a aperfeiçoar as oportunidades de marketing que surgirem para possível exploração. Imagine um representante de campo situado a mais de 3 mil km de distância da matriz farmacêutica, ligando-se com precisão cirúrgica ao banco de dados farmacêutico, do consultório médico, para conferir os efeitos colaterais e as reações perigosas de novas drogas recomendadas e para encontrar respostas a essas perguntas do médico em tempo real. Isso, sem dúvida nenhuma, é um auxílio para o médico e demonstra uma vantagem competitiva em relação a outras companhias farmacêuticas. Investigaremos mais adiante a criação de uma situação simples de banco de dados usando o Microsoft Access.

## CRM e e-marketing individualizado

Quando se trata de softwares de marketing, todos os profissionais de marketing têm se voltado para o **CRM** (do inglês **Customer Relationship Management** ou **Gestão do Relacionamento com o Cliente**). O CRM não é uma ferramenta nem uma tática de negócios; trata-se do resultado de uma estratégia orientada para o consumidor. O CRM posiciona o consumidor no centro da operação da empresa e cria uma estrutura ao redor. O CRM é a ferramenta de comunicação mais importante implementada por profissionais de marketing B2C. Segundo uma pesquisa feita pelo The Data Warehouse Institute, "o estudo pesquisou 1.670 executivos... Está claro, a partir dos dados da pesquisa, que a maioria dos respondentes planeja seus projetos de CRM" (TDWI, 2001). O CRM usa tecnologias de bancos de dados para coletar informações, segmentar e executar campanhas promocionais diretas. Uma das soluções no mercado é oferecida pelo Matrix Technology Group (http://www.mxtg.net). O programa de CRM deles, chamado DataLodgic, é composto de três módulos. Um permite que o profissional de marketing acesse bancos de dados e os segmente para criar novos subsegmentos, tudo usando as tecnologias de arrastar e soltar. O segundo módulo é uma ferramenta da campanha de marketing que permite que o profissional de marketing projete e implemente campanhas de marketing direto, como e-mail, fax, correio direto, pesquisa e até mesmo campanhas de desconto e incentivo. O terceiro módulo é uma solução de fluxo de trabalho que permite que o profissional de marketing estabeleça tarefas, envie e receba documentos e registre informações de trabalho; assim, o profissional pode trabalhar sem percalços e estar dentro do prazo, das especificações e do orçamento. Outra empresa, campeã no mundo do CRM, é a Siebel Corporation (http://www.siebel.com).

O valor do CRM pode ser visto em todos os aspectos do serviço ao cliente. Primeiro, o CRM oferece uma visão global do consumidor em todos os níveis do ciclo de negócios. Segundo, o CRM permite que os profissionais de marketing analisem todas as interações e comunicações com o consumidor. Terceiro, as ferramentas de CRM também dão ao profissional de marketing dados de desempenho melhores.

De acordo com outra pesquisa feita pelo Cutter Consortium, das 159 empresas pesquisadas, mais de 3/4 disseram que estão satisfeitas com as atividades de CRM de suas organizações. Além disso, segundo a pesquisa, a principal justificativa para implementar uma solução de CRM foram o foco e a centralização no consumidor (CRM, 2001).

# Aplicativo front-end ou back-end?

Você pode ouvir as descrições de dispositivos **front-end** e **back-end**. Trata-se da disposição de diversos aplicativos de software utilizados em conjunto para criar determinado sistema. Muitos desenvolvedores usam o Lotus Notes como o front-end de um sistema – o cliente recebe um software, é responsável por inserir os dados, geralmente em departamentos de marketing ou IT/IS/MIS. O back-end pode ser composto de um banco de dados do sistema Oracle localizado onde quer que o servidor esteja – dentro da empresa ou direcionado para um fornecedor externo que pode ter servidores mais capazes e mais flexíveis ou outros sistemas de hardware. Muitas empresas de serviços de informática, como a Citrix (http://www.citrix.com), por exemplo, alugam servidores para empresas cujas operações não demandam muita atividade. As bases de dados criadas no aplicativo back-end em um banco de dados básico, que provavelmente não iriam requerer uma plataforma sofisticada como a da Oracle (Figura 7.3), podem ser combinadas com bancos de dados transacionais ou relacionais, que necessitam de um sistema mais complexo e poderoso. Um

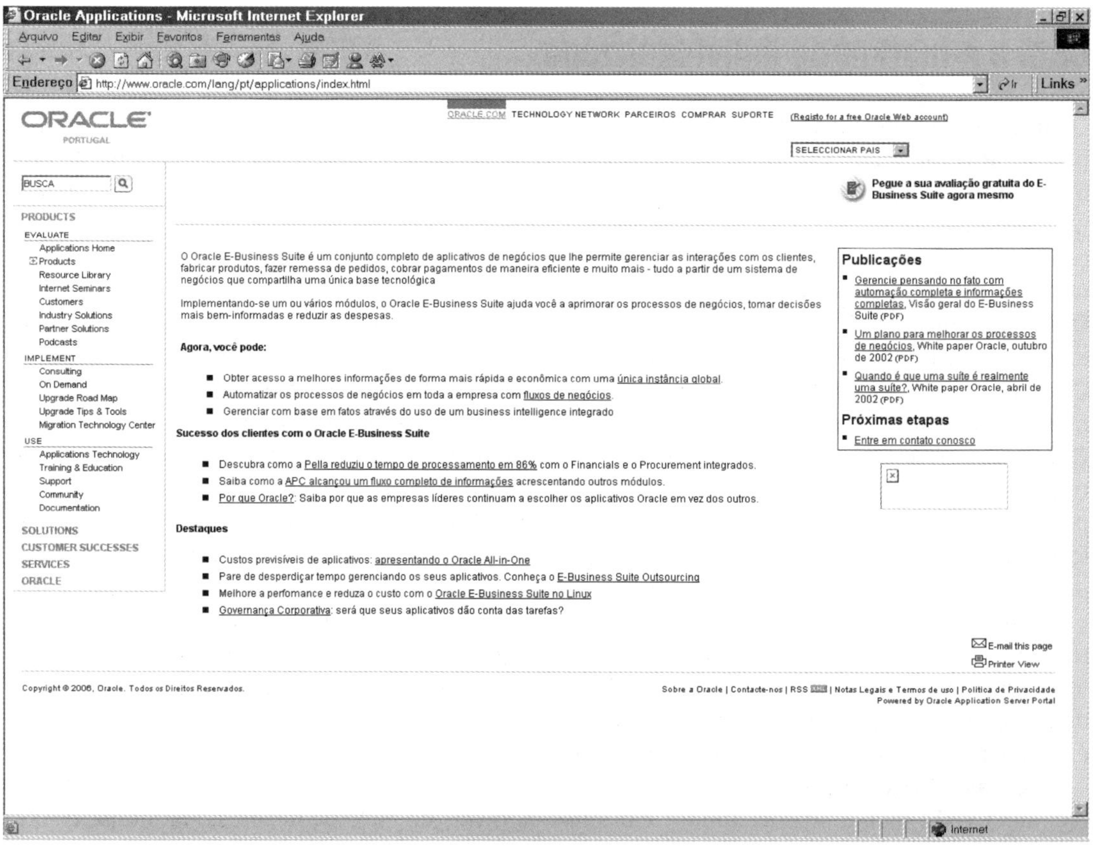


**Figura 7.3** Para conseguir um trabalho melhor e mais rápido com um custo previsível, terceirize as atividades de e-business. A terceirização baixa os custos de manutenção de TI e melhora o desempenho, a segurança, a disponibilidade e o gerenciamento de mudanças dos seus sistemas. O E-Business Suite é uma alternativa flexível apresentada pela Oracle. Receba uma cotação de preços para aplicativos, implementação e gerenciamento dos aplicativos de e-business.
*Fonte*: Oracle (http://www.oracle.com/applications). Copyright © Oracle. Todos os direitos reservados.

exemplo simples de uma combinação de front-end/back-end é composto pelo seu próprio computador e o servidor da sua universidade ou do seu trabalho. O front-end do seu computador é o navegador, provavelmente o Netscape ou o Explorer; você digita a informação solicitada usando o teclado. O navegador, então, entra em contato com o servidor da universidade, que age como back-end para enviar a mensagem ou recuperar a informação. Para tornar os assuntos mais interessantes, alguns aplicativos podem ser usados no front-end ou no back-end, como o Lotus Notes; isso também agrega flexibilidade, de modo que o desenvolvedor do software pode optar pelos melhores aplicativos para o sistema.

## Redes de comunicação

A comunicação de marketing está mudando para servir cada vez mais públicos especializados, deixando de ser dirigida para as massas. É mais eficaz criar redes projetadas para funcionários, fornecedores, clientes, imprensa ou outros grupos específicos, à medida que for interessante para a empresa. Uma dessas redes pode ser a **intranet** da empresa, uma rede de comunicação de acesso privado projetada para os funcionários dentro da organização. Pense na intranet como uma newsletter eletrônica interna que aborde assuntos de interesse dos funcionários da empresa. A intranet também pode ser conhecida como um armazém de atividades em desenvolvimento, de modo que arquivos de projeto possam ser acessados em reuniões na própria empresa ou em outros locais distantes da empresa ou ainda por funcionários que trabalham em casa, o que é uma conveniência tanto para os clientes quanto para a equipe. A intranet pode conter muitas informações, incluindo notificações da empresa, horários de trabalho ou até mesmo anúncios classificados oferecendo gatinhos ou cachorrinhos para venda. A intranet da empresa pode ser uma fonte de orgulho da equipe, mas precisa de cuidados freqüentes para manter o Website novo e atualizado. Alguém de dentro da empresa deve se candidatar ou ser designado para a tarefa da intranet, pois se ninguém assume a responsabilidade, esses cuidados com a intranet se tornam cães sem dono. Em geral, essa pessoa incumbida da manutenção da intranet escolhe uma senha e só pode fazer o acesso por meio dela.

Um segundo tipo de rede é a extranet da empresa, uma rede de comunicação de acesso privado que inclui fornecedores externos selecionados e clientes. Essa rede externa da empresa ajuda a coordenar projetos ou participantes distantes geograficamente ou aqueles que se envolvem com menos freqüência no projeto. Uma empresa fica responsável pelo projeto e atribui senhas, que podem ser ativadas para se conhecerem os mais recentes progressos ou problemas na tarefa.

## Softwares trabalhando de mãos dadas

As empresas muitas vezes se envolvem em comércio nacional ou internacional, de forma que a comunicação rápida é essencial para o sucesso da gerência. O e-mail agora ocupa um lugar importante nas comunicações corporativas, como uma ferramenta eletrônica básica para enviar mensagens entre indivíduos, grupos ou escritórios. No entanto, um gerenciamento de dados mais complexo que ofereça uma vantagem competitiva pode derivar das ferramentas mais poderosas e confiáveis, como Lotus Notes ou Lotus Domino. Esses aplicativos podem estabelecer bancos de informações habilitados pela Web e sistemas completos de rastreamento de solicitação de serviço. Uma descrição simplificada é que o Lotus Notes é um grande sistema proprietário de networking para diversos tipos de negócios, como manufatura, laticínios, serviços pessoais, varejo, fast-food e entretenimento.

Algumas ferramentas de software trabalham em conjunto entre si. Sistemas de comunicação podem conectar o servidor Lotus Notes ou Domino a um sistema de retorno de fax automatizado e sob demanda, o qual é capaz de lidar com um volume extremamente pesado de solicitações e respostas de fax. O sistema automatizado de retorno de fax é capaz de capturar imagens de fax e pode criar registros em um banco de dados do Lotus Notes. Há uma grande flexibilidade e complexidade quando essas ferramentas de comunicação e banco de dados são combinadas. Deve-se ter muito cuidado para analisar as necessidades da empresa, selecionando o hardware e o software necessários e entrevistando desenvolvedores de sistemas de software competentes e inovadores.

## Sistemas de criação de relatório e de planejamento

As empresas requerem uma tomada de decisão clara e concisa e a criação freqüente de relatórios sobre o *status* do projeto para a gerência e para os colegas; os relatórios têm ficado mais elaborados visualmente nos últimos cinco anos, à medida que os pacotes de gráficos se tornam mais sofisticados. Os sistemas de software devem poder acessar, analisar e desenvolver avaliações precisas para tomar decisões estratégicas. Os dados resultantes devem ser fáceis de ser lidos e compreendidos também. Nenhuma apresentação de marketing é feita sem páginas de planos, mapas, gráficos e tabelas que representam o desempenho do atual programa de marketing vigente. Marketing também significa planejamento, e nos últimos anos, as competências de planejamento se expandiram e ganharam muito mais precisão. Particularmente, grandes projetos com horizontes de muitos anos se beneficiam dos aplicativos de planejamento, como o Business Objects (http://www.businessobjects.com), que ajuda a definir uma direção e os prazos, eventos principais, tempos ocioso e concomitante. Quanto melhores as informações que podem ser controladas e manipuladas, melhor será o desempenho de todos os processos de negócios, incluindo marketing.

## Scanners ópticos

O antigo scanner do caixa do supermercado foi aprimorado e é utilizado hoje em diferentes aplicações de manufatura, no setor médico, na indústria aeroespacial, no setor madeireiro, em medições de todos os tipos e pelo serviço postal norte-americano. Oficialmente chamado de **OCMR (Optical Character Mark Reader – Leitora Óptica de Caracteres)**, ou simplesmente scanners ópticos, esse equipamento normalmente elimina a inserção de dados manual ao passar um bastão sobre um código de barras pré-impresso. Essa ferramenta eletrônica economiza muitas horas de colocação de etiquetas e contagem de estoques, cupons ou entradas de promoções. Os scanners são sensores fotoelétricos compostos que usam múltiplas superfícies para dar informações adicionais e podem cobrir uma área maior que os típicos sensores fotoelétricos. Se passar um objeto entre o transmissor e o receptor, serão bloqueados vários raios de um código de barras linear. O número de raios bloqueados, o espaçamento entre cada barra ou a largura, o comprimento, a altura ou o diâmetro de cada barra são capazes de identificar esse objeto. Os scanners ópticos muitas vezes dão cupons ou descontos no caixa de lojas, vendas ou marcas da concorrência semelhantes ou equivalentes aos itens comprados nessa transação. O scanner lê o código, localiza o produto equivalente e o tamanho e imprime o cupom no verso do recibo. O cupom de vendas é destinado para uso na próxima oportunidade de compra, e o procedimento é rápido e fácil, tanto para o consumidor quanto para o atendente. Esperam-se mais usos em diferentes setores que envolvam o uso de caixas de pagamento, e a criatividade do varejo irá aperfeiçoar o potencial do scanner óptico.

Os dados dos scanners ópticos auxiliam os profissionais de marketing a aumentar o desempenho, rastreando os resultados das promoções de vendas, contando as unidades vendidas, conferindo preços, verificando identidades e fazendo centenas de outras considerações de marketing e operações. O Wal-Mart usa scanners ópticos e transmissões de dados por satélite como uma poderosa arma de marketing. Esse sistema registra constantemente vendas unitárias para atualizar estoques, verificar o movimento de vendas do produto e analisar os preços, se necessário; esses dados são então transmitidos por antenas de satélite no teto, e inicia-se a reposição do estoque. São registrados os dados financeiros e são feitos ajustes no preço, no mix de produto e na seleção. Enbora os sistemas de scanner óptico sirvam a todas as funções da atividade de varejo e atacado (financeiro, operações e marketing), é difícil argumentar que as funções de marketing e vendas são auxiliadas no máximo.

## Sistemas de retorno de fax

Um antigo sistema de reprodução, o fac-símile, havia renascido para servir os sistemas de informação distribuídos, mais que a transmissão individualizada. Embora mais lentos e provavelmente não tão bem "arrumadinhos" como uma mensagem ou um anexo de e-mail, os sistemas de fax

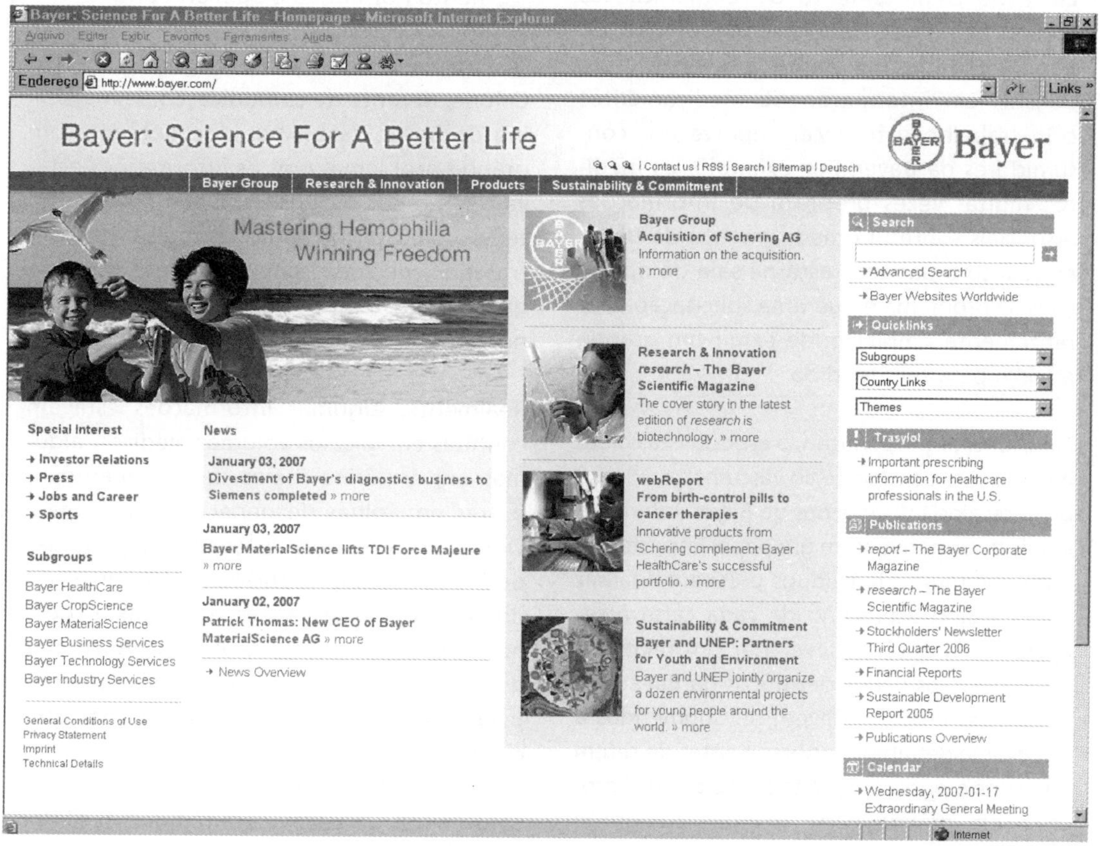


**Figura 7.4** Corporação mundial com interesses em biotecnologia, polímeros e produtos químicos especiais, o Website da Bayer abre um espaço para a diversão com uma seção completa dedicada aos esportes.
*Fonte*: Bayer (http://www.bayer.com).

## História de um Case de E-Marketing

### GESTÃO DE CONHECIMENTO ON-LINE – PORTAL DE INFORMAÇÕES DA BAYER

A Bayer Pharmaceutical é um fabricante de medicamentos do mais alto nível com reputação de suporte de primeira linha. Para a Bayer manter um alto desempenho em uma indústria competitiva, ela precisa se esforçar constantemente para ser inovadora e cuidadosa. Para fazer isso, ela precisa estar na dianteira do suporte a seus produtos, muitos deles usados em situações de vida ou morte por profissionais da área da saúde.

Entre no Departamento de Comunicações Clínicas da Bayer. Essa área da divisão de Vendas e Marketing emprega diversos especialistas em informação de medicamentos cujo trabalho é fornecer suporte aos consumidores da Bayer. Por exemplo, os médicos muitas vezes precisam de informações essenciais sobre um medicamento da Bayer enquanto o paciente está na sala de operações. O problema é que uma solicitação aparentemente simples pode exigir um grande esforço para ser atendida.

Para concluir uma ligação, o especialista coleta informações de suporte ao vasculhar a extensa biblioteca de informações da Bayer. Interesses legais e normativos têm um papel importante, visto que muitos indivíduos precisam analisar com cuidado a precisão de cada carta a ser enviada, da qual se deve criar um relatório. Além disso, os dados científicos da Bayer utilizados no processo devem ser submetidos a um exame detalhado rigoroso antes de serem enviados a público. Quando esse era um processo em grande parte manual, cumprir e exceder as expectativas de quem estava ligando era uma tarefa monumental, uma vez que uma resposta típica muitas vezes levava horas, ou até mesmo dias, para ser concluída.

Tinha de haver uma forma melhor. E, assim, a Bayer decidiu que seria necessária uma solução eletrônica. Ela ligou para um grupo de especialistas treinados em informática, que criou um Portal de Informações. Os objetivos principais do sistema seriam:

- Identificar rapidamente as informações de que o especialista precisa para completar a ligação;
- Empacotar essa informação em um único documento eletrônico; e
- Guardar um registro completo da solicitação e da resposta para acompanhamento normativo e de marketing.

Mas havia um problema. Segundo Sherlyn Celone, gerente de comunicação de marketing da Bayer, "sabíamos que tínhamos um grande problema, pois as informações estavam em todos os lugares, e demorou muito tempo para encontrá-las. Com a Bayer contratando pessoas sem parar, era só uma questão de tempo isso virar uma bola de neve. Precisávamos fazer alguma coisa".

Realmente, algumas informações estavam contidas em grossos volumes médicos, algumas em armários cheios de documentos e outras em folhas de papel escritas à mão. Outras informações estavam em sistemas de computador proprietários dentro do domínio de informações da Bayer. E bem nesses estágios prematuros estavam massas de informações díspares acessíveis somente pela Internet. Todas essas informações precisavam ser disponibilizadas de um único recurso e facilmente empacotadas para o consumidor da Bayer, com rapidez, facilidade e segurança.

A única solução viável seria um sistema de gestão pela intranet.

## História de um Case de E-Marketing (continuação)

Por quê? Porque as intranets ajudam os especialistas da Bayer a oferecer uma interface constante pelo navegador e, ao contrário da Internet, são completamente isoladas da Internet, ainda que permitam acesso a ela (exigência do FDA norte-americano). Sistemas de gestão de conhecimento organizam de forma lógica os recursos de informação. No caso do Portal de Informações da Bayer, os especialistas podem buscar por itens de interesse, identificar detalhes importantes e até mesmo navegar para Websites além dos da Bayer. Links para valiosas fontes de dados médicos na Internet ajudam o especialista a encontrar Informações relevantes instantaneamente. Eles também podem buscar por informações por palavra-chave, usando um poderoso mecanismo de busca. Fazer a ligação com múltiplas fontes de dados de uma interface permite que os especialistas percorram o mundo das informações mais rápido do que nunca.

Então, como as informações são empacotadas e entregues em uma era de heterogenia tecnológica? Bem, o Portal de Informações ostenta uma interface de empacotamento simples, chamada Assistente do Portal de Informações, que fica no desktop de cada especialista. Esse banco de documentos no estilo de "carrinho de compras" permite que sejam selecionados documentos de qualquer lugar (até mesmo do processador de texto, não só do navegador!) para criar um único pacote digital (um documento do Adobe PDF, para os mais tecnológicos). Dessa forma, eles continuam o processo de busca e, ao mesmo tempo, preparam um pacote de informações para o destinatário. Compare isso a compilar manualmente uma pilha de informações – os benefícios saltam aos olhos.

O Assistente, por sua vez, está diretamente conectado ao sistema de e-mail, ao servidor de fax e às impressoras de última geração (para destinatários com problemas com a tecnologia). Além disso, enquanto o documento toma seu rumo na estrada das informações, o assistente cria um registro completo em um poderoso banco de dados de criação de relatórios da Oracle. A Bayer usa esse data warehouse não só para rastrear essas transações, mas também para monitorar áreas de preocupações na comunidade de cuidados com a saúde em nome de agências governamentais, além do Departamento de Vendas e Marketing da própria Bayer.

Segundo Sherlyn, "o processo de responder às ligações foi muito melhorado. E a análise preditiva que a equipe consegue produzir também foi melhorada, permitindo que o grupo direcione melhor recursos com base nas necessidades do consumidor". Ainda que o consumidor externo não veja o sistema, o impacto de negócios foi equivalente a muitos sistemas no mercado. O processo de negócios se integrou mais estreitamente com as demandas do consumidor, e o sistema entrega seu produto com aumento da velocidade e redução dos custos associados.

O resultado geral? A Bayer pode fornecer informações que podem salvar vidas de forma oportuna para as pessoas que mais precisam delas. E é assim que a Bayer Pharmaceutical cumpre sua missão, "Mudar o mundo com muito cuidado".

*Fonte*: Entrevista por telefone com Sherlyn Celone, gerente de comunicação de marketing, Bayer Pharmaceutical. Conduzida pelo autor em 3 de janeiro de 2000.

podiam ser menos caros quando a situação de marketing exigisse um alto volume de informações repetitivas. Se o profissional de marketing precisasse dar suporte a diversos vendedores, especialmente em todo o país, o sistema de retorno de fax faria muito sentido. Mais uma vez, o vendedor precisa acessar um banco de informações que contenha inventário das peças, unidades disponíveis ou, como no exemplo farmacêutico anterior, interações medicamentosas ou efeitos colaterais sobre os quais talvez somente a empresa farmacêutica tenha registros precisos.

Em cada caso, o vendedor liga para um banco de aparelhos de fax que, então, faz uma busca no banco de dados para retornar um fax para o vendedor em campo. Diversos sistemas dedicados de fax podem ser introduzidos na infra-estrutura de comunicações; duas dessas redes de fax são a FaxBack e a RightFax (Figura 7.5). Assim como em qualquer aplicativo ou sistema, existem prós e contras na seleção do software adequado. Os profissionais de marketing trabalham estreitamente com o representante do fornecedor para compreender esses fatores e, depois, desenvolvem planos para minimizar as desvantagens e maximizar as vantagens do sistema correto. Mais uma vez, um pré-planejamento aplicado eliminará as principais surpresas que podem confrontar o profissional de marketing.

## Portais da Internet

As empresas de serviços on-line descobriram um novo recurso para desenvolver e promover suas atividades para expandir sua penetração. A nova oferta é chamada de portal, ou **metasite**, que foi descrito como um Website de suporte do tipo "dois-em-um"; o portal é o ponto de entrada que oferece uma ampla gama de recursos e serviços, como e-mail do Website, fóruns, diversos mecanismos de busca, transmissão de notícias, páginas pessoais e shoppings virtuais. Como o serviço on-line de notícias da CNNfn relatou:

> Os **portais da Web** estão ficando mais importantes à medida que as empresas se esforçam para serem a "primeira parada" on-line para as pessoas. À medida que a Web cresce, os usuários se deparam com uma variedade desconcertante de novas ofertas de páginas da Web. As empresas da Internet acreditam que os usuários acolherão um ponto de partida com links, novos e antigos, para Websites relacionados às suas preferências individuais. Além disso, muitos portais esperam se tornar centros para o comércio da Internet, um empreendimento potencialmente lucrativo à medida que mais pessoas começarem a comprar on-line.
>
> Os serviços de portal são muito atraentes para os varejistas on-line e para outras empresas orientadas para o marketing. A maioria dos portais requer que você se registre e, ao fazê-lo, forneça informações demográficas. Empresas de portal, então, podem usar essas informações específicas ao vender publicidade adequada direcionada para cada usuário individual (Shultz, 1999).

A American Online (AOL) ainda é o maior e mais bem-sucedido portal da história. Os consumidores podem ver um portal da Web como um serviço completo para acessar o que há de melhor na Web. O profissional de marketing pode analisar a exposição publicitária em diversos portais, assim como analisaria a programação em um canal de televisão. Se o portal se destina a um mercado mais jovem, de meia-idade ou idoso, esse formato pode combinar bem com o plano promocional do produto ou serviço do profissional de marketing. Os portais são vistos como a porta de saída para a Internet e também são considerados como um Website *sticky* (pegajoso); assim, não é surpresa que a tecnologia do portal está rumando para a direção sem fio. Segundo Jonathan Dorfman, analista do The Strategis Group, "os portais sem fio fornecerão um conteúdo pontual, localizado e personalizado para diversos tipos dispositivos" (Pastore, 2000).

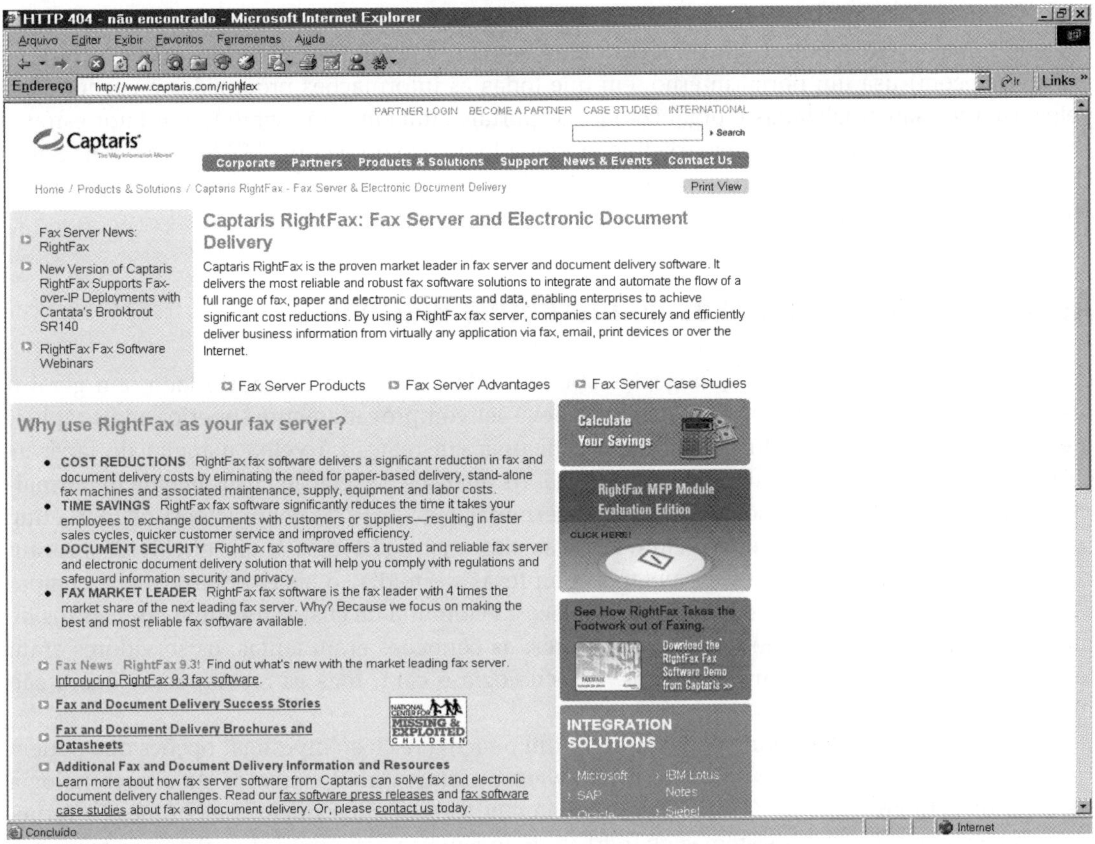


**Figura 7.5** Comunicações apoiadas em fax para auxiliar vendedores de campo com dados repletos de informações ou situações altamente voláteis: essa é a competência da RightFax em negócios on-line.
*Fonte*: RightFax (http://www.rightfax.com). Copyright © Captaris. Utilizado com permissão.

Conforme observado, a AOL está criando um portal com duas camadas – uma com menos recursos e outra mais carregada, talvez com recursos como notícias personalizadas, opções de e-mail, páginas gratuitas para usuários e mecanismos de busca inteligentes. Há muita especulação em relação aos recursos que estão sendo considerados ou em fase de teste da versão beta. Conhecidos mecanismos de busca, como Infoseek, Excite, Lycos e Yahoo!, já oferecem e-mail e página pessoal personalizada nos seguintes endereços:

- America Online, http://www.aol.com
- ESPN, http://ESPN.SportsZone.com
- Excite, http://www.excite.com
- HotBot, http://www.hotbot.com
- Go.com, http://go.com
- iVillage, http://www.ivillage.com
- NetCenter, http://www.netcenter.com
- NBCi, http://www.nbci.msnbc.com
- Yahoo!, http://www.yahoo.com

A estratégia de portal de hoje também está mudando. Os portais não se importam só com o conteúdo, mas estão sendo usados internamente em corporações. Por exemplo, a Cisco (http://www.cisco.com) usa um portal interno, em que todas as informações produzidas e pesquisadas pelos usuários são atualizadas e organizadas. Os portais também estão virando um fator estratégico para muitos profissionais de marketing, a exemplo do uso do recurso MY YAHOO! pela Sony. Quando o usuário acessa sua página personalizada do Yahoo, ele vê os últimos lançamentos e ofertas da Sony.

## As limitações dos recursos de marketing eletrônico

Cada prática ou conveniência de negócios aperfeiçoada conta com um outro lado, em geral o preço. Em função desse outro lado, a melhoria deve ser comprovadamente superior, mais rápida, menos arriscada ou ter alguma melhoria significativa em relação à velha maneira de fazer as coisas. A tecnologia de marketing não é diferente. As análises da relação custo-benefício normalmente são conduzidas como ponto inicial ao determinar se o custo do novo sistema de marketing proposto pode economizar dinheiro em relação ao sistema ou sistemas atuais envolvidos. Assim como fusões e consolidações estão afetando empresas de mídia, o sistema bancário e companhias aéreas, a consolidação de hardware fortalece a economia de custos e equipe por centros de mídia centrais ou regionais. Em épocas anteriores, as conexões eram lentas, os servidores eram lentos e os discos rígidos eram pequenos. A tecnologia é cara, mas as recompensas agora são maiores que nunca.

O profissional de marketing pode diminuir um pouco o risco ao investigar opções que podem ser expandidas em termos de software e hardware ou outros equipamentos de alta tecnologia necessários para crescimento futuro. Uma escolha cuidadosa de ferramentas eletrônicas e fornecedores com experiência em sistemas de marketing, inventário e distribuição valerá o esforço nas práticas aperfeiçoadas. A expansão tornou-se um assunto importante, até mesmo essencial, nas especificações do sistema, pois as empresas descobriram que compras de equipamentos anterio-

### O E-Marketing em Ação

**O CAMUNDONGO E O PAVÃO**

Se houver alguma possibilidade de fazer dinheiro com os portais, podemos afirmar com segurança que as grandes empresas de mídia tentarão tirar uma lasquinha. Em junho de 1998, a Walt Disney Company e a NBC – duas das maiores – investiram em Websites existentes. A Disney (que, segundo seu [então] CEO, Michael Eisner, iria "competir agressivamente na Internet e [...] competir agressivamente assim que você entrar na Internet") concordou em comprar 43% da Infoseek. O gateway [ou portal] da Web pode acabar como o lar de um formidável portfólio de propriedades de mídia da Disney – dos canais por assinatura ABC News e ESPN até *O rei leão* e *A pequena sereia*.

A NBC, enquanto isso, investiu no Snap, portal da Cnet. Os detalhes da negociação ainda estavam em fase de esboço, mas a NBC pretendia promover intensamente o Website a seus telespectadores. Seria essa uma "Web imperdível"?

*Fonte*: Li-Ron, Yael. Portals into the future: What's up next? *PC World on-line*, agosto de 1998.

res não podem ser expandidas e, portanto, são aparentemente sem valor. Boas perguntas a serem feitas nas negociações dos sistemas devem incluir as capacidades de expansão à medida que as empresas crescerem e o intercâmbio de componentes de hardware, caso diferentes fabricantes ou fornecedores os remodelem no futuro. Além disso, o profissional de marketing deve estar consciente de quais sistemas podem operar quais softwares. Ainda que ninguém possa prever com exatidão o futuro, o sucesso parcial é conseguido fazendo-se as perguntas certas e reconhecendo as respostas certas.

Como aceito desde os primórdios da computação, durante o fim da década de 1940 e na década de 1950, os gerentes e programadores reconheceram o valor dos dados de qualidade. Ao se reconhecer que "se entrar lixo, sairá lixo", articula-se o ponto de que dados ruins ou imprecisos são processados na forma de decisões ruins. Assim como os planos de marketing são cuidadosamente desenvolvidos e executados, os profissionais de marketing são igualmente cuidadosos na formulação dos dados do programa, com um olho na precisão e na pontualidade da recuperação. Os profissionais de marketing ainda reconhecem que o sucesso dos sistemas não ocorre como mágica. Como os sistemas podem realizar mais funções, comunicar-se com mais escritórios e pessoas e trabalhar 24 horas por dia, eles estão ficando cada vez mais complexos. Para conseguir a produtividade máxima, empresas que privilegiam o marketing dão valor ao treinamento e à retenção de funcionários qualificados e competentes. O treinamento está para sua equipe e para os funcionários assim como a manutenção está para o maquinário. Sem treinamento, as pessoas podem ficar estagnadas e sem desafios; sem uma manutenção programada de substituição e lubrificação das peças, as máquinas irão quebrar. Algumas empresas ricas em recursos gastam quantias consideráveis com treinamento para reter seus melhores funcionários. Dada a sofisticação dos pacotes de software (e até dos videogames), uma instrução formal sobre a operação ideal é benéfica para toda a empresa, incluindo os departamentos de marketing e MIS/IS/IT.

Embora em algumas áreas a penetração tenha chegado a 50%, outro problema significativo nos recursos de marketing eletrônico, pelo menos a curto prazo, é a baixa penetração da World Wide Web nos lares americanos e ainda mais nos lares do mundo. A conectividade custa dinheiro, normalmente uma taxa mensal que varia de U$ 15,00 a U$ 60,00, dependendo do nível dos serviços, do tipo de conexão (por exemplo, a conexão por fibra óptica é mais cara) e do tipo de programa promocional que o usuário assina. Atualmente, um computador e um modem também

**Quadro 7.3**

**PENETRAÇÃO DAS TECNOLOGIAS DA MÍDIA NO LAR DOS CONSUMIDORES**

| Tecnologia | Primavera de 2001 | Outono de 2001 |
|---|---|---|
| Banda larga | 9% | 9% |
| Internet | 53% | 53% |
| Compras on-line | 24% | 23% |
| Computador | 60% | 61% |
| Celular | 59% | 59% |
| Celular com acesso à internet | 12% | 16% |
| DVD player | 16% | 17% |

*Fonte*: Adaptado de Knowledge Networks/Statistical Research.

são necessários para o acesso à Internet, embora tenham sido introduzidas a **WebTV** e outras unidades para uso com o televisor, que são menos caras que o equipamento de informática.

Portanto, o crescimento do acesso à Web e seus recursos foi extraordinário, e espera-se que ele aumente e se nivele até o ano de 2010, quando os membros da Geração X começarem a amadurecer confortavelmente com 30 e poucos anos. Outro obstáculo a curto prazo é a falta geral de fé nas transações financeiras pela Web; grupos de empresas estão se concentrando em atividades comerciais seguras lideradas pela Visa e pela MasterCard. A aceitação do comércio eletrônico está provando ser variada, de acordo com o setor. Equipamentos e acessórios de computador são populares entre técnicos e aficionados por computador. Entretanto, vestuário e outras miudezas ficam para trás nas vendas. Os profissionais de marketing estão descobrindo que produtos ou serviços comprados com base em decisões de preço, como as *commodities*, vendem bem; produtos comprados pela cor, textura ou estilo são mais difíceis de serem comercializados. Para profissionais de marketing internacionais, as barreiras podem ser as limitações no idioma, nas leis e na moeda, possíveis diferenças culturais no processo de troca. O profissional de marketing deve, portanto, estar disposto a assumir os papéis de financista, modista, lingüista, viajante do mundo e telespectador de cultura pop.

No entanto, o maior problema para compreender e equilibrar as exigências de marketing é a comunicação das reais necessidades aos fornecedores, de forma que seja conseguida a trilogia adequada – software, hardware e orçamento. Esse relacionamento positivo começa com um profissional de marketing, que conhece honestamente sua empresa e as áreas em que ela pode ser melhorada, e termina com fornecedores entendidos que se tornam consultores e professores para seus clientes – recomendando os produtos adequados de software e hardware, não necessariamente os mais avançados e caros, para resolver o problema ou a situação do cliente. Essa é uma troca rara, mas gratificante, que pode durar por décadas, desde que ambas as partes cumpram o prometido. Essa situação é a base para um marketing de relacionamento, a associação que mais rende benefícios e lucros mútuos para o cliente e o fornecedor. Podem-se conseguir realizações maravilhosas quando a química é positiva e respeitosa.

## Os problemas de um Website

Como uma ferramenta prática para comunicação do dia-a-dia, existem diversos obstáculos significativos a serem conscientizados quando o profissional de marketing integra as atividades do Website ao plano de marketing. O problema mais comum de acesso à Web, conforme a 10ª Pesquisa da WWW da GVU, é a demora em baixar as páginas; essa reclamação foi feita por 64,8% do grupo de estudo (GVU, 1998). Quando os modems têm a velocidade aumentada ou são comprados modems mais rápidos, as páginas ficam mais carregadas com imagens, animações, *scripts*, programas e plug-ins, e tudo isso acarreta um tempo extra para fazer download. Particularmente, os varejistas devem saber que 53% dos respondentes disseram que saíram de um Website enquanto estavam fazendo uma busca, simplesmente porque o Website estava carregando com muita lentidão. No entanto, isso começou a mudar desde 2001; segundo o relatório publicado pela Telecommunications Reports International, "os métodos de acesso via DSL e cabo combinados registraram um crescimento de 62% para aquele ano, tornando-se responsável por pouco mais de 15% do mercado on-line geral".

Outra reclamação entre os consumidores era o problema crescente de links quebrados ou páginas de Websites que não existiam mais. Embora as soluções para lidar com links quebrados ou com páginas "arquivo não encontrado" sejam conhecidas dos Web designers (como redirecionar URLs não encontradas para uma página de busca), a maioria dos Websites não parece empregar nenhuma técnica para corrigir esses problemas. Além desses problemas operacionais, o conteúdo da Web, como o uso errado da Internet para negócios e as mensagens ofensivas de pornografia e outras atividades sexuais explícitas, é mais controverso para vários defensores do diálogo e do tráfego livre da Internet.

Qual equipamento o usuário possui para acessar os vários Websites? Em relação à velocidade do modem, a maioria dos usuários da Web se conecta a 56,6 K, e um número cada vez maior de placas de LAN e modems de banda larga se conectam em velocidades de até 100 K. Quase 1/3 (31%) planeja atualizar a velocidade nos próximos seis meses, e 17% planejam atualizar mesmo depois de já terem atualizado nos últimos 12 meses. Na pesquisa do equipamento utilizado pelo consumidor, o hardware mais comum é a impressora, seja em preto-e-branco (44,4%) ou colorida (62,8%). Depois da impressora vêm os aparelhos de fax (27,9%) e os scanners (34,4%).

A World Wide Web também causou impacto na capacidade de atendimento ao consumidor. É claro que a alteração básica está na aparência do hipertexto, que apresenta uma representação mais atraente e completamente gráfica de qualquer coisa que o profissional de marketing ou publicitário deseja exibir. A atmosfera do Website inteiro pode ser melhorada com cores, movimentos ou clipes de som que podem reduzir o nível de insatisfação, caso um consumidor decepcionado visite o Website. No entanto, é melhor impedir possíveis problemas antes de eles acontecerem, e os pedidos ou solicitações de compras pela Web podem ser reconhecidos automaticamente por e-mail ou por um sistema de retorno de fax. Na verdade, um Website amigável, cheio de conteúdo, pode ser o único fator que diferencia um produto qualquer de uma commodity como itens de escritório. O marketing eletrônico pode ser o único tipo de serviço de suporte que diferencia uma empresa ou produto de seus concorrentes.

## Resumo

Os programas de marketing são tão bons quanto o desempenho de suas ferramentas e componentes. Embora os profissionais de marketing tenham nas mãos o veículo de comunicação mais poderoso e interativo que existe atualmente, um planejamento e uma execução excelentes dos melhores recursos eletrônicos não mitigarão um mau planejamento de marketing. O profissional de marketing deve saber quais são os papéis adequados para os diversos tipos de sistemas de comunicação, como e-mail e Lotus Notes, para softwares de bancos de dados como Oracle e Microsoft Access; e para redes dedicadas, como intranets e extranets de empresas. O profissional de marketing deve conhecer também as funções de múltiplos propósitos da Internet. A tecnologia muda rapidamente, conforme evidenciado pelo Netscape Navigator versões 2.0, 3.0, 4.0, 5.0, e agora a 6.2[1], e pelo Netscape Communicator também. Alguns observadores da indústria dizem que há uma corrida entre a Netscape e a Microsoft para produzir novos modelos ou versões a qual se assemelha à indústria automotiva.

Você, profissional de marketing inteligente, ficará a par do desenvolvimento de novas ferramentas de marketing eletrônico ao ler as publicações da indústria, visitar as feiras do setor e fazer uma visita a instalações nas quais as ferramentas já estão em funcionamento. Os profissionais de marketing são uns tipos esquisitos; quando o programa funciona bem, eles hesitam em contar o sucesso do programa. Assim, você, profissional de marketing, deve procurar esses programas mágicos fazendo pesquisa entre fornecedores e colegas de empresas não-concorrentes. A inteligência de marketing funciona, sem importar se você, seu assistente ou uma empresa de pesquisa

1 A última versão do Netscape Navigator é a 8.1. (N.R.T.)

realiza as atividades. Como já foi discutido, algum concorrente sempre vai ter uma execução melhor ou uma ferramenta melhor do que a sua. Fica nas suas mãos nivelar o campo de jogo, ao ser mais persistente ou mais inovador que a indústria.

## Perguntas e exercícios

1. Na forma de exercício escrito, defina os seguintes termos:
   a. software
   b. hardware
   c. intranet
   d. extranet
   e. *data warehouse*
   f. mineração de dados
   g. aplicativo *front-end*
   h. aplicativo *back-end*
   i. PINE
2. Você é gerente do armazém de uma empresa de médio porte que fornece suprimentos hospitalares. Está se aproximando uma importante data, o inventário anual de mercadorias. No passado, vocês usavam um fornecedor externo para realizar essa tarefa, mas o preço dele cresceu muito nos últimos quatro anos. Você quer investigar a compra ou aluguel de seus próprios recursos de banco de dados. Defina as etapas necessárias para desenvolver uma análise de custo-benefício para comparar os custos de contratação de um fornecedor, aluguel de equipamento e compra de hardware próprio e desenvolvimento de sistemas de softwares. Coloque suas projeções em uma planilha de Excel para o gerente financeiro analisar.
3. Depois de ler este capítulo, quais seriam os três – somente três – recursos de marketing eletrônico que você selecionaria para operar sua empresa de fabricação de bicicletas? Assuma que você está iniciando seu négocio e que a empresa só possa adquirir três recursos. Justifique cada um deles em um memorando de uma página aos acionistas.
4. Se você operasse uma loja virtual que vendesse pôsteres e calendários com fotografias de animais selvagens e paisagens de vários tamanhos, você permitiria que os agentes-robô de compra entrassem em seu Website? Considere que seus produtos estão de acordo com a média do mercado. Redija um e-mail, explicando a seu cunhado e sócio as vantagens e desvantagens da sua decisão. Você mudaria alguns dos elementos do mix de marketing (elevaria ou reduziria os preços ou cortaria ou aumentaria os elementos promocionais, por exemplo) dependendo da sua decisão? Justifique por completo sua decisão de marketing.
5. Você está pensando em abrir uma loja virtual para vender internacionalmente camisetas da cultura pop. Essas camisetas serão coloridas para exibição no Website e virão com *slogans* da moda em inglês. Esse será um negócio de meio-período, então o Website deve funcionar de forma quase autônoma. Quais tópicos você investigaria para oferecer excelência em serviço a seus compradores? Relacione e explique esses tópicos na forma como você iria operar o Website, que é 24 horas.
6. No *case* da Bayer Pharmaceutical, quais outros meios de comunicação a equipe de vendas em campo poderia ter considerado ao coletar informações precisas a serem fornecidas aos médicos? Faça uma lista de tecnologias e canais de comunicação alternativos para chegar à mesma meta. Para cada alternativa, relacione as vantagens e desvantagens

para o médico, para o vendedor ou para a Bayer Corporation. Envie essa lista a seu professor, que agirá como o gerente de vendas.

7. Na introdução deste capítulo, fizemos a seguinte declaração: "A interatividade produz gratificação para o consumidor". Interprete essa declaração do ponto de vista do profissional de marketing e do consumidor. Cite exemplos, enquanto escreve uma explicação de uma página do conceito para a equipe de vendas.
8. Um dos problemas das operações na Web é a manutenção do Website existente. O Website deve evoluir continuamente, ser atualizado com freqüência com conteúdo novo e ofertas de produto e serviço e estar constantemente acessível pelo servidor. As tarefas e habilidades do Webmaster foram discutidas em detalhes no texto. Esse Webmaster deve ser funcionário da empresa (sujeito a usar seu estilo único e sujeito à estagnação de novas idéias e promoções) ou um fornecedor externo (sujeito a um aumento no tempo de serviço ou de conserto ou sujeito a um preço maior, em função do serviço ocasional)? Pense nas vantagens e desvantagens de ambas as situações e prepare-se para analisar o cenário do Webmaster em uma discussão em classe.

## *Bibliografia*


BRADY, Regina; Forrest Edward; Mizerski, Richard. *Cybermarketing*: Your interactive marketing consultant. Lincolnwood, Ill.: NTC/Contemporary Publishing Group, 1997.

CELONE, Sherlyn. Entrevista por telefone conduzida pelo autor em 3 de Janeiro de 2000.

CRM satisfaction is on the rise. Cutter Consortium. Disponível em: < http://www.cutter.com/press/010524.html >. Acesso em 24 maio 2001.

GVU NINTH WWW USER SURVEY. Georgia Tech Research Corporation. 1998. Disponível em: < http://www.gvu.gatech.edu/user surveys/survey-1998-04 >.

GVU TENTH WWW USER SURVEY. Georgia Tech Research Corporation. 1998. Disponível em: < http://www.gvu.gatech.edu/user surveys/survey-1998-10 >.

JOHNSON, Steven. *Interface culture*. Nova York: HarperCollins, 1997.

LI-RON, Yael. Portals into the future: What's up next? PC World Online. Disponível em: < http://www.pcworld.com/reviews/article/0, aid,7202,pg,15.00.asp >. Acesso em ago. 1998.

MARTIN, William. *Interactive marketing*. Erskineville, NSW, Austrália: Sear Printery/Prentice-Hall of Australia, 1994.

PASTORE, Michael. Wireless portal users growing in number. Jupitermedia Corp. Copyright 2004 Jupitermedia Corporation. Todos os direitos reservados. Utilizado com permissão. Disponível em: < http://cyberatlas.internet.com/markets/wireless/article/0,,10094 309191,00.html >. Acesso em 15 ago. 2000.

QUICK, Rebecca. Web's robot shoppers don't roam free. *The Wall Street Journal*, 3 set. 1998, p. B1, B8. Copyright 1998 Dow Jones & Co. Inc. Reproduzido com permissão de Dow Jones & Co. Inc. no formato Textbook via Copyright Clearance Center.

SCHULTZ, Randall J. The battle for the portals. CNNfn Interactive Network. 1999. Disponível em: < http://money.cnn.com/ >.

TDWI release comprehensive industry study on CRM. 101 communications, LLC. Disponível em: < http://www.dw-institute.com/display.asp?id = 5140 >. Acesso em 9 abr. 2001.

WIRED News. E-mail a calvin klein model. Lycos, Inc. Disponível em: < http://www.wired.com/news/culture/0,1284,16498,00.html >. Acesso em 25 nov. 1998.

# CAPÍTULO 8

## Segmentando e Analisando o Mercado-Alvo

"Solteiros bem-sucedidos geralmente têm entre 25 e 54 anos de idade, e o principal grupo deste segmento tem entre 35 e 44 anos. Em comparação com a média, eles têm mais que o dobro de probabilidade de viverem sozinhos e são o penúltimo grupo em probabilidade de terem filhos. A probabilidade de que haja apenas uma pessoa vivendo em suas residências é duas vezes maior que a da média e, como grupo, têm o segundo menor tamanho de residências. Esse segmento possui uma renda familiar média 75% acima da média e tem a maior renda *per capita* (3,2 vezes acima da média nacional). Esses lares são encontrados com maior concentração em Nova York, Washington D.C. e Chicago. Mais de 32% possuem formação universitária e cerca de 31% têm formação pós-universitária (classificando-os em primeiro lugar nessa categoria). Eles ficam em segundo lugar em profissões executivas e gerenciais e em primeiro em ocupações profissionais especializadas. Eles têm duas vezes mais probabilidade de morar em imóveis alugados e têm a maior probabilidade de viverem em condomínios com 50 ou mais unidades. Mais de 50% usam o transporte público para trabalhar e outros 21% caminham (colocando-os em segundo e quarto lugar, respectivamente). Eles formam o segmento menos provável de trabalhar em ocupações de mão-de-obra, dividir o carro para ir trabalhar e viver em casas móveis."

*(Claritas, 2002)*

### Objetivos de Aprendizado

- Entender os conceitos envolvidos no uso das pesquisas geográfica, demográfica e psicográfica.
- Compreender o valor dos recursos eletrônicos para identificar características demográficas e psicográficas no processo de segmentação de marketing.
- Conseguir analisar dados geográficos, demográficos e psicográficos para tomar boas decisões em marketing.

# Introdução

Os profissionais de marketing estão exigindo mais desempenho dos gastos promocionais, e quem pode culpá-los? A publicidade na mídia e as promoções em vendas nacionais são caras; a transmissão de um comercial de 30 segundos durante um jogo de futebol americano do Super Bowl custa mais de $ 2,2 milhões. Ainda que a transmissão do Super Bowl não tenha um alvo bem-definido (embora seja um pouco mais direcionada para o público masculino), os recursos de marketing eletrônico podem auxiliar na transmissão de mensagens a mercados com características específicas. A tradicional pesquisa demográfica, associada a análises de estilo de vida e comportamento, agora pode ser aperfeiçoada com técnicas de rastreamento que a Internet permite, a fim de aumentar a probabilidade de as mensagens promocionais serem expostas aos consumidores potenciais do comerciante on-line. A Web desbrava novos terrenos todos os dias, assim como a tecnologia de rastreamento. Os profissionais virtual bem-sucedidos fazem outras perguntas, além do número de impactos, cliques em links de determinado Website ou visitas à home page do anunciante. Esses profissionais questionam se partes específicas de um Website foram visitadas, qual o número de visitantes únicos, de onde vieram os visitantes de um determinado domínio, quais os Websites dos concorrentes que são visitados e, mais importante de tudo, qual a receita da venda de produtos. Se uma capacidade maior de direcionar comunicações e criar ofertas de produto personalizadas atraentes ao gosto de indivíduos ou grupos tiver sido alcançada, como parceria no processo de troca, o profissional de marketing deve perseguir essas tecnologias de coleta de informações para fornecer ao consumidor as melhores escolhas que correspondem a seus desejos e necessidades. Este capítulo irá analisar os acontecimentos em identificação e segmentação do consumidor nos métodos de pesquisa eletrônico e tradicional.

# Fazendo busca em 130 milhões de lares

Como a recuperação de dados foi casada com bancos de dados de grande escala, particularmente os dados coletados e armazenados pelo Census Bureau, os profissionais de marketing ficaram muito mais proficientes para localizar as áreas mais promissoras para promover seus produtos e serviços. Esse direcionamento geográfico está disponível para a criação do perfil de estados, cidades, zonas de endereçamento postal de até 400 lares, bem como a localização de oito a dez lares pertencentes a uma determinada área de endereçamento postal completo (nos Estados Unidos, o código completo é formado por cinco dígitos principais mais quatro dígitos do código expandido). Os profissionais de marketing podem indicar as áreas-alvo usando um software **geodemográfico** modelado e preparado por empresas como a National Decision Systems (NDS, http://www.natdecsys.com), em San Diego, e depois recrutar empresas de marketing promocional como a Valpak® (http://www.valpak.com – Figura 8.1) para entregar material de marketing direto a cada um dos lares da área de interesse. Os serviços dessas empresas que dispõem de softwares geodemográficos são amplos e completos; elas oferecem muitos serviços de criação de relatórios, **mapeamento** e outros serviços de identificação relacionados ao consumidor e às empresas. Como sugere o nome da geodemografia, os dois elementos de identificação são a geografia, indo do urbano ao suburbano até as áreas de moradia rural, e características demográficas de até 50 diferentes tipos de **agrupamentos de lares**. Usando a análise geodemográfica da National Decision Systems, os lares norte-americanos são diferenciados entre atributos distintos, e a empresa dividiu e denominou os grupos para dar a cada um deles uma personalidade. Esse aspecto da segmentação **psicográfica**, os padrões de estilo de vida, será discutido em breve, e também serão utilizados a identificação e os descritores conforme detalhado no relatório de dados da NDS.

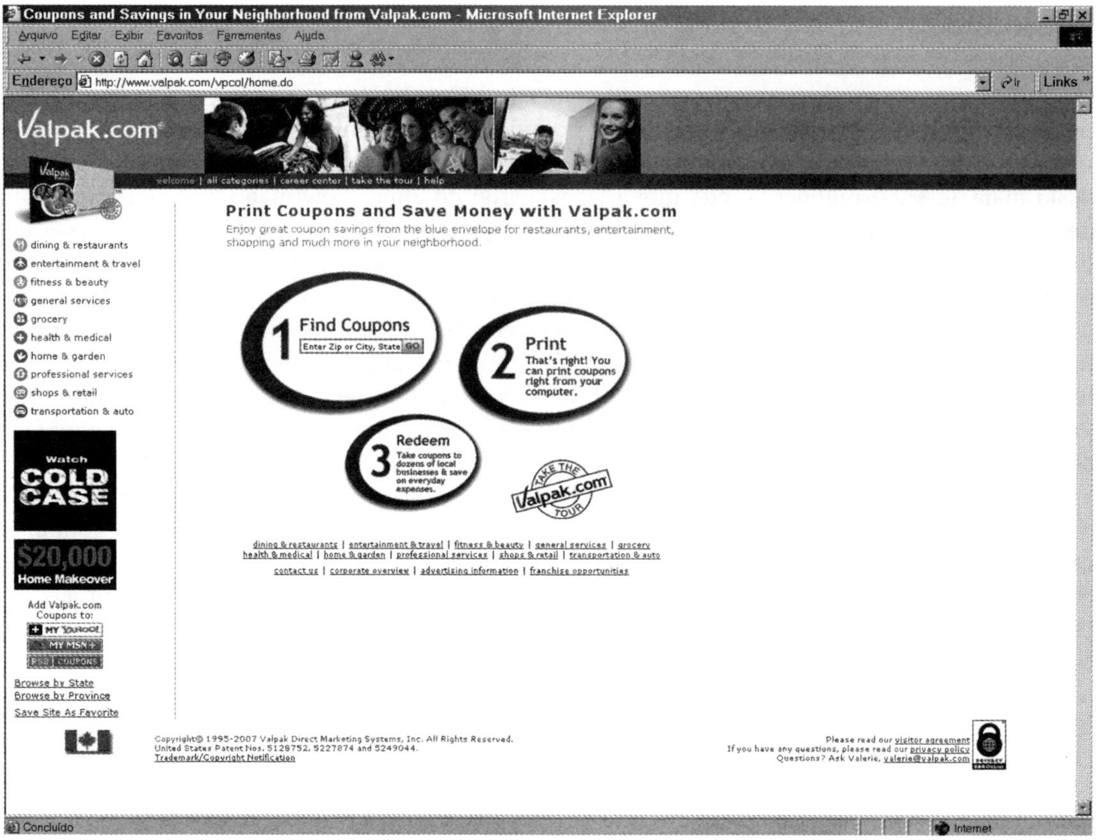


**Figura 8.1** A emissão de cupons por área geográfica e bancos de dados contendo registros de toda o país ajudam comerciantes locais a direcionar as ofertas para seus mercados de maneira eficaz. O "envelope azul-claro" é reconhecido por entregar valor aos consumidores.
*Fonte*: Valpak (http://www.valpak.com). Todos os direitos reservados. Utilizado com permissão.

# O valor dos bancos de dados de marketing

Os bancos de dados nada mais são que coleções de coisas, normalmente coisas semelhantes; ao classificar itens semelhantes em grupos menores, o profissional de marketing começa a considerar a comunicação e o serviço tarefas mais fáceis. Os profissionais de marketing protegem com ciúmes seus bancos de dados, pois o consumidor acima de tudo se envolve e compra de alguém. Às vezes, anos de coleção de dados são necessários para formar um banco de dados. Um exemplo de banco de dados longitudinal é o lançamento de vídeos da Disney por geração; a cada 20 ou 25 anos, *A Dama e o Vagabundo* ou *Bambi* aparecerão nas prateleiras das locadoras para deleite de novos telespectadores. Da mesma forma, a Procter & Gamble (P&G) poderia manter registros cuidadosos do nascimento de meninas, sabendo que as garotas um dia irão virar mulheres que, por sua vez, terão seus próprios filhos. Produtos para bebê, como fraldas, lenços umedecidos, loções, brinquedos e roupas podem ter memória para as mães, então uma oferta de cupom de produtos com desconto pode fazer com que um usuário ausente (na infância e na adolescência) se transforme em um usuário recuperado quando um bebê estiver a caminho. Como a P&G poderia compilar um banco de dados dos bebês? Uma maneira é criar um relatório dos anúncios de nascimento nos jornais locais. Levando essa situação do banco de dados ainda mais adiante, talvez o profissional de marketing more em Sherman Oaks, na Califórnia, e a empresa para qual ele trabalhe opere uma rede de lojas de música. O gerente dele o instruiu a investigar a área triangular de pesquisa na Carolina do Norte, um estado e uma área que ele nunca visitou. Ao fazer o pedido de relatórios de informações de mercado sobre a área, o profissional de marketing pode começar a se familiarizar com a dinâmica do mercado antes de iniciar um tour pelo Tar Heel State[1]. Depois, ele poderia usar os dados como informações de suporte à decisão para determinar se a abertura de lojas na Costa Leste seria uma boa idéia para sua empresa.

Se receberem manutenção adequada, os bancos de dados dão aos profissionais de marketing informações precisas e atualizadas em relação à população, domicílios e empresas em todos os Estados Unidos. Os clientes podem analisar uma área geográfica - seja um bairro, uma cidade, uma região de um estado, um estado, uma região do país ou o país inteiro - para definir a população dentro da área selecionada em termos de **demografia**, socioeconomia, características dos lares, estilos de vida e comportamento de compra do consumidor. Os bancos de dados também ajudam os profissionais de marketing a analisar empresas em uma área em termos de **códigos SIC (Standard Industry Classification)**, quantidade de funcionários, mix ocupacional, vendas anuais e tipo de empresa, além de características ainda mais detalhadas. Usando esses bancos de dados, os profissionais de marketing podem obter informações específicas sobre a dinâmica de suprimento e demanda, tais como se a população de uma cidade ou região está crescendo ou se está perdendo negócios em determinadas categorias comerciais. Dependendo das tendências da população, o profissional de marketing pode decidir abrir ou não novas lojas, colocar representantes de vendas em novos territórios ou introduzir novos produtos ou serviços nessas áreas de mercado. As empresas de dados de mercado também podem dar aos profissionais de marketing listas abrangentes de consumidores para marketing direto. Essas listas são acessadas pela rede afiliada de empresas externas de marketing direto especializadas na compilação e na manutenção de bancos de dados do consumidor. Essas listas ajudam os profissionais de marketing a selecionar o público-alvo ao comparar a MicroVision, o perfil do estilo de vida, com o perfil demográfico (Claritas, 1998).

Com os avanços do CRM e das tecnologias dos bancos de dados, a segmentação agora pode ser feita não só usando a demografia e a psicografia tradicionais, mas utilizando características atitudinais e comportamentais específicas em "tempo real". O profissional de marketing de hoje em dia pode projetar uma pesquisa com quantas perguntas ele quiser e utilizar as informações para segmentar o mercado usando critérios muito específicos, como o nível de importância do menu infantil em um restaurante fast-food.

## Por que o conceito e a prática da segmentação são tão importantes?

Os demógrafos descobriram que pessoas com características demográficas, econômicas e sociais semelhantes tendem a viver entre outras pessoas semelhantes e, para fins de marketing, esses grupos de pessoas com recursos, aspirações e motivações semelhantes podem ser combinados a produtos ou serviços relacionados às suas circunstâncias de vida. Esse agrupamento de consumidores semelhantes é criado com base nas técnicas de segmentação, a separação dos consumidores

1 Tar Heel State, ou *estado do calcanhar de breu*, é o apelido dado ao estado da Carolina do Norte. Esse apelido surgiu na Era Colonial, quando o breu era um dos principais produtos. Como o breu é obtido pela lenta carbonização de árvores, o apelido remete aos trabalhadores dessas áreas, cujos sapatos ficavam impregnados da substância. (N.T.)

em grupos menores de características semelhantes. Assim que o profissional de marketing tiver decidido sobre os segmentos do consumidor ou da empresa, os grupos correspondentes serão definidos e selecionados a partir das características descritivas para fins de marketing. Talvez o produto do profissional de marketing sejam jóias finas, e a lista de grupos de segmentação contenha vários segmentos de alto nível e com gosto pela moda com os quais o profissional de marketing possa usar um serviço como o da Valpak para enviar por correio ou por meio eletrônico ofertas a esses consumidores. Da mesma forma, o profissional de marketing poderia usar essa mesma estratégia de utilizar dados demográficos ou econômicos, hábitos de compra ou auto-imagem para auxiliar na determinação de um local adequado para a loja. Os dados do consumidor podem produzir diversos relatórios que estimam o gasto em varejo dentro de uma área geográfica e, dependendo dos segmentos-alvo, o profissional de marketing pode decidir melhor onde localizar sua loja de descontos, loja de itens comuns ou loja de itens exclusivos. A fórmula básica para a segmentação geodemográfica é o local de residência em comparação com o nível de renda.

Com o uso da decisão de segmentação em relação a quem e onde o consumidor potencial destinado está – jovem, meia-idade ou idoso; rico, renda média ou baixa renda; formação pós-universitária, universitária ou nível médio; casado com filhos ou sem filhos, solteiro ou divorciado; com casa própria ou morando de aluguel (as informações em um relatório da NDS são extensas) –, o profissional de marketing possui muitas informações para criar perfis e localizar e identificar seu alvo de consumidores residenciais no universo de todos os consumidores residenciais. Assim que o profissional de marketing tiver identificado quem é o consumidor, ele precisará identificar onde o consumidor está – vivendo em um ambiente urbano, suburbano ou rural, morando em uma casa em um bairro residencial ou em um terreno de 20.000 m² ou vivendo em um apartamento em um pequeno edifício ou até em um apartamento de muitos andares. Combinar essas duas situações de criação de perfil dá ao profissional de marketing uma direção considerável no programa promocional. O profissional de marketing suporta estratégias de segmentação bem-sucedidas para conhecer bem o mercado, com base na demografia, na porção numérica do grupo e no correspondente perfil psicográfico dessas áreas com maior potencial de marketing. Se os dados demográficos lidam com o lado mais difícil das características numéricas, por que os perfis psicográficos são considerados o lado mais fácil da segmentação?

## Investigando um típico relatório demográfico

O que podemos encontrar em relatórios demográficos e psicográficos produzidos por empresas como a National Decisions Systems? Em geral, os dados apresentados são montados para auxiliar o suporte à decisão, para demonstrar a lógica usada pelo gerente. Muitas vezes se diz que nunca há informações demais para um gerente. Ainda que isso possa ser verdade, ajuda muito se as informações forem bem-organizadas. No caso da NDS, ela tipicamente organiza e vende informações divididas nas cinco seguintes categorias:

- Demografia – A NDS fornece mais de 800 características demográficas, socioeconômicas e habitacionais do censo norte-americano de 2000 (http://www.census.gov). Algumas das mais importantes seleções, ou opções, são população, sexo, idade, tipo de domicílio, valor das propriedades, educação, profissão, renda familiar e tipo de residência. Quase todas as informações demográficas derivam do censo decenal e, à medida que o tempo passa entre cada relatório do censo, a empresa que vende dados demográficos começa a modelar seus dados para acomodar alterações ou correções que não poderiam ter sido previstas no início da década. Como em uma missão para a Lua, um pequeno erro no lançamento pode se tornar um grande erro na trajetória, a milhões de quilômetros de distância. O primeiro censo norte-americano foi feito em 1790; vacas e banheiros externos estavam entre os itens importantes contados. Os Estados Unidos conduzem um censo a cada dez anos desde 1790, e as informações e técnicas da coleta dessas informações ficaram cada vez mais complexas e completas.

- Atualizações e projeções demográficas – É bom saber como o mercado é formado atualmente, mas qual será a composição da população daqui a cinco ou dez anos? A construção das infra-estruturas de empresas é cara; se o mercado piorar ou melhorar, o profissional de marketing terá tempo para fazer os ajustes? A maioria das empresas que vendem dados demográficos fornecerá atualizações corrigidas anualmente e fará projeções para cada cinco anos quanto à população, lares, renda e riqueza.
- Idade por renda – Quanto mais detalhadas as categorias de idade, melhor. Esses dados fazem uma decomposição detalhada do número total atual de lares dentro de uma área geográfica definida de acordo com 15 categorias de idade e nove classificações de renda familiar. Ajuda fazer uma decomposição em termos de número e porcentagem de lares. Ao combinar porcentagens de idade e renda, o profissional de marketing pode conseguir uma estimativa bruta sobre a população selecionada: se ela é jovem, de meia-idade ou mais velha e se cai nos grupos de renda elevada, média ou baixa.
- Fatos de empresas – Esse relatório fornece um resumo das contas de empresas para uma análise fácil da quantidade e da composição das empresas dentro de uma área. As contas podem ser obtidas para o total de negócios realizados por categorias predeterminadas principais ou por quaisquer seleções únicas ou combinadas definidas pelo usuário, incluindo códigos de SIC, quantidade de funcionários e tipo de empresa. As contas resumidas podem ser obtidas por código postal, município ou região.
- Fatos de varejo – Dependendo da empresa de dados de mercado, os profissionais de marketing podem adquirir relatórios valiosos sobre shopping centers e inquilinos, informações financeiras para cada banco e instituição de poupança e empréstimos, informações de restaurantes, informações de seguros, gasto potencial do consumidor para diversas categorias principais de varejo e relatórios de vários outros tipos. Esses dados podem ser essenciais para determinar o sucesso ou o fracasso dos estabelecimentos comerciais, e você, o profissional de marketing, é inteligente para investigar a área de mercado proposta *antes* de estabelecer qualquer compromisso financeiro.

## Psicografia, o agrupamento de lares com estilos de vida semelhantes

O relatório demográfico só informa ao profissional de marketing até este ponto. Ele define principalmente quais são os números, mas não como os estilos de vida e a auto-imagem da população são classificados. Por exemplo: o relatório demográfico pode indicar um grupo de indivíduos com renda anual de $ 100.000, mas esse dinheiro é antigo e herdado, provém de investimentos, é recebido como salário ou, vamos supor, foi conseguido ilegalmente? Pode ser importante saber que o dinheiro foi conseguido como representante de vendas, e não como dono de uma rentável oficina de motores. Um salário anual de $ 35.000 pode ser gasto de modo diferente por um motorista de caminhão e por um auditor júnior de Manhattan ou por um vaqueiro em uma pitoresca cordilheira de Montana. A questão é: a quantidade de dinheiro é a mesma, mas ela é gasta em campos de golfe ou pistas de boliche? Se esse tipo de diferença é importante para o profissional de marketing, como esses dados podem ser obtidos?

O método alternativo (ou de suporte) à demografia é a pesquisa psicográfica. A psicografia diz respeito aos estilos de vida, e empresas de informações de marketing acreditam que há diversas e distintas composições de lares nos Estados Unidos. Esse é um método de segmentação alter-

## O E-Marketing em Ação

### PROFISSIONAIS DE MARKETING ABORDAM OS NEGROS ON-LINE

Com milhões de pessoas usando a Web diariamente, os anunciantes on-line estão começando a direcionar a publicidade para grupos étnicos específicos, particularmente os negros. Larry Tuckett, CEO da Tuckett/Parshall Interactive, é pioneiro no marketing on-line para a comunidade negra desde 1990. A empresa de Tuckett fez o design do Website da revista *Essence*, e entre seus clientes está a Motown Records, a Home Box Office e a Morgan Stanley. Quando a Tuckett/Parshall foi adquirida, em 1997, pela InterActive8, Tuckett se tornou diretor de marketing étnico. Ele conversou recentemente com Mo Krochmal, da Tech Web, sobre a importância cada vez maior dos consumidores negros.

P. Por que a comunidade negra é importante para os profissionais de marketing on-line?

R. Um estudo da Nielsen feito neste verão concluiu que 24% dos negros, ou seis milhões de pessoas, estão conectados à Internet. Trata-se de um aumento de 53% nos últimos nove meses.

P. Mas seis milhões não é um mercado enorme. Por que esse grupo on-line é atraente demograficamente?

R. Quando se chega às pessoas com renda mais alta e com maior escolaridade, percebe-se que os negros estão tão conectados quanto os caucasianos. Os negros têm $ 500 bilhões. Foi isso que compramos no ano passado.

P. É injusto pedir que você fale para toda a comunidade negra?

R. Não, eu não consigo falar com toda a comunidade negra, mas faço parte da NAACP, moro no Bronx, [e] tenho esposa e uma filha de 8 anos com seu próprio Website e um amigo por correspondência na China.

P. Sua filha é uma típica criança negra da idade dela?

R. Entre meus colegas que têm uma profissão definida, sim, ela é típica. Ela tem muitos amigos que não têm computador e que adoram ir à nossa casa. Eles adoram entrar na Internet para poder disputar jogos em CD-ROM.

P. Quais são as barreiras enfrentadas pela comunidade negra ao se conectar à Internet?

R. O problema está no preço e no fato de os pais não entenderem o que é um computador. Muitas vezes, os pais têm medo. Eles não sabem o que comprar. Eu tinha muita esperança de a WebTV ter bastante influência na comunidade negra, mas isso não aconteceu.

P. O que as empresas de tecnologia que procuram fazer negócios com essa comunidade precisam fazer?

R. Acredito que dar educação e informações essenciais que vão ajudar a tomar a decisão correta da compra. Assim como quando você compra, de qual software você vai precisar? Como você se conecta à Internet? Qual é a diferença entre a AOL e a AT&T WorldNet? Eu recebo muitas perguntas sobre quanto custa ter uma conexão com a Internet.

P. Que Websites você costuma visitar?

R. Tem um Website que eu visito muito, *The Black World Today*. Sempre que eles falam sobre Websites dirigidos à comunidade negra, mencionam dois Websites, o Black Voices e o Netnoir. O Black Voices é do Tribune. O Netnoir é parcialmente de propriedade da America On-line. O conteúdo é muito leve e esparso, tem mais bate-papo e comunidade. O *Black World Today* é o único Website de notícias sério na Internet para negros.

*Fonte*: Krochmal, Mo. Q & A: Marketer reaches African-Americans on-line. TechWeb, 17 de novembro de 1998.

nativo à composição demográfica; a psicografia é uma forma de segmentar clientes e selecionar públicos-alvo por meio da identificação do número e da concentração de lares de cada segmento localizados dentro de uma área comercial. O produto de informações psicográficas da National Decisions Systems é chamado de MicroVision, que oferece uma ligação entre os lares dos consumidores e seus exclusivos comportamentos de compra, hábitos de mídia e financeiros, consumo e estilo de vida. Com os dados psicográficos, os profissionais de marketing podem segmentar, localizar, quantificar e direcionar seus melhores consumidores potenciais em qualquer área demográfica definida. O potencial de demanda pode ser determinado para o produto, a comunicação de marketing para as necessidades do consumidor pode ser personalizada e os principais lares de consumidores nessa área geográfica podem ser visados. Os dados do consumidor identificam o número, a porcentagem e a concentração de lares em cada segmento da MicroVision localizado dentro de uma área de negócios.

O relatório da NDS detalha uma descrição do estilo de vida de uma dada vizinhança. Por exemplo, a NDS batizou o mercado dos jovens de futuro como "solteiros bem-sucedidos" e descreve esse segmento como "jovens, vivem em casas alugadas e sozinhos, moram há bastante tempo no mesmo lugar, pertencem a diferentes etnias, têm alto nível de escolaridade, renda média, trabalham como gerentes ou são profissionais liberais, têm bastante dinheiro na conta bancária, fazem muitas compras a prazo, compram pouco em lojas de varejo". Para expandir ainda mais o conhecimento do profissional de marketing da área, a MicroVision descreve 50 segmentos, da "alta sociedade" a "estrelas e listas"[2] e "trabalhadores aposentados". Nem tudo é alegria em cada segmento; alguns dos segmentos refletem a realidade da vida. Um deles, o segmento "insistindo", é descrito como: "famílias grandes de negros com baixa renda, pouca escolaridade, trabalhadores braçais; fazem muitas compras em varejistas e poucas compras em prestações". Ainda que algumas dessas descrições pareçam bem-humoradas, foi feita uma pesquisa substancial para fundamentar esses 50 segmentos. Há até uma categoria de estudantes de faculdade, a "universidade Estados Unidos", descrita como "estudantes, solteiros, morando em campus/grupos, renda muito alta, educação média, trabalham como técnicos ou em vendas, baixa atividade financeira e muitas compras em varejistas". Isso parece uma descrição precisa de você e seus amigos?

Uma vez que cada segmento de mercado representa consumidores com um padrão único de compra, consumo, uso de mídia e comportamento financeiro, o profissional de marketing pode identificar, quantificar e localizar com mais facilidade os melhores consumidores. Esses segmentos de mercado são definidos usando mais de 200 variáveis fornecidas pelas informações do censo norte-americano e pelos dados de demanda do consumidor. Como dissemos anteriormente, nenhum profissional de marketing pode vender a todo mundo, de forma que o método de segmentação é mais uma estratégia para selecionar o melhor mix de produto e de consumidores potenciais.

Enquanto a análise demográfica geralmente lida com números agregados, a psicografia identifica o número e a porcentagem de lares e a população em cada segmento para dar ao profissional de marketing um índice de medição. Um índice de mais de 100 significa que há uma concentração maior que a média desse segmento ou grupo na área de comércio do profissional de marketing, se comparada à área de base como um todo. Um índice de 100 ou menos, ao contrário, significa que há uma concentração menor que a média desse segmento ou grupo presente na área de interesse do profissional de marketing. Esse raciocínio se baseia na premissa de que a média é 100. Uma medição de 110 em uma área geográfica como um código postal significa que o segmento possui uma propensão 10% maior de comprar um produto da categoria que foi visada pelo profissional de marketing. Uma medição de 87 em uma categoria de produto significa que os residentes de

2 Referência à bandeira norte-americana, que é composta por listas e estrelas. (N.T.)

determinada área geográfica têm uma probabilidade 13% menor de comprar. Essa metodologia é semelhante à da pesquisa de produto e serviço conduzida pelo Simmons Market Research Bureau (SMRB); amostras de relatórios de pesquisa do SMRB podem ser encontradas na biblioteca da maioria das universidades norte-americanas.

*Quadro 8.1*

**DESCRIÇÃO DA AMOSTRA DE UM GRUPO DE DADOS DE ESTILO DE VIDA**

| Comportamento do perfil | Porcentagem de penetração | Índice MicroVision | Classificação |
|---|---|---|---|
| Ouve estações de rádio dedicadas à música clássica | 21,5 | 750 | 1 |
| Possui um cartão Ouro da American Express | 36,6 | 710 | 2 |
| Fez pelo menos três viagens para o exterior nos últimos três anos | 22,9 | 483 | 1 |
| Usa serviços de lavanderia (pelo menos $ 100 nos últimos seis meses) | 26,5 | 481 | 2 |
| É membro de um programa de milhagem | 39,7 | 430 | 1 |
| Usa cartão para sacar dinheiro | 33,8 | 397 | 1 |
| Lê revistas de viagem | 19,6 | 394 | 1 |
| Viajou por pelo menos 15 dias para destinos no exterior | 19,0 | 383 | 2 |
| Ouve estações de rádio dedicadas a notícias | 29,1 | 381 | 1 |
| Investe em títulos de renda fixa (*bonds*, *notes* e *bills*) | 8,6 | 376 | 1 |
| Mantém um fundo de investimento mútuo | 12,3 | 371 | 1 |
| Comprou ou negociou ações no último ano | 16,9 | 363 | 2 |
| Bebe vinho importado | 29,6 | 350 | 1 |
| Foi a uma apresentação ao vivo no ano passado | 47,2 | 345 | 1 |
| Possui passaporte | 57,2 | 340 | 1 |
| Visitou um museu no ano passado | 45,8 | 334 | 1 |
| Freqüenta uma academia | 28,2 | 319 | 1 |
| Foi esquiar no ano passado | 15,6 | 316 | 1 |
| Lê revistas para *gourmets* | 17,6 | 310 | 1 |

Relatório MicroVision sobre as atividades de um grupo de estilo de vida conforme relatado pela Claritas. Observe que o relatório contém uma coluna de nome "Índice Microvision", comparando o grupo ao índice da média nacional, que é igual a 100.
***Fonte***: A description of a sample cluster of lifestyle data (http://www.sitereports.com). MicroVision Marketing Guide, Lifestyle Data, julho de 1995. Copyright © Claritas. Utilizado com permissão.

Mais uma vez, conhecer seu mercado é o segredo para comercializar o produto certo no lugar certo e no preço certo. A geodemografia e a psicografia são ferramentas auxiliares para ajudar o profissional de marketing a tomar as decisões de marketing mais sábias para seu produto ou serviço.

Ao pesquisar os hábitos e estilos de vida dos mercados escolhidos, você pode melhorar a eficácia em todas as ferramentas promocionais, incluindo a seleção do veículo de mídia, o tipo de mensagem, a programação da publicidade ou os tipos de promoções. A pesquisa está disponível por meio de empresas que comercializam dados demográficos e pode ser comprada uma única vez ou por assinatura. Novamente, quanto mais você souber sobre o consumidor, melhor poderá servi-lo.

## Encontrando grupos de consumidores com estilos semelhantes

Os indivíduos vêem a si mesmos de determinadas maneiras – inteligentes, esportivos, conservadores, tecnológicos. Existem muitos nichos psicográficos que um indivíduo pode ocupar. É tarefa do profissional de marketing localizar esses consumidores potenciais possivelmente dispersos e lhes apresentar uma mensagem convincente. Isso é particularmente importante para produtos ou serviços discricionários, isto é, aqueles produtos que o consumidor de jeito nenhum solicita. Ainda que a análise demográfica possa direcionar o profissional de marketing para áreas de significância numérica para vender os itens necessários à vida do dia-a-dia, o consumidor com uma alta imagem muito forte pode querer alguma coisa melhor. Daí, o estudo e a aplicação de psicografia de grupo se tornam essenciais para o marketing. O consumidor endinheirado é perseguido por muitos programas de marketing; o profissional de marketing descobre que os custos de marketing são reduzidos enormemente quando grupos de consumidores são abordados, em oposição aos custos de se fazer marketing para uma pessoa. Usando o manual de grupos da MicroVision, diversos segmentos são combinados em grupos de características semelhantes, mas não idênticas. A MicroVision agrupa os 50 segmentos em 11 grupos para a economia de marketing; esses 11 grupos de mercado distintos podem variar na composição, dependendo da área geográfica selecionada. O profissional de marketing verá uma ênfase recorrente em dinheiro, idade, estado civil e estado de espírito de tolerância a riscos, todos esses valores atemporais sobre os quais os programas de marketing podem ser construídos e ajustados. Veja a seguir uma lista dos 11 grupos, conforme categorizados pela MicroVision. A primeira coluna da lista designa o número do grupo da MicroVision (1, 2 etc.).

| | |
|---|---|
| MVG01 | Riqueza Acumulada |
| MVG02 | Famílias Influentes |
| MVG03 | Jovens Acumuladores |
| MVG04 | Solteiros Influentes |
| MVG05 | Famílias com Bens |
| MVG06 | Clássicos Conservadores |
| MVG07 | Casais Cuidadosos |
| MVG08 | Famílias Sofridas |
| MVG09 | Solteiros Sofridos |
| MVG10 | Anomalias |
| MVG11 | Não Classificados |

Esses grupos da MicroVision possuem um índice substancialmente maior ou menor que 100, dependendo da composição do mercado. Por exemplo: uma comunidade de aposentados pode abrigar mais Casais Cuidadosos, com comportamento afetado pela Grande Depressão ou pelas duas guerras mundiais. Da mesma forma, o centro de Detroit pode ser lar de muitas Famílias Sofridas, em função das baixas condições socioeconômicas aí encontradas. Muitas dessas descrições de segmento estão presentes nos Estados Unidos há gerações, mas muitas, particularmente nos subúrbios (as regiões com maior poder aquisitivo), se desenvolveram nos últimos 50 anos. Os profissionais de marketing se deram conta de que um número substancial de lares está situado nos subúrbios, e essas são áreas de gastos discricionários de tamanho considerável.

Portanto, o profissional de marketing deve definir os melhores perfis – um ou mais que serão mais receptivos à compra do produto ou serviço – e depois categorizá-los dentro dos 50 perfis de estilo de vida (na realidade, existem 48 segmentos de estilo de vida definíveis, visto que os últimos dois são generalidades que podem ou não existir em cada área geográfica). Esse processo de seleção deve ser classificado pelo número ou porcentagem de lares. Esse número deve ser totalizado, possibilitando que o profissional de marketing determine níveis aceitáveis de penetração no mercado. Se o mercado em potencial totalizado for um número menor – não for um número de consumidores grande o bastante para gerar lucro suficiente e fazer valer a pena atividades de marketing –, o profissional de marketing pode precisar expandir seu mercado adicionando dois ou mais segmentos para alcançar um nível de mercado aceitável. O que é um nível aceitável? Depende. Por exemplo, a geografia pode ter um papel em determinar um nível de mercado aceitável para equipamentos esportivos. Esses equipamentos seriam consumidos de forma diferente por moradores das áreas urbanas e por residentes de áreas rurais. Computadores e compras de serviços on-line podem ser vistos de forma diferente por pessoas com mais educação e por aqueles com menos educação. O vinho pode ser apreciado por motivos distintos por diferentes segmentos de mercado (colecionadores de vinhos finos *versus* moradores de rua). O mesmo argumento deve ser analisado para cada uma das características psicográficas (ou efeitos da demografia) que definem um consumidor, como profissão, *status* social, renda e residência. O profissional de marketing deve ser intuitivo e sensível ao adequar produtos a consumidores potenciais, uma vez que o uso do produto é um reflexo de quem o profissional de marketing é como indivíduo dentro da comunidade.

Algumas características são definitivamente mais importantes que outras para compras de determinados tipos de bens duráveis. Pessoas com renda alta a média tendem a fazer poucas compras a prazo; em vez disso, elas mantêm saldos mais altos de crédito rotativo e gastam pouco em lojas varejistas. Esses consumidores têm dinheiro para quitar uma dívida rapidamente, evitando assim a cobrança de juros. É uma tolice o profissional de marketing vender um automóvel de preço médio desenvolvendo elaborados programas de financiamento de longo prazo ao consumidor que provavelmente vai pagá-lo à vista. Muitas empresas tiveram muito sucesso em servir trabalhadores de baixa renda, compreendendo suas preferências e hábitos de consumo. Uma empresa de seguros desenvolveu muitos consumidores leais ao criar um plano de vendas em que os vendedores visitavam as comunidades hispânicas batendo de porta em porta, cobrando as prestações dos seguros de vida uma vez por semana. Essa estratégia de venda foi criada com base no hábito de usar compras parceladas médias e altas. Os consumidores de seguro viam a empresa de seguros como uma companheira, que os estava ajudando a conseguir alguma segurança financeira. Em ambos os casos, os profissionais de marketing investigaram as preferências de seus consumidores potenciais e produziram programas de vendas adequados às suas necessidades e desejos.

## VALS, a metodologia psicográfica da Internet

Os profissionais de marketing podem conferir a segmentação psicográfica da VALS™ no endereço http://www.sric-bi.com/VALS (Figura 8.2). O sistema original foi desenvolvido para os Estados

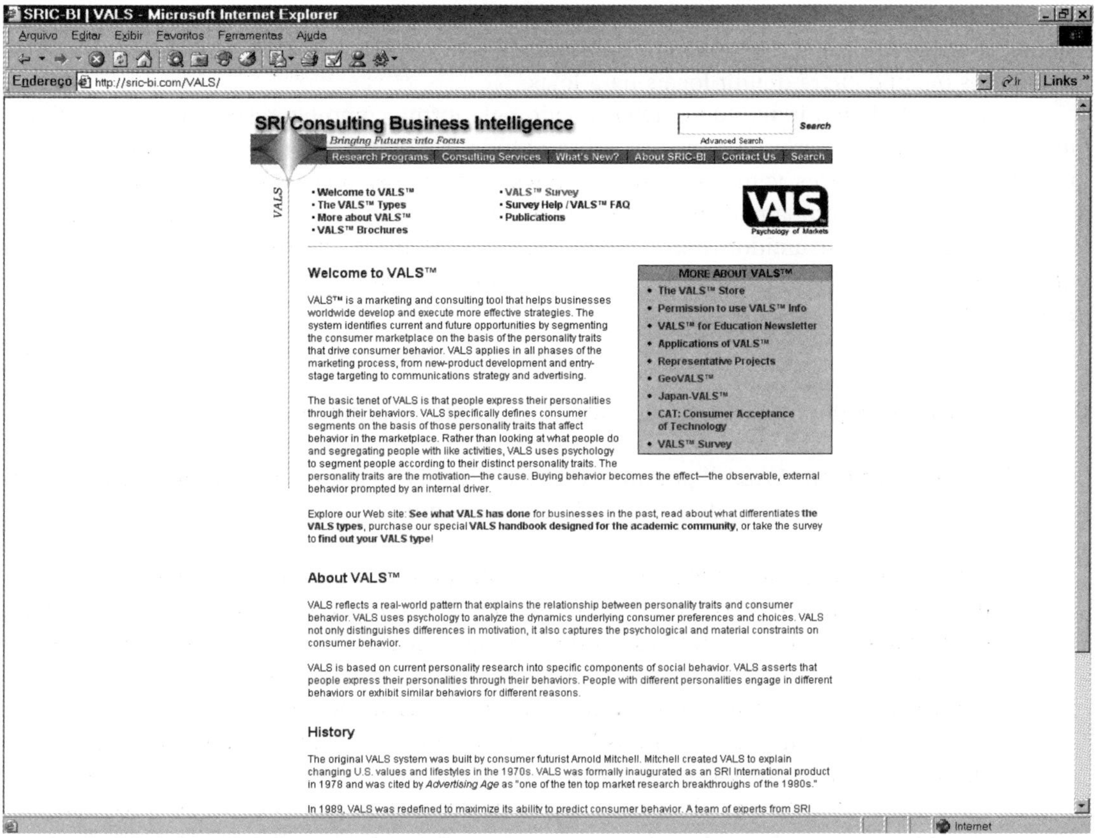


**Figura 8.2** O SRI International desenvolveu a tipologia Estilos de Vida e Valores. Faça a pesquisa on-line do VALS™ para avaliar as características do seu próprio segmento.
*Fonte*: VALS Segment Profiles (http://sric-bi.com/VALS).
Todos os direitos reservados. Utilizado com permissão.

Unidos em 1978, no SRI International, ex-Instituto de Pesquisa de Stanford. Em 1989, a VALS foi revisada com base em resultados de pesquisa, que indicavam que determinadas características psicográficas, se combinadas com algumas características demográficas-chave, poderiam dar uma previsão melhor do comportamento de compra que se obtém quando os valores sociais ou as características demográficas são utilizados sozinhos.

As empresas de comércio usam os sistemas da VALS em diversas aplicações, incluindo:

- estratégia de planos;
- conceituação de novos produtos/serviços;
- identificação de alvos de consumidores para marketing;
- posicionamento de serviços, produtos e marcas;
- criação de idéias para publicidade criativa;
- concentração em pesquisa, planejamento e compra de mídia;
- coordenação das atividades de relações públicas.

A Geo-VALS™ oferece estimativas de cada um dos grupos da VALS por grupos ou CEP nos Estados Unidos. A GeoVALS é utilizada para mala-direta, seleção de sites de empreendimentos imobiliários ou ainda para definir locais para lojas.

O tipo VALS de um indivíduo é determinado pela forma como ele responde ao "questionamento da VALS", uma série de questões sobre atitude, e a diversas perguntas demográficas. O questionário muitas vezes vem integrado em questionários personalizados e diversificados. As perguntas da VALS norte-americana estão integradas na *Survey of the American Consumer* (Pesquisa sobre o consumidor norte-americano), da MediaMark Research, bem como no *MacroMonitor* de Decisões Financeiras do Consumidor, da SRIC-BI (SRI Consulting Business Intelligence).

**Os indivíduos são segmentados nos seguintes oito perfis de segmento:**

Diferentes segmentos VALS™ possuem diferentes perfis de atitude e comportamento no trabalho, uso de informações e uso de computadores, entre outros.

- Inovadores são pessoas bem-sucedidas, sofisticadas, no controle e com elevada auto-estima. Por terem recursos tão abundantes, eles exibem as três motivações primárias em graus variados. Eles são líderes no quesito mudança e são os mais receptivos a novas idéias e tecnologias. Os Inovadores são consumidores muito ativos, e suas compras refletem gostos cultivados para produtos luxuosos e serviços de nicho.

  A imagem é importante para os Inovadores, não como evidência de *status* ou poder, e sim como uma expressão de seu gosto, independência e personalidade. Os Inovadores estão entre os líderes estabelecidos e emergentes nas empresas e no governo, mas eles continuam a buscar desafios. Suas vidas são caracterizadas pela variedade. Suas posses e recreação refletem um gosto cultivado pelas coisas mais refinadas da vida.
- Os Pensadores são motivados por ideais. São pessoas maduras, satisfeitas, confortáveis e pensativas que valorizam a ordem, o conhecimento e a responsabilidade. Elas tendem a ser bem-educadas e a procurar ativamente informações no processo de tomada de decisão. Elas são bem-informadas sobre eventos nacionais e internacionais e estão cientes das oportunidades para ampliar o conhecimento.

  Os Pensadores possuem respeito moderado pelas instituições de *status quo* de decoro autoritário e social, mas estão abertos para considerar novas idéias. Embora suas rendas permitam muitas escolhas, os Pensadores são consumidores conservadores e práticos; eles procuram durabilidade, funcionalidade e valor nos produtos que compram.
- Motivados pelo desejo da conquista, os Conquistadores possuem estilos de vida orientados para as metas e um profundo comprometimento com a profissão e a família. A vida social deles reflete esse foco e é estruturada ao redor da família, da religião e do trabalho. Eles têm uma vida convencional, visão política conservadora e respeitam a autoridade e o *status quo*. Valorizam o consenso, a previsibilidade e a estabilidade, em vez do risco, da intimidade e da autodescoberta.

  Com tantos desejos e necessidades, os Conquistadores são ativos no mercado consumidor. A imagem é importante para os Conquistadores; eles preferem produtos e serviços que demonstrem sucesso a seus colegas. Em função da vida ocupada, eles muitas vezes se interessam por uma variedade de dispositivos para economizar tempo.
- Os Experimentadores são motivados pela auto-expressão. Como são consumidores jovens, entusiasmados e impulsivos, os Experimentadores rapidamente se animam com novas possibilidades, mas são igualmente rápidos para as descartarem. Eles procuram

variedade e excitação, saboreando o novo, o excêntrico e o arriscado. A energia deles encontra um escape nos exercícios, nos esportes, na recreação ao ar livre e nas atividades sociais.

Os Experimentadores são consumidores ávidos e gastam uma proporção comparativamente alta da renda em moda, entretenimento e socialização. Suas compras refletem a ênfase que dão à aparência de estar bem e ter coisas "legais".

- Assim como os Pensadores, os Crentes são motivados por ideais. São pessoas conservadoras e convencionais com crenças concretas baseadas em códigos tradicionais e estabelecidos: família, religião, comunidade e país. Muitos Crentes expressam códigos morais profundamente enraizados e interpretados com literalidade. Eles seguem rotinas estabelecidas, organizadas em grande parte ao redor da casa, da família, da comunidade e das organizações sociais ou religiosas às quais eles pertencem.

  Como consumidores, os Crentes são previsíveis; eles optam por produtos familiares e marcas estabelecidas. Preferem produtos norte-americanos e, em geral, são consumidores leais.

- Os Lutadores são modernos e amantes da diversão. Por serem motivados pelas conquistas, eles se preocupam com a opinião e a aprovação de outras pessoas. O dinheiro define o sucesso para os Lutadores, que não o têm em quantidade suficiente para cumprir seus desejos. Preferem produtos estilosos que imitem as compras de pessoas com maior riqueza material. Muitos sentem que têm um emprego em vez de uma carreira, e a falta de habilidade e de foco muitas vezes evita que eles avancem.

  Os Lutadores são consumidores ativos, pois a compra é tanto uma atividade social quanto uma oportunidade de demonstrar aos colegas a capacidade de comprar. Como consumidores, eles são tão impulsivos quanto o permitem suas condições financeiras.

- Assim como os Experimentadores, os Realizadores são motivados pela auto-expressão. Eles se expressam e experimentam o mundo trabalhando nele – construindo uma casa, educando os filhos, consertando o carro ou enlatando legumes – e têm energia e habilidades suficientes para executar seus projetos com sucesso. São pessoas práticas que têm habilidades construtivas e valorizam a auto-suficiência. Vivem em um contexto tradicional de família, trabalho prático e recreação física e têm pouco interesse naquilo que está fora desse contexto.

  Os Realizadores suspeitam de novas idéias e grandes instituições, como grandes empresas. Respeitam a autoridade governamental e o trabalho organizado, mas se ressentem da intrusão do governo nos direitos individuais. Eles não se impressionam com posses materiais que estejam além dos objetivos práticos ou funcionais. Por preferir valor a luxo, eles compram produtos básicos.

- Os Sobreviventes têm uma vida com foco estreito. Com muitos recursos com os quais lidar, eles muitas vezes acreditam que o mundo muda rápido demais. Eles se sentem confortáveis com o que lhes é familiar e se preocupam, acima de tudo, com a segurança. Por precisarem se concentrar em suprir as necessidades em vez de atender aos desejos, não mostram uma motivação primária forte.

  Os Sobreviventes são consumidores cautelosos. Eles representam um mercado muito modesto para a maioria dos produtos ou serviços. Eles são leais às marcas favoritas, especialmente se puderem comprá-las com desconto (Segmentos do VALS™, 2002).

Além das tradicionais metodologias de segmentação geográfica, demográfica e psicográfica, os profissionais de marketing de produtos de consumo também usam a **segmentação comportamental** como uma forma de dividir mercados de consumo. O raciocínio está em ligar o comportamento do consumidor à intensidade de uso – usuários leves, médios ou intensos. Como discutimos anteriormente, os profissionais de marketing estão ansiosos para identificar os usuários intensos, formados talvez por 20% dos consumidores em número, mas consumindo 80% das vendas do produto ou serviço. A dificuldade em rotular consumidores como usuários leves ou intensos é que a identificação não é constante nas categorias do produto; a intensidade de uso do consumidor varia de acordo com o produto. Grupos de mulheres podem ser grandes consumidores de cosméticos e produtos para os cabelos, mas podem consumir pouco em bebidas alcoólicas ou publicações esportivas. A segmentação psicográfica também precisa de uma consistência geral; algumas pessoas se consideram ativas na apreciação das belas artes, como música sinfônica, mas desprezam a arte moderna. Portanto, o profissional de marketing precisa conduzir diversos tipos de pesquisa do consumidor para cruzar os perfis reais de seus segmentos de mercado.

## Ferramentas de rastreamento de marketing eletrônico

Quanto mais o comércio eletrônico se desenvolver, mais recursos tecnológicos serão direcionados para identificar e rastrear o comportamento dos compradores on-line. Varejistas e atacadistas estão ansiosos para coletar informações sobre as características demográficas e a intensidade de uso dos usuários da Web, de modo que possa ser apresentado aos compradores potenciais o melhor mix de marketing de produtos e serviços. Os métodos eletrônicos de rastreamento e criação de relatórios são controversos entre consumidores e grupos de defesa da privacidade na Internet, e o profissional de marketing deve investigar por completo essa tática de direcionamento antes de incorporar a tecnologia às atividades de marketing. Softwares de rastreamento e criação de perfis, chamados de "cookies", são facilmente instalados e desativados no computador pessoal do internauta. Alguns vêem os cookies como benéficos para criar relacionamentos de longo prazo com consumidores, pois as preferências do consumidor são conhecidas. A Engage (http://www.engage.com), uma empresa de tecnologia em softwares, discute o conceito de cookies em sua página inicial com a seguinte descrição: "ver o mundo pelos olhos de cada visitante e vender para a realidade de cada indivíduo". A tecnologia do I-frontier (http://www.ifrontier.com), uma agência de publicidade interativa, desenvolveu sistemas de rastreamento que prometem amarrar o comportamento e as compras do consumidor no Website a anúncios e campanhas específicos (Wang, 1998).

Por outro lado, muitas pessoas vêem essas ferramentas eletrônicas como vigilância de marketing comparável à violação da privacidade. "Eles invadem minha privacidade." "Todas as vezes que você aceita um, ele lê seu disco rígido inteiro." "É como receber um vírus, e eles podem ler até os documentos contábeis pessoais!" O que são esses abomináveis cookies e qual é o objetivo deles? Em uma descrição simples, os cookies são pacotes de informação. O Netscape define o cookie como um "mecanismo geral que conexões servidor-Website (como os *scripts* CGI) podem usar para armazenar e resgatar informações do lado do cliente da conexão" (Persistent, 1999). Quando o seu navegador entra em contato com um servidor da Web, o servidor pode enviar um dado chamado "estado da informação", que será armazenado na sua máquina. Essas informações incluem uma série de URLs que podem acessar as informações. Se você solicitar mais uma vez um documento de qualquer servidor dentro dessa série, o objeto será enviado ao servidor como parte da solicitação. Quais informações o cookie resgata? A lista a seguir relaciona as diferentes informações que o cookie pode recuperar:

- o domínio do qual o cookie se origina, caso ele requeira ou não uma transmissão segura
- URLs específicas que podem acessar o cookie
- a data de vencimento do cookie
- o nome do item do cookie
- os dados reais para um item do cookie

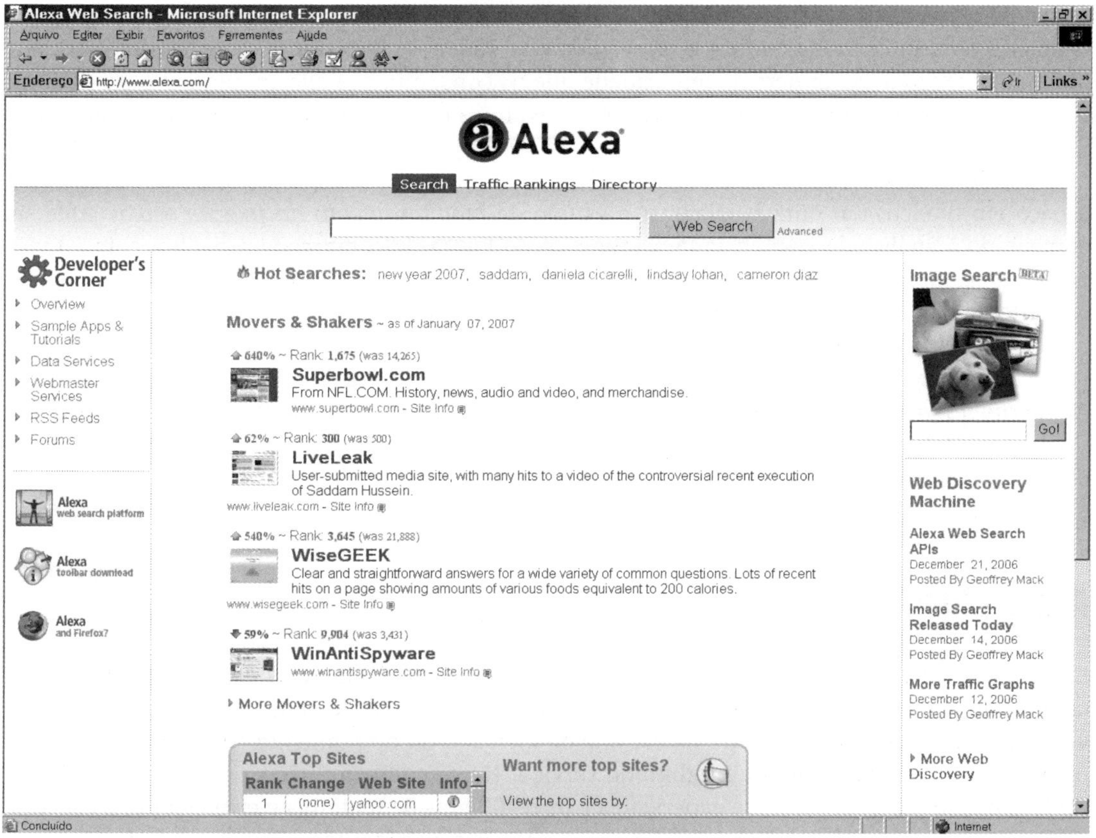


**Figura 8.3** O Alexa estreou com um software de navegação, mas deu um passo à frente e criou um novo tipo de mecanismo de busca, ajudando os usuários a colaborar e encontrar os melhores Websites com menos esforço. A contribuição do Alexa para o Internet Archive já ultrapassou a marca dos 200 terabytes.
*Fonte*: Alexa (http://www.alexa.com). Utilizado com permissão.

Os profissionais de marketing usam as informações dos cookies para rastrear as visitas do usuário a uma página e o banner de propaganda que ele costuma ver, de modo que o Website possa apresentar um novo banner quando o usuário fizer a próxima visita. O profissional de marketing também é capaz de estudar a navegação no Website a partir dos cookies, para determinar, por exemplo, quais páginas são mais populares. As páginas visitadas com pouca freqüência podem ser revisadas para oferecer produtos mais atraentes ou informações mais úteis. Os consumidores podem optar por participar desse processo de rastreamento. Se você, como usuário, quiser saber cada vez que recebe um cookie, as versões mais recentes do Navigator e do Internet Explorer podem ser configuradas para notificá-lo quando um cookie for enviado. Assim que tiver feito isso, você verá quantos Websites estão usando cookies. Você pode querer, no entanto, fornecer informações sobre hábitos e preferências de compra (Clark, 1997).

É possível obter informações valiosas usando outra tecnologia de medição como o Alexa (http://www.alexa.com – Figura 8.3) ou um novo modelo de visualização de publicidade, chamado **análise da seqüência de cliques**, desenvolvido por Thomas Novak e Donna Hoffman, da Vanderbilt University, e Patrali Chatterjee, da Rutgers University. A tecnologia do Alexa envolve rastrear as visitas a um Website para oferecer ao consumidor uma tela pop-up anunciando uma marca da concorrência, fornecendo assim ao visitante um produto alternativo para comparação. A análise da seqüência de cliques é um estudo dos dados de resposta do consumidor que detalham o conteúdo e os banners de publicidade que os consumidores clicam durante o processo de navegação on-line. Estudos anteriores feitos por editores de jornais e revistas empregaram a análise do monitoramento da fixação ocular (*eye tracking*) para determinar o que atrai inicialmente os olhos do leitor – o título, a ilustração ou fotografia ou outros elementos, como o logotipo ou o espaço em branco. Em outras palavras: o estudo de *monitoramento da fixação ocular* pode ser comparado à análise da seqüência de cliques, como forma de compreender melhor como o visitante navega por materiais de publicidade, seja impresso ou eletrônico e com conteúdo gráfico. O conceito da análise da seqüência de cliques é novo; seria melhor para o profissional de marketing monitorar seu desenvolvimento consultando documentos como o "Modeling the clickstream: implications for Web-based advertising efforts" (que pode ser traduzido como *Moldando a seqüência de cliques: implicações para as atividades de publicidade na Web*), da Project 2000, escrito por Chatterjee, Hoffman e Novak. Você pode se manter a par dos desenvolvimentos na seqüência de cliques acessando o endereço http://elab.vanderbilt.edu/research/papers/html/manuscripts/clickstream/clickstream.html.

## Arte e ciência

Existem duas áreas importantes de julgamento em marketing. Uma delas é o julgamento do processo criativo de marketing ao determinar se os novos programas de vendas ou campanhas criativas funcionarão. A outra área está na escolha de mercado ou no segmento ao determinar quem é o consumidor adequado de um produto ou serviço. Nesse contexto, não existem regras rígidas e rápidas para o sucesso, somente experiência e os resultados de tentativa e erro. Tem-se a esperança de que a prática de investigar os dados demográficos e psicográficos elimine parte do erro, mas nem todo profissional de marketing interpretará os números e as nuances adequadamente. Na verdade, dois profissionais de marketing podem pegar a mesma informação, chegar a conclusões diferentes e estarem corretos nas estratégias de marketing.

Em uma estratégia de marketing é possível pegar caminhos diferentes e chegar a um destino de sucesso. Montando os fatos e as opiniões de marketing, a demografia são os números do passado. Esses números não representam, necessariamente, o presente ou o futuro. No entanto, algumas pessoas podem se pegar nesse ponto, o de que a psicografia tende mais ao futuro, pois poucos indivíduos mudam de hábito, a menos que estejam sob circunstâncias terríveis. Empregar a psicografia é uma arte para a qual nem todos os profissionais de marketing têm paciência, mas é uma estratégia duradoura para atingir o sucesso. Fabricantes e profissionais de marketing podem igualar produto, preço, promoção e local, mas poucos podem proporcionar ou substituir o bem que o consumo de um produto desejável faz para o ego de um consumidor.

## Exercício para análise demográfica e psicográfica

Como exercício para se familiarizar com relatórios de dados demográficos e psicográficos, você encontrará no Apêndice B várias páginas contendo dados de áreas geográficas e grupos de consumidores. Essas páginas contêm informações que o diretor de marketing pediria para tomar uma decisão de marketing; cabe a você analisar os dados e responder às perguntas da folha de tarefa. Os dados demográficos incluídos no apêndice projetam fatores importantes, como crescimento da população e dos lares, moradias ocupadas por donos ou inquilinos e renda. As perguntas sobre características psicográficas incluídas no apêndice basicamente englobam o nível de educação, o tipo de ocupação e o estado civil do consumidor. Fornecido o cenário de marketing, é sua tarefa analisar os dados e tomar uma decisão que poderia, se estiver errada, custar milhões de dólares à sua empresa. De modo contrário, uma decisão correta poderia render à sua empresa milhões de dólares ao longo de um período de dez anos. Você tem todas as informações necessárias no Apêndice B; como se trata de uma situação hipotética, não é necessária nenhuma pesquisa externa.

## A técnica de segmentação do mapeamento geográfico

A utilização da tecnologia de banco de dados geográfico está rapidamente se tornando uma ferramenta popular para os profissionais de marketing. Trabalhar com bancos de dados pode ser muito complexo em função do tipo e da quantidade de informações que eles podem conter. Os bancos de dados podem conter milhares de variáveis. Cada variável pode conter as informações essenciais necessárias para se tomar uma decisão. Quando chega a hora de analisar o banco de dados e os resultados extraídos de uma busca ao banco de dados, existem muitas abordagens que podem ser tomadas. Se a geografia for uma variável no plano de marketing, uma das melhores maneiras de analisar os dados é exibi-los em um mapa. Softwares especializados de mapeamento podem servir como a interface de um banco de dados, exibindo dados em formas, cores, figuras ou preenchimentos diferentes.

Por exemplo: se você estivesse montando um plano de marketing direto e analisando 50 códigos postais em uma área designada do mercado (DMA - *Designated Market Area*[3]), tendo em vista que seu banco de dados contém todas as variáveis a seguir, seus dados poderiam ser exibidos de diversas maneiras. Uma das variáveis mais analisadas é a distribuição de renda. O profissional de marketing pode pegar de seu banco de dados a renda média de todos os 50 códigos postais no DMA-alvo. Existem pelo menos duas outras maneiras de analisar esses dados. O profissional de marketing pode ter uma planilha tradicional com duas colunas - código postal e renda média. Você pode, sem dúvida, classificar os códigos postais pela renda-alvo, mas não há uma indicação dos locais geográficos dos códigos postais. Se seu orçamento para publicidade permitisse que você saturasse os 15 códigos postais com renda mais alta, você poderia saber quais são esses 15 códigos postais, mas não saberia qual a localização geográfica sem consultar uma segunda fonte. O profissional de marketing que estiver usando um aplicativo de mapeamento pode pegar as mesmas informações do banco de dados e aplicá-las em um mapa. Esse aplicativo de mapeamento pode, então, destacar os 15 com renda mais alta no mapa, rotular o código postal e a renda média e identificar códigos postais bons ao destacá-los em vermelho e indexá-los separadamente. Esse é um exemplo extremamente simplista, pois existem muitas variáveis que são levadas em consideração simultaneamente na tomada de decisões.

Existem muitos aspectos no mapeamento. Naturalmente, um dos componentes é a geografia. O profissional de marketing pode analisar os dados em níveis muito diferentes de geografia. Existem rotas de transportadoras (a rota de uma transportadora de correspondência), códigos

---

3 Uma área designada do mercado (*Designated Market Area*) corresponde a um grupo de condados (subdivisão geográfica de um estado, formado por várias cidades) nos Estados Unidos cobertos por um grupo específico de estações de televisão. O termo foi criado e registrado como marca pela Nielsen Media Research. Nos Estados Unidos, existem 210 DMAs. O termo pode ser ampliado para designar uma região que está sujeita a um determinado grupo de mídias, incluindo televisão, rádio, jornais, revistas e até mesmo conteúdo da Internet. (N.R.T.)

**Figura 8.4** Renda familiar média por código postal em Hillsborough, Flórida
*Fonte*: Cortesia da Valpak, Inc. (http://www.valpak.com). Utilizado com permissão.

postais, registros do censo, DMAs, estados e territórios de vendas personalizados, para mencionar só alguns. Antes de qualquer informação ser coletada, o profissional de marketing deve saber que tipo de pesquisa é desejado e em que nível de geografia os resultados devem ser exibidos.

## Benefícios do mapeamento

Um dos principais benefícios da utilização do software de mapeamento na análise de marketing é a organização. Ao determinar como exibir as informações de forma que elas possam ser interpretadas, a organização é essencial. Em função da quantidade de dados processada nos bancos de dados, resultados devidamente organizados e exibidos em mapeamento ou no tradicional formato de banco de dados permitirão que sejam tomadas decisões melhores. Como dados mapeados são mais fáceis de serem lidos e seguidos, podemos economizar muito tempo, a ser utilizado em outras áreas de marketing. Outro benefício do mapeamento é a facilidade da análise. O mapeamento pode usar cores e preenchimentos para demonstrar um número físico de variáveis presentes em determinada área, porcentagens, freqüência de uso ou simplesmente o local de cada variável. Os resultados do mapeamento levam em conta a análise da economia de tempo, que sempre é respaldada por trás dos panos por fatos do banco de dados tradicional.

Como foi mencionado anteriormente, o mapeamento é uma exibição no front-end que conta a história dos dados que estão no back-end. Essa história é o relacionamento das variáveis que

**Figura 8.5** Idade média por código postal em Hillsborough, Flórida.
*Fonte*: Cortesia da Valpak, Inc. (http:// www.valpak.com). Utilizado com permissão.

residem no banco de dados ou que são retiradas de diversos bancos de dados por uma série de consultas. O mapa e o banco de dados devem sempre estar correlacionados. Os dados sempre ditam o que será exibido no mapa.

As informações exibidas no mapa não vêm diretamente de um banco de dados, como pensamos em um mapa tradicional. Muitas vezes são informações geográficas ou topográficas. Usuários de softwares de mapeamento se tornaram, literalmente, cartógrafos, pois eles têm opção de escolher as camadas a serem usadas ao criar os mapas. Essas camadas podem ser formadas por ruas de todos os tipos, linhas férreas, pontos de referência, edifícios, códigos postais e divisas estaduais, para citar alguns. Isso dá liberdade completa para o profissional de marketing criar um mapa personalizado para cada análise. Camadas essenciais podem ser incluídas ou excluídas para auxiliar na análise. É claro que, se você estiver fazendo uma análise da renda do estado do Texas e colorindo cada cidade pela renda média, não será necessário ver todas as ruas residenciais existentes. Possivelmente será exibida uma estrada com a divisa de cada cidade e estado para conseguir um mapa limpo, facilitando as definições das divisas municipais.

É essencial também manter as camadas do mapa atualizadas. Por exemplo, seria necessário ter limites de códigos postais atualizados ao se fazer pesquisa nesse nível. As ruas e rotas de transportadoras são apenas outras duas camadas que precisam ser atualizadas constantemente, pois mudam com muita freqüência. À medida que as camadas de mapeamento mudam, as informações do banco de dados também devem ser atualizadas para ficarem congruentes. Se o banco de dados tiver informações de renda de três códigos postais recém-criados, haverá erros, pois o mapa e o banco de dados não falam a mesma língua. Muitas vezes, esses erros aparecerão como informações ausentes no mapa.

## Mapeamento do banco de dados e o profissional de marketing eletrônico

Existem três tipos de mapeamento do banco de dados que serão discutidos, incluindo análise do local, gerenciamento do território e gráficos de banco de dados. Cada função tem seus benefícios para o profissional de marketing virtual. Você abriria uma loja sabendo apenas que ela estaria localizada no código postal 33618 ou na esquina da Highway 1 com a Main Street em Fort Lauderdale? Como profissional de marketing, a resposta seria "nunca". A análise do local dará aos profissionais de marketing informações essenciais sobre a seleção do local e sobre a área adjacente. Por exemplo: se a Firestone estivesse analisando diversos locais no mercado de Tampa, na Flórida, seria extremamente importante conhecer o número bruto de lares na área. A partir desse número, poderiam ser criadas proporções como porcentagem de lares em um raio de 8 km que tivessem um, dois ou três carros. Pode ser igualmente importante conhecer as rendas médias desses lares também. O tipo de informação exigido varia de acordo com o tipo de negócio.

A análise do local também é essencial para decidir sobre o marketing direto tradicional. Uma mala-direta, por exemplo, pode ser distribuída em muitos níveis diferentes, como discutimos anteriormente. Se a saturação do código postal precisar ser utilizada, o cliente seria sensato para determinar os tipos de dados demográficos e psicográficos que caracterizam uma área-alvo. Será que uma creche pequena deve ser aberta em um bairro quando o orçamento destinado a ela seria apenas suficiente para saturar uma região compreendendo dez códigos postais? Dados demográficos, como porcentagem de lares com casais casados e com filhos e pais solteiros com filhos, seriam essenciais para se comprar a mídia segmentada por código postal.

Outra maneira de fazer uma compra de mala-direta usando a geodemografia é pelo número de lares mais próximos à empresa que vai fazer a ação de marketing direto. Se uma empresa quiser enviar correspondência para os dez mil lares mais próximos, estes seriam selecionados pela distância do estabelecimento. O mapeamento pode ter um papel essencial na compra de dados de lares mais próximos. É bastante possível, entretanto, que os lares mais próximos não sejam os com maior probabilidade de visitar um determinado negócio que está nas redondezas. Por exemplo, o mapa poderia mostrar que 200 dos lares mais próximos precisariam atravessar uma ponte com pedágio para chegar ao seu estabelecimento. É provável que, se sua loja for de conveniência, esses consumidores visitem outro local. Seria mais sensato selecionar casas que não tenham um obstáculo geográfico para chegar à sua empresa.

Outro benefício do mapeamento é a ajuda aos gerentes ao criar ou manter territórios de vendas. É essencial que as empresas acompanhem a infra-estrutura da área e as alterações geográficas com o tempo. À medida que essas alterações vão ocorrendo, o território pode enfraquecer, não realizando mais sua função como ocorria quando ele foi definido.

Por onde o gerente começa ao criar um território de vendas? O mapa seria um bom começo, mas um sistema de mapeamento computadorizado seria um excelente começo. O sistema de mapeamento computadorizado pode utilizar funções e bancos de dados para ajudar a criar territórios otimizados. Para onde o vendedor precisa ir para fazer suas ligações? O computador pode criar uma matriz baseada nas distâncias entre locais, incluindo também fatores municipais e equilibrando territórios com base no tempo de viagem de carro. Os sistemas de mapeamento que utilizam informações de bancos de dados também podem ver o número de consumidores potenciais e, depois, equilibrar pela carga de trabalho do vendedor. O computador também pode utilizar informações do banco de dados com informações demográficas e psicográficas para criar territórios de vendas otimizados com base na natureza do negócio. Um segredo para criar um território de vendas é estar muito familiarizado com a força de vendas. Toda força de vendas possui participantes mais fortes e pode ser classificada de acordo com seus pontos fortes e colocada no computador como uma variável a ser considerada na criação de territórios. Essas informações se provariam inestimáveis ao criar territórios. Uma equipe de vendas com experiência pode precisar de uma carga de trabalho maior que a do vendedor com menos experiência. Essas informações adicionais ajudarão a criar territórios que maximizarão as vendas.

Um terceiro tipo de mapeamento que pode beneficiar o consumidor são os gráficos do banco de dados. Você sabe onde seus consumidores vivem? É bom ter uma lista de endereços, mas ver mapas com pontinhos colocados na casa de cada consumidor é ainda melhor. Além disso, marcar o local do consumidor pode lhe dar informações adicionais sem necessidade de consultar os dados em si. Você pode separar por cores cada consumidor marcado pelo número de compras que ele fez ou pelo número de dias ou meses desde a última compra. Os gráficos gerados pelo banco de dados podem ajudar a determinar as áreas que estão se saindo bem ou não, além de auxiliar em outras decisões de marketing. O profissional de marketing pode criar um programa de fidelidade com base no local e no gasto do consumidor. Os gráficos do banco de dados também podem auxiliar na determinação do local das propagandas em outdoors ou da apresentação de uma promoção pelo rádio. Os aplicativos de mapeamento são tão bons quanto as informações contidas no banco de dados do profissional de marketing, visto que são apenas uma outra maneira de exibir os resultados. Informações sobre os consumidores atuais e potenciais nunca são demais para o profissional de marketing eletrônico. Mais informações no banco de dados levam em conta outras maneiras de as informações serem obtidas. Resultados exibidos em um mapa são bem-organizados e visualmente atraentes e, para os gerentes ávidos por números, as informações exibidas pelo mapa são sempre apoiadas por dados brutos que também podem ser apresentados.

# Resumo

À medida que os computadores conseguem capturar e organizar dados de marketing, os profissionais de marketing esperam tomar mais decisões corretas que incorretas. Muitos dos recursos de suporte à decisão derivam das informações demográficas e psicográficas sobre o consumidor potencial, a área do mercado local, a economia geral e projeções para o futuro econômico. Neste capítulo, foram examinados o que são e como são coletados os dados demográficos e psicográficos e como o profissional de marketing usa essas informações para tomar decisões mais bem-informadas. Diferentes empresas de recuperação de dados oferecem versões distintas de relatórios de marketing; os relatórios de dados fornecidos pela National Decision Systems são analisados neste capítulo.

Dados demográficos são o lado numérico da análise de marketing – o número de novos cidadãos, novos lares e novos automóveis comprados ou introduzidos no mercado ao longo de um período de tempo. Saber sobre o aumento ou a redução nas vendas dentro de determinada indústria pode gerar um ajuste nos programas futuros do profissional de marketing. A direção do movimento de vendas pode ser determinada a partir dos dados do mercado; o tipo de consumidor potencial ou comprador também pode ser determinado pelo estudo dos dados psicográficos de determinada área geodemográfica. Nos dois casos, podem ser tomadas decisões de direção de marketing mais sólidas. Ainda que haja diversas respostas ou soluções à mesma pergunta de marketing, a análise de dados demográficos e psicográficos pode ajudar a estabelecer um programa mais eficiente e eficaz. Esses são recursos de marketing eletrônico contemporâneos que fornecem mais que quantidade agregada; usando-se pesquisa de uma fonte de dados on-line, como o VALS, é possível ter *insights* sobre o consumidor e a Internet. A pesquisa demográfica e psicográfica adiciona um rico entendimento sobre quais são e o porquê das motivações do consumidor dinâmico.

Por último, a visualização é importante ao se traduzirem os números em estratégias corretas. O mapeamento, seja para definir áreas de mercado, seja para estabelecer populações-alvo, é uma valiosa ferramenta para reconhecer a dinâmica do mercado. Com a sofisticação das informações e da criação de relatórios do banco de dados, uma imagem vale mais que mil palavras.

## Perguntas e exercícios

1. Você é dono de uma loja de discos antigos especializada em discos de 45 e 78 rotações para colecionadores. Para identificar os melhores CEPs para o envio de correspondência de conteúdo promocional, que estratégia de segmentação seria melhor para o seu tipo de produto? Quem você acredita que seriam os colecionadores de discos antigos? Desenvolva um perfil do colecionador e combine-o com a estratégia de segmentação. Redija-o na forma de um memorando para o representante da empresa que vende dados de marketing.
2. Pesquise as definições de marketing não-diferenciado e de marketing diferenciado. Para qual dessas estratégias você acredita que os métodos de segmentação teriam maior utilidade? Redija um e-mail para seu professor explicando as diferenças dos dois termos de marketing e o modo como a segmentação beneficiaria um dos dois, se for o caso.
3. Existem vantagens e desvantagens inerentes no uso do método de segmentação do mercado. A partir de suas leituras e experiência, faça uma lista de vantagens e desvantagens para a segmentação geográfica, demográfica, geodemográfica, psicográfica, VALS e comportamental. Prepare-se para discutir esses conceitos em sala de aula.
4. Acesse o Website do VALS (http://www.sric-bi.com/VALS) para fazer o teste psicográfico da Internet. Imprima a matriz de descrição dos grupos, faça uma pesquisa sobre as características do grupo em que você foi classificado pelo teste e redija um relatório para o seu chefe, declarando se você concorda ou não com essa avaliação. Entregue essa avaliação para seu professor analisar.
5. O rastreamento eletrônico do uso que um consumidor faz da Internet é assunto controverso entre vários públicos. Os interessados em privacidade dizem que há uma invasão de privacidade com o uso de ferramentas como os cookies. Os comerciantes on-line contra-atacam com o argumento de que o software de rastreamento os ajuda a conhecer melhor as preferências de seus consumidores em relação às compras on-line. Alguns consumidores se opõem a dispositivos como os cookies, enquanto outros são reservados em relação à coleta de dados sobre seus hábitos de compra pelos comerciantes. O governo parece não adotar uma posição. Escreva uma carta ao editor do jornal local, dando uma opinião de apoio a dois desses quatro diferentes públicos. Quais são os argumentos em favor da privacidade possivelmente corretos? Ou por que o argumento dos comerciantes on-line está possivelmente correto? Siga a mesma lógica se você quiser apoiar ou contestar os compradores on-line. Tenha em mente também os interesses do governo.
6. Acesse o Website Alexa (http://www.alexa.com) para fazer um relatório sobre sua metodologia de exibição de publicidade da concorrência em um Website selecionado. Como os anúncios da concorrência são exibidos no Website? Esse método de criação de perfil é uma boa estratégia de negócios ou é concorrência desleal? Redija um relatório sobre o processo do Alexa.

7. Pense no mapeamento geográfico como um método de segmentação. Quais são as vantagens e desvantagens desse processo de segmentação de marketing? Redija um memorando para o gerente de publicidade definindo esses pontos.
8. No Apêndice B, você encontrará relatórios de dados que pertencem a determinadas áreas de mercado da Flórida – a região de Tampa Bay e a região metropolitana de Orlando. Há um exercício para a análise das informações dos dados do mercado em referência aos perfis demográficos e psicográficos, além dos gastos em varejo para cada área. Você é o gerente da região leste de uma empresa de aluguel de móveis, a Rooms to Rent, e é de sua responsabilidade conduzir uma análise de mercado para selecionar o próximo local para uma loja da Rooms to Rent. Você só pode escolher um local entre os dois; as informações contidas nesses relatórios de dados são da Claritas, Inc. e o ajudarão a tomar uma decisão informada.

*Bibliografia*


CLARITAS, INC. Excerpt from brochure. Microvision Marketing Guide, San Diego, CA, jul. 1998. Utilizado com permissão.

______. Market data from 2000 census. San Diego, CA, 2002.

CLARK, Scott. HTML tips and trips: The Webmaster's bakery. *Web Developer*, mar/abr. 1997. Disponível em: <http://webdeveloper.internet.com/javascript/javascript html tnt cookies.html>.

KROCHMAL, Mo. Q & A: Marketer reaches African-Americans online. *TechWeb*, 17 nov. 1998.

PERSISTENT client state HTTP cookies. Netscape. Disponível em: <http://wp.netscape.com/newsref/std/cookie spec.html>. Acesso em abr. 1999.

THE VALS™ segments. 2002. SRI Consulting Business Intelligence. 2002. Todos os direitos reservados. Disponível em: <http://www.sric-bi.com/VALS/types.shtml>.

VALS™ links global strategies to local efforts through GeoVALS™. SRI Consulting Business Intelligence. Todos os direitos reservados. Disponível em: <http://www.sric-bi.com/VALS/geovals.shtml>.

WANG, Nelson. Custom ad tracking winning out over site analysis tools. *Internet World*, 1998.

# CAPÍTULO 9

## Integrando o Mix Promocional

"Se os anunciantes pudessem fazer do seu jeito, os anúncios on-line seriam muito maiores e mais complicados. Isso porque um novo estudo sobre a eficácia dos anúncios on-line sugere que, quanto maior e mais complicado o anúncio, mais memorável ele é. O problema é que é provável que muitos vendedores de mídia on-line simplesmente recusem esses comerciais cibernéticos requintados. Na realidade, eles já estão rejeitando alguns anúncios complexos. Até mesmo um anúncio da Procter & Gamble já foi recusado. O pessoal do espaço cibernético diz que esses anúncios ultracomplexos deixam a rede congestionada e criam o risco de transformar a World Wide Web em World Wide Wait [brincadeira com as palavras Web, que significa rede, e wait, que significa espera]. Eles gostariam que os anunciantes simplesmente se ativessem aos "banners" retangulares enquanto aguardam por uma tecnologia melhor. 'A última coisa que eles querem fazer é recusar dinheiro', diz Rich LeFugy, do Internet Advertising Bureau, que representa os vendedores de mídia. 'Mas você não quer matar a galinha dos ovos de ouro ao eliminar o consumidor.' Ele diz que compreende o desejo dos anunciantes de criar anúncios maiores, mas diz: 'A pergunta é: qual é o momento certo de aceitá-los?'.

"(...) Um estudo [conduzido pela Ipsos-ASI Inc., unidade de Stamford, Connecticut, de uma empresa de pesquisa francesa] fez um teste de como os consumidores reagem a mais de 80 anúncios na Internet (...) Entre os principais resultados: anúncios grandes e mais complicados são mais memoráveis, transmitem mais informações e têm maior probabilidade de envolver os consumidores. A lembrança média de anúncios complicados foi 46% a 63% mais alta que a lembrança média de anúncios padrão em banners. 'Agora temos dados comprovados de que anúncios maiores e mais complexos geralmente são mais eficazes que banners básicos e de que podem ser aceitos pelo consumidor em um ambiente real', diz Mike Wege, diretor associado de publicidade na P&G. 'Para ser realmente eficaz, você precisa ter uma medida da interatividade', diz Marianne Caponnetto, diretora de estratégia e operações de mídia mundial da IBM."

(*Beatty, 1998*)

## Objetivos de Aprendizado

- Explicar qual é o valor da lembrança on-line e sua importância para o marketing de relacionamento.
- Introduzir os elementos do mix promocional na forma como são aplicados no marketing on-line.
- Fazer uma diferenciação entre as vantagens e as desvantagens dos elementos do mix promocional.
- Desenvolver uma estratégia promocional direcionada para o marketing on-line.

## Introdução

Informação-alvo para públicos-alvo. Essa é a promessa e a prática da World Wide Web para os profissionais de marketing e comerciantes on-line, e as propagandas maiores são somente um desses mecanismos promocionais eletrônicos. Outra nova tecnologia, o rastreamento da utilização da Web, leva os dados desejados do produto ou serviço para consumidores e observa suas compras para formar um perfil dos hábitos de compra. Como isso acontece sem invadir a privacidade do consumidor?

Vamos falar sobre propaganda direcionada. Os lojistas da Internet agora têm uma maneira de anunciar diretamente nas vitrines virtuais da concorrência – sem serem acusados de transgressão. Esse serviço incomum vem do Alexa Internet (ferramenta discutida no Capítulo 8), uma empresa de navegação na Web gratuita que atraiu mais de cem pesos pesados da propaganda, como a Amazon.com e a CDNOW, desde que começou a vender espaço em propaganda. O Alexa é um serviço que rastreia os padrões de navegação dos usuários para lhes fornecer "links inteligentes" direcionados a Websites relevantes e estatísticas profundas sobre as páginas que eles visitam. As pessoas que visitam o Website do Alexa e fazem download do serviço recebem uma segunda barra de ferramentas na tela do computador.

A barra de ferramentas oferece estatísticas sobre diferentes Websites, como endereço da empresa, número de hits on-line que ela recebe e dados financeiros. Ela também faz anúncios, e o Alexa pode direcioná-los de forma que eles só apareçam quando o usuário estiver visitando determinados Websites. A Amazon.com, por exemplo, comprou anúncios para aparecer em uma lista de outros Websites relacionados a livros, como barnesandnoble.com, a Biblioteca do Congresso norte-americano e várias livrarias em campi universitários. Assim, quando um usuário do Alexa entra no Website barnesandnoble.com, um pequeno anúncio da Amazon aparece na parte inferior da tela. Clique nesse anúncio e ele aumentará de tamanho, sobrepondo-se à página da Barnes and Noble. Soluções interativas de última geração combinadas com comunicação de marketing e relações públicas de alta tecnologia dos líderes do setor garantem que as mensagens sejam transmitidas a consumidores de forma clara e poderosa (Targeted, 1999).

Além da capacidade da interatividade, a lembrança global pode ser conseguida com o uso da comunicação on-line. Essas duas facilidades, interatividade e comunicação on-line, são novas e pouco familiares às estratégias de marketing tradicional. Os profissionais de marketing devem aprender a usar diferentes ferramentas em situações distintas, como reconhecer as condições em que o melhor desempenho pode ser conseguido com o uso de rádio, da televisão aberta ou da televisão a cabo. Do mesmo modo, dadas as limitações orçamentárias, o profissional de marketing deve saber quando usar jornais locais em vez de revistas nacionais, para transmitir mensagens de **propaganda** com uma boa relação custo-benefício. Os profissionais de marketing devem saber como alcançar o público-alvo usando revistas e jornais eletrônicos, edições novas e reformadas dos tradicionais veículos impressos. Uma nova tecnologia para veículos promocionais ocasionará novas estratégias e novas táticas; essas novas capacidades devem ser definidas em um programa mercadológico e promocional adequado, realista e com baixo custo. Os elementos são incorporados nos programas, e os recursos de marketing eletrônico atraem e prestam um serviço ao consumidor. Como o ciclo de marketing se reinicia incessantemente, esse processo de marketing responde tanto pelo fim quanto pelo início do comércio eletrônico.

Como o e-commerce se beneficia com a velocidade, a precisão e acessibilidade on-line, os elementos promocionais do **marketing direto**, da propaganda, da **promoção de vendas**, das **relações públicas** e, surpreendentemente, da **venda pessoal** também se beneficiam. Os primeiros quatro elementos se baseiam em mídia de massa, de forma que a transmissão eletrônica tem um papel comprovado no desempenho. As novas formas de comunicação e a tecnologia de mensagens auxiliam o vendedor de campo como se ele estivesse sentado à mesa do seu escritório. Antes de as estratégias on-line do marketing eletrônico serem discutidas, devem ser analisadas as funções do gerenciamento de promoções ao destacar a diferença entre o mix promocional tradicional e o mix promocional eletrônico. Em alguns casos, elementos promocionais tradicionais, como radiodifusão, podem ser mais adequados para a criação da imagem da marca e podem ter uma melhor relação custo-benefício. Nesses casos, a propaganda on-line teria um papel de apoio para a mídia primária. Portanto, para compreender e formular ferramentas promocionais estratégicas eficazes e eficientes, o profissional de marketing deve perguntar *quem*, *o quê*, *quando*, *onde* e *como* sobre suas armas táticas em seu arsenal de promoções para determinar quais seriam as melhores armas a desenvolver. Você aprenderá neste capítulo como construir de forma lógica uma atividade promocional eletrônica, com atenção aos assuntos estratégicos e táticos.

## Desenvolvendo a lembrança on-line

A World Wide Web é excepcionalmente adequada para os aspectos de apresentação e persuasão do mix de marketing. Este livro estudou até agora como a Web pode ser empregada para conduzir pesquisa com o consumidor e pesquisa com a concorrência, além de como fornecer uma plataforma de e-mail para a comunicação interna e externa. Essas tarefas são importantes para formar a subestrutura de marketing e para respaldar as ligações de comunicações práticas e internas. É hora de explorar o uso da Web determinando sua capacidade de apresentar produtos e serviços, transmitir informações aos consumidores e estabelecer uma conexão de vendas e relacionamento. As capacidades da Web amadureceram muito nos últimos anos, e os profissionais de marketing estão introduzindo novos aplicativos, tais como a capacidade de personalizar o Website do usuário e mecanismos de busca por comparação, melhorando a navegação do Website e fazendo par-

Quadro 9.1

**LÍDERES DE MARCA NA WEB**

Empresas que ajudam a definir os padrões da indústria – Intel, Microsoft e Netscape Communications – têm as marcas mais fortes quando o assunto é Internet, segundo uma pesquisa com os consumidores feita pela Infobeads da Ziff-Davis.

Porcentagem de compradores de computadores pessoais que classificam as marcas como "muito fortes" na Web:

| | |
|---|---|
| Microsoft | 73% |
| Netscape | 69% |
| Intel | 66% |
| Gateway | 62% |
| IBM | 55% |
| Dell | 53% |

*Fonte*: Adaptado de Infobeads (http://www.zdnet.com).

ceria com produtos e serviços complementares. Essas evoluções estão sincronizadas com a manutenção do maior benefício da Web – economizar tempo e esforço do visitante, o que se traduz em conveniência agregada. Como a Web se encaixa no grande plano promocional?

Quando os detalhes ficam datados, essa visão geral promocional é ampla e fundamental e pode ser usada para definir quais pontos devem ser monitorados e atualizados no futuro. Antes de o assunto tático das ações na Web ser abordado, é necessário discutirmos o valor promocional estratégico da promoção on-line.

Em 2001, o índice de penetração da Internet nos lares norte-americanos era de 25% e, ao término de 2003, já deveria estar próximo a 67%[1], segundo o The Yankee Group (Pastore, 1999). Portanto, para persuadir o consumidor, a Web deve ser considerada um veículo de mídia de suporte para a maioria dos bens e serviços ao consumidor, com exceção, talvez, do marketing de software e hardware de computador. Na forma de um veículo de apoio à mídia transmitida ou impressa, a função do marketing on-line deve ser criar o processo de lembrança, em virtude da capacidade única de interação do visitante. Como um simples conceito da estratégia on-line interativa, o profissional de marketing deve concentrar sua atenção em um diálogo, não em um monólogo, visto que esse veículo oferece uma comunicação bidirecional com os públicos interessados. Além disso, o profissional de marketing deve produzir um conteúdo adequado orientado pela informação, em vez de orientado pelo exagero. O diálogo bidirecional separa a Web das mídias tradicionais, visto que a maioria dos veículos de massa – propaganda, promoção de vendas, marketing direto e relações públicas – transmite suas mensagens por monólogos. Basicamente, o processo corre em uma só direção, não havendo mecanismo para resposta. O marketing direto permite que o destinatário faça pedidos por correio, telefone ou até por um endereço na Web, mas o tempo de resposta é grande, talvez de dias ou semanas, até que a empresa receba o pedido. O quinto elemento do mix promocional é a venda pessoal, que permite a resposta instantânea por

1 A penetração da Internet nos Estados Unidos era de 68,6% em janeiro de 2006 (*Fonte:* http://www.internetworldstats.com/top25.htm). Consultado em 15 junho de 2006. (N. R.T)

meio da **comunicação em pares**; no entanto, o alcance físico da venda pessoal é limitado, pois o vendedor não consegue entrar em contato com muitos consumidores por dia. Contudo, aplicativos em rede para resgate remoto de informações estão ajudando a estender o alcance dos vendedores no campo, usando a tecnologia de retorno de fax e os computadores portáteis. Por causa dessas limitações dos elementos promocionais, a Web é o meio de marketing ideal, em decorrência de seu alcance global e de sua acessibilidade, além de seu potencial de interação. Isso é verdadeiro para se comunicar tanto com o consumidor quanto com o mercado *business-to-business*.

Criar lembrança on-line é equilibrar o estabelecimento de objetivos adequados de comunicação para fins de reconhecimento; o profissional de marketing deve cultivar *os estágios seqüenciais da visibilidade on-line, da credibilidade on-line* e, por último, da *longevidade on-line*. À medida que proliferam Websites, pois o número deles continuará a crescer, está ficando mais difícil ganhar visibilidade. Não é suficiente para uma empresa produzir um Website e esperar que visitantes ou mecanismos de busca procurem suas páginas. O Website precisará de seu próprio marketing para estabelecer visibilidade – uma tarefa planejada e desenvolvida usando anúncios classificados e participação em fóruns on-line como Usenets, publicando o endereço em todos os materiais da empresa, colocando anúncios em diretórios e patrocinando grupos de discussão que devem ser organizados para exposição ao público-alvo. Pode parecer estranho que o veículo de marketing tenha de ser vendido; no entanto, até que a penetração de computadores nos lares e o alcance da Web sejam ampliados, deve-se alimentar constantemente a Internet como alternativa de marketing e vendas. Para fins de comparação, um jornal metropolitano tem uma penetração média de 70% nos dias úteis, enquanto a edição de domingo é um pouco maior.

O estágio seguinte na construção da lembrança é o da *criação da credibilidade*. Essa também é uma atividade de longo prazo e é uma das tarefas mais difíceis para o profissional de marketing eletrônico, especialmente se a empresa estiver no início ou for uma empresa pequena que deseja crescer. A credibilidade on-line é parte da equação que visa a transformar consumidores potenciais em consumidores reais. A Web é um mercado muito anônimo, e não se obteve até agora um selo de aprovação para separar os comerciantes genuínos dos malabaristas da enganação. O canal de comércio oculto da Web, o véu da invisibilidade do fornecedor, a incerteza da realização de pedidos on-line e a questão da qualidade do produto são todos assuntos que o profissional de marketing deve abordar e amenizar. Para amenizar, o profissional de marketing pode apresentar um Website cheio de conteúdo, que tenha gráficos atraentes, que seja de fácil navegação e responsivo, oferecendo benefícios ao visitante. O profissional de marketing deve demonstrar como a mercadoria ou os serviços provarão valer a pena e como mais tarde eles podem se tornar valiosos para o consumidor (cartas de consumidores satisfeitos ajudarão a sustentar esse ponto de vista). O Website acabará recebendo suas medalhas à medida que as qualidades de expertise, confiabilidade, funcionalidade, profissionalismo e exclusividade forem transformadas pelo desempenho. Quanto maior a qualidade e mais precisa a informação, mais valioso será o recurso do Website para o consumidor – e quanto mais útil for o conteúdo, melhor será a credibilidade nas ofertas da empresa. Desenvolver um conteúdo excelente é difícil e precisará de muitas revisões à medida que os mercados-alvo fornecem feedback, críticas ou incentivo. Por meio da tentativa e erro da contínua melhoria, o consumidor reconhecerá o serviço de qualidade e a confiança virá logo atrás. A confiança talvez não seja desenvolvida amanhã, mas dentro de algum tempo, ela virá.

A terceira etapa no estabelecimento de uma lembrança on-line é a do *incentivo da longevidade on-line*, pois já foram analisados anteriormente os benefícios do marketing de relacionamento de longo prazo. Assim como o cliente gosta de saber de quem está comprando, o profissional de marketing também deve se preocupar com a pessoa para quem ele está vendendo. Criar uma atmosfera de respeito mútuo dá a impressão de que o comerciante aprecia fazer negócio com o consumidor. Outro passo que expressa apreço é a personalização do nome do cliente na correspondência eletrônica ou a lembrança da quantidade de tempo em que os dois fazem negócios.

Consegue-se um certo senso de reconhecimento se a empresa se lembrar (ao coletar a informação na entrada de dados) do aniversário do comprador ou do aniversário de cinco anos de serviços prestados. Uma única linha de uma saudação personalizada, ou até mesmo mencionar o nome dos filhos ou do bichinho de estimação, pode trazer alguma individualidade à papelada rotineira. Se você já tiver feito algum pedido na Amazon.com, a página inicial reconhecerá seu nome e sobrenome na caixa de confirmação do destinatário. Todos acreditam, com razão, que são especiais, e o reforço dessa opinião pode formar a base de um benéfico relacionamento de marketing.

Para ser percebido como um recurso excelente e valorizado, é preciso muito tempo e esforço da parte do profissional de marketing. Essas demandas não devem surpreender o profissional de marketing, pois quaisquer aspirações de excelência dão muito trabalho. O marketing on-line bem-sucedido é como quaisquer outras atividades de marketing ou vendas; o sucesso exige planejamento, dedicação e persistência. Expectativas realistas também são necessárias, pois o marketing eletrônico não é o único objetivo. O marketing eletrônico precisará ser integrado com os elementos do mix promocional tradicional e receber apoio deles.

As empresas precisam saber em que estágio o consumidor está ao desenvolverem suas estratégias de *branding* on-line. As empresas também precisam ser proativas e rápidas. A GM remodelou o Website do Saturn para oferecer mais ajuda e menos publicidade. O resultado? As visitas ao Website triplicaram, subindo para mais de sete mil por dia. Agora vêm da Internet surpreendentes 70% da liderança do Saturn, quase o dobro do ano anterior. O Saturn conseguiu identificar onde estavam os consumidores e quais eram suas necessidades. Segundo Farris Kahn, coordenador de marketing da Internet do Saturn, "ao dar aos consumidores algo que eles querem, você os está ajudando e promovendo nossa mensagem de marca ao mesmo tempo. Isso melhora nossa posição de marca de forma que uma brochura on-line não conseguiria" (Neuborne, 1998).

## Comércio e comunicação

Em cada etapa dessa estratégia de lembrança, a importância da comunicação no processo de troca eletrônica aumenta. O profissional de marketing deve acabar por equilibrar comércio com comunicação eletrônica. Se a mensagem ou a mecânica da Web não estiverem funcionando ou estiverem fora de sincronia com o mercado, nenhum pedido de mercadoria poderá ser atendido. O processo de marketing deve contar com algum método de comunicação, como, por exemplo, comunicação on-line, para conseguir satisfazer as demandas do consumidor. Relacionamentos de marketing duradouros levam a oportunidades de recompra, a recompra leva à renovação do interesse entre consumidores, a renovação do interesse leva ao reestoque da mercadoria e a mercadoria nova leva à exposição de novas mensagens a seus consumidores. Esse processo é contínuo, produzindo estoques de itens frescos e que valem a pena. Quais são as várias estratégias promocionais em que a Web pode facilitar o relacionamento dos consumidores com a empresa? Um modelo bem elaborado descreve quatro abordagens que o profissional de marketing pode listar para alcançar relacionamentos de marketing com os segmentos do consumidor. Em uma discussão esclarecedora, o GartnerGroup (http://www3.gartner.com/Init), uma respeitadíssima empresa de consultoria em tecnologia da informação em Connecticut, desenvolveu um paradigma da importância do marketing de relacionamento e do serviço ao consumidor. O modelo exige que as organizações se diferenciem ao fornecer constantemente um serviço superior em todos os pontos de contato com o consumidor.

O processo é contínuo, visando a produzir um estoque de itens frescos e que valem a pena. Quais são as várias estratégias promocionais em que a Web pode facilitar o relacionamento dos consumidores com a empresa? Existem muitos modelos que descrevem as abordagens que o profissional de marketing pode adotar para conseguir relacionamentos de marketing com os segmentos do consumidor. A maioria desses modelos enfatiza a importância da interação com consumidores por todo o ciclo de vida do consumidor. Por exemplo, o mySAP (2001) discute os níveis de interação "Envolver, Negociar, Cumprir e Dar Manutenção". Howe (2002) apresenta o ciclo de vida com "Aquisição, Conversão, Retenção e Lealdade". Ainda que você encontre vários métodos por aí e talvez goste mais de um do que de outros, todos se reduzem às mesmas idéias – cuide do consumidor interagindo com ele em todos os estágios.

O marketing de relacionamento, aplicado neste livro a comércio eletrônico, pode ser influenciado pelo contato da World Wide Web com os vários segmentos do consumidor. Esses pontos de contato podem ser a primeira ou a última comunicação com o consumidor, e o profissional de marketing deve ter muito cuidado ao prever a interação do consumidor em cada ponto de contato. Essa precisão pode incluir treinamento da equipe de vendas ou de atendimento telefônico, criação de materiais de vendas adequadas ou concentração do conteúdo da Web para atender às necessidades dos consumidores atuais. O marketing de relacionamento com o consumidor oferece muitas oportunidades para o profissional de marketing interagir com ele em cada estágio de seu ciclo de vida. Veja aqui alguns exemplos baseados na definição fornecida por Howe (2002):

- Aquisição. Este estágio requer que o profissional de marketing identifique o melhor caminho para estabelecer um relacionamento com o consumidor. Com os métodos tradicionais utilizados para conquistar isso, o profissional de marketing pode usar uma boa presença na Web para atrair novos consumidores.
- Conversão. Neste estágio do ciclo de vida, o profissional de marketing deve coletar dados e transformar consumidores potenciais em consumidores reais. A estrutura de um Website, bem como sua facilidade de uso, pode ter importante papel nesse processo. É também aí que você deve começar a coletar o perfil de seu consumidor.
- Retenção. Nesta parte do ciclo de vida, o profissional de marketing deve usar a experiência acumulada e as ferramentas de comunicação personalizadas para aprofundar o relacionamento estabelecido anteriormente. Entre as maneiras como isso pode ser conseguido estão a apresentação de novos produtos a consumidores antigos usando campanhas de e-mail, itens especiais de valor agregado no seu Website e brindes a consumidores existentes.
- Lealdade. É aqui que o profissional de marketing buscará aumentar o tempo de contribuição dos consumidores que compram porque preferem sua empresa ou seu produto em relação aos outros. De acordo com Howe (2002), eles "compram com o coração". Usando os dados coletados, você deve conseguir identificar os consumidores que compram com mais freqüência. Esses são seus consumidores preferidos e devem ser tratados de acordo. Assim que eles forem determinados, marque-os no seu banco de dados e presenteie-os com oportunidades e promoções especiais. O desenvolvimento de programas de lealdade que dão pontos de desconto é uma maneira de recompensar os consumidores leais. Muitas empresas agora usam alguma forma de dar pontos que podem ser acumulados e utilizados para descontos em compras futuras. Por exemplo: a Pepsi (Figura 9.1) criou os "Pepsi Points" para serem resgatados em produtos e prêmios. Usar uma campanha de e-mail para disseminar as informações a esses consumidores é uma abordagem eficiente que faz uso das ferramentas atuais. Esse tipo de abordagem pode ser muito eficaz na retenção dos seus consumidores leais.

Diferentes estratégias promocionais precisam ser desenvolvidas dependendo do mercado-alvo, dos consumidores, dos consumidores potenciais ou até mesmo dos compradores passivos. Com isso em mente, o profissional de marketing pode utilizar diferentes recursos eletrônicos, como segmentação do consumidor, gerenciamento do banco de dados, comunicação habilitada pela Web e serviço individualizado ao consumidor, para reunir com eficiência mercados de um só indivíduo ou mercados de muitas pessoas.

## A propriedade única de push da Internet

Uma interessante aplicação foi desenvolvida em relação ao fluxo de informações transmitido pela Internet. Em termos convencionais, aplicativos cliente/servidor enviam dados para a máquina de um cliente sem ele ter solicitado nenhuma informação. A Web baseou-se primeiro na tecnologia de **pull** (assim como foi e continua sendo a mídia publicitária tradicional), na qual o navegador do cliente deve solicitar uma página da Web antes de ela ser enviada. Como veículo de marketing direto, acredita-se que a Web esteja se desenvolvendo em um meio de **push** que oferece notícias e propaganda personalizadas para as pessoas em seu local de trabalho. Mensagens publicitárias, notícias e informações sobre o clima e sobre esportes enviadas para o consumidor formariam uma atmosfera útil para a inclusão de mensagens comerciais, ou assim acreditavam os primeiros usuários de marketing da Web. Surgiram problemas de tecnologia, especificamente largura de banda, que desaceleraram o crescimento da publicidade *push*, deixando-a talvez até estagnada. O dilema surgiu quando os anunciantes e suas agências publicitárias começaram a encher pequenos anúncios com movimentos complexos, fusões e outros efeitos gráficos que consomem muitos megabytes. Tempos de download cada vez mais longos desanimaram os visitantes, e a progressão por muitas camadas de um Website diminuiu. Até que os obstáculos da largura de banda tenham sido resolvidos nas transmissões via Web, essa tecnologia deve ser cuidadosamente levada em consideração entre diversas soluções possíveis no meio da Web, em vez de ser a única solução, para propaganda on-line. Com o aumento de novas tecnologias de largura de banda como cabo, ISDN e conexões por satélite, os profissionais de marketing mais uma vez reestruturam suas informações e redirecionam sua estratégia para a estratégia de *push*. Um exemplo bem-sucedido de solução do problema de largura de banda foi o do canal de computador chamado PointCast (http://www.pointcast.com), um software que integra agências de notícias, jornais, revistas e outros recursos corporativos (informações esportivas e portal da Internet também, caso o visitante assim o escolha) em uma proteção de tela que exibe um menu sempre diferente de histórias, informações do mercado de ações, tempo ou qualquer coisa que o visitante selecionar no menu de inicialização para o programa. O PointCast vende essa propaganda e patrocínios de informações à comunidade de negócios para pagar as notícias e o conteúdo informacional. As informações podem ser atualizadas a qualquer hora do dia e, dependendo do número de canais de notícias escolhido, o download pode levar de 15 a 30 minutos. O visitante deve clicar no anúncio para solicitar informações do Website publicitário; o visitante pode optar por não clicar no anúncio ou até mesmo carregar o software de canais junto. Essa participação voluntária parece se encaixar bem na cultura do usuário da Internet. No entanto, como o profissional de marketing pode integrar a interatividade do *push* no programa promocional quando a tecnologia adequada o permitir? Infelizmente, no momento da redação desta edição, o PointCast não mais existia. A empresa fora comprada pela Infogate. O novo serviço se apóia no conceito de personalização do PointCast e oferece outros serviços, como o CNN Newswatch e o USA Today News Tracker (permitindo, assim, que os consumidores acompanhem centenas de páginas na Web quanto a notícias e atualizações). A única desvantagem desse serviço novo e poderoso é que ele cobra uma taxa pelos serviços.

Os profissionais de marketing podem combinar a interatividade do *push* e o programa promocional em uma estratégia de *push* e *pull* ao mesmo tempo. Na Web, um excelente exemplo dessa estratégia de *push* e *pull* é um divertido Website da Nabisco chamado "Candystand" (http://www.candystand.com). Esse Website é uma mensagem publicitária que utiliza jogos interativos apresentando as balas e os chicletes e distribuindo produtos para quem conseguir as maiores

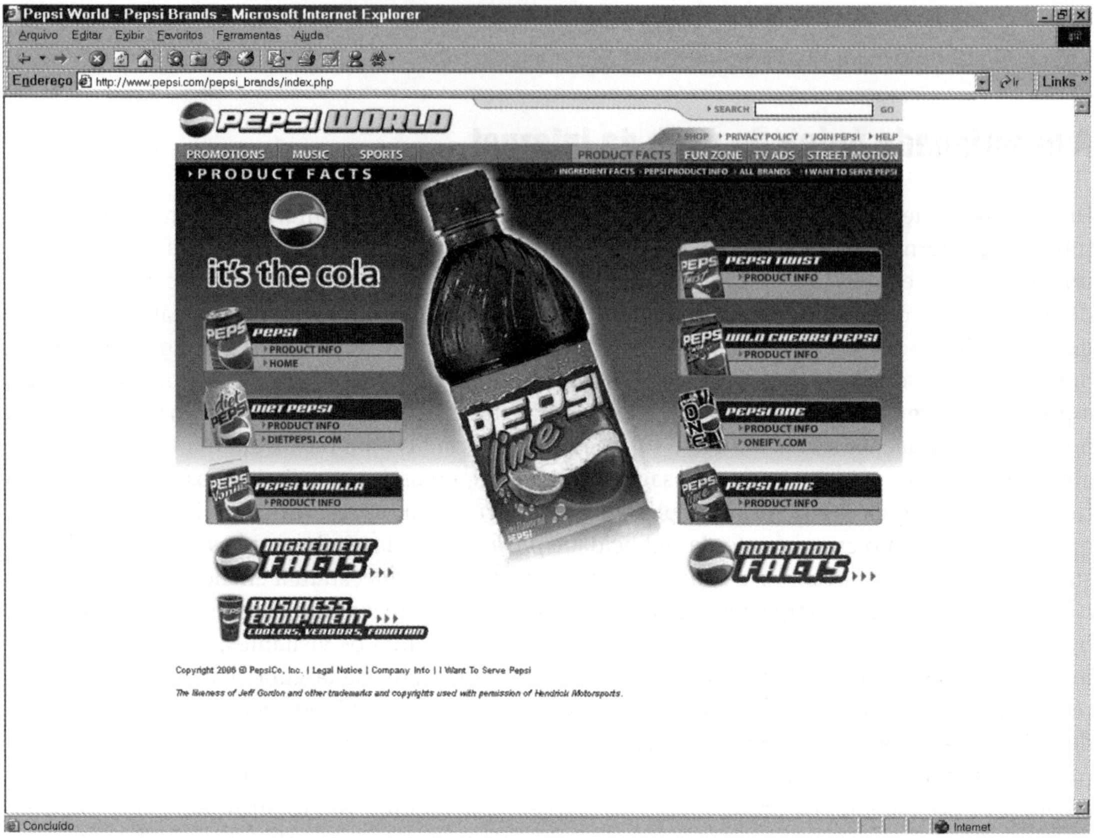


Figura 9.1 Esse é um excelente e criativo exemplo de um website que combina interatividade e memória e, ao mesmo tempo, cria lealdade de marca. O Website Pepsi World contém links para Promoções, Música, Esportes, Downloads, Listas de Marcas e História do Anúncio. Você pode brincar com jogos interativos, fazer download de proteções de tela e papéis de parede e assistir a anúncios de TV da Pepsi.
*Fonte*: Pepsi (http://www.pepsiworld.com/pepsi_brands/index.php). Usado com permissão.

pontuações. Alguns dos nomes dos jogos são LifeSavers Field Goal Challenge, Fruit Stripe Coloring Book, Bubble Yum Major League Baseball Home Run Derby (com um Bamm Beano do Mark McGwire), Gummi Savers Big Air (ganhe uma prancha de *snowboard* de edição limitada) e Creme Savers Bowling. O formato de fliperama é atraente para consumidores jovens ou não tão jovens, assim como o formato competitivo do concurso de prêmios. Esse Website demonstra um uso extraordinário da interatividade, do fluxo e da criação de relacionamento de marca. Você consideraria a estratégia promocional como propaganda, promoção de vendas ou relações públicas? Você a consideraria como *push* ou *pull*? Ou uma combinação de todas essas estratégias?

## Formulando a estratégia promocional

Este livro foi a fundo para caracterizar o segmento ou segmentos de mercado aos quais um programa promocional será dirigido. O componente do produto ou serviço do processo de marketing, além das considerações de distribuição e dos elementos do desempenho – tudo foi examinado neste livro. O P do mix de marketing final, a função de promoções, será nosso assunto agora. O mix promocional é formado por propaganda, promoção de vendas, relações públicas, marketing direto e venda pessoal. Cada elemento possui seus pontos fortes e fracos, e a comunicação eletrônica pode mitigar alguns desses pontos fracos que atrasaram o mix promocional por décadas. Essas ferramentas promocionais podem se complementar, como anúncios de TV para respaldar uma oferta especial, como uma promoção de ligações de longa distância por $ 0,10 o minuto feita pela AT&T. Os programas promocionais podem injetar vida nos produtos e serviços estabelecidos, como o Bart Simpson, do canal Fox, protegendo gulosamente seus chocolates Butterfinger (http://www.butterfinger.com). Alguns elementos são mais eficazes no lançamento de um novo produto ou na introdução de uma nova extensão de marca, enquanto outros são melhores para criar credibilidade para a imagem corporativa. Com a experiência, o profissional de marketing saberá qual tática promocional ou combinação de táticas empregar.

A propaganda é qualquer forma paga de mensagem não-pessoal sobre uma organização, um produto, um serviço ou uma idéia, feita por um patrocinador identificado a um público em massa. Algumas das vantagens da propaganda incluem:

- Em custos relativos, a propaganda é um método eficiente de se comunicar com grandes públicos, especialmente para profissionais de marketing que trabalham com distribuição nacional.
- A propaganda também pode ser usada para criar imagens e apelos simbólicos para uma empresa ou marca os quais sejam importantes para estabelecer produtos que apelam para atributos diferenciados ou funcionais.
- A propaganda é um elemento promocional conhecido e orientado para a imagem, sendo adequada para a lembrança de marca.

Algumas das desvantagens da propaganda incluem:

- O custo da cobertura publicitária nacional é alto, assim como os custos de produção para criar o anúncio ou o comercial.
- A propaganda nacional não é seletiva no direcionamento de públicos-alvo específicos; assim, a cobertura ou o público-leitor são muito desperdiçados.
- Em geral, os materiais de propaganda devem ser produzidos com bastante antecedência e permitem pouca flexibilidade para a realização de alterações rápidas nas propagandas ou nos comerciais.
- Nos ambientes atuais de publicidade, há muita confusão entre mensagens de propaganda, promoções e anúncios de serviços públicos.

O marketing direto é um elemento promocional no qual as organizações se comunicam diretamente com os consumidores-alvo para gerar uma resposta ou transação. Recentemente, o marketing direto expandiu-se para além do uso costumeiro de correio direto para englobar publicidade de resposta direta usando televisão, jornais, revistas, **telemarketing** e a World Wide Web – especialmente por causa das interações diretas da Web com consumidores ou empresas. Veja a seguir uma lista de algumas das vantagens do marketing direto:

- A capacidade de diferenciar consumidores por meio da coleta de banco de dados oferece uma alta seletividade.
- Peças de marketing direto podem conter grandes quantidades de informações de produtos ou serviços.

- O marketing direto leva em consideração a capacidade de personalizar malas diretas, revistas e mensagens da Web ao adicionar o nome do consumidor a envelopes, cartas de apresentação, e-mails e Websites.
- O marketing direto possui a capacidade de enviar amostras de produtos a usuários potenciais ou usuários efetivos de uma marca concorrente.
- Com a introdução do marketing direto na Web, as campanhas de e-mail podem ter uma melhor relação custo-benefício.
- Há a possibilidade de obter exposições repetidas de acordo com o plano do profissional de marketing.

Algumas das desvantagens do marketing direto podem incluir:

- Os custos de marketing direto usando a mídia tradicional são altos, pois a mensagem é apresentada a grupos-alvo, geralmente baixos em número.
- Há problemas de imagem ligados à correspondência inútil, aborrecimento com as ligações de telemarketing ou spams; os três são exemplos de mensagens publicitárias não-solicitadas.
- Assim como na propaganda, o marketing direto lida com o problema do excesso de mensagens.

Promoção de vendas consiste nas atividades de marketing que fornecem valor ou incentivos extras à força de vendas, aos distribuidores ou ao consumidor final. Muitas vezes apresentada por meio de mídia em massa, a promoção de vendas normalmente é considerada uma tática de desconto, enquanto a propaganda é tida como um investimento no valor da marca. A promoção de vendas orientada para o consumidor é destinada ao usuário final; itens conhecidos de promoção de vendas são cupons, amostras grátis, prêmios, descontos, concursos, sorteios e programas, como os programas de milhagem das companhias aéreas ou os bônus para compradores freqüentes. A promoção de vendas orientada para o comércio é destinada a intermediários de varejo e atacado dentro do canal de distribuição; a promoção de vendas do comércio pode incluir desconto nas mercadorias, promoção de preços, concursos de vendas e feiras para incentivar o comércio a estocar e promover um produto. As vantagens da promoção de vendas podem incluir:

- A promoção de vendas pode causar um rápido aumento na atividade e no volume de vendas.
- As várias técnicas de promoção de vendas podem atrair novos consumidores à primeira compra.
- As atividades da promoção de vendas podem defender uma marca estabelecida em relação à nova concorrente.
- A promoção de vendas pode recompensar consumidores leais, enquanto eles ainda são usuários do produto.
- O patrocínio de atividades de promoção de vendas pode dar aos varejistas um suporte de marketing adicional.

Algumas das desvantagens da promoção de vendas incluem:

- Os profissionais de marketing e varejistas podem ficar dependentes da promoção de vendas ao treinar os consumidores a só comprarem quando o produto for apresentado sob oferta especial.

## O E-Marketing em Ação

**A TRAVELOCITY.COM TRAZ DE VOLTA A POPULAR PROMOÇÃO DE BÔNUS EM MILHAS PARA OS PARTICIPANTES DE PROGRAMAS DE MILHAGEM RECEBEREM 1.500 MILHAS DE BÔNUS**

A Travelocity.com, especialista on-line em viagens, está dando aos viajantes 1.500 milhas de bônus, repetindo a popular promoção feita no outono de 1999. De 26 de fevereiro a 31 de março, os membros da Travelocity.com que compraram um bilhete aéreo em determinadas companhias, além da estada em hotel ou aluguel de carro, puderam reivindicar 1.500 milhas no programa de milhagem, fora as milhas concedidas normalmente pela agência de turismo. "A promoção de bônus em milhas que a Travelocity.com realizou em setembro de 1999 foi tão bem-recebida que queremos oferecê-la novamente a nossos cinco milhões de membros", disse Terry Jones, chief information officer do Sabre Group (NYSE:TSG). "Essa promoção é só um exemplo das várias maneiras que os membros da Travelocity.com receberam valor agregado ao planejar a viagem por meio do nosso Website."

O Sabre Group é líder mundial na distribuição eletrônica de viagens e soluções de viagem para os setores de viagem e transportes, incluindo desenvolvimento de softwares personalizados, processamento de transações e consultoria em tecnologia da informação.

*Fonte*: Travelocity.com brings back popular bonus miles promotion for frequent flyer bookers to receive 1,500 bonus miles. Industries Channel. PointCast Channel [citado on-line em 26 de fevereiro de 1990].

- Igualar-se às promoções de vendas da concorrência pode levar a uma **espiral da promoção de vendas**, em que nenhum concorrente pode deixar de participar, como, por exemplo, a pontuação em dobro ou tripla no programa de milhagem das companhias aéreas.
- Uma extensa promoção de vendas pode corromper a percepção de marca, em função da natureza de desconto da promoção de vendas.
- Há uma oportunidade substancial para abuso das promoções de vendas, como resgate de cupons fraudulentos ou adulteração de sorteios e concursos.

Relações públicas e **publicidade** estão associadas à qualquer forma de comunicação não-pessoal envolvendo uma organização, produto, serviço ou idéia, a qual não é paga diretamente ou executada por um patrocinador identificado. Relações públicas é uma função que envolve o planejamento e o gerenciamento de atividades que avaliam a opinião pública e executam determinadas ações que têm por objetivo conquistar a aceitação e compreensão públicas. A publicidade, ainda que extremamente poderosa, é somente uma das diversas ferramentas especificadas pelo programa de relações públicas. Na última década, as relações públicas surgiram como uma estratégia promocional principal, deixando de ser uma função de suporte ou secundária em um programa integrado de comunicação de marketing. Uma parte importante das relações públicas é o reconhecimento de vários públicos, algo similar à segmentação, que a organização deve alcançar com informações de interesse a esses públicos. A publicidade também se juntou a outros recursos eletrônicos ao oferecer distribuição on-line de *news releases*; os principais disseminadores das notícias eletrônicas são a PR Newswire (http://www. prnewswire.com – Figura 9.2) e a Business Wire (www.businesswire.com). As vantagens das relações públicas podem incluir:

- Em função de suas pesquisas de atitude, as relações públicas podem atuar como um sistema de advertência prévio prepara proteger a imagem da organização perante a comunidade e seus diversos públicos.
- Os esforços da publicidade positiva produzem uma aura de credibilidade, uma vez que a mensagem não é distorcida e é endossada por pessoas de fora da empresa.
- Um programa completo de relações públicas pode ganhar reconhecimento da empresa como um sólido cidadão da comunidade.
- As relações públicas são uma estratégia promocional de baixo custo.

A seguir está uma lista com as possíveis desvantagens das relações públicas:

- A publicidade pode ser positiva ou negativa; a publicidade negativa pode causar prejuízos irreparáveis à reputação da organização e ao seu relacionamento com o público.
- Os programas de relações públicas nem sempre estão sob o controle do profissional de marketing; muitos programas levam meses ou anos para trazer resultados positivos.

**Figura 9.2** A disseminação da publicidade é extremamente eficiente ao serem utilizados serviços de notícias on-line, como o PR Newswire e o Business Wire. *News releases* podem ser direcionados por redes de notícias por todo o país.
*Fonte*: PR Newswire (http://www.prnewswire.com). Todos os direitos reservados. Uma empresa da United Business Media. Utilizado com permissão.

- Os planos de relações públicas são extremamente demorados, pois os programas de RP devem ser desenvolvidos para cada um dos clientes da organização; esses públicos podem chegar a dez ou mais.

A venda pessoal é o último elemento do mix promocional e é bastante diferente dos outros elementos. A venda pessoal é definida como uma forma de comunicação interpessoal na qual o vendedor tenta persuadir uma segunda parte a comprar ou alugar. Essa persuasão não se baseia na mídia de massa e, ao contrário dos outros quatro elementos, a resposta do consumidor pode ser conseguida imediatamente, alcançando um nível de interatividade. Além disso, a mensagem pode ser moldada de acordo com as necessidades específicas do indivíduo ou do segmento. As vantagens da venda pessoal podem incluir:

- Por causa da natureza da venda pessoal, podem ser criados relacionamentos benéficos, que podem durar por muitos anos.
- Dependendo da reação do comprador potencial, a comunicação em pares permite que o emissor altere ou modele a mensagem de acordo com as consultas do comprador; com a comunicação eletrônica, isso seria considerado interatividade.
- Como diz o termo, a venda pessoal é uma experiência face a face, ao contrário da mídia de massa.
- A venda pessoal rende resultados de marketing mais imediatos e precisos.

A seguir está uma lista das possíveis desvantagens da venda pessoal:

- O custo de uma reunião de venda pessoal é bastante alto, um gasto que pode exceder $ 300 por reunião.
- O alcance da venda pessoal é extremamente limitado, pois o indivíduo pode se encontrar com poucos clientes ou consumidores de cada vez.
- Muitas vezes há uma preocupação dos gerentes de que o representante de vendas em atividade no campo não esteja apresentando o produto ou serviço com as mesmas informações e da forma como foi prevista pelo escritório.
- Muitas vezes o ciclo de compra pode ser muito longo, até de muitos anos, na compra ou na recompra de bens duráveis (Belch e Belch, 1998, p. 14-20).

## Usando ferramentas diferentes em situações diferentes

Com esses cinco pilares, os profissionais de marketing criam novas estratégias promocionais ano sim, ano não. Esses elementos podem ser aplicados a programas promocionais direcionados ao consumidor, varejista ou atacadista; a agendas de caráter local, regional, nacional ou internacional; a campanhas de produtos ou serviços e a atividades promocionais para serviços empresariais ou rurais. Eles são usados por empresas iniciantes ou por aquelas que já têm centenas de anos de existência. Certos elementos do mix promocional se saem melhor que outros em diferentes categorias ou em diferentes estágios do **ciclo de vida do produto**. Para maximizar os benefícios potenciais, o profissional de marketing logo reconhece a situação e sua solução adequada. Para empresas iniciantes e para aquelas no estágio de crescimento, a propaganda e as relações públicas podem criar lembrança para o empreendimento e, durante esse estágio, os gastos em marketing e em comunicação são desproporcionalmente grandes. Na realidade, estudos recentes publicados na Internet relataram que o gasto é de até 70% em atividades de marketing dos fundos da oferta pública inicial de uma empresa iniciante. Durante esse período, a nova empresa está atraindo consumidores da concorrência existente ou possivelmente atraindo novos usuários para o mercado, em função de um benefício exclusivo do produto. À medida que o programa amadurece, seu potencial para atrair novos consumidores também amadurece, e o crescimento atinge seu pico. Surgem muitos concorrentes e, muitas vezes, irrompe a guerra de preços. A publicidade é reduzida substancialmente, visto que a perspectiva de capturar novos consumidores é substancialmente reduzida. Gasta-se muito dinheiro (desviado do orçamento de propaganda) em promoções de vendas ao consumidor, que são projetadas para incentivar os consumidores atuais a continuarem comprando o produto. A atividade de relações públicas também é reduzida, pois o produto possivelmente já será bem conhecido e terá menor apelo nos noticiários.

Quando o produto chega ao estágio decadente do ciclo de vida, para seduzir os varejistas e atacadistas a estocarem o produto, o dinheiro do orçamento é novamente desviado da promoção de vendas ao consumidor para a promoção de vendas ao comércio. Esses incentivos monetários, como descontos promocionais, promoção de preços ou concursos de vendas, provavelmente são as últimas das estratégias de *push* feitas pelo fabricante até que a demanda e o volume de vendas diminuam, fazendo com que a marca se torne ou uma marca com distribuição nacional, mas pouco lucrativa, ou uma marca de distribuição regional. Um interessante fenômeno surgiu nos últimos 15 anos – o de empreendedores comprando uma marca descontinuada de um fabricante, a qual tivesse sido valorizada e popular há alguns anos, para reintroduzi-la a uma nova geração de compradores e para lembrar com nostalgia antigos consumidores sobre os anos em que eles usaram a marca. Uma marca que foi reformada foi a da lâmpada Westinghouse, que saiu do mercado em 1983 quando adquirida pela Philips Electronics; a Angelo Brothers Company, fabricante de lâmpadas especiais, licenciou o nome, o logotipo com o W em um círculo e o tema de posicionamento, "Pode ficar sossegado se for Westinghouse". A Angelo Brothers encontrou um comprador interessado nas lâmpadas da Westinghouse, que considerava a marca ainda viável, no grande varejista de produtos de reforma, a Lowe's. Outro exemplo dessa forma de marketing é o Volkswagen Beetle[2] , que estava fora dos showrooms nos Estados Unidos desde 1979. A montadora relançou o New Beetle (Figura 9.3), que liderou as vendas mensais nos Estados Unidos para a empresa (Barmash, 1998). A maioria das empresas, no entanto, fica presa às suas marcas e as apóia, desde que estejam em canais de distribuição estabelecidos a serviço de seus atuais consumidores.

No estágio declinante do ciclo de vida do produto, a venda pessoal complementa as promoções de vendas ao impulsionar as vendas do produto o máximo possível. A venda pessoal é usada pesadamente em contatos com o comércio, visto que muitos compradores de varejistas e agentes de compra tomam decisões para centenas ou até milhares de lojas de varejo em distribuição e estoque. Tradicionalmente, os profissionais de marketing usaram o marketing direto no estágio declinante direcionado para os membros do canal de negócios e no estágio de crescimento para distribuir amostras grátis e aumentar a lembrança de grupos de consumidores potenciais. Essas ofertas de negócios são principalmente para empurrar mercadorias monetárias ou adicionais às lojas. O elemento de marketing direto fortalecido pelas novas capacidades interativas da Web é a ferramenta promocional que mostra a maior promessa durante todos os estágios do ciclo de vida do produto. A comunicação pela Web pode dar apoio à informação do produto e à lembrança por meio de publicações de endereços na Web em veículos de mídia tradicionais como a televisão, os jornais ou revistas e pode melhorar um florescente desenvolvimento da franquia durante o estágio de crescimento, e isso pode ser eficaz na comunicação dos negócios com o início dos estágios de

---

2 O Beetle corresponde ao Fusca brasileiro. Ao lançar o New Beetle, totalmente remodelado e muito mais moderno que o antigo Beetle, a Volkswagen inaugurou uma tendência de lançamento de carros retrôs como o PT Cruiser, da Chrysler. (N.R.T.)

maturidade e declínio. Como a Web é atualmente um meio de suporte, suas maiores contribuições podem estar nos períodos de crescimento e maturidade, enquanto os consumidores cultivam relacionamentos com o produto. Esses produtos maduros que utilizaram a Web são o Kool-aid (http://www.kraftfoods.com/kool-aid) e a manteiga Land O'Lakes (http://www.landolakes.com). Essas marcas existiram por décadas, e uma ligação emocional com o uso no passado e com o desempenho positivo do produto as mantém nas prateleiras. Ainda que a Web possa não ser o canal adequado para vender pó para preparo de refresco ou manteiga, trata-se de um excelente veículo para manter a mística ou a simpatia de muitos produtos ou serviços. As capacidades de comunicação pela Web irão incorporar a estratégia integrada. A discussão agora examinará como essa imagem ou esse desempenho são desenvolvidos e transmitidos.

## Desenvolvendo uma estratégia criativa única

O ponto forte da Web - a interatividade - pode melhorar o desempenho de cada um dos elementos promocionais. Os pontos fortes da tecnologia disponível na Web - imagem, movimento, cor, som e a facilidade de uso - a colocam em uma categoria única entre os demais tipos de comunicação de marketing. A Web é capaz de contar a história do produto e pode reagir às impressões ou perguntas que o visitante pode ter após a sessão on-line. Antes que o papel tático da Web na entrega da comunicação seja investigado neste texto, o processo de isolar os benefícios únicos, às vezes chamado de **unique selling proposition**, precisa de uma análise crítica, pois, uma vez que a característica do produto é selecionada, o alicerce do plano de comunicação está a caminho. A certeza, ou pelo menos uma intuição substanciada, é uma habilidade necessária para os profissionais de marketing que assumem programas promocionais com custo de milhões de dólares. O processo criativo começa com a tradução das características do produto em benefícios ao consumidor, podendo ser características racionais (os fatos orientados para as informações, como preço, investimento, serviços médicos ou funcionalidade) ou necessidades emocionais ou psicológicas (desejo de ser magro, de ser viril, de comprar um carro que proteja os filhos ou de se vestir para o ambiente profissional). Existem inúmeros benefícios que podem ser demonstrados em um sem-fim de execuções de comunicação; na realidade, o desafio de criar uma solução genial e original para um problema de comunicação é o fator de motivação na mente do escritor ou do artista.

A **criatividade** foi definida como "habilidade de gerar idéias novas, exclusivas e adequadas que possam ser utilizadas como soluções a problemas de comunicação" (Belch e Belch, 1998, p. 244). Essa capacidade de visualizar novas combinações, novas situações que apresentam um produto a um relacionamento familiar, ainda que não conectado, é um talento muito estimado nas indústrias de marketing e propaganda. Um exemplo de associação criativa de marketing é a introdução da Apple Macintosh (http://www.apple.com) no Super Bowl de 1984. Nessa edição, a Apple usou uma paródia da IBM como o *grande irmão* no contexto da obra futurista de George Orwell, datada de 1984. A Microsoft também lançou a versão do Windows 95 usando a música "Start it up", dos Rolling Stones. A combinação do Nissan 300ZX com brinquedos ajudou o GI Joe a cortejar a Barbie, para desespero de seu namorado Ken, e ajudou a Nissan a comercializar sua linha de automóveis para o consumidor. Outro exemplo de associação criativa de marketing é o anúncio da Pizza Hut que usa o Elvis dançando enquanto murmura seu agradecimento, "Obrigado, muito obrigado". Cada um desses comerciais começou com uma plataforma criativa que delineou os benefícios do produto. Essa plataforma criativa é transformada em estratégia criativa. A plataforma criativa é um resumo de todas as instâncias significativas de pesquisa, atitudes do consumidor e posição da concorrência, além de resposta e diretrizes do cliente. Para o serviço on-line PointCast, sua plataforma criativa pode ter incluído uma linha de resumo como "o PointCast é um serviço de notícias on-line que pode ser acessado pelo executivo no trabalho". Essa descrição do serviço não é muito vibrante, mas contém pontos exclusivos para as pessoas da criação, os redatores e os diretores de arte darem a largada na produção de uma estratégia criativa nova para a campanha de lembrança. A equipe de criação agora tem uma direção a seguir, e o resultado dela se torna o tema de criação dos elementos da campanha criativa. O tema resultante da campanha da PointCast (USA Today News Tracker) foi um resumo sucinto e significativo: "PointCast. Notícias na tela do seu computador". O posicionamento para o desempenho dos equipamentos da 3Com foi uma declaração simples: "Mais conectado". A partir dessas linhas de posicionamento, o equilíbrio da campanha pode ser desenhado nas ferramentas de comunicação necessárias, como o desenho do Website e das telas, brochuras, kits de publicidade, mensagens para jornais e revistas de negócios e outros materiais paralelos necessários para estender a estratégia de campanha e o apelo da comunicação. Se utilizado com tempo e consistência suficientes, o nome da marca será instantaneamente associado a seu tema. Sem dúvida nenhuma, a Nike é sinônimo de "Just do it", a Prudential de "Sólida como o rochedo de Gibraltar" e a Microsoft de "Aonde você quer ir hoje?". Muitos vícios, como cigarros, cerveja ou álcool, forçaram e reforçaram linhas de campanha memoráveis por meio de investimento pesado em propaganda e promoção de vendas. Alguns temas de

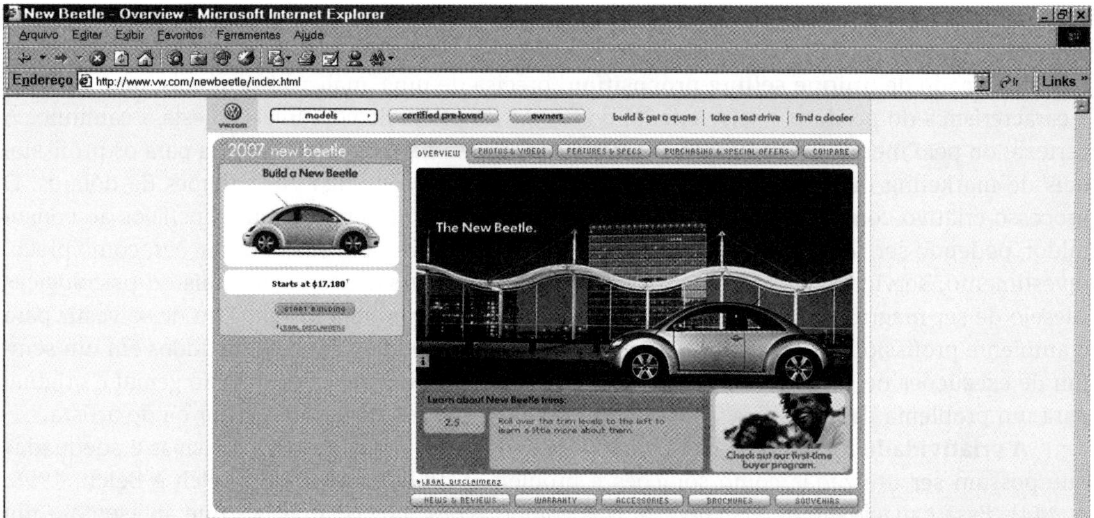


**Figura 9.3** A Volkswagen possui um Website criativo gerado com o uso da tecnologia Flash, o qual oferece interatividade e diversas outras ferramentas interessantes. Veja as muitas opções disponíveis na demonstração em Flash do novo Fusca, ou New Beetle, e até projete seu próprio carro usando o recurso "Crie seu VW" do Website.
*Fonte*: Volkswagen (http://www.vw.com/). Utilizado com permissão.

longa data foram "Winston é bom como um cigarro deve ser", "O rei das cervejas", "Sipping whiskey do Tennessee"[3] ou "Absolut, absolute (você preenche o espaço em branco)". A repetição de uma frase constante é um método poderoso para criar uma associação mental com um produto ou serviço.

Ao criar um Website atraente, a abordagem racional ou informacional, conforme dito na citação de abertura deste capítulo, parece ser a mais comum, pois muitos internautas procuram por especificações de produto influenciados por preço ou seleção. O Website pode se estender indefinidamente para baixo, para cima ou para a esquerda, e os links podem apontar para outros links, que apontam para outros links. O profissional de marketing deve se lembrar por que o visitante está usando a Web – em busca de conveniência, qualidade, eficiência, disponibilidade e entrega e desempenho. O texto ou a cópia da página inicial e as páginas subseqüentes de produtos ou serviços devem apelar para essas influências. Isso vale tanto para as mensagens da Web quanto para os gráficos, e tanto para *business-to-business* quanto para o consumidor. O conhecimento do escritor sobre o desempenho do produto ou a eficiência da operação auxiliará na criação de mensagens amigáveis para o consumidor. Este livro afirmou anteriormente que a propaganda da Web pode não vender, mas pode informar. O profissional de marketing deve se dar conta de que, na comunicação pela Web, o conteúdo é o que há de mais importante e, quanto mais completas e mais ricas forem as descrições, mais poderosa e positiva será a visita da Web. As mensagens da Web estão evoluindo de uma representação estática da empresa, do produto ou do serviço para imagens mais emocionais, como fotos de avós com netos, enquanto o texto descreve o benefício do seguro de vida, ou fotos de compradores bem-arrumados e cheios de energia, representando o estilo de vida com alimentos da Healthy Choice. Ao desenvolver a direção criativa, o profissional de marketing deve julgar as soluções criativas da forma mais objetiva possível. Ainda que o processo criativo seja uma atividade instigante e divertida, o profissional de marketing deve fazer vista grossa para a progressão criativa, de forma que sejam observados os parâmetros da estratégia de marketing. Nem todo produto da Web pode ou deve ser apresentado com humor. O processo inteiro está focado na venda de mercadorias e na prestação de serviços ao consumidor. A produção de uma excelente comunicação on-line é um assunto sério e deve ser encarada por essa perspectiva. Um excelente aviso sobre criatividade foi dado na revista *Fortune* por Bob Plishka, executivo de RP, quando ele lamentou: "No coração do problema está uma falha em distinguir entre talento artístico que torna a mensagem de venda mais memorável e talento artístico que se sobrepõe à mensagem de venda. Em outras palavras: os profissionais de marketing devem abrandar seus impulsos criativos com a comunicação direta" (Lukas, 1998).

Assim como qualquer indústria especializada, certas exigências devem ser obrigatórias nos materiais de comunicação. Parece obrigatório hoje em dia incluir um Website ou um endereço de e-mail em todos os materiais de propaganda e atividade. Outro *must* que está surgindo parece ser o pensamento substancial e criativo de nomes de domínio que sejam imediatamente reconhecidos como da empresa. A consistência também deve estar na semelhança entre o endereço da Web e o endereço de e-mail. A forma mais inteligente de estabelecer reconhecimento on-line da empresa é primeiro investigar o nome de domínio proposto pelo do Website de registro InterNIC, verificar a disponibilidade do nome e depois continuar com itens básicos de identidade. O InterNIC é uma atividade de cooperação entre o governo norte-americano e a Network Solutions, Inc. Outra sugestão é que a empresa não precisa de mais de um nome de domínio, como um nome de domínio de segundo nível, como company.com. Um domínio de terceiro nível pode ser smith.company.com.

---

3 "Sipping whiskey" é um tipo de uísque que ficou conhecido por ser produzido no estado do Tennessee, Estados Unidos, caracterizando-se por ser mais puro e envelhecido por mais tempo. Um dos "sipping whiskeys" mais conhecidos no Brasil é Jack Daniel's. (N.R.T.)

Ter mais de um nome de domínio confunde as pessoas e pode sugerir que há alguma desorganização nos departamentos de marketing e comunicação. Para evitar essa impressão, centralize o processo de criação do nome de forma que todas as pessoas da empresa possuam um endereço com o mesmo domínio. Por fim, o profissional de marketing deve entrar em contato com o ISP da organização para garantir que o endereço da empresa possa aceitar um subdomínio não-www que não comece com um www. Isso permite que o usuário digite http://www.empresa.com ou http://empresa.com e chegue ao mesmo endereço. Isso é recomendado para empresas e é uma tarefa de fácil execução. Basta pedir ao ISP um apelido (*alias*) para o ponto de entrada de DNS do Website. Normalmente esse serviço não é cobrado (Synder, 1998).

## Ainda apelando para as sensações

Muito antes da televisão, os redatores descobriram que as descrições que recorriam aos sentidos ou aos estímulos que desencadeavam reações sensoriais, como odor, paladar, toque, visão e som, poderiam criar uma associação com determinadas características de produto. Por décadas, as descrições dos produtos foram "sabor refrescante de menta", "cheirinho de limão", "toque acetinado", "sabão que deixa a roupa como nova" ou "alto-falantes que produzem um ambiente de sala sinfônica". Serviços e produtos também podem apelar para os sentidos ou para o estado de espírito. O cartão American Express aconselhou por anos o viajante a não sair de casa sem ele e, recentemente, seu uso foi expandido para outras pessoas além dos viajantes, incentivando os portadores dos cartões a "fazer mais", como comprar mercadorias ou gasolina, com Jerry Seinfeld falando sobre "a medida certa". Como um recurso da segurança, a Allstate Insurance confortou os segurados ao dizer-lhes que eles estavam "em boas mãos com a Allstate". Para amenizar um assunto difícil e incerto, a Metropolitan Life (www.metlife.com) contratou o Snoopy e seus amigos para fazer a promessa "Venha para a Met. Compensa". A estratégia de marketing e comunicação deve ser construída sobre esses sentidos ou influências psicológicas para então serem introduzidas as qualidades inerentes da interatividade. Essa abordagem é absolutamente necessária para oferecer um valor do cálculo de preço do prêmio. O marketing diferenciado também é a estratégia mais lucrativa e, com cuidado e atenção, pode ser sustentado por muitos anos. Apelar para os sentidos tem sido uma estratégia muito clara para promover a imagem de uma empresa, inclusive com a utilização de tecnologias de mídia que serão discutidas mais tarde. Um bom exemplo é o som que se ouvia ao entrar no Website da Harley Davidson (http://www.harleydavidson.com): o ronco do motor de uma motocicleta Harley Davidson, aspecto que a empresa utiliza para posicionar-se no mercado de motocicletas.

## Assistência de uma agência do publicidade interativa

Como a Web gerou muitas indústrias e empresas na indústria da propaganda, ela também concebeu um novo tipo de agência de publicidade e novas capacidades que melhoram os talentos de comunicação da World Wide Web. Esse recurso é chamado de **agência de publicidade interativa**, uma empresa de publicidade que concebe e produz novas campanhas de mídia e materiais com base em veículos eletrônicos. Algumas agências interativas originaram-se das agências de publicidade tradicionais, e algumas são empresas independentes fundadas por diretores familiarizados com o potencial da comunicação e do computador. Em qualquer um dos casos, essas agências têm um histórico curto, mas um futuro muito promissor. Assim como nas agências tradicionais, a agência interativa auxilia clientes com a investigação e a implementação de processos de marketing e comunicação; muitas agências desenvolveram idéias exclusivas para empregar mídia on-line. Por esse motivo, essas agências estão desenvolvendo valiosos serviços especiais que estão sendo integrados nas estratégias de marketing tradicionais. Recentemente, uma associação de agências interativas foi formada para desenvolver a pauta da nova mídia; a associação, o Real Agencies Affiliates Program (http://www.realnetworks.com), adotou uma plataforma para "servir como programa de recurso de agência publicitária projetado para facilitar e promover o uso de vídeo streaming – tecnologia de vídeo e animação em propaganda on-line. Os principais beneficiários serão os clientes das agências, que terão acesso a ferramentas criativas mais eficientes para propaganda on-line, possibilitando que eles melhorem as experiências de usuários" (RealNetworks, 1998). A ajuda de uma agência interativa experiente está disponível, e serão discutidos agora os serviços que essas agências prestam.

Os serviços de uma agência interativa serão examinados ao revisarmos as credenciais de uma loja de sucesso, o CKS Group, que foi comprada pela USWeb durante a redação deste livro. Segundo o perfil da firma, o CKS é uma empresa de comunicação de marketing para a era digital. Bem situada entre os fornecedores de tecnologia, a empresa está localizada no Vale do Silício. Ela combina tecnologia de ponta com uma abordagem exclusiva e multidisciplinar aos negócios e ao marketing, que ajuda de forma eficaz as empresas a comunicar, informar e vender. Muitos dos serviços derivam do marketing tradicional, enquanto alguns são produto dos empreendedores eletrônicos.

> O Grupo CKS é um provedor de programas de negócios e de comunicação que integra aconselhamento estratégico com disciplinas de marketing tradicionais, como gerenciamento da marca e propaganda de produtos, além de soluções avançadas de tecnologia e nova mídia, incluindo desenvolvimento de Internet e extranet, arquitetura de banco de dados e integração de sistemas empresariais. O CKS tem entre seus clientes a Audi, o Citibank, a Computer Associates, a Fujitsu PC (http://www.fujitsu.com), a General Motors (http://www.gm.com), a Levi Strauss & Co., a MCI, a Royal Caribbean Cruise Lines, a Visa e a 3Com (http://www.3com.com). O CKS Enterprise oferece uma sofisticação sem precedentes às necessidades do seu Website. O grupo Enterprise pode adicionar uma capacidade de criação de página dinâmica a seus Websites com um banco de dados relacional. Podemos habilitar em seus Websites o uso de comércio eletrônico seguro e integrar tecnologia customizada para personalização do usuário. Nossa expertise em mídia de streaming permite que nossos clientes explorem os benefícios do *Webcasting* e dos serviços de alto desempenho da Web. O CKS oferece serviços para o desenvolvimento e a produção de Quiosques Interativos para Feiras de Comércio e Varejo, Apresentações de Vendas em Laptop e CD-ROMs Híbridos. Esses programas ajudam nossos clientes a criar suas marcas e vender produtos com o envolvimento de demonstrações e simulações de produto, vídeo, áudio, gráficos animados e música (CKS, 1998).

Esse fornecedor é provavelmente similar a outras agências interativas que estão a serviço de clientes conhecidos e semelhantes em todos os Estados Unidos. É interessante também que o CKS tenha diversos escritórios nacionais e dois escritórios na França e na Alemanha. O potencial europeu dos serviços de marketing on-line é grande, mas um pouco complexo em função dos muitos idiomas, diferentes hábitos de compra e influências culturais distintas. Os aspectos da Web e do comércio internacional serão discutidos no Capítulo 18, Implicações ao Programa de Marketing Internacional.

Ao trabalhar com uma agência de publicidade interativa, o profissional de marketing ainda terá de direcionar e supervisionar o progresso da campanha interativa. O processo de marketing para elementos eletrônicos não é diferente dos métodos tradicionais. Dados sobre o desempenho do produto ou serviço, pesquisa sobre preferências e atitudes do usuário, informações sobre preço ou estratégia de distribuição e dados da concorrência: tudo isso precisa ser organizado pelo profissional de marketing e por seus assistentes para ser compartilhado com a agência interativa, para que se possa realizar um programa de marketing eficiente e eficaz. Nada muda do paradigma tradicional até que os estágios de planejamento e a implementação de marketing integrem as novas capacidades de mídia. Novas aplicações para comércio e mídia eletrônicos são reveladas quase todos os dias e, com esse ritmo rápido de avanço tecnológico, o profissional de marketing provavelmente gastará tanto tempo monitorando o que está sendo feito quanto gasta examinando o que será feito nas atividades de implementação. A velocidade da tecnologia de vendas e comunicação é uma poderosa ferramenta para o profissional de marketing gerenciar, mas, por outro lado, a velocidade dos avanços na tecnologia de vendas e comunicação é uma ameaça da concorrência que possui as mesmas capacidades de tecnologia. Permanecer no topo da tecnologia é um trabalho em tempo integral e, mais uma vez, atribuir as tarefas de **monitoramento tecnológico** à equipe de marketing pode deixar o ambiente de marketing da empresa atualizado.

## Os componentes de um plano promocional

A agência de publicidade interativa ou tradicional deve ser encarregada do desenvolvimento de uma plataforma criativa e de um tema que detalhe, na forma de um mapa, a direção e o destino dos objetivos de comunicação. Esse plano promocional é composto de muitos elementos do processo, cada um constituindo um elo pequeno, mas importante, que na conclusão deve resultar no cumprimento dos objetivos corporativos. Ao usar a estratégia de processos, cada elemento deve ser identificado e programado e depois receber considerações em relação a seu papel no mix promocional, na mensagem e na mídia. Temas criativos colocam a bola da propaganda para rolar, e etapas cuidadosas de planejamento e execução dão forma e estendem a direção criativa por meio da campanha. Esse mapa pode ter pontos de parada, particularmente quando precisarem ser definidos elementos específicos da campanha. Assim como um jogo de tabuleiro infantil (lembre-se da Candyland, http://www.candyland.com, que agora pode ser encontrada no endereço http://www.hasbrotoys.com), as peças do processo continuam se movendo para a frente e, infelizmente, para trás, ao longo de um caminho prescrito até um destino esperado. Esses pontos de consideração podem variar de acordo com as idiossincrasias do produto, serviço ou tipo de negócio, mas em geral um plano para desenvolvimento criativo deve incluir:

- *Seleção da fonte* – Quem ou o que vai transmitir a mensagem. Será um porta-voz, um personagem ou símbolo (como o coelho da Energizer ou o Crash Bandicoot, do Playstation), uma entidade corporativa, uma celebridade ou talvez uma fonte não-identificada? A fonte não precisa estar em palavras escritas em si; em vez de falar, a fonte pode ser uma assinatura musical, como as quatro notas da Intel, ou uma assinatura totalmente visual, como os cigarros Marlboro ou o scotch Chivas Regal.
- *Seleção das mensagens* – Quais são as mensagens que podem ser exclusivas da empresa, do produto ou do serviço? A pesquisa deve ter trazido à luz as motivações pelas quais o mercado é movido e os benefícios que o mercado recebe ao utilizar o produto. Os gerentes de marketing devem fornecer dados em relação à seleção de mensagens, e depois a agência de publicidade ou *boutique creative* traduz os benefícios (seleção de mensagem) em temas criativos memoráveis ou execuções publicitárias.
- *Canais de mídia* – Quais canais de mídia (assumindo que há mais de um) estão sendo selecionados? As pessoas criativas devem ser avisadas sobre a natureza dos materiais criativos que elas estão concebendo, de forma que esses materiais se encaixem no plano

de mídia e na programação de produção. É difícil reencaixar os elementos de um comercial de televisão em um anúncio em revista de última hora. Qual será a mídia principal e a mídia de apoio? Existem exigências especiais de mídia, como pintar ônibus urbanos, uma solicitação especial para produzir um dirigível para voar sobre estádios de futebol ou voar com um minidirigível sobre uma multidão em um ginásio de hóquei para distribuir cupons? Existem muitas aplicações de mídia disponíveis que podem ser vantajosas e inovadoras, e está nas mãos da equipe de marketing e criação fazer um gerente de marketing concorrente dizer "Queria ter pensado nisso".

Agora que o tema da criação e a estrutura da estratégia de mídia estão decididos, os objetivos do mix promocional devem ser considerados em uma tarefa para equilibrar todas as influências da situação e fatores de mercado. Como os dados para o plano de marketing tradicional foram rastreados, estamos bem próximos de estabelecer objetivos para cada uma das funções promocionais. Mais uma vez: o estabelecimento de objetivos é importante na medição dos resultados finais do programa de marketing. Cada elemento do mix promocional deve ser avaliado antes e depois da campanha. Alguns programas de marketing usam as cinco ferramentas promocionais, enquanto outros envolvem apenas duas ou três, dependendo da amplitude e da profundidade da campanha. O estabelecimento de objetivos é desmembrado nas seguintes ações promocionais específicas:

- O profissional de marketing deve definir como os objetivos da comunicação on-line estão planejados para ser. Os recursos eletrônicos irão suportar um programa introdutório de merchandising por meio de mídia de massa? Os recursos de marketing eletrônico devem se concentrar na melhora da coleta de banco de dados e análise dos resultados? O Website será estático ou será construído de tal forma que consiga filtrar e conectar diversos bancos de dados com informações relacionais? Um exemplo de como construir um Website com essa característica pode ser a análise do cruzamento do gasto médio do consumidor com o nível de estoques de produtos esportivos durante a época de festas de fim de ano, que vai de 25 de novembro a 25 de dezembro. O objetivo é criar lembrança, acelerar a freqüência de recompra, vender vales-presente, introduzir um novo produto ou gerar publicidade sobre os sistemas de treinamento da empresa? Sem um objetivo em mente, o programa de marketing fica à deriva; a direção é essencial para maximizar de forma eficaz e eficiente os bens corporativos.
- Os objetivos de publicidade precisam ser definidos para o plano-mestre de marketing. Qual é a situação que a propaganda irá enfrentar? Os veículos primários serão televisão ou jornais, e eles serão nacionais, regionais ou locais? Quais segmentos de mercado devem ser visados, e existem veículos de propaganda que podem alcançar esses mercados? Talvez a campanha de publicidade feita por um grande fabricante de alimentos seja dirigida para um tipo de comércio, como os supermercados, e o objetivo seja expandir a distribuição de um produto alimentício por meio da introdução em novas áreas geográficas. A mídia primária provavelmente incluiria marketing direto e revistas direcionadas para os canais de vendas, como a *Grocery Network* (http://www.grocerynetwork.com); a mídia de suporte pode ser um Website funcional exibindo informações importantes para os supermercadistas, como o número de SKUs que o produto oferece, verbas de incentivos e descontos, verbas para compra de espaço ou o calendário de atividades de propaganda para o consumidor final o qual inclua as inserções em televisão e jornal. O Website pode conter grandes quantidades de informações, mais que uma brochura ou carta pessoal, e pode fornecer informações e dar respostas muito, muito mais rápido.
- O profissional de marketing deve estender o plano de marketing para a mídia on-line. Por exemplo, do lado do consumidor, talvez haja uma nova loja de figurinhas esportivas que

esteja planejando passar a enviar os pedidos pelo correio. Como esse produto ou serviço pode atrair um mercado pequeno, o objetivo de marketing deve ser criar lembrança entre um tamanho de mercado bastante limitado. A televisão provavelmente seria um empreendimento caro em função da audiência desperdiçada, mas revistas e jornais especializados são lidos por colecionadores ardorosos de figurinhas de beisebol, basquete e futebol americano. Jornais como o *Sports Collectors Digest* (http://www.krause.com) ou revistas como a família Beckett de revistas de itens colecionáveis e figurinhas esportivas (http://www.beckett.com) são excelentes mídias na publicidade para um mercado específico. Nos dois tipos de veículos impressos, o Website da loja de figurinhas pode receber apoio, incluindo o endereço do Website em cada anúncio ou comunicado publicitário. Alguém disse que o Website é uma coisa que alguém faz, não alguma coisa que alguém lê. O Website pode ter mais funções além de informar o visitante sobre a disponibilidade de produtos de forma textual; ele pode exibir as fotos das figurinhas premium. O Website pode se ligar aos diversos serviços e produtos da Beckett, como o Leilão On-line da Beckett, o Guia de Preços da Beckett, o calendário das feiras de figurinhas por estado ou outras promoções oportunas.

Ele pode se ligar ao Baseball Hall of Fame em Cooperstown, Nova York (http://www.baseballhalloffame.org), ou a páginas de grandes times (http://www.yankees.com), (http://www.atlantabraves.com), que, claro, colocam à venda produtos com a marca do time. Artigos com fins publicitários podem ser colocados no PR Newswire ou no Business Newswire, que distribuem *news releases* eletronicamente a publicações direcionadas. O proprietário da loja de figurinhas pode desenvolver também um quadro de avisos de listas de figurinhas desejadas pelos consumidores ou uma discussão por e-mail de tópicos atuais e controversos, como a permanência do batedor designado[4] ou a controvérsia acerca do desejo de Pete Rose de ser indicado para o Hall da Fama. O proprietário pode compilar uma lista de e-mails de seus consumidores para entrar em contato com eles quando forem recebidas novas matérias de futebol americano, basquete ou hóquei; ele pode organizar uma promoção especial, como uma noite de trocas, e usar o e-mail para avisar e convidar consumidores para o evento especial.

- Em cada um desses exemplos, o plano de mídia foi estendido pela mídia on-line, primeiro para o fabricante nacional de alimentos e depois para o comerciante dono de uma lojinha na esquina. Em qualquer caso, a mídia eletrônica é capaz de direcionar consumidores, comunicar-se com eles de forma conveniente, enriquecer a apresentação de mercadorias e integrar tudo em publicidade tradicional, promoção de vendas, relações públicas e marketing direto.
- Os recursos on-line precisam dar apoio aos objetivos de publicidade. Qual lembrança ou ação o material publicitário está destacando? Seria a abertura de uma nova loja? Seria o anúncio do recebimento de uma linha de roupas femininas da moda, como a Nicole Miller (http://www.nicolemiller.com)? Seria a aquisição de outra empresa que se encaixaria na linha das estratégias comerciais, alavancagem de consumidores e merchandising de ambas as empresas? É um novo programa de financiamento que é mais atraente aos consumidores? Todas essas situações valem a pena para integrar a comunicação do consumidor on-line com a comunicação corporativa, uma vez que muitas revistas possuem tanto um público leitor focado e mais interessado quanto leitores mais generalistas que suportam entusiasticamente vários programas televisivos. O público médio da Web é

---

4 A controvérsia sobre o batedor designado é uma questão que envolve a escalação de um time de beisebol nos Estados Unidos. Para mais informações sobre o assunto, consulte http://en.wikipedia.org/wiki/Designated hitter. (N.R.T.)

educado, interessa-se por muitos assuntos e é ajudado pelo fato de que muitos portais da Internet acabam se concentrando em assuntos específicos.

- A promoção de vendas é um método sólido de introdução de novos produtos e, ainda que menos precisa em sua capacidade de direcionamento, a combinação de um evento especial com um local compatível pode atrair os usuários que o profissional de marketing deseja. Quando a Biore (http://www.biore.com) estava introduzindo o Pore Perfect Strips, a empresa se envolveu em um gigantesco programa de amostragem para colocar o produto nas mãos (ou rostos) de seu mercado-alvo, garotas adolescentes. Para ajudar a alcançar essa meta, a Biore fez dos shopping centers urbanos de todo o país o palco do programa de amostragem. As estratégias de amostragem são muito importantes para combinar o produto com o consumidor potencial no local correto. Muitas vezes, produtos dirigidos ao jovem adulto serão distribuídos nos campi de faculdades; novos produtos alimentícios freqüentemente são oferecidos como amostras em supermercados ou em eventos comunitários especiais. Amostras de bronzeadores são fartamente distribuídas nas praias, especialmente se estiver ocorrendo um torneio de vôlei. Carrinhos de golfe são usados no *test-drive* para transporte em comunidades de aposentados; até mesmo o Apple Macintosh estava disponível para um fim de semana de "*test-drive,*" quando foi introduzido, em 1984. Os serviços podem ser suportados por promoção de vendas? Sim, lembre-se dos minutos de ligação gratuita da Sprint (http://www.sprint.com) ou da MCI ou as horas de uso gratuito da AOL. Para experimentar, as pessoas levam seus tapetes para serem lavados na Sears. Uma promoção de uma linha aérea pode oferecer bilhetes pela metade do preço a qualquer pessoa que comprar um bilhete inteiro. Um cinema pode dar pipoca grátis a qualquer pessoa que veja cinco filmes em um mês naquela sala em especial. Em todos os casos, há uma recompensa para o consumidor por experimentar o produto ou serviço.
- O profissional de marketing deve definir os objetivos da promoção de vendas antes de iniciá-la – aquele incentivo especial para usar o produto ou serviço – para conseguir julgar se as metas foram alcançadas. O objetivo era acelerar as vendas de produtos novos ou existentes? A promoção de vendas foi destinada a consumidores, mas a meta maior (e provavelmente não mencionada) era tranqüilizar os varejistas ao aumentar o movimento de vendas nas lojas? O brinde da promoção de vendas era um brinquedo ou um enfeite especial para a refeição infantil, o que, claro, era um chamariz para criar vendas mais altas ao atrair crianças ou coagir pais a freqüentar o restaurante de fast-food. A promoção de vendas provou-se muito eficaz nos últimos 15 anos com o co-patrocínio de promoções como a concorrência do McDonald's com o Burger King pelo co-patrocínio de um filme infantil, normalmente uma produção da Disney. Promoções especiais levam adultos e crianças ao restaurante, geralmente dando brindes com as imagens dos personagens de filmes como *O Rei Leão, Aladim* ou *Rugrats*. Às vezes, a promoção de vendas se torna mais popular que o próprio serviço ou produto. Um exemplo recente de como oferecer um produto ou serviço muito popular como brinde foi a promoção de Beanie Babies patrocinada pelo McDonald's. Essa promoção não só saiu da meta real do plano de marketing, que era atrair consumidores, como também resultou em má publicidade para o McDonald's, em função das brigas não tão incomuns pelo último item disponível nas lojas, das pessoas acampadas na calçada para serem as primeiras da fila ou do surgimento do mercado negro dos bonequinhos dados na promoção. Uma promoção de vendas com muita força pode ser tão ruim quanto uma que tenha fracassado. Prever a taxa de uso ou de troca do item é muito difícil, pois o profissional de marketing não tem certeza da popularidade ou não-popularidade que a promoção especial conseguirá. Se uma promoção de marketing for muito bem-sucedida, a falta de brinquedos ou descontos pode decepcionar o cliente e provocar a ira pela empresa, o que pode levar a acusações

de publicidade falsa ou enganosa. Se a promoção tiver sido direcionada para crianças, um convite para retornar em outra data é uma troca desanimadora, para quem esperava receber o brinquedo ou jogo prometido.

- Uma promoção de vendas malsucedida pode levar a mercadorias promocionais que podem não vender. A empresa pode ter dificuldade em descartar os itens remanescentes, especialmente se a mercadoria tiver o logotipo da empresa impresso nela. Os eventos de promoção de vendas podem ser muito divertidos, como uma concessionária que patrocina um circo ou um parquinho no estacionamento para trazer movimento de vendas à concessionária ou, então, um shopping center novo ou uma clínica médica infantil que leva uma celebridade para a inauguração. A promoção de vendas correta direcionada e apreciada pelas pessoas pode ser um forte incentivo para trazer movimento à loja ou para estimular as vendas por meio de marketing direto dos consumidores que vivem longe do local da promoção. Do início do século XX até hoje, os fabricantes de cereais matinais sempre deram um incentivo para a compra dos seus produtos – inseriam brinquedos na caixa de cereais, imprimiam quebra-cabeças na embalagem ou comercializavam produtos por meio de pontos coletados de cada caixa ou dos comprovantes de compra. Todo mundo já encontrou um brinquedo em uma caixa de Cracker Jacks. Como a promoção de vendas continuou sendo uma ferramenta promocional viável por todo o século, esse elemento promocional deve ter produzido excelentes retornos, ou o fabricante teria interrompido as promoções de vendas há muitos anos.
- Indivíduos que trabalham no departamento de promoção devem ter o mesmo tipo de mente criativa daqueles que trabalham nos departamentos de publicidade ou desenvolvimento de produto. Os profissionais de marketing devem conhecer seu mercado bem para definir aquilo de que ele gosta ou não e depois desenvolver um evento ou promoção especial complementar para motivar os consumidores a participar. A criatividade nos conceitos e produção da promoção de vendas é sempre útil para diferenciar o produto ou serviço. A Cadillac emprega suas estratégias de promoções de vendas ao dar suporte e ser altamente visível entre o mercado mais velho, patrocinando torneios de golfe do Senior PGA tour. A Nike e a Adidas (http://www.adidas.com) disputam continuamente para contratar atletas-celebridade como figuras confiáveis que usam e promovem suas marcas de tênis e equipamentos esportivos. Diferentes produtos e mercados exigem distintas formas de comunicar a promoção de vendas. Uma promoção de vendas para crianças entre 6 e 8 anos de idade pode ser uma mochila gratuita a cada $ 30 em compra de canetas, lápis e outros artigos escolares. Uma promoção de vendas para um universitário, por outro lado, pode ser uma embalagem com dez disquetes a cada $ 100 em compra de livros de texto, livros de casos, guias de estudo ou outros materiais exigidos pelo curso. As promoções de vendas podem ser realizadas o ano inteiro, dependendo das necessidades e da posição de estoque da loja. O profissional de marketing deve ter em mente a possibilidade das guerras em promoções de vendas, oferecendo um desconto grande demais no produto, realizando com muita freqüência uma venda anual ou criando um evento de promoção de vendas que excede muito o preço da mercadoria. As empresas também podem se envolver em promoções de vendas internas destinadas à equipe de vendas e suporte ou a importantes membros do canal, como distribuidores, atacadistas, varejistas e a equipe dos varejistas. Os objetivos dessas promoções de vendas normalmente são oferecer suporte e empurrar o produto para as prateleiras dos varejistas, oferecendo prêmios em dinheiro ou mercadorias para o varejista e dando bônus em dinheiro ou prêmios para as equipes de vendas dos varejistas. Os varejistas já experimentaram várias maneiras de injetar energia em suas equipes de vendas, projetando concursos em que os vencedores receberiam elegantes viagens para a Europa ou para o Havaí, con-

junto de tacos e sacolas de golfe, jóias ou relógios de pulso. Resultados de pesquisa, no entanto, confirmam o que os gerentes já sabiam – o melhor motivador de todos é o dinheiro, pois o vendedor pode gastá-lo em qualquer coisa que desejar.

- As promoções de vendas parecem ser a forma mais rápida de aumentar as vendas a curto prazo. Depois que o período de promoção de vendas termina, no entanto, os níveis de vendas caem para o nível anterior ao do início da promoção e, às vezes, ficam até abaixo do período anterior. Por quê? O consumidor pode ter enchido a despensa com produtos extras comprados a preços mais baixos. Assim como a publicidade, a promoção de vendas pode produzir resultados interessantes, mas, quando utilizada de forma incorreta, pode levar a muitas conseqüências incontroláveis, em geral negativas. O profissional de marketing deve aprender qual promoção de vendas usar, quais poderão ser os retornos positivos esperados e quais poderão ser os possíveis efeitos ou conseqüências adversos. Muitos profissionais de marketing foram pegos de surpresa por uma promoção fraca e também por uma popular demais. A Pepsi iniciou um concurso de vendas chamado "Pepsi Points", no qual os consumidores poderiam colecionar pontos por meio da compra de produtos que poderiam ser trocados por brindes com um logo da Pepsi. Infelizmente, o programa fez tanto sucesso que a Pepsi ficou sem os brindes mais desejados, decepcionando seus consumidores leais. Portanto, muito sucesso pode ser tão prejudicial quanto pouco sucesso.
- Os produtos ou serviços a serem comercializados podem ser perfeitos para desenvolver um programa de relações públicas. Por exemplo, o novo produto pode ser de grande benefício público, como novos aplicativos que têm por objetivo melhorar a saúde pública ou a educação pública, reduzir a poluição do ar ou tornar os alimentos mais nutritivos e possivelmente menos calóricos. A maior parte dos programas de relações públicas é construída ao redor de excelentes produtos ou serviços, que melhoram algum problema geral ou específico do consumidor. Assim como foram descritos outros elementos do mix promocional, devem ser estabelecidos objetivos de relações públicas para o programa. Como foi observado na explicação geral sobre as capacidades das relações públicas, a RP depende altamente da publicidade, e a publicidade pode ser o melhor amigo ou o maior inimigo da organização. Assim, as atividades em relações públicas devem ser examinadas com cuidado e realizadas com cautela na geração de relações positivas com a imprensa. Quais poderiam ser os objetivos adequados? Provavelmente ambicioso, mas altamente benéfico, seria o estabelecimento de metas de fazer com que a história do novo produto apareça nas duas maiores estações de televisão, gerando duas reportagens no maior jornal ou revista local (melhor ainda, nacional) e fazendo demonstrações do produto entre os cinco grupos corporativos ou comunitários mais influentes. O programa de relações públicas continuará mantendo um ritmo constante, resolvido e paciente em cada vez. É claro que a empresa ou o produto devem ser dignos de nota, críveis e úteis, como prometido. O profissional de marketing deve atravessar o mesmo processo de segmentação para decidir quais benefícios se encaixam melhor no segmento; esse é o mesmo processo de segmentação discutido como parte do processo de marketing tradicional.
- O processo de segmentação, mais conhecido como definição de públicos, na linguagem de RP, é uma parte fundamental e essencial do programa de relações públicas. A seleção do público requer que o profissional de marketing reconheça que o produto, com a construção de novas instalações de produção, interaja de forma diferente com públicos diferentes, e a comunicação destinada a cada público precisará de diferentes programas de RP. Pense nos programas de relações públicas que uma grande universidade precisa manter. As relações públicas funcionam melhor com influências proativas do que com ações reativas apressadas. As relações públicas são proativas quando os planos e as ações corretivas da ação são reconhecidos com soluções para serem colocadas em ação antes de

surgir um problema; programas reativos são exatamente o oposto disso. Ninguém previu o problema, e soluções improvisadas são usadas sem se pensar muito nos possíveis resultados e conseqüências. Um programa de relações públicas para uma grande universidade seria formado por programas menores direcionados a importantes públicos internos e externos. Quem teria interesse na operação ou no futuro da universidade? A primeira coisa que viria à mente seriam os alunos, e um plano contínuo deveria ser desenvolvido para manter um relacionamento contínuo com alunos universitários e pós-graduandos. O objetivo principal de um plano de relações públicas é manter contato com atitudes e opiniões dos vários públicos; a partir dessas atitudes, programas pertinentes podem ajudar a cumprir as expectativas dos públicos. Outro grupo que pode ter um papel no futuro da universidade pode ser o dos pais dos alunos; os pais podem gostar de saber o que a universidade está fazendo pelo seu filho ou filha. Outro grupo importante pode ser o dos ex-alunos da faculdade; como eles fazem doações à escola, podem se interessar por saber quais fontes, laboratórios, edifícios e recursos atléticos estão sendo criados usando as doações. A faculdade e a equipe da universidade merecem saber o que está acontecendo em seus departamentos. Esses são todos públicos internos, uma vez que cada um é um **stakeholder** na operação da universidade; em geral, quando acontecem coisas boas na escola, coisas boas acontecem a eles. Existem também stakeholders ou públicos externos a serem considerados. Alunos futuros, como estudantes do nível médio ou alunos a serem transferidos, podem gostar de conhecer o *ranking* da universidade em termos de desempenho educacional ou como é a vida no campus. Dependendo da organização política do estado, devem ser mantidas relações positivas com o governo estadual e com assembléias, para justificar como os orçamentos das universidades estão sendo gastos e quais resultados estão sendo alcançados. O governo local provavelmente irá querer saber que crescimento é esperado na universidade, uma vez que ele precisa produzir serviços de apoio, como delegacias e corpo de bombeiros, estradas e outras infra-estruturas, além de instalações de primeiros socorros. Um último público externo pode ser o público em geral, incluindo varejistas que servem o fluxo universitário anual; esse grupo também gostará de conhecer o tamanho da população estudantil, o crescimento esperado e as datas de início e encerramento do ano acadêmico, a data da volta para casa ou os programas de provas finais ou orientação, pois muitas empresas aumentam ou diminuem a equipe de vendas ou suporte à medida que a população estudantil aumenta ou diminui.

- Pode ser necessário criar um programa de comunicação, depois de estudar o ambiente, para cada um desses públicos; alguns programas podem ser tão simples quanto preparar um calendário para o público em geral e outro para as empresas locais. Alguns programas de comunicação, como aqueles para alunos que se inscrevem em cursos semestre após semestre, podem ser muito complexos, visto que vários novos serviços são adicionados a cada semestre, desde o número de laboratórios de informática até cursos que têm pré-requisitos ou que sofrem mudança de conteúdo. Uma ferramenta abrangente utilizada para a comunicação com a faculdade e com a equipe normalmente é um boletim impresso, que agora está migrando para a forma de e-mail, pois a faculdade e os funcionários de muitas universidades contam com computadores pessoais. Para se comunicar com públicos externos, como empresas locais, a página da Web da Universidade pode ter um link para os nomes, endereços e produtos ou serviços especializados pelos quais os estudantes poderiam se interessar em adquirir. (caso a instituição educacional deseje arrecadar dinheiro, podem ser vendidas propagandas no Website da universidade ou do colégio). Para manter os legisladores e os governos locais no círculo, pode ser criada uma intranet acessível por um endereço especial, assim como um newsletter direcionado somente com informações de interesse aos funcionários governamentais. Essa informação pode incluir números de matrícula, prêmios recebidos pelos diversos departamentos acadêmicos, perfis de alunos que se destacam ou número ou valor monetário de novos edifícios e instalações construídos no campus no último ano. A intranet foi discutida anteriormente no Capítulo 7, As Ferramentas dos Recursos de Marketing Eletrônico, como um excelente método cheio e informações para o envio de comunicações privilegiadas. A intranet pode ser uma transportadora competente de documentos confidenciais. Assim, ao aplicar atividades de relações públicas, as capacidades da Web parecem permitir alguma coisa para todo mundo; isso é bom porque mantém o público informado em relação ao que a empresa, o produto ou o serviço estão fazendo para satisfazer cada público com interesse especial.

- Parece redundante ou até mesmo repetitivo falarmos novamente do marketing direto, pois as ferramentas on-line foram amplamente expostas. Em vez de analisar a situação sob uma perspectiva micro, o profissional de marketing deve decidir os objetivos em nível macro. Ainda que o marketing on-line caia no escopo do marketing direto, outros veículos, como televisão, jornais, revistas, telemarketing e mala-direta, também caem nessa categoria promocional. Cada um desses é um método alternativo de marketing direto, e cada um se sai de forma diferente, dependendo do produto. Alguns produtos requerem uma explicação considerável, e o telemarketing pode fornecer essas informações de forma persuasiva. Alguns produtos, como o Chia Pets (http://www.chia.com), permitem que os espectadores exercitem seu lado ecológico; clubes de CD oferecem ao espectador a oportunidade de comprar sons da década de 1970 ou de outras décadas ao usar com muita eficiência a televisão para acessar mercados de massa. Alguns produtos sugerem que a comunicação seja segmentada, como é o caso dos bibelôs Hummel, já que seus consumidores potenciais provavelmente estão lendo revistas de estilo de vida ou de colecionadores. A propaganda para fãs da Hummel em revistas é uma boa idéia. Uma maneira ainda melhor e mais direta de anunciar para esse mercado é o profissional de marketing se inscrever em listservs da Hummel, patrocinar um grupo de discussão da Hummel e registrar o Website de colecionadores da Hummel em todos os principais mecanismos de busca. As revistas produzem perfis selecionados de leitores, assim como os mecanismos de busca o fazem com os usuários da Web. Os leitores de revistas responderão aos anúncios, comprando itens à medida que eles escolhem; esses são apenas alguns tipos de marketing direto. O uso da seletividade da World Wide Web reduzirá a cobertura desperdiçada das principais mídias de massa: a televisão, as revistas e os jornais. Talvez esses veículos de massa possam ser usados com menos freqüência, embora não totalmente eliminados, à medida que os elementos promocionais da Web forem integrados no canal de resposta direta.
- Ao se envolver em explorações on-line para mercadorias exclusivas, o comprador pode encontrar um produto sem igual, como as bengalas com cabeça de dragão da Graceworld (http://www.graceworld.com). Procurando pelos inigualáveis cachimbos Meerschaum (Tinsky/Hayes Tobacconist, http://www.meerschaum-store.com)? Buscando uma antiga cédula de $ 1.000 de 1840 (Sammler, http://www.sammler.com/coins/banknote.htm)? Atrás de uma antiga peça decorativa de vidro da Lalique de 1860 a 1940, talvez um frasco com tampa de vidro fosco do perfume "Eau de Lubin" pós-1920 (Bonhams, http://www.bonhams.com)? Esses não são itens que o comprador abastado poderia encontrar no shopping center mais próximo. O comprador rico, no entanto, provavelmente tem acesso a um computador pessoal conectado à Internet em sua casa.
- Você pode estar se perguntando como os objetivos de venda pessoal podem ser entrelaçados no alcance global de um sistema de comunicação baseado em computadores. Assim como as outras pessoas têm a capacidade de explorar os vastos bancos de dados

em todo o mundo, o vendedor também a tem. Por exemplo, o vendedor pode estar trabalhando com um cliente que tenha escritórios em todo o mundo, e esse cliente, portanto, pergunta ao vendedor se um determinado produto – digamos, mancais de substituição para equipamentos pesados ou um tipo especial de lubrificante – está disponível para empresas de construção européias. O vendedor, usando seu laptop, consulta o banco de dados do estoque do escritório em Paris e consegue responder ao cliente da construção em questão de segundos. Essas capacidades criam relacionamentos de longo prazo, em função da velocidade, da precisão e da acessibilidade de informações entre o cliente e o fornecedor. Além de usar Websites habilitados pela Web conectados a bancos de dados de estoques, o vendedor que está no campo pode utilizar o e-mail para relatar os resultados das reuniões importantes aos seus superiores ou se envolver em sistemas de retorno automático de fax que questionam e recebem perguntas padronizadas sem auxílio humano. Essas ferramentas aumentam a organização do empreendimento sem sequer considerar o impacto da comunicação sem fio como telefones celulares, faxes celulares e pagers sem fio com leitura alfanumérica; essas ferramentas de comunicação eletrônica, combinadas com recursos de marketing eletrônico, criam um ambiente virtual no qual o usuário envolvido em venda pessoal nunca deixa de estar em contato com indivíduos, escritórios ou gerentes internacionais. O vendedor conta com uma arma competitiva de informações instantâneas para o benefício de seus consumidores ao oferecer essas informações em papel, transferi-las para um disquete, enviá-las por modem ao departamento de compras ou colocá-las em um Website da intranet para serem resgatadas. Essa conveniência da manipulação das informações é extremamente poderosa e deve estar dentro de camadas de segurança, que serão discutidas no Capítulo 15, Segurança no Website de E-commerce.

- Essa vantagem de informação é interessante, mas como a tecnologia continua a evoluir de forma mais penetrante e com menos custo, o profissional de marketing deve vigiar de perto a nova tecnologia, de forma que ela possa ser aplicada à atividade de marketing e em novas atividades entre a concorrência. A empresa não conseguirá sobreviver, a menos que fique de olho nas iniciativas de marketing e comunicação da concorrência. A tecnologia está chegando rápido, e é uma técnica de gerenciamento muito melhor a ser buscada antes de ser adotada pela concorrência. Em nenhuma outra área houve mais avanços tão benéficos nos últimos anos do que na comunicação pessoal, e esses assistentes pessoais digitais (os PDAs), como o Palm Pilot (http://www.3com.com), possibilitam tarefas do profissional de vendas para que ele seja mais bem-organizado e mais bem documentado para fins de criação de relatório. A venda pessoal está mais difícil e mais fácil do que nunca. Está mais difícil porque a concorrência pode utilizar a mesma tecnologia, talvez explorando recursos eletrônicos melhores que façam o vendedor pessoal trabalhar mais intensamente. A venda pessoal, por outro lado, está mais fácil do que nunca, em função das ligações eletrônicas com todas as funções da empresa – departamento de marketing, operações e financeiro. Uma transferência de informações eficiente e segura pode diferenciar a empresa e produzir um representante de vendas mais bem-preparado, mas essa diferenciação deve continuar a ser submetida a melhoras. Um pelotão de profissionais de venda pessoal bem-treinado pode ser a melhor arma de uma empresa se os vendedores forem bons ouvintes, que passam informações de clientes e concorrência para a gerência da empresa. Bons ouvintes produzem grandes produtos e serviços.
- À medida que os outros elementos do mix promocional estão sendo decididos, a estratégia de mídia também deve ser decidida, iniciando pelo objetivo de mídia, que leva à estratégia de mídia apropriada e depois à tática de mídia. Eis aqui uma lista das principais

mídias disponíveis na maioria dos mercados, o uso estratégico da mídia e as ações táticas ou a curto prazo conseguidas por cada veículo. A lista a seguir não é, de forma alguma, exaustiva, pois novas aplicações da mídia tradicional e novas mídias são introduzidas todos os dias.

| **Meio** | **Estratégia** | **Tática** |
|---|---|---|
| Jornal de negócios | Lançamento do produto | Telefone gratuito; endereço na Web |
| Jornal local | Lembrança geral; suporte às vendas locais | Introdução de novos produtos; atividades de suporte a fornecedores locais |
| Revista de bordo | Lançamento do produto | Telefone gratuito; endereço na Web |
| Revista de interesse geral | Lançamento da imagem/ lembrança contínua | Informações gerais sobre o produto; telefone gratuito |
| Revista do setor | Lançamento da imagem/ lembrança contínua | Dados técnicos específicos e endereços dos varejistas |
| Televisão | Lançamento do produto; suporte à imagem | Suporte regional em operação conjunta com o fabricante |
| Rádio | Suporte à imagem/vendas | Cooperação com o fabricante |
| Outdoor | Suporte à imagem | Endereços dos varejistas |
| Trânsito | Suporte à imagem | Endereços dos varejistas |
| Quiosques interativos | Transacional | Transacional |
| Exposição em aeroportos | Suporte à imagem | Informações gerais sobre o produto |
| Estádio/placar | Suporte à imagem | Endereços dos varejistas |
| Outros (diversos) | Suporte à imagem | Telefone gratuito; endereço na Web |

- Essa estratégia de mídia deve funcionar dentro do orçamento estabelecido pelo gerente de marketing. Muitos dos parceiros, subordinados e fornecedores dos profissionais de marketing podem reclamar que o orçamento é inadequado para concluir suas partes do programa de marketing. No entanto, como cada parte do programa de marketing é atribuída a diferentes indivíduos, reunir todas essas disciplinas criará uma unidade da atividade de marketing trimestral ou anual. A divisão de várias tarefas requer mais atenção por parte do gerente de marketing para confirmar que todas as atividades estão progredindo na direção da conclusão na hora designada. Uma responsabilidade indispensável do gerente é observar que o planejamento e o posicionamento da mídia serão executados na data de fechamento; até mesmo a publicidade mais convincente será perdida se o anúncio não for visto pelo mercado-alvo em função de alguma conexão perdida entre a agência e a mídia. Perder um veículo de publicidade primário pode reduzir a campanha de marketing, se não sabotá-la totalmente. Como cada veículo possui uma importante função de mídia, os vários meios receberão metas individuais para a campanha. Talvez seja esperado que a televisão ou as revistas proporcionem uma lembrança inicial ou de reforço da marca e do produto. Os fornecedores de mídia devem trabalhar estreitamente com o gerente de marketing ou com a agência de publicidade da empresa para estabelecer os objetivos da campanha de marketing atual, como, por exemplo, gerar a lembrança para novas campanhas publicitárias, funcionar como suporte a veículos primários, reforçar temas publicitários, apoiar atividades de promoção de vendas ou disseminar a visão corporativa em assuntos empresariais e sociais. Quanto melhor a qualidade do *briefing* do fornecedor de mídia, melhor será o desempenho dos meios individuais.

- Com os objetivos da mídia principal determinados, os objetivos da mídia secundária, como publicidade em outdoors, shoppings centers ou aeroportos e publicidade on-line, podem ser especificados, além de níveis de orçamento. Com tanta informação ou persuasão que a mídia pode ter, muitas vezes está em operação um fator ainda mais poderoso e crível – a propaganda boca-a-boca.

## Os consumidores buscam ativamente Websites úteis

Além do alcance promocional do profissional de marketing, o consumidor não está sentado passivamente. Os usuários da Web estão navegando em Websites que satisfazem suas necessidades. Os consumidores on-line buscam informações de diversas formas, como por meio do Estudo 3 de Gupta e Pitkow (um projeto de pesquisa sobre os usos comerciais da World Wide Web), pelos contatos boca-a-boca com amigos ou pelas páginas da Web de terceiros. "As revistas e os newsgroups parecem uma maneira possível de iniciar (e reforçar) esse processo. Os usuários podem ter desenvolvido *hotlists*, também chamadas de favoritos, que são o método mais comum de se chegar a um Website. Assim, é importante compreender como essas *hotlists* são formadas e, depois, evoluem. Embora esses métodos precisem de um pouco de diligência, o profissional de marketing deve observar o papel relativamente grande do acaso para encontrar os Websites. Estar listado no maior número de Websites relacionados [o que é feito com o registro no mecanismo de busca], [que é] à exposição mais boca-a-boca possível, é claramente muito importante" (Gupta, 1995).

## Resumo

Existe uma lógica no que tange à integração da comunicação on-line com o mix de mídia tradicional e uma das maiores decisões é que veículos tradicionais devem ser selecionados para incluir as capacidades dos canais interativos. Alguns veículos tradicionais podem oferecer um alcance substancial na introdução de novos produtos e serviços, mas lhes falta a capacidade de responder instantaneamente. Esses veículos amplamente lidos ou visualizados podem direcionar o consumidor a endereços de Websites que podem produzir um mecanismo de resposta de duas etapas, no qual o consumidor potencial lê o anúncio e depois ou liga para um telefone ou entra no endereço da Internet para conseguir mais informações. Esses mecanismos dão aos consumidores potenciais alternativas para o contato da empresa e também permitem que a parte interessada leia quantidades suficientes de informações do produto, caso assim deseje.

Diferentes veículos devem ser usados em distintas situações. No entanto, a Web é uma excelente ferramenta de resposta, independentemente de o público ser um indivíduo ou um executivo de fundo de investimento buscando informações sobre fundos mútuos. O profissional de marketing aprenderá quando e como envolver a Web como um veículo primário para gerar lembrança ou como um veículo secundário para oferecer profundidade de informação. A Web provou ser um canal primário de compras e pedidos para hardware e software de computadores, e espera-se que sirva às indústrias do consumidor, como eletrônica para o consumidor, entretenimento e conteúdo de informação.

Cada vez mais empresas estão trazendo expertise e imaginação para as ferramentas eletrônicas do mix promocional. O profissional de marketing, com a agência publicitária interativa, cria uma lembrança de produto e uma personalidade de marca a partir dos elementos do mix promocional da propaganda (tanto tradicional quanto on-line) – promoção de vendas, relações públicas, marketing direto (no qual a comunicação on-line se destaca com louvor dos veículos tradicionais de resposta direta, em função da interatividade instantânea) e venda pessoal (no qual os métodos tradicionais são aperfeiçoados pelos recursos on-line). Em cada categoria, os recursos promocionais on-line nunca substituirão os veículos tradicionais, em função dos sólidos hábitos de mídia e de compras. A Web, no entanto, suplementa uma melhor tomada de decisão de compra, em função de sua profundidade e variedade de recursos de informação. Após examinar como a capacidade interativa da Web pode melhorar cada um dos cinco elementos promocionais, o profissional de marketing pode criar um programa promocional muito melhor e mais amigável para o consumidor. Este capítulo se encerra com a percepção de que, apesar de toda a persuasão do marketing eletrônico, a aprovação mais forte de todas é a referência boca-a-boca. Parentes e amigos de confiança são a principal fonte para iniciar o processo de tomada de decisão do consumidor, e boas experiências contribuem para boas referências. O serviço do consumidor é um importante fator pós-vendas em experiências positivas com produtos. Esse assunto do atendimento ao consumidor será investigado mais a fundo no Capítulo 13, Considerações para Comunicações Contínuas com o Cliente.

## Perguntas e exercícios

1. Alguns anunciantes usam mensagens diversas em mídias diferentes ao mesmo tempo. A justificativa é de que eles estão anunciando diferentes produtos a distintos mercados, que possuem hábitos de mídia diferentes. Como você rebate essa declaração? Ou você concorda com essa estratégia de propaganda? Pense um pouco na consistência, no conhecimento profundo do consumidor, na estratégia de segmentação e na tentativa de se adequar a todos os gostos. Redija um memorando para o gerente de publicidade expressando sua opinião sobre a estratégia correta.
2. A citação de abertura deste capítulo prevê anúncios maiores na Web; você acredita que essa ocorrência auxiliará o comprador ou alienará o visitante? Existe algum acordo satisfatório que serviria a ambas as partes? Redija uma carta ao editor apoiando o comprador ou o visitante, ou então desenvolva uma proposta de relação recíproca para internautas.
3. A tecnologia de rastreamento interativo evidenciada pelo Website Alexa.com parece ser aceita por muitos norte-americanos. Se você for um profissional de marketing multina-

cional ou global, entretanto, como essa tecnologia se encaixaria em culturas mais particulares? Você precisaria desenvolver diversas políticas de privacidade? Sua política de e-marketing seria global ou local? Desenvolva uma política de privacidade para as culturas ou governos que possam se ofender ou considerar essa tecnologia de rastreamento interativo ilegal.

4. Na sua opinião, qual dos elementos do mix de mídia tradicional foi mais afetado no sentido negativo pela comunicação on-line? E quais foram mais fortalecidos pela comunicação on-line? Como a interatividade afetou cada um dos cinco elementos? Prepare-se para discutir as respostas em classe.
5. Na sua opinião, algum dos cinco elementos do mix promocional ficará menos eficaz ou até mesmo obsoleto nos próximos 50 anos em função dos avanços na comunicação eletrônica? O rádio sofreu quando a propaganda televisiva ficou mais popular, e as edições vespertinas e noturnas dos jornais diários sofreram um baque com os noticiários na TV. Se você acredita que algum dos programas de marketing pode ficar obsoleto, com quais elementos promocionais ou mídias você pensa que isso pode acontecer? Se você não acredita que nenhum ficará obsoleto, por que pensa assim? Redija um memorando ao chefe de planejamento estratégico.
6. Sob quais circunstâncias você acredita ser apropriado enviar correspondências em massa para vários grupos de usuários de e-mail, como para grupos Usenet, como o DejaNews? Ou para *listservs*, como o Online Ads? Ou para uma lista de endereços de e-mail privados, como a equipe inteira de determinada empresa? Ou para uma organização governamental? Ou para uma faculdade ou universidade inteira? Redija um parágrafo de política de e-mails não-solicitados para cada grupo mencionado.
7. Em relação ao nome de domínio da sua empresa, navegue pela Internet para localizar dez nomes de domínio que você considera memoráveis, criativos ou ambos. Depois de cada nome, redija um parágrafo explicando por que você o considera especial – tem humor, duplo sentido, significado único ou assinatura única?
8. Você é o contato de mídia de uma grande empresa pública e está há pouco tempo no cargo, mas tem experiência como diretor assistente de relações públicas. A primeira tarefa sobre a qual você tem de tomar uma decisão é a organização dos públicos consumidores de acordo com interesses especiais. Você começa a desenvolver listas de e-mail para *news releases*; quais seriam as listas de e-mail que deveriam ser direcionadas a cada um dos segmentos de mercado? Grupos diferentes podem precisar de diferentes *news releases* ou pontos de vista do anúncio; quais informações você precisaria direcionar a cada público consumidor? Redija um esboço listando cada grupo e tipo de informação que lhe seria liberada.
9. Muitas vezes (quase sempre) as promoções de vendas que dão prêmios pedem o endereço de e-mail do participante. Por quê? *Newsletters* eletrônicos também pedem endereços de e-mail, pela óbvia razão de entregá-los on-line. Por quê? Por que a promoção de vendas é tão popular entre profissionais de marketing que lidam com consumidores e empresas? Redija um e-mail ao gerente de marketing sugerindo uma promoção de vendas para um produto ou serviço qualquer, citando essas razões.
10. Na lista de ferramentas de mídia promocional estratégica e tática, na página 225, colete amostras de cada uma e coloque-as em uma pasta. Os itens que você pode encontrar são anúncios em revistas e jornais, sinais de trânsito ou *outdoors* (fotografe todos que se aplicarem), brochuras ou folhetos, artigos publicitários, embalagens de produtos e, claro, páginas impressas da Internet.

*Bibliografia*


BARMASH, Isadore. Faded brands are finding new life. *Industries Channel.* Reuters and PointCast Network. 1998. Disponível em: < http://www.reuters.com > .

BEATTY, Sally. Companies push for bigger online ads. *The Wall Street Journal*, 20 ago. 1998, p. B5. Copyright 1998 Dow Jones & Co. Inc. Reproduzido com permissão de Dow Jones & Co. Inc. no formato Textbook via Copyright Clearance Center.

BELCH, George; Belch Michael. *Advertising and promotion.* 4. ed. Chicago: Irwin/McGraw-Hill, 1998.

CKS GROUP. 1998. Disponível em: < http://www.cksgroup.com > .

GARTNERGROUP. (BLOCK, J.; WEKSEL, J.; NELSON, S.; HOPKINS, W). Database marketing: Using information technology to manage customer relations. *Gartner Analytics*, 6 ago. 1996.

GUPTA, Sunil. *Survey 3, purchases and perceptions.* Disponível em: < http://www-personal.umich.edu/ ~ sgupta/hermes/survey3/prefence.html > . Acesso em 10 jun. 1995.

HOWE, Kendra. Creating customer value by combining the "right" data with the "right" action. CRMToday. Copyright@Contact Solutions 2002. Disponível em: < http://www.crm2day.com/library/EpVpulEuukFAhpsjSn.php > . Acesso em 28 abr. 2002.

LUKAS, Paul. Creativity glut cripples admen. *Fortune*, 8 jun. 1998, p. 48.

MYSAP. Solution map, functionality across the customer interaction cycle. Disponível em: Disponível em: < http://www.sap-info.de/resources/RFILE15353cad81b4be9b0.pdf > . Acesso em 28 abr. 2001.

NEUBORNE, Ellen; Hof Robert. Branding on the Net. *BusinessWeek*, 11 nov. 1998. Disponível em: < http://www.businessweek.com/1998/45/b3603145.htm > .

PASTORE, Michael. One-quarter of US households online. Jupitermedia Corp., 23 March. Copyright 2004 Jupitermedia Corporation. Todos os direitos reservados. Utilizado com permissão. Disponível em: < http://cyberatlas.internet.com/big picture/demographics/article/0,,5901150131,00.html > . Acesso em 23 mar. 1999.

REALNETWORKS. RealNetworks introduces real agencies affiliates program. RealNetworks, Inc. 1998. Disponível em: < http://europe.realnetworks.com/company/press/releases/index 1998.html > .

SYNDER, Joel. Improving your image. *Internet World*, fev. 1998, p. 30-32.

TARGETED advertising takes on new meaning online. Reuters, 1999. Disponível em: < http://www.reuters.com > .

TRAVELOCITY.COM brings back popular bonus miles promotion for frequent flyer bookers to receive 1,500 bonus miles. *Industries Channel.* PointCast Channel, 26 fev. 1999.

3

# Parte Três

## Implementando a Estratégia de E-Commerce

As Partes 1 e 2 deste livro versaram sobre o marketing eletrônico sob as perspectivas dos processos de marketing tradicionais e outros não tão tradicionais assim. Esta seção solidificará seu entendimento sobre como a Internet pode facilitar as estratégias de marketing e, ainda mais importante, demonstrar como fazer tudo isso acontecer. Assim que compreender a direção que deseja tomar no esquema de marketing eletrônico, você poderá aplicar os conceitos e as habilidades apresentados nos próximos capítulos, garantindo que seus projetos de marketing eletrônico se transformem em realidade. Descubra a Internet nesta seção, explorando-a para que ela cumpra metas pessoais e corporativas e compreendendo o que é necessário para criar Websites interativos e comercializá-los para o mundo. Aprenda como utilizar os recursos táticos do marketing eletrônico para capturar a atenção do seu público com recursos de valor agregado da Web e como desenvolver um esboço melhor do seu segmento de mercado usando o gerenciamento de dados baseado na Web.

# CAPÍTULO 10

## Usando a Internet

"(...) Esse milagre [da Internet] deveu sua existência à confluência de quatro forças: a evolução contínua das redes interconectadas, a presença de grande número de computadores pessoais em redes locais que poderiam ser conectadas a uma rede maior via um 'medidor universal', a disseminação da multimídia para os computadores pessoais e o método de busca de Berners-Lee. Assim como a mistura de produtos químicos com os ingredientes certos pode ocasionar a combustão espontânea, essa confluência causou uma explosão do interesse público na Internet. Mas essa explosão é uma tempestade em um copo d'água ou trata-se de um sinal do início de uma mudança mais duradoura? Tanto é assim que, enquanto este livro estava sendo escrito, chegava a hora da reunião semestral da Intel. Meu papel, nessas ocasiões, é descrever nosso ambiente de negócios como eu vejo e chamar a atenção para quaisquer alterações significativas. Eu senti que a Internet fora a maior alteração no nosso ambiente no último ano."

*(Grove, 1996, p. 171-172)*

### Objetivos de Aprendizado

- Compreender quais fontes de informações de marketing estão disponíveis na Internet e discutir as aplicações em vários exemplos.
- Fazer uma diferenciação entre o uso pessoal e o uso comercial da World Wide Web.
- Introduzir a cultura especial da Internet e seu código de conduta.

# Introdução

Os recursos e a aparência da Web cresceram tremendamente desde sua introdução, em 1991, e desde a adição do seu recurso de multimídia, em 1993. Ainda em 1991, as mensagens eram só de texto, descritas por técnicos como baseadas em caracteres e somente em preto-e-branco. A maioria das informações podia ser acessada por uma ligação remota a recursos acadêmicos, quando você dava comandos inflexíveis e misteriosos em menus incompreensíveis em programas como o PINE (Program for Internet News and E-mail, ou Programa para Notícias e E-Mails da Internet), um e-mail textual que substituiu um outro programa de e-mail mais antigo chamado Elm; o Veronica, um mecanismo de busca textual para coletas Gopher; ou o Archie, um mecanismo de busca textual que procurava arquivos em qualquer lugar na Internet por nomes de arquivo. Os profissionais de marketing se viam um pouco limitados pelos escassos parceiros de e-mail e de estudos de pesquisa acadêmica em diferentes locais do mundo. O uso da Internet era complicado e necessitava de uma longa e frustrante curva de aprendizado por parte do leigo. Esses eventos e sistemas eletrônicos agora fazem parte do passado na linha do tempo da evolução da facilidade de uso e da recuperação de informações da Internet e da Web para os profissionais de marketing.

Agora temos mais informações do que jamais poderemos precisar ou usar. Uma habilidade que é essencial ao profissional de marketing dominar é como encontrar a informação *certa*, não *todas* as informações. O desenvolvimento dessa habilidade demanda bom senso e prática. O profissional de marketing deve aprender a usar os mecanismos e as técnicas de busca, entender o desenvolvimento da promoção de vendas e da propaganda eletrônicas, compreender a mídia eletrônica, ser adepto da organização e da disseminação das relações públicas eletrônicas, participar de Usenets que podem se aplicar a seus produtos ou consumidores e estar disposto a investir tempo na navegação pela Internet e na leitura sobre as tendências de mercado e do setor em suas horas de descanso. Esses são assuntos de escopo exaustivo e requerem comprometimento do entusiasta de marketing. Um estado de espírito que o profissional de marketing tem de aceitar é a noção de que um funcionário de marketing ou publicidade deve ter um intelecto como o rio Mississipi – nove quilômetros de largura e três centímetros de profundidade. Isso não é uma crítica da mente do profissional de marketing, e sim uma observação de tudo que existe para conhecer todos os ambientes e fatores do mercado e como ele deve lidar com âmbitos mais abertos e mais fechados. Com o auxílio de ferramentas como a Internet, talvez o profissional de marketing possa se tornar um especialista nas áreas de interesse. Da mesma forma, com a assistência da Internet, talvez o profissional de marketing possa ser mais generalista. Esses extremos e pontos intermediários possibilitam uma carreira satisfatória nas indústrias de marketing, comunicação e e-commerce.

# O que você pode conseguir com a Internet?

O profissional de marketing deve ter consciência do conteúdo disponível pela Web e ser capaz de julgar se a informação é adequada para sua indústria e uso de seus consumidores. Boa parte dessa decisão será sobre quanto ele conhece e entende as informações que seu mercado precisa e exige. Ele pode recuperar dados do setor, como indicadores econômicos, históricos de vendas e previsão de vendas, ler páginas de concorrentes na Web para obter preços e especificações de produto, fazer inteligência de marketing ao monitorar grupos de notícias e Usenets e ao receber feedback de consumidores reais, responder e-mails com perguntas de consumidores potenciais, colaborar com especialistas de todo o mundo e acessar as últimas opiniões em informações de tendências e percepções do consumidor. Assuma que o profissional de marketing está em contato com o mercado e é proativo na procura por novas oportunidades de marketing e comunicação. São duas as considerações principais: a empresa está vendendo para o consumidor ou para organizações *business-to-business*? Diferentes propósitos requerem diferentes abordagens e diferentes conteúdos. Este livro agora irá explorar as várias maneiras pelas quais os varejistas apresentam conteúdo ao consumidor e as formas como os fabricantes ou revendedores colocam conteúdo em seus Websites, a fim de atrair clientes para seus negócios. Primeiro, levaremos em consideração o conteúdo do consumidor.

## Uma exibição do menu de páginas

Uma das melhores ferramentas de marketing para examinar as diferentes ofertas de varejo feitas aos consumidores é analisar a página de um concorrente. Com sorte, a página já estará em uso há algum tempo e você pode comparar o conteúdo de diversos varejistas entre si. Dê uma olhada na página inicial do Wal-Mart (Figura 10.1) para ver quais elementos foram projetados no Website "Wal-Mart on-line". No topo da página inicial, observe os links para áreas importantes do Website quanto ao Atendimento ao Consumidor. Entre os links estão "Help" (Ajuda), "My Account" (Minha Conta) e "Cart" (Carrinho de Compras). A seção de ajuda responde a várias perguntas sobre produtos e serviços, como de que forma os pedidos podem ser rastreados, informações sobre custos de expedição e como devolver uma compra indesejada, além de uma "Garantia de Segurança", que promete o que há de mais moderno em segurança on-line para proteger o número do seu cartão de crédito, e um comprovante para devolução do dinheiro, caso alguma coisa saia errada. A área "Minha Conta" possibilita que os consumidores se registrem em uma conta gratuita, permitindo acesso aos recursos de valor agregado, como *status* da ordem, histórico de compras, listas de compras que foram salvas e farmácia on-line. Esse recurso permite que o comprador mantenha um registro de suas informações de compras, uma ferramenta útil quando a lista de compras for grande. As informações são transmitidas de ano a ano, o que também é uma valiosa tática de retenção do consumidor. A seção "Carrinho de Compras" dá aos consumidores acesso às compras on-line. Esse posicionamento orientado ao atendimento ao consumidor coincide com a promessa do Wal-Mart e reflete sua forte posição em outros meios.

A estratégia de comunicação na Web parece oferecer diversas informações das quais o leitor pode escolher um conteúdo específico. Os consumidores podem acessar diferentes categorias de produtos usando as guias no topo da página. Um mecanismo de busca interno permite que o visitante busque produtos específicos, como "tacos de beisebol" em vez de "equipamentos de esporte" em geral. Outros Websites estão adicionando mecanismos de busca internos para incentivar o visitante a encontrar o elemento desejado nas páginas.

Para manter a página moderna e atualizada, abaixo das guias que cobrem a parte principal da página inicial é exibida uma mensagem atual ou sazonal, uma rotatividade de itens ou promoções que valem a pena. Na época em que este texto estava sendo escrito, a promoção do momento era "Jardinagem do Chão para Cima", com links para coletar informações relacionadas às mercadorias. Como essa mensagem parece mudar todas as semanas, se visitar o Website do Wal-Mart agora você provavelmente verá uma promoção diferente. A seção principal mostra diversas fotografias coloridas de mercadorias populares com seus preços atuais, como a peônia de 'Yoshino Gawa' por $ 17,95, dálias gigantes por $ 4,95 e a coleção Lavender por $ 13,87. Abaixo do mostruário principal estão itens adicionais para Vida ao Ar Livre na Primavera, Melhores Marcas – Melhores Preços e Outras Maneiras de Economizar Dinheiro no Wal-Mart. Você pode ter certeza de que a pesquisa com os consumidores foi feita para selecionar mercadorias que irão empurrar os clientes para dentro das lojas.

No fim da página também podem ser encontrados links como "About Walmart.com" (sobre Walmart.com), uma apresentação formal e corporativa do Wal-Mart Stores, Inc. A lista de links

**Figura 10.1** O Wal-Mart não só oferece quase todo tipo de produto como você também pode receber um cartão de crédito do Wal-Mart. O Wal-Mart se esforça para oferecer conveniência com aprovação de crédito on-line.
*Fonte*: Wal-Mart (http://www.walmart.com). Utilizado com permissão.

inclui "Careers at Wal-Mart" (Carreiras no Wal-Mart), a página de empregos no Wal-Mart, um localizador de lojas físicas, entre outros.

Essa página da Web é mais abrangente e informativa; o design facilita a navegação. O Wal-Mart relatou aumento no movimento do Website e das vendas decorrentes da presença na Web. Esse é um bom formato para lojistas potenciais levarem em consideração quando fizerem uma pesquisa sobre o design do Website e a continuidade da incorporação das atuais mensagens e temas de marketing.

## Home page para conteúdo comercial

Vamos supor que você não esteja vendendo para o público consumidor em geral, e sim para outras empresas. O design da página inicial muda radicalmente? Isso depende do tipo de indústria com o qual sua empresa está envolvida. Entre as empresas de alta tecnologia, o conteúdo é muito informativo, acentuando os recursos de suporte técnico e downloads. Se a empresa estiver envolvida na venda de mercadorias como ferramentas e afins (pregos, parafusos e material de constru-

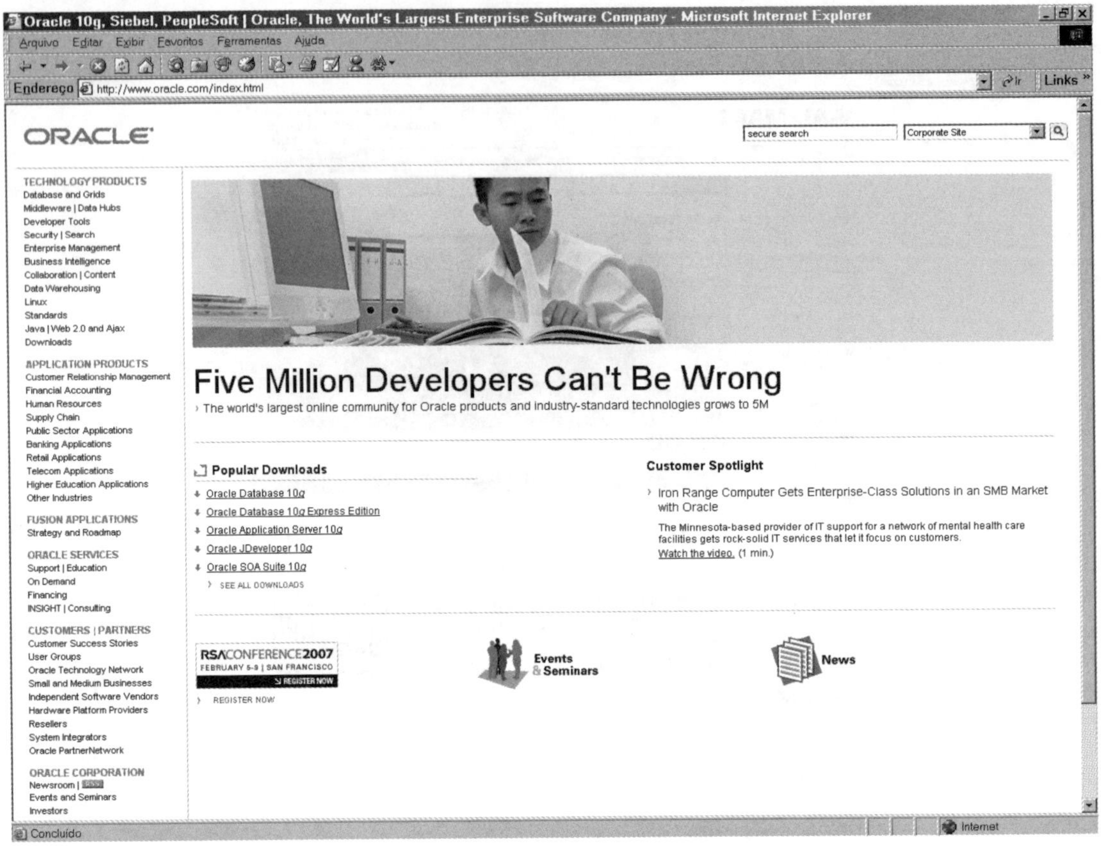


**Figura 10.2** A página inicial da Oracle traz muitos benefícios ao consumidor. Os anúncios de novos produtos e os eventos se somam à percepção de liderança de software da Oracle Company. *Fonte*: Oracle (http://www.oracle.com). Todos os direitos reservados.

ção), o conteúdo do Website será uma informação que reafirma a disponibilidade de estoque, entrega, qualidade e preço.

## Uso pessoal da Web

Enquanto os varejistas encontram maneiras de satisfazer as compras dos consumidores na Web, os parceiros são hábeis para entender os motivos dos compradores que usam a Web por motivos pessoais. A razão mais mencionada para usar a Web para compra pessoal foi conveniência (82%), seguida pelo aspecto de economia de tempo (74%), disponibilidade de informações do fornecedor (73%) e ausência de pressão dos vendedores (63%). Os serviços de compra personalizados não foram o motivo para usar a Web para a maioria das pessoas (16%), o que poderia ser explicado como o resultado da falta de familiaridade com os serviços de compra. Ainda não está claro se as atitudes mudarão nesse ponto, à medida que mais serviços personalizados ficarem disponíveis. Homens e mulheres colocaram em primeiro lugar a conveniência, mas as mulheres valorizaram a noção de ausência de pressão dos vendedores (64%) um pouco mais que as informações do fornecedor (63%). Especialistas e respondentes de 19 a 50 anos se mostraram mais animados com as compras na Web em todas as categorias (Pastore, 2002).

Em geral, os consumidores mencionam conveniência, descontos, liquidações e promoções especiais como os principais motivadores que os trazem para a Web. A conveniência reina se o comprador deseja evitar multidões ou considera-se ocupado demais para gastar tempo em uma loja conferindo a mercadoria. Uma pessoa angustiada tentando fazer as compras de Natal fez a seguinte observação:

> Cada vez mais compradores concordam com isso (que a Web é uma alternativa viável ao congestionamento dos shoppings). "Você está brincando comigo? Nem pensar em passar perto [das lojas] na *Black Friday*[1]; é gente demais", disse Carol Letter, uma dona de casa de Kent, Washington. Em vez disso, ela ligou o computador e acessou a eToys, uma loja de brinquedos on-line, onde comprou um binóculo de brinquedo para sua filha de 3 anos. Sua única reclamação: ela gostaria que outros lojistas tivessem Websites. "Se eles colocassem mais itens on-line, eu pararia de comprar nas lojas de vez" (In the malls, 1998).

É claro que a época de festas incentiva mais movimento na Web, e o aumento nos hits e nas compras é substancial de ano para ano. Segundo a empresa de pesquisa BizRate.com, instalada em Los Angeles, a economia pode estar sofrendo, mas o e-commerce ainda está a todo vapor. Depois de um terceiro trimestre saudável para o comércio norte-americano, que relata ter faturado $ 10 bilhões em vendas on-line a varejo (um salto de 37% acima dos números de 2001), as expectativas eram altas para a temporada de compras das festas de 2002. Tão altas, na verdade, que as previsões das vendas on-line durante as festas eram de atingir $ 8 bilhões, um aumento de 24% em relação a 2001, acumulando $ 16,9 bilhões para o quarto trimestre inteiro e marcando um aumento de 35% (Hyman, 2002).

Há outro lado pessoal para uma pessoa usar a Web, que é o de conseguir personalizar a página inicial do navegador para recuperar informações de recursos específicos na Web. A maior parte dos principais mecanismos de busca permite que o usuário programe a recuperação das informações do Website usando a opção "Minha" página; o visitante então seleciona os endereços que devem ser carregados primeiro. Por exemplo, usando os serviços de notícias associados, o navegador apresenta ao visitante as últimas notícias, o tempo, o placar esportivo, as cotações da bolsa ou quaisquer outros dados que o visitante deseje monitorar. A seletividade das informações está disponível no Yahoo!, Excite, Infoseek, Lycos e outros mecanismos de busca de fácil utilização. O visitante tende a visitar os favoritos pessoais, em geral diariamente, então se trata de uma questão de conveniência pré-programar os Websites. De todas as informações recuperadas, os Websites de previsão do tempo são os mais populares e acessados com mais freqüência; isso é lógico, visto que muitos viajantes são usuários corporativos da Web. Esportes, atualizações no mercado de ações e jornais diários on-line também são muito populares. À medida que cresce essa tendência em direção às informações personalizadas, os mecanismos de busca continuarão a recepcionar o visitante, pois um alto movimento na página é igual a receitas maiores de propaganda. O Yahoo!, o Excite e outros mecanismos de busca estão mais interessados em se tornarem um hábito para os internautas.

---

1 *Black Friday* (ou Sexta-Feira Negra) é a sexta-feira seguinte ao Dia de Ação de Graças, na qual é tradição que os varejistas abaixem consideravelmente o preço das mercadorias, fazendo com que o movimento em seus estabelecimentos aumente bastante. (N.T.)

## Os hábitos do consumidor estão sendo formados

Ao perceber que o componente do hipertexto da Web ainda está em sua gênese, os consumidores dão as boas-vindas ao poder e à variedade do tesouro de informações da Web, e os usuários adaptam suas atividades diárias para acomodar as atividades on-line. Segundo a *GVU Tenth WWW User Survey*, os consumidores estão querendo alterar o comportamento diário para acomodar tempo on-line de qualidade. A freqüência com a qual os respondentes caracterizam seu uso da Web é de 93% acessando-a diariamente. A maior categoria de respondentes usa a Web de uma a quatro vezes por dia (36%), com 57% usando-a mais de quatro vezes por dia. Os homens usam a Internet com um pouco mais de freqüência que as mulheres. Essas pessoas, com idade entre 11 e 20 anos e mais de 50 anos, preferem usar a Web diariamente, mais que as pessoas no grupo de 21 a 50 anos. Usuários experientes têm uma maior probabilidade de fazer logon diariamente na Web (99%) que os novatos (71%) (GVU, 1999).

É importante que o profissional de marketing esteja familiarizado com o mecanismo de busca mais popular por duas razões. Primeira, do lado do consumidor, o desenvolvedor do software pode criar Websites feitos para o mínimo denominador comum – a maioria das pessoas consegue acessar o Website e sua aparência é atraente sem perder nenhum texto ou gráfico em função das inconsistências entre os navegadores. A segunda decisão crítica é em relação à **popularidade do mecanismo de busca**; o profissional de marketing deve registrar o Website nos mecanismos de busca mais populares. Os procedimentos de registro são, em grande parte, uniformes, mas alguns deles cobram pela listagem, enquanto outros não. Para serviços de navegação, a *GVU Tenth WWW User Survey* publicou estas observações:

> O Yahoo! é visitado com freqüência por 90% de nossos entrevistados. No entanto, como a pesquisa é anunciada no Website do Yahoo! (entre outros), esse número pode ser artificialmente alto. Por outro lado, outras fontes estabeleceram o Yahoo! como um dos Websites mais visitados da Web, de forma que não causa surpresa que uma alta porcentagem o tenha visitado nos últimos seis meses. Em seguida, os mais populares são os principais mecanismos de busca: AltaVista (82%), Excite (70%), Infoseek (67%) e Lycos (64%). Usuários mais velhos têm uma probabilidade maior que os mais jovens de usar serviços especializados de busca de e-mail/endereços, como o Four11 (unidade do Yahoo!), Bigfoot ou Whowhere. As pessoas de três níveis de experiência relatam usar o Yahoo! mais do que qualquer outro serviço de navegação, mas é provável que os novatos usem Yahoo! e Lycos; usuários intermediários usam Yahoo!, AltaVista e Excite; os mais experientes, por sua vez, usam principalmente o Yahoo! e o AltaVista (GVU, 1999).

## Conhecendo as expectativas da clientela

O profissional de marketing pode saber *demais* sobre os desejos, necessidades, expectativas ou preferências do seu mercado? Uma empresa pode ter sucesso *demais*? Possivelmente, mas a maioria dos gerentes de marketing exulta de alegria com a idéia de ter excesso de produtos de sucesso ou excesso de volume de vendas. Um dos fatores mais determinantes na habilidade de marketing é a capacidade de prever as tendências do consumidor, além de ouvir as expectativas dos consumidores no nível da satisfação da compra. Este livro irá discutir os mecanismos de marketing mais ínfimos que o profissional de marketing deve oferecer entre os recursos on-line e os meios pelos quais esses mecanismos auxiliam na capacidade de o consumidor acessar as informações ou fazer pedido de mercadorias. Conhecer as restrições dos consumidores (além do nível de paciência ou frustração deles) vale mais ao dar aos consumidores o que eles querem, outro clichê do comércio varejista. Um exemplo de parâmetros de envolvimento do consumidor é a quantidade de tempo gasta na procura por informações relevantes, visto que a maior categoria de usuários dedica de cinco a dez minutos fazendo buscas antes de encontrar dados úteis (36%). O segundo maior grupo gasta menos de cinco minutos (32%). Experientes tendem a encontrar o que procuram um pouco mais rapidamente (menos de cinco minutos, 42% dos experientes; 7,5% dos novatos), mas não muito mais rápido. Conhecer esses hábitos de busca é essencial para criar um Website responsivo, interativo e com bastante conteúdo e que atraia o internauta para a mercadoria ou para o material sem ofuscar a experiência que o comércio eletrônico proporciona. Pense na **taxa de hits**, o número de buscas que produzem resultados bem-sucedidos. Os participantes da pesquisa relatam que, na maior parte das vezes, encontram o que estavam procurando (61%). Dezoito por cento dizem que encontram o que estão procurando na metade das vezes. Somente 16% dos experientes sempre acham o que estão buscando, assim como 13% dos novatos (GVU, 1999). Fatos como esses oferecem uma forte justificativa para projetar um Website amigável e com **navegação intuitiva**. Esse design consciente simplificará as habilidades de compra do consumidor, e Websites amigáveis trazem o consumidor de volta para comprar mais vezes. Esse é só outro exemplo de marketing de relacionamento em que ambas as partes se beneficiam.

## Fazendo pesquisa de opinião com seus consumidores

Além de entender como seus mercados juntam informações, é necessário tentar aprender o que eles fazem com elas. Existem muitas fontes de informação para fins de inteligência dos profissionais de marketing; dois dos melhores recursos são sobre consumidores expressando suas opiniões sobre experiências com produtos, tanto positivas quanto negativas, e dando voz àquilo que falta aos produtos ou recursos do produto no mercado. Um Website abrangente da Usenet é o Google Groups (http://groups.google.com/), lar de centenas de discussões sobre vários tópicos de interesse de seus participantes. O serviço Google News permite que os internautas criem seus próprios fóruns de discussão ou "Deja Communities" para conversas públicas ou particulares entre empresas, clubes, times, grupos de trabalho, associações de alunos, amigos, famílias ou quaisquer outros grupos de interesse. A página inicial sugere iniciar comunidades para manter discussões contínuas, encontros em salas de bate-papo, recomendação de Websites favoritos, promoção de eventos em grupo, criação e realização de pesquisas, colaboração de projetos ou realização de anúncios. O profissional de marketing pode iniciar seu próprio grupo de discussão e intrometer-se ou contestar opiniões em relação a seu produto ou serviço. As contribuições são datadas e seqüenciadas, o que significa que o leitor pode ver a seqüência de comentários para compreender o rumo da comunicação que causou determinado elogio ou crítica. Então, o profissional de marketing pode enviar um e-mail ao contribuinte para saber mais sobre o problema.

Em meados de março de 1999, os grupos de discussão mais populares e comentados, os "Top Forums", foram:

- *Será que a Lucci vai finalmente ganhar uma?* rec.arts.tv.soaps.abc
- *Dow está chegando aos 10.000* misc.invest.stocks
- *Em homenagem a Joe DiMaggio* alt.sports.baseball.ny-yankees
- *Em que será que ele pensará agora?* alt.politics.Clinton
- *Uma carta de direito dos passageiros?* rec.travel.air

Se você fosse um gerente de marketing ou de relações públicas ou trabalhasse para uma companhia aérea, seria uma boa idéia consultar o último grupo de discussão para ver as opiniões dos passageiros de avião, dos legisladores e de outros que fazem contribuições à lista. Você pode ter informações que gostaria de divulgar. Os grupos de discussão são organizados por tópicos, com algumas categorias abrangentes:

**newusers**, para iniciantes

**comp**, computadores - exemplos: aplicativos de computador e softwares

**rec**, recreação - exemplos: rec.animals (animais) e rec.antiques (antiguidades)

**sci**, ciência - exemplos: sci.archeology (arqueologia) e sci.chem (química)

**alt**, alternativa - exemplos: alt.sports (esportes) e alt.politics (política)

**soc**, sociedade - exemplos: soc.college (faculdade) e soc.feminism (feminismo)

**talk** - exemplos: talk.origins (origens)

**new** - exemplos: news.annouce (anúncio) e news.software (softwares)

**biz**, negócios - exemplos: biz.jobs (empregos) e biz.marketplace (mercado)

**misc**, miscelânea - exemplos: misc.entrepreneurs (empreendedores) e misc.consumers (consumidores)

**bionet** - exemplos: bionet.microbiology (microbiologia) e bionet.immunology (imunologia)

**bit**, listas - exemplos: bit.listserv.stockphoto e bit.listserv.blues-1

**k-12**, educação - exemplos: k-12.lang; k-12.chat

Depois de aprender o sistema de abreviações (por exemplo, os endereços "uk.rec.cars.classic" ou "rec.autos.makers.honda" cairiam nas categorias "carros clássicos no Reino Unido, sob recreação" ou "automóveis da Honda, sob recreação"), você reconhecerá discussões úteis e intrigantes imediatamente. O **Google** também mantém listas regionais de todos os estados norte-americanos, além do Distrito de Columbia, e de 32 países estrangeiros. O profissional de marketing pode, portanto, facilmente se aproveitar das opiniões locais, nacionais ou internacionais com esforço mínimo e sem necessidade de viajar. Outro recurso de discussão examinado anteriormente é o Liszt, http://www.liszt.com, outra extensa compilação de listservs. Novamente, o profissional de marketing pode obter dados valiosos, fazer perguntas e monitorar uma ampla variedade de tópicos ao se registrar em um Website. Com os recursos do Google e do Liszt, o custo é gratuito para o usuário.

Uma nova forma de comunicação na Internet está retornando rapidamente, tão importante quanto os newsgroups. Essa nova forma de comunicação permite que os consumidores expressem suas opiniões de outra forma ainda, nos "blogs", forma abreviada de "Weblogs". Blogs nada mais são que diários on-line, formados por um misto de texto, links e até mesmo gráficos. Eles normalmente são exibidos como listas simples na tela, com as entradas mais recentes no topo. Cada entrada normalmente recebe a data e a hora. Então, como os blogs são importantes para o profissional de marketing virtual? Em uma entrevista feita em 8 de fevereiro de 2002 no eMarketer (http://www.emarketer.com), Baron Lowery, da RappDigital, diz que usa os blogs para ver o que as pessoas estão falando sobre os produtos que eles estão tentando comercializar. Os bloggers, usuários dos blogs, em geral são pessoas que têm uma crença forte em algo, e ouvir o que eles dizem nos blogs pode dar idéias sobre o que é bom ou ruim nos produtos. Os blogs são comunidades que discutem muitos tópicos diferentes. A melhor maneira de encontrar entradas em blogs que estejam de acordo com suas necessidades é usar um portal de blog para fazer uma busca por diferentes blogs. Os portais de blogs contêm listagens e mecanismos de busca que indexam os blogs para acesso ao esquisito lado individualista das notícias e informações on-line que eles oferecem. Veja a seguir uma lista de alguns recursos sobre blogs e alguns dos mais populares Websites de busca de blogs:

- Blogger.com — Ferramentas e serviço de publicação de blog gratuitos e muito populares (http://www.blogger.com)
- BlogHop — Diretório de mais de 8.300 blogs, classificado como de 'qualidade' por outros usuários do BlogHop (http://www.bloghop.com/)
- Eatonweb Portal — Um diretório em que é possível fazer uma busca de quase 2.300 blogs, classificados por novas adições, ordem alfabética, categorias ou filtrado somente por blogs não escritos em inglês (http://portal.eatonweb.com,
- Blogdex — Indexa as páginas top ligadas por blogs (http://blogdex.media.mit.edu)

## Especialidade entre os iguais

Embora os fabricantes de navegadores prometam o mesmo desempenho na recuperação de informações, alguns navegadores lidam com vários mecanismos de busca de forma diferente. É bom planejar a busca antes de começar, pois isso economizará seu tempo. Na verdade, Walter S. Mossberg, em sua coluna "Personal Technology", do *The Wall Street Journal*, declarou que estudos mostram que pessoas que usam a World Wide Web gastam boa parte do tempo tentando localizar informações úteis ao empregar os conhecidos mecanismos de busca. "É um sinal tanto da vastidão da Web quanto da sua confusa falta de organização" (Mossberg, 1998). Ele observa que a lógica de busca está organizada de forma diferente nos vários mecanismos de busca; para buscas simples, ele usa o Yahoo!, pois "não é um mecanismo de busca automatizado e feito por máquina, e sim um diretório feito por seres humanos que usaram inteligência em suas seleções". Para termos mais complicados ou específicos, ele usa o AltaVista, pois esse mecanismo de busca "usa computadores para indexar palavras individuais". Há novos mecanismos de busca também, além desses antigos. Um desses, o Overture (http://www.overture.com, antigamente conhecido como GoTo), é um "Website *clean* e simples que cobra uma taxa dos outros Websites para promovê-los na lista de resultados de busca e depois avisa o usuário o quanto foi pago por cada Website, um local de destaque na lista de resultados. O resultado é exposição completa, mas também pode ser um conjunto inútil e distorcido de hits" (Mossberg, 1998).

Outros mecanismos de busca receberam atenção de Mossberg.

> No HotBot (http://www.hotbot.com), você encontrará um mecanismo de busca de primeira classe que facilita, ainda mais que os outros, a tarefa de qualificar seus termos de busca, especificar se é uma frase ou um nome e procurar somente materiais dentro de certas datas. O Teoma usa o Subject-Specific PopularitySM. Esse Subject-Specific Popularity classifica um website com base no número de páginas com o mesmo assunto ao qual ele se relaciona, e não apenas na popularidade geral, para determinar o nível de autoridade de um Website. Você pode experimentar o Teoma no endereço http://www.teoma.com (Mossberg, 1998).

Mossberg lembra-se de um mecanismo de busca chamado Dogpile. "Cada vez mais internautas estão se voltando para os **Websites de busca meta**, que enviam seu pedido a diversos mecanismos de busca e depois criam uma lista gigante de hits. Um bom exemplo é o Dogpile, http://www.dogpile.com." Este livro discutirá o conceito de meta, ou ferramentas abrangentes,

Quadro 10.1

| Ferramenta eletrônica | Nona pesquisa da GVU | Oitava pesquisa da GVU | Evolução (%) |
|---|---|---|---|
| Yahoo!* | 93,4 | 84,1 | 19,3 |
| AltaVista | 81,4 | 67,3 | 114,1 |
| Infoseek | 70,2 | 60,3 | 19,9 |
| Excite | 69,9 | 66,1 | 13,8 |
| Lycos | 68,2 | 58,5 | 19,7 |
| HotBot | 46,2 | 34,3 | 111,9 |
| WebCrawler | 45,6 | 46,1 | 20,5 |
| Four11 | 32,9 | 37,4 | 24,5 |
| Bigfoot | 25,2 | 22,2 | 13,0 |
| WhoWhere | 24,8 | 23,1 | 11,7 |
| AOL NetFind | 20,8 | 12,3 | 18,5 |
| Outros | 17,5 | 17,7 | 20,2 |

* O estudo da GVU observa que a pesquisa foi anunciada no Yahoo!, o que pode inflar esses números.
*Fonte*: Adaptado de *GVU Eighth WWW User Survey; GVU Ninth WWW User Survey*.
Copyright © 1994-1998 Georgia Tech Research Corporation. Todos os direitos reservados.
*Fonte*: Pesquisa da GVU com usuários da WWW – http://www.gvu.gatech.edu/user_surveys.

mais tarde. Mossberg encerra sua coluna observando que esses são alguns dos mecanismos de busca disponíveis e que o internauta deve experimentar os vários que povoam a Internet. Encontre aquele que melhor serve às suas necessidades e aplique-o (Mossberg, 1998).

> Foi colocada uma nova luz sobre a guerra dos navegadores. Agora sabemos que a) o método dominante pelo qual as pessoas adquirem os navegadores é por um pacote de hardware, software e provedores de serviço de Internet (ISP) e b) a maioria dos usuários nunca muda de navegador, mesmo entre aqueles que estão na Internet há mais de três anos. Em função dessas novas descobertas, não causa surpresa ver o crescimento lento, mas firme, do Internet Explorer em participação do mercado, obtida principalmente de novos usuários que recebem o navegador como parte de outras compras relacionadas ao computador (GVU, 1999).

A nona pesquisa da GVU questionou o uso das ferramentas de navegação, como mecanismos de busca (como o AltaVista), índices da Web (como o Yahoo!) e serviços de localização de pessoas (como o Yahoo People Search), todos eles importantes serviços de navegação. Nas páginas iniciais desses populares elementos de navegação também estão locais primários para os anunciantes colocarem banners ou patrocínios de informação, e com a receita dessa propaganda, esses Websites aumentaram a lembrança do consumidor. Além de realizar buscas regulares, os usuários podem conferir notícias locais, nacionais e internacionais, os placares esportivos, traduzir uma página de um idioma para outro, conversar com amigos ou artistas, pedir um cartão de crédito ou fazer download de softwares gratuitos. São adicionados novos serviços todos os dias. Até mesmo empresas de consultoria tradicionais estão desenvolvendo ferramentas de e-commerce, como o Bargain Hunter, da Andersen Consulting, que realiza serviços de compra semelhantes. Muitos Websites oferecem personalização do conteúdo, além de contas de e-mail gratuitas. O Quadro 10.1 compara as respostas da oitava com a nona pesquisa.

## Técnicas para buscas mais eficientes na Internet

Fazer buscas na Web pode ser muito sofisticado se você usar a estratégia de busca adequada. Para fazer isso, você precisará de um pouco de conhecimento de como usar uma seqüência de busca booleana. As buscas booleanas (que receberam esse nome em homenagem ao matemático inglês George Boole) são criadas usando operadores que dizem ao mecanismo de busca quais termos *devem* estar na página ou quais *não devem* estar na página. Você também pode fazer busca por frases completas, como "marketing eletrônico", usando as aspas duplas.

O Quadro 10.2 relaciona alguns exemplos das instruções que você pode encontrar para fazer buscas avançadas em alguns dos Websites de busca mais populares. A tabela a seguir contém a sintaxe da maioria dos Websites de mecanismos de busca. Estes são bons pelo menos para o Yahoo!, Excite, Infoseek e Lycos, mas provavelmente darão certo com os outros também. O mesmo efeito muitas vezes pode ser produzido utilizando o botão de busca avançada dos mecanismos de busca.

## A cultura da Internet

É estranho que a Internet seja considerada por seus fins comerciais, pois sua origem está muito distante disso. Quando a Internet nasceu, fruto da pesquisa acadêmica e da comunicação, uma cultura de uso compartilhado e não-comercial floresceu entre os *guardiões* da Internet. Os recursos da Internet eram gratuitos, não devendo ser violados por nenhuma contingência de internautas. Um dos princípios da Internet era sua base acadêmica, não-comercial, e a maioria dos usuários acadêmicos deveria deixar imaculado esse maravilhoso bem. Tal intenção veio a ser vista de forma diferente com a introdução de cores, gráficos e texto ampliado na Internet, em 1993; esse veículo de pesquisa aperfeiçoado tornou-se um meio comercial atraente e persuasivo à medida que os elementos amadureceram, e mais pessoas, além dos pesquisadores e educadores, descobriram as propriedades sem limites. Em alguns aspectos, o surgimento da Web, a banda gráfica da Internet, como uma entidade comercial, lembra o fim das exigências não-comerciais da National Public Radio (NPR), que agora permite uma interpretação mais ampla de anúncios patrocinados. A NPR teve corte de investimentos e voltou-se para buscar mais patrocínios comerciais para suplementar o custo de suas operações. A agência governamental National Science Foundation fez o upgrade da ARPANET, a antiga rede do Departamento de Defesa, para sua própria NSFnet, com um backbone de alta velocidade iniciado em 1982. Em 1995, a National Science Foundation reviu sua decisão e desmontou a NSFnet, substituindo-a por um backbone da Internet comercial. Há alguém responsável pela Internet? Não, na verdade. Embora várias organizações tenham sido criadas para administrar nomes de domínio e outros cargos administrativos, a Internet parece ser auto-sustentável e disponível para pessoas de todo o mundo.

Ao seguir as tradições da Internet, o profissional de marketing deve tentar estender seu estilo cultural e sua percepção do Website. Os consumidores irão apreciar sua sensibilidade da Internet e estarão mais receptivos a estabelecer relacionamentos de marketing com empresas que respeitarem o espírito da Internet. O consultor da Internet e escritor Richard Seltzer (seltzer@samizdat.com) escreveu muito sobre a formação das comunidades da Internet como estratégia de marketing. Em seu livro *The way of the Web* (O caminho da Web, em tradução livre), Seltzer faz as seguintes sugestões para incentivar comunidades a melhorar os Websites de comércio:

Quadro 10.2

| Operador | O que ele faz | Exemplo de busca |
|---|---|---|
| + ou AND | Colocar um sinal de adição a uma palavra faz com que ela seja encontrada em todos os resultados da busca. | police *versus* police + sting |
| – ou NOT | Colocar um sinal de subtração na frente de uma palavra faz com que ela não seja encontrada em nenhum dos resultados de busca. | python *versus* python – monty |
| t: ou title:: | Isso irá restringir as buscas somente aos títulos dos documentos. | joe boxer *versus* t:joe boxer |
| U: ou url: | Isso irá restringir as buscas somente às URLs dos documentos. | Intel *versus* u:intel |
| “” | A correspondência de frases é feita ao se fechar com aspas um conjunto de palavras. Isso só irá encontrar os resultados que correspondem às palavras nessa seqüência exata. | grande barreira de corais *versus* “grande barreira de corais” |
| * | A correspondência de curingas é feita ao se colocar um asterisco do lado direito da palavra. Isso retornará qualquer coisa que corresponda ao lado esquerdo. | cap *versus* cap* |
| Combinações acima | Você pode combinar quaisquer itens acima, desde que a sintaxe seja combinada na ordem adequada. A adequada para usar a sintaxe é a mesma ordem dos operadores relacionados nesta tabela. | +, –, t:, u:, “ ” e *. |

O negócio ideal na Internet criaria um público leal ao proporcionar um ambiente atraente em que os usuários poderiam discutir assuntos de interesse comum entre si e com especialistas. Além disso, esse Website forneceria muitas informações relacionadas gratuitamente. A capacidade de buscar e resumir informações, além da informação que tenha caráter de urgência, pode ser disponibilizada por uma taxa ou assinatura. Em seguida, no topo de tal infra-estrutura, um editor e seus patrocinadores poderiam oferecer todos os tipos de conteúdo, bens e serviços à venda – com o apoio de gráficos, áudio e vídeo –, todo o esplendor que a tecnologia pode fornecer – e um sistema de pagamento on-line de fácil utilização.

Imagine um Website que não só forneça informações como também aja como um “grupo de usuários” – um local para os leitores conversarem entre si, trocarem idéias, expressarem suas opiniões e se ajudarem. Isso poderia estar na forma de Cartas ao Editor on-line, incentivando os leitores a reagir aos artigos na sua revista ou jornal e aos comentários das outras pessoas. Poderia ser parte também de um sistema de suporte do produto, no qual os usuários podem colocar suas perguntas, idéias e inovações para obter respostas tanto de especialistas da empresa quanto dos outros usuários. Lembre-se da experiência dos programas de debate por rádio ou televisão – os comentários sinceros de pessoas comuns podem ser convincentes, especialmente quando o público sabe que também pode participar do diálogo, se desejar. E lembre-se também de que alguns de seus consumidores podem saber mais sobre seus produtos que seu melhor funcionário de suporte, podendo ter orgulho e satisfação de dividir o que sabe com seus colegas. Lembre-se também de que palavras positivas são a melhor ferramenta de marketing. Assim, se tiver produtos que valem a pena ser comentados, você pode criar um ponto de encontro virtual e possibilitar que seus consumidores conversem entre si e com outras pessoas, tornando-se vendedores para vocês.

Dependendo de seu modelo de negócio, você pode desejar construir uma comunidade virtual global de pessoas com interesses comuns – inspecionando o nicho do seu tema – ou pode usar esse meio para criar laços mais estreitos com sua comunidade física local. Por exemplo: uma livraria ou editora on-line poderia incluir "salas" e "eventos" virtuais em que os consumidores poderiam conversar entre si sobre os livros que leram, além de fóruns pagos em que seria possível interagir com autores, editores, revisores e outros especialistas e celebridades. Ou um pequeno jornal poderia usar esses recursos para permitir que os cidadãos discutissem assuntos de interesse comum entre si e com personalidades do governo local, e das comunidades de educação e negócios (Seltzer, 1995). Visite o Website principal de Seltzer (http://www.samizdat.com) para ver o que mais ele escreveu ou visite sua loja on-line, no endereço http://www.store.yahoo.com/samizdat, no qual são vendidos livros em CD-ROM.

## Aprendendo a netiqueta – a etiqueta na Internet

Para simplificar, a netiqueta é a etiqueta da Internet, as regras informais de comportamento para a Internet. Esses costumes da Internet evoluíram com o tempo e ajudaram a transformá-la em um local agradável. Além disso, muitas organizações desenvolvem suas próprias Políticas de Uso Aceitável (AUPs), um conjunto de regras especificamente para a rede de uma organização. Essas são diretrizes da netiqueta para a maioria dos recursos da Internet, incluindo e-mail, listas de mailing, newsgroups, Telnet e FTPs. Alguns recursos da Internet compartilham regras de netiqueta; por exemplo, as diretrizes aceitas para e-mail e listas de mailing também são usadas em newsgroups. Usuária de longa data de comunicação eletrônica, Arlene Rinaldi, da Florida Atlantic University, escreveu uma excelente diretriz para novos usuários seguirem ao treinar a netiqueta correta.

## Netiqueta para e-mail, listas de mailing e newsgroups da Usenet

Seguindo as diretrizes sensatas de Rinaldi, veja aqui alguns dos enganos cometidos com mais freqüência com relação aos padrões de netiqueta amplamente aceitos que são usados para e-mail, listas de mailing e newsgroups da Usenet. Ao participar desses fóruns na Internet, você deve estar atento às seguintes diretrizes:

- Use letras normais, com maiúsculas e minúsculas. Evite o uso de letras maiúsculas em uma mensagem. Isso é considerado GRITAR e, em geral, é desaprovado.

- Não presuma que suas intenções serão compreendidas; lembre-se de que não há linguagem corporal ou expressão facial para indicar suas intenções. O uso cuidadoso de emoticons pode ajudar você a transmitir sua idéia de forma clara. Veja aqui três exemplos:
  :-) sorriso (humor, felicidade, incentivo)
  :-( tristeza (tristeza, desaprovação)
  ;-) piscadela (brincadeira, piada)

## O QUE É NETIQUETA?

A Internet está rapidamente desenvolvendo sua cultura única, formada por um grupo diversificado de pessoas de várias religiões, nacionalidades, experiências e sexos. A Internet, conhecida comumente como "espaço virtual", é um caldeirão cultural mundial de opiniões e idéias. Sabe-se que as pessoas que usam os recursos da Internet se autodenominam de "netizen" (*network* + *citizen*, ou cidadão da rede), o que as qualifica em uma evolução social e cultural totalmente diferente de uma nova comunidade de pessoas. Elas são aventureiras em uma fronteira eletrônica, na qual a voz individual pode mudar e moldar o futuro da comunicação eletrônica da forma como a conhecemos.

Termos usados freqüentemente na exploração e na descoberta do espaço virtual são "mineração", "navegação" e "dirigir na superestrada das informações". A Internet é um local em que a informação e as comunicações do mundo todo estão em constante expansão e evolução. Assim como em qualquer cultura, existem hábitos que dão diretrizes e coesão às pessoas envolvidas.

Quando comecei a trabalhar na Internet, em 1990, havia menos pessoas usando a Internet e, claro, menos recursos. Originalmente, houve um "acordo" tácito entre os usuários para agir e responder de certa maneira enquanto estivessem trabalhando na Internet. Se esse acordo fosse quebrado, o usuário poderia esperar *flaming* (termo da Internet que significa receber uma resposta polêmica ou agressiva por e-mail) ou até mesmo perder o acesso à Internet, dependendo da extensão em que as "regras" haviam sido transgredidas. As regras não mudaram, ainda que os recursos estejam maiores agora e as pessoas que estão on-line (na Internet) sejam mais diversificadas e compreensivelmente pouco familiarizadas com os "acordos" nebulosos.

Quando comecei a trabalhar com e-mail e Usenet, há muitos anos, cometi "erros" simples, mas sinceros, e fui totalmente punido por eles na forma de mensagens de e-mail provocadoras ou iradas. Veja alguns dos meus erros "simples":

- Digitar mensagens de e-mail em letras maiúsculas (normalmente, isso é considerado como GRITAR!).
- Enviar um aviso de assinatura para um grupo de discussão on-line diretamente para a lista, em vez de para o listserv que lida com a adição/exclusão eletrônica de membros. Mais de mil pessoas receberam uma mensagem de e-mail pessoal em que eu declarava que gostaria de me inscrever no grupo de discussão. Recebi muitas mensagens iradas em relação a esse engano (os detalhes da assinatura são enviados ao listserv. Só as mensagens que devem ser lidas por todo o grupo devem ser enviadas para a lista).

- Evite o **flaming** (críticas exaltadas ou antagônicas) e o envio de notas ofensivas, abusivas ou ameaçadoras. Aquele vai-e-volta de e-mails ofensivos é uma guerra de ofensas, o que é considerado um desperdício dos recursos de rede.
- Lembre-se de que o e-mail não é necessariamente particular. Suas mensagens podem ser enviadas para muitas pessoas sem seu conhecimento. Além disso, a maioria dos servidores de e-mail possui programas que arquivam mensagens de e-mail que passam por eles.

## O QUE É NETIQUETA? (continuação)

- Enviar uma mensagem de correio pessoal a um grupo de Usenet acreditando que ela iria somente para o criador original da mensagem, que vivia próximo a mim. Escrevi algo como "vamos marcar um almoço e conversar sobre isso". Bom, recebi muitas mensagens de e-mail incomodadas, perguntando se eu iria "pagar" o almoço para todos que estavam lendo aquele determinado newsgroup da Usenet (mesmo problema envolvido anteriormente: as mensagens pessoais devem ir para o endereço de e-mail do indivíduo, não para a lista inteira).

Comecei a investigar se haveria guias on-line para ajudar a colocar um ponto final no meu papel de "newbie" em relação ao trabalho com a comunicação eletrônica. Ao mesmo tempo, diversas pessoas na Internet começaram a definir as diretrizes pelas quais auxiliar usuários na comunicação por um meio eletrônico, o que não levava em conta um bocado de criatividade pessoal ou gráfica. O método para criar mensagens de correio eletrônico não permitia nenhuma das "excentricidades" que os pacotes de processador de texto padrão disponibilizam na redação de cartas formais. O formato universal de uma mensagem de correio eletrônico é ASCII ou, como ficou comumente conhecida, "Plain Vanilla ASCII"[2]. Se o usuário da Internet quisesse destacar um texto ao enviar correio eletrônico, ele não poderia usar sublinhado, negrito ou itálico para fazer um ponto específico. Outros padrões de sinais de pontuação precisaram ser inventados para simbolizar globalmente um ponto. A maioria das diretrizes descobertas on-line eram específicas do Usenet ou do e-mail, mas nenhuma respondeu a perguntas sobre os múltiplos recursos disponíveis na Internet. Quando dei um treinamento sobre o tema para o corpo docente e os funcionários da Florida Atlantic University (FAU), decidi ajudar os que estavam fazendo meus cursos a criar diretrizes usando minhas próprias experiências e outros documentos on-line voltados para a etiqueta na Internet. Também criei diretrizes para os diferentes recursos disponíveis na Internet, como FTP, Telnet, Listserv. Eu queria que o documento fosse simples, direto ao ponto, e não que houvesse excesso de tópicos "faça isso e não faça aquilo". Além do mais, por causa da face sempre camaleônica da Internet, também quis que o documento fosse fácil de ser alterado à medida que o espaço virtual em si mudasse e crescesse.

*Fonte*: The net user guide and netiquette. Copyright © 1998 Arlene Rinaldi e Florida Atlantic University (http://www.fau.edu/netiquette/net/).

---

2 Plain Vanilla ASCII: literalmente, "ASCII baunilha e nada mais", uma referência ao sabor de baunilha (geralmente para sorvetes) e à sua simplicidade. (N.R.T.)

Antes de enviar uma mensagem, leia-a novamente, veja se é isso que você quer dizer e confira de novo o destinatário.

- Ao responder mensagens de newsgroups, não se esqueça de incluir a parte da mensagem original (ou dar um resumo da mensagem) que você estiver respondendo. Normalmente não é necessário incluir o conteúdo *inteiro* da mensagem original.
- Sempre se identifique e faça com que as mensagens sejam breves e estejam dentro do tópico.
- Evite usar spams, que é a prática de enviar mensagens de e-mail comerciais não solicitadas em massa, ou fazer *postings* semelhantes a newsgroups. O spam também se refere ao ato pouco gentil de sobrecarregar de propósito a caixa de entrada de alguém ou o servidor com mensagens.
- Ao enviar ou publicar em diversas listas de mailing ou newsgroups, indique o que você fez da seguinte forma: "Esta mensagem foi enviada para múltiplos destinatários: [nomes das listas de mailing ou grupos de notícias]".

## Netiqueta com Telnet

A Telnet possui um conjunto de regras não-declaradas que precisam ser seguidas quando você a utiliza. Veja aqui algumas das quais você precisa ter conhecimento:

- Não fique "logado" em um terminal mais tempo que o necessário. Não se esqueça de dar o logoff corretamente quando a sessão de Telnet estiver concluída.
- Se forem fornecidas páginas de Ajuda em um Website da Telnet, faça download delas para seu computador e leia-as depois de fazer logoff.

## Netiqueta com FTP

É importante compreender a netiqueta no File Transfer Protocol (FTP); muitos dos problemas que ela causa têm o efeito de deixar a rede lenta. Você pode se ver em apuros se for pego não pagando pelo software que você usa ou se for pego copiando o trabalho de alguma outra pessoa. Tenha consciência dessas diretrizes e consideração pelos seus colegas de Internet.

- Tente não fazer download de arquivos grandes (com mais de um megabyte) durante o horário comercial normal. Use o fuso horário que se aplica ao servidor de FTP que você estiver acessando, não a sua hora local.
- Os usuários são responsáveis por verificar os acordos de *copyright* ou licenciamento dos arquivos que baixam.
- Se você estiver fazendo download de um shareware, não se esqueça de pagar as taxas adequadas.

## Adicionando linguagem corporal à netiqueta

As mensagens ficam muito estéreis em texto em preto-e-branco exibido em um monitor plano e sem emoções. Para dar uma animada, e talvez uma profundidade tácita a mensagens e conversas, os emoticons ou smileys trilharam seu caminho pelo diálogo on-line. Esses gráficos esclarecem o

**Quadro 10.3**

| Smiley | Explicação |
|---|---|
| :-) | O smiley básico. Esse smiley é usado para mudar o tom de uma frase sarcástica ou de uma brincadeira, além de indicar humor, felicidade ou incentivo. |
| ;-) | Smiley usado como piscadela para dar a impressão de brincadeira ou piada. |
| :-( | Smiley usado para exibir tristeza ou desaprovação. |
| :-O | Smiley usado para representar surpresa. |
| 8-) | Smiley usado por alguém que usa óculos. |
| :-I | Smiley indiferente. |
| :-> | Smiley sarcástico usado para fazer uma observação sarcástica realmente perspicaz. |
| >:-> | Smiley demoníaco usado para criar a atmosfera para uma observação realmente maldosa. |

*Fonte*: Adaptado do Unofficial Smiley Dictionary.

tom e a intenção do remetente, reduzindo mal-entendidos. O Quadro 10.3 é uma tabela de emoticons (ou smileys) comuns usados na comunicação on-line.

# Resumo

Este capítulo começou perguntando "O que você pode conseguir com a Internet?" Agora, após a discussão apresentada, a resposta parece ser quase nada. Então, com essa extensão de informações, o profissional de marketing deve pensar sobre os fatos ou opiniões de que ele precisa antes de iniciar uma busca por informações cegamente. A necessidade de conhecimento é diferente para um consumidor e para uma empresa, e o profissional de marketing deve reconhecer isso antes que a busca por informações seja esboçada e realizada. A familiaridade com os pontos fortes dos principais mecanismos de busca irá acelerar a recuperação de informações precisas; da mesma forma, manter-se atualizado com o desenvolvimento da tecnologia desses mecanismos pode resultar em ainda mais especificidade, precisão e adequação quando os aplicativos de busca amadurecerem.

A netiqueta refere-se às regras de comportamento gerais e aceitas para o uso da Internet. Ao seguir as diretrizes da netiqueta, os usuários ajudam a transformar a Internet em um local civilizado para comunicar e dividir idéias. As regras da netiqueta aplicam-se principalmente ao correio eletrônico, às listas de mailing e aos newsgroups da Usenet; no entanto, existem também diretrizes de netiqueta para uso com Telnet e FTPs. A netiqueta não é ensinada, mas pode ser aprendida. Para investigar a netiqueta adequada mais a fundo, você pode visitar o Emily Postnews, no endereço ftp.mssate.edu/pub/docs/words-1/Funnies/emily.postnews. Basicamente, se você é uma pessoa comedida e de bom senso, usará a netiqueta adequada.

## Perguntas e exercícios

1. Neste capítulo, foram discutidos métodos para recuperar informações de marketing na Web. Faça uma lista e defina as ferramentas eletrônicas que auxiliam na localização e no refinamento da busca de informações.
2. Por meio da discussão deste capítulo, você observou que boa parte das informações competitivas pode ser conseguida ao se estudar o Website da empresa rival. Escolha a página inicial de um Website de um varejista e explique os elementos. Quais são os elementos exibidos? Quais informações você pode adquirir com os produtos ou serviços relacionados no Website? Imprima as páginas que você estiver comentando e as inclua no seu relatório escrito.
3. É provável que mais informações específicas possam ser obtidas de um Website de negócios. Selecione a página inicial de um Website *business-to-business* e, mais uma vez, explique os elementos. Quais são os elementos exibidos? O que você sabe sobre as empresas? Quais informações você pode conseguir com os produtos ou serviços relacionados no Website? Imprima as páginas que você estiver comentando e as inclua no seu relatório escrito.
4. Por que o design e o conteúdo de um Website *business-to-business* são diferentes do Website de um varejista? Quais elementos devem aparecer no Website de negócios que estão ausentes no Website do varejista? Redija um memorando de quatro parágrafos para o Webmaster de sua empresa. Imprima exemplos para demonstrar seus pontos.
5. Qual é a principal razão para os consumidores usarem a World Wide Web quando o objetivo for compras pessoais? Dê três exemplos da sua escolha e redija um e-mail ao gerente de marketing sugerindo que seus consumidores iriam apreciar um Website.
6. Os websites devem ser projetados para o mínimo denominador comum para exibição no navegador. O que significa essa afirmação? Se existem tantos aplicativos para conseguir atenção usando sons, movimentos e outras surpresas, por que o Website deveria estar limitado à sua capacidade de ser recordado e a seu apelo? Prepare-se para discutir esse conceito com o Web designer.
7. Usando um recurso de busca como o Google Groups, produza três observações para cada um dos seguintes assuntos:
   a) lesões esportivas, como tendinite ou deslocamento do ombro.
   b) misticismos, como onde os praticantes compram seus ingredientes para feitiços e poções.
   c) dicas de redação criativa para escrever romances góticos.
   d) análise de shows de blues para a artista Roxy Perry, a Rainha do New York Blues.
8. Se você precisasse criar comunidades na Internet, como começaria? A maioria dos profissionais de marketing construiria uma hierarquia de públicos, como consumidores atuais, consumidores antigos, e assim por diante. Como você classificaria oito grupos de interesse especial? Descreva esses grupos e qual conteúdo você colocaria no Website.

*Bibliografia*

GROVE, Andrew S. *Only the paranoid survive*. Nova York: Currency-Doubleday, 1996. p. 171-172.

GVU TENTH WWW USER SURVEY. Georgia Tech Research Corporation. 1999. Disponível em: < http://www.gvu.gatech.edu/user surveys/survey-1998-10/ > .

HYMAN, Gretchen. A rosy outlook for holiday e-commerce. Jupitermedia Corp. Copyright 2004 Jupitermedia Corporation. Todos os direitos reservados. Utilizado com permissão. Disponível em: < http://cyberatlas.internet.com/markets/retailing/article/0,,6061 1476761,00.html > . Acesso em 4 out. 2002.

IN THE MALLS, on the Web, a Christmas crush. News Roundup. *The Wall Street Journal*, 30 November, Bl. Copyright 1998 Dow Jones & Co. Inc. Reproduzido com permissão de Dow Jones & Co. Inc. no formato Textbook via Copyright Clearance Center.

MOSSBERG, Walter S. Some search engines can cut the time you waste on the Web. *The Wall Street Journal*, 12 nov. 1998, p. Bl. Copyright 1998 Dow Jones & Co. Inc. Reproduzido com permissão de Dow Jones & Co. Inc. no formato Textbook via Copyright Clearance Center.

PASTORE, Michael. U.S. e-commerce spikes in Q4 2001. Jupitermedia Corp.. Copyright 2004 Jupitermedia Corporation. Todos os direitos reservados. Utilizado com permissão. Disponível em: < http://cyberatlas.internet.com/markets/retailing/article/0,,6061 977751,00.html#table > . Acesso em 20 fev. 2002.

SELTZER, Richard. The way of the Web. Excerpt from chapter 5, building communities on the Internet. Marlboro, MA, 1995.

THE NET USER GUIDE AND NETIQUETTE. (http://wwww.fau.edu/netiquette/net/). Copyright© 1998 Arlene Rinaldi e Florida Atlantic University. Utilizado com permissão. Disponível em: < http:// www.samizdat.com/build.html > .

# CAPÍTULO 11

## Design de Páginas da Web

"Então você está pensando em lançar um Website? Antes de mergulhar nessa, é uma boa idéia dar um passo para trás, respirar fundo e tentar enxergar globalmente. Se você perguntar para a maioria das empresas por que elas têm um Website, elas lhe dirão 'porque o concorrente também tem'. Eis aqui um pensamento radical: esqueça a Web por um minuto. Pense nas necessidades de comunicação que você e os seus consumidores têm agora e naquelas que vocês poderiam ter no futuro. Você consegue satisfazer essas necessidades usando tecnologias tradicionais como o telefone, fax ou e-mail? Se a resposta for positiva, você acabou de economizar muito tempo, problemas e gastos, pois você não precisa de um Website. Se, no entanto, você puder identificar algum espaço para melhoria, talvez estabelecer uma presença na World Wide Web seja o movimento certo."

*(Sweetman, 1997)*

### Objetivos de Aprendizado

- Estabelecer a base para desenvolver comunicação baseada na Web.
- Fornecer o conhecimento necessário para o aluno de marketing criar um Website pessoal ou corporativo.
- Definir quais elementos devem ser incluídos em todas as páginas da Web.

## Introdução

Até este ponto, este livro discutiu os conceitos e os processos que o profissional de marketing deve empregar para desenvolver programas de marketing on-line diligentes, completos e consistentes para produtos e serviços. O elemento promocional foi enfatizado como uma ferramenta de lembrança e informação potencialmente poderosa que os profissionais de marketing estão aprendendo por tentativa e erro. Muitos dos erros resultam de Websites e páginas da Web mal-utilizados ou malprojetados. Neste capítulo, iremos nos aprofundar na questão da apresentação de uma forma atraente e eficiente dos benefícios e da satisfação dos produtos. Para criar esses maravilhosos sons e visões da World Wide Web, o profissional de marketing ou o designer gráfico precisa aprender o alfabeto e a linguagem da Web, do Hypertext Markup Language ou HTML. O HTML é o backbone da interatividade, movimentando os visitantes de um Website a outro, de um gráfico a outro e de um documento a outro. O HTML é apresentado em até 16 milhões de cores, para exibição em todos os tamanhos de monitores coloridos. Ele é usado para criar videogames fascinantes e divertidos cartões comemorativos, além de habilitar Websites educacionais a ajudar o aprendizado das crianças, apenas para mencionar algumas de suas funções.

É também a linguagem de outros instrumentos da Web para coletar informações usando pesquisas, formulários de pedido e ferramentas de busca. Os formulários HTML auxiliam o profissional de marketing a coletar e organizar dados que estabelecem os parâmetros de desempenho dos contatos de marketing, das respostas dos consumidores e das solicitações de transações. Ao desenhar Websites eficientes, os recursos de marketing eletrônico podem ser utilizados completamente no plano de marketing, garantindo velocidade, apelo, precisão e conveniência para o consumidor.

## Design de Websites: simples e complexo

O que exatamente é um Website e qual sua relação com cada página da Web? O Website é uma coleção de informações que reside em um servidor conectado por um endereço à World Wide Web. O Website pode incluir diversos arquivos formados de texto, fotografias, ilustrações, música ou outros programas de computador. Esses componentes de um Website formam as páginas da Web que são acessadas ao se clicar nos **hiperlinks**, normalmente textos ou ícones coloridos que direcionam o computador a outras páginas no Website ou a outros Websites na World Wide Web. Como você sabe, o endereço é chamado de URL, e cada URL é exclusiva de determinado Website. Portanto, se o consumidor souber o endereço da URL do Website, ele poderá acessar as informações encontradas nas páginas individuais que formam coletivamente o Website (Microsoft Corporation, 1998).

A criação de um Website pode ser uma atividade complexa e recompensadora. À luz disso, há muitos assuntos que precisam ser planejados e bem pensados antes da criação em si do Website. O estágio de planejamento muitas vezes é mais importante que aprender como usar a linguagem de programação necessária para criar páginas da Web, em especial porque atualmente estão disponíveis muitos editores de página da Web de fácil utilização. O profissional de marketing deve estar preparado para responder perguntas como: qual é o objetivo do Website? É um veículo de comunicação principal ou de suporte? Ele deve proporcionar exposição, abrigar artigos de propaganda ou apoiar varejistas ou representantes de vendas em campo? Quem lerá as páginas? Os elementos gráficos devem ter um ritmo rápido, dirigido ao mercado mais jovem, ou ter um ritmo mais conservador, para o visitante de meia-idade? Você deve incluir sons ou movimentos ou isso seria uma distração para seu mercado? Que tipo de computador o usuário típico usaria? A que navegador eles teriam acesso e qual a rapidez das conexões deles à Internet? Quais

**mecanismos de busca** seu mercado prefere? Seu público verá seu Website com um monitor colorido ou preto-e-branco e, geralmente, que tamanho de monitor eles usam? Responder a todas essas perguntas antes de começar a projetar seu Website ajudará a determinar exatamente como deve ser a aparência e a operação dele.

Assim que esses tipos de perguntas estiverem respondidos, ou pelo menos tiverem sido respondidos com 'palpites' embasados, deve-se criar um plano de trabalho. Esse plano deve ser configurado tendo as limitações e restrições da Web em mente. É importante também entender como as páginas da Web são criadas e o que é possível fazer. Este capítulo começará fornecendo alguns parâmetros e sugestões para um bom design de Website. Depois que você tiver estabelecido os objetivos para a página, deve-se começar a se formar um conceito da aparência de um bom Website. Este capítulo irá fazer com que você realmente aprenda o **código** por trás das páginas da Web, em vez de ensiná-lo a usar um editor de páginas da Web. A maioria das páginas é criada com uma **linguagem de script baseada em texto**, bastante simples, chamada Hypertext Markup Language (HTML). Você pode se perguntar "Por que preciso aprender o código se existem tantos editores por aí para fazer a codificação para mim?".

Assim como crianças da escola fundamental perguntam por que devem aprender matemática se existem calculadoras, aprender o código é tão importante para criar uma página da Web como a compreensão dos conceitos básicos da adição, subtração, divisão e multiplicação. Assim, da mesma forma como ocorre com as calculadoras, é mais fácil usar um editor de HTML. Esse sentimento é justificado: existem editores muito bons por aí, como o Macromedia Dreamweaver e o Microsoft FrontPage, e outros aparecem todos os dias. Mas, assim como colocar os números em uma calculadora cara, até mesmo o melhor editor pode cometer erros ou inibir sua criatividade e suas idéias em relação a um Website. Se você estiver familiarizado com o código HTML, pode conseguir o efeito exato que procura em um tempo muito menor. Aprender HTML também lhe dá a liberdade de criar páginas com recursos ilimitados. Tudo de que você precisa é um computador e um editor de texto básico, como o Notepad ou o SimpleText, e pronto! – você estará a meio caminho de ótimas páginas da Web.

## Questões do design de um Website

Existem, basicamente, três estágios do design de um Website: a fase de análise, a fase de design e a fase de criação. A Figura 11.1 retrata o processo de montagem de seu Website. Cada estágio tem um papel importante no desenvolvimento de um Website, que seu público gostará de explorar e revisitar. As próximas seções deste capítulo irão explicar as três fases e guiá-lo pelos estágios de planejamento do seu primeiro Website.

## Fase de análise

A fase de análise é importante no processo de desenvolvimento, pois dá ao designer o respaldo adequado para configurar o Website corretamente para o público, sem esquecer do objetivo do Website em si. A determinação de objetivos e metas dá direção para as demais fases do processo. Em primeiro lugar, identifique o público para o qual o Website está sendo desenvolvido. Quem você está tentando alcançar? Será um Website para crianças ou para os pais? É um Website destinado a atrair o grupo solteiro de meia-idade com vida profissional ativa ou adolescentes espalhafatosos e impacientes? Qual é o nível de educação – alto, médio ou baixo? Homens ou mulheres? A pesquisa que o profissional de marketing realizou na análise de situação do processo de marketing deve dar uma direção suficiente para responder a essas perguntas. Assim como no processo de marketing, o Website não pode ser projetado para atrair todos os mercados. Usando os resultados da análise de segmentação, devem ser identificados os mercados que têm o maior potencial de sucesso.

No aspecto seguinte da fase de análise, devem ser determinados os tipos de tecnologia a que esse público provavelmente tem acesso. O mercado terá acesso a conexões rápidas, eles irão se conectar por um modem lento ou será utilizado um dispositivo portátil com acesso à Web, como os celulares e PDAs? O público estará familiarizado com a navegação pela Web ou precisará de assistência para navegar, com interfaces como diversas telas de ajuda ou dicas? O público usará navegadores específicos ou deve ser oferecida mais de uma opção? Uma boa maneira de lidar com essa tarefa é criar uma pesquisa para determinado público na Web e perguntar-lhe que tipo de tecnologia (velocidade de modem, tamanho do disco rígido, tamanho do monitor e assim por diante) está sendo utilizado (a criação e o uso de pesquisas serão discutidos com mais detalhadamente no Capítulo 12). Depois de responder a perguntas como essas, você deve ser capaz de definir os **elementos** de mídia que podem ou devem ser incluídos no Website. Deve haver também algum entendimento de como adicionar navegação e de qual tipo de estrutura você pode querer usar no seu Website.

Agora que você entende um pouco o seu público e o equipamento que ele utiliza, deve definir o que deseja conquistar com seu Website. Você quer fornecer informações? Coletar informações? Deseja se comunicar com seu público de outras formas, como emitindo comunicados à imprensa para jornais on-line ou distribuindo newsletters por e-mail a seus consumidores? A que objetivo de marketing esse Website irá servir? A resposta a essas perguntas deve formar a base de objetivos e metas do Website. Mais uma vez, uma pesquisa do público-alvo pode ser a melhor maneira de determinar a forma como servi-lo e interagir com ele usando seu Website. Outra maneira possível de criar um Website bem-sucedido que sirva e interaja com seu público é monitorar os Websites dos concorrentes. Qual é a estratégia deles e como eles alcançaram suas metas? Como você vai realizar esses objetivos e metas? Agora a fase de design começa a ter um papel na estratégia do Website.

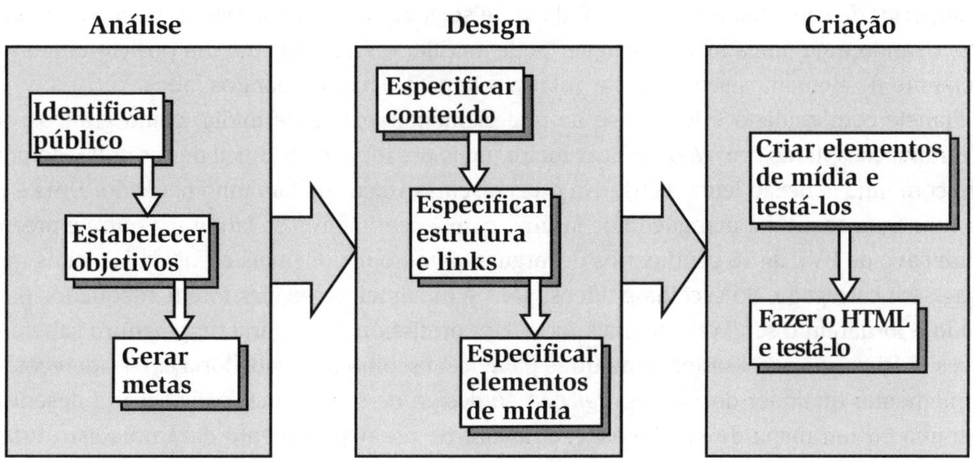


**Figura 11.1** Este fluxograma retrata a estratégia geral de planejamento da criação de um Website para qualquer objetivo. Tenha em mente que essa é só uma diretriz e que seu Website pode requerer estágios adicionais de planejamento.

## As ações da fase de design

Agora você já deve conhecer seu público e ter em mente alguma direção para o Website. Assim que tiver chegado a esse ponto, você deve coletar quaisquer informações textuais que precisará incluir no seu Website. No papel, faça um esboço dos tópicos que gostaria de incluir e determine quais informações precisam ser coletadas e a ordem em que elas devem ser apresentadas. Decida quais itens ou informações são mais importantes para o seu mercado e apresente essas informações primeiro ou em destaque. Se você estiver incluindo um catálogo, precisará dos números, preços e informações para que se possa fazer um pedido do produto. Se você quiser incluir uma pesquisa, precisará redigir as perguntas (mas não as respostas). Você pode querer fornecer informações do produto; elas devem ser redigidas de forma coerente e estarem prontas para serem transferidas para seu Website.

O aspecto seguinte do design é o planejamento da estrutura desejada do Website. Pense em eficiência. Uma boa regra é não exigir que o usuário clique muitas vezes para obter as informações desejadas. Recompense o trabalho do usuário (clicando, navegando, preenchendo um formulário) com um resultado ou resposta por vez. Isso requer uma **estrutura plana**, e não um **Website profundo** que precisa de muitos cliques ou seleções, ou um sistema de navegação claro. Decida se você deseja deixar seu Website simples com somente alguns **links de texto** para informações importantes ou se quer criar uma interface gráfica que use botões e ícones para navegar por tudo. O **fluxo** é um conceito essencial do design da Web. O fluxo do seu Website será essencial para manter o público interessado e conectado com seu Website. Os conceitos de fluxo e de ritmo serão discutidos com mais detalhes posteriormente.

Uma ótima dica de design é limitar a uma única tela os elementos gráficos da abertura da página. As informações de marketing devem estar contidas nessa página e deve haver hiperlinks; essa tática é chamada de "design acima da dobra". O conceito vem dos jornais, quando os anunciantes pediam que seus anúncios fossem colocados acima da dobra que divide as partes superior e inferior do jornal. Os anunciantes acreditavam que as pessoas olhavam rapidamente apenas a parte superior de cada página, e a visibilidade de seus anúncios seria melhor com esse posicionamento. Usando uma única tela, o designer pode auxiliar o visitante com um posicionamento mais conveniente de elementos sem precisar rolar a tela para baixo ou para os lados.

Planeje com cuidado e lembre-se de que elementos extras de mídia, como gráficos, filmes, sons e animações, farão seu Website ficar maior, mais pesado e mais difícil de ser utilizado por uma pessoa com uma conexão lenta. Pense em duas piscinas vazias de tamanho parecido. Uma é preenchida com água com uma mangueira de jardim, com 2 centímetros de largura; a outra é preenchida com um cano de PVC de 15 centímetros de largura. Quanto maior (mais capacidade), mais rápido o Website será carregado. Só escolha gráficos, sons e movimentos se eles forem adequados para seu mercado e tornarem o seu Website mais forte. Um profissional de marketing maduro saberá quando esses enfeites são necessários. Em outras palavras: escolha com sabedoria esses adereços. Antes de implementar qualquer decisão em relação ao design de sua página, pode ser útil desenhar um fluxograma ou um mapa do seu Website. O layout de pré-planejamento dará uma estrutura a ser seguida ao criar suas páginas e permitirá que você veja se esqueceu de alguma coisa. Analise as páginas da Web da Avon (Figura 11.2), da Kraft Foods (Figura 11.3), do Saturn (Figura 11.4) e da Crayola (Figura 11.5) nas páginas a seguir para ver bons Websites e bons mapas de Website que incorporam técnicas bem-sucedidas de design. O mapa de cada Website está disponível ao usuário como ferramenta de navegação, além de um panorama geral dos produtos de cada Website.

# Desenvolvendo a aparência e a sensação (fase de criação)

Quando você começa a desenvolver a aparência e a sensação que o seu Website pretende transmitir, há diversas coisas que é preciso levar em consideração. Que habilidade você precisa que seu consumidor aprenda ou tenha para navegar em seu Website? Como seu Website prenderá a atenção do consumidor? Como seu Website envolverá o consumidor para manter seu interesse? E, por fim, como seu Website irá instigar o consumidor a ver, fazer ou comprar o que está sendo oferecido? De que forma seu Website incentiva a interação? Existem muitos nomes para esse processo, mas um que o descreve muito bem é fluxo. O fluxo é uma função de características de controle, conteúdo e motivação. Conforme descrito por Thomas Novak e Donna Hoffman, da Vanderbilt University, "Fluxo é a sensação holística que as pessoas têm quando agem com envolvimento total" (1995). O consumidor é fisgado e deseja continuar a investigar o Website que chamou sua atenção. O consumidor pode estar aprendendo ativamente ou brincando ou pode estar simplesmente fascinado, mas precisa estar envolvido. Portanto, como você consegue esse envolvimento intenso e rítmico de um Website? O segredo é a interatividade. A intimidade com seu cliente cres-

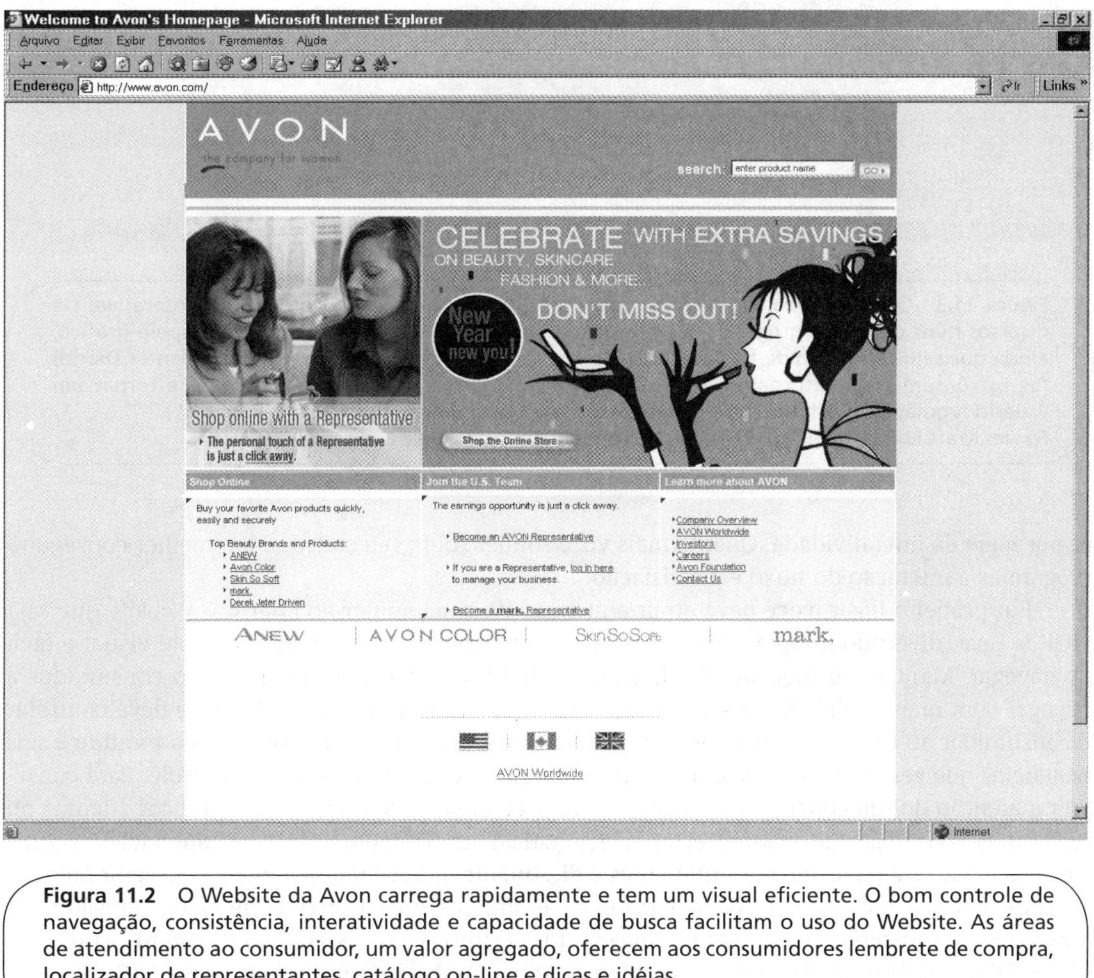


Figura 11.2 O Website da Avon carrega rapidamente e tem um visual eficiente. O bom controle de navegação, consistência, interatividade e capacidade de busca facilitam o uso do Website. As áreas de atendimento ao consumidor, um valor agregado, oferecem aos consumidores lembrete de compra, localizador de representantes, catálogo on-line e dicas e idéias.
*Fonte*: Avon (http://www.avon.com). Utilizado com permissão.

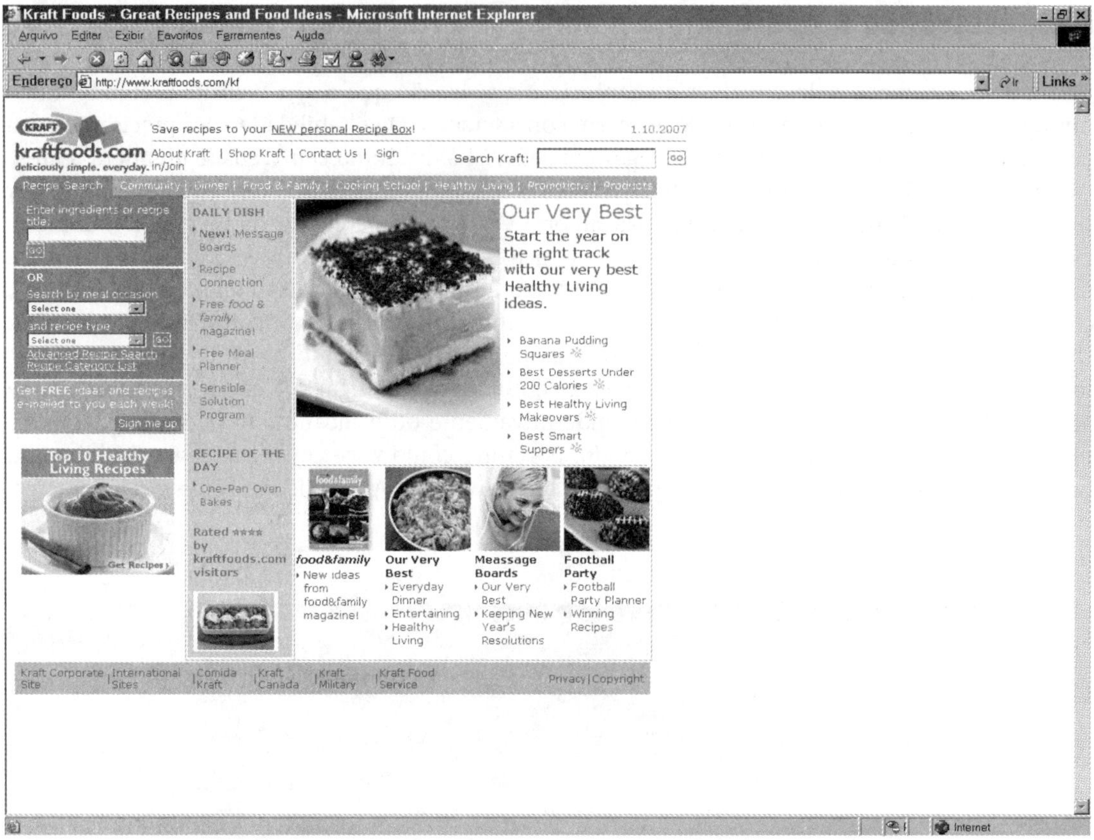


Figura 11.3 O Website da Kraft Foods possui um interessante design de cozinha interativa. Há diversos itens de valor agregado. O Website tem uma aparência bonita e um bom apelo gráfico, ainda que seja carregado de forma relativamente rápida. A área "Everyday Dinner" (Jantar Diário) faz os consumidores retornarem para o Website muitas vezes. Você também pode se tornar um usuário regular de produtos Kraft com o recurso de busca de receitas ("Recipes Search").
*Fonte*: Kraft Foods (http://www.kraftfoods.com). Utilizado com permissão.

ce por meio da interatividade. Quanto mais você souber sobre seu consumidor, melhor conseguirá programar a interação do fluxo e a satisfação.

Em primeiro lugar, você deve atrair a atenção do consumidor ao criar um Website que seja fácil de usar, divertido e rápido. Ele deve ser personalizado, abrangente, altamente visual e fácil de navegar. Manter seu Website consistente e esteticamente agradável ajudará o consumidor a navegar com mais facilidade e irá mantê-lo conectado por mais tempo. O Website deve controlar o consumidor ao concentrar sua atenção, curiosidade e interesse intrínseco no seu produto e nos benefícios que serão conseguidos, tudo isso enquanto ele sente que está no controle. Para conseguir a atenção do seu consumidor, você pode usar elementos de mídia, como gráficos (figuras ou fotografias coloridas que possam estar relacionadas), movimento (vídeo ou animação) e sons (música, canto e até mesmo sons diferentes e dissonantes). Você também pode conseguir atenção do consumidor com conteúdo bem-estruturado e atraente ou por ofertas de valor agregado. Os lembretes (Reminders) da U.S. Retail Flowers, Inc. (http://www.usretailflowers.com), as dicas e idéias (Tips and Ideas) da Avon (http://www.avon.com) e as receitas por e-mail (Recipes by E-Mail) da Kraft Foods (http://www.kraftfoods.com) são todos exemplos de como essas empresas utilizaram ofertas de valor agregado para seduzir os consumidores. Assim que você conseguir a atenção do consumidor, é essencial mantê-la, envolvendo-o no seu Website. A atenção dos seus consumidores pode ser desviada logo em seguida, quando eles encontrarem um Website com informações de interesse pessoal no qual podem se aprofundar e interagir. Depois de conseguir a atenção inicial, você pode estimular essa curiosidade ou interesse usando navegação e controle de fluxo adequados. Como exemplo de interatividade, o curioso pode se cadastrar no Website do Beetle, da Volkswagen (http://www.vw.com), para brincar com as cores internas e externas e com os kits e assim projetar o carro dos seus sonhos. Muitos Websites de automóveis contam com esse tipo de envolvimento, além de detalhes sobre preço e financiamento; o consumidor pode se informar sobre o preço do veículo ao conseguir na própria Web o preço de varejo sugerido pelo fabricante para o carro de seus sonhos.

O fluxo envolve a mistura de ações e lembrança com uma concentração tão intensa que sobra pouca atenção para considerar qualquer outra coisa. Um design adequado do fluxo dará ao consumidor um sentimento de que ele está no controle de suas interações com o Website. O Website deve permitir que o consumidor concentre sua atenção nas interações e, ao mesmo tempo, considere o Website mentalmente estimulante. Quando criado adequadamente, pensamentos e percepções irrelevantes ficam de fora e a atenção do consumidor é concentrada inteiramente na interação com seu Website. Agora eles estão com o estado de espírito correto. Essa interação é uma forma de estímulo relevante que permite que o consumidor aprenda na velocidade adequada para seu produto, garantindo que o consumidor sinta que está conseguindo as informações de que precisa. Ela envolve os consumidores na atividade de aprender sobre seus produtos, fazendo com que participem ativamente, em vez de serem visitantes passivos. O design de fluxo na sua melhor forma deve ser o processo de ver uma seleção, clicar na seleção, ver outra seleção, clicar em outra seleção, com o processo sendo repetido várias vezes sem hesitação. O visitante não percebe o tempo passando. Concentração total. Os hiperlinks são as principais ferramentas que os profissionais de marketing usam para criar essa interatividade em um Website. A culminação, o processo de fluxo usando a interatividade, é o sentimento de gratificação – o usuário alcançou seu objetivo na Web.

Os hiperlinks, sejam na forma de botões de navegação, barras de ferramentas ou links de texto, facilitam o processo de interagir com um Website. Seu Website deve usar esse ritmo em sua vantagem. Ele deve dar controle ao consumidor, mas não demais. Determine que nível de interatividade é adequado para seu consumidor potencial e para seu produto. Em seguida, guie o consumidor pelo Website na direção que você deseja que ele tome. Lembre-se: não existem limites de tempo para a interação com os consumidores. A idéia é fazer com que eles fiquem no seu Website, fazendo o que você quer que eles façam. Como foi observado anteriormente, os Websites a seguir utilizaram com sucesso os conceitos de um design de página adequado. Ao analisar cada um, boas características que você pode querer adotar nos seus designs serão apontadas para cada página da Web.

## Criando documentos em HTML: a linguagem da Web

Hypertext Markup Language (HTML) é a linguagem de script na qual é escrita a maioria dos documentos exibidos na Web. Um novo padrão chamado Extensible Hypertext Markup Language (XHTML) está começando a se firmar também. São linguagens simples baseadas em texto que podem ser lidas por máquinas e por seres humanos. Os documentos da Web contêm conteúdo que é interpretado pelos navegadores da Web, como o Netscape Navigator (http://www.netscape.com) e o Internet Explorer (http://www.microsoft.com). O conteúdo consiste de códigos chamados **tags** ou elementos com atributos que dizem ao computador o que mostrar na tela. Esta seção

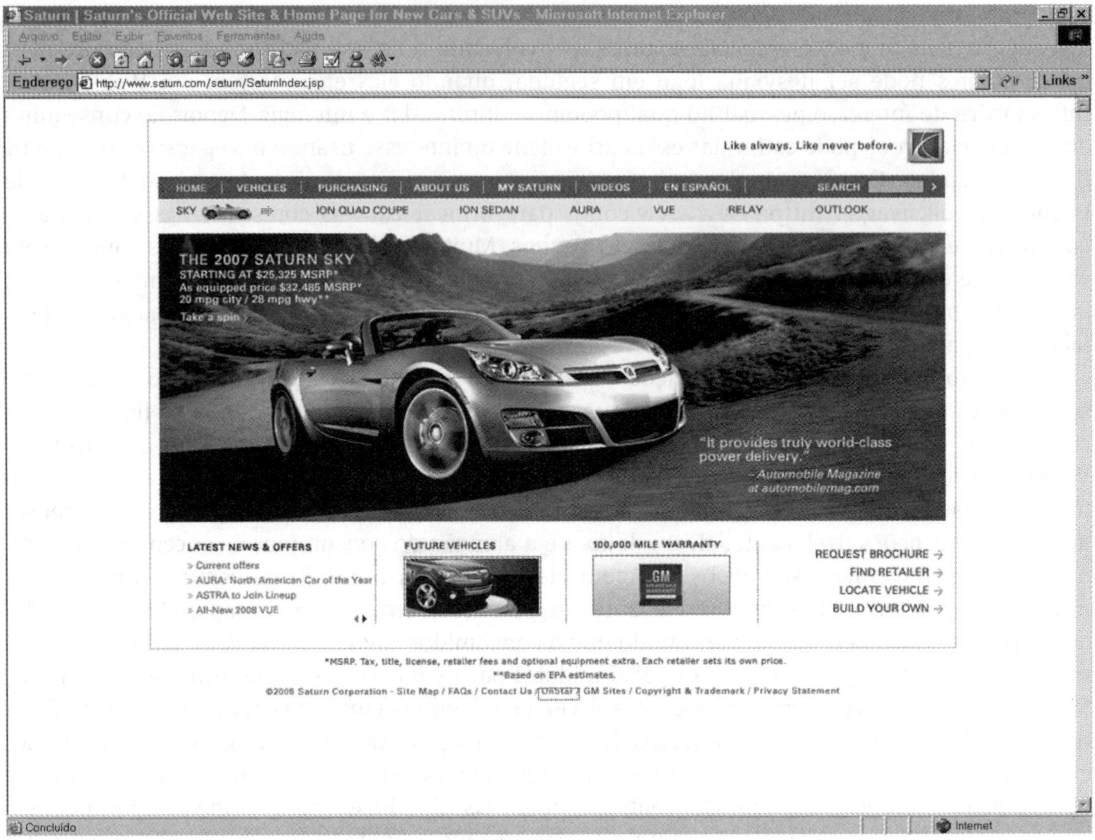


**Figura 11.4** O Saturn possui uma aparência bastante *clean*, com uma imagem que chama a atenção para seu Website. O consumidor pode se conectar ao Website usando o centro de apreçamento interativo. O Website da Saturn será examinado com mais detalhes quando a discussão se aprofundar em formulários e pesquisas no Capítulo 13.
*Fonte*: Saturn (http://www.saturn.com). Utilizado com permissão.

discute os códigos de HTML e XHTML a fim de formar uma base para a compreensão de como o design de uma página da Web é restrito à limitação dos atuais códigos padrão e aos navegadores do público do profissional de marketing. No entanto, conforme você aprendeu no Capítulo 5, já existem muitos editores de HTML disponíveis para facilitar bastante a tarefa de criar uma página da Web. Os editores de HTML oferecem uma interface familiar de documento com opções de menu e barras de botão inserindo tags de HTML sob seu comando. Essas são ferramentas úteis para criar documentos HTML com pouco ou nenhum conhecimento de tags ou elementos de HTML. Há muitos locais na Web de onde você pode fazer o download de versões completas ou de avaliação desses programas para auxiliá-lo no desenvolvimento de uma presença na Web, como o Website do centro de softwares Tucows (http://www.tucows.com) ou os Websites de fabricantes (como http://www.macromedia.com).

Além dos programas de edição completa de HTML, muitos processadores de texto e outros programas de software agora oferecem o recurso "Salvar como HTML". Isso permite a criação de documentos em um ambiente familiar, como o Microsoft Word, o Corel WordPerfect, o Microsoft Excel ou até mesmo o PowerPoint, e depois a versão do documento para HTML para usá-lo na Web. Isso possibilita que os documentos existentes sejam convertidos, economizando tempo e

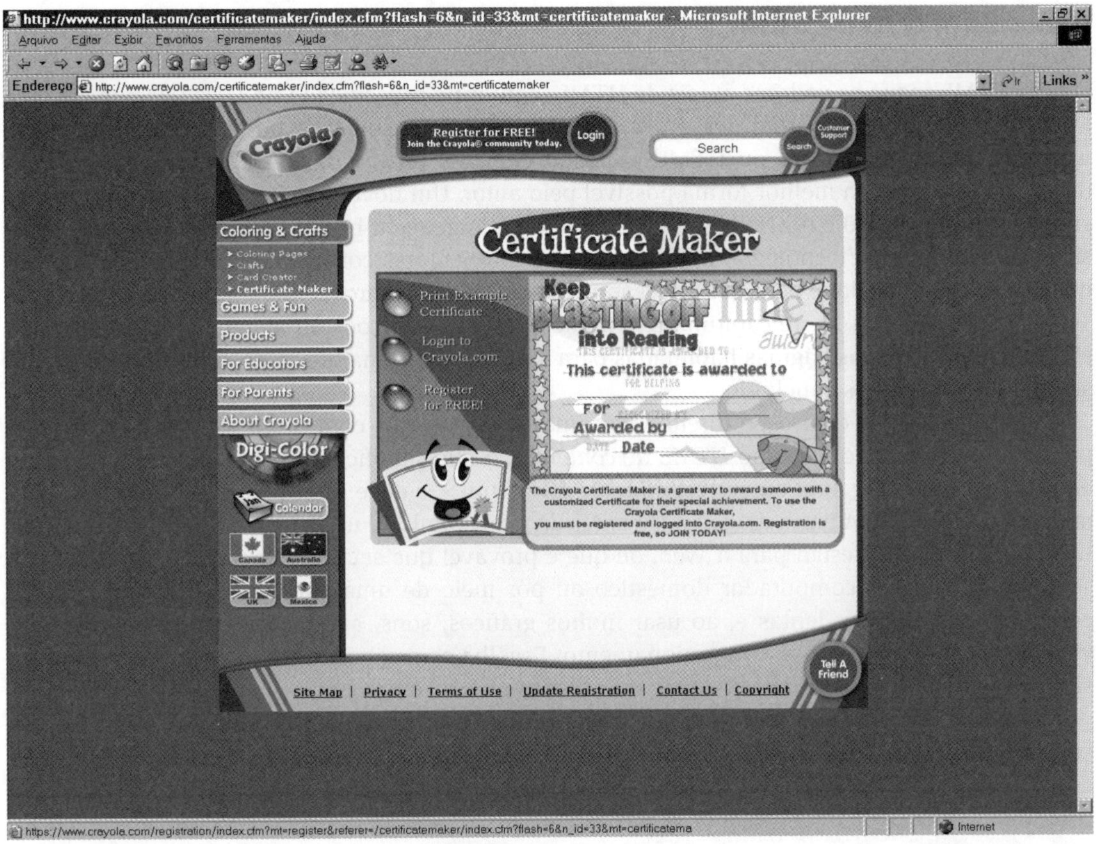


**Figura 11.5** A Crayola possui um excelente exemplo de um mapa do Website interativo no Crayola Kids Creativity Center. O Website usa Macromedia Flash para sua animação e interação, criando um modo de navegar interessante. Os itens de valor agregado, como jogos, criador de cartões, cantinho da cor, fábrica Crayola e loja on-line, provocarão muitas novas visitas. Essa área é para crianças, mas existem outras para pais e educadores tão interessantes quanto essa.
*Fonte*: http://www.crayola.com/kids/index.cfm. Copyright © 2006 Binney & Smith. O design da Crayola, do galão e da serpentina são marcas registradas, e o design do sorriso é marca registrada de Binney & Smith Inc. Utilizado com permissão.

dinheiro no desenvolvimento da sua presença na Web. O único problema com a conversão de documentos em papel existentes para documentos para a Internet é que os documentos da Web devem ser feitos para a tela, não para o papel. Em relação a isso, é hora de uma discussão sobre designs bons e ruins de página da Web.

## Padrões e práticas de HTML

Ao criar páginas da Web, é importante observar que há padrões e práticas geralmente aceitos no mundo do HTML. Se esses padrões e práticas forem seguidos, as páginas da Web trabalharão com a maioria dos navegadores atuais. A aparência e a sensação das páginas dependerão, é claro, das suas preferências e das necessidades da sua empresa. Veja aqui algumas sugestões para fazer suas páginas terem uma aparência melhor e serem executadas com mais rapidez.

## HTML bom e HTML ruim

O bom HTML segue os padrões atuais de HTML, conforme especificado no DTD (Document Type Definition). Uma versão atual desse documento pode ser encontrada no Website http://www.w3.org/tr/html4/. O código ou HTML utilizado em uma página deve ser limpo, e os padrões devem ser seguidos da melhor forma possível pelo autor. Um novo padrão em desenvolvimento e sucessor do HTML 4.0 é o XHTML. O XHTML é uma linguagem híbrida que mistura HTML clássico e XML de última tecnologia, de forma que os navegadores consigam utilizar. Se você quiser que seu Website funcione bem nos navegadores atuais e nos futuros, é uma boa idéia fazer novos Websites em XHTML. Neste capítulo, tentaremos definir as adições ou alterações necessárias no HTML para tornar suas páginas habilitadas para XHTML, de forma que você não precisará revisar seu trabalho logo após concluí-lo.

Para iniciarmos com o pé direito, a página deve começar com a tag <html>. Essa tag é parte do que é conhecido como *HTML de conteúdo*, o que significa que ela contém informações entre duas tags. A tag final ou correspondente é </html> e deve estar presente no fim do documento para fechá-lo. A barra diagonal (/) antes da tag <html> é utilizada para fechar elementos. Lembre-se, ao fazer design para a Web, de que é provável que seu público analise as páginas do seu Website em um computador doméstico ou por meio de uma conexão no escritório. Essas conexões tendem a ser lentas e, ao usar muitos gráficos, sons, animações e filmes elaborados, você pode causar um grande congestionamento. Escolha com sabedoria e só use o que for necessário para transmitir suas idéias e gerar as emoções que você procura.

Considera-se como HTML ruim documentos que ignoram as práticas padrão. Normalmente isso significa extensões específicas não-padronizadas, cabeçalhos carregados, má escolha em fundos e uso de grandes arquivos gráficos. Seguir essas sugestões tornará suas páginas compatíveis com uma grande série de navegadores.

## O que são tags e como elas são estruturadas?

Ao ler sobre a criação de páginas na Internet, você muitas vezes irá se deparar com termos que pode não entender. Coisas como tags, elementos e URLs podem confundi-lo. Não se preocupe; essas são apenas palavras usadas para descrever as partes do código utilizado em HTML. As tags são instruções pelas quais o computador procura para decifrar o que o código diz. Um exemplo é a tag <html>, discutida anteriormente. Existem diferentes tipos de tags ou elementos, mas todos eles possuem uma de duas estruturas básicas. Eles podem ser ou tags de conteúdo ou tags que são usadas sozinhas (standalone tag). Tags de conteúdo devem ter uma tag de final para informar ao computador que ele deve desativar aquilo que foi ativado. Um bom exemplo disso seria uma tag para deixar o texto em negrito (< b >). Se você quiser que apenas algumas palavras sejam enfatizadas com negrito, precisa desativar a tag de negrito (< /b >) quando já for hora de digitar o texto normal novamente. Portanto, o texto que você deseja destacar em negrito fica dentro das duas partes da tag de conteúdo. Outras tags, como aquela para criar avanço de linha ou quebra de linha ( < br > ), não precisam de uma de final em HTML, pois o computador só precisa de um comando: vá para a linha seguinte. No entanto, para deixar suas páginas compatíveis com XHTML, todas as tags precisam ser fechadas. Para conseguir isso com tags que não sejam de conteúdo, basta adicionar um espaço e uma / (barra) na tag em si. Portanto, a tag de quebra seria assim: <br/>. Os navegadores que não forem compatíveis com XML veriam isso como um atributo desconhecido e o ignorariam, fazendo-o funcionar como planejado. Outra grande diferença entre HTML e XHTML é que este é sensível a maiúsculas e minúsculas. No HTML, tornou-se comum a prática de usar letras maiúsculas para compensar seu código, tornando-o de fácil distinção (por exemplo, <HTML> em vez de <html>). No entanto, o XML, um dos componentes do XHTML, é sensível a maiúsculas e minúsculas; assim, não se esqueça de que todas as suas tags devem usar letras minúsculas.

## O que deve estar incluído em todas as páginas?

Agora que você está tendo uma idéia de como as coisas funcionam, é preciso ter consciência do que deve ser incluído em todas as páginas da Web. Os itens a seguir são essenciais: a seção **head**, o título da página e uma assinatura ou informação de contato. Com a adição de padrões XHTML, você também precisa de um DOCTYPE adequado nas informações do cabeçalho. Essas tags essenciais devem ser incluídas para que seus consumidores o encontrem na Internet. A tag mais significativa é de assinatura, que permite que o usuário entre em contato com você. Outra importante peça dos quebra-cabeças vem de nossos amigos programadores. Todos os bons programadores fazem **comentários** sobre seus códigos (como <! – Última revisão feita por SJS em 2-3-03 –>,

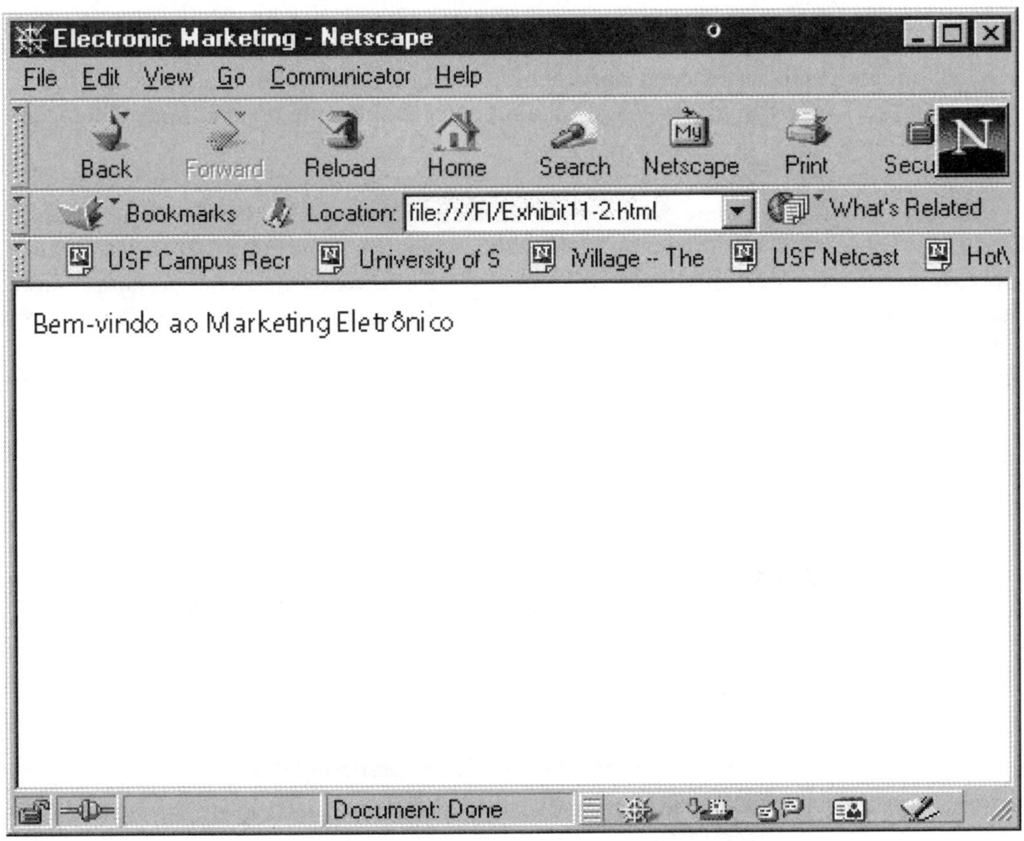


**Figura 11.6** Exemplo da mais básica das páginas da Web. O código que você vê no Quadro 11.1 é tudo o que é necessário para colocar essas informações na forma que um navegador da Web poderia interpretar. No entanto, o título só é visto na barra no topo da janela, de forma que é importante que você coloque palavras e imagens no corpo para funcionar como título e cabeçalho em uma página na Web.

que diz ao outro programador que Shauna Schullo fez alterações no documento em 2-3-03). Isso permitirá que você e outras pessoas atualizem o código com mais facilidade, pois você pode deixar a si mesmo anotações e dicas para trabalhar com elas em alguns meses, quando já poderá ter esquecido o que tinha em mente. Um comentário que você não quer que seu navegador mostre, mas gostaria de ter no código-fonte para esclarecimento pode ser colocado entre estes códigos: <!– *o texto vai aqui* –!>. A seção *head* será discutida em mais detalhes a seguir, mas, por enquanto, a discussão irá se voltar para dar um título à sua página.

A tag title dá um nome ao seu documento identificando uma seqüência de texto, que é o nome ou título do seu documento. Esse título não é o mesmo que o localizador uniforme de recursos, ou URL, que é o endereço da sua página na Internet. O título deve começar com < title > e terminar com < /title >; portanto, é uma tag de conteúdo. Navegadores de diferentes plataformas interpretam essa tag de forma diferente. Como normalmente ela só é vista na barra de título (em geral, a barra azul escura) no topo da janela, ela precisa ser curta. Use títulos com significados que possam ser facilmente compreendidos pelo seu usuário; esse título será o que o seu usuário vê na lista de favoritos se ele salvar a URL da sua página. Títulos concisos e memoráveis servem a três propósitos principais:

- Os títulos são usados por aplicativos de buscas e indexação para identificar suas páginas.
- Os títulos agem como indicadores do que esperar.
- Os títulos ficam no topo do documento HTML, dando-lhe uma pista visual fácil para identificar os arquivos originais rapidamente quando for preciso fazer alterações ou correções.

Uma assinatura, geralmente no fim do documento, mas antes da tag < /html >, pode ser utilizada de diversas maneiras diferentes. Sua página pode relacionar informações de contato para a empresa, informações de contato para o Webmaster e informações de contato para o autor da página. Tenha em mente, no entanto, que quaisquer informações fornecidas devem ser fáceis de serem encontradas e utilizadas. Uma das maneiras mais fáceis de adicionar uma assinatura a uma página é ter um hiperlink que permita que o consumidor envie e-mails à pessoa ou organização responsável por responder a perguntas relacionadas à página e ao seu conteúdo.

**Quadro 11.1**

**EXEMPLO DE CÓDIGO DE UMA PÁGINA DA WEB MÍNIMA**

```
<HTML>
<HEAD>
<TITLE>Marketing Eletrônico</TITLE>
</HEAD>
<BODY>
Bem-vindo ao Marketing Eletrônico
</BODY>
</HTML>
```

No exemplo de página da Web básica na Figura 11.7 e no Quadro 11.1, você pode ver como o título funciona e que ele não está presente na página real que o consumidor estará vendo. Para incluir informações na página, é necessário que sejam analisadas algumas outras tags de HTML. O restante deste capítulo será dedicado a explicar o código HTML de que você precisará para formatar suas páginas e fazê-las funcionarem corretamente.

## A seção <head>: tornando a busca possível

Bons documentos XHTML devem conter uma declaração DOCTYPE. Os elementos html, head e **body** devem estar presentes, e o título deve estar presente dentro do elemento head. A declaração DOCTYPE é utilizada para declarar que tipo de HTML é utilizado no documento. Ela deve aparecer no início de um documento HTML (antes da tag html) para identificar o conteúdo do documento de acordo (teoricamente) com determinada especificação de DTD de HTML.

< DOCTYPE html PUBLIC "_//W3C//Dtd XHTML 1.0 Transitional//EN"
http://www.w3c.org/tr/xhtml1/DTD/xhtml1-traditional.dtd >

O cabeçalho da página da Web fornece informações adicionais ao navegador. A seção head define a função do documento e adiciona uma referência rápida aos navegadores da Web. Embora as informações contidas na seção head não estejam visíveis ao consumidor que vê sua página, ela fornece o título do documento e estabelece um relacionamento entre documentos HTML e diretórios. A seção head do seu documento também pode sinalizar aos navegadores da Web para indexar o documento, visto que contém as tags < meta > para a página, fornecendo as palavras-chave pelas quais os mecanismos de busca procuram. A seção head pode ser complicada, mas é uma peça importante para garantir que sua página da Web seja localizável. O elemento head engloba a seção head. Por ser do tipo conteúdo, ela requer duas tags: uma no início ( < head > ) e outra no final ( < /head > ).

Existem muitas tags relacionadas que podem ser colocadas entre as duas tags head que valem uma discussão. Elas estão relacionadas na tabela a seguir, mas para fins de um rápido tutorial, só serão descritas aquelas que forem imediatamente úteis (informações sobre as outras podem ser encontradas em muitos locais da Web). Uma tag importante que já foi mencionada é a tag title. Além da capacidade de busca, essa tag permite que você dê um nome à sua página e apresente-o ao consumidor para ver uma lista de favoritos ou uma lista de busca. A tag < meta > contém informações sobre o documento, como keywords, data de validade, autor, software de geração de página utilizado e muitos itens específicos do documento. Ela também suporta a opção atualizar, que permite que o documento carregue após um intervalo específico. A tag meta é importante quando você quer que seu documento seja encontrado em uma busca de determinadas palavras-chave, como marketing eletrônico, o nome da sua empresa ou o produto que você vende.

| A Tag Head | |
|---|---|
| **Exemplo** | < head ><br>< title > Marketing Eletrônico < /title ><br>< meta name = "keywords" content = "Marketing, Consumidores, Comércio Eletrônico" ><br>< /head > |

**A Tag Head** *(continuação)*

| | | |
|---|---|---|
| **Função** | Engloba as tags que formam a seção Head | |
| **Atributos** | Nenhum | |
| **Tags Relacionadas** | < title > | Utilizada para colocar um título na barra superior da janela |
| | < base > | Utilizada como referência de base para todas as páginas |
| | < link > | Define a relação entre dois arquivos dentro de um Website |
| | < is index > | Utilizada para fornecer um único campo de entrada de linha para coletar informações de consulta |
| | < meta > | Importante para adicionar informações adicionais para busca e indexação |
| | < script > | Utilizada quando são usadas linguagens de script, como JavaScript e VB |
| | < style > | Utilizada com folhas de estilo em cascata (cascading style sheets) para fornecer um estilo consistente |

## A seção <body>: deixando tudo junto

O corpo do documento HTML contém a maioria de suas informações. É aqui que você vai querer fazer a maior parte da formatação e, portanto, precisará conhecer um pouco sobre as tags de formatação de HTML. Esta seção discutirá como iniciar o corpo e como usar as tags para formatar o texto dentro dele.

**A Tag Body**

| | | |
|---|---|---|
| **Exemplo** | < body bgcolor = "white" text = "#ff0088" LINK = "#ddff00" vlink = "#00ff9a" ><br>...Todo o conteúdo do documento e código HTML vem aqui...<br>< /body > | |
| **Função** | Engloba todo o conteúdo e as tags que formam o corpo do documento | |
| **Atributos** | alink | Utilizado para estabelecer a cor do link ativo |
| | background | Pode ser configurado igual à URL para uma imagem a ser usada como fundo da página da Web |
| | bgcolor | Utilizado para configurar a cor do fundo |
| | link | Utilizado para configurar a cor do link |
| | text | Utilizado para configurar a cor do texto |
| | vlink | Utilizado para configurar a cor do link visitado |
| **Tags relacionadas** | Outras podem estar relacionadas aqui. Todas as tags restantes que serão discutidas estão relacionadas à tag body. | |

As tags body formam um conjunto que engloba o conteúdo do documento HTML. Tudo o que houver entre essas duas tags é interpretado como formatação HTML ou códigos de objeto. A tag body deve se seguir à tag do final do cabeçalho e fechar antes da tag de final de HTML. O exemplo anterior de código básico (Quadro 11.3) demonstra que criar uma página da Web na verdade não é tão difícil como você pode ter pensado de início. Uma página da Web básica é fácil de ser construída, e você vai querer expandir esse processo para criar um Website visualmente mais atraente.

## Formatando a página: como deixá-la bonita

O HTML fornece muitas tags que podem ser usadas para formatar o texto, permitindo exclusividade e criatividade no design do texto. A formatação no nível de texto pode ocorrer de duas formas: usando HTML, você pode formatar as propriedades da fonte ou descrever como o texto está sendo usado. Esses são chamados de estilos físicos ou estilos lógicos, respectivamente. Os estilos físicos incluirão tags específicas de fonte, como o tipo de fonte, negrito, itálico e sublinhado. Os estilos lógicos incluem tags específicas da frase, como endereço, código, definição e ênfase. A formatação adicional do texto pode ser conseguida em formatação no nível de bloco. Isso inclui tags como blockquote, break, center e headings. Para enfeitar ainda mais o layout do seu texto, você pode usar estilos de formatação para listas e tabelas, mas isso será discutido depois. Por enquanto, a discussão irá se centrar em como usar algumas das tags previamente discutidas para formatar o texto nas suas páginas.

**A Tag Font**

| | | |
|---|---|---|
| **Exemplo** | < font size = "5" color = "navy" face = "Arial, Helvetica, Times" > O texto vai aqui... < /font > | |
| **Função** | Define as propriedades de tamanho, cor e nome da fonte para o texto. A fonte de base também pode ser usada para configurar as propriedades de fonte de todo o documento. A fonte seria utilizada, então, para alterar essas propriedades para determinadas partes do texto e precisaria ser uma tag de conteúdo. | |
| **Atributos** | size | Utilizado para especificar o tamanho da fonte |
| | color | Utilizado para especificar a cor da fonte, se esta for diferente da fonte predefinida da página |
| | face | Utilizado para especificar o nome da fonte |
| **Tags relacionadas** | < basefont > Utilizada para configurar a fonte de base para uma página. | |

**A Tag Bold**

| | |
|---|---|
| **Exemplo** | < b > O texto vai aqui... < /b > |
| **Função** | Contém o texto que vai receber negrito |
| **Atributos** | Nenhum |

**A Tag Bold** *(continuação)*

| | | |
|---|---|---|
| Tags relacionadas | <i> | Itálico |
| | <u> | Sublinhado |
| | <tt> | Fonte de largura fixa, normalmente courier ou fonte do tipo escrita à mão |
| | <sub> | Subscrito |
| | <sup> | Sobrescrito |
| | <small> | Menor que o tamanho padrão |
| | <big> | Maior que o tamanho padrão |

Ao usar as tags de formatação de frase, a forma como o navegador exibe o texto depende do navegador, pois você só está dando uma descrição do tipo de texto que está pretendendo. O texto ainda começará de texto normal, mas pode parecer um pouco diferente em navegadores diferentes. Portanto, se você estiver tentando obter determinado efeito, precisará testar suas páginas em múltiplos navegadores; essa é uma boa maneira de verificar duas vezes a funcionalidade do seu Website, de qualquer forma. Algumas tags de estilo lógico são discutidas a seguir.

**A Tag Address**

| | |
|---|---|
| **Exemplo** | <address> shauna@usf.edu </address> |
| **Função** | Contém um endereço de correio postal ou eletrônico. O texto marcado com essa tag normalmente é visto em itálico. |
| **Atributos** | Nenhum |
| **Tags relacionadas** | <acronym> <dfn> <q><br><cite> <em> <samp><br><code> <ins> <strong><br><del> <kbd> <var> |

Usando HTML, às vezes pode ser difícil conseguir a aparência desejada. O HTML não reconhece espaços extras e tabulações. Para aqueles que estão acostumados a criar mídia em papel, isso pode ser um grande problema. Uma solução para isso é usar as tags de formatação no nível de bloco. A seguir estão alguns exemplos do que pode ser feito.

O conteúdo do blockquote (<blockquote> e </blockquote>) é utilizado para proporcionar uma tabulação uniforme ao texto. Ele é usado muitas vezes para citações ou apenas para enfeitar o texto. O blockquote é um comando que requer uma tag de fim. Ele contém outros códigos HTML e não retém avanços de linha.

**A Tag Blockquote**

| | |
|---|---|
| **Exemplo** | <blockquote> O texto vai aqui... </blockquote> |
| **Função** | Contém texto citado que deve ser exibido distanciado do corpo normal. Pode ser usado também quando você quiser simplesmente destacar um parágrafo no seu documento. |

**A Tag Blockquote** *(continuação)*

| | |
|---|---|
| **Atributos** | Cite |
| **Tags relacionadas** | <q> |

Como você viu, o HTML usa texto normal. No entanto, ele não reconhece espaços extras e retornos de carro como quebra de linha. Assim, são necessárias tags especiais para criar parágrafos e adicionar espaços verticais. A tag paragraph <p> é usada para separar o texto para facilitar a leitura. Embora essa seja tecnicamente uma tag de conteúdo, a maioria dos navegadores não requer uma tag de fim (</p>), de forma que você verá muitos programadores que a deixam de fora. No entanto, para tornar suas páginas compatíveis com XHTML, todas as tags precisam ser terminadas, e é uma boa idéia usar a tag de fim. Você pode usar outras tags dentro do tag paragraph. A tag paragraph permitirá que o texto se ajuste, de forma que ele ficará encaixado na janela do navegador. Isso significa que, quando o usuário ajustar a largura da janela, o texto também será ajustado.

**A Tag Paragraph**

| | |
|---|---|
| **Exemplo** | <p align = "center"> O texto vai aqui</p> |
| **Função** | Denota um parágrafo. A tag paragraph adiciona uma linha extra de espaço vertical após o avanço de linha original. A maioria dos navegadores ignora o uso de tags paragraph múltiplas para aumentar a quantidade de espaço vertical em um documento. |
| **Atributos** | Align |
| **Tags relacionadas** | <br/>, <hr/> |

Se quiser quebrar o texto especificamente em determinado ponto, você deve usar a tag break (<br/>) para quebra de linha forçada, que discutimos anteriormente. Isso sinaliza para o navegador inserir um avanço de linha, criando um resultado com espaço único diferente da tag paragraph, que coloca uma linha em branco após o texto. A tag <hr/> usará uma linha horizontal para separar os parágrafos do texto. Essa tag posiciona uma linha escura de peso fixo na largura da área que é visualizada. Ela não requer uma tag de final, mas usa uma para fins de compatibilidade. Essa tag coloca uma quebra de parágrafo antes e depois da linha.

**A Tag Break**

| | |
|---|---|
| **Exemplo** | < br clear = "left" / > |
| **Função** | Insere uma quebra no documento. É semelhante à quebra de linha ou retorno de carro em um processador de texto. Os retornos de carro não são reconhecidos como quebras de linha na tela em HTML a menos que a tag break seja utilizada. A tag break adiciona um espaço vertical depois da quebra. |

As tags heading permitem que você formate o texto e adicione um espaçamento vertical em uma tag. Isso é útil ao criar uma estrutura nivelada em sua página, semelhante a um desenho ou estrutura de capítulo. A tag heading é tag de conteúdo e requer finalização. Se você se esquecer de finalizar a tag heading, não vai demorar para descobrir o que fez de errado.

**A Tag Heading**

| | |
|---|---|
| **Exemplo** | <h1 align = "center" > O texto vai aqui... </h1> |
| **Função** | Estabelece uma hierarquia de níveis de cabeçalho do documento. O nível 1 possui o maior tamanho de fonte, e o nível 6 possui o menor tamanho de fonte. Todos os cabeçalhos estão em negrito e possuem um espaçamento de linha extra acima e abaixo deles. |
| **Atributos** | Align |
| **Tags relacionadas** | Nenhum |

A tag preformatted de texto pré-formatado contém informações que já se parecem com o que você deseja. Não há necessidade de tags paragraph ou break. A tag <pre> requer a tag de fechamento </pre>, pois é de conteúdo. Outras tags podem ser usadas dentro desse conjunto de códigos, mas não é considerado um bom HTML utilizá-las extensivamente.

**A Tag Preformatted**

**Exemplo**

```
<pre width = "43">
Nome        Endereço           Telefone
Kathy       kathy@usf.edu      974-1234
Mark        mark@GTE.com       982-9955
</pre>
```

**Função** Denota o texto a ser tratado como pré-formatado. Os navegadores exibem o texto pré-formatado em uma fonte de largura fixa que seja dependente do navegador e da máquina. Caracteres de espaço em branco como espaços, tabulações e retornos de carro não são ignorados. Isso torna o texto pré-formatado uma opção utilizável para apresentar tabelas de informação. No entanto, o texto não será tão atraente como seria se fosse utilizada uma tabela real em HTML.

**Atributos** Width

**Tags relacionadas** Nenhum

Agora você possui os fundamentos para começar seu Website. A partir daqui, serão introduzidos os elementos que adicionarão estilo e utilidade. Isso permitirá que você use marcadores e tabelas para destacar os pontos importantes, adicionar links para oferecer navegação pelo seu Website e, acima de tudo, acrescentar elementos gráficos para apelo visual.

As listas são outra forma de formatação no nível de bloco que podem ser muito úteis ao organizar e apresentar informações por meio do HTML. Esta seção discutirá que tipos de listas estão disponíveis e como utilizá-los. As tags de HTML oferecem diferentes tipos de listas para diferentes tipos de informações. Veja a seguir algumas que serão analisadas:

- listas numeradas
- listas com marcadores
- listas de definição

Tanto a lista numerada quanto a com marcadores usa a tag <li> para marcar os itens individuais na lista. Essa tag precede cada item da lista. Ao usar o atributo start com uma lista numerada, você pode definir o valor inicial da seqüência de numeração a partir do valor default 1 ou qualquer outro que você escolher. Você pode modificar o esquema de numeração em uma lista numerada ou os caracteres de marcação (bullet) em uma lista de marcadores ao definir o Type para um dos diferentes tipos de lista exibidos na tela a seguir.

**A Tag List Item**

| | | |
|---|---|---|
| **Exemplo** | <li> Primeiro Item </li><br><li> Segundo Item </li> | |
| **Função** | Denota itens em uma lista | |
| **Atributos** | Start | Type |
| | 1 | Numerais arábicos |
| | A | Alfabeto em caixa alta |
| | A | Alfabeto em caixa baixa |
| | I | Numerais romanos em caixa alta |
| | I | Numerais romanos em caixa baixa |
| | Disc | Marcador circular sólido |
| | Square | Marcador quadrado sólido |
| | Circle | Marcador circular aberto |
| **Tags relacionadas** | <OL>, <UL> | |

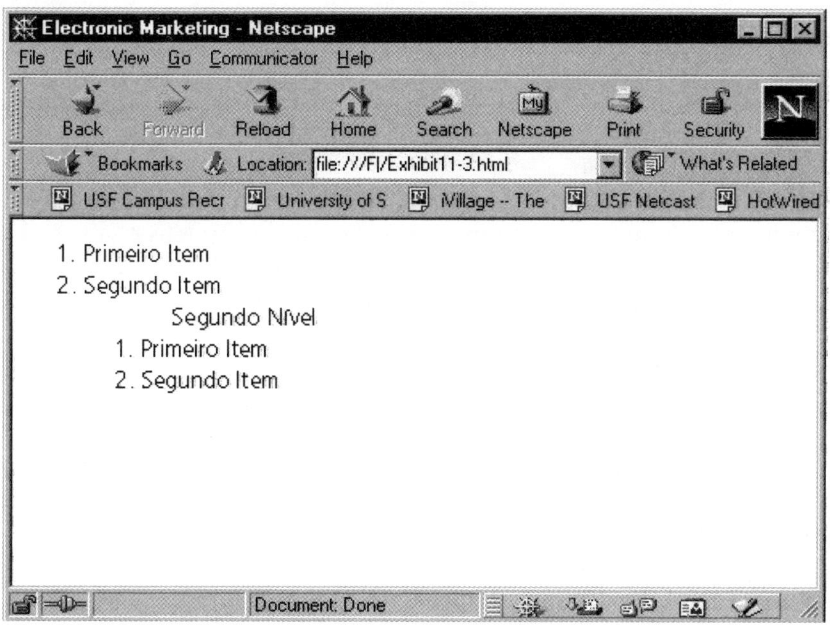


**Figura 11.7** Resultado de exemplo para uma lista ordenada em uma página da Web.

Quadro 11.2

**EXEMPLO DE CÓDIGOS HTML PARA UMA LISTA ORDENADA**

```
<OL>
<LI>Primeiro Item
<LI>Segundo Item
<OL>Segundo Nível
<LI>Primeiro Item
<LI>Segundo Item
</OL>
</OL>
```

## Listas numeradas ou ordenadas

As listas numeradas ou ordenadas são criadas usando as tags de conteúdo <ol> e </ol>. Essa lista deve começar com a tag <ol>, e cada item precisa ser precedido pela tag <li>. A lista, então, é encerrada com a tag </ol>. Um exemplo é mostrado na Figura 11.7 e no Quadro 11.2.

## Listas com marcadores ou desordenadas

As listas com marcadores ou desordenadas são semelhantes às listas ordenadas, mas usam os tags de conteúdo <ul> e </ul>. A tag <li> ainda deve preceder cada item. A Figura 11.8 e o Quadro 11.3 mostram um exemplo.

Como você pode ver, o HTML tem sérias limitações no que tange ao layout do design da página. Uma maneira de contornar os problemas de layout encontrados é usar tabelas como um modo de formatar a aparência da sua página. As tabelas não só são uma ótima maneira de apresentar as informações de forma organizada, mas também agem como uma ferramenta de layout útil. Os padrões do HTML 4.01 expandiram o uso de tabelas de diversas formas, permitindo um controle melhor do seu layout.

As tabelas começam com um título opcional seguido por uma ou mais linhas. Cada linha é formada por uma ou mais células, que são diferenciadas em células de cabeçalho e de dados. As células podem ser mescladas entre linhas e colunas. São incluídos atributos especiais para auxiliar na tradução para fala e Braille ou para exportar os dados de tabelas para bancos de dados. O modelo fornece suporte limitado para controle da aparência, por exemplo, do alinhamento horizontal e vertical do conteúdo das células, dos estilos de borda e margens de células. Você também pode agrupar linhas e colunas. As tabelas podem conter uma ampla gama de conteúdo, como cabeçalhos, listas, parágrafos, formulários, figuras, texto pré-formatado e até tabelas aninhadas. Veja aqui alguns dos códigos que você achará úteis para criar tabelas.

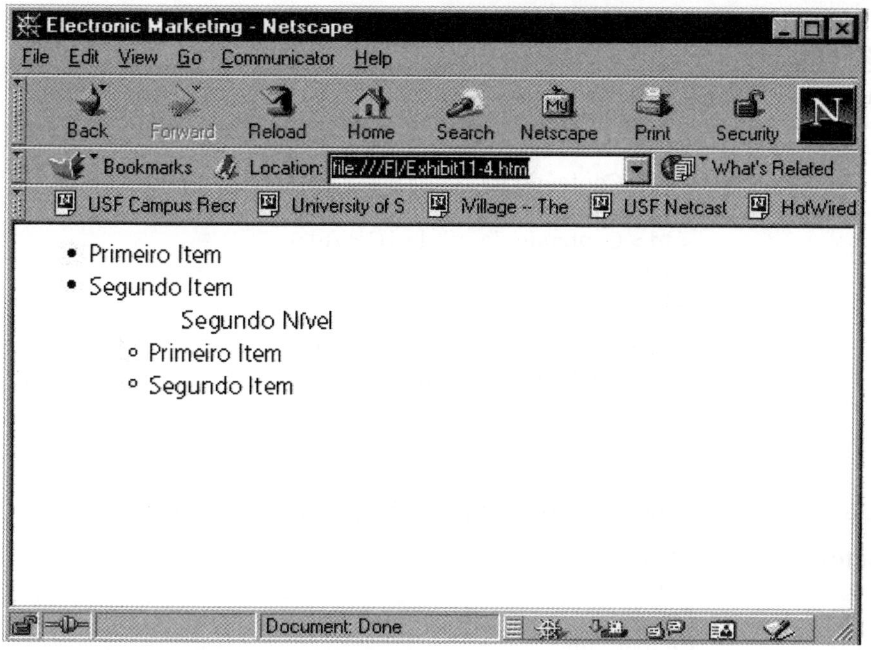


**Figura 11.8** Resultado de exemplo para uma lista ordenada em uma página da Web.

**Quadro 11.3**

**EXEMPLO DE CÓDIGOS HTML PARA UMA LISTA DESORDENADA**

```
<UL>
<LI>Primeiro Item
<LI>Segundo Item
<UL>Segundo Nível
<LI>Primeiro Item
<LI>Segundo Item
</UL>
</UL>
```

### A Tag Table

**Exemplo**

```
< table border >
< caption align = "top" > Título da tabela < /caption >
< tr >
< td > Conteúdo da célula 1A < /td >
< td > Conteúdo da célula 1B < /td >
< td > Conteúdo da célula 1C < /td >
< /tr >
< tr >

< td > Conteúdo da célula 2A < /td >
< td > Conteúdo da célula 2B < /td >
< td > Conteúdo da célula 2C < /td >
< /tr >
< /table >
```

**Função** Contém todas as tags HTML que formam uma tabela

**Atributos**

Align
Border
Bgcolor
Cellpadding
Cellspacing
Cols
Frame

**Tags relacionadas**

| | | |
|---|---|---|
| < caption > | < tbody > | < tr > |
| < thread > | < colgroup > | < td > |
| < tfoot > | < col > | < th > |

Muitos dos atributos e tags relacionadas que você vê na tabela anterior merecem uma discussão adicional, a fim de se compreender como as tabelas podem ser úteis. A seguir está um exemplo de como a tabela é construída usando as tags < tr > e < td > .

### Exemplo de Códigos HTML para Tabela

```
< table border = "1" >
< caption align = "top" > Título da tabela < /caption >
< tr >
< th > < /th >
< th > < /th >
< th rowspan = "2" colspan = "2" > < /th >
< th colspan = "2" > Cabeçalho A-B < /th >
< th colspan = "2" > Cabeçalho C-D < /th >
< /tr >
< tr >
< th > < /th >
< th > < /th >
< th > Cabeçalho A < /th >
< th > Cabeçalho B < /th >
< th > Cabeçalho C < /th >
< th > Cabeçalho D < /th >
```

```
< /tr >
< tr >
< th rowspan = "2" > Cabeçalho 1-2 < /th >
< th > Cabeçalho 1 < /th >
< td > Célula 1A < /td >
< td > Célula 1B < /td >
< td > Célula 1C < /td >
< td > Célula 1D < /td >
< /tr >
< tr >
< th > Cabeçalho 2 < /th >
< td > Célula 2A < /td >
< td > Célula 2B < /td >
< td > Célula 2C < /td >
< td > Célula 2D < /td >
< /tr >
< tr >
< th rowspan = "2" > Cabeçalho 3-4 < /th >
< th > Cabeçalho 3 < /th >
< td > Célula 3A < /td >
< td > Célula 3B < /td >
< td > Célula 3C < /td >
< td > Célula 3D < /td >
< /tr >
< tr >
< th > Cabeçalho 4 < /th >
< td > Célula 4A < /td >
< td > Célula 4B < /td >
< td > Célula 4C < /td >
< td > Célula 4D < /td >
< /tr >
< /table >
```

A tag caption é uma tag de conteúdo que especifica um título para a tabela. Ela pode ser usada para colocar um título no topo, no final ou na esquerda ou direita da tabela, usando o atributo align dentro da tag caption ( < caption align = "top" > ). As tags de título da tabela ( < thread > ) e rodapé da tabela ( < tfoot > ) definem as seções de cabeçalho e rodapé de uma tabela, respectivamente. Como o cabeçalho pode ser definido separadamente dos elementos da tabela, o navegador pode duplicá-lo quando a tabela for dividida em mais de uma página.

**Quadro 11.4**

**EXEMPLO DE RESULTADOS DE CÓDIGO DE TABELA PARA HTML**

**Título da tabela**

| | | Cabeçalho A-B | | Cabeçalho C-D | |
|---|---|---|---|---|---|
| | | Cabeçalho A | Cabeçalho B | CABEÇALHO C | CABEÇALHO D |
| Cabeçalho 1-2 | Cabeçalho 1 | Célula 1A | Célula 1B | Célula 1C | Célula 1D |
| | Cabeçalho 2 | Célula 2A | Célula 2B | Célula 2C | Célula 2D |
| Cabeçalho 3-4 | Cabeçalho 3 | Célula 3A | Célula 3B | Célula 3C | Célula 3D |

A principal definição da tabela é conseguida usando as tags table row (<tr>) e table data (<td>). Cada vez que for necessária uma nova linha em uma tabela, deve ser usada a tag <tr>. Para separar as células, deve ser utilizada a tag <td>. O cabeçalho da tabela (<th>) é uma forma da tag <td> que formata o texto nessa célula como negrito e centralizado horizontalmente. Cada uma dessas tags possui diversos atributos que ajudam na formatação da aparência.

Segue-se uma discussão sobre alguns atributos que podem ser usados com as tags anteriores para formatar a tabela, facilitando o uso do design de layout. Border é um identificador que pode ser adicionado à tag table para especificar a espessura da borda da tabela em pixels. O código border = "0" produziria uma tabela sem borda. O atributo align identifica o posicionamento da tabela na página. Para centralizar a tabela, você usaria align = "center" na tag table. As tabelas com valores de align de direita ou esquerda flutuarão na margem e permitirão que o texto as envolva. O atributo de cor de fundo (bgcolor) define a cor de fundo a ser utilizada nas células da tabela. Cellpadding e cellspacing controlam a quantidade de espaço em branco ao redor do texto e das células da tabela.

A formatação de linhas e células pode ser aperfeiçoada usando os atributos rowspan e colspan, respectivamente. Usar esses atributos permite que você especifique o número de linhas ou colunas que uma linha ou célula ocupará. Isso adiciona uma grande profundidade à criatividade de layout. Um atributo align também pode ser usado com tags de linha e célula. Os valores de align são direita, esquerda e centro. Além disso, o atributo valign alinha o texto verticalmente, com escolhas entre topo, fim e centro.

Seu Website agora deve estar formado por páginas que se parecem da maneira como você as planejou textualmente. Ainda há duas áreas muito importantes do código HTML que são necessárias para fazer as páginas trabalharem juntas: ser interativas e ter apelo visual. Isso exige o uso de hiperlinks e imagens. Os hiperlinks permitem que você se mova de um local para outro na Internet ou em um Website ao manejar o mouse. Isso leva em conta a navegação de uma tabela de conteúdo ou de um menu. Os hiperlinks são criados com a tag <a>.

| A Tag Anchor <a> | |
|---|---|
| **Exemplo** | <a href = "URL do documento relacionado"> O que o usuário vê e clica em </a><br>OU<br><a name = "nome da âncora no documento" id = "nome da âncora no documento" > O texto que será usado como marcador (bookmark) ou âncora no documento </a> |
| **Função** | Utilizada com o atributo href; <a> configura um hiperlink de qualquer conteúdo encontrado dentro do espaço desse código. Utilizada com o atributo name (e/ou id para torná-lo compatível com XHTML), você estabelece uma âncora com nome dentro de um documento que possa ser alcançado ou outros hiperlinks como, por exemplo, um índice. |
| **Atributos** | access key<br>href<br>name e/ou id<br>Rel<br>Rev<br>tabindex<br>target |
| **Tags relacionadas** | Nenhum |

Os hiperlinks são provavelmente a parte mais importante de um Website. O hiperlink é o que torna a Web fácil de ser explorada, ligando os recursos da Web de um local a outro. Com os hiperlinks, você pode fazer com que seu público analise as informações do seu produto e imediatamente consiga fazer um pedido usando seu formulário de pedidos, sem precisar encontrar o formulário de pedidos no seu Website.

## Acrescentando apelo visual com imagens

Para adicionar o apelo visual necessário para tornar seu Website atraente ao público, você pode usar imagens e **mapas de imagem**. Sem imagens, a Web seria apenas outro navegador textual e não seria tão popular. No entanto, tenha cuidado ao utilizar gráficos quando você não precisar de muitos deles ou daqueles muito grandes. Eles deixarão o acesso da sua página mais lento e podem desestimular o público-alvo a explorar seu Website. Colocar as imagens nas páginas é conseguido com a tag <img>. Trata-se de uma tag que é utilizada sozinha e é simples de usar. No entanto, ela também possui muitos atributos que podem ser usados para modificar a forma como a imagem é apresentada. Para tornar essa tag compatível com XHTML, não se esqueça de adicionar o espaço e a / de final na tag.

| A Tag Image <img> | |
|---|---|
| **Exemplo** | <img src = "URL do arquivo de imagem" /> |
| **Função** | Coloca uma imagem alinhada em um documento. |
| **Atributos** | src<br>width<br>height<br>alt<br>border<br>align<br>hspace<br>vspace<br>ismap<br>usemap |
| **Tags relacionadas** | <map> |

Ao usar imagens, é possível também adicionar um hiperlink nelas ao colocar um botão ou um ícone. Eis aqui um exemplo de como combinar as duas tags de <img> e <a> para criar um botão ou gráfico que possa ser acessado (**ícone clicável**), de modo a acessar outra parte do seu Website: <a href = "URL de Destino" > < img src = "URL <da Imagem" / > < /a>. Outra maneira de criar uma imagem que possa ser clicada é usando um mapa de imagem.

Os mapas de imagem são mapas gráficos interativos. Eles permitem que o usuário clique em uma área específica ou em um *hot spot* para acessar outro documento HTML ou para ativar um script de um tipo ou outro. Os mapas de imagem usam um processo de mapeamento para definir formas específicas na imagem que correspondam a uma ação definida. O gráfico em si é o mesmo que outros gráficos em seus documentos, exceto pelo fato de que as áreas que podem ser clicadas foram programadas para determinada resposta.

Esse processo é conseguido determinando-se as coordenadas em pixels dos limites do *hot spot* no gráfico, o que pode ser feito usando um programa de gráficos como o Photoshop ou o

Paint Shop Pro, mas existem muitos programas disponíveis na Web que automatizarão esse procedimento. Veja os que você poderia tentar:

- *Coffee Cup Image Mapper* – Há muito poucas coisas que esse programa não pode fazer por você, quando estiver construindo um mapa para seu Website ou página inicial. Ele o conduz através de como fazer "texto de mouseover" em áreas de link. Além disso, você pode salvar seu mapa em um arquivo HTML separado ou copiá-lo para uma página existente (http://www.coffeecup.com/mapper/).
- *LiveImage* – Aplicativo do Image Mapping Program para Windows 95 e Windows NT 4.0, Windows NT 5.0 e Windows 2000. O LiveImage é um programa de fácil utilização, do tipo "não entendo muito sobre esse negócio de mapeamento de imagens". O LiveImage oferece suporte a GIFs, JPGs, JPGs Progressivos e para os novos arquivos gráficos PNG (http://www.mediatec.com).
- *Map Edit* – Editor gráfico para mapas de imagem da World Wide Web. É simples, completamente funcional e fácil de usar (http://www.boutell.com/mapedit/).
- *Splash! Image Mapper* – O Splash! Image Mapper (http://www.101ware.com/splash/) é um mapeador de imagens autônomo com interface simples do programa Splash! Web Authoring. É uma ferramenta nova para usuários finais que querem gerar rapidamente o trabalhoso código dos mapas de imagem.
- *Cute Map 1.2* – O Cute Map permite que você crie seus próprios mapas de imagem, assim como os Websites corporativos de sucesso! Crie regiões retangulares, circulares e poligonais dentro da imagem para facilitar a navegação no Website (http://www.globalscape.com/products/cutemap/index.asp).

Um mapa de imagem é formado por quatro componentes básicos necessários para o seu funcionamento.

- Um programa de mapeamento de imagem que resida no servidor, no diretório cgi-bin (veja informações nos mapas de imagem do lado do cliente)
- Um arquivo de imagem salvo em formato gif para o usuário clicar
- Um arquivo de mapa para dar informações que converterão pontos na imagem em URLs
- Um arquivo HTML para ligar a imagem e o arquivo de mapa

Os mapas de imagem vêm em duas versões: lado do servidor e lado do cliente. Quando o usuário clica no mapa de imagem do servidor, este interpreta as coordenadas que o navegador envia usando um programa no servidor. Esse programa determina a URL que o navegador deve carregar. Para conseguir isso, o servidor deve ter acesso ao arquivo que contém informações sobre as áreas no mapa de imagem que podem ser clicadas e a URL à qual essas áreas estão ligadas.

Com os mapas de imagem do cliente, o navegador processa as informações a partir do clique do usuário, em vez de enviar ao servidor para interpretação. Esse é um processo muito mais eficiente. Para que o navegador interprete as informações a partir do clique do usuário, ele também deve ter acesso às mesmas informações sobre as áreas que podem ser clicadas e suas URLs associadas. Essas informações podem ser armazenadas no arquivo HTML com o mapa de imagem, embora não necessariamente. A tag usada para armazenar essas informações é a tag <map>.

**A Tag Imagemap < map >**

| | |
|---|---|
| **Exemplo** | < map name = "navigation" ><br>< area shape = "rect" coords = "23,47,58,68" href = "search.html" ><br>< area shape = "circle" coords = "130,246,150,246"<br>href = "about.html" ><br>...<br>< /map > |
| **Função** | Contém tags de HTML que definem as áreas clicáveis de um mapa de imagem |
| **Atributos** | name |
| **Tags relacionadas** | < area > |
| Atributos AREA | alt<br>coords<br>href<br>nohref<br>shape<br>tabindex<br>target |

## XHTML e problemas de compatibilidade

Como foi dito anteriormente, o XHTML é o sucessor do HTML e está sendo usado como transição para o XML, com o qual navegadores e Web designers ainda não estão prontos para lidar. O XML é quase idêntico ao HTML 4.01, mas é uma versão mais rígida e *clean*. Esta seção irá resumir os principais problemas dos quais o designer precisa estar consciente para garantir que suas páginas sejam compatíveis com XHTML. Há somente alguns e, se você obedecer a esses rígidos padrões, suas páginas serão compatíveis no futuro.

- Em todas as tags, tanto os elementos quanto os atributos devem estar em caixa baixa.
- Feche todas as tags, usando o atalho XML para aquelas que não forem do tipo 'conteúdo' (como a <br/ >).
- Como as tags não podem se sobrepor, aninhe-as corretamente. Por exemplo: <b> <p>texto</b> </p> é incorreto, enquanto <p> <b>texto</b> </p> está correto.
- Todos os valores de atributo devem vir dentro de aspas, < table border = 0 > precisa ser <table border = "0"> e todos os atributos precisam ter valores.
- A tag img deve ter um atributo alt e a tag script deve ter um atributo type. A tag alt é muito importante para obediência ao ADA[1] e sempre deve ser utilizada.
- As seções do cabeçalho e do título são obrigatórias e todas as páginas devem começar com a declaração DOCTYPE.

Se você iniciar todas as páginas da Web com essas dicas em mente, elas serão compatíveis com XHTML. No entanto, para converter essas páginas que foram criadas em diferentes versões

1 ADA – American Disabilities Act, uma lei norte-americana em prol dos portadores de deficiência. (N.T.)

de HTML, existem algumas ferramentas para ajudá-lo. A W3C criou uma ferramenta chamada HTML Tidy que pode ser usada para limpar código HTML bagunçado. Com um pouco de configuração, o HTML Tidy pode ajudá-lo a converter HTML antigo e mal-escrito em XHTML e até mesmo implementar uma Folha de Estilo em Cascata (Cascading Style Sheet). Para obter mais informações sobre HTML Tidy, XHTML ou CSS, confira os diversos recursos que você encontrará na Web.

## Cascading Style Sheets

As **CSS (Cascading Style Sheets)** proporcionam uma maneira de os programadores da Web separarem a aparência (ou estilo) das páginas da Web do conteúdo das páginas da Web. É uma poderosa ferramenta que ajuda a simplificar a complexa tarefa de manutenção de um Website e oferece uma ferramenta sofisticada de layout e design para páginas da Web. Tanto o HTML quanto o XHTML usam folhas de estilo da mesma forma, e a W3C recomendou as CSS como o método preferido de formatação de páginas da Web. Isso tornará tags como <u>, <s>, <strike>, <font> e <center> obsoletas.

As vantagens de usar CSS incluem a capacidade de influenciar a apresentação de documentos sem sacrificar a independência do dispositivo ou adicionar novas tags de HTML. As CSS conseguem separar forma e estrutura, controlar o layout, criar páginas menores e mais rápidas, permitir manutenção e atualizações mais rápidas e fáceis e podem adicionar um novo nível de sofisticação a suas páginas usando truques interessantes que não eram possíveis utilizando simplesmente HTML.

As CSS não são novas; os primeiros navegadores da Web usavam folhas de estilo internas (que o usuário não podia alterar) para determinar como os dados da Web seriam exibidos, e o World Wide Web Consortium autorizou a primeira recomendação de Cascading Style Sheets em 1996. Então, por que as CSS não aparecem mais do que vemos no design das páginas da Web atualmente? Não é porque as CSS são difíceis ou porque necessitam de muitos recursos de processamento; na verdade, são necessários menos recursos para usar CSS. No entanto, alguns Web designers ainda tendem a repudiar o uso das CSS, pois elas não contavam com um bom suporte dos navegadores da Web. Os navegadores mais recentes suportam CSS, porém os mais antigos podem oferecer suporte parcial ou até mesmo nenhum suporte. Uma vez que o futuro da Web está nos padrões, e eles estão mudando para a separação de estilo e conteúdo, deveríamos considerar o uso dos padrões das CSS ao projetar Websites. Se você quiser investigar o uso de folhas de estilo para seus Websites, existem muitos recursos disponíveis na Web. Um bom tutorial para iniciantes pode ser encontrado no Website Webmonkey, criado pela Hotwired (http://hotwired.lycos.com/webmonkey/).

Este capítulo cobriu os fundamentos do HTML necessários para criar um Website viável e chamativo. Ainda existem muitos elementos que podem ser adicionados e que não foram discutidos. Durante a redação deste texto, o padrão atual de HTML era 4.01, com uma tendência para XHTML. No HTML 4.01, elementos de multimídia como som, vídeo e animação podem ser adicionados para melhorar o Website. Frames e formulários são elementos úteis para facilitar a navegação e para coletar dados do consumidor. Embora os frames não sejam discutidos neste livro, os formulários o serão no Capítulo 13. Existem também alguns elementos, como as folhas de estilo brevemente apresentadas anteriormente, que facilitam a criação de um Website grande. Se você tiver a habilidade de programar ou tiver um programador disponível, podem ser usados Java ou Active-X para tornar o Website mais interativo e chamativo. Como você pode ver, no ritmo rápido do mundo da Internet, os limites do que pode ser feito continuam mudando. Para se manter atualizado, você também deve continuar aprendendo e rumando para o futuro.

Um último comentário breve sobre o design: você viu tudo de bom e de ruim em design de uma página da Web, e um Website deve manter o olho aberto para o que há de melhor e de pior em termos de apelo visual. Para lições sobre o que não fazer no design de uma página da Web, uma boa referência é o Web Pages That Suck ("páginas da Web que não prestam," em uma tradução livre, http://www.Webpagesthatsuck.com, Flaunders Enterprises, 1999). O autor, Vincent Flaunders, acredita que o visitante pode "aprender o que é um bom design ao ver o que é um design ruim". O Website possui exemplos ilustrativos com textos intrigantes como "Loja de computadores realmente ruim", "Corpos nus e mortos" e "Corrigindo e evitando páginas da Web ruins". Esse Website possui muitas estratégias e dicas úteis para melhorar o design do seu Website.

## Teste o Website

Seu Website está pronto para ir a público, ou assim você acredita. É muito importante que você teste o trabalho que fez em diversos ambientes e com diferentes navegadores. Seu código HTML pode não ser perfeito ou pode haver um link que mudou desde que você começou a trabalhar. O código que você escreveu para Netscape pode não funcionar no Internet Explorer ou em um navegador da AOL. Além disso, você já pensou em quanto seu Website estão de acordo com o ADA? Com a nova ênfase em padrões de acessibilidade para tecnologia da informação e eletrônica, o que é coberto na seção 508 da Emenda do Ato de Reabilitação de 1998, todos precisamos ter consciência das exigências adicionais de acessibilidade. A Seção 508 requer que a tecnologia da informação e eletrônica das agências federais seja acessível para pessoas com deficiências. Ainda que você não seja uma agência federal, é uma boa idéia estar consciente dos assuntos ligados ao ADA.

Esses são assuntos muito importantes a serem abordados antes de você disponibilizar a nova URL em todo material impresso ou enviar seu novo endereço aos serviços que ajudam os consumidores a encontrá-lo na Web. A primeira etapa para testar suas páginas é você mesmo visualizá-las em todos os navegadores disponíveis e em todas as plataformas que seus consumidores usarão. Seu Website pode estar muito diferente em um Macintosh usando Internet Explorer do que em um PC usando Netscape. Você pode descobrir que precisa fazer ajustes para conseguir o efeito consistente que estava procurando.

Há também alguns testes que precisam ser feitos no código HTML que você escreveu. Felizmente, existem algumas maneiras fáceis de conferir isso. Uma delas é enviar sua URL para um local de teste, como o Doctor HMTL (http://www2.imagiware.com/RxHTML/), o serviço de validação W3C (http://validator.w3.org/) ou o Dr. Watson (http://watson.addy.com/). Esses Websites executam suas páginas por meio de um programa para verificar se elas estão padronizadas e funcionando corretamente. Em seguida, eles dão um feedback sobre o que está errado e alguns até lhe dizem como corrigir. Faça uma pesquisa para descobrir o preço para suas páginas ou faça uma busca na Internet para encontrar ferramentas de validação ainda mais úteis.

Para testar seu Website quanto à obediência ao ADA, você pode usar os serviços fornecidos por Bobby WorldWide (http://www.cast.org/bobby/). Bobby é uma ferramenta para autores de páginas da Web que ajuda a identificar alterações nas páginas, de forma que usuários com deficiências possam usar com mais facilidade as páginas da Web. Por exemplo: um usuário cego seria auxiliado por uma trilha sonora para um filme, e um usuário com problemas de audição seria ajudado por uma transcrição de um arquivo de som em uma página. O Bobby recomendará que estas sejam adicionadas, caso ainda não existam.

Suas páginas estão funcionando, e agora você quer avisar às pessoas onde as páginas estão. Como você pode colocar seu Website em todos aqueles organizados mecanismos de busca para garantir que ele seja encontrado quando os consumidores buscarem informações relacionadas?

Isso lida com dois assuntos distintos. Um é o uso adequado da tag meta, que foi discutido anteriormente. O outro é notificar o mundo que você está on-line. Veja aqui algumas idéias para ambas as tarefas.

## Não se esqueça de registrar seu Website

Agora que você tem um Website que funciona, como o consumidor irá encontrar seu Website? Por boca-a-boca, anúncios ou brochuras ou *news releases*? A maneira mais garantida de conseguir exposição para seu Website é registrá-lo nos mecanismos de busca adequados. Mais uma vez, o profissional de marketing possui opções nesse vital exercício de registro em Websites. Ele pode contratar um serviço para registrá-lo, visto que há mais de 200 mecanismos de busca a serem considerados. No entanto, você conseguirá mais que uma exposição adequada ao se registrar nos dez mecanismos de busca mais procurados. Você pode pensar em usar um serviço como o Did-it.com (http://www.did-it.com), que também verifica se seu Website contém bugs na programação HTML. Você pode também escolher os mecanismos de busca ao fazer o registro sozinho no InterNIC. Se você fizer isso sozinho, pode conseguir entender melhor a diferenciação entre os mecanismos de busca. Por exemplo, considera-se que o AltaVista atinja o visitante mais profissional, enquanto o Yahoo! é um mecanismo do público em geral.

## Resumo

Após ler este capítulo, você deve ter uma boa compreensão de como começar a criação de um Website de marketing. A maior ênfase deve recair na comunicação com seu público durante todos os estágios da criação do Website. Antes de mais nada, você deve conhecer seu público e as necessidades que esse Website irá servir. Cada página deve ser concebida desde o início com uma boa compreensão da aparência e da sensação que você deseja obter. A partir daí, os conceitos básicos fornecidos neste capítulo sobre o uso de linguagem HTML para criar Websites deve ser útil para produzir o produto que você projetou. Cada Website deve levar em conta os padrões e práticas atuais de HTML. Não se esqueça de analisar o website procurando por elementos de design bons e ruins, incluindo a facilidade de uso que seu público-alvo terá. Ele alcança as metas que você estabeleceu ou será preciso repensar as idéias? Neste capítulo, você deve ter adquirido um conhecimento geral das tags básicas usadas em HTML, mas ele precisará ser reforçado pela criação real de algumas páginas. Por favor, não aprenda somente o básico exposto neste capítulo, e sim investigue os muitos recursos disponíveis na Web para fazer do seu Website tudo o que havia planejado. Assim que seu Website tiver sido concluído e você estiver satisfeito com a aparência dele, não se esqueça de testá-lo em diferentes navegadores, em várias velocidades de conexão e em distintos ambientes de computador, garantindo que seu público fique satisfeito e não frustrado. Por fim, não se esqueça de registrar o Website, para que todos aqueles interessados e que buscam as informações que você oferece as encontrem. Boa sorte na sua tentativa de criar Websites de marketing eficazes e de fácil utilização.

## Perguntas e exercícios

1. A Web pode ser uma forma poderosa de comunicação entre o consumidor e o profissional de marketing. Ela pode ser usada para coletar vasta quantidade de informações úteis e inúteis. A fim de desenvolver uma boa comunicação baseada na Web, as ferramentas do negócio devem ser estudadas e compreendidas. Tanto a limitação quanto o alcance dessas ferramentas devem ser levados em consideração para haver uma comunicação eficaz com o consumidor. Como o profissional de marketing pode garantir uma comunicação mais eficaz baseada na Web? Relacione os métodos ou ações que devem melhorar o desempenho do design na Web da empresa. Redija um e-mail para a agência de publicidade interativa para explorar essas idéias.
2. Por que o HTML é considerado "independente de plataforma" e por que isso é importante no marketing pela Internet? Prepare-se para explicar esse conceito em uma discussão em classe.
3. Ao longo dos anos, os fabricantes de navegadores diminuíram de número. Atualmente, a guerra dos navegadores parece ser travada entre dois rivais principais: Microsoft Internet Explorer e Netscape Navigator/Communicator. Do ponto de vista do consumidor, essa falta de concorrência é saudável ou não no mercado? Redija uma opinião em uma carta proposta à Comissão Federal de Comércio sobre o assunto, justificando sua posição.
4. A Web é uma janela panorâmica para consumidores compararem uma empresa à outra e uma oferta à outra. Vá para a Web e encontre outras empresas semelhantes à sua, supondo que você é dono ou trabalha para uma empresa. Como os Websites deles se comparam às suas idéias? Se você fosse um consumidor potencial, quais seriam os elementos de conteúdo (como preço ou conveniência da localização da loja) que você estaria procurando? Faça uma lista de elementos de decisão para comparar e contrastar duas empresas diferentes no mesmo setor.
5. Ao aprender HTML, o profissional de marketing encontra diversos novos termos com os quais ele deve estar familiarizado; defina por escrito as seguintes palavras ou conceitos:
   a) Tag meta
   b) Tags que são usadas sozinhas (standalone tags)
   c) Tags de conteúdo
   d) Mapa do Website
   e) Tag anchor, < a >
   f) Extensão .gif
6. Explique por escrito cada uma das seguintes opções:
   a) A diferença entre as tags < p > e < br/ >
   b) Defina a tag < hr/ >
   c) O objetivo da tag < /html >
   d) A diferença entre as tags < tr > e < td >
   e) Defina a tag < img >
   f) A função da tag < head >
7. Quanto mais pessoas acessam a Web, mais usuários com diferentes recursos físicos fazem parte da população. Como o Website do profissional de marketing pode acomodar pessoas com problemas de visão ou de fala? Redija um e-mail para o diretor de recursos humanos sugerindo como essas acomodações seriam benéficas para sua empresa e seu público.

8. Segundo o texto, cada página da Web deve conter quatro elementos. Quais são esses quatro elementos e por que cada um é importante, do ponto de vista da informação ou do marketing? Redija uma explicação de quatro parágrafos para ser entregue ao professor.
9. Assim como na maioria dos materiais de marketing, o Web designer mais experiente terá acumulado mais habilidades e ferramentas no fornecimento de soluções para o Website ou para os designs da página. O designer mais avançado deve usar tabelas e quadros. Qual é a diferença entre os dois elementos e o que cada um deles faz pela aparência da página na Web? Prepare um esboço para ser discutido oralmente com uma sala de ensino médio, em uma aula de gráficos eletrônicos.
10. Este capítulo discutiu o aprendizado dos fundamentos da edição de HTML e comparou esse conhecimento ao aprendizado de um alfabeto para criar palavras e frases para comunicação. Os editores de HTML que formatam automaticamente frases digitadas em código HTML também foram descritos. Por que é aconselhável que o profissional de marketing, o designer ou até mesmo o visitante conheçam tags, atributos, funções ou outras convenções básicas de HTML em vez de dependerem somente do editor HTML? Quais são os benefícios de compreender o código HTML? Prepare-se para discutir essa questão em classe.

*Bibliografia*

HOFFMAN, Donna; Novak, Thomas. Marketing in hypermedia computer-mediated environments: Conceptual foundations. Working paper n. 1, research program on marketing in computer-mediated. Disponível em: <http://elab.vanderbilt.edu/research/papers/pdf/manuscripts/MarketingComputerMediatedEnvironmentsWorkingJan1995.pdf>. Acesso em 1º jan. 1995.

MICROSOFT CORPORATION. Copyright© 1993-1998, 1º. Disponível em: <http://www.microsoft.com>.

SWEETMAN, Bill. Web site strategies. *Internet World*, mar. 1997, p. 63. Utilizado com permissão.

# CAPÍTULO 12

## A Captura dos Perfis dos Consumidores e o Gerenciamento de Dados

"A década de 1990 foi a década do uso maciço em marketing das bases de dados dos consumidores. A General Motors diz ter 14 milhões de portadores do cartão de crédito GM que são contatados, questionados, tabulados e rastreados todos os meses quando o extrato do cartão de crédito é entregue. O Marriott possui mais de 5 milhões de membros em seu banco de dados de hóspedes (o Honored Guest); o programa de leitores preferenciais da Waldenboks conta com mais de 4 milhões de membros; a MCI monitora 12 milhões de clientes que fazem ligações de longa distância por meio do seu programa Friends & Family; são mais de 34 milhões de passageiros nos bancos de dados de programas de milhagem de companhias aéreas e outros milhões e milhões nos bancos de dados relacionais de hotéis, lojas de departamento, companhias de serviços financeiros, planos de saúde, entre outros. Conseguir consumidores ainda é importante, mas as estratégias que se guiam por informações para mantê-los assumiram uma importância vital para profissionais de marketing de todo o mundo. A primeira etapa do processo de retenção da lealdade do consumidor é sair e aprender tudo o que valha a pena sobre o indivíduo escolhido. Ficar de olho nas características, preferências e compras pessoais do consumidor em um banco de dados relacional e promover uma estratégia de marketing orientada para o consumidor – juntos, esses dois aspectos representam o desenvolvimento mais significativo do marketing dos dias modernos."

*(Rapp e Collins, 1996, p. 11-12)*

## Objetivos de Aprendizado

- Apresentar o banco de dados de marketing e sua importância ao se organizarem as características dos segmentos de mercado.
- Demonstrar como se pode construir um banco de dados usando o software Microsoft® Access®.
- Planejar e construir uma amostra de banco de dados orientada para marketing usando o Access.

## Introdução

Com todas as informações brutas que existem por aí, o que o profissional de marketing deve fazer? O melhor movimento estratégico é coletar e categorizar o máximo de informações possível em relação ao mercado – nomes, endereços de e-mail e residência, idade, sexo e preferências em literatura, música, entretenimento, alimentação e moda; as características para captura de dados podem ser extensas. A melhor decisão tática é criar **bancos de dados** de consumidores para registrar esses fatos e perfis quase infinitos aos quais seus programas de marketing são dirigidos. Os mailings em massa de ontem foram transformados em mensagens publicitárias individualizadas, personalizadas e transmitidas de acordo com a localização geográfica, dirigidas a dezenas de lares semelhantes, não a dezenas de milhares. Com o **gerenciamento de bancos de dados**, o profissional de marketing pode ficar de olho nos itens comprados, no volume de dinheiro gasto, nos padrões de compra, nas compras que não são freqüentes, nos códigos postais, nas regiões censitárias e nas áreas de compra concentrada. A criatividade no design e no gerenciamento do banco de dados pode ser uma qualidade altamente valorizada em profissionais de marketing de alto nível. Entretanto, esse não tem sido sempre o caso. A programação e o desempenho de um banco de dados altamente eficaz evoluíram nos últimos 25 anos, paralelamente aos recursos cada vez maiores das empresas e dos computadores pessoais. Softwares se multiplicaram à medida que o custo da computação de banco de dados caiu, e os profissionais de marketing de quase todos os setores ou serviços abraçaram a construção de banco de dados como uma maneira de conhecer melhor seus consumidores. Conhecer melhor as histórias do consumidor implica um atendimento melhor das necessidades futuras. Programas precisos de banco de dados de marketing auxiliam na formação de **relacionamentos** de longo prazo com o consumidor e na lealdade de marca. A criação e a implementação do banco de dados são outra ferramenta de marketing eletrônico que profissionais de marketing inteligentes e diligentes devem possuir como uma habilidade competitiva para atender melhor os segmentos do consumidor, o desempenho da empresa e a satisfação do consumidor.

## Mantendo a casa em ordem

Bons programas de marketing são construídos ao redor de boas informações, e boas informações são coletadas, categorizadas e salvas para análise e uso futuro. Ainda que a coleta de dados não seja considerada uma atividade glamourosa, as empresas tidas em mais alta conta possuem extensos bancos de dados que contêm **registros** daquilo que seus consumidores gostam ou não gostam; essa familiaridade com as preferências do seu público distancia a empresa da concorrência, colocando-a em vantagem. Mais uma vez: ao pensar no longo prazo, a idéia de relacionamento individualizado entre o consumidor e o fornecedor é a mais atraente. Esse relacionamento não será formado da noite para o dia; pode levar vários meses ou anos para se criar um banco de dados utilizável formado apenas a partir de **transações** de compra e, possivelmente, de pesquisas com o consumidor. No entanto, tendo em vista um relacionamento benéfico e longo o suficiente, cada uma das partes desenvolverá suas próprias expectativas em relação à outra. Essas expectativas não são apenas desejos; são construídas sobre desempenhos passados que geralmente são bons indicadores de ações futuras. Essas preferências e atividades de compra são registradas em um banco de dados – qualquer coleção de informações que podem ser pesquisadas. Esse banco de dados pode ser pesquisado por pessoas ou computadores, pois essa coleção de informações pode estar contida em um grande **arquivo** ou sistema de computadores. Em sua forma mais simples, o banco de dados pode ser uma lista. Em sua forma mais complexa, pode ser formado por milhões de registros que estão interconectados, ou, em termos de banco de dados, que são relacionais. Trata-se de uma boa maneira de fornecer informações e suporte ao consumidor e, se os bancos de dados do profissional de marketing forem excepcionalmente úteis, essa ferramenta pode ser utilizada para chamar **visitantes** de volta ao Website, levando-os a fazer visitas repetidas (Brady, Forrest e Mizerski, 1997, p. 196). Em relação às exigências do profissional de marketing, os bancos de dados podem armazenar uma variedade de informações sobre um consumidor, e essas informações podem ser pesquisadas e utilizadas no programa de marketing direto da empresa. Desde o início, o profissional de marketing deve estar envolvido com as especificações dos recursos do banco de dados da empresa. O profissional de marketing nunca deve subestimar o **valor** da coleta de dados. Há pouco tempo, uma grande linha aérea comprou as linhas sul-americanas de outra linha aérea não para criar uma presença na América do Sul (pois já tinha uma cobertura extensa para as principais cidades), mas para adquirir os bancos de dados de consumidores da companhia aérea vendida e assim desenvolver uma lista de consumidores mais leais.

As empresas começaram a formular seus sistemas de banco de dados no fim da década de 1960 e início da década de 1970, e o que era muito complexo naquela época ficou muito mais manejável, mais fácil de classificar e acessar e mais poderoso. Antes destinados a auxiliar as fun-

*Quadro 12.1*

**TRÊS PONTOS DE ENTRADA PARA COLETA DE INFORMAÇÕES NA INTERNET**

1. Coleta de dados – O banco de dados de marketing é tão poderoso quanto os dados que ele contém. Para que seu banco de dados tenha uma aplicação efetiva, o profissional de marketing deve desenvolver uma estratégia dos dados de origem para maximizar a coleta das informações certas para suas aplicações.
2. Utilização da tecnologia – A tecnologia representa a capacidade de gerenciar dados do consumidor e acessá-los para os recursos de tomada de decisões. O profissional de marketing deve domar a tecnologia para fornecer uma plataforma para acessar as informações que ele coletou sobre consumidores.
3. Técnicas de pesquisa – Técnicas de segmentação e modelagem completam a parte principal. Por meio da pesquisa, os profissionais de marketing devem descobrir o poder dos dados que eles capturam e muito mais.

ções de contabilidade, registros de consumidores e estocagem, o design e o gerenciamento do banco de dados agora são uma ferramenta principal da função de marketing. Para o profissional de marketing, o uso do banco de dados pode estar ligado a sistemas de memória interna ou pode ser ligado a recursos externos já existentes na Internet e que sejam adequados para o negócio do profissional de marketing. Esses Websites externos também podem estar ligados à página do profissional de marketing.

Um bom exemplo de um grande banco de dados pode ser a biblioteca de uma universidade, com seu catálogo contendo vários recursos, como livros, jornais, publicações governamentais, materiais de cursos, microfichas, vídeos e *status* dos empréstimos. Cada item possui um registro dentro do banco de dados, e cada registro, geralmente, é contado no sistema de coleta. A responsabilidade do profissional de marketing em relação ao uso do banco de dados é semelhante ao uso do banco de dados de uma biblioteca. Para o banco de dados de marketing, as informações brutas precisarão ser divididas em grupos e subcategorias lógicas – uma pilha de números não classificada não tem sentido nenhum. A partir do design do banco de dados, esses dados são ligados de forma hierárquica ao topo da **tabela**, que é a **entidade** principal dentro de um banco de dados, a qual retém os **campos** e os registros do banco de dados. Os registros, as entidades dentro da tabela as quais retêm os campos de uma entrada do banco de dados, são então divididos em campos (as entidades dentro da tabela e registros as quais retêm as porções individuais dos registros, como nome ou data). O responsável pela inserção de dados insere o nome ou outras informações nas células; essa abordagem pode criar um banco de dados muito eficiente. Uma página inteira de células é considerada um registro, uma representação única dos dados pessoais de uma pessoa. É provável que cada aplicação de marketing seja diferente; se, contudo, o profissional de marketing compreender os aspectos conceituais do design do banco de dados, cada um dos **projetos** de dados de marketing será semelhante na construção, só será diferente na aplicação específica. Os elementos conceituais do design do banco de dados são dados, tecnologia e técnica de pesquisa. Os fundamentos conceituais para relacionar os aplicativos de marketing do banco de dados aos sistemas de informação são bem-descritos no livro *Cybermarketing*, de Brady, Forrest e Mizerski (1997, p. 310-311).

Esses três elementos descritos no Quadro 12.1 devem estar presentes no design de todos os bancos de dados, a fim de criar uma análise consistente. Em relação aos elementos, a coleta de dados será tão boa quanto a estratégia da fonte dos dados – o dado coletado, tenha ele boa ou má qualidade, é o dado certo para a análise de marketing. O segundo elemento, a tecnologia, está presente na habilidade de gerenciar dados do consumidor e acessar as informações necessárias para a tomada de decisões. O último elemento, a técnica de pesquisa, que engloba as abordagens de segmentação e modelagem, ajudará o profissional de marketing a compreender a análise dos dados coletados e armazenados.

Assim que o aplicativo de banco de dados estiver armazenado, pode ser iniciado o programa de comunicação atual que verifica os consumidores atuais ou potenciais. Qualquer pessoa que esteja executando uma página da Web pessoal e com baixo tráfego provavelmente não precisa de nada mais complexo que um contador da Web para manter um registro de quantos internautas trombaram com seu Website, acidentalmente ou não, até o momento. No entanto, Websites corporativos e comerciais precisarão de um sistema mais complexo para manter um registro dos visitantes; a largura de banda custa dinheiro, e os custos pessoais para operar um Website dinâmico e saudável são ainda mais caros. As perguntas *quem, o quê, quando, onde* ou *por quê* envolvem as necessidades básicas de informações e os **relatórios** de tráfego dos Websites. Informações essenciais podem simplesmente envolver quem está visitando uma página da Web, para discernir se o Website está chegando ao público-alvo desejado (*Internet World*, 1997, p. 75-76). Com uma coleta de dados auxiliada por computador, como smart cards ou dispositivos com tarjas magnéticas, a recuperação de informações nunca foi tão fácil e precisa. Os scanners ópticos de lojas de varejo, por exemplo, produzem dados precisos do movimento das vendas, equilíbrio de estoque e determinação de preço.

# Medindo os valores do banco de dados

A responsabilidade pode ser obtida ao se dar atenção específica aos dados de qualquer banco de dados. Alterações significativas nas ofertas da empresa podem resultar de decisões embasadas pela análise de dados. Produtos personalizados, novos canais de distribuição e comunicação e múltiplas opções de cálculo de preço farão com que 70% dos empreendimentos refaçam e automatizem seu processo de marketing. Historicamente, a área de marketing tem seu espaço ao se concentrar em produtos e nas métricas associadas a eles, como participação de mercado, desempenho do produto e penetração de mercado. Hoje em dia, cada vez mais produtos e serviços personalizados, novos canais de distribuição e comunicação e múltiplas opções de cálculo de preço estão tornando o processo de marketing muitíssimo mais complexo e difícil de gerenciar. O gerenciamento de marketing tradicional orientado para o produto não será capaz de aumentar e de lidar com esse ambiente tão mais complexo e cheio de informações. Métricas tradicionais estão se provando inadequadas para medir atividades de marketing ao longo de múltiplas categorias de produtos, canais de distribuição variados e descontos e níveis de preços ao consumidor que mudam constantemente. Novas métricas baseadas em fatos permitirão que as empresas aloquem recursos de marketing de forma dinâmica às atividades com o melhor retorno sobre o investimento (ROI ou Return on Investment) ou o melhor valor do cliente (LCV ou Lifetime Customer Value) – o valor monetário agregado do número total de compras que um consumidor faz ao longo do tempo de um relacionamento.

> [Com a mensuração do LCV, as empresas] são capazes de – e querem – colocar milhões de dólares no desenvolvimento de sofisticados sistemas para cultivar o relacionamento com seus melhores consumidores. Há novos modelos a serem seguidos no que tange à identificação dos 20% do mercado que constituem os "usuários freqüentes" e 80% da receita, dando-lhes a eles a atenção especial que eles merecem (Rapp e Collins, 1996, p. 250).

Tecnologia e automação serão a chave para gerenciar esses novos processos de marketing. No entanto, a vasta quantidade de dados detalhados que deve ser coletada e analisada para tomar decisões eficazes nesse ambiente irá sobrecarregar os sistemas de informação.

# Criando um banco de dados transacional

Provavelmente o melhor banco de dados para e-commerce é o banco de dados transacional, montado de acordo com transações contínuas com consumidores. Com um banco de dados transacional que possui um sistema de captura de dados habilitado ou relacionado, a empresa do profissional de marketing consegue ficar de olho nas transações ou compras dos consumidores. Tais transações podem incluir, por exemplo, o tipo de condimento que o cliente da Pizza Hut prefere em sua pizza, de que loja ele compra e que hora ou dia da semana ele ligou para o restaurante. Da mesma forma, esse consumidor pode comprar equipamentos esportivos, e o gerente de marketing da empresa de equipamentos esportivos pode preparar um perfil de pessoas que compram equipamentos de mergulho ou outros esportes aquáticos. O banco de dados transacional é considerado superior aos bancos de dados públicos, pois o consumidor já está comprando da empresa do profissional de marketing.

Se você visitou o Walt Disney World, na Flórida, munido de um passe anual, seus hábitos de visitação foram registrados pelos analistas de marketing da Disney. O cartão é passado na entrada, registrando a hora, a data e em qual parque você está entrando – por exemplo, o Magic Kingdom, o Epcot Center ou o Animal Kingdom. As informações coletadas pelo departamento de marketing podem definir os padrões comportamentais do visitante e posicionar os profissionais de marketing da Disney em diversos programas promocionais. Se o visitante não tiver ido a determinado parque em anos recentes, podem ser enviados cupons ou vouchers ao portador desaparecido do cartão para incentivar uma visita. Se o visitante não tiver passeado pelos MGM Studios, talvez possa lhe ser enviado um incentivo para essa atração. Dependendo do uso do cartão, as compras são registradas loja a loja, definindo mais uma vez os interesses por tipo de mercadoria. A partir da documentação de comportamentos como no exemplo da Walt Disney World, podem ser criados programas de marketing como bônus, descontos ou convites especiais durante feriados. Até mesmo determinados brinquedos ou lojas nunca visitados pelo portador de um passaporte poderiam criar oportunidades para incentivar uma visitação mais freqüente. O rastreamento de visitas ou compras passadas pode prever um possível comportamento futuro.

O profissional de marketing deve estar consciente de que prever o comportamento futuro ao examinar o comportamento passado não é uma ciência perfeita. Um exemplo desse conceito é o empreendimento muito bem-sucedido da Disney ao construir a Disney World-Tokyo (cujo nome oficial é Walt Disney Enterprises of Japan, http://www.disney.co.jp); os japoneses visitavam com freqüência e gastavam bastante. Essa mesma fórmula foi levada para a França, que seria a porta de entrada para a Europa, a Euro Disney (oficialmente, o nome é Disneyland-Paris, http://www.disney.fr), e a recepção não foi tão positiva, nem houve uma adoção instantânea. O gerenciamento do banco de dados não poderia ter previsto que os japoneses gostavam do reflexo do estilo norte-americano de diversão apresentado pela Disney, enquanto os franceses e outras nacionalidades européias se afastavam da abordagem ostentosa e americanizada da Disney. Outros fatores contribuíram para o sucesso dos empreendimentos da Disney. A Disney-Tokyo abriu no início dos anos 1980, quando os indicadores econômicos eram muito positivos; a Euro Disney abriu em 1992, em meio a um período econômico turbulento. Os japoneses optaram por gastar livremente na Disney-Tokyo, enquanto muitos europeus economizavam no parque. Além disso, a maioria dos visitantes japoneses preferia ficar em um dos hotéis da Disney dentro do parque, enquanto os visitantes europeus iam para a Euro Disney de manhã e voltavam para suas casas à noite, fazendo com que a Disney perdesse receitas substanciais em alojamento e alimentação. Com alterações nos elementos culturais, na alimentação, e com preços revisados, a Euro Disney começou a operar com lucros no inverno de 1994.

## O banco de dados compilado como alternativa

O profissional de marketing pode optar por usar um banco de dados compilado, que é uma coleção de registros públicos, como carteiras de motorista, certidões de nascimento, licenças de caça e pesca, registro de automóveis ou certidões de casamento. Os profissionais de marketing podem ter programas promocionais que usam esses bancos de dados compilados. Um exemplo de registros públicos que acionam promoções é o nascimento de uma criança, quando os pais muitas vezes se afogam em ofertas de fotografia, fraldas, serviços de babá ou mesmo ofertas para matrícula em creches, dali a quatro anos. Outro registro público que aciona promoções é o anúncio de casamento; esse tipo de lista compilada pode ser de interesse para construtoras, decoradores, concessionárias de automóveis ou lojas de aparelhos domésticos. A forma como utilizar o banco de dados público – os National Decision Systems ou seus concorrentes, Claritas, Cluster Plus e Acorn, todos eles interpretando bancos de dados com base em dados geográficos – foi discutida no Capítulo 8. Esses serviços geodemográficos ajudam o profissional de marketing a se concentrar melhor nas áreas corretas do mercado em termos geográfico e psicográfico. O profissional de marketing deve decidir como o banco de dados da empresa deve ser montado: 1) compilando perfis dos consumidores por informações demográficas e geográficas, 2) compilando preferências do consumidor por perfis psicográficos ou 3) criando um banco de dados proprietário a partir dos dados das atividades da empresa com consumidores ou consumidores business-to-business. Esse banco de dados proprietário consistiria no retorno de cartões de garantia, consultas por e-mail ou até mesmo dados do atendimento ao consumidor. Essas são excelentes fontes para manter um banco de dados, pois o usuário final forneceu informações precisas para negócios futuros com a empresa. No plano para o gerenciamento de dados deve ser considerado também o design de um sistema de rastreamento. O sistema pretendido deve estar em funcionamento antes de os dados começarem a chegar.

# O design de um banco de dados de marketing proprietário

O profissional de marketing agiria sabiamente ao pegar dados dos sistemas de outros departamentos, os quais poderiam ser integrados aos bancos de dados de consumidores atuais ou potenciais. O grupo de gerenciamento de estoques pode ter necessidades especiais que o sistema de fluxo de marketing pode incorporar. O grupo de design dos produtos ou serviços pode ganhar ao receber os e-mails enviados pelo atendimento ao consumidor. Sem dúvida, os dados sobre o desempenho da propaganda ou outros elementos do mix promocional seriam valorizados pelo departamento de publicidade interno ou pela agência de publicidade tradicional ou interativa. Esses dados podem ser acomodados pelo sistema de informação, mas eles devem ser recebidos *antes* que o sistema de informação seja desenvolvido. A importância de se integrarem recursos especiais de coleta de dados nos estágios de planejamento fará com que o desenvolvimento do sistema seja uma produção um pouco mais suave e sem surpresas. Muitos profissionais de marketing não deram atenção suficiente ao planejamento do sistema do banco de dados, e eles tentaram adicionar um aplicativo em uma das extremidades do desenvolvimento do software. Esse descuido de última hora pode ser comparado a colocar um tijolo na parte de baixo de uma parede. Poderia ser necessário que a parede fosse literalmente derrubada para colocar o tijolo, e esse esforço é improdutivo, considerando o atraso para as outras atividades de construção. As perguntas que um profissional de marketing deve fazer são *quem, o quê, quando, onde* ou *por quê*. Essas perguntas formam a base de todos os empreendimentos de banco de dados. O profissional de marketing pode fazer perguntas paralelas, como preço, duração da garantia ou política de devolução, por exemplo. A maioria dos gerentes de empresas sabe quais informações são necessárias para produzir o produto final ou para proporcionar a experiência do serviço. Muitas vezes, o aspecto mais difícil do planejamento para a coleta de dados é reunir todas as pessoas dos vários departamentos para criar um plano.

No estágio de planejamento, deve-se parar para pensar nos formatos de relatório; caso contrário, vários gerentes podem estar folheando uma impressão de 20 páginas sem encontrar as informações necessárias. Quais são os números importantes que guiam o departamento do profissional de marketing? Vendas em unidades, em volume, por regiões ou por categoria? Ou, em prestação de serviços, como se mensuram os resultados, horas gastas em design ou em execução, margens de lucro ou horas cobradas? Cada setor e cada empresa possuem diferentes expectativas em relação à eficiência. Por meio de afiliação a associações do setor, o profissional de marketing pode perguntar ao serviço de referência ou à biblioteca da associação quais são as margens razoáveis, as horas cobradas, os custos operacionais ou salários por cargo, por exemplo, de uma empresa de certo porte em determinada região. Antes de ser feita qualquer comparação, entretanto, deve estar presente um sistema de coleta e criação de relatórios. Na realidade, deve-se dar atenção suficiente a cada relatório, de forma que as informações relevantes sejam apresentadas a cada gerente em um formato de fácil leitura. Se o novo gerente for promovido ou contratado, o formato do relatório pode ser prontamente modificado para se encaixar nas expectativas de informação do gerente. Folhas com barras verdes podem ser ajustadas pelas partes interessadas; nenhum formato de relatório é totalmente imutável.

## Softwares para medição do tráfego de Websites

Assim como outros componentes do processo de marketing são medidos, também o desempenho de um Website deve ser avaliado quanto à capacidade de atração de visitantes e encorajamento de visitas mais longas. Ainda que medir o número total de **hits** possa ser errado, existem várias áreas de responsabilidade que esclarecem melhor objetivos e resultados. Alguns pacotes de softwares podem ser prontamente integrados no Website e podem realizar diversas tarefas, como contar visitas únicas (uma pessoa, uma visita) e o número de links visitados e, ao mesmo tempo, registrar a extensão de **domínio** do visitante (com, edu, gov etc.) e as visitas por hora, dia e mês. Essas visitas podem, então, ser comparadas e julgadas em relação a outras atividades de publicidade, promoção de vendas, marketing direto ou relações públicas, para determinar se essas promoções podem estar conectadas ao tráfego na Web. Para fins de esclarecimento, o termo *hit* significa que houve uma transferência de arquivo bem-sucedida de um servidor da Web para um navegador da Web. No entanto, em termos de marketing, o hit é uma solicitação de arquivo, o que pode resultar em uma transferência de arquivo bem-sucedida, uma transferência de arquivo malsucedida (ou seja, um erro) ou uma transferência nula, na qual a pessoa que faz a solicitação interrompe a transferência; para o profissional de marketing, somente a transferência de arquivo bem-sucedida conta na comunicação. Além disso, qual é a definição de arquivo? O arquivo pode se referir ou a uma página de texto em convenções HTML ou a um objeto como gráfico, som ou movimento. Os críticos dessa medida observam que cada gráfico da página conta como um arquivo, de forma que acessar uma página com muitos elementos gráficos registra muitos hits ou muitas exibições de página.

Outros termos devem ser definidos da mesma forma e compreendidos pelo profissional de marketing. Além da definição adequada de hits ou exibições de página, o profissional de marketing virtual deve se sentir confortável com termos de medição como visitantes e **sessões**. Os visitantes são o número de pessoas únicas que acessam o Website. Esse é um número difícil de se averiguar, pois um endereço pode servir centenas de pessoas, todas trabalhando na mesma empresa ou organização. A sessão é uma série de cliques de mouse sem interrupção de um visitante; qualquer período de inatividade constitui uma interrupção. Como colocado pelo escritor Paul Chen, "se um usuário estiver visitando um Website, fizer um intervalo de almoço de 40 minutos e depois voltar de onde tinha parado, a sessão será armazenada no servidor da Web" (Chen, 1997, p. 22). A distinção entre as duas é que o visitante pode responder por mais de uma sessão. O ponto é: assim como os consumidores, o visitante repetido provavelmente é mais valioso para o Website. Chen avisa que a melhor maneira de estimar visitantes é enviar cookies, os pedaços de informação gerados em um servidor da Web, mas armazenados em navegadores (os cookies foram discutidos no Capítulo 7). Exigir identificação ou registro da sessão é a melhor maneira de estimar as sessões. Há desvantagens ao instalar cookies. Uma objeção é que alguns usuários consideram o registro do cookie uma invasão da privacidade do computador. Outra objeção é que três pessoas usando o mesmo computador podem ser contadas como três visitas pelo mesmo usuário. Por fim, os cookies nem sempre são confiáveis, pois o usuário de computador e internauta pode desativar a opção de cookies no navegador.

Os pacotes de softwares estatísticos tentam **filtrar** os números reais de visualizações de página que podem resultar em relatórios imprecisos. Um exemplo desse problema pode ser um pacote de software de medição de tráfego que inclui o número total e incorreto de solicitações de informação ao servidor. Essas informações contadas podem incluir elementos de texto (que conta como um), quatro elementos gráficos, como fotografias ou ilustrações, e cinco hiperlinks ou *hot buttons*; o número total de hits registrados seria dez, o que obviamente é um exagero. O que deve ser precisamente medido é uma transferência de página HTML. Um pacote como o Microsoft® Market Focus® 3 (http://www.interse.com) filtra informações externas de acesso para registrar o

## 8 GRANDES DICAS DA INTERNET WORLD

**VERIFICAR O TRÁFEGO DO SEU WEBSITE É ESSENCIAL. ESTAS DICAS PODEM AJUDÁ-LO A COMPREENDER O PERFIL DO CONSUMIDOR, AVALIAR O DESEMPENHO DO WEBSITE OU DA PÁGINA OU O COMPORTAMENTO DO VISITANTE AO ACESSAR SEU WEBSITE.**

O que lhe dizem os analisadores de arquivo de registro (ou registros de tráfego do Website):

1. Como aumentar o número de visitas do seu Website. Assim que você determinar quais links levam os visitantes do Website a suas páginas na Web, você pode fazer coisas para promover ainda mais visitas, como comprar um banner de publicidade em Websites que geram a maior parte do tráfego para o seu.
2. Quais páginas estão sendo mais lidas. O número bruto de hits em uma página não é tão importante quanto o número de visitantes que está reservando um tempo para ler o texto inteiro. Você pode descobrir que mensagens importantes estão sendo ignoradas ou que, talvez, todos aqueles gráficos lindíssimos exigem muita paciência dos seus visitantes, fazendo com que eles apertem o botão Back muito cedo ou com muita freqüência.
3. Demografia do visitante. Você está atraindo os tipos de visitantes que lhe farão algum bem ou suas páginas são um porto para adolescentes procurando softwares gratuitos para fazer download? As ferramentas de análise de arquivo de log podem lhe dizer que tipos de organização estão visitando seu Website e até de que país eles são.
4. Quais arquivos estão sendo baixados. Os visitantes estão pegando os 'demos' dos seus produtos? A maior parte do interesse está concentrada nos *press releases*? Os seus gráficos parecem ser a maior atração? Considerando o custo da largura de banda, saber se os gráficos são atraentes pode ajudá-lo a oferecer mais daquilo que os visitantes procuram.
5. Valide o tráfego para os Relatórios de Auditoria Interativos da BPA. Se você tiver anunciantes, essas são informações essenciais para justificar os preços. Um analisador de arquivo de registros que gera relatórios aprovados pela BPA pode se pagar em dias.
6. Todo mundo usa navegadores antigos? Seu Website pode atrair intencionalmente tipos acadêmicos ou outros tipos de visitantes usando navegadores antigos. Em caso positivo, você pode querer cortar todo o esforço colocado nos recursos de HTML 4 dos quais somente um pequeno número de visitantes pode se beneficiar. Ou pode valer a pena oferecer as páginas em duas versões.
7. Há arquivos ausentes? Você pode não saber quantos visitantes estão com problemas para acessar a página até analisar os relatórios de erro produzidos pelo seu analisador. A correção pode ser tão simples quanto substituir uma imagem danificada.
8. Quando sua página atrai mais pessoas? Se você receber mais hits (ou visitas) em determinada hora do dia da semana, ou em certas horas, pode haver um motivo para isso, que você pode explorar.

*Fonte*: Busch, David D. The big 8. IW Labs. *Internet World*, junho de 1997, p. 79.

número correto como uma visualização de página. Pacotes e serviços de medição semelhantes que valem a pena conferir e experimentar são Internet Profiles Corp. (http://www.ipro.com), NetCount, SoftwareWebTrends (http://www.netiq.com/webtrends/default.asp), Bazaar Analyzer Pro da Aqua Inc., net.Genesis (http://www.customercentricsolutions.com/) e Divine (http://www.divine.com).

A melhor informação para análise da seqüência de cliques seria pegar os números dos cookies e IDs da sessão; isso possibilita que o analista detalhe a seqüência de solicitações de página feita por qualquer grupo de visitantes. Analisar a seqüência de cliques ajudaria os designers a estruturar os Websites de forma mais eficaz, permitindo que os visitantes obtenham as informações desejadas da forma mais rápida possível. Para uma análise eficaz, o profissional de marketing deve começar contando seções e transferências de página. Chen observa que essas são medidas fundamentais para o tráfego geral e ajudam a justificar (ou negar) a existência do Website. O profissional de marketing deve, em seguida, rastrear as URLs de referência, pois isso iria requerer o uso de um formato de registro estendido para seguir o caminho das referências. Por último, o profissional de marketing deve analisar as transferências de página das páginas individuais. Espera-se que isso diga ao profissional de marketing o que os visitantes consideram interessante. O conhecimento adquirido com essas atividades pode ajudar o profissional de marketing a decidir onde alocar recursos criativos, quais páginas precisam de atualização freqüente e onde reparar ou eliminar o conteúdo. Contar com os números de medição dá um pouco mais de sentido à arte do marketing (Chen, 1997, p. 2).

## Panorama rápido das definições do banco de dados

Como foi discutido anteriormente, o banco de dados é uma coleção de informações relacionadas a determinado assunto ou objetivo, como rastrear ordens de consumidores, manter um estoque ou, basicamente, reunir informações relacionadas em um só lugar. Esses dados podem ser armazenados, manipulados e utilizados de várias formas. Se informações como essas não forem armazenadas ou forem armazenadas só parcialmente em um computador, você pode estar rastreando informações de diversas fontes que precisará coordenar sozinho. Essa é uma maneira muito tediosa e ineficiente de manipular os dados. Ao usar um programa de banco de dados, você pode gerenciar todas as informações a partir de um único arquivo de banco de dados. O arquivo de banco de dados é simplesmente um recipiente para seus dados com muitas pequenas partições, dividindo-o em partes lógicas. Dentro de um arquivo de banco de dados, fica fácil dividir seus dados nesses recipientes de armazenamento separados, que são chamados de tabelas. Então, você pode visualizar, adicionar e atualizar dados de tabela usando os **formulários** on-line, encontrar e recuperar dados específicos utilizando consultas e analisar ou imprimir dados em um layout específico criando relatórios.

A fim de armazenar seus dados de maneira lógica, você deve criar uma tabela para cada tipo de informação que deseja acompanhar. Depois de montar tabelas distintas para cada assunto, você precisa de uma maneira de dizer ao banco de dados como reunir novamente essas informações, a serem compiladas para diferentes objetivos. A primeira etapa desse processo é definir relacionamentos entre suas tabelas. Depois de ter concluído esse processo, você pode criar consultas, formulários e relatórios para exibir informações de diversas tabelas de uma só vez. Como mencionado previamente, esses bancos de dados são chamados de **bancos de dados relacionais**. Um formulário, relatório ou **query** pode incluir informações de qualquer número de tabelas. Por exemplo: digamos que seu relatório, formatado para impressão, contenha informações sobre consumidores, pedidos, categorias, produtos e transportadoras. Cada um desses tópicos estaria em uma tabela diferente, mas eles todos estariam ligados novamente por informações comuns, e os elementos de cada um podem ser visualizados em um só local. Além disso, para encontrar e recuperar somente os dados que estão de acordo com suas necessidades, incluindo dados de múltiplas tabelas, o profissional de marketing pode criar uma query. A query também pode atualizar ou apagar diversos registros com facilidade, além de realizar cálculos predefinidos ou personalizados em seus dados.

O formulário pode ser utilizado para visualizar, inserir e alterar dados com facilidade diretamente em uma tabela. Isso oferece uma interface eficaz e atraente para manipular os dados. Quando um formulário é aberto, o banco de dados recupera os dados de uma ou mais tabelas e depois os exibe na tela. Esse formulário é exibido usando o layout que você escolher, dando-lhe a liberdade de fazer um projeto de acordo com as necessidades. Para analisar seus dados ou apresentá-los de determinada forma, podem ser criados relatórios. Você pode imprimir um relatório agrupando os dados em categorias como região, idade ou tipo de compra. Você também pode usar relatórios para calcular totais ou estatísticas. Os relatórios que utilizam diferentes formatos de dados podem ser usados para trabalhos de impressão, como etiquetas de correspondências ou catálogos.

## O que significa exatamente "relacional" e como isso funciona?

Você primeiro precisará compreender os relacionamentos sob a perspectiva de um pedido do consumidor para entender como eles funcionam. Em um relacionamento, os campos de diversas tabelas devem ser coordenados de forma que mostrem informações sobre o mesmo pedido do cliente. Essa coordenação é conseguida usando-se relacionamentos entre tabelas. Um relacionamento funciona comparando-se os dados em **campos-chave**, que, geralmente, são campos em ambas as tabelas com os mesmos nomes. Na maioria dos casos, esses campos correspondentes são as **chaves primárias** de uma tabela, que oferecem um identificador exclusivo de cada registro, e as **chaves estrangeiras** em outra tabela. Por exemplo: o número de um pedido pode estar associado ao número do consumidor, criando um relacionamento entre a tabela de consumidores e a tabela de pedidos, usando um campo de número de consumidor.

O tipo de relacionamento usado com mais freqüência é o **relacionamento one-to-many**; assim, esse é o único tipo de relacionamento que será discutido. No entanto, saiba que também existem **relacionamentos many-to-many** e relacionamentos one-to-one. Em relacionamentos one-to-many, um registro na tabela A pode ter muitos registros correspondentes na tabela B, mas um registro na tabela B só possui um registro correspondente na tabela A. Um bom exemplo disso é a tabela de produtos e fornecedores. Cada fornecedor pode fornecer diversos produtos, mas as informações do fornecedor só são relacionadas uma vez na tabela de fornecedores; portanto, um relacionamento one-to-many é estabelecido entre cada produto da tabela de produtos e um fornecedor na tabela de fornecedores. Isso suaviza informações redundantes.

## Entendendo os elementos do banco de dados

### Tabelas

A tabela é uma coleção de dados sobre um tópico específico, como produtos ou fornecedores. Ela contém todos os registros de produtos ou fornecedores e quaisquer informações específicas relacionadas em relação a esses registros. Usar uma tabela separada para cada tópico significa que os dados serão armazenados só uma vez, o que contribui para um banco de dados mais eficiente com menos erros de inserção de dados. As tabelas organizam os dados em colunas, que são chamadas de campos, e **linhas**, que são chamadas de registros. A maioria dos bancos de dados pode receber adições, ser editada e revisada em uma configuração que lembra uma tabela. A tabela pode ser verificada quanto à ortografia e depois impressa, pode filtrar ou classificar registros, e sua aparência e estrutura podem ser alteradas ao adicionar ou excluir colunas. Uma tabela inteira pode ser criada do nada, ou uma tabela existente pode ser personalizada ao se adicionar ou excluir campos.

Ao personalizar uma tabela usando o Microsoft® Access®, você pode adicionar ou renomear um campo, abrir a tabela na tela de design, configurar o tipo de dado de um campo, escolher uma chave primária ou configurar as propriedades de campo. Os dados nessas folhas de dados podem ser exibidos de forma diferente ao inserir, apagar ou renomear uma coluna, verificar ortografia e imprimir, classificar e filtrar. Registros individuais em folhas de dados também podem ser adicionados ou excluídos. As tabelas serão abordadas com mais detalhes mais tarde, quando a discussão deste livro se aprofundar na criação de tabelas.

## Formulários

Você pode usar formulários por diversos motivos. Por exemplo: você pode criar um painel de controle ou formulário inicial para abrir outros formulários ou relatórios, criar um formulário de entrada de dados para inserir dados em uma tabela ou criar uma caixa de diálogo personalizada para aceitar dados do usuário e depois executar uma ação baseada nesses dados. A maioria das informações que são vistas e usadas em formulários vem de um registro fonte que está localizado nas tabelas. Outras informações do formulário estão armazenadas no design do formulário. Os

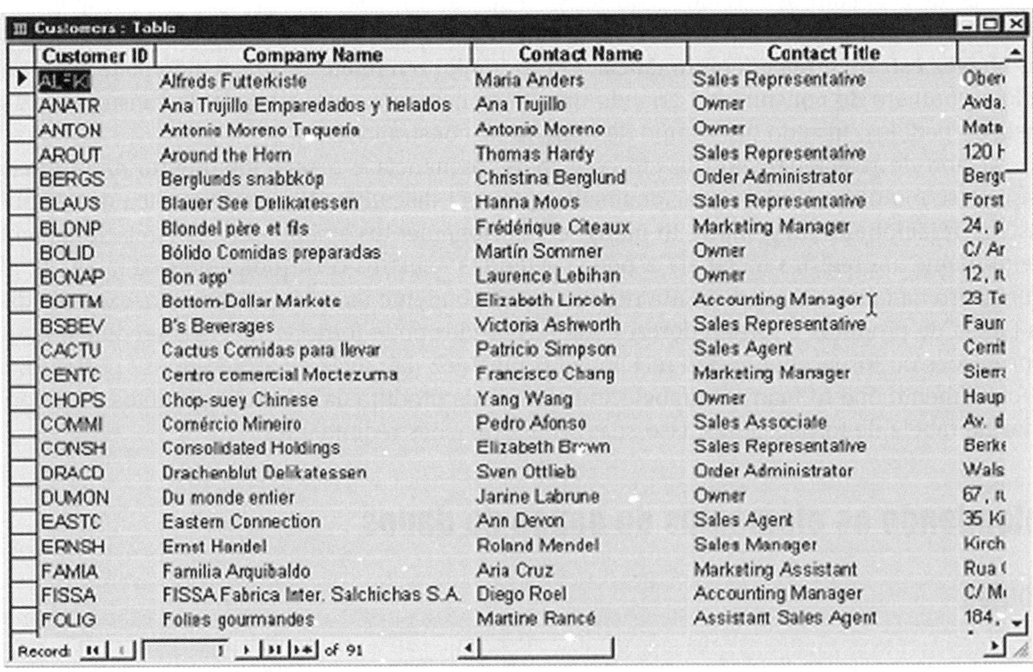

Customers : Table

| Customer ID | Company Name | Contact Name | Contact Title | |
|---|---|---|---|---|
| ALFKI | Alfreds Futterkiste | Maria Anders | Sales Representative | Ober |
| ANATR | Ana Trujillo Emparedados y helados | Ana Trujillo | Owner | Avda. |
| ANTON | Antonio Moreno Taquería | Antonio Moreno | Owner | Mata |
| AROUT | Around the Horn | Thomas Hardy | Sales Representative | 120 H |
| BERGS | Berglunds snabbköp | Christina Berglund | Order Administrator | Berg |
| BLAUS | Blauer See Delikatessen | Hanna Moos | Sales Representative | Forst |
| BLONP | Blondel père et fils | Frédérique Citeaux | Marketing Manager | 24, p |
| BOLID | Bólido Comidas preparadas | Martín Sommer | Owner | C/ Ar |
| BONAP | Bon app' | Laurence Lebihan | Owner | 12, ru |
| BOTTM | Bottom-Dollar Markets | Elizabeth Lincoln | Accounting Manager | 23 Ts |
| BSBEV | B's Beverages | Victoria Ashworth | Sales Representative | Faun |
| CACTU | Cactus Comidas para llevar | Patricio Simpson | Sales Agent | Cerrit |
| CENTC | Centro comercial Moctezuma | Francisco Chang | Marketing Manager | Sierra |
| CHOPS | Chop-suey Chinese | Yang Wang | Owner | Haup |
| COMMI | Comércio Mineiro | Pedro Afonso | Sales Associate | Av. d |
| CONSH | Consolidated Holdings | Elizabeth Brown | Sales Representative | Berke |
| DRACD | Drachenblut Delikatessen | Sven Ottlieb | Order Administrator | Wals |
| DUMON | Du monde entier | Janine Labrune | Owner | 67, ru |
| EASTC | Eastern Connection | Ann Devon | Sales Agent | 35 Ki |
| ERNSH | Ernst Handel | Roland Mendel | Sales Manager | Kirch |
| FAMIA | Familia Arquibaldo | Aria Cruz | Marketing Assistant | Rua ( |
| FISSA | FISSA Fabrica Inter. Salchichas S.A. | Diego Roel | Accounting Manager | C/ Mo |
| FOLIG | Folies gourmandes | Martine Rancé | Assistant Sales Agent | 184, |

Record: 1 of 91

**Figura 12.1** Exemplo de uma tabela de consumidores retirada de arquivos de amostra fornecidos com o Microsoft® Access®, o exemplo Northwinds.
*Fonte*: Tela impressa com permissão da Microsoft Corporation.

## DICAS PARA COLETAR INFORMAÇÕES NA INTERNET

Limite as solicitações de informação a um formulário que possa ser preenchido em três a cinco minutos. É muito fácil sair de um Website se o envolvimento com ele for muito complexo.

Não peça informações que façam com que o usuário precise sair da estação de trabalho; ele provavelmente não vai voltar ao seu Website. Exceções a essa regra são o registro de números de série ou alguma outra transação que beneficiará o usuário de alguma forma.

Limite as opções de resposta por questão. Isso fará com que você analise melhor os resultados.

Use perguntas abertas quando não forem necessárias medições de resposta quantitativa.

Crie perguntas que separem os internautas em geral dos consumidores atuais e potenciais.

*Fonte*: Brady, Edwardt e Mizerski. Cybermarketing: Your interactive marketing consultant. Lincolnwood, Ill.: NTC Publishing Group, 1997.

parâmetros que serão armazenados no design do formulário, em vez de na tabela, podem ser itens como texto descritivo, elementos gráficos e expressões para cálculos. Os itens armazenados em um registro fonte são seus dados. Para criar uma ligação entre o formulário e seu registro fonte, podem ser utilizados objetos gráficos chamados de controles. O tipo mais comum de controle utilizado para exibir e inserir dados é a caixa de texto. Você pode mudar a aparência do formulário ao mover, dimensionar ou alinhar os controles, alterar a legenda de uma fonte de controle, adicionar um campo ou controle ou alterar um controle para outro tipo.

Os formulários podem ser divididos em seções para aumentar a eficácia. A maioria dos formulários possui apenas uma seção de detalhes, mas o formulário também pode incluir um cabeçalho do formulário, um cabeçalho da página, um rodapé da página e uma seção do rodapé do formulário. Você também pode usar seções em subformulários ou formulários dentro de formulários. Por exemplo: um subformulário pode usar um cabeçalho do formulário e um rodapé do formulário, além da seção de detalhes. O cabeçalho do formulário pode exibir legendas para cada coluna de dados, enquanto a seção de detalhes pode calcular os totais de cada coluna. Existem muitas formas de se trabalhar com formulários. Você pode alternar as visualizações, editar, verificar a ortografia ou imprimir; classificar, filtrar ou encontrar registros; adicionar ou excluir registros e navegar pelos registros no banco de dados. Os formulários serão discutidos com mais detalhes mais tarde, quando a discussão deste livro entrar na criação de formulários.

## Queries

As queries são o mais misterioso dos elementos do banco de dados. Você pode usar queries para visualizar, alterar e analisar dados de várias formas diferentes. Elas também podem ser a fonte de registros para formulários e relatórios. Por exemplo: se você quiser calcular uma soma, uma conta ou outro tipo de total e depois agrupar os resultados, isso seria feito com uma query. Reunir dados de várias tabelas, classificá-los em determinada ordem e realizar cálculos em grupos de registros é a especialidade da query. O tipo mais comum de query é a **query de seleção**. A query de seleção

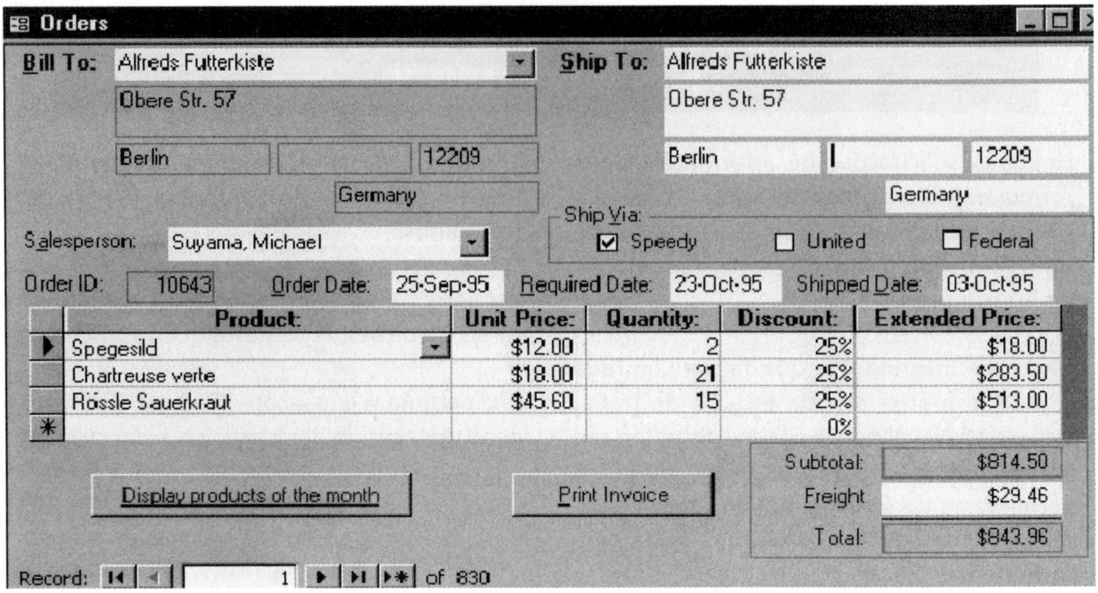


**Figura 12.2** Exemplo de formulário de pedido retirado dos arquivos de amostra fornecidos com o Microsoft® Access®, o exemplo Northwinds.
*Fonte*: Tela impressa com permissão da Microsoft Corporation.

Customers and Suppliers by City : Union Query

| City | CompanyName | ContactName | Relationship |
|---|---|---|---|
| Aachen | Drachenblut Delikatessen | Sven Ottlieb | Customers |
| Albuquerque | Rattlesnake Canyon Grocery | Paula Wilson | Customers |
| Anchorage | Old World Delicatessen | Rene Phillips | Customers |
| Ann Arbor | Grandma Kelly's Homestead | Regina Murphy | Suppliers |
| Annecy | Gai pâturage | Eliane Noz | Suppliers |
| Århus | Vaffeljernet | Palle Ibsen | Customers |
| Barcelona | Galería del gastrónomo | Eduardo Saavedra | Customers |
| Barquisimeto | LILA-Supermercado | Carlos González | Customers |
| Bend | Bigfoot Breweries | Cheryl Saylor | Suppliers |
| Bergamo | Magazzini Alimentari Riuniti | Giovanni Rovelli | Customers |
| Berlin | Alfreds Futterkiste | Maria Anders | Customers |
| Berlin | Heli Süßwaren GmbH & Co. KG | Petra Winkler | Suppliers |
| Bern | Chop-suey Chinese | Yang Wang | Customers |

Record: 1 of 120

**Figura 12.3** Exemplo de formulário de uma query de consumidores e fornecedores por cidade. Esse exemplo é retirado dos arquivos de amostra fornecidos com o Microsoft® Access®, o exemplo Northwinds.
*Fonte*: Tela impressa com permissão da Microsoft Corporation.

recupera dados de uma ou mais tabelas usando critérios que você especifica e depois os exibe na ordem desejada. Quando você executa a query, seu banco de dados recupera os registros que você especificou e depois exibe os dados combinados no formato que você solicitar.

As queries são criadas usando um assistente ou em uma tela de design de queries. Na tela de design, você especifica os dados com que deseja trabalhar adicionando as tabelas ou queries que contenham os dados e depois preenchendo a grade de design. Os campos, a ordem de classificação e os critérios que você adicionar à grade de design determinam o que você verá nos resultados da query. A linha **join** diz a seu programa como os dados em uma tabela ou query se relacionam aos dados em outra query ou tabela. Você pode adicionar campos às grades de design ao arrastá-los das listas de campo. Existem muitas maneiras de personalizar suas queries. Você pode especificar critérios, adicionar tabelas ou queries, adicionar ou remover campos, escolher cálculos e especificar uma ordem de classificação. É possível selecionar mais de um campo como critério em sua query usando os operadores booleanos como OR, AND e AND/OR, e você pode selecionar facilmente um, dois ou três campos.

Outro tipo de query é a de dupla entrada. As queries de dupla entrada são usadas para calcular soma, média, contagem ou outro tipo de total para dados que são agrupados por dois tipos de informação – um tipo que fica ao longo do lado esquerdo da folha de dados e o outro tipo que está ao longo do cabeçalho da folha de dados. Você pode criar uma query de dupla entrada usando um assistente ou começando do zero, na grade de design de query. Nessa grade de design você especifica os valores de quais campos se transformam em cabeçalhos de coluna, os valores de campo que se transformam em cabeçalhos de linha e os valores de campo que somam, tiram a média, contam ou fazem outros cálculos. Alguns tipos de join são utilizados em queries para mostrar ao programa de banco de dados como os dados estão relacionados. O tipo de junção (*join*) indica que registros a query seleciona ou realizações em uma ação.

## Relatórios

O relatório é uma forma eficiente de apresentar seus dados em formato impresso. Como você tem controle sobre o tamanho e a aparência de tudo o que está em um relatório, é possível exibir as informações da forma como deseja vê-las. A seguir estão exemplos do que os relatórios podem conseguir: criar etiquetas de correspondência, mostrar os totais em tabelas, agrupar registros em categorias, adicionar um logotipo ou figura ou calcular totais. A maioria das informações em um relatório vem de uma tabela subjacente, uma query ou declaração **SQL (Sequential Query Language)**, que é a fonte dos dados do relatório. Outras informações do relatório são armazenadas no design do relatório. O design armazena informações como cabeçalhos de coluna, data automática ou totais calculados a partir de recursos subjacentes. Você cria a ligação entre um relatório e sua fonte usando objetos gráficos chamados de controle. Os controles podem ser caixas de texto que exibem nomes e números, rótulos que exibem títulos e linhas decorativas que organizam de forma gráfica os dados e tornam o relatório mais atraente.

Os relatórios podem ser personalizados da mesma maneira que os formulários. Assim como os formulários, os relatórios podem ser divididos em seções. Cada seção possui um objetivo específico e é impressa em uma ordem previsível na página no relatório. Essas seções incluem um cabeçalho do relatório, um cabeçalho de página, a seção de detalhes (dados), um rodapé da página e um rodapé do relatório. Na tela do design do relatório, essas seções são representadas como bandas, e cada seção que o relatório contém é representada uma vez. No relatório impresso, algumas seções podem ser repetidas muitas vezes. Você determina onde a informação aparece em

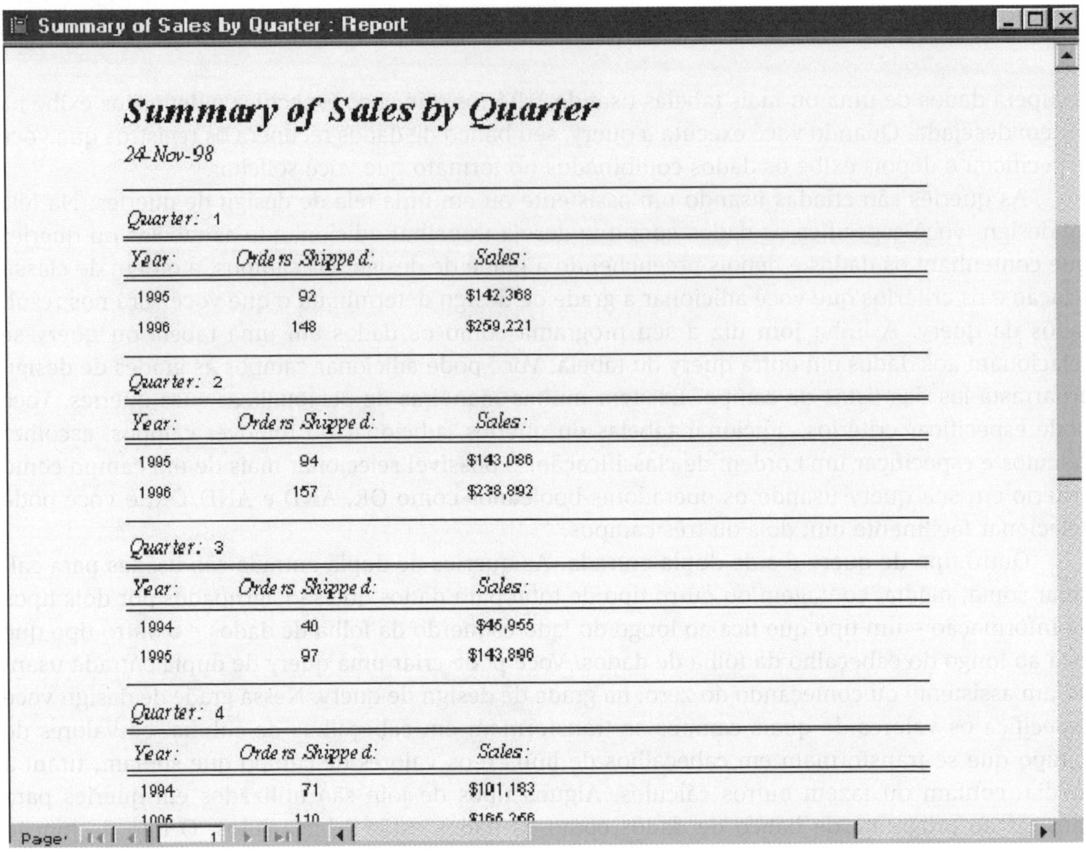


**Figura 12.4** Exemplo de um relatório de vendas retirado dos arquivos de amostra fornecidos com o Microsoft® Access®, o exemplo Northwinds.
*Fonte*: Tela impressa com permissão da Microsoft Corporation.

cada seção ao colocar controles, como rótulos e caixas de texto. Ao agrupar relatórios que compartilham um valor comum, você pode calcular subtotais e facilitar a leitura do relatório.

## Design de banco de dados

Agora que você está familiarizado com os elementos necessários do banco de dados, é importante tirar um tempo para projetar o banco de dados corretamente, antes de criá-lo de fato. Um bom design é o alicerce para a criação de um banco de dados que cumpra suas metas de forma eficaz, precisa e eficiente. A seguir está uma lista com as sete etapas básicas que você deve realizar ao projetar o banco de dados:

1. Defina o objetivo do banco de dados, conforme discutido previamente.
2. Decida de quais tabelas você precisa no banco de dados para realizar essa tarefa.
3. Defina quais dados serão coletados e dispostos como campos em suas tabelas.
4. Identifique esses campos com valores exclusivos.

5. Determine como as tabelas irão se relacionar entre si. Analise e refine o design para garantir que as metas da etapa 1 sejam cumpridas.
6. Insira uma amostra de dados e crie quaisquer outros objetos de banco de dados que forem necessários.
7. Projete e implemente suas interfaces usando formulários, relatórios e queries para criar um banco de dados fácil de utilizar e produtivo.

A primeira etapa do projeto de um banco de dados é determinar qual o seu objetivo e como ele será usado. Você precisa saber quais informações deseja do banco de dados. A partir daí, você pode determinar de quais assuntos você precisa armazenar os fatos (as tabelas) e quais fatos você precisa armazenar sobre cada assunto (os campos nas tabelas). Para facilitar essa tarefa, analise os exemplos de bancos de dados que funcionam de forma semelhante ao seu. Converse com pessoas que usarão o banco de dados regularmente e com aqueles que atualmente coletam e analisam esse tipo de dados para sua empresa. No papel, pense nas tabelas e como estarão relacionadas entre si. Faça um *brainstorming* sobre as perguntas que você gostaria que o banco de dados respondesse. Colete quaisquer formulários ou pesquisas que você usa atualmente para coletar ou registrar dados. Determine como você quer que seja a aparência dos relatórios finais e faça um esboço em papel. O design das suas tabelas é adequado para criar os relatórios que você determinou que seriam necessários? Se não for, é uma boa hora de fazer ajustes no design.

Determinar de quais tabelas você precisa no banco de dados pode ser a etapa mais difícil do processo de design do banco de dados, pois os resultados que deseja do banco de dados, os relatórios que quer imprimir, os formulários que deseja usar e as perguntas que quer que sejam respondidas não necessariamente dão pistas sobre o design das tabelas que os produzem. Não é necessário, nem mesmo sábio, projetar suas tabelas usando primeiro um programa de banco de dados. Na realidade, é melhor fazer um esboço e retrabalhar o design primeiro no papel. Ao projetar tabelas, divida as informações e esteja consciente do seguinte: uma tabela não deve conter informações duplicadas, e as informações não devem ser duplicadas entre as tabelas. Quando cada informação for armazenada em apenas uma tabela, você só a atualizará em um lugar. Isso é mais eficiente e elimina a possibilidade de entradas duplicadas contendo informações diferentes. Por exemplo: você pode querer armazenar o endereço e o número de telefone de cada consumidor uma vez, em uma tabela, e os pedidos deles em outra tabela relacionada. Isso permitiria que você apagasse um pedido sem apagar as informações do consumidor.

Cada tabela contém informações sobre o mesmo assunto, e cada campo de uma tabela contém fatos individuais sobre o assunto da tabela. Por exemplo: a tabela de consumidores pode incluir campos para nome, sobrenome, endereço, cidade, estado e número de telefone. Ao esboçar esses campos de cada tabela, tenha as seguintes dicas em mente:

- Relacione cada campo diretamente com o assunto da tabela.
- Não inclua dados que possam ser calculados pelo computador usando outros dados que já foram coletados.
- Inclua todas as informações que você acredita que precisará.
- Armazene informações em suas menores partes lógicas (por exemplo, nome e sobrenome, em vez de nome).

Para relacionar informações armazenadas em tabelas separadas, por exemplo, conectando um consumidor com todos os seus pedidos, cada tabela do banco de dados deve incluir um campo ou conjunto de campos exclusivo que identifique cada registro individual da tabela. Isso se chama chave primária. Ao dividir as informações em tabelas separadas e configurar chaves primá-

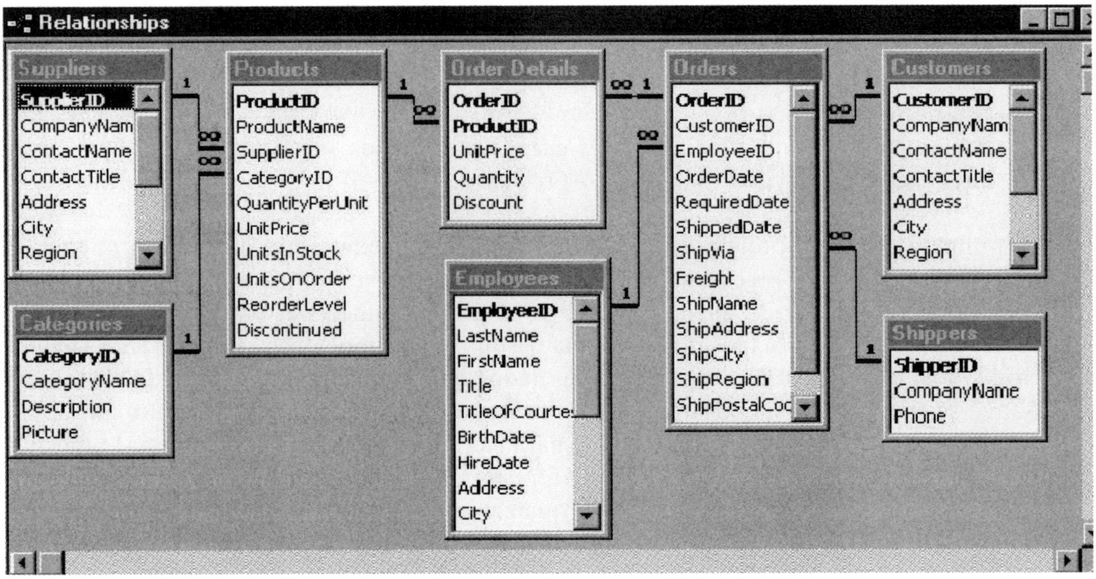


**Figura 12.5** Exemplos de relacionamentos entre tabelas do Microsoft®, Access®. Esse exemplo é retirado de arquivos de amostra fornecidos com o Microsoft Access, o exemplo Northwinds. O campo em negrito de cada tabela é a ID exclusiva para essa tabela, e não pode haver informações duplicadas na tabela. Por exemplo, cada fornecedor deve ter uma ID individual na tabela Suppliers (Fornecedores).
*Fonte*: Tela impressa com permissão da Microsoft Corporation.

rias, agora você precisa relacionar as tabelas umas às outras, de modo que o banco de dados possa reunir novamente as informações de forma significativa. Para fazer isso, os relacionamentos devem ser definidos entre tabelas. Para compreender como isso funciona, pode ser útil visualizar os relacionamentos em um banco de dados bem-projetado, semelhante ao seu. Se você estiver usando o Microsoft® Access® para criar seu banco de dados, há um bom banco de dados de amostra chamado Northwinds que você pode analisar para entender como isso funciona. Procure por ele no diretório Samples da pasta Microsoft® Office®. Para ver os relacionamentos no banco de dados de amostra Northwinds, abra o arquivo Northwind.mdb e clique em Relacionamentos, no menu Ferramentas.

Depois de você projetar as tabelas, os campos e os relacionamentos necessários, é hora de estudar o design e detectar quaisquer falhas que possam ter permanecido. É mais fácil alterar o design do banco de dados agora que depois de você ter preenchido as tabelas com dados. Use o programa de banco de dados para criar tabelas, especificar relacionamentos entre as tabelas e inserir alguns registros de dados em cada tabela. Trabalhe com o banco de dados para ver se consegue as respostas de que precisa. Crie rascunhos dos formulários e relatórios para ver se eles representam os dados que você espera. Procure dados redundantes e elimine todos que encontrar. Quando você estiver certo de que os designs da tabela estão de acordo com as metas de design, será hora de adicionar todos os dados existentes. Agora crie queries, formulários, relatórios, macros e módulos de que você precisa. Para obter idéias adicionais sobre o design de um banco de dados, você pode querer analisar exemplos e **esquemas** de bancos de dados para os assistentes predefinidos do programa de banco de dados.

## Criando um banco de dados em Microsoft® Access®

Como há muitos programas de bancos de dados disponíveis no mercado atualmente, não podemos cobrir neste livro a forma como todos eles funcionam; este livro fará uma simples generalização. A fim de discutir a criação real do banco de dados, o Microsoft Access será utilizado como um programa de exemplo. Os tópicos discutidos nas seções a seguir são especificamente direcionados para o uso do Access, mas devem ser traduzidos com facilidade para outros programas de banco de dados. Os botões e rótulos podem ser um pouco diferentes, mas o processo em si deve permanecer relativamente constante.

O Microsoft Access oferece dois métodos para criar um banco de dados: o assistente e a maneira antiga, a partir do zero. Aqui descrevemos não a maneira mais fácil, e sim a maneira que lhe oferece uma melhor compreensão dos bancos de dados e permite que você seja mais criativo. No entanto, tenha em mente que o assistente de banco de dados está disponível para ajudar a criar tabelas, formulários e relatórios necessários para o tipo de banco de dados que você selecionar em uma simples operação. A abordagem deste livro será criar um banco de dados em branco e mais tarde adicionar as tabelas, os formulários, os relatórios e outros objetos. Esse é o método mais flexível, mas requer que você defina cada elemento do banco de dados separadamente. Em qualquer uma das formas, você pode modificar e estender o banco de dados em qualquer momento, assim que ele tiver sido criado.

Para aprender de verdade os detalhes do design do banco de dados, siga estas simples instruções para iniciar:

1. Quando o Microsoft Access abrir, será exibida automaticamente uma caixa de diálogo dando opções para criar um novo banco de dados ou abrir um existente. Quando essa caixa de diálogo for exibida, clique em Blank Database e em OK.
2. Especifique o nome e a localização do drive do banco de dados e clique em Create.

Depois de criar um banco de dados em branco, você deve realizar outras etapas (veja instruções na próxima seção) para definir os objetos que farão parte do seu banco de dados. Para facilitar, você pode seguir estas simples instruções a serem utilizadas com o assistente de banco de dados:

1. Quando o Microsoft Access for iniciado, serão exibidas automaticamente opções para criar um novo banco de dados ou abrir um existente. Se essa caixa de diálogo for exibida, clique em Database Wizard e, em seguida, pressione OK.
2. Na guia Databases, clique duas vezes no ícone para o tipo de banco de dados que você deseja criar.
3. Especifique um nome e uma localização para o banco de dados.
4. Clique em Create para começar a definir seu novo banco de dados.

## Criando tabelas

O Microsoft Access oferece quatro maneiras de criar uma tabela em branco (vazia). Como foi mencionado antes, você pode usar o assistente de banco de dados para criar todas as tabelas, formulários e relatórios necessários para um banco de dados inteiro, mas não pode usá-lo para adicionar tabelas a um banco de dados existente. Em segundo lugar, você pode usar o assistente de tabela para selecionar os campos da sua tabela, a partir de diversas tabelas predefinidas, como contatos de negócios, estoque de produtos domésticos ou registros médicos. A abordagem mais flexível seria inserir dados diretamente em uma folha de dados em branco. Quando você salvar a nova folha de dados, o Microsoft Access analisará seus dados e atribuirá automaticamente o tipo de dados adequado e um formato para cada campo. Por fim, você pode usar a tela de design para especificar os detalhes da sua tabela inteira sem assistência. Independentemente do método que você escolher para criar uma tabela, será possível usar a tela de design de tabelas a qualquer momento para personalizar ainda mais sua tabela, com opções sobre como adicionar novos campos, configurar valores padrão ou criar modelos de entrada.

Criar uma tabela do zero usando a tela de design envolve um processo longo. No entanto, quando você tiver terminado, terá uma compreensão melhor de como suas tabelas funcionam. A vantagem da tela de design é que o Access irá ajudá-lo. O Access atribui o tipo de dado (formato) a cada campo (coluna) com base no tipo de dado que você inseriu. Se você quiser personalizar ainda mais a definição de um campo, por exemplo, para alterar o tipo de dado ou definir uma regra de validação, precisará usar a tela de design. Além de renomear e inserir colunas, você pode apagá-las e reordená-las a qualquer momento, antes ou depois de salvar sua nova folha de dados. Veja aqui algumas instruções passo-a-passo simples para você iniciar:

1. Se você ainda não o fez, vá para a janela Database. Pressione F11 para alternar para a janela Database quando estiver em qualquer outra janela.
2. Clique na guia Tables e, depois, em New.
3. Clique duas vezes em Design View.
4. Defina cada um dos campos da sua tabela.
5. Defina um campo de chave primária antes de salvar sua tabela. Você não precisa definir uma chave primária, mas, em geral, é uma boa idéia. Se não definir a chave primária, o Microsoft Access perguntará se deseja que ele crie uma para você ao salvar a tabela.
6. Quando estiver pronto para salvar sua tabela, clique no botão Save da barra de ferramentas e digite um nome para a tabela.

Outra opção para projetar as tabelas do seu banco de dados é usar a exibição de folha de dados. É um pouco mais difícil, mas não tanto assim. Aqui você precisará determinar que tipos de dados serão inseridos e como eles deverão ser formatados. Para fazer isso, siga estas instruções:

1. Se você ainda não o fez, vá para a janela Database. Pressione F11 para alternar para a janela Database quando estiver em qualquer outra janela.
2. Clique na guia Tables e, depois, em New.
3. Clique duas vezes em DataSheet View. Será exibida uma planilha de dados em branco com 20 colunas e 30 linhas. O nome padrão das colunas é Field1, Field2, e assim por diante.
4. Renomeie cada coluna que você utilizará clicando duas vezes no nome da coluna e depois digitando um nome para ela. Pressione Enter.
5. Se você precisar de mais de 20 colunas, basta inserir colunas adicionais a qualquer momento clicando na coluna à direita de onde você deseja inserir uma nova coluna. Vá ao menu Insert e clique em Column. Renomeie a coluna conforme descrito na etapa 4.
6. Insira os dados na folha de dados.
7. Insira cada tipo de dado em sua própria coluna (no Microsoft Access, as colunas são chamadas de campos). Por exemplo, se você estiver inserindo nomes, insira o nome em sua coluna própria e o sobrenome em uma coluna separada. Se estiver inserindo datas, horas ou números, insira-os em um formato constante para que o Microsoft Access possa criar um tipo de dado adequado e exibir a formatação da coluna. Quaisquer colunas que forem deixadas vazias serão apagadas quando você salvar a folha de dados.

8. Quando você tiver adicionado os dados a todas as colunas que deseja usar, clique em Save na barra de ferramentas para salvar sua folha de dados.
9. O Microsoft Access perguntará se você criar uma chave primária. Se você não tiver inserido dados que possam ser utilizados unicamente para identificar cada linha da tabela, como números de peça ou de ID, recomenda-se que você clique em Sim. Se tiver inserido dados que possam identificar com exclusividade cada linha, pode especificar esse campo como a chave primária.

Uma maneira mais fácil de criar tabelas é usando o assistente de tabela. Para iniciar, siga estas instruções e as fornecidas pelo assistente de tabela.

1. Se você ainda não o fez, vá para a janela Database. Pressione F11 para alternar para a janela Database quando estiver em qualquer outra janela.
2. Clique na guia Tables e, depois, em New.
3. Clique duas vezes em Table Wizard.
4. Agora, siga as instruções das caixas de diálogo do Table Wizard.

Se você já tiver coletado os dados e não quiser redigitá-los, é possível criar uma tabela com os dados existentes ao importar as informações do programa em que eles estão. São diversas as opções disponíveis:

- Você pode importar ou relacionar os dados de outro banco de dados do Microsoft Access ou em outros formatos de outros programas.
- Você pode executar uma query de criação de tabelas (*query make-table*) para criar uma tabela baseada em dados a partir de uma tabela existente. Por exemplo, você pode usar queries de criação de tabelas para arquivar registros antigos, fazer cópias de backup das suas tabelas, selecionar um grupo de registros a ser exportado para outro banco de dados ou usar como base para relatórios que exibem dados de um momento específico.

Este livro não entrará no assunto do processo de importação de dados existentes, mas se você quiser aprender mais sobre como ele acontece, use o recurso de ajuda do Access.

## Criando formulários

Mais uma vez: a criação de formulários pode ser feita de diversas maneiras. Há um assistente que o ajudará a criar um formulário, mas você pode criá-lo sozinho. O assistente acelera o processo de criação de um formulário, pois realiza todo o trabalho básico para você. Ao usar um assistente de formulário, o Microsoft Access solicita informações e cria um formulário com base nas suas respostas. Mesmo se tiver criado vários formulários, você pode querer usar um assistente para organizar rapidamente o layout de todos os controles do seu formulário. Então, será possível mudar para a tela de design para personalização.

Para criar um formulário usando o assistente, comece com estes passos iniciais e depois siga os avisos do assistente:

1. Na janela Database, clique na guia Forms.
2. Clique em New.
3. Na caixa de diálogo New Form, clique no assistente que você deseja usar. Aparecerá uma descrição do assistente no lado esquerdo da caixa de diálogo.

4. Clique no nome da tabela ou da query que inclui os dados nos quais você deseja basear seu formulário. Não é necessário fazer essa etapa se clicar na opção Assistente de formulário; você pode especificar o registro fonte para o formulário no assistente.
5. Clique em OK.
6. Se você tiver clicado em Form Wizard, Chart Wizard ou PivotTable Wizard na etapa 3, siga as instruções das caixas de diálogo do assistente. Se tiver clicado em AutoForm: Columnar, AutoForm: Tabular ou AutoForm: DataSheet, o Microsoft Access criará automaticamente seu formulário.
7. Se o formulário resultante não estiver da maneira que imaginava, você poderá alterá-lo na tela de design. Se você clicar nas opções de AutoForm, o Microsoft Access usará a última formatação automática que você tiver especificado, seja no Form Wizard ou usando o comando AutoFormat no menu Format da tela de design.

Se você quiser se arriscar e tentar criar um formulário sozinho, o processo é mais tedioso, mas não é difícil. Veja aqui algumas dicas que vão ajudá-lo a iniciar:

1. Na janela Database, clique na guia Forms.
2. Clique em New.
3. Na caixa de diálogo New Form, clique em Design View.
4. Clique no nome da tabela ou da query que inclui os dados nos quais você deseja basear seu formulário. Se o formulário que você estiver criando não contiver dados (por exemplo, se você quiser criar um formulário para usá-lo como 'quadro de distribuição' para abrir outros formulários ou relatórios ou se quiser criar uma caixa de diálogo personalizada), não selecione nada nessa lista. Se você quiser criar um formulário que use dados de mais de uma tabela, baseie-o em uma query que inclua as tabelas que você deseja incluir.
5. Clique em OK. O Microsoft Access exibirá a janela Form na tela de design. Aqui você poderá adicionar outros controles, se desejar.

## Inserindo dados de consumidores

Agora que você já criou o banco de dados e os formulários a serem usados, é hora de começar a inserir os dados. Esse processo, ainda que um pouco cansativo, é uma parte bastante real do uso do banco de dados. O banco de dados é inútil sem dados. Muitas vezes, esse processo é automatizado ao retirar as informações dos recursos existentes, como foi mencionado anteriormente. Ele também pode ser automatizado ao extrair os dados dos formulários que são preenchidos pelos consumidores. Um bom exemplo são os formulários baseados na Web que você provavelmente vê o tempo todo. Eles são muito úteis para coletar informações, desde que sejam criados de forma adequada e direcionados para o público correto. Se seu público não navegar na Web nem visitar seu Website, o formulário na Web para coleta de dados será inútil.

## Recursos adicionais do banco de dados

Se você estiver interessado em mais material sobre bancos de dados e marketing, existem recursos muito bons que darão informações adicionais. Você pode fazer uma busca na Web para ver como outras pessoas estão usando os bancos de dados e como estão combinando banco de dados, Web e conceitos de marketing. O tópico de formulários na Web e das soluções de back-end necessárias para conectar seu banco de dados e suas páginas da Web serão discutidos no Capítulo 13.

# Resumo

O marketing completou um ciclo completo – da venda pessoal realizada pelo padeiro, pelo alfaiate e pelo sapateiro do vilarejo de séculos atrás até o mundo impessoal da mídia em massa e do merchandising em massa – e voltou mais uma vez para a acomodação e a manutenção altamente personalizadas de consumidores (relacionamento com um consumidor por vez), agora possibilitadas por novas tecnologias da informação e novas mídias interativas de vasta escala (Rapp e Collins, 1996, p. 251). É vantajoso que o profissional de marketing aprenda sobre a coleta de dados do consumidor, armazenamento em banco de dados e recuperação de dados do consumidor para desbancar a concorrência, o que Rapp e Collins descrevem como "acomodação e manutenção personalizadas do consumidor". Como foi enfatizado pela citação de abertura do capítulo, as empresas estão coletando milhões de nomes e características de consumidores, e é mais difícil lidar com essa enorme quantidade de dados. Empresas como a Oracle Corporation construíram sistemas de software de back-end para organizar e classificar muitas informações para o benefício dos profissionais de marketing de consumidores e empresas de todo o país. Com essas informações, o profissional de marketing que deseja sobreviver no século XXI deve adotar muitas novas tecnologias de marketing, incluindo o gerenciamento de banco de dados. "A menos que você esteja vendendo um produto único com preço baixo e utilização baixa com um LCV muito limitado, sua empresa pode e deve fazer [do uso total do banco de dados] uma parte vital da estratégia de vendas" (Rapp e Collins, 1996, p. 251). Ao se fazer a análise das empresas lucrativas que servem mercados consumidores e de empresas, observam-se com mais freqüência empresas que fornecem produtos de valor agregado adquiridos com renda arbitrária do que empresas que fornecem produtos relacionados a necessidades como alimentação, energia elétrica, gás ou água potável. Programas de marketing estratégico e tático guiados por informações de bancos de dados, portanto, melhoram esses produtos de valor agregado.

## Perguntas e exercícios

1. Talvez sua empresa seja muito pequena, com poucos consumidores, mas muito ativos. Você analisou o método do banco de dados eletrônico, mas sente que será caro demais e tomará muito tempo para rastrear seus consumidores por meio de um banco de dados do Access. Qual seria sua alternativa para manter registros precisos do histórico de compras e preferências dos seus consumidores? Faça uma lista dos tipos de dados que você sente que são importantes para o conhecimento contínuo do consumidor e como você registraria essas informações. Encaminhe sua lista para a equipe de compras ou de estoques em forma de memorando.
2. Diferentes empresas usam a função de banco de dados para diferentes propósitos. Faça uma lista de 20 empresas ou indústrias e especule para que finalidade cada uma deve usar o gerenciamento de banco de dados. Compare sua lista com a de outros membros do seu grupo.

3. Qual é a diferença entre os bancos de dados transacional e relacional? Defina os dois e dê exemplos sobre o uso de cada um. Que tipos de organizações usariam um ou outro ou ambos? Prepare um memorando sobre o conceito para enviá-lo a um cliente de varejo para quem você está prestando serviços.
4. Qual é a diferença entre relacionamentos de bancos de dados many-to-many e one-to-many? Que tipos de empresas ou fornecedores usariam um ou outro? Redija um e-mail para seu professor definindo os conceitos.
5. Defina por escrito as seguintes palavras ou conceitos:
   a) query
   b) registro
   c) tabela
   d) campo
   e) linha
   f) valor
6. Defina por escrito as seguintes palavras ou conceitos:
   a) busca
   b) filtro
   c) join (junção)
   d) esquema
7. Qual é a definição de chave primária? E de chave estrangeira? Redija uma explicação das duas e como cada uma seria utilizada em atividades de banco de dados.
8. O Microsoft Access é muito flexível na implementação de design do banco de dados; existem muitas maneiras de se realizar a mesma função, como projetar uma tabela. Quais são as quatro maneiras de criar uma tabela em branco (vazia) usando o Access? Liste e explique os quatro métodos.
9. O texto discutiu as duas principais maneiras de projetar e executar uma tabela de banco de dados, seja usando um assistente de design ou criando a partir do zero. Explique as diferenças entre esses dois métodos. Em quais situações o profissional de marketing é mais bem servido por um ou outro método? Dê exemplos de situações de negócios que se aplicam a cada uma. Prepare-se para discutir esse conceito de design em classe.
10. Usando as sugestões desenvolvidas pelo texto e pelas telas de ajuda do Microsoft Access, prepare um banco de dados de marketing simples para uma locadora de vídeo. O que você, o gerente de marketing, gostaria de saber sobre as características dos seus consumidores? Faça uma tabela de 12 a 15 itens pessoais (nome, sobrenome, endereço residencial etc.) que seriam exclusivos de cada consumidor. Crie a tabela e insira seis pessoas reais ou fictícias. Imprima o banco de dados e devolva para o professor. Se você precisar de ajuda, ligue para o departamento de informática da sua universidade ou para o laboratório de ajuda da faculdade de administração para obter mais informações sobre o Microsoft Access.

*Bibliografia*

BRADY, Regina; Forrest, Edward; Mizerski, Richard. *Cybermarketing*: Your interactive marketing consultant. Lincolnwood, I ll.: NTC/Contemporary Publishing Group, 1997. Utilizado com permissão.

BUSCH, David D. The big 8. IW Labs. *Internet World*, jun. 1997, p. Utilizado com permissão.

CHEN, Paul. Hit-or-miss measurement. *Marketing Tools*, 22. mar. 1997.

INTERNET WORLD LABS REPORT. *Internet World*, jun. 1997, p. 75-76.

RAPP, Stan; Collins, Thomas L. *The new maximarketing*. Nova York: McGraw-Hill, 1996. Utilizado com permissão.

# CAPÍTULO 13

# Considerações para Comunicação Contínua com o Consumidor

"Seria um crime ignorar a forma ideal de se comunicar com seus consumidores. Ainda assim, a maioria das empresas está construindo Websites na World Wide Web com o intuito de se comunicarem para os consumidores em vez de com os consumidores. A maioria dos Websites é criada para fornecer uma brochura eletrônica, essencialmente a versão cibernética de uma apresentação de vendas, uma espécie de anúncio de televisão. Sim, as pessoas podem conseguir informações específicas nas quais estão interessadas, mas pensa-se muito pouco na comunicação bidirecional. A Internet oferece uma maneira totalmente nova de estabelecer entendimento com os consumidores. Responder a perguntas do consumidor, resolver seus problemas, vender-lhes mais produtos – agora tudo isso pode ser computadorizado. Foi preciso uma quantidade saudável de agulhadas para empurrar os bancos no século XXI adentro com caixas eletrônicos. Agora, todas as empresas podem fornecer a seus clientes serviços automatizados sem instalar redes de caixas eletrônicos. Elas podem fazer tudo por meio da World Wide Web.

"A Web oferece um meio de criar a tão importante ligação de confiança e lealdade entre o comprador e o vendedor. Diferentes empresas estão usando a Web para vender diferentes produtos e serviços e dão a seus consumidores outro meio de conduzir negócios. As recompensas foram custos mais baixos de atendimento ao consumidor e maior satisfação do consumidor. Essas são claramente metas a serem invejadas."

*(Sterne, 1996, p. 1-2)*

## Objetivos de Aprendizado

- Demonstrar como a Web pode ser usada para facilitar o atendimento ao consumidor.
- Apresentar técnicas para incentivar a resposta do consumidor e facilitar o benefício da comunicação bidirecional da Web.
- Mostrar como o HTML pode ser utilizado para construir instrumentos de pesquisa com consumidores.

## Introdução

Há chances de que sua empresa receba, se ela for uma empresa on-line de sucesso, grandes quantidades de mensagens de consumidores e fornecedores, as quais podem vir na forma de cartas, postais, ligações telefônicas, faxes e e-mails; os assuntos dessas mensagens podem ser perguntas, pedidos, elogios ou reclamações. Muitos consumidores julgam a empresa pela receptividade às suas mensagens, e aquelas que se perdem no meio do caminho equivalem a um "tapa na cara" dos consumidores que enviam elogios ou reclamações. Como uma medida proativa para lidar com milhares de chamadas ou e-mails todos os dias, empresas que prezam essa troca estão instalando sistemas de software de e-mail para reconhecer que a empresa pelo menos recebeu sua mensagem. Um recente artigo escrito por Richard Schaefer na revista *Fortune* suplementa o ponto acima sobre o uso da Web: "Os consumidores estão usando o e-mail com muito mais freqüência, pois não há um preço por minuto das chamadas e não há espera pelo atendimento do representante do atendimento ao consumidor" (1999). Os recursos eletrônicos estão automatizando o atendimento ao consumidor como um método para conseguir vantagem competitiva.

O atendimento ao cliente pode ser adicionado como uma função contínua para os Ps do mix promocional, especialmente para empresas que levam a sério o marketing de relacionamento. Os outros Ps transpiram (e expiram) à medida que a compra é consumada. Empresas de marketing direto sensatas, como a Lands' End e a L. L. Bean, há tempos são reconhecidas por ter a consciência de que as necessidades dos consumidores podem se estender além de uma única compra, e essas organizações criaram programas flexíveis de atendimento ao consumidor e capacitaram os funcionários para reagir às respostas dos consumidores. No pós-compra, um forte atendimento ao cliente como vantagem competitiva pode fazer com que o comprador faça o ciclo completo e torne-se cliente dos produtos da empresa. Se as referências boca-a-boca forem a maior fonte de vendas on-line, um atendimento atencioso ao consumidor deve ser o maior ponto de escuta on-line.

## O valor dos consumidores repetidos

Varejistas e atacadistas, com seus fornecedores, estão sempre procurando novos consumidores e tentando determinar do que esses gostam. Os varejistas entoam: "Novos negócios, novos consumi-

## Agora Você Sabe

### ISSO É MESMO ATENDIMENTO AO CONSUMIDOR?

As empresas são bombardeadas com centenas de mensagens por dia, cada uma de um valioso consumidor que espera uma resposta rápida. A tecnologia da informática agora está tentando resolver o problema que ajudou a criar. É provável que, da próxima vez que você enviar uma nota à http://Corporate.com, a resposta personalizada que receber virá de um software que adivinhou o que você procura – o equivalente da Internet da carta-modelo. Isso pode ou não resultar em um melhor atendimento, mas uma coisa é clara: na Web, os robôs não estão chegando; eles já estão aqui.

Robô é o termo dado ao software que pode escanear o texto de um e-mail que chega e responder de forma inteligente – sem intervenção humana. A compreensão da linguagem natural – ou a capacidade de os computadores entenderem e darem respostas adequadas a frases por escrito do tipo que as pessoas usam todos os dias – não avançou tanto quanto o reconhecimento da fala, que está se tornando predominante. Apesar das limitações, o atendimento ao consumidor sem intervenção humana é a tendência do futuro.

*Fonte*: Sterne, Jim. *Customer service on the Internet*. Nova York: John Wiley & Sons, 1996, p. 1-2.

dores, onde poderei achá-los?". Muitos fornecedores, como agências de propaganda e empresas de relações públicas, já fizeram novos programas de negócios para alguns clientes, enganosamente assumindo que eles deveriam fazer isso por seus clientes, quando, na realidade, isso não é necessário. É de responsabilidade do varejista ou da empresa de serviços produzir produtos e serviços atraentes para um mercado de nicho e depois reter esses consumidores por meio da satisfação do produto e atendimento ao consumidor. Neste livro e em outras aulas, você ouviu falar que é 6 a 20 vezes (dependendo do estudo do setor) mais barato vender a consumidores existentes que atrair novos consumidores. Por quê? Basta pensar no dinheiro despendido na produção de novas linhas de produtos e em anúncios de mídia, especialmente aquele que é gasto em televisão com transmissão de comerciais e produção de filmes, no custo de aumentar a capacidade de servidores e modems, no preço de criar e imprimir grandes quantidades de brochuras e materiais de suporte correlatos, no custo de estabelecer novos locais e sinalização exterior, no gasto de contratar novos funcionários para maximizar a cobertura de mídia, nas taxas de diversos consultores, de financeiro a jurídico, a design, a aconselhamento de relações públicas, e no possível custo de licenças ou acordos de franquia para expandir e servir essa nova empresa. São dígitos significativos quando combinados, tudo em nome de novos consumidores.

Em vez disso, os profissionais de marketing devem considerar gastar uma fração dessa quantia para satisfazer e melhorar o desempenho dos produtos e a prestação de serviços a consumidores antigos que estejam satisfeitos com o produto ou serviço. A prova do produto não está na compra inicial, que poderia ter sido influenciada por um grande desconto, promoções de dois-por-um, propaganda convincente ou até mesmo recomendação de um parente ou amigo de confiança. A prova de um bom produto está na *recompra* da mercadoria ou serviço. O espírito é o mesmo daquele velho ditado inglês: engane-me uma vez e o tolo é você, engane-me duas vezes e o tolo sou eu. O comerciante poderia concentrar seus recursos de marketing nos bons consumidores que optaram por comprar no Website ou na loja. O marketing eletrônico oferece excelentes ferramentas para concentrar os esforços em menos pessoas, tentando chegar a um relacionamento mutuamente benéfico; de um lado, está a satisfação do consumidor e, do outro, estão as operações lucrativas. Os recursos da Web podem ser programados para fornecer agradecimentos, parabéns ou confirmações aos clientes existentes, dar suporte técnico a usuários de novos produtos, conduzir pesquisas perguntando quais alterações o consumidor gostaria de ver, expandir a comunicação a fornecedores externos e à comunidade geral e divulgar primeiro aos sócios as últimas notícias da empresa. Antigamente, eram necessários diversos veículos diferentes para transmitir informações a diversos públicos, e agora a Web serve como única transmissora de notícias, sejam elas boas ou ruins.

## Onde você está?

Assim como ocorre com as etapas do processo de marketing, é melhor aprender o que os consumidores pensam sobre um produto ou serviço antes de lançar novos e ambiciosos programas de atendimento ao consumidor. Portanto, na atividade de relações com o consumidor, o profissional de marketing deve estabelecer um marco referente ao que os consumidores atuais e os potenciais pensam do seu Website e das ofertas. A Web ainda é bastante adequada para coletar opiniões de consumidores atuais e potenciais, fornecedores e ex-consumidores. Por que as atitudes e opiniões do consumidor são importantes? Muitas empresas hoje em dia se esforçam para ter uma estratégia de valor agregado de atendimento ao consumidor, prevendo as necessidades, inconveniências e problemas de seus consumidores e colocando em ação programas e políticas para suprir as necessidades ou aliviar as inconveniências e problemas antes de eles ocorrerem. Um recurso de software que pode ser instalado na página inicial de uma empresa é um programa desenvolvido por "Ask Jeeves" (http://askjeeves.com); ele produz respostas instantâneas a perguntas de consumidores no Website corporativo – outra demonstração de reconhecimento. Os profissionais de marketing querem que o consumidor tenha uma impressão positiva da empresa e de seus produtos, que ela seja considerada um bom vizinho no bairro e seja escolhida o empregador preferido. Essas percepções são ainda mais importantes para o profissional de marketing virtual, em função do anonimato do espaço virtual e da falta de presença física. É de se duvidar que um comprador eletrônico ou internauta volte para um Website que não forneça informações honestas, respostas a e-mails ou a opção de consertar ou trocar um produto não-satisfatório ou receber o dinheiro de volta por esse produto. Os consumidores, virtuais ou não, esperam um tratamento melhor. Ainda que muitos desses pensamentos sejam atividades comuns de relações públicas, o profissional de marketing deve fazer do atendimento eficaz ao consumidor uma alta prioridade no plano de marketing.

As ferramentas de marketing eletrônico dão ao consumidor um grande conhecimento sobre um produto ou uma empresa por meio de informações de um Website da empresa ou de hiperlinks nesse Website. Ambos podem oferecer quantidades enormes de comunicação sobre as atividades da empresa ou benefícios do produto ou registros de desempenho. Como foi discutido anteriormente, o Website pode ser um grande estoque de informações de negócios prontamente disponíveis aos consumidores atuais e potenciais. Os Websites de automóveis são exemplos dessa oferta ao consumidor de uma ampla série de informações de produtos sobre vários modelos; cada hiperlink conecta-se a mais dados específicos. Analisando o Website da Ford Motor Company (http://www.ford.com), por exemplo, a primeira página oferece três hiperlinks para escolha: um para informações da empresa, um para informações do produto e um para informações de serviço. O link do produto fornece amplas informações para "Modelos", "Atendimento ao Consumidor", "Encontre uma Concessionária", "Garantia" ou "Cuidados com o Carro". Quando você clica em outros links, é encaminhado para as informações desejadas. Esse Website é um exemplo de auto-serviço destinado ao consumidor. Outro exemplo de informações de auto-serviço é o Website da American Express (http://www.americanexpress.com); um formulário abrangente guia o visitante por meio de opções de informações, que serão enviadas imediatamente. Afinal de contas, o objetivo do marketing e do atendimento ao consumidor é tornar possível que o consumidor faça negócios com você e, de preferência, só com você.

À medida que os negócios aceleram, as pessoas enviam materiais e mercadorias urgentes por meio de couriers especializados, como a UPS e a FedEx, ambas com capacidade de rastrear o caminho inteiro da encomenda. O remetente pode obter essas informações sobre a remessa no Website em questão. A Web permite o conhecimento instantâneo da situação, seja de notícias mundiais, placares esportivos ou estoques de produto. As respostas às perguntas de atendimento ao consumidor podem ser obtidas acessando hiperlinks, e muitas pessoas preferem o tipo auto-serviço, pois querem fazer isso sozinhas, provavelmente para evitar sinais de ocupado ou até mesmo conversas com um representante mal-informado. O profissional de marketing deve desenvolver um plano completo de atendimento ao consumidor e testá-lo antes de colocá-lo na página da empresa. Por quê? Assim como quem liga fica decepcionado quando o número de telefone não está funcionando, o visitante fica igualmente aborrecido quando não consegue encontrar uma resposta em relação a uma empresa entre as FAQs padrão no Website dessa empresa. A resposta do consumidor ou as pesquisas de opinião podem ser obtidas por meio de Websites ou por e-mail para determinar vantagens ou desvantagens do desempenho de um produto existente no Website ou para receber impressões sobre o conceito de um novo produto, assim como foi a estratégia da Volkswagen ao projetar o New Beetle. Esse tipo de pesquisa também pode ser feito por meio de compradores ausentes, isto é, pessoas que são ex-consumidores. Uma pesquisa por e-mail pode ser adequada para receber respostas honestas. As pessoas ficam menos hesitantes ao expressar suas opiniões eletronicamente ou por e-mail do que quando estão cara a cara com o entrevistador.

As empresas estão descobrindo substanciais economias de custo em transferência de informações entre escritórios que possuem muitos documentos envolvendo um alto volume de vendas ligado a registros de atendimento ao consumidor. A Dell Computer seria um bom exemplo dessa tática com as vendas de seus produtos por Website e telefone. Os consumidores esperam que a Dell conheça as complicações dos sistemas que eles compraram; com perguntas, o usuário telefona ou envia um e-mail para o departamento de atendimento ao consumidor, que mantém muitos registros de equipamentos. Com um nome ou código postal, números de série ou números da ordem de compra, o suporte ao consumidor pode ser realizado em um tempo mínimo, tanto para o usuário da Dell quanto para o representante do atendimento ao consumidor da Dell. As empresas com muitos recursos humanos também se beneficiam das ferramentas eletrônicas, nesse caso a EDI (transferência eletrônica de dados). Essas transferências de informações podem ser enviadas para o outro lado da rua, para o outro lado do país ou para outro continente; a tecnologia de intercâmbio, cada vez mais rápida, fornecerá aplicações novas e mais convenientes para os consumidores e os profissionais de marketing virtual.

## Isso deveria ser chamado de comunicação com o consumidor?

O valor da comunicação positiva com o consumidor está evidentemente aparente embasado nos resultados desta pesquisa com consumidores. Em um estudo sobre as insatisfações dos consumidores, descobriu-se que 2/3 dos motivos que lhes causavam desprazer eram interrupções na comunicação e que somente 1/3 era atribuível a falhas reais em produtos ou mau atendimento. O relacionamento com o consumidor é essencial para benefícios a longo prazo de ambas as partes, e a comunicação com o consumidor nunca foi tão rápida e rica quanto com os veículos eletrônicos atuais. É claro que esse diálogo requer iniciativa da parte do profissional de marketing para estabelecer e manter as linhas abertas. Espera-se que o diálogo apresente um desequilíbrio, de pouco esforço por parte do consumidor e mais esforço por parte da empresa. Os profissionais de marketing estão computando o valor dos relacionamentos contínuos, sejam eles com consumidores de longa data, usuários leves ou intensos ou consumidores atuais ou potenciais de negócios; a comunicação é o assunto, não a categoria (Whiteley, 1991, p. 55). Além disso, estudos mostraram que consumidores insatisfeitos contarão a pelo menos outras dez pessoas sobre sua experiência ruim (o que, é claro, é má publicidade para a empresa). No entanto, com a Internet, esse número pode ser multiplicado por milhares. Existem diversos newsgroups na Net (como os Google Groups, http://groups.google.com), nos quais os consumidores trocam informações sobre o tratamento que receberam de empresas. Agora, um consumidor que se sinta lesado ou maltratado pode não se contentar em contar a algumas pessoas – ele pode divulgar a história a milhares. As empresas devem levar isso em consideração. "Afinal de contas, a reputação da empresa é a propaganda mais poderosa que existe" (McDonnell, 1998). A seguir, estão endereços de dois newsgroups que contêm histórias interessantes sobre o atendimento ao consumidor: alt.consumers.experiences e misc.consumers. Outro exemplo é o Epinions.com (http://www.epinions.com). Esse Website permite que os usuários descrevam suas experiências e troquem informações sobre produtos e serviços. Ao descrever o serviço na seção "o que fazemos", o Epinions registrou: "Conselhos imparciais. O Epinions não decide qual conteúdo será publicado e o que não deve ser publicado. O Epinions é uma plataforma para as pessoas contarem suas experiências – as boas e as ruins. Com mais de um milhão de análises e comentários, o robusto mecanismo de conteúdo do Epinions lhe apresenta um conteúdo de alta qualidade com base na utilidade descrita por outros usuários".

Em função desses impressionantes alcance e velocidade de comunicação, quem colhe o maior benefício por manter um diálogo positivo? O consumidor está mais interessado em ter suas perguntas respondidas ou o profissional de marketing está mais interessado em prestar serviços a esse negócio em potencial? Ao classificar o valor de respostas rápidas a consumidores potenciais e interessados, você poderia esperar que um pedido feito aos departamentos de atendimento ao consumidor ou marketing recebesse alta prioridade. Tomando o ato de responder ao e-mail de um consumidor, a Jupiter Research descobriu que havia falhas no desempenho do atendimento.

> Quarenta e dois por cento dos Websites mais bem-considerados levaram mais de cinco dias para responder às perguntas por e-mail, nunca responderam ou não podiam ser contatados por e-mail. [O relatório da Jupiter] ilustra que os estão ignorando a oportunidade de se comunicar com consumidores existentes ou potenciais, desincentivando a lealdade de marca e optando por um relacionamento individualizado iniciado pelo usuário, ao não oferecer, atrasar ou eliminar respostas a e-mails. A Jupiter descobriu que, dos 125 Websites examinados, a maioria dos de compra a varejo teve o melhor desempenho, com 54% respondendo em menos de um dia. No entanto, 19% dos Websites de viagem levaram pelo menos três dias ou nunca responderam às perguntas da Jupiter.
>
> "Esse esforço, do qual muitos Websites são incapazes ou para o qual não estão preparados, para responder à enxurrada de perguntas do usuário que chegam via e-mail de seus Websites [é um grande problema]", diz Ken Allard, diretor de grupo de Estratégias de Operação do Website da Jupiter. "Responder a milhares de perguntas por mês é um enorme desafio para os Websites que oferecem produtos e serviços complexos, especialmente se eles nunca tiveram um call center. Ainda assim, as empresas que atrasam respostas às perguntas dos usuários instantaneamente perdem um grau significativo de credibilidade e lealdade do usuário, e não responder perpetua a idéia

do consumidor de que usar o Website não é um método confiável de se fazer negócio com essa empresa.

A Jupiter recomenda que os Websites desenvolvam ou utilizem alguma forma de recurso de **autoconhecimento** que responda a todos os relatórios de entrada declarando que a pergunta foi recebida e que estime quanto tempo levará para responder à pergunta (Jupiter Research, 1998).

É tarefa do profissional de marketing, portanto, iniciar, nutrir e melhorar o processo de atendimento ao consumidor. O atendimento ao consumidor é um processo? Sem dúvida, você notará que a palavra "contínua" foi usada no título deste capítulo. Nenhum comerciante deve dar continuidade ao e-commerce sem a noção de que não há linha de chegada. Os gerentes estão satisfeitos com as atividades de atendimento ao consumidor da empresa?

Uma pesquisa da Jupiter Research com 30 executivos dos setores on-line de viagens, serviços financeiros e varejo indica que a maioria acredita que as soluções atuais de atendimento ao consumidor são inadequadas. Noventa por cento desses gerentes indicaram que planejam alterar o formato de atendimento ao consumidor nos próximos 12 meses. "Os comerciantes on-line estão acordando para a crescente demanda do consumidor por suporte e estão começando a reconhecer a oportunidade de converter visitantes em compradores, por meio de um atendimento mais proativo ao consumidor", disse Fiona S. Swerdlow, analista da Digital Commerce. "No entanto, os comerciantes on-line devem reservar a intervenção humana, que é cara, para atividades diretamente relacionadas à conversão do consumidor e automatizar funções como rastreamento de pedidos e venda direta" (Jupiter Research, 1998).

O sucesso gira em torno dos relacionamentos, e os relacionamentos giram em torno da longevidade. Não há nada pior do que entrar em um endereço de que você gostava e receber uma mensagem "File not found" ("Arquivo não encontrado") ou ligar novamente para um número de telefone e descobrir que ele está fora de serviço. Pensando em longevidade, como o profissional de marketing virtual deve estruturar seu programa atual de atendimento ao consumidor?

## Estabelecendo o programa de atendimento ao consumidor eletrônico

Você pode começar a estabelecer o programa de atendimento ao consumidor eletrônico perguntando a si próprio: "Como eu gostaria de ser tratado se fosse o consumidor?" Em seguida, você pode investigar as páginas e os programas de atendimento ao consumidor dos concorrentes. O que você consegue aprender com o processo de resposta a perguntas por e-mail ou com a programação de entregas? A partir da análise da situação e a de concorrência, o profissional de marketing estará capacitado para fazer um julgamento melhor dos padrões de atendimento ao consumidor. Lembre-se também de que um padrão pode não servir a todos os públicos que lidam com a empresa. Esses padrões devem variar entre empresas ou setores? Depende. Algumas indústrias têm um ritmo rápido, enquanto outras se movem mais lentamente. Você poderia esperar que as indústrias de computadores e publicidade queiram tudo para ontem, enquanto algumas empresas de commodities que lideram o setor de minérios e outras matérias-primas podem ter exigências de tempo menos severas. A decisão sobre os padrões de atendimento ao consumidor deve vir dos próprios consumidores. Eles devem ditar quais devem ser as expectativas em tempo ou precisão.

# Avaliando as fontes de feedback

Linda Silverman Goldzimer, ao escrever *I'm First: your customer's message to you* (Rawson Associates)[1], desenvolveu uma hierarquia que o profissional de marketing pode seguir ao coletar feedback de muitos segmentos de consumidores e não-consumidores que uma empresa encontra e com os quais ela interage. As nove fontes de feedback a seguir são adaptadas do trabalho de Goldzimer. O profissional de marketing ficaria surpreso com quantos públicos ele lida semanalmente, e os sentimentos desses públicos produzem a imagem agregada da empresa, seja on-line seja no seu lugar ocupado no ambiente de negócios. Em qualquer plano comercial, on-line ou tradicional, esses **postos de escuta** devem ser identificados e classificados de modo que os mecanismos de comunicação adequados possam ser configurados para coletar opiniões – positivas e negativas. Quais são algumas das fontes que devem ser monitoradas? Goldzimer produz uma lista abrangente de fontes valiosas, classificadas em ordem decrescente de importância (não que alguma seja pouco importante):

## Fonte 1: Reclamações dos consumidores

As reclamações dos consumidores são, na maioria, direcionadas e imediatas. As pessoas querem que seus problemas sejam resolvidos aqui e agora. Uma parte importante da resolução de conflitos é começar não tentando encontrar os culpados, mas, sim, resolver o problema. Na verdade, os bons comerciantes virtuais devem assumir a culpa (é tudo nossa culpa, e como podemos consertar?), aceitar a responsabilidade e seguir em frente, tentando resolver o problema. Se houver um elo fraco no seu sistema, seja ele uma pessoa seja uma política, investigue o assunto mais tarde. Não se esqueça de instruir o gerente de atendimento ao consumidor a manter uma lista de reclamações, e inserir os dados em um programa provavelmente é a forma mais eficiente e precisa de manter esses registros. Tome a iniciativa de preparar uma página de FAQ no Website da empresa para responder a perguntas simples dos consumidores (o Website Expedia [http://www.expedia.com] exibe uma seção simples e relevante de FAQ aos viajantes, na página "Customer Service"). Em seguida, de forma mais planejada, as atividades de atendimento ao consumidor podem ser analisadas com alterações feitas conforme necessário. Talvez os consumidores estejam reclamando sobre problemas de quebra que levariam o gerente a inspecionar os materiais de embalagem, os procedimentos de manuseio ou os procedimentos do entregador. Entre os seus clientes pode haver uma pessoa que reclama constantemente, mas seja paciente. Para cada reclamador constante, você pode ter centenas de compradores sólidos e leais que estão satisfeitos.

## Fonte 2: Contato direto com o consumidor

Dentro do universo do cybermarketing, o feedback do contato direto com o consumidor pode ser raro, mas sempre que o profissional de marketing ficar cara a cara com um consumidor – atual ou ex –, ele deve tomar a iniciativa de fazer pergunta após pergunta sobre as experiências on-line do consumidor. Esses encontros podem ocorrer em ambientes *business-to-business* nas feiras da indústria ou em reuniões com os principais clientes da empresa, aqueles que são responsáveis pelos pedidos de grandes quantidades de produtos. Essas são excelentes oportunidades de desco-

1 *1º Eu: Um Recado do seu Cliente*, publicado no Brasil pela Editora Maltese (N.R.T.)

brir, como costumava dizer o ex-prefeito da cidade de Nova York, Ed Koch, "Como estou me saindo?", ou o que a concorrência está fazendo melhor que a empresa do profissional de marketing. Com perguntas diretas, você normalmente receberá respostas diretas. Depois dessas valiosas entrevistas, o profissional de marketing deve descrever minuciosamente a troca e fazê-la circular entre seus associados, incluindo a equipe de atendimento ao consumidor.

### Fonte 3: Seu próprio e-mail

Goldzimer originalmente descreveu a terceira fonte como correio, mas para fins de atualização e para tornar a fonte mais adequada para a discussão deste livro, serão considerados tanto o e-mail quanto o serviço postal. Alguns consumidores decepcionados podem usar o telefone para reclamar, enquanto outros optam por um conflito menor e preferem escrever uma reclamação ao departamento de atendimento ao consumidor. O e-mail parece ser mais imediato e até mais ameaçador, mas as letras carregam um peso igual de descontentamento e devem ser remediadas com a mesma velocidade. Nem todos têm acesso à Internet, de forma que a proporção de pessoas que expressam sua opinião por carta comum em relação às pessoas que escrevem e-mails deve ser igual, ainda que a compra tenha sido feita on-line. Executivos de sucesso têm o hábito de ler a correspondência diariamente e responder a todos os e-mails no fim do dia. Esse envolvimento é uma ação sadia de comunicação e relações públicas que tanto resolve os problemas de curto prazo com clientes quanto aumenta a boa vontade entre consumidores e associados.

### Fonte 4: A pesquisa formal com o consumidor

Essa atividade deve ser tratada cuidadosamente ou os consumidores podem considerar que são spams ou e-mails não-solicitados. O e-mail e o HTML se aplicam bem a pesquisas, e as respostas devem ser analisadas cuidadosamente. Mais uma vez, com o tempo podem vir grandes sugestões da sua base de clientes. Diz-se que as melhores idéias vêm dos consumidores; tudo o que o profissional de marketing tem de fazer é ouvir. Para pesquisas, pode ser uma boa idéia contratar uma empresa de pesquisa de marketing para desenvolver o questionário e depois pedir a ela que administre as duas primeiras pesquisas para compilação e análise das respostas. A partir daí, o gerente de marketing ou de atendimento ao consumidor pode aplicar o procedimento a pesquisas futuras. O questionário deve conter perguntas simples que gerem respostas diretas. Depois que a pesquisa for concluída, o profissional de marketing deve tomar providências em relação aos resultados e sugestões. Muitas pesquisas e muito dinheiro teriam sido desperdiçados se os resultados da pesquisa não tivessem sido levados em conta. Ainda que a Internet seja uma forma mais barata de pesquisar os segmentos de marketing da empresa, os resultados não são menos críveis ou valiosos.

### Fonte 5: Fornecedores e fabricantes

Essas fontes são postos de escuta adicionais dentro do mercado, e o profissional de marketing prudente deve tirar vantagem das opiniões e observações dos fornecedores e fabricantes. Esses negociantes trabalham com muitas organizações diferentes, vendo e ouvindo quais são os interesses ou tendências que estão se formando e o que está saindo de moda. A maioria dos fornecedores se dedica para que seus clientes tenham sucesso, já que isso significa mais negócios para eles. Isso também é verdade para o fabricante. Esse ponto assume que o profissional de marketing virtual está fazendo exatamente isso – comercializando os bens e serviços produzidos por outras empresas ou montados a partir dos materiais dos fornecedores – e, portanto, há pouca concorrência entre a cadeia de distribuição. Com um espírito de cooperação, os fornecedores e fabricantes tendem a prestar atenção em seus consumidores.

## Fonte 6: Sessões com funcionários e sócios

Muitos executivos de sucesso recebem a responsabilidade de visitar instalações longínquas para coletar dados sobre as opiniões de consumidores daquela região. É fácil sentar em seu escritório e se distanciar do mundo real – funcionários, consumidores, condições de mercado. Esse profissional de marketing, no entanto, não dura muito em uma posição de autoridade. Ainda que o comércio eletrônico seja organizado de forma diferente dos negócios tradicionais, com a Web trazendo consumidores distantes para o Website, o gerente de marketing do Website pode tirar amostras das opiniões dos funcionários da organização. Isso exige uma técnica de gerenciamento da década de 1980, a de dar uma volta para saber quem está fazendo o quê e com qual eficiência. O profissional de marketing deve se lembrar de que os funcionários são um importante segmento de consumidores que a empresa deve entreter. Funcionários agitados oferecerão comunicação com o consumidor agitada e possivelmente negativa, e é muito pouco simpático para o cliente perceber o sentimento de infelicidade de um representante de atendimento ao consumidor, mesmo por telefone. Você deve ficar de olho no feedback dos funcionários como um importante indicador da auto-satisfação geral da empresa.

## Fonte 7: Sua vizinhança

Nesse caso, o profissional de marketing deve participar das organizações comerciais para obter um insight melhor sobre os trabalhos da comunidade de negócios local. Um conhecimento íntimo da Câmara de Comércio local, das mesas-redondas de negócios, dos funcionários do governo ou das forças-tarefa das empresas pode ser útil para estabelecer credenciais positivas da empresa, e o setor de negócios pode ser um grupo útil de clientes. Você pode se voluntariar para criar um newsgroup para a organização e monitorar e facilitar as idéias do grupo e as atividades on-line. O feedback desses grupos pode ser valioso na existência da empresa a longo prazo. O profissional de marketing deve alocar seu tempo para comparecer a reuniões e completar tarefas do comitê, pois o desempenho do indivíduo que representa a empresa refletirá seu desempenho esperado. Se o trabalho do indivíduo for ruim ou negligente, a percepção da empresa será a mesma.

## Fonte 8: Envolvimento da comunidade

Assim como trabalhar com a comunidade de negócios, o profissional de marketing deve participar de projetos para benefício da comunidade. Novamente, como profissional de marketing, você pode organizar um newsgroup de notícias da comunidade para trocar idéias ou publicar notícias. Isso pode envolver a organização de campanhas de arrecadação de roupas e alimentos durante as festas de fim de ano, associar-se à United Way e incentivar a equipe a se unir ou dar apoio ao orfanato local; existem dezenas de boas causas e entidades beneficentes a serem auxiliadas. Dentro do newsgroup da comunidade, esses projetos são notícias. Essas atividades constroem tanto a auto-estima dos funcionários quanto a imagem da empresa, assim como se somam à melhora de outro importante grupo de opinião. Espera-se que as atividades da empresa que possam estar relacionadas aos interesses de varejo reforcem o objetivo de e-commerce da empresa.

### Fonte 9: Envolvimento da comunidade on-line

Se puder patrocinar uma conferência on-line especial que seja relativa à comunidade on-line inteira, algo como privacidade ou transações eletrônicas seguras, a empresa de e-commerce poderá ganhar um feedback enorme por suas iniciativas. Nesse ponto, o que é bom para o profissional de marketing virtual é bom para a indústria. As atividades promocionais para melhorar a imagem e os serviços do e-commerce devem ocupar a mente dos profissionais de marketing virtuais e um lugar nos planos de e-marketing. Conversar com freqüência com comerciantes on-line e desenvolvedores de vitrines virtuais dará um feedback de primeira mão sobre o estado dos negócios e provavelmente gerará novas idéias para o profissional de marketing virtual. Essas comunicações de negócios são outro exemplo de como se manter próximo do consumidor e ajudam a determinar quais programas estão funcionando. O e-commerce é jovem, de forma que o profissional de marketing deve procurar feedback de todos os lados (Goldzimer, 1989, p. 78-96). As atividades promocionais serão discutidas com mais detalhes no Capítulo 14.

## Prestação de serviços como prioridade número um

Às vezes, a única prova concreta de uma empresa de e-commerce é seu desempenho no atendimento ao consumidor. Sim, a mercadoria foi entregue ao comprador ou este fez o download corretamente, mas não é o Website de e-commerce que fabrica os produtos. Portanto, a importância de um sólido e consistente atendimento ao consumidor é o fator diferenciador que coloca uma empresa acima das outras. Ao organizar um programa de atendimento ao consumidor, dois ingredientes formam um programa vencedor: primeiro, o profissional de marketing deve insistir em contratar representantes excelentes e, segundo, esses representantes devem passar por um treinamento excepcional. Essas duas etapas podem ser seguidas por outras partes do programa de atendimento ao consumidor, como o estabelecimento de padrões para o atendimento ao consumidor, padrões de tempos de resposta e um cronograma de atividades para resolver os problemas. Surge o tratamento do bom senso; não deixe o telefone tocar mais de três vezes, ligue para seus telefones para ver como você é tratado e pense em designar uma pessoa para verificar a caixa de e-mail a cada duas horas. As pessoas não gostam de esperar. Aja com racionalidade nesse assunto, pois os problemas raramente desaparecem, e os consumidores são tipicamente compradores bem-informados. Agora que você já deve ter uma boa base sobre os métodos de coleta de informação, deve-se discutir a criação de formulários e pesquisas eletrônicos.

## Criando formulários na Internet

Os formulários são um dos recursos mais populares da Web para realizar negócios. Eles podem adicionar uma dimensão flexível da interatividade com seus documentos na Web ao permitir que você faça pesquisas, receba pedidos, inscreva usuários, colete feedback e até aplique testes. Os formulários podem ser bastante simples ou altamente complexos. No entanto, os formulários em si não fazem nada além de coletar os dados inseridos pelos usuários. Para criar páginas da Web dinâmicas e interativas, você precisa usar estratégias adicionais do cliente ou do servidor. Do lado do cliente, a maioria dos programadores usa JavaScript. Até recentemente, a principal arma do lado do servidor era a programação **Common Gateway Interface (CGI)**, muitas vezes usando Perl. No entanto, soluções do servidor cada vez mais populares para criar Websites orientados por bancos de dados agora estão tendo um desempenho muito melhor e são mais simples de usar. Os programas do lado do servidor são usados para conectar seus formulários e páginas da Web interativas aos bancos de dados. Por exemplo: você pode usar um programa de servidor para permitir que os consumidores consultem o banco de dados e consigam ver preços atualizados ou confiram a disponibilidade de determinado produto. Alguns dos programas mais populares que estão em uso atualmente são o Cold Fusion, da Macromedia (antes de propriedade da Alaire), o Microsoft® Active Server® Pages (mais conhecido como ASP, e um produto de código aberto chamado PHP (acrônimo recursivo para PHP: Hypertext Preprocessor) originalmente criado por Rasmus Lerdorf. A tabela a seguir apresenta alguns Websites que contam com um bom exemplo do uso de formulários na Web:

**Quadro 13.1**

| Descrição do Formulário da Web | URL do Formulário da Web |
|---|---|
| Livro de visitas do Nabisco World | http://www.nabiscoworld.com/guestbook.htm |
| "Get Profiled", da Procter & Gamble | http://www.pantene.com/en_US/diagnostic/index.jhtml |
| Don Pablos - Relatório de atendimento ao consumidor | http://www.donpablos.com/ |
| Sears - Formulário de registro da lista de desejos | http://www.wishbook.com/ |
| KeySurvey - Exemplos de pesquisas na Web | http://www.keysurvey.com/index.jsp |

Ainda que consiga criar um formulário e até mesmo tenha o programa para executá-lo, você sozinho provavelmente não conseguirá fazê-lo funcionar. Se você tiver perguntas, o **administrador do sistema** deve poder auxiliá-lo. Com o advento do HTML 4.0, foi possível executar o script necessário do lado do cliente dc navegador da Web usando uma linguagem de script como Perl, Javascript ou VBScript, se o servidor da Web que você estiver usando tiver sido configurado dessa forma. Se for esse o caso, você pode criar e usar formulários sem a ajuda do administrador do sistema. Por razões de segurança, isso provavelmente não estará disponível na maioria dos casos. No entanto, seu provedor de serviços pode oferecer alguns scripts gerais em uma biblioteca que possa ser utilizada por muitos propósitos. Programas e linguagens de script que permitem que você conecte seus formulários aos bancos de dados serão discutidos com mais detalhes neste capítulo. Dois exemplos de scripts gerais que podem ser oferecidos por um provedor de serviços são um contador de hits e um recurso de livro de visitas. Veja como exemplo a Figura 13.1.

## O que é um formulário?

O formulário é uma interface gráfica do usuário que usa campos de inserção de texto e áreas, botões, caixas de seleção, menus suspensos, listas de rolagem e outros gráficos especializados. O formulário pode ser simples ou intrincado. Ele pode preencher a página da Web inteira ou fazer parte de um documento. No entanto, o formulário precisará ser formado por pelo menos alguns elementos ou tags para funcionar adequadamente. As tags mais importantes são <form>, </form> e algum tipo de tag de entrada (input). O formulário pode conter tags adicionais para

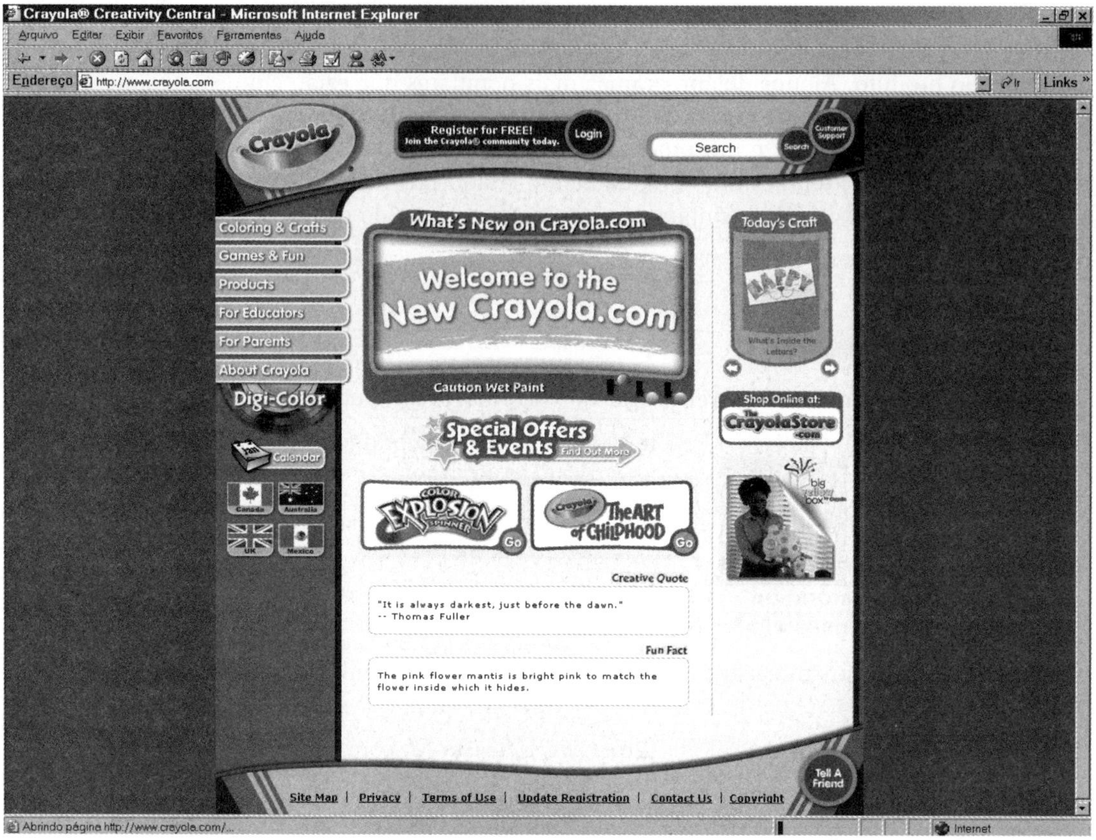


**Figura 13.1** O Website da Crayola convida os consumidores a se registrar em um "passaporte gratuito da Crayola". Ao responder a algumas perguntas básicas e criar um ID, a Crayola torna a visita ao Website mais fácil e personalizada de acordo com o estilo de vida, a situação familiar e os interesses específicos do consumidor. Esse é um excelente exemplo do uso de formulários para coletar dados brutos de seus consumidores e, ao mesmo tempo, dar ao Website um toque personalizado. *Fonte*: Crayola (http://www.crayola.com). Crayola é uma marca registrada de Binney & Smith. Utilizado com permissão.

torná-lo mais atraente, e essas tags podem até ser colocadas em uma tabela para dar uma aparência mais estilizada. Eis aqui uma tabela mostrando as tags que podem ser usadas em um formulário:

**A Tag Form**

**Exemplo** < form action = "url do script de processamento" method = "get or post" >
...
< /form >

**Função** Contém o texto e as tags que formam o formulário html

**Atributos** accept-charset, action, enctype, method, target
**Tags relacionadas** < input >, < select >, < options >, < textarea >, < button >, < label >, < fieldset >, < legend >

Alguns dos atributos da tag form são muito importantes. O **atributo action** aponta o formulário para uma URL que aceitará as informações do formulário e fará algo com isso. Se você não especificar uma ação, o servidor enviará a informação de volta para a URL original. Uma pequena explicação sobre como o formulário da Web funciona pode ser útil para compreender a importância do atributo. Os servidores da Web são programas que sabem como distribuir páginas da Web. Como também não seria viável que eles fossem programados para processar dados de todos os formulários possíveis, as informações coletadas do formulário são distribuídas a outro programa, projetado em conjunto com o formulário e sabe como processar as informações. Essa distribuição ocorre com a ajuda dos scripts ou programas discutidos antes.

Portanto, para que os formulários que você criou funcionem, eles precisam ter um script que os acompanhe ou um pequeno programa que lide com as informações que chegam ao formulário ou que são enviadas por ele. Os formulários em si nada mais fazem que coletar os dados inseridos pelo usuário e aguardam por instruções para determinar o que fazer com os dados. O script realiza algumas manipulações de dados, comunica-se com o banco de dados e depois compõe uma resposta que é tipicamente enviada para o navegador do usuário como página HTML.

O **atributo method** diz ao formulário como enviar sua informação ao script. O tipo mais comum de método é o **atributo post**, que envia todas as informações do formulário separadamente da URL. Outra opção de método é o **atributo get**. O get rastreia as informações de um formulário até o fim da URL. Contudo, o post normalmente é o melhor método a ser utilizado. Os dados passados pelo método são as informações que o script lê e processa. O resultado dos dados depende de como o script é redigido.

Para de fato coletar dados do seu formulário, deve haver uma maneira de o usuário inserir informações e uma maneira de o navegador coletá-las. As tags relacionadas à tag form são utilizadas para isso. A mais versátil é o **atributo input**. O input é uma opção de tag única para coletar informações, que contém outras opções para coletá-las. É a tag HTML mais versátil, pois possui muitas opções diferentes e muitos atributos. As opções de inserção estão relacionadas na tabela a seguir:

**A Tag Input**

| | |
|---|---|
| **Exemplo** | < input type = "checkbox" name = "field_name" value = "field value" checked = "checked" disabled = "disabled"/ > |
| **Função** | Coloca um dos seguintes controles de formulário no formulário:<br>Campos de texto, senha ou ocultos<br>Caixas de seleção<br>**Botões de rádio**<br>Campos de upload de arquivo<br>Botões baseados em imagem<br>Botões de script<br>Botões de enviar e apagar tudo |
| **Atributos** | Cada tipo de tag input pode ter diferentes atributos. Eles serão discutidos separadamente, mas veja aqui uma lista possível deles: accept, align, checked, disabled, length, maxlength, name, onclick, usemap, value, readonly, size, src. |
| **Tags relacionadas** | Nenhuma |

Como os diferentes tipos de dados podem variar tanto e são tão importantes para criar o formulário perfeito, a discussão a seguir resumirá cada um deles. A maioria dos tipos de dados de entrada requer um **atributo name**, que define um nome exclusivo para as informações que são passadas ao servidor. Um exemplo é a caixa de texto para inserir o sobrenome, que pode ter o nome "last" (de *last name*, em inglês). Esse nome deve ser o mesmo no formulário e no script em que as informações serão processadas. A maioria das tags input também usa o **atributo value** para atribuir um valor original ou padrão ao que estiver sendo inserido. Por exemplo, o **atributo text** exibe uma linha simples de texto. A opção *name* é necessária para que o script saiba o que está sendo inserido pelo usuário. O texto pode usar o **atributo length** para especificar quantos caracteres serão exibidos na caixa de inserção. É possível também usar *maxlength* para limitar o número de caracteres que podem ser inseridos pelo usuário. A opção *value* seria utilizada para fornecer o texto presente inicialmente no campo (em outras palavras, uma dica para o usuário ou um dado padrão). O **atributo password** é um campo de texto modificado que exibe marcadores em vez dos caracteres que de fato são digitados. Isso é usado para proteger a senha do usuário dos olhos alheios, mas não a criptografa quando é enviada ao servidor. As mesmas opções são utilizadas aqui com texto. Os campos ocultos são utilizados quando você deseja enviar um valor ao servidor, mas não quer que o usuário necessariamente o veja. O **atributo hidden** usa nomes e valores. Como o usuário na verdade não verá esses dados, você deve passar ao servidor o valor que deseja que ele contenha no código do formulário.

O tipo **checkbox** (caixa de seleção) é um recurso valioso para pesquisas e formulários de pedido. É exibida uma caixa de seleção simples que pode ser ou marcada (predefinida em um valor) ou vazia de início. Ela deve ser utilizada quando houver mais de uma opção. As opções disponíveis para a caixa de seleção são *name* (obrigatório), *value*, *checked* e *disabled*. O *tipo radio button* (botão de rádio) é uma versão mais complexa da caixa de seleção, permitindo que somente uma opção entre um grupo seja escolhida. É uma boa opção para itens que demandam uma resposta do tipo sim/não ou ou/ou. Os botões de rádio são agrupados juntos usando a opção *name*. As outras opções são as mesmas que a caixa de seleção.

Para fornecer o recurso de upload de arquivo, você precisa usar o tipo *file* (arquivo). Esse recurso mostra ao usuário uma janela parecida com a de um gerenciador de arquivo, permitindo que o arquivo para fazer upload seja localizado e que seu caminho seja inserido. O tipo *file* usa os atributos *name, value, accept* e *disabled*. O tipo *image* (imagem) é usado para criar um botão baseado em uma imagem. O atributo *src* diz ao navegador onde ele pode encontrar o arquivo-fonte da imagem do botão de forma semelhante ao atributo src na tag img apresentada anteriormente. O atributo *alt* oferece uma alternativa textual à imagem, caso o usuário não possua um navegador gráfico. O **atributo align** pode ser usado para controlar a forma como a imagem é alinhada na página, e *usemap* pode ser utilizado como se estivesse em um mapa de imagens comum. *Disabled* desabilitará o botão. Um botão de script também pode ser usado para executar um script ao se clicar nele. Esse tipo usa o atributo *value* para especificar o texto que estará na face do botão. O atributo *onclick* é definido igual ao nome do script a ser executado. O script para esses tipos de botão não é o mesmo que para o script que processa os dados do formulário. Os scripts do botão normalmente são escritos em linguagem de programação, como Javascript ou VBSscript. Esse botão pode ser desativado usando o atributo *disabled*.

O **atributo submit** exibe um botão com a função predefinida de enviar dados do formulário para o servidor. O valor pode ser utilizado para alterar o texto no botão. O tipo *reset* exibe um botão com a função predefinida de limpar os dados do formulário, devolvendo-os aos valores originais. O valor pode ser usado para alterar o texto no botão. Se for utilizado *disabled*, os botões serão desativados.

Existem outras tags que podem ser utilizadas para fornecer maneiras diferentes para o usuário inserir informações no seu formulário. Por exemplo, a tag *textarea* permite a você uma área para entrada de textos com diversas linhas. A *textarea* mostra um campo em branco com quatro linhas de informação e 40 caracteres de extensão por default. Ele pode ser feito de qualquer tamanho, configurando as opções *rows* e *cols* na tag. O texto também pode ser inserido colocando-o entre as tags *textarea*. A tabela a seguir lista as opções para as tags textarea:

**A Tag Textarea**

| | |
|---|---|
| **Exemplo** | <textarea name = "addresses" rows = "2" cols = "60"> favor apagar este texto e inserir seu endereço aqui... </textarea> |
| **Função** | Configura uma caixa de inserção de texto de múltiplas linhas no formulário. |
| **Atributos** | cols, disabled, name readonly, rows |
| **Tags relacionadas** | Nenhuma |

O **atributo select** mostra uma lista de opções em um menu do tipo pop-up ou em uma lista rolável. Esse atributo contém tags de abertura e de finalização com algumas opções entre elas. A tag select requer um atributo name para definir o nome dos dados no script. Você pode especificar quantas opções mostrar de uma só vez utilizando a opção size. Se você omitir a opção size ou defini-la como 1, as opções são mostradas como em menu do tipo pop-up. Se você defini-la com o valor 2 ou um valor superior, as opções são mostradas com o formato de uma lista rolável. Se você definir o size com um número maior que o número de opções que você especificou no select, uma opção sem conteúdo será adicionada automaticamente. Quando o usuário fizer essa opção, será retornado um campo vazio, sem informação. A opção multiple é usada para permitir seleções múltiplas ao se utilizar uma lista rolável. As opções são apresentadas ao usuário ao colocá-las dentro da tag select, na tag option. Um valor qualquer pode ser atribuído a uma opção. Esse é o valor que é enviado de volta ao script e não precisa ser o mesmo que o usuário vê. Use selected na tag option se você quiser que uma das opções seja configurada como padrão. A tabela a seguir é um exemplo do uso de uma tag select:

**A Tag Select**

| | |
|---|---|
| **Exemplo** | <select name = "color" size = "5"><br><option> Red </option><br><option> Navy </option><br><option> Black </option><br><option> Beige </option><br>...<br></select> |
| **Função** | Cria uma lista de opções das quais o usuário pode fazer uma seleção de um item ou de vários itens (nesse caso, uma cor). |
| **Atributos** | disabled, multiple, name, size, value |
| **Tags relacionadas** | <option> |

## Como fazer os formulários funcionarem

Como foi discutido anteriormente, para os formulários da Web funcionarem, eles precisam ser acompanhados de um script ou de um pequeno programa que lide com as informações que saem do formulário e aquelas que chegam. Os formulários por si só nada mais fazem que coletar dados inseridos pelo usuário e armazená-los até que você lhes diga o que fazer com os dados. O administrador do seu sistema normalmente é responsável por ativar o programa ou colocar o script no servidor da Web. Embora você consiga criar seus formulários com relativa facilidade, criar o script é um pouco mais difícil e muitas vezes requer conhecimentos de programação. Os scripts para formulários como esses que foram considerados aqui normalmente são criados em linguagem de programação ou de scripts. A criação de scripts não será discutida neste livro; isso é assunto de um curso mais avançado em design de Websites. No entanto, discutiremos brevemente sobre as opções populares que existem atualmente para conectar seus formulários aos bancos de dados, para que você saiba quais são as possibilidades.

Um lembrete importante: seu script e seu formulário devem ser correspondentes, para que o script lide com as informações que o formulário está passando. Isso significa que o nome das variáveis (por exemplo, First, para nome) deve ser o mesmo nos dois lugares. É por isso que é importante comunicar-se com qualquer pessoa que esteja criando seus scripts, de forma que os formulários e os scripts possam trabalhar juntos. Não é muito provável que você precise criar seus próprios scripts, a menos que você tenha habilidades de programação, mas deve entender como eles são criados e trabalhar para poder se comunicar para concluir a tarefa.

Cold Fusion, ASP e PHP são servidores de aplicativos, o que significa que eles trabalham em conjunto com o seu servidor usual para oferecer aplicativos da Web – e não simples páginas da Web. Todos esses programas funcionam essencialmente da mesma forma – o desenvolvedor cria páginas da Web que incluem tags especiais semelhantes às usadas em HTML. Quando o navegador solicitar uma dessas páginas, o servidor de aplicativos primeiro interpretará as tags especiais, substituirá essas tags pelo resultado de quaisquer cálculos ou queries de banco de dados que tiverem sido especificados e depois enviará a página preenchida ao servidor da Web que, por fim, a enviará ao navegador. Os elementos do script são invisíveis ao cliente. Para o navegador, é como se eles estivessem navegando normalmente por qualquer Website. Com algumas exceções, esses aplicativos são independentes do navegador, ainda que, quando combinados a outras tecnologias, como DHTML e XML, o produto requeira um navegador mais moderno e avançado. A diferença com o PHP e, possivelmente, um dos motivos pelos quais ele está se tornando tão conhecido é que ele é gratuito. Se você quiser aprender mais sobre Cold Fusion, ASP ou PHP, experimente visitar alguns dos Websites relacionados a seguir e fazer uma pesquisa pelo seu tópico de interesse.

| | |
|---|---|
| About.com | http://www.about.com |
| Web Developers Journal | http://www.webdevelopersjournal.com/ |
| Webmonkey | http://hotwired.lycos.com/webmonkey |
| Microsoft | http://www.microsoft.com |
| Macromedia | http://www.macromedia.com |
| PHP.net | http://www.php.net/ |
| Zend (a empresa do PHP) | http://www.zend.com/zend/aboutphp.php |

## Atendimento ao consumidor/apreciação

Conforme discutimos antes, o atendimento ao consumidor é resultado da comunicação com ele. A satisfação do consumidor é a visão de negócios que as empresas estão procurando conseguir. Essa visão só pode ser conseguida por meio do uso de ferramentas que abram as portas da comunicação bidirecional. Como empresa, não apenas você quer que o consumidor fique satisfeito, como também quer mostrar seu apreço pelas compras dele.

Um dos centros mais importantes para a satisfação do consumidor é o The American Customer Satisfaction Index (http://www.theacsi.org). Esse índice, criado em 1994, rastreia as

## O E-Marketing em Ação

### A VOTAÇÃO DA COR DOS M & M'S: O MUNDO RECEBERÁ UMA NOVA COR

O Website dos M & M's é o melhor exemplo que se pode dar quando se pensa sobre a inclusão do consumidor no processo de marketing. A empresa Mars permitiu que consumidores de todo o mundo escolhessem a nova cor (púrpura, rosa ou azul) bastando, para isso, acessar o Website e optar por sua preferência. Esse Website está longe de ser uma operação de varejo eletrônica. Ele é muito mais que isso. O Website resume boa parte do que já foi discutido. O conteúdo é muito rico e dá informações sobre os conceitos dos M & M's, a votação de cores, inclui diversão e jogos para as crianças e uma seção que dá sugestões de receitas. Em relação à votação de cores, o usuário podia ir à página de cada uma delas e ler sobre a cor específica ou até mesmo criar sua própria cor. O Website atingia muitas metas em um local virtual que teria sido impossível conseguir de outra forma. Primeiro, ele aumenta a lembrança da marca e promove as novas cores. Segundo, e mais importante, dá poder aos consumidores. Que satisfação maior o consumidor pode ter do que escolher os produtos e serviços que irá consumir? A cor escolhida para ser adicionada à frota de M & M's foi o azul, e a decisão foi o resultado da "primeira votação global de cores da história".

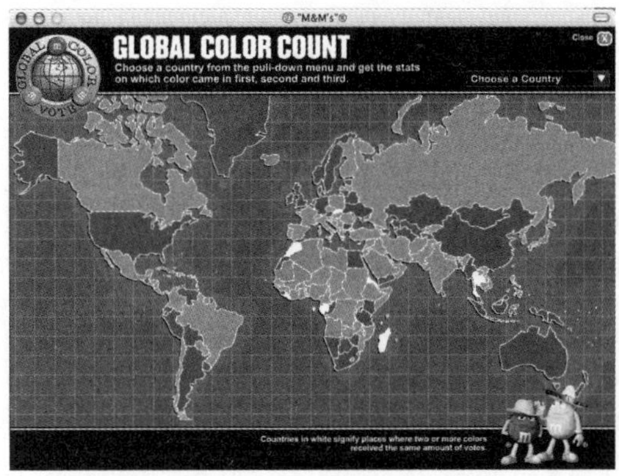


O Website para votação global da cor dos M & M's é um ótimo exemplo de comunicação bidirecional business-to-consumer.
*Fonte*: M&M (http://www.m-ms.com). Copyright © 2001 Mars Incorporated. Todos os direitos reservados. Utilizado com permissão.

tendências em satisfação do consumidor e dá idéias valiosas de *benchmarking* da economia do consumidor para empresas, associações de comércio e indústrias e órgãos governamentais. O ACSI usa um conjunto de cinco componentes principais em sua metodologia para medir o atendimento ao consumidor. Esses cinco componentes são:

1. Expectativas do consumidor
2. Qualidade percebida
3. Valor percebido
4. Reclamações do consumidor
5. Retenção do consumidor

Cada um desses fatores oferece um conjunto de indicadores do estado de espírito interno do consumidor em todos os estágios do ciclo de compra/serviço. Enquanto o último era mais ou menos o atendimento ao consumidor tradicional, o Foresee Results (http://www.foreseeresults.com) criou um índice de atendimento ao consumidor de e-business. Construindo sobre os modelos do American Customer Service Index, o Foresee Results criou uma solução para medir o atendimento ao consumidor de e-commerce – "medindo o invisível". Segundo a empresa, o monitor CS permite à empresa virtual:

- Medir continuamente a satisfação dos usuários do Website e os comportamentos futuros, como probabilidade de retornar ao Website ou recomendá-lo a outras pessoas.
- Medir a satisfação do consumidor com elementos específicos do Website, como conteúdo e navegação, e identificar os elementos nos quais as melhorias terão o maior impacto sobre a satisfação dos seus consumidores e os lucros.
- Prever o comportamento dos consumidores que resulta da melhoria da satisfação com o Website.
- Ainda que esta seja uma das soluções oferecidas, o trabalho do profissional de marketing virtual é usar todos os meios possíveis para manter a comunicação aberta em todos os níveis e em todos os momentos.

Em um estudo feito pela Universidade de Michigan, descobriu-se que o atendimento on-line ao consumidor teve uma pontuação mais alta que o atendimento ao consumidor oferecido por varejistas tradicionais, e a Amazon.com ocupa o primeiro lugar. Por que esse fenômeno está ocorrendo, quando em ambientes de varejo tradicionais há comunicação pessoal? A resposta é simples: a interface virtual permite interações contínuas e em tempo real. Os comerciantes virtuais se deram conta de que estratégias de e-mail estão se tornando cada vez mais essenciais para a satisfação dos consumidores. Na verdade, um estudo realizado pelo famoso J.D. Power mostrou que "a demora no tempo de resposta por e-mail pode fazer que os varejistas percam vendas" (2001). Como conseqüência, o tempo de resposta considerado competitivo diminuiu para cinco horas. Em um estudo relacionado feito pelo Giga Information Group, descobriu-se que o tempo médio de resposta da metade das empresas mais rápidas estudadas reduziu 62%, de treze para cinco horas (2002).

Além da satisfação do consumidor básico e das estratégias de "resposta à crise", os profissionais de marketing estão implementando várias táticas virtuais proativas. Uma delas é integrar o consumidor no processo de decisão, como a "votação da cor" da empresa Mars. A satisfação do consumidor é possivelmente o que há de mais prejudicial e, ao mesmo tempo, benéfico para o conceito de e-commerce. Outras ferramentas incluem o uso de pesquisas, formulários, grupos de discussão, material de marketing direto e, claro, muitas dessas ferramentas são adicionadas aos incentivos para promover comunicação mútua.

# Resumo

A Web é um excelente veículo para praticar atos espontâneos de bom tratamento, tendo o consumidor como receptor. Essa atividade – atendimento ao consumidor – visa auxiliar o consumidor a receber o que há de melhor em utilidade de produto e satisfação. O profissional de marketing deve saber como e quando agir ao melhorar a prestação do serviço, apresentar novos produtos ou serviços e monitorar a comunicação com o consumidor. Vários métodos podem ser empregados para ficar em contato com o consumidor, e as ferramentas de marketing eletrônico são bem adequadas para fornecer opiniões e informações precisas e oportunas ao profissional de marketing. Neste capítulo, foram discutidas as premissas básicas do monitoramento do atendimento ao consumidor, além de instrumentos habilitados pela Web e sua construção usando um editor de HTML. Pesquisas, formulários, votações e dispositivos semelhantes de criação de relatórios podem ser embutidos nos Websites, e essas informações são fornecidas diretamente pelo consumidor de serviços ou produtos sem filtros para modificar o significado ou a urgência da reforma. A excelência dos programas de atendimento ao consumidor melhora a taxa de recompra, e o faturamento contínuo é o que há de mais lucrativo em todo o comércio, seja ele eletrônico ou não.

## Perguntas e exercícios

1. Na sua opinião, qual é a forma mais eficaz de oferecer um ótimo serviço de atendimento ao consumidor? Qual é a forma menos eficaz? Compare as vantagens e desvantagens de cada método. Redija um esboço dos seus pensamentos para o gerente de atendimento ao consumidor.
2. Descreva os vários benefícios de um bom programa de atendimento orientado para o consumidor como estratégia para criar vantagem competitiva. Quais seriam as cinco políticas mais importantes com as quais construir o marketing de relacionamento? Redija um e-mail de sugestão ao gerente de atendimento ao consumidor em Londres.
3. Os sistemas de resposta automática e o robô de e-mail são programas de atendimento ao consumidor com os quais se pode contar na prática? Eles representam um bom programa de atendimento ao consumidor que proporciona boa capacidade de resposta? Eles proporcionam um programa gratificante de atendimento ao consumidor? Redija um memorando justificando diferentes aspectos sobre as conseqüências de cada sistema em termos de praticável *versus* capacidade de resposta *versus* experiência do consumidor gratificante.
4. À medida que o atendimento ao consumidor eletrônico ficou mais disponível, as capacidades desse recurso de marketing eletrônico também estão ficando mais flexíveis. Os benefícios são principalmente velocidade, precisão e conveniência. Quais desses três benefícios você considera mais importantes ao prestar serviço aos grupos de consumidores? Prepare-se para justificar sua opinião em uma discussão em classe.
5. Defina por escrito as seguintes palavras ou conceitos:
   a) compreensão da linguagem natural
   b) robôs
   c) postos de escuta
6. Defina por escrito as seguintes palavras ou conceitos:
   a) o objetivo do atributo method
   b) o objetivo do atributo post
   c) o objetivo do atributo align
   d) o objetivo do atributo submit
   e) o objetivo do atributo action
   f) o objetivo do atributo input
7. Ao desenvolver pesquisas e outros tipos de formulários, o respondente pode não querer que suas respostas sejam facilmente lidas por outras pessoas. Como o criador do formulário resolveria esse problema? Qual o papel dos atributos password e hidden nessa situação? Redija um e-mail ao diretor de segurança explicando esse problema de privacidade e cite alguns exemplos desse cenário.
8. Acesse um formulário de pesquisa do consumidor em qualquer Website e clique na opção View do navegador. Em seguida, localize a opção View Source para exibir o código HTML. Selecione uma seção de meia página e explique as várias tags e atributos do formulário. Prepare uma explicação por escrito e inclua a parte do código que você selecionou. Devolva o relatório ao professor na próxima aula.

*Bibliografia*


E-MAIL customer support response times improve from third quarter 2001 to third quarter 2002. Giga Information Group. Disponível em: < http://www.gigaweb.com/browsemktg/ 0,,2973,strComp%25253Dtopics% 252526strCategory%25253D4%25255F111 %25255F1588,00. html >. Acesso em 19 nov. 2002.

GOLDZIMER, Linda Silverman. *"I'M FIRST." Your customer's message to you.* Nova York: Rawson Associates, 1989. Utilizado com permissão.

J.D. POWER and Associates reports: Poor e-mail response may be causing dealers to lose sales leads. J.D. Power and Associates. Disponível em: < http://www.jdpa.com/studies/pressrelease. asp?StudyID = 599 >. Acesso em 12 dez. 2001.

JUPITER RESEARCH. Customer service, site operation strategies. *Digital Digest.* 1998. Copyright 2004 Jupitermedia Corporation. Todos os direitos reservados. Utilizado com permissão. Disponível em: < http://www.jup.com/research/so/ >.

MCDONNELL, John. The Internet's complaint desk. 2002. Disponível em: < http://www.reallyusefulsites.org/cs.htm >.

SCHAEFER, Richard A. Handling customer service on the Web. *Fortune,* 1º mar. 1999, p. 204, 208. Copyright 2003 Time Inc. Todos os direitos reservados. Utilizado com permissão.

STERNE, Jim. *Customer service on the Internet.* Nova York: John Wiley & Sons, 1996. Utilizado com permissão.

WHITELEY, Richard C. *The customer driven company.* Reading, MA: Addison-Wesley, 1991.

4

# Parte Quatro

## Integrando o Marketing e o Conceito de E-commerce

A investigação e o planejamento agora estão concluídos, e o profissional de marketing virtual está pronto para transformar conceitos em realidade. É uma boa idéia, nesse ponto, reconhecer que comércio é mais que comprar e revender; é muito mais do que isso, incluindo vários aspectos da interação humana. O comerciante virtual está criando confiança e respeito entre os consumidores. Os passos que o profissional de marketing ou o comerciante devem dar envolvem a seleção de bens e serviços, o atendimento ao consumidor, sistemas de pagamento e sua autenticação e a questão subjetiva do valor. O comércio eletrônico agrega novas responsabilidades para o profissional de marketing, no que tange à proteção da privacidade, sistemas de criptografia/descriptografia, chaves públicas e privadas, autoridade de certificação e muitos problemas que os comerciantes de 20 anos atrás jamais poderiam ter imaginado. No entanto, enquanto os consumidores clamam por conveniência, velocidade e variedade, aqueles que se dedicam ao comércio eletrônico parecem determinados a fazer os sistemas eletrônicos funcionarem para todo mundo. As melhores soluções ainda serão os sistemas de vendas de bens que valham os preços que foram pagos.

# CAPÍTULO 14

## Criando e Promovendo uma Loja Virtual

"Quanto mais o comércio se separa de uma simples transação do tipo 'pague e leve', maior é a necessidade de confiança [entre comerciante e consumidor], maior o risco de que ela seja perdida. O comprador pode ter excedido o limite de crédito do cartão ou pode estar usando um cartão de crédito roubado. O comerciante que vende pelo telefone pode estar vendendo bens defeituosos ou simplesmente receber o dinheiro do consumidor e não entregar nada. Para se assegurarem, o comerciante ou o banco podem facilmente validar o número de cartão de crédito e o limite, além de verificar se as outras formas de identificação correspondem àquelas que o comprador deu quando fez a inscrição para o cartão. As empresas de cartão de crédito também oferecem aos compradores uma certa proteção, permitindo que eles 'recebam o dinheiro de volta' ou se recusem a pagar por bens defeituosos ou por compras feitas por alguém que não esteja autorizado a usar o cartão. Assim, quando se faz um negócio entre partes que estão a distância e que ainda não tenham mantido relações comerciais entre si, as garantias devem ser reforçadas por mecanismos que ofereçam proteção tanto ao comprador quanto ao vendedor."

*(Grant, 1996, p. 213)*

### Objetivos de Aprendizado

- Explicar as responsabilidades on-line ao abrir uma loja virtual.
- Identificar os fornecedores e os recursos necessários para abrir uma loja virtual.
- Apresentar estratégias promocionais e explicar como funcionam para aumentar a lembrança da loja virtual.

## Introdução

Toda pesquisa e planejamento que você fez até o momento proporcionam a base para criar um Website eficiente e responsivo e uma presença única para ele. Você terá muitas decisões a tomar – de desenvolver o Website sozinho usando linguagem HTML ou versões mais novas, como XHML e XML, ou levar a pesquisa de mercado e suas idéias para um **desenvolvedor de vitrine virtual** que tenha uma versão para empresas ou pessoas físicas e coloque seu Website nos mecanismos de busca adequados, até selecionar imagens que você considerou adequadas para alcançar os objetivos do seu Website. Outra decisão será determinar se seu Website deve ficar armazenado como um endereço independente ou se deve se unir a um shopping virtual para aumentar a exposição. Essa decisão provavelmente só será tomada se você localizar um shopping virtual que corresponda aos perfis demográficos e psicográficos imaginados por você; o gerente do shopping virtual deve ter perfis de movimento e pesquisa de compras para ajudá-lo a selecionar o shopping correto. Outra possibilidade pode ser participar de um leilão, mais uma vez personalizado para você, seja ele voltado para consumidores seja para empresas. O maior leilão é o eBay (http://www.ebay.com). Uma parte importante da sua decisão será afetada pelo orçamento. A alocação de orçamento será um fator decisivo. Você pode arcar com o aluguel e os serviços associados até que seu Website gere lucro? Talvez você opte por criar o Website como um endereço único e promover e registrar o Website sozinho. Depois de o Website entrar no ar, haverá ainda mais decisões. Quem será o **Webmaster** para a manutenção contínua – você, alguém da sua empresa ou uma empresa terceirizada? No entanto, como você desenvolveu um plano de marketing e de implementação, já deve ter previsto muitas dessas contingências.

Quando seu Website entrar em operação, você precisará tomar decisões em relação a seu plano promocional. Quais elementos do mix promocional – publicidade on-line ou tradicional, promoção de vendas, relações públicas, marketing direto e atividades de venda pessoal – você empregará para tornar seu Website conhecido? Você pesará as vantagens e desvantagens de cada elemento. Sua estratégia incluirá uma técnica de gerenciamento de marcas para Websites? Você formará uma parceria com um portal? Ou lançará uma força de vendas equipada com computadores móveis? Essas decisões de marketing e de comunicação podem criar resultados animadores e satisfatórios para seu projeto de e-commerce. É importante explorar as formas nas quais o conceito de seu Website pode ser executado no espaço virtual.

## O melhor conselho é "vá com calma"

O profissional de marketing e o comerciante devem investigar as ciladas antes de começar a exaltar os potenciais do e-commerce e se cegarem pelas vantagens. O profissional de marketing receoso terá um desempenho muito melhor que o casual ou mal-informado, pois há muitos detalhes a serem tratados que os gerentes desorganizados e negligentes podem esquecer. Esses gerentes negligentes passam a maior parte do tempo alimentando esperanças com os títulos a receber, que nunca serão efetivamente recebidos. Para evitar o excesso de confiança comercial, a estratégia geral de configurar unidades comerciais por função não deve ser diferente para atividades de e-commerce. As responsabilidades organizacionais tradicionais para resolver assuntos financeiros, de produção e de marketing devem ser determinadas da mesma maneira para as empresas de comércio virtual. Afinal de contas, a mesma série de etapas deve ser empreendida para tocar uma empresa real. Quais dessas responsabilidades são mais importantes? A única resposta é que todas elas são. A única variação pode ser na ordem em que o gerente aborda essas funções. Como foi definido antes neste livro, o desequilíbrio em um dos vértices da tríade faz que os outros dois se desequilibrem.

Para estender esta discussão, o equilíbrio das funções comerciais é essencial. Por exemplo, se o departamento de marketing colocar um preço muito alto em uma mercadoria, as vendas ficarão mais lentas e poderão afetar o fluxo de caixa, o que, por sua vez, desestabiliza as finanças. Com a lentidão das vendas, a função de operações/fabricação também fica mais lenta, e a utilização máxima dos recursos é perdida. Outro cenário é se o departamento financeiro concordar com uma taxa de juros muito alta para o capital destinado à expansão da fábrica. O departamento financeiro faz pressão para colocar preços mais altos para pagar o empréstimo, forçando o marketing a reduzir seu orçamento de pesquisa e desenvolvimento, tornando os produtos menos competitivos em design e preço. As vendas mais lentas resultam, mais uma vez, em ineficiências de marketing e operações, sem falar na nova fábrica operando com 1/3 da capacidade em função da falta de pedidos. A última situação, mas igualmente problemática, é de um departamento de produção instável que perde prazos, maltrata entregas e opera além do orçamento. Os custos dos prazos perdidos ao departamento de marketing são seus consumidores e vendas, que, por sua vez, resultam em receita menor de vendas e agitam a área financeira. Uma outra máxima a ser seguida, independentemente das operações comerciais tangíveis, é que os negócios devem ser feitos dentro do prazo, da especificação e do orçamento. Os relacionamentos se fortalecem quando o comerciante entrega essas qualidades para um consumidor ou quando um fornecedor as proporciona a um empreendimento comercial.

## A tríade em ação

O profissional de marketing virtual deve providenciar financiamento (ou talvez pagar os empregados, produtos e serviços com seus próprios recursos de empreendedor) para comprar materiais de hardware e software, montar um escritório (ou não) e providenciar o que for necessário em termos de pessoal e de negócios, como linhas telefônicas, papel de carta e outros materiais de escritório. Essas necessidades são enfatizadas porque poucos banqueiros querem emprestar dinheiro para escritórios opulentos, dívidas vencidas, carros caros e gastos em marketing e publicidade. A lógica do banqueiro é que o sucesso da propaganda é uma aposta, e o banco prefere pagar equipamentos e materiais utilizados na expansão de uma empresa existente, não de uma empresa que ainda não existe. Portanto, todos os detalhes financeiros, como orçamentos, previsões de vendas, projeções de fluxo de caixa e expectativas de lucro ou perda (se forem esperadas perdas, por quanto tempo?), devem ser pesquisados e apresentados de forma completa e profissional. Deve-se criar também um plano de operações/produção que descreva o produto ou serviço a ser produzido e delineie os processos de trabalho a serem iniciados para produzir os bens propostos. A função de operações destaca, com cada vez mais freqüência, uma empresa ótima das empresas comuns. Entre os hotéis, a organização Ritz-Carlton (http://www.marriott.com) é conhecida por sua excelência na prestação de serviços; a reputação do Ritz-Carlton baseia-se na experiência de ter se tornado um padrão pelo qual as organizações hoteleiras são julgadas. O segredo? Presta-se muita atenção aos critérios de operação, particularmente na qualidade da equipe e do treinamento, na manutenção dos edifícios, das instalações e do terreno e na área de alimentação, refinada e consistente. Enquanto o Ritz serve o mercado corporativo e de classe alta e se firma em ofertas tangíveis de um serviço intangível, as ofertas de e-commerce, independentemente do mercado que ele servirá, devem ser constituídas por funcionários bem-treinados de assistência técnica e atendimento ao consumidor, sistemas de comunicação de primeira linha, incluindo servidores adequados para Websites que ofereçam resposta rápida, modems em número suficiente e com boa manutenção para conexões rápidas e fáceis, além de muitas linhas telefônicas para aqueles que não usam ou não têm acesso à Web. Todas as empresas têm seus processos-padrão, como a forma como os pedidos são recebidos, as dúvidas são resolvidas e a remessa é mais bem-gerenciada, mas é o comerciante on-line, por meio da estreita inspeção de cada etapa do processo de produção, que pode melhorar essas operações-padrão, tornando-as mais acessíveis, rápidas, precisas e convenientes, mais baratas e mais fáceis de serem entendidas. Pequenas melhorias em quantidade suficiente podem conquistar os consumidores por toda a vida e confundir a concorrência em relação ao modo como a operação foi realizada.

Arredondar o triângulo das finanças e das operações é a função da área de marketing, que trabalha para investigar os desejos do consumidor e o processo de entrega mais apropriado de um conjunto de benefícios. O marketing muitas vezes é sinônimo de promoção, e duas empresas que dão prioridade à atividade promocional são a Microsoft e o Outback Steakhouse (http://www.outback.com) – a Microsoft em função de sua exposição publicitária onipresente e o Outback por causa de seu baixo investimento em publicidade, mas que ainda assim faz que as pessoas formem fila todas as noites para comer em seus restaurantes.

Desde seu início, a Microsoft® transformou o nome Windows em uma poderosa franquia de softwares para os mercados de consumidores e empresas. Entre as várias ofertas de produtos estão o Microsoft® Word 2000®, o Word 97® e o Word 95®. O Microsoft® Outlook 2000®, o Outlook 98® e o Outlook 97® são adequados para geração e armazenamento de e-mails; o Microsoft PowerPoint 2000®, o PowerPoint 97® e o PowerPoint 95® auxiliam na preparação de apresentações de aparência profissional para diversos grupos, de exercícios escolares a apresentações de negócios. Foram criados outros produtos com objetivos criativos e específicos, como construção da página da Web usando o Microsoft® FrontPage 2000®, o FrontPage 98® e o Image Composer 1.5®; para projetos de artes gráficas, um poderoso software, o Microsoft® Publisher 2000®, o Publisher 97® e o Publisher 95®, desenvolvido para possibilitar que novatos entrassem no mundo dos artistas digitais experientes. A Microsoft agora produz muitas outras mercadorias flexíveis relacionadas a software e a compras desde os tranqüilos períodos antes de 1995.

## O E-Marketing em Ação

### O DILEMA DOS ANÚNCIOS DISCRETOS

**Como se lança uma campanha publicitária que será notada, mas não muito?**

Esse foi o dilema enfrentado pela Estée Lauder ao decidir lançar a propaganda para o novo serviço de compras on-line da Clinique. A famosa marca de maquiagem queria atrair os compradores do espaço virtual, mas estava preocupada em não enfurecer lojas físicas como a Macy's e a Bloomingdale's, que temiam perder consumidores para a Web. O resultado é uma campanha surpreendentemente discreta que usa a Internet e um shopping eletrônico para fazer propaganda abertamente enquanto coloca o endereço da página da Web da Clinique mais discretamente ainda em anúncios de revistas e de televisão. "Somos muito sensíveis com as nossas lojas de departamento parceiras", diz Angela Knapp, vice-presidente de mercados especiais e nova mídia da Estée Lauder. "Você não vai ver pôsteres grandes que dizem 'Compre Clinique on-line' no meio da Macy's." Mas você não vai ver descontos também: 113 ml do produto Dramatically Different Moisturizing Lotion ainda custam $ 19,50 na Web, por exemplo. A Clinique diz que está convencida de que a atividade on-line ajudará a capturar consumidores que não freqüentam as lojas de departamento, sem roubar os clientes que compram nesses locais.

*Fonte*: Parker-Pope, Tara. Clinique solves Web dilemma with quiet ads. *The Wall Street Journal*, 12 de novembro de 1998, p. B1.

O Outback também promove seus restaurantes, mas de forma mais discreta. Nos primeiros dias de sua criação, produziu comerciais televisivos sobre as preferências da modelo Rachel Hunter; no entanto, por causa da forte reputação boca-a-boca, a publicidade na mídia se transformou em publicidade de baixo custo no rádio e de ocasião nos jornais. Eles ainda fazem um rígido treinamento com os funcionários, e o dinheiro da publicidade parece ser dirigido para a qualidade dos pratos e para empregar uma equipe excelente. O Outback comprou os direitos de um jogo de futebol americano universitário disputado entre os times SEC e Big Ten[1]. O Outback Bowl é televisionado para todo o país anualmente, chamando a atenção para o Outback e para a região de Tampa Bay. A localização dos restaurantes, disponibilidade de franquias e notícias para investidores permeiam o Website do Outback, o qual também conta com recursos interativos, como jogos e concursos e uma recém-inaugurada loja on-line para comprar vales-presente e *souvenirs* do Outback. As atividades silenciosas do Outback Steakhouse e as façanhas reluzentes da Microsoft podem ser estratégias promocionais eficientes para empresas on-line; o método a ser utilizado dependerá da estratégia de marketing definida pelo profissional da área.

## Fazer você mesmo ou contratar um desenvolvedor?

Uma das maiores decisões, particularmente para uma pequena empresa ou para uma pessoa física, é como montar sua vitrine on-line, e essa decisão pode perseguir o empreendimento por anos e anos. A decisão normalmente gira em torno das respostas às seguintes perguntas: qual a experiência em negócios que a pessoa responsável pela vitrine virtual possui, e será que ela conhece bem a tecnologia? Quanto maior a perspicácia em negócios e maior a familiaridade com a tecnologia da Internet, maior será a probabilidade de um indivíduo montar a vitrine virtual sozinho; essa pode ser uma ótima experiência de aprendizagem, mas também pode ser demorada. Muitas pessoas, no entanto, têm espírito empreendedor. Tome o exemplo de Jeff Bezos. Ele largou seu emprego na Wall Street em 1994, tomou a estrada Interstate 90 e chegou a Seattle, em Washington, onde fundou a Amazon.com. Seu primeiro centro de distribuição era a garagem; seus primeiros consumidores, amigos que compravam livros. Ele desenvolveu o plano de negócios enquanto dirigia seu Chevrolet até Seattle, e agora a Amazon.com é uma das líderes mundiais em e-commerce. O que incentivou a visão de e-commerce dele? Como analista financeiro de Wall Street, ele estava vendo o uso da Web crescer até 2.300% ao ano, e sabia que a Internet logo estaria em todos os lugares. Ele queria oferecer uma grande variedade de livros por esse meio. Hoje, a Amazon oferece milhões de títulos de livros, CDs e DVDs a milhões de consumidores por meio de um atendimento de nível superior (History of Amazon.com, 1998).

Sem dúvida, Jeff Bezos e seus sócios cometeram erros, mas a filosofia de trabalhar muito, divertir-se e fazer história reuniu pessoas semelhantes com visão semelhante. "A missão da nossa empresa é alavancar a tecnologia e a expertise para fornecer a melhor experiência de compra da Internet. Em outras palavras, queremos que as pessoas entrem na Amazon.com, encontrem o que estiverem procurando, descubram coisas novas que não sabiam que queriam e saiam pensando que acharam um novo local bom para fazer as compras" (Philosophy of Amazon.com, 1998). Montar uma **loja virtual** é parte de encontrar um nicho a ser preenchido, atrair e treinar novas pessoas e criar uma atraente cultura da empresa. Essas são algumas das qualidades intangíveis (além de um pouco de sorte) necessárias para moldar um e-business de sucesso. Para estabelecer presença eletrônica, será preciso ter também alguns equipamentos tangíveis para acessar a Web. Como acre-

---

1 Duas das principais conferências (grupo de times que disputam um campeonato) de futebol americano universitário. (N.R.T.)

dita-se que, quanto maior, melhor, máquinas mais rápidas têm seu mérito na infra-estrutura do e-commerce. Se a loja virtual ficar a cargo do indivíduo, a seguinte lista de itens deve ser considerada mínima para servir adequadamente à clientela da loja: grande velocidade ou capacidade seriam ideais, mas deve ser considerado um exame detalhado e cuidadoso dos gastos agregados ao aumento da velocidade ou aos recursos; custo *versus* benefício deve ser uma questão a ser analisada por empresas de qualquer tamanho; e o profissional de marketing deve se lembrar de que nunca é uma boa hora para comprar um computador ou outro equipamento, pois daí a seis meses surgirão computadores mais rápidos a preços cada vez menores. Outra boa razão para evitar a compra de um computador e pagar para usar o equipamento de um serviço de hospedagem é que, se forem necessários upgrades ou reparos, o provedor de serviços da Internet (ISP) arcará com as despesas.

Quer o profissional de marketing virtual contrate um desenvolvedor, quer faça tudo sozinho, a vitrine deve ter um acesso confiável à Web e os seguintes elementos:

- *Software de criação de lojas virtuais.* O profissional de marketing deve fazer sua lição de casa nesse item. Lojas diferentes possuem diferentes necessidades, e diferentes pacotes de software possuem diferentes recursos. Softwares para desenvolvedores estão se tornando cada vez mais disponíveis e freqüentemente são desenhados para as necessidades específicas dos varejistas eletrônicos. Entre os exemplos desses softwares estão "Store", anunciado como e-commerce em sua caixa, e "Catalog", uma *joint-venture* da Pandesic e da Vision Factory, que se orgulha de ser uma ferramenta para design, desenvolvimento e operação de vitrines virtuais.
- *Fontes de informação virtual on-line.* Existem muitas fontes de informação que o profissional de marketing virtual pode acessar e usar para desenvolver uma vitrine virtual. Uma fonte de informação excelente é o Website Web Developer News (http://www.internetnews.com), um boletim on-line que apresenta descrições de vários tipos de software para desenvolvedores. Outros Websites para estratégias de desenvolvimento da vitrine/e-commerce é o Website E-Commerce da CNET (http://www.news.com) ou o e-commerce Alert da ZD Journals (http://www.zdnet.com), ambos ricos em tópicos de e-commerce como escalabilidade de custo ou desempenho do servidor em Websites de e-commerce. Os dois boletins on-line são leitura obrigatória para comerciantes virtuais novatos e experientes. Outras fontes importantes incluem algumas revistas da Internet, como a *e-Commerce News* e as principais revistas de informática, como a *PC World*, a *Byte* e a *Wired*. Uma última fonte de informação está na conversa com operadores estabelecidos de vitrines virtuais; esses comerciantes normalmente ficam contentes em contar seus triunfos e também são rápidos em compartilhar equívocos. O profissional de marketing deve selecionar a categoria de bens ou serviços, anotar alguns endereços e tentar dar início a um diálogo por e-mail com os comerciantes que desejam participar. Sem dúvida nenhuma, todos gostam de recontar os sucessos e até mesmo os erros. O profissional de marketing virtual iniciante pode aprender dicas práticas do que fazer – e do que não fazer – durante essas conversas.
- *Um computador de 500 MHz ou mais.* A velocidade é uma *commodity* essencial na Web, e computadores de 2.0 e 2.2 Ghz foram introduzidos recentemente ao consumidor, proporcionando uma velocidade adicional por um pequeno aumento no custo. Esses computadores têm um desempenho melhor com o processador Pentium IV. Nenhuma marca é mais recomendada que outra; a maioria dos clones de PC e dos computadores pedidos por e-mail, como a Dell, tem um desempenho que segue os mais altos padrões. Mais uma vez, as comparações de preço e recursos devem ser realizadas pelo profissional de marketing para obter os equipamentos adequados.
- *Um grande disco rígido, com 20 gigabytes de armazenamento ou mais.* Em 1997, o padrão era 2 gigabytes de armazenamento em disco rígido; em 1998, 4 Gb já podiam ser

comprados por um preço razoável. Hoje em dia, os discos de 60 e 80 estão se tornando o padrão, e talvez nos próximos anos já estejam disponíveis os de 500 Gb.

- *128 Mb ou mais de RAM.* Quanto mais memória você tiver, melhor, particularmente com o grande uso de memórias para gráficos, sons e outros programas plug-in. O padrão atual para alto uso de mídia é 256 Mb.
- *Um grande monitor em cores.* Esse é um material realmente necessário. Uma tela de 17" possui uma distância entre pontos de 26 mm, uma resolução máxima de 1280 × 1024 a 75 Hz, uso de 256 cores e possibilidade de placa de vídeo de 4 mega. Para inicializações maiores com múltiplas estações de trabalho, um monitor menor que 15" oferece uma distância entre 28 mm, 256 cores e 1 mega de memória na placa de vídeo. Quanto maior o monitor, mais confortável será trabalhar com ele por longos períodos.
- *Cable modems ou ISDN ou pelo menos um modem de 56,6 Kbps.* Os modems ficam cada vez mais rápidos; na verdade, as conexões de banda larga são responsáveis por 25% de todas as conexões nos Estados Unidos (Greenspan, 2002). Para conveniência do consumidor, quanto mais rápido, melhor.
- *Um navegador.* Existem várias opções de navegadores que acomodam o modem. Alguns entusiastas preferem o Netscape Navigator ou o Netscape Communicator, enquanto outros gostam do Internet Explorer para acessar a Internet. As duas marcas de navegadores estão fazendo exames beta das versões 6 e 7, e a disputa por recursos e popularidade continuará, pelo menos no futuro próximo. No presente, há incertezas sobre a fusão da Netscape/AOL e da Microsoft, mas essas diretrizes gerais para equipamentos devem servir para os próximos anos.
- *Impressoras.* Em relação a impressoras, você pode pensar em ter várias. Impressoras coloridas a laser já são encontradas a preços acessíveis e criam materiais impressos em cores com aparência corporativa. Impressoras em preto-e-branco a laser também podem ser necessárias para faturas e tarefas gerais de escritório. A resolução da impressora, em geral, é de 600 DPI, tanto para as coloridas quanto para as em preto-e-branco.
- *Scanners.* Para fins de marketing, o scanner pode ser necessário para manipular fotografias e outros gráficos no Website e nos materiais impressos. Você pode economizar bastante ao reproduzir pequenas quantidades de brochuras ou itens suplementares usando um scanner próprio, em vez de recorrer a um fornecedor externo.
- *Atendimento telefônico e provedor de serviços de Internet.* Não deve ser a última coisa a ser pensada, e sim um item básico: o e-business precisará de um atendimento telefônico e de um provedor de serviços da Internet. Em breve, neste capítulo, haverá uma discussão completa sobre a escolha de um ISP. Converse com diversos provedores para estabelecer o nível de necessidade e para descobrir os serviços e os preços do ISP. Um fornecedor confiável com recursos de webdesign e produção é o GTE, que atende à maioria das regiões dos Estados Unidos.

Sem dúvida, esses aplicativos mudarão à medida que os serviços e a tecnologia melhorarem e o equipamento amadurecer. O profissional de marketing deve ter os avanços da tecnologia em mente à medida que continuar a trabalhar com o e-commerce.

## Contratando um desenvolvedor de vitrines

As empresas de serviço evoluíram até produzir uma vitrine totalmente virtual de forma turnkey. O profissional de marketing fornece ao desenvolvedor um plano de marketing, e este direciona a criação da empresa de acordo com seu entendimento do mercado-alvo. Essa direção pode incluir recursos operacionais como sistema de criação de pedidos por e-mail, aparência do Website, software para relatar visitas ou para medir o movimento ou a produção no editor de HTML com scritps de Java, conforme adequado. O desenvolvedor de vitrine poderia projetar o Website para os navegadores mais populares e especificar os equipamentos necessários para implementar o design na Web. O desenvolvedor trabalhará a partir das instruções do profissional de marketing e dependerá dele para idéias e feedback, além da aprovação em decisões de fases de design, à medida que o projeto continuar. O Website não é o principal benefício do desenvolvedor de vitrine; o design e a função são benefícios para o profissional de marketing e para as bases da atividade de marketing da empresa. Portanto, o profissional de marketing não pode mudar o processo inteiro, dizendo ao desenvolvedor "Crie um Website para mim". É necessário haver um grande envolvimento e imaginação da parte do profissional de marketing para integrar o marketing on-line nos outros elementos de marketing tradicional. Para a experiência on-line, você deve considerar desenvolvedores de vitrine como a Yahoo! Store, a iCO ou a Netscape para explorar **serviços de *turnkey***. As estimativas de custo para a produção do Website são importantes, sem dúvida, e devem ser confirmadas antes de o desenvolvedor da Web começar a trabalhar. O profissional de marketing pode obter uma estimativa bruta, no entanto, listando um serviço de apreçamento automático do Website, como o Webshowplace.com (http://www.webshowplace.com). Esses Websites perguntam quais recursos devem ser incluídos, dando uma estimativa de custo. Isso é bem prático, pois você pode querer adicionar ou subtrair recursos da lista de compras, particularmente se tiver um orçamento limitado.

Em geral, o profissional de marketing fornece subsídios para o desenvolvedor, e este devolve um *storyboard* (desenhos de como serão as várias telas), ou talvez já tenha desenvolvido as páginas para visualização em um monitor. O profissional de marketing deve usar julgamento objetivo ao analisar esses layouts para determinar se essas páginas conceituais seguem os objetivos do plano de marketing. É fácil ficar ofuscado pelos gráficos; no entanto, o profissional de marketing deve se fazer as seguintes perguntas:

- O design e o texto se ajustam aos objetivos do marketing on-line?
- O design é atraente, memorável e motivador?
- O design pede ou exige que o visitante faça algo, como clicar no Website, registrar-se para uma promoção ou visitar uma concessionária ou uma loja?
- O Website é reflexo de outros materiais de marketing da empresa? Seria conhecido como uma continuidade gráfica da Ford, da Microsoft ou da FedEx?
- O Website pode ser produzido com o orçamento destinado ou dentro do prazo permitido?
- As estratégias do Website correspondem às estratégias corporativas da empresa?

À medida que ocorrerem tantas reuniões de marketing, é crucial que haja uma boa química pessoal entre o profissional de marketing e o desenvolvedor de vitrine. Quando uma parte respeita a outra e vice-versa, podem ser conseguidas coisas poderosas. As principais funções do profissional de marketing são fornecer subsídios e supervisionar o projeto; a principal função dos desenvolvedores de vitrine é criar um Website de marketing criativo e sem erros que siga os objetivos do projeto. Quando o projeto estiver concluído, pode haver uma necessidade ocasional de manutenção ou atualizações do Website. O profissional de marketing deve perguntar ao desenvolvedor qual processo usar para fazer alterações no Website, a disponibilidade do desenvolvedor nos momentos oportunos e os custos que podem ser esperados nas alternativas do Website.

O desenvolvedor de vitrine experiente conseguirá responder a essas perguntas com algum grau de precisão.

Existem muitas outras decisões a serem tomadas durante o processo de design e produção, e cada decisão deve refletir os objetivos e metas definidos no início. O desvio da direção é uma

## Agora Você Sabe

### ALGUMAS DIRETRIZES PARA DESENVOLVER UMA VITRINE VIRTUAL

A seguir, está uma breve lista de coisas que você deve considerar ao desenvolver a vitrine virtual. Esta lista não inclui todos os fatores, então você pode precisar expandi-la para se adequar às necessidades da empresa.

1. Você fez um estudo completo do segmento do consumidor potencial on-line e previu o nicho do produto, que aponta em direção a um negócio lucrativo e sustentável para o Website?
2. Você desenvolveu um plano de marketing eletrônico que esboça os elementos dos três Ps, além de outras metas de distribuição, promoção e desempenho?
3. Você determinou como o Website será organizado, incluindo quem será responsável por gerenciar todas as atividades em cada seção do Website? Por exemplo, qual regra equilibrará marketing, finanças e operações no Website?
4. Você escolheu um título adequado para o Website e decidiu-se por um nome de domínio ou por um nome de domínio canônico, como http://reedy.wwz.com/? Além disso, você entrou em contato com a InterNIC para ver se a URL escolhida está disponível? Não se esqueça de se registrar no serviço por meio do desenvolvedor o mais rápido possível.
5. Você determinou os produtos e serviços específicos que pretende vender, alugar ou fazer *leasing* por meio do Website?
6. Você criou uma imagem do seu Website usando mensagens textuais, gráficos, recursos interativos, profundidade de informações, múltiplos idiomas, e assim por diante?
7. Há um plano para itens como contador de visitas, livro de assinaturas, formulários de feedback, mecanismo de busca local etc., que tornarão o Website mais eficaz?
8. Problemas em lidar com operações foram determinados para sua loja ao planejar formulários seguros de pedidos, formatos de página, sistema de cartão de compra, sistemas seguros de cartão de crédito, produtos à venda e outros?
9. As decisões foram tomadas e os planos foram definidos para quaisquer recursos de inteligência artificial, como suporte técnico automático, robôs de compra ou outros recursos centrados no consumidor.

*Fonte*: Adaptado do Website Delaware CyberMall Project.

armadilha que leva a Websites indesejados, gasto excessivo do orçamento e prazos perdidos. A gestão do Website é como qualquer outra responsabilidade: não é realizada sozinha. Deve-se atribuir a alguém a tarefa de cuidar dos detalhes.

## Entrar para um shopping virtual?

Depois que o Website é criado e as metatags são testadas, a decisão seguinte para o profissional de marketing é como manter uma alta taxa de lembrança do Website. O passo número um desse processo é registrar-se em diversos mecanismos de busca, de forma que o consumidor consiga localizar suas ofertas. O passo número dois pode ser uma avaliação da manutenção de um Website autônomo, o oposto de participar do agrupamento de lojistas em shoppings virtuais. O shopping virtual é uma coleção virtual de Websites, normalmente trazendo Websites de finanças, seguros e automóveis juntos, que oferecem ao comprador muitos links a serem seguidos de uma página. Os principais benefícios de se inscrever em um shopping virtual são aumento da exposição em relação às atividades de um único Website (sem considerar o poder de atração natural de um Website da Metropolitan Life ou da Sears, que servem o público de um país inteiro), a seleção a ser encontrada no endereço do shopping virtual e os serviços de manutenção do Website pela operadora do shopping virtual. As maiores desvantagens são, claro, o custo para se associar e o custo mensal de aluguel do espaço, ainda que esse valor normalmente esteja entre $ 50 e $ 75, e a grande concorrência em um shopping de, digamos, seguros de automóveis. Assim como muitas outras formas de promoção, quanto mais popular o Website, mais a concorrência optará por fazer parte dele. Quanto mais concorrentes, mais difícil fica para as empresas pequenas se destacarem das outras.

Um número cada vez maior de varejistas on-line tem criado suas próprias redes de compra. Essas redes ligam cada loja on-line, dando à rede a capacidade de alcançar um público muito maior, chegando às vezes aos 12 milhões de visitantes em uma única rede. Essas redes ajudam a evitar a expansão de gigantes on-line, como a Amazon.com. Um exemplo de uma rede assim é a rede de compras do Earthlink (http://www.shop.earthlink.dealtime.com/). Essa rede conta com lojas como Dell, Expedia.com, ebay.com e Hallmark.

Essas redes, ao contrário dos shoppings da Internet, que fracassaram em muitas áreas, dão ao usuário a capacidade de se relacionar diretamente com um varejista e depois navegar para outras lojas. Esse tipo de rede dá ao comprador a opção de clicar nos links dos Websites dos membros. Esse tipo de **colaboração preventiva** por varejistas que usam essas redes proprietárias oferece benefícios percebidos e reais ao comprador on-line. O uso dessas redes maiores é mais rápido, mais seguro e dá ao comprador a capacidade de navegar melhor. As lojas virtuais que formam a rede passam por processos de seleção mais rigorosos e, ao contrário dos shoppings virtuais, todas são marcas com credibilidade. Por fim, o usuário frustra-se menos do que com as janelas pop-up e banners típicos dos shoppings on-line.

## As tarefas de marketing de um Website master

A empresa ou o profissional de marketing decidiu entrar para a Web e estabelecer sua presença on-line. Quais são os elementos necessários para iniciar o projeto corretamente? É necessário um estudo detalhado da Internet e da Web, bem como das promoções periféricas e dos recursos de comunicação da empresa. É desejável proficiência em um programa de processamento de texto, como Microsoft Word ou Corel Word Perfect, sem falar na capacidade de digitar. Um entendimento dos procedimentos, gráficos e texto de publicidade também é útil para alcançar suas metas, além de uma comunicação eficaz com os fornecedores de publicidade. Ao gerenciar os elementos eletrônicos, você deve conhecer as mudanças de tecnologia, em hardware e software, e ser capaz de julgar se novos equipamentos ou aplicativos poderiam melhorar o desempenho do Website. Como benefício, suas habilidades de marketing seriam melhoradas pelo conhecimento das convenções de comunicação da Web, como familiaridade com edição de HTML e com hiperlinks e conhecimento da construção de página com quadros e tabelas; à medida que seu conhecimento aumentar, crescerão também suas expectativas quanto às ferramentas de marketing eletrônico. Uma apreciação do atendimento ao consumidor e resolução de conflitos são itens extras, além de proficiência geral em comunicação básica. O profissional de marketing deve mostrar um bom julgamento de quais recursos devem ser exibidos no Website.

- Você contará com menus drop-down dentro do plano de navegação ou um mapa do Website, para tornar a navegação mais clara?
- O Website deve conter uma página que transmita confiança, como citações de clientes ou comentários de consumidores?
- Você colocará um mecanismo de busca no Website, para tornar a busca mais conveniente?
- Os recursos de ajuda e as listas de perguntas freqüentes estão incluídos e são fáceis de encontrar e usar?
- Você utilizará um alerta de e-mail para notificar consumidores sobre novas mercadorias ou serviços disponíveis?
- Você quer que consumidores saibam mais sobre sua empresa e criará um link "Sobre a Empresa?"
- O atendimento ao consumidor é importante para o processo de negócios? Deve haver um link para o serviço de atendimento ao consumidor?
- Os consumidores podem entrar em contato com você se os computadores estiverem fora do ar? Devem ser destacados um número de telefone e de fax, além de endereço de correspondência ou uma caixa postal?
- O diretório do e-mail deve ser exibido, com o diretório do audiotexto da empresa, para que se possa entrar em contato com diferentes departamentos?
- Uma página de vagas de empregos seria benéfica às atividades de recrutamento da empresa?
- Se a empresa contar com eventos de funcionários, um calendário mensal deve ser colocado no Website?
- Se propaganda e cobertura da mídia forem importantes para seu setor, um hiperlink deveria direcionar o visitante a um menu de histórias da imprensa que mostram notícias de produtos, conquistas da empresa ou perfis de funcionários?
- Deve haver uma página explicando o processo de trabalho da empresa?
- Os currículos profissionais dos empregados ajudam a criar confiança na empresa? E esses currículos serão colocados em uma página do Website?

O Webmaster possui muitas tarefas para manter o Website de e-commerce, e a capacidade de organização é absolutamente necessária. O Website é a conexão com o consumidor e, se esse canal for negligenciado ou alocado a uma prioridade baixa, o empreendimento de e-commerce sem dúvida fracassará.

## Escolhendo um provedor de serviços da Internet

Fala-se muito sobre o uso da Internet, mas ninguém explica como você consegue usá-la nem como encontra um lugar para hospedar seu Website. É hora de considerar como deseja acessar a Internet e para quais propósitos precisará do acesso. Nos parágrafos seguintes, serão respondidas perguntas e preocupações comuns sobre a escolha de provedores de serviços da Internet (Internet Service Provider – ISP) para fins pessoais ou corporativos.

O ISP é uma empresa que pode lhe dar uma conexão com a Internet, além de outros serviços baseados na Internet. Essa conexão pode ser feita por diferentes meios e ter muitos parâmetros diferentes, dependendo do ISP que você decidir usar. Existem também muitos tipos e níveis de ISPs disponíveis. O provedor pode ser uma pessoa que encara a tarefa como um passatempo em meio período – é barato, mas também não é equipado para lidar com um Website de negócios. Esses tipos de fornecedores podem ser bons para acesso pessoal ou páginas familiares, mas provavelmente não se deve depender deles para Websites de comércio eletrônico. Alguns ISPs são pequenas empresas com bastante sucesso e podem ser equipados para lidar com um Website empresarial que gere tráfego moderado. Os que forem bons normalmente terão um excelente atendimento ao consumidor e preços competitivos. Grandes provedores negociam volume. Se você estiver esperando que seu Website tenha um grande tráfego, essa pode ser a melhor opção. Grandes ISPs muitas vezes prestam muitos serviços às empresas e contam com suporte técnico interno. O problema de utilizar um grande ISP é que eles podem não ser tão flexíveis. Eles estão bem estabelecidos e não estão tão ansiosos, o que muitas vezes é refletido no atendimento ao consumidor. No entanto, grandes provedores provavelmente terão os melhores equipamentos e as mais rápidas conexões da Internet. Você também pode usar um provedor comercial, como AOL, CompuServe, MSN e Prodigy. Esses são serviços nacionais que oferecem conveniência no procedimento de assinatura e com os quais você pode começar na mesma hora. Muitas vezes surgem problemas com esses servidores quando você analisa as estruturas de preço, os números de acesso e as velocidades de conexão disponíveis. Esses serviços podem não ser flexíveis o suficiente para tocar sua empresa da forma como você deseja e dentro do seu orçamento. Entretanto, eles são uma boa maneira de entrar no esquema e ver o que acontece com a Internet. Para encontrar um ISP, você pode fazer uma busca na Web, perguntar a outras pessoas de sua região, olhar nas páginas amarelas ou até mesmo conferir um serviço de referência de ISP semelhante àquele usado por médicos. Veja aqui alguns Websites que podem oferecer uma lista de ISPs e outros recursos para ajudá-lo a encontrar o adequado para você.

- Conselhos para optar por um ISP – http://www.cnet.com/
- Revista *Boardwatch* – http://www.boardwatch.com/
- The List – http://thelist.iworld.com

Agora que você entende o que é um ISP e onde encontrá-lo, o que deve levar em consideração ao investigar qual deve ser usado? Isso dependerá principalmente do motivo pelo qual você quer um ISP. Se precisar para uso pessoal, uma empresa pequena e local pode ser melhor, pois elas podem ser de mais ajuda. Se quiser um para fins corporativos, a qualidade do serviço será a principal preocupação. Veja aqui algumas perguntas que pode fazer ao analisar ISPs em qualquer um dos casos.

- Em primeiro lugar, você consegue se comunicar com os representantes de atendimento do ISP? Suas metas pessoais e empresariais foram entendidas? Em outras palavras, o ISP fala a sua língua?
- Se você conseguir se comunicar com o ISP, é possível conferir as referências? (É um mau sinal se eles não estiverem dispostos a fornecer referências.)
- Qual é a reputação dele? (Converse, envie e-mails e até mesmo pesquise os consumidores atuais para ter certeza de que a reputação e as referências dele estão de acordo com suas metas.)
- O ISP é confiável? Seus consumidores conseguirão acessar seu Website ou eles vão se frustrar? (Tente acessar vários Websites suportados pelo ISP em diferentes momentos do dia e veja como os sistemas reagem. Em seguida, verifique que nível de atendimento eles oferecem.)
- Você consegue fazer tudo o que precisa com esse ISP? Eles oferecem acesso remoto a e-mails e a um custo razoável? Eles hospedam Websites e quais limitações são impostas?
- Se você precisar de newsgroups, esse ISP dá acesso?
- Se seu Website necessitar de *scripting*, como o ISP lidará com a situação?

- Qual é a estrutura de preços? Quanto custa o serviço que eles oferecem e o que receberá por esse preço? (Muitas vezes, você pode conseguir atendimento e espaço ilimitados para um Website por uma taxa razoável.)

Você deve determinar que tipo de conexão o ISP oferece (modem, T1, T3, ISDN ou *cable modem*) e qual é o melhor para o seu caso. Se estiver preocupado com a velocidade, pesquise que tipo de conexão pode conseguir com o provedor que estiver considerando. Você também deve estar atento a quaisquer limitações que possam ser colocadas nos bancos de modem, e qual é a proporção entre modems e usuários. Uma proporção baixa pode ajudar a aliviar os sinais de ocupado e a frustração.

Em seguida, você deve considerar qual software é fornecido pelo ISP. Embora a maioria dos softwares a serem fornecidos normalmente seja shareware e possa ser facilmente acessada pela Internet, é menos confusão se o software a ser usado for dado e, mais importante, se receber suporte do ISP. Agora você deve considerar os seguintes problemas de suporte técnico. Quem atenderá sua conta? Que tipo de suporte técnico está disponível? Se eles só puderem ser encontrados por e-mail e você não conseguir uma conexão, nunca receberá ajuda. Verifique se há suporte disponível quando e como você precisar. Se estiver usando um provedor local, verifique se eles oferecem suporte na sua empresa. O suporte na empresa pode ser útil se você estiver tendo problemas em se conectar e configurar adequadamente. A Internet é tecnologia, e a tecnologia não é à prova de falhas. Por isso, é importante determinar se o ISP que escolher possui um equipamento para contingências. Os backups também são muito importantes. Se eles tiverem alguma falha, com que freqüência você deve fazer backup dos arquivos e qual é o procedimento para restaurar as informações?

Mesmo depois de ter escolhido um ISP para hospedar suas páginas da Web, ainda há algumas coisas para as quais ficar atento. A primeira coisa a ser considerada é em relação ao espaço. Quais são as limitações impostas pelo ISP quanto ao tamanho do Website? Mais importante que as limitações de tamanho são as limitações de acesso. Se você está pensando em ter um Website acessado com freqüência, é necessário verificar limitações e taxas adicionais para o excesso de hits na suas páginas. Algumas perguntas de menos importância, mas que valem a pena ser feitas, são: de que forma seus arquivos serão transferidos para o ISP e que tipo de acesso você terá para editar as páginas quando elas estiverem prontas? Em função de problemas de segurança, muitos provedores possuem limitações nos scripts. Esses scripts podem ser necessários para seus formulários ao criar seu Website de forma interativa. Verifique se há permissão para scripts ou se eles são fornecidos pelo próprio ISP. Se seu Website for de comércio eletrônico, problemas de segurança terão um grande papel no ISP que você escolher. O provedor que está procurando é capaz de lidar com a segurança necessária para seu tipo de Website? Assim que seu Website estiver ativo e funcionando, você precisará ficar atento à sua eficiência. Isso é conseguido por meio das estatísticas coletadas sobre seu Website. Quais estatísticas são disponibilizadas pelo ISP, com que facilidade consegue obtê-las e de que forma elas serão fornecidas? Boas respostas a essas perguntas facilitarão muito o gerenciamento da análise de marketing.

Uma última preocupação que você deve ter em relação aos ISPs é o assunto da **propriedade**. Isso é especialmente importante se seu provedor também tiver projetado seu Website. Verifique se você tem propriedade do design e do conteúdo das suas páginas e se leu integralmente o contrato que o ISP lhe deu todo contente. Verifique se o nome de domínio está registrado para você, não para o ISP. É possível que o ISP registre o nome de domínio para você, colocando-o em seu nome. Se quiser mudar de provedor, esses problemas tomarão uma grande proporção. Por mais que você investigue o ISP escolhido, sempre é possível que possa, em algum momento e por alguma razão, querer mudar de provedor. Por esse motivo, prepare-se para o pior, mantendo-se atualizado com as próximas escolhas do ISP. Se tiver consciência da natureza competitiva da prestação de serviços da Internet, pode ter certeza de que está pagando por aquilo que está recebendo.

# Promovendo o Website

Até o momento, foram discutidas muitas decisões de marketing. A proposta central da pesquisa do produto ou serviço levou à formulação de um produto de nicho que preenche um vazio no mercado. Para melhorar a aceitação do produto, foi feita uma pesquisa competitiva entre os concorrentes dessa categoria sobre suas ofertas, preços e distribuição. Essa análise da situação ofereceu uma base sólida para definir o pensamento estratégico e tático do profissional de marketing sobre as características do produto, como prazo de garantia, profundidade do sortimento de produtos, treinamento para o usuário, se necessário, extensão do atendimento ao consumidor, estratégia de apreçamento (valor agregado *versus* econômico), preço com e sem planos de garantia de atendimento e pagamentos da quantia total *versus* parcelamento; além disso, há também a estratégia de distribuição de lojas exclusivas *versus* lojas populares, serviços on-line, correio ou entrega e o impacto na cadeia de valores atacado-varejo-comprador. Todos esses fatores de decisão afetam e influenciam um aspecto adicional do processo de marketing, o da atividade promocional para atrair interesse para o produto. O problema com a promoção on-line é que não existe ninguém com um longo histórico de fazer isso certo e bem – muitas experiências ainda estão sendo feitas. O profissional de marketing deve cortar caminho na vasta arena daqueles que viram especialistas do dia para a noite. A confusão nas promoções é que a Web pode ser vista como um jornal, mas não o é. O leitor não pode tomá-la nas mãos nem juntar os cupons no sentido tradicional. A Web é como a televisão, mas onde estão os programas? Ela tem som como o rádio, mas onde está a música? Os promotores da propaganda na Web falam de *outdoors*, mas tentam encontrar uma das estruturas enormes e ubíquas ao longo da estrada de informações. Portanto, desequilibrado por metáforas incertas, o profissional de marketing deve abordar a promoção on-line com cuidado, provavelmente com mais cuidado que no planejamento das promoções tradicionais para seu setor.

Em perspectiva, algumas certezas viraram de cabeça para baixo o advento da World Wide Web. Embora a televisão e o telefone fossem vistos como os meios de comunicação mais importantes nas últimas décadas, a Internet está se tornando um meio essencial. Estudos mostraram que muitos dos usuários atuais da Internet preferem desistir da televisão e do telefone a desistir da conexão com a Web. Segundo uma pesquisa feita em 2002 pela Gartner, 61% dos lares norte-americanos usavam a Internet. Desses lares, 90% provavelmente continuariam a assinar a Internet. No momento da pesquisa, 65 milhões de lares contavam com Internet. Esse foi um aumento de 8,4 milhões de lares desde a pesquisa anterior, em novembro de 2000. Dos lares que estão on-line, 25% possuíam conexões de alta velocidade. Desses, mais de 50% estavam conectados via *cable modem* (ISP-Planet, 2002).

# Planejamento e organização

Com tanta coisa acontecendo na Web, é fácil se distrair. Portanto, com o conceito de um produto em mente, você precisará preparar um sólido plano de marketing, concentrando-se ao mesmo tempo nos elementos promocionais para expor o produto e exibindo a disciplina para segui-los. Essa é nossa única defesa contra essas distrações. Seu plano leva em conta recursos e metas, concorrência e consumidores. É um mapa até seu destino. De Atlanta, você pode esboçar um plano

## O E-Marketing em Ação

### OS ANÔNIMOS

"Há tão poucas regras aqui", diz Anil Singh, diretor de um serviço de diretório da Internet. "A criatividade é essencial", ele diz. Ainda assim, não dá para saber se o desempenho da propaganda on-line atingirá as expectativas de seus campeões. Os preços são altos o bastante para alguns profissionais de marketing se perguntarem se conseguirão obter a resposta suficiente para justificar o custo (Anders, 1998b). No entanto, os preços de tabela para anúncios em banners padrão declinaram levemente (menos $ 2,70), caindo de um preço médio de banner total de $ 33,22 por $ 30,52 (custo por milhares ou CPM). Para calcular o CPM atual sozinho, confira a calculadora de CPM no Website Ad Resource (http://adres.internet.com/cpm_calc/0,1401,,00.html). "Em meio às alegações de que o banner está morto, é interessante observar que vimos um leve aumento no número de Websites que usam anúncios em banners totais – eles se tornaram o padrão *de facto*", disse Marc Ryan, diretor de pesquisa de mídia da divisão AdRelevance da Media Metrix.

O relatório AdRelevance descobriu que os Websites business-to-business são mais caros, com um preço médio de CPM de $ 47,27. Analisando a pesquisa de preços de tabela, os Websites verticais são capazes de demandar um preço mais alto, provavelmente porque podem oferecer a oportunidade de direcionar a um segmento demográfico definido. Outros Websites grandes, como portais ($ 27,08), alcançam um amplo público e, portanto, tendem a ter preços/CPM mais baixos na média. A exemplo das categorias mais caras, saúde e fitness, o CPM aumentou de $ 30,00, no 3º trimestre de 1999, para 42,50, no 2º trimestre de 2000. Mais uma vez, esses anunciantes podem se adaptar a um segmento demográfico definido (Pastore, 2000).

de marketing para chegar a San Francisco, passando por St. Louis, ou pode montar cegamente um plano para viajar por Miami e Roanoke, sendo o destino final a City by the Bay[2]. Quais são os elementos do plano de marketing de comunicação on-line (seu guia para o marketing na Web)?

- *Plano de marketing on-line.* O plano normalmente começa com uma declaração que reflete a missão corporativa; então, ele se concentra em recursos específicos, as armas estratégicas que você usará para cumprir sua meta. O plano de marketing on-line deve ser integrado com o plano de marketing tradicional para tirar vantagem das sinergias da comunicação de marketing na Internet.
- *Programa promocional on-line.* Esse programa promocional é montado com outros veículos promocionais, como televisão, revista, jornal e mídia de suporte. Como você aprendeu, a exposição on-line é simplesmente inadequada nesse momento para executar um programa de mídia, exceto por determinados produtos e serviços de computador e entre-

2 City by the Bay é como também é conhecida a cidade de São Francisco, nos Estados Unidos. (N.R.T.)

tenimento. O profissional de marketing deve, portanto, considerar o planejamento e a integração das atividades primárias e secundárias.

Há pouca divergência entre as atividades de marketing tradicional e as de marketing on-line; ambas requerem pessoas, ferramentas e tempo. Com um plano de marketing realista na mão, muita confusão e irritação são eliminadas. Quando você se aproxima para se comunicar com seus consumidores potenciais, deve ter uma idéia mais clara de como usar as ferramentas eletrônicas para atrair a atenção para seus produtos e serviços.

Todo marketing requer recursos, e o documento de marketing identifica quanto tempo, pessoas e recursos financeiros serão necessários para implementar seu plano. Considerada uma atividade trivial e comum, a definição do orçamento é uma etapa essencial para ser enviada ao departamento financeiro. Sem alocação de orçamento para essas atividades, não há marketing. Ainda que não seja financeiro, um importante recurso que você dedicará ao marketing on-line é o tempo. Tempo para o design, para implementar, monitorar e responder e para participar de discussões. Se você reservar tempo para os deveres de marketing (talvez das 10 horas da manhã até o meio-dia) para todos os dias ou semanas, aprenderá a se ater a eles. Esse é outro exemplo do traço de uma organização de marketing e uma maneira de abordá-lo. Se você tiver uma equipe, provavelmente poderá dividir as tarefas de marketing on-line entre diversas pessoas.

Depois de ter decidido sobre o seu público-alvo de consumidores ou dos negócios business-to-business, comece a definir como estabelecer e manter um diálogo com os mercados-alvo. Como cada alvo requer um compromisso de tempo específico, o número de alvos que você escolher será determinado pela quantidade de tempo. Porém, mais importante que lutar contra esses alvos no tempo destinado é escolhê-los por potencial de marketing; os que tiverem mais interesse produzirão para sua empresa os melhores recursos de comunicação. Cada um desses segmentos-alvo possui suas próprias exigências e táticas – aprenda bem essas táticas antes de seguir em frente. Dependendo do mercado-alvo, os veículos de contato podem ser uma das ferramentas a seguir.

## O E-Marketing em Ação

### AS EMPRESAS DE INTERNET EXPANDEM A PUBLICIDADE PARA VEÍCULOS OFF-LINE

O valor das marcas é claramente muito importante ao se determinar quem vai vencer na Internet. A tendência atual é usar a televisão como uma tentativa de ganhar essa guerra. Evan Neufeld, analista na empresa de pesquisa da Internet Jupiter Communications, disse: "É uma tendência definitiva e é nova, mas também é Marketing 101. Como a mídia é fragmentada, você não pode anunciar em um só lugar. Sempre dissemos para não apostar todas as suas fichas em um só jogo". Segundo Neufeld, a Internet se tornou um setor mais sofisticado, no qual as empresas não podem mais confiar em anúncios em banners e boca-a-boca para se estabelecerem, especialmente se quiserem ser grandes jogadoras. "Costumava ser um marketing de guerrilha – e ainda é para pessoas que não têm dinheiro –, mas no geral vimos que o preço do ingresso subiu se você quiser se tornar uma marca do e-commerce", disse Neufeld.

*Fonte*: Iwatani, Yukari. Internet companies expand advertising to offline. *Industries Channel*. PointCast network [citado on-line em 23 de novembro de 1998].

## Definição do alvo tático on-line

Os meios que você utilizará para se comunicar com seus alvos primários são veículos on-line já estabelecidos, como o e-mail e os grupos de discussão. O profissional de marketing deve aprender quais desses veículos são adequados e para quais mercados eles são adequados. Por exemplo, a DoubleClick, Inc., uma rede de venda de anúncios que fica em Nova York e que representa mais de 70 Websites, oferece sugestões para clientes atuais e potenciais sobre onde colocar a propaganda. Se seus clientes quiserem atingir as mulheres, a DoubleClick sugere um Website como o foodtv.com, derivado da Food Network da televisão a cabo. Se eles quiserem os donos de pequenos negócios, o Website da Fast Company pode ser considerado (Anders, 1998a). Sua estratégia de marketing deveria especificar quais alvos são mais adequados; eis aqui uma lista de táticas on-line a serem consideradas:

- ***Otimização do mecanismo de busca.*** Boa parte da atividade on-line é realizada por meio de portais e mecanismos de busca para encontrar produtos, serviços e empresas específicas. Portanto, verificar se o Website está bem posicionado nesses portais é uma importante ferramenta de publicidade. Ao contrário das táticas discutidas a seguir, essa estratégia usa uma filosofia de *pull*. A pesquisa mostra que 85% dos usuários da Internet lançam mão dos mecanismos de busca para encontrar produtos e Websites. A otimização do mecanismo de busca vira uma ferramenta competitiva essencial; quem meus consumidores encontrarão primeiro: eu ou meu concorrente?
- ***Servidores de correio e e-mail.*** Muitas empresas possuem um recurso de resposta automática chamado **mailbot** ou servidor de correio, que é capaz de responder automaticamente uma pesquisa de alguém que solicita uma informação. Como a mensagem de e-mail está sendo solicitada, você fica livre para responder com uma publicidade menos sutil, como uma ou mais assinaturas, uma brochura eletrônica, um anúncio ou, talvez, uma oferta especial.
- ***Vitrines eletrônicas ou virtuais.*** Um dos primeiros elementos a saudar o consumidor deve ser um design coordenado de imagem e identidade dos elementos como vitrine, logotipo e temas de posicionamento; gráficos e texto complementares; papelaria coordenada; embalagem, formulários internos e externos de negócios; nome de domínio e planos de como o conteúdo e os materiais paralelos serão usados hoje e como evoluirão com o tempo. Nesse Website, o comerciante cria sua empresa de e-commerce; o profissional de marketing deve, portanto, pensar antes de executar.
- ***Propaganda.*** A propaganda é uma área cada vez maior de expertise para resposta on-line. Isso pode incluir um banner com cabeçalhos de publicidade ou mensagens com texto no corpo do anúncio, patrocínio de cotações do mercado de ações ou informações sobre o clima no país, design de um quadro de avisos estático ou de um quadro de avisos 'descolado' que aparece depois de acessar um Website, um local de anúncios, como a página inicial do Yahoo!, mensagens de confirmação do pedido, propagandas regionais, usando a rede PointCast e um sistema de rastreamento de resposta e monitoramento de anúncio que fornece uma impressão do movimento no Website. Técnicas de publicidade cada vez mais inovadoras, sem dúvida, estão a caminho.
- ***Publicação eletrônica.*** Precisa haver um plano para publicar uma série de documentos, às vezes chamados de *white paper*, que inclui um determinado endereço (que o visitante pode acessar), o documento eletrônico em si, uma assinatura ou um parágrafo introdutório que identifique o usuário e o modo como obter mais informações, e um sistema para rastrear o que foi publicado e quem fez referências a ele em textos posteriores. O

texto pode ser sobre qualquer tópico relacionado à empresa de vitrine virtual, sobre o produto da vitrine virtual ou até mesmo sobre os interesses particulares do comerciante. Um arquivo contendo outro arquivo desses textos pode ser colocado dentro do endereço da loja. Alguns dos tópicos do texto podem se tornar recursos para outros comerciantes virtuais. Se o conteúdo for utilizado em outro Website, geralmente são solicitados e recebidos agradecimentos, o que resulta em exposição adicional.

- ***Publicação em papel***. Outra oportunidade de exposição é publicar artigos no setor e, uma vez tendo escrito algo, o profissional de marketing se tornará um especialista. A impressão feita por uma editora importante torna-se um selo de aprovação ou credencial para o produto; news releases eletrônicos podem iniciar esse processo.
- ***Locais de conferência***. Um patrocínio ou co-patrocínio de conferência é uma promoção especial ostensiva na qual o patrocinador, em geral uma empresa, reúne especialistas ou partes interessadas para discutir um tópico ou assunto urgente, como privacidade na Internet ou a ameaça do bug do ano 2000 e ameaças de worm e vírus extremamente maléficos. Como patrocinadora, a empresa pode publicar uma folha de informações da conferência, resumindo por que o tópico é importante, listas de perguntas sugeridas e palestrantes agendados e descrição dos patrocinadores. As conferências são outra oportunidade de tornar a empresa conhecida entre seus colegas de e-commerce.
- ***Cookies***. Essa tática é muito controversa em função das questões de privacidade, mas seu resultado é uma história dos caminhos que as pessoas utilizam ao visitar um Website. Muitos Websites "grudam" nos computadores dos visitantes pequenos arquivos chamados de cookies, que ajudam a identificar os usuários em novas visitas. Se o usuário nunca voltar, no entanto, os cookies desaparecerão. Mas, com visitas freqüentes, o arquivo de cookies cresce, acumulando as preferências do comprador; o profissional de marketing pode, então, identificar os visitantes que retornaram, e as pessoas podem ser recebidas com mais anúncios para o comerciante original. Os defensores da privacidade descrevem esses dispositivos de rastreamento como uma invasão dos direitos pessoais e querem vê-los banidos.
- ***Arquivos .signature.*** Blocos de assinatura de texto que encerram mensagens de e-mails, listas ou newsgroups são chamados de arquivos signature (.sig) ou sigs. Normalmente são curtos, de cinco ou seis linhas no máximo, e apresentam seu nome, o nome da sua empresa, o endereço de e-mail e os números de fax e, o mais importante, a URL da sua página inicial. Às vezes, são incluídas citações e ilustrações formadas com caracteres do teclado. Seu sig é um anúncio pequeno e discreto para o seu Website e sua empresa.
- ***Perguntas freqüentes***. Essas perguntas freqüentes são desenvolvidas de forma que os leitores regulares das mensagens não tenham de ver as mesmas perguntas e as mesmas respostas todos os meses. Dê uma olhada em diversas perguntas para compreender o estilo que lhes é comum, e leia as mensagens de um grupo por alguns instantes para avaliar o tipo e o nível das perguntas. Em seguida, selecione um assunto que seja adequado para sua empresa e crie-as. Isso pode ajudar a estabelecer a experiência da sua empresa, criar confiança nela e dar-lhe um senso de aumento de acessibilidade. As perguntas freqüentes, sem dúvida, não são uma propaganda, embora você possa mencionar sua empresa e, se adequado, incluir a URL.
- ***Newsgroups da Usenet.*** Estima-se que haja dez mil newsgroups da Usenet cobrindo quase todos os tópicos. A melhor abordagem para definir sua mensagem é localizar grupos para investigar suas perguntas freqüentes. O tópico "Como encontrar o lugar certo para postar" tem um grande valor para caçar grupos difíceis de serem acessados. Você pode encontrá-lo no endereço http://www.cis.ohio-state.edu/hypertext/faq/usenet/finding-groups/faq.html.

## Agora Você Sabe

**SEGREDOS PARA CRIAR UM WEBSITE COMERCIAL DE SUCESSO**

Não existem Websites invisíveis. Registre seu Website em todos os mecanismos de busca on-line.

Não existem **Websites mortos**; alguns se parecem com uma cidade-fantasma, pois ninguém cuida deles há tempos. Em um bom Website, o conteúdo é sempre novo. Novas páginas são adicionadas e páginas antigas são atualizadas.

Páginas bem-sucedidas são ricas em conteúdo. Um Website de sucesso oferece conteúdo bom e completo.

As páginas contam com uma navegação clara. Os usuários podem navegar pelo Website de forma consistente. O usuário pode ver aonde está indo e voltar para as páginas anteriores com facilidade.

As páginas não limitam o usuário com muita rapidez. Algumas páginas possuem links em todas as paradas. Elas não mandam o visitante embora com muitos links para outros Websites.

O Website possui valor agregado verdadeiro. Serviços, conteúdo, produtos ou outros recursos são evidentes. Um Website de sucesso não é só um lugar para fazer comércio e vender; os usuários podem receber informações úteis e serviços gratuitamente.

O pessoal de manutenção do Website é prestativo. As perguntas são respondidas com rapidez, e esse pessoal resolve rapidamente os problemas com os links. A documentação está correta.

O Website possui suporte organizacional ou institucional. A organização inteira sabe do Website; há um orçamento e suporte de pessoal.

O Website é capaz de coletar informações. As informações sobre os usuários são rotineiramente coletadas por meio de concursos, boletins ou pesquisas, de forma que o pessoal de manutenção sabe quem estava fazendo a visita e conhece as preferências e reações desses usuários.

O Website é um canal de marketing integrado com outros canais. A Web e a Internet são integradas com mídia impressa, televisão e rádio.

As técnicas para exposição citadas podem ser facilmente executadas por uma ou duas pessoas, é bem barata de ser iniciada e mantida e, mais tarde, pode ser expandida com uma vitrine ou um catálogo eletrônico, à medida que a empresa e o número de mercados-alvo crescerem.

Por fim, para promover seu Website, pense em uma fertilização cruzada entre seu Website e sua mídia de marketing tradicional para aumentar o sucesso da presença na Web. A URL e o endereço de e-mail devem ser colocados em algum lugar de todos os anúncios em mídia impressa e materiais impressos de suporte, como cabeçalhos, cartões de visita, brochuras, folha de rosto de fax, kits de imprensa, press releases, newsletters e itens promocionais. Além disso, a presença dos endereços de Internet no material impresso projeta uma imagem moderna e atual da sua empresa, mesmo para aqueles que não usam a Internet.

## Agora Você Sabe (continuação)

O Website recebe suporte por meio de outras ferramentas da Internet. Um bom Website possui Websites de FTP e Gopher relacionados e recebe suporte por e-mail.

O Website possui um bom design. A seguir está uma lista geral de diretrizes a serem seguidas em relação ao design (isso foi discutido com mais detalhes no Capítulo 11).

- Há alternativas de texto e pequenas imagens, as chamadas **thumbnails**, para representar grandes imagens sem ter de carregar inicialmente grandes arquivos gráficos.
- Há interatividade com as pessoas, como a possibilidade de falar com os representantes do atendimento ao consumidor.
- O Website é inteligente, não apenas 'descolado'; a parte gráfica, o design e as cores estão em sincronia com a imagem corporativa.
- O Website possui imagens e conteúdo das páginas relativamente consistentes – dando a sensação de se visitar um Website, não só uma coleção de páginas.
- A URL não é uma URL de aparência engraçada, com letras maiúsculas e minúsculas misturadas e acentos gráficos.

O profissional de marketing deve se lembrar de que esse Website é do consumidor, e não seu. As empresas adoram falar sobre si mesmas. Faça do seu Website um espelho dos interesses dos usuários – seus consumidores. Conte e mostre o que eles querem ouvir e ver. Veja exemplos ótimos de Websites que são divertidos, mas servem às necessidades dos consumidores. Confira-os para determinar quais benefícios cada um oferece a seu visitante. Exemplos de Websites:

- Mama's Cucina, http://www.eat.com (diversão e comida).
- Crayola, http://www.crayola.com (kits educacionais).
- Lego Online, http://www.lego.com/ (a alegria dos blocos de plástico).
- Arquivo X, http://www.thex-files.com (Website criativo com a biografia das estrelas, guia de episódios, oferta de mercadorias, feedback de fãs e outras diversões).
- Revista *Time*, http://www.timeinc.com (acesso on-line a materiais da revista e a edições passadas).

Como uma das tarefas essenciais do marketing na Web é fazer as pessoas visitarem sua página inicial, você, no papel de profissional de marketing, deve aumentar a visibilidade por meio das seguintes ações:

- Registre seu Website nos mecanismos de busca na Web, nas listas e nos catálogos.
- Participe de listas de discussão e de newsgroups da Usenet e use arquivos de assinatura, .sig; não só você ganhará exposição, mas também será um participante ativo da formulação de tópicos do dia dentro da direção do grupo de discussão.
- Faça um anúncio on-line e use news releases; faça que os anúncios sejam dignos de serem publicados e adequados ao grupo de notícias.

- Estude as perguntas freqüentes; isso faz que você e o moderador da lista economizem tempo e esforço. Os "newbies", novos usuários da Web, muitas vezes não olham esse manual do Website, do newsgroup ou da organização.
- Use links cruzados da sua página para outras páginas pertinentes. Não só isso aumenta o conhecimento do uso de seus produtos como também agrega credenciais, por exemplo, um link para o Underwriters Laboratory sobre os padrões de resistência ao fogo de roupas infantis, roupas de dormir e até fantasias para o Halloween.

## Como você pode fisgar os usuários da Internet?

Para fisgar os internautas, você primeiro tem de pedir para alguém visitar sua página. É importante, então, manter o Website visível na Internet e na sua mídia impressa também. Depois da visita inicial, a atividade e a interatividade incentivarão o visitante a retornar ao seu Website.

- *Curiosidade.* Se você tiver um Website grande, e com informações demais para serem vistas em uma única sessão on-line, os visitantes voltarão. Se o conteúdo for interessante, o Website será excelente – valerá o retorno para uma maior exploração.
- *Volume de vendas do item.* Ofereça pelo menos alguns itens que sejam renovados com freqüência ou até todas as vezes que a pessoa fizer uma visita. Pode-se tratar do recurso "O que há de novo", mas muitas vezes pode ser algo tão simples quanto uma nova citação diária, uma lista de aniversário de pessoas (ou consumidores) nascidas nesse dia, uma menção de um evento atual ou um novo arquivo de áudio.
- *Ferramenta ou recurso indispensável.* Sua página pode oferecer links para bancos de dados existentes, coleções de guias da Internet e da Web, ferramentas de busca ou um repositório de imagens e arquivos. É mais provável que seu Website traga as pessoas de volta se a coleção de links for incomumente completa ou de alta qualidade. Ainda que os links possam estar relacionados a qualquer assunto, faz sentido que eles se relacionem de alguma forma com sua empresa.
- *Evento ou recurso exclusivo.* A página pode oferecer concursos ou sorteios. Dependendo do objetivo da empresa, alguns Websites já deram moedas de ouro, carros ou equipamentos de computador para varejistas. Para serviços profissionais, conferências on-line acerca da época de entrega da declaração de renda podem aumentar o interesse nas atividades de negócios e na imagem. O profissional de marketing pode oferecer um recurso do tipo "Pergunte ao Especialista" – os usuários podem deixar mensagens ou enviar perguntas por e-mail, e as respostas podem ser colocadas na página. São muitas as possibilidades para tornar sua página única e fazer valer a pena retornar a ela.
- *A qualidade de ser pegajoso* (sticky). Ao prestar serviços como personalização de produtos, e serviços adicionais como conteúdo personalizado e e-mail, o profissional de marketing dificulta que os consumidores o troquem por outro. Nesse caso, tanto o consumidor quanto o profissional de marketing investiram um no outro. O profissional de marketing forneceu serviços de valor agregado e o consumidor, por meio de transações, deu suas preferências ao profissional de marketing. O My Yahoo! (http://www.my.yahoo.com) e o Amazon.com são ótimos exemplos de Websites pegajosos. O My Yahoo! oferece conteúdo e e-mail, enquanto o Amazon, usando marketing do banco de dados, conhece as preferências dos consumidores e seus hábitos de compra. Segundo a Nielsen//NetRatings, as categorias da Web mais pegajosas são, por ordem: serviços financeiros, novos Websites, Websites de estilo de vida, portais e viagens (CyberAtlas, 2002).

## Fontes de informações sobre propaganda profissional na Internet

A Internet proporciona aos profissionais de propaganda e marketing muitos recursos dinâmicos, úteis e informativos. Um desses recursos é o NetPlus Marketing Inc. (http://www.netplusmarketing.com/resources.cfm). Esse Website inclui um arquivo de artigos, tendências e notícias, apresentações e dicas, além de uma calculadora interativa de anúncios on-line. Esses Websites são ferramentas muito úteis e muitos deles listarão e trabalharão em colaboração com agências de publicidade experientes, como Advantage Solutions, Dataquest, NetMarket Group e Modem Media Poppe Tyson Advertising, entre outras.

## O estado atual do comércio on-line

Qual é a dinâmica dos consumidores que, de fato, compram on-line? De forma contrária ao pessimismo dos relatórios de mídia sobre os roubos de números de cartão de crédito, mais de 3/4 (89,3%) dos entrevistados pela Décima Pesquisa com Usuários da Internet, feita pelo GVU Center da Universidade da Geórgia (*GVU Tenth WWW User Survey*), relataram que "solicitaram um produto ou serviço preenchendo um formulário na Web". Do ponto de vista de gênero e experiência, os respondentes em geral eram norte-americanos do sexo masculino familiarizados com as atividades da Internet (GVU, 1999).

As características populacionais das pessoas que compram produtos e serviços mais populares foram discutidas no Capítulo 3. Você deve ter aprendido com essa discussão que software é um item muito popular de compra on-line. Os consumidores tecnológicos sentem-se mais confortáveis no ambiente on-line, e eles provavelmente ficam familiarizados com as qualidades dos produtos que compram. O *Iconocast Newsletter* observa que, à medida que a população da Internet torna-se mais homogênea, é certo que os padrões de compra mudarão. Na verdade, a America Online relatou um mix diferente de compras populares durante os feriados. Com uma população maior de usuários, a AOL revelou que os itens que ela mais vendia eram arranjos florais, café do Starbucks e steak de Omaha. Dentro do conceito de vitrines virtuais, essa é uma amostra de Websites de e-commerce bem-sucedidos, conforme estimativas da Competitive Media Reporting.

**Quadro 14.1**

**5 TOP WEBSITES POR RECEITA PUBLICITÁRIA**

| Posição | Website | Receita publicitária para a Web em 2000 | Receita publicitária para a Web em 1999 | Porcentagem de alteração |
|---|---|---|---|---|
| 1. | Yahoo! | $ 442.336.726 | $ 276.199.251 | 60,2% |
| 2. | Excite | $ 249.248.846 | $ 162.073.525 | 53,8% |
| 3. | Lycos | $ 190.261.291 | $ 114.003.750 | 75,8% |
| 4. | CNET | $ 167.309.781 | $ 100.671.750 | 66,2% |
| 5. | Netscape | $ 134.623.234 | $ 82.661.915 | 62,9% |

*Fonte*: Adaptado de um press release da Competitive Media Reporting (CMR) – Internet ad spending continues along strong growth track. 5 de fevereiro de 2001.

## Revisão das estimativas futuras por categorias de produto/serviço ao consumidor

Quais são as tendências em termos de compras de consumidores às quais devem estar atentos, em um futuro imediato, os negócios eletrônicos que vendem on-line? Computadores e acessórios, entretenimento como livros, CDs e vídeos e serviços de investimento atualmente são as categorias que lideram as vendas, porém vendas em Websites de leilão, brinquedos e roupas estão ganhando popularidade. Além de produtos específicos, os mercados de comércio eletrônico com o melhor potencial de crescimento são aqueles estreitamente relacionados às mudanças de aspectos demográficos, como instrumentos financeiros, saúde, viagem e jardinagem para *boomers*[3] e roupas, música e outras diversões para a Geração X[4]. O Quadro 14.2 mostra a relação entre compras on-line/off-line nos três trimestres de 2001.

## Resumo

Existem várias maneiras de montar e manter uma vitrine virtual, assim como há tipos diferentes de empresas de varejo e business-to-business. Embora o hardware, o software e as ferramentas operacionais sejam surpreendentemente similares, uma vitrine de comércio eletrônico bem-sucedida requer um elemento agregado para funcionar e ser memorável. É preciso imaginação por parte do comerciante on-line e do profissional de marketing – imaginação para trazer algo fresco para a Web; imaginação para prever modas e necessidades dos consumidores; imaginação para ter a confiança de tentar e tentar outra vez. Há muitas decisões a serem tomadas, como fazer você mesmo a vitrine ou contratar um desenvolvedor de vitrine ou unir-se a um shopping virtual para vender às pessoas que visitam os Websites adjacentes. Cada decisão requer pesquisa e, a partir dessa pesquisa, são tomadas decisões melhores.

À medida que a vitrine virtual está tomando forma, as decisões de marketing relacionadas ao mix promocional ficam iminentes. São pesados os julgamentos de imagem e posicionamento, são criados os materiais de identidade e desenvolvidos os programas de comunicação com o consumidor – tudo para criar uma experiência virtual memorável para compradores atuais e potenciais. A experiência é incrementada pela imaginação, criatividade e curiosidade. Há regras evoluindo do design do Website de vitrine, e essas são boas medidas a serem consideradas. Primeiro, no entanto, introduza imaginação e criatividade e tenha em mente que as regras são feitas para serem quebradas. O conteúdo deve ser factual, sólido e sempre renovado, mas deve injetar fascínio e humor no Website, particularmente se se tratar de uma loja para consumidores/varejo. Os consumidores retornam aos Websites que lhes ofereçam o máximo. Desenvolva e projete o Website como se fosse encontrar o comprador uma única vez. Faça a experiência valer, e o comprador voltará.

---

3 *Boomers* são a geração de pessoas nascida no *baby boom*, um período de rápido aumento do índice de natalidade nos Estados Unidos, principalmente nos anos após a Segunda Guerra Mundial. (N.R.T.)

4 Da *Geração X* fazem parte os americanos nascidos após a década de 1960, e foi uma geração caracterizada pela oposição aos valores tradicionais e altamente influenciada pelos meios de comunicação em massa e pela tecnologia. (N.R.T.)

### Quadro 14.2

**COMPRAS ON-LINE POR CATEGORIA DE PRODUTOS**

**DÓLARES GASTOS OFF-LINE PARA CADA DÓLAR GASTO ON-LINE**

| Categoria | T2 2001 | T1 2001 | T4 2001 |
|---|---|---|---|
| Casa/jardinagem | $ 3,86 | $ 4,29 | — |
| Produtos eletrônicos | $ 2,35 | $ 2,37 | $ 2,89 |
| Brinquedos | $ 2,13 | $ 1,50 | $ 1,75 |
| Roupas/acessórios | $ 1,92 | $ 2,53 | $ 2,92 |
| Hardware/periféricos de computador | $ 1,36 | $ 1,09 | $ 1,50 |
| Equipamentos de fitness/esportes | $ 1,01 | $ 1,60 | $ 2,50 |
| Softwares | $ 0,80 | $ 0,91 | $ 0,99 |
| Serviços de viagem | $ 0,65 | $ 0,76 | $ 1,01 |
| Saúde/Beleza | $ 0,56 | $ 0,68 | $ 0,93 |
| Música/Vídeo | $ 0,46 | $ 0,65 | $ 0,83 |
| Livros | $ 0,45 | $ 0,60 | $ 0,68 |
| Flores/Presentes/Cartões | $ 0,31 | $ 0,43 | — |

*Fonte:* Adaptado de Pastore, Michael. Stores vs. Websites: The battle continues. 11 de outubro de 2000. (http://cyberatlas.internet.com/markets/retailing/article/0,,6061_482461,00.html#table)

## Perguntas e exercícios

1. Descreva as tarefas e responsabilidades do profissional de marketing virtual em relação ao estabelecimento e à promoção de um Website de e-commerce recém-estabelecido. Em uma frase, explique as tarefas, em ordem, e dê um exemplo de cada uma. Prepare um esboço on-line para entregar ao Webdesigner.
2. Você está desenvolvendo um Website para sua própria empresa e está preocupado com a seleção do ISP certo. Faça uma lista dos serviços e equipamentos que você deseja alugar do ISP que escolher. Compile uma lista de itens e redija uma carta a seu sócio, que está bancando o empreendimento. Explique por que você precisa de cada item.
3. Há vantagens e desvantagens em preparar o Website sozinho e em contratar um desenvolvedor de vitrines para a tarefa. Vamos supor que você esteja planejando abrir uma loja on-line com um serviço completo para iguanas. Você oferecerá uma linha completa de alimento para iguanas. Prepare uma lista das cinco principais vantagens e das cinco principais desvantagens de criar o Website sozinho; em seguida, prepare uma lista das cinco principais vantagens e das cinco principais desvantagens de se contratar uma fonte externa para criar o Website. A lista é para seus próprios fins de planejamento.
4. Entre em contato com um desenvolvedor de vitrine virtual e entreviste a empresa para entender quais serviços eles prestam ao varejista on-line. Mostre o cenário do

produto ou serviço a um representante e redija um relatório de uma página sobre sua entrevista.

5. Na sua opinião, quais são as vantagens e desvantagens de operar uma loja de varejo tradicional e uma loja on-line? Prepare uma lista de vantagens e desvantagens de operar cada uma ao mesmo tempo. Prepare-se para discutir suas opiniões na próxima aula.
6. Redija um e-mail para o desenvolvedor de vitrine solicitando uma proposta para o design e a implementação de uma loja virtual. No e-mail, liste quais serviços você está procurando e quais são as especificações para o hardware operar seu Website. Seja detalhado nas suas instruções.
7. Das táticas promocionais listadas no texto, quais as três que você considera mais eficazes para criar lembrança inicial de uma loja virtual orientada para o consumidor? E de uma loja virtual business-to-business? Justifique seu pensamento apoiando esses três elementos de lembrança e prepare suas idéias como um esboço de palestra a ser feita diante de uma fraternidade universitária do curso de negócios.
8. Os arquivos .signature podem criar uma assinatura personalizada para sua correspondência. Crie seu próprio arquivo .signature para seus e-mails e use caracteres, números, letras ou desenhos que você acredita que diferenciam sua personalidade. Envie ao professor por e-mail a mensagem exibindo o arquivo .sig.
9. O que prende sua atenção em Websites comerciais enquanto você está navegando? Selecione seis Websites que você acredita serem criativos ou memoráveis e redija um parágrafo sobre cada um, declarando as razões por que eles lhe chamaram a atenção. Imprima um por um para acompanhar o relatório. Suponha que isso é pesquisa para auxiliar seu Webdesigner a desenvolver um Website para a empresa.
10. Você está planejando um Website para dar suporte à vitrine virtual especializada em *pins* comemorativos de eventos esportivos. Eles foram feitos originalmente para serem usados, mas viraram *hobby* entre os colecionadores. Ao planejar seu Website, você está considerando a incorporação dos itens a seguir; faça uma lista das vantagens e desvantagens de cada elemento:
    a) Fotografia colorida de cada *pin* à venda ou disponível para troca.
    b) Clipes de sons de músicas de esportes.
    c) Efeitos sonoros correspondentes à categoria dos *pins*.
    d Videoclipes dos melhores momentos mais famosos nos esportes.
    e) Java scripts dos logotipos dos times em movimento.
    f) Mecanismo de busca no Website.
    g) Página de testes esportivos.
    h) Oferecimento para se inscrever no Boletim de Colecionadores de *Pins* Esportivos, um boletim de texto on-line que você redige e envia todos os meses.

    Quais outras idéias você acredita que podem ser eficientes para obter atenção e lealdade ao Website?

*Bibliografia*


ANDERS, George. Comparison shopping is the Web's virtue — unless you're a seller. *The Wall Street Journal*, 23 jul. 1998a, p. A4. Copyright 1998 Dow Jones & Co. Inc. Reproduzido com permissão de Dow Jones & Co. Inc. no formato Textbook via Copyright Clearance Center.

______. Internet advertising, just like its medium, is pushing boundaries. The *Wall Street Journal*, 30 nov. 1998b, p. A1. Copyright 1998 Dow Jones & Co. Inc. Reproduzido com permissão de Dow Jones & Co. Inc. no formato Textbook via Copyright Clearance Center.

CYBERATLAS. Finance sites the stickiest online. Jupitermedia Corp. Copyright 2004 Jupitermedia Corporation. Todos os direitos reservados. Utilizado com permissão. Disponível em: <http://cyberatlas.internet.com/markets/finance/article/0,,5961 983221,00.html>. Acesso em 28 fev. 2002.

GRANT, Gail. In: Cronin Mary J. (ed.) Emerging platforms for commerce over the Internet. *The Internet strategy handbook.* Boston: Harvard Business School Press, 1996. Reimpresso com permissão de Harvard Business School Press. Copyright 1996 Harvard Business School Publishing Corporation. Todos os direitos reservados.

GREENSPAN, Robyn. Big boosts in broadband. Jupitermedia Corp. Copyright 2004 Jupitermedia Corporation. Todos os direitos reservados. Utilizado com permissão. Disponível em: <http://cyberatlas.internet.com/rnarkets/broadband/article/0,,10099 1141701,00.html>. Acesso em 20 maio 2002.

GVU TENTH WWW USER SURVEY. Georgia Tech Research Corporation. 1999. Disponível em: <http://www.gvu.gatech.edu/user surveys/survey-1998-10/>.

HISTORY of Amazon.com.1998. Disponível em: <http://www.amazon.com>.

IWATANI, Yukari. Internet companies expand advertising to offline. *Industries Channel.* PointCast. 1998.

NETWORK 23 November.ISP-Planet. US broadband growth steady. Jupitermedia Corp. Copyright 2004 Jupitermedia Corporation. Todos os direitos reservados. Utilizado com permissão. Disponível em: <http://cyberatlas.internet.com/markets/broadband/article/0,,10099 1545711,00.html>. Acesso em 20 nov. 2002.

PARKER-POPE, Tara. Clinique solves Web dilemma with quiet ads. *The Wall Street Journal*, 1998, p. 12. Copyright 1998 Dow Jones & Co. Inc. Reproduzido com permissão de Dow Jones & Co. Inc. no formato Textbook via Copyright Clearance Center.

PASTORE, Michael. Ad resource feature: Full banners remain Net's top ad. Jupitermedia Corp. Copyright 2004 Jupitermedia Corporation. Todos os direitos reservados. Utilizado com permissão. Disponível em: <http://adres.internet.com/feature/article/0,1401,8961 436711,00. html>. Acesso em 15 ago. 2000.

PHILOSOPHY of Amazon.com. nov. 1998, p. B1. Disponível em: <http://www.amazon.com>.

# CAPÍTULO 15

## Segurança no Website de E-commerce

A idéia básica por trás da Access Certificates for Electronic Services [Aces, que pode ser traduzido como ***certificados de acesso para serviços eletrônicos***] é que exista uma autoridade de certificação terceirizada para verificar a identidade de usuários do computador que desejam acessar informações privativas ou fazer negócios eletrônicos com órgãos governamentais. As diretrizes da Aces estabelecem que a autenticação deve ser on-line, principalmente ao fazer uma referência cruzada entre a identidade declarada do candidato e as informações existentes em diversos bancos de dados diferentes na Internet. Ao cruzar os dados do candidato, a autoridade de certificação pode verificar a identidade dele sem exigir que o indivíduo vá até o escritório e apresente um documento de identificação com foto. Assim que a identidade do indivíduo for verificada, a autoridade de certificação enviaria um "certificado" – um software, ou o meio de acessar o software pela Web – por correio. O processo levaria de três a cinco dias.

"Existem diversas falhas no plano, mas uma das maiores dúvidas é quem pagará pelo serviço", [disse] Patricia Edfors, presidente da PNE Associates, uma consultoria de segurança. "Eles estão falando sobre cobrar uma taxa por transação, mas ainda nem definiram do que uma transação é formada", ela disse. "E se o dinheiro desse programa sair dos fundos [do Sistema Federal de Telecomunicações] e depois as agências tiverem de pagar a uma autoridade de certificação, o serviço não estaria sendo pago duas vezes?"

*(Wilson, 1998)*

## Objetivos de Aprendizado

- Explorar os fundamentos da criptografia e seu papel no e-commerce.
- Investigar o certificado digital – a fundação para sistemas de pagamento.
- Discutir e comparar os métodos de segurança dos protocolos Secure Sockets Layer e Secure Electronic Transaction.

## Introdução

Durante o surgimento do e-commerce na Internet, a segurança foi a principal fonte de preocupação entre os possíveis consumidores de diversos Websites on-line. Quando a Internet surgiu como uma rede não comercial de computadores, ela não foi concebida tendo a segurança como objetivo supremo. Muito pelo contrário: ela foi projetada como um meio de permitir que cientistas pesquisadores em regiões geograficamente distantes compartilhassem informações com seus colegas. Compartilhamento – não **privacidade** – e documentos – não transações – foram os objetivos primários.

A principal meta dos shoppings on-line e de outros Websites de varejo é fornecer o mesmo nível de qualidade e conveniência que o obtido por um consumidor em um ambiente real. Em muitos casos, métodos, práticas, leis e estatutos foram modelados após se fazer uma combinação entre as práticas do comércio justo e as práticas do comércio feito pelo correio. Por exemplo, as regras que regem o manuseio de dinheiro são instrutivas. Quando um **comerciante** recebe as informações do cartão de crédito de um consumidor, a lei não permite que ele seja cobrado até as mercadorias compradas terem, de fato, saído das instalações do comerciante. Essa pode parecer uma questão trivial, mas na verdade não é. Quando um consumidor compra um item em uma loja, a transação é concluída simultaneamente – o consumidor paga pela mercadoria e sai da loja com ela. Na loja virtual, no entanto, não é bem assim. Na verdade, o consumidor provavelmente nunca irá conversar ou se comunicar diretamente com outra pessoa antes, durante ou após a compra.

O objetivo deste capítulo é descrever a segurança a partir de dois pontos de vista: o das informações do consumidor e o das transações do comerciante. Mais especificamente, serão definidos os fundamentos da criptografia (a chave para a segurança na Internet), dos certificados digitais e dos trabalhos internos dos protocolos SSL (Secure Sockets Layer) e SET (Secure Electronic Transaction). Esses dois protocolos melhoram o poder da criptografia e dos certificados digitais e resolvem problemas inerentes à **autenticação** confiável, fornecendo, assim, a base da segurança e das transações na Internet.

## Uma pesquisa de criptografia

Para entender o conceito de criptografia dentro do escopo do SSL e do SET, é necessário mergulhar no mundo da criptografia, que é tão antigo quanto o desejo da humanidade de ter privacidade na comunicação. A criptografia no último século foi elevada à categoria de arte e, em grande parte, foi o ponto principal dos eventos críticos na última guerra mundial. (Para uma fascinante jornada pelo desenvolvimento da criptografia e sua relação com a Segunda Guerra Mundial, leia *The code breakers*, de David Kahn, que detalha a forma como os Estados Unidos usaram o idioma navajo em uma tentativa de estabelecer uma comunicação verbal completamente segura.)

A criptografia resulta na criação de métodos criptográficos, também conhecidos como sistemas criptográficos. Existem dois tipos de sistemas de criptografia: simétrico e assimétrico. Os **sistemas de criptografia simétrica** usam a mesma chave – a chave secreta – para criptografar (embaralhar) e descriptografar (desembaralhar) uma mensagem. Os **sistemas de criptografia assimétrica**, por outro lado, usam uma chave para criptografar a mensagem e outra chave para descriptografá-la.

Os sistemas de criptografia assimétrica também são chamados de **sistemas de criptografia de chave pública** e derivam da tecnologia na qual duas chaves, a *chave pública* e a *chave privada*, são usadas para criptografar ou descriptografar dados (qualquer chave pode ser utilizada para criptografar, mas a outra necessariamente precisa descriptografar). Normalmente o usuário fornece sua chave pública a outros usuários, mantendo a chave privada consigo. Os dados criptografados com chave pública podem ser descriptografados somente com a chave privada correspondente, e vice-versa. Essa tecnologia foi identificada pela primeira vez por Whitfield Diffie e Martin Hellman, na publicação de 1976 de *New directions in cryptography*. No entanto, quando a patente da Public Key Partners sobre o algoritmo de Diffie-Hellman expirou, em 29 de abril de 1997, os criptologistas conseguiram incorporar o padrão livremente em seus programas, com extensões de criptógrafos como Taher ElGamal.

RSA é um algoritmo de chave pública inventado por Rivest, Shamir e Adleman e envolve o produto de dois grandes números primos. A dificuldade em quebrar o RSA é considerada, em geral, igual à dificuldade de fatorar números inteiros que sejam produto de dois grandes números primos de tamanho aproximadamente igual. Na medida em que os computadores vão ficando cada vez mais avançados, a habilidade de fatorar grandes números primos fica cada vez mais fácil. Mas isso só significa que os números primos, da mesma forma, devem ficar maiores. Esse grande número primo é representado como o número de bits, ou inteiros binários, necessários para criá-lo. Portanto, por exemplo, algoritmos de 40 bits rendem inteiros menores que algoritmos de 128 bits. O tamanho dos inteiros nos algoritmos é cuidadosamente controlado pelo governo norte-americano em relação ao uso doméstico e internacional.

Para ocorrer o comércio eletrônico, ou qualquer outra movimentação secreta pela Internet, deve ser empregado um método que permita às duas partes, sem preparação prévia, trocar mensagens de forma que concordem com uma chave secreta conhecida somente por elas. Isso é conhecido como algoritmo de troca de chaves.

Os sistemas de criptografia simétrica são mais fáceis de serem implementados, pois é exigida apenas uma chave. Mas eles têm um problema. Como se faz para transportar a chave secreta do emissor para o destinatário com segurança e à prova de sabotagens? Se fosse possível enviar a chave secreta com segurança, não precisaria de sistemas de criptografia assimétrica, pois bastaria usar esse mesmo canal seguro para enviar sua mensagem. Caso os sistemas de criptografia assimétrica precisem ser usados, a chave secreta é entregue por transportadoras de segurança. Mas quando não houver transportadoras confiáveis, a resposta fica com os sistemas de criptografia de chave pública, e o padrão criptográfico assimétrico mais utilizado é o desenvolvido e publicado pelo RSA Laboratories (http://www.rsasecurity.com – Figura 15.1) e conhecido como Public-Key Cryptography Standards (PKCS). O RSA Laboratories desenvolveu o PKCS em 1991, com representantes das empresas Apple, Digital, Lotus, Microsoft, MIT, Northern Telecom, Novell e Sun Microsystems. Desde sua publicação, em junho de 1991, o PKCS tornou-se um verdadeiro padrão

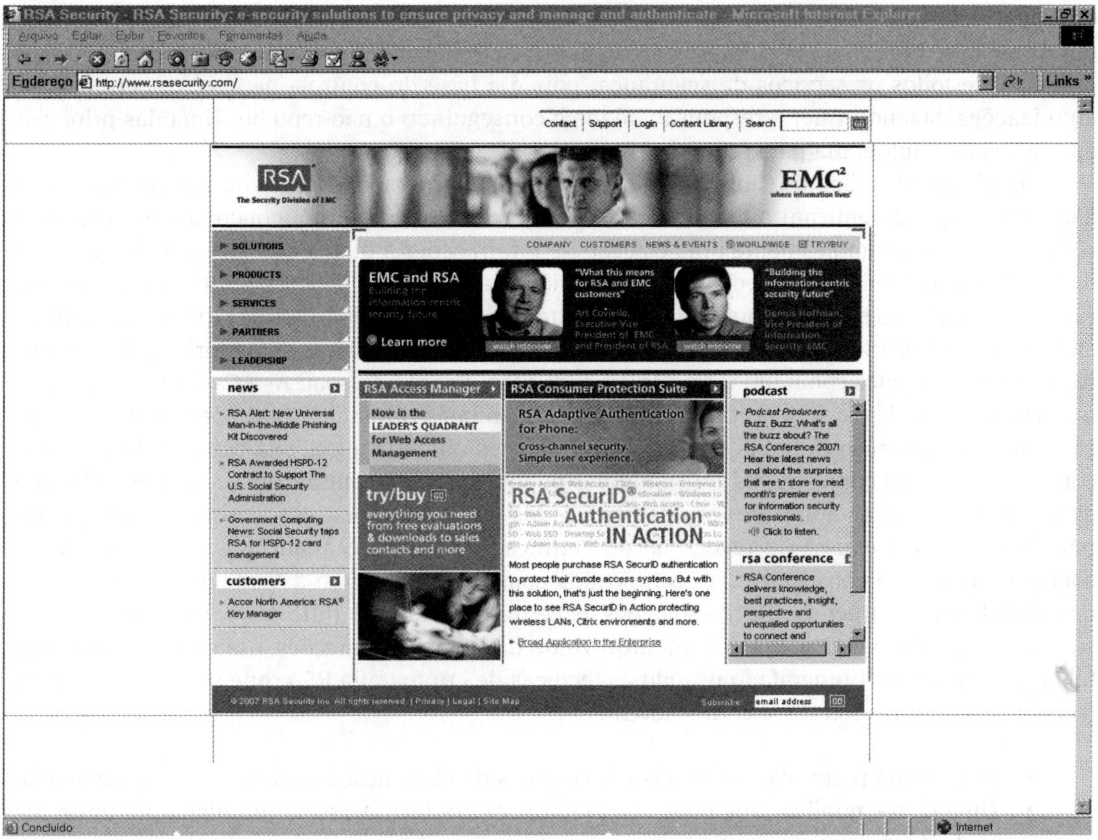


Figura 15.1 Para manter clientes atuais e potenciais a par dos desenvolvimentos em segurança, a RSA assumiu um design do tipo newsletter para sua página inicial. Muitos links atualizados levam os visitantes a importantes notícias de segurança.
*Fonte*: RSA Security (http://www.rsasecurity.com). Utilizado com permissão.

dos mecanismos de segurança da Internet. O papel do RSA Laboratories em relação aos padrões do PKCS está no processo de criação de padrões, mais especificamente no seguinte:

- Publicação de documentos cuidadosamente redigidos descrevendo os padrões.
- Retenção da autoridade, independentemente de tomada de decisões sobre qual deve ser cada padrão.
- Solicitar opiniões e conselhos do desenvolvedor sobre alterações e extensões úteis ou necessárias.
- Publicação dos padrões revisados, quando adequado.
- Fornecimento de guias de implementação e/ou implementações de referência.

## Certificados digitais

Além da privacidade e da confidencialidade em relação à comunicação digital, a criptografia estendeu-se para a área da autenticação. Autenticação é o processo de verificar se as pessoas ou entidades são quem alegam ser. No mundo real, as pessoas se reconhecem no banco pelo rosto ou, na cena de um crime, pela impressão digital. A autenticação é o equivalente digital. É o mais essencial de todos os serviços de segurança, pois é a base do controle de acesso, permissões e autorizações, fazendo valer a responsabilidade e conseguindo o não-repúdio. Uma das principais aplicações da criptografia para autenticação é o certificado digital.

Os certificados digitais são, para todos os efeitos, impressões digitais ou varreduras retinianas virtuais que autenticam a identidade da pessoa ou coisa de forma concreta e verificável. O certificado em si é simplesmente uma coleção de informações à qual a assinatura digital é anexada pelo emissor, também conhecido como Autoridade de Certificação (AC). A AC é uma organização terceirizada que tem a confiança da comunidade de usuários certificados e cujo papel é análogo ao do Departamento de Trânsito [Detran] que emite as carteiras de motorista, amplamente reconhecidas e aceitas como um meio confiável de identificação pessoal. As ACs em geral oferecem uma combinação de tecnologias de criptografia, uma infra-estrutura de instalações de alta segurança e uma especificação de práticas e responsabilidades que estabelece sua capacidade de operar como uma empresa confiável. Os consumidores podem fazer um contrato com a AC para lidar com as tarefas rotineiras de administração de certificados ou podem optar por assumir sozinhos a responsabilidade pela emissão e revogação do certificado, mantendo assim um nível mais alto de controle. Você pode conseguir esses certificados com empresas como a VeriSign, provedora líder de Public Key Infrastructure (PKI) e soluções de certificados digitais (http://www.verisign.com).

Um certificado digital típico é um arquivo de dados de informações, assinado e selado digitalmente pela AC e criptografado usando as técnicas de criptografia RSA, que podem ser verificadas por qualquer pessoa. Esse certificado inclui:

- O nome do proprietário e outras informações de identificação, como endereço de e-mail.
- Uma chave pública, que pode ser usada para verificar a assinatura digital de um remetente de mensagem previamente assinada com a chave privada exclusiva de correspondência matemática.
- O nome do emissor, ou Autoridade de Certificação.
- O período de validade do certificado.

Todas as vezes que alguém enviar uma mensagem eletrônica, deverá ser anexado o certificado digital para assinar e criptografar essa mensagem. Quem recebê-la deverá primeiro usar seu próprio certificado digital para verificar se a chave pública do autor é autêntica. Em seguida, a chave pública é usada para verificar a mensagem em si. Para criar um certificado digital para o indivíduo, a AC deve confirmar a identidade da pessoa, do dispositivo ou da entidade que requisita o certificado. Isso normalmente se dá por meio da seguinte combinação, dependendo do nível de segurança requerido:

- Presença pessoal: a pessoa pode aparecer fisicamente diante de uma entidade de confiança.
- Documentos de identificação: a Autoridade de Certificação pode fazer uso de documentos de identificação, como passaporte, carteira de motorista ou crachá da empresa.

Os certificados digitais podem ser distribuídos on-line – mesmo que seja por redes sem segurança –, pois eles se autoprotegem. Entre os meios típicos de distribuição de certificados estão:

- Certificado que acompanha a assinatura: o assinante possui uma cópia de seu próprio certificado e pode anexar uma cópia dele à assinatura digital. Se isso for feito, qualquer pessoa que deseje verificar uma assinatura terá o certificado em mãos.

- Serviço de diretório: ao usar a tecnologia de chave pública, os originadores da mensagem primeiro obtêm os certificados dos destinatários pretendidos. Quando estiverem envolvidas múltiplas partes, essa pode ser uma tarefa complexa. Os diretórios são uma maneira fácil de buscar e encontrar certificados na Web.

Em algumas circunstâncias, a revogação do certificado digital pode ser necessária (por exemplo, quando um funcionário encerrar seu vínculo empregatício com a organização). A decisão de revogar um certificado é de responsabilidade da empresa emissora, geralmente em resposta a uma solicitação de uma pessoa autorizada. Para uma segurança maior, a AC normalmente autenticará a fonte de qualquer solicitação de revogação. A VeriSign é a maior AC do mundo. Para obter mais informações, visite o Website deles, no endereço http://www.verisign.com.

## Secure Sockets Layer (SSL)

Também conhecido como a letra "*s*" em https://, o SSL foi introduzido em 1995 pela Netscape como um componente de seu popular navegador Navigator e como uma forma de oferecer privacidade nas informações transmitidas entre o navegador do usuário e o **servidor** de destino, normalmente o do comerciante. Logo essa introdução possibilitou um amplo acesso público à segurança on-line de informações. O SSL usa a criptografia de chave pública, e seu protocolo pode ser usado para dar segurança à comunicação entre usuários (**servidores comerciais**) e servidores não-comerciais também. Por exemplo, um relatório corporativo de vendas que fica em um servidor na sede da empresa e pode ser acessado pelo navegador de um funcionário que estiver na estrada seria a escolha lógica ao iniciar a aplicação do SSL.

O SSL proporciona uma sessão segura entre o navegador, autenticando-a, e enquanto isso o navegador entra no servidor SSL, mas o SSL não autentica as partes que estão usando esse software. Em vez disso, a natureza e o mecanismo do protocolo SSL foram criados para proporcionar segurança de canal. O canal está no fluxo bidirecional de comunicação estabelecido entre o navegador e o servidor, e a definição de segurança de canal indica três requisições básicas:

- O canal é confiável.
- O canal é privado.
- O canal é autenticado.

Como o SSL exige que o Transmission Control Protocol (TCP) seja o mecanismo de transporte, a confiabilidade do canal é inerente. E a privacidade e a autenticação, que é a capacidade de uma entidade determinar a identidade de outra? A identidade é o elo entre a chave pública e um nome e a propriedade implícita da chave privada correspondente. Para estabelecer privacidade entre o navegador e o servidor, emprega-se criptografia usando os padrões PKCS e algoritmos RSA para todas as mensagens. Como falamos anteriormente, essa criptografia é precedida por um aperto de mão de dados e duas fases principais, conforme descrito nos parágrafos a seguir.

A primeira fase costuma estabelecer comunicação privada e usa o *algoritmo de troca de chaves*. É aqui em que as duas partes comunicam suas mensagens de "oi". O **cliente** inicia a conversa ao enviar a mensagem CLIENT-HELLO. O servidor recebe a mensagem CLIENT-HELLO e a processa, respondendo com a mensagem SERVER-HELLO. Nesse ponto, tanto o cliente quanto o servidor possuem informações suficientes para saber se é necessária ou não uma nova chave-mestra. Quando for necessária uma nova chave-mestra, a mensagem SERVER-HELLO conterá informações suficientes para o cliente gerar a mensagem. Isso inclui o *certificado assinado* do servidor, uma lista de especificações da **cifra de bloco** e um ID de conexão (um valor grande e gerado aleatoriamente pelo servidor que é usado pelo cliente e pelo servidor durante uma sessão ou conexão única). O cliente gera a chave-mestra e responde com uma mensagem CLIENT-MASTER-KEY ou com uma mensagem de erro se as informações do servidor indicarem que o cliente e o servidor não podem entrar em acordo em uma cifra de bloco. Essa chave-mestra é a *chave pública* vinculada à *chave privada* do usuário. Quando não for necessária uma nova chave-mestra, tanto o cliente quanto o servidor passarão imediatamente para a segunda fase.

Deve-se observar aqui que cada ponto final de SSL usa um par de cifras por conexão (para um total de quatro cifras). Em todos os pontos finais, é usada uma cifra para a comunicação de saída e outra para a comunicação de entrada. Quando o cliente ou servidor gera uma **chave da sessão**, ele na verdade está gerando duas chaves, a SERVER-READ-KEY (também conhecida como CLIENT-WRITE-KEY) e a SERVER-WRITE-KEY (também conhecida como CLIENT-READ-KEY). A chave-mestra é usada tanto pelo cliente quanto pelo servidor para gerar as várias chaves da sessão.

Por fim, o servidor envia uma mensagem SERVER-VERIFY para o cliente depois que a chave-mestra tiver sido determinada. Essa etapa final autentica o servidor, pois só um servidor que possuir a chave pública adequada pode conhecer a chave-mestra.

A segunda fase é usada para autenticação de cliente. O servidor já foi autenticado pelo cliente na primeira fase, usada principalmente para autenticá-lo. Em um cenário típico, o servidor precisará de algo do cliente e enviará uma solicitação dessa informação. O cliente responderá no positivo se possuir a informação necessária ou enviará a mensagem ERROR caso não a tenha. Quando uma parte tiver concluído a autenticação da outra parte, ela enviará a mensagem pronta. Para o cliente, a mensagem CLIENT-FINISHED contém a forma criptografada de CONNECTION-ID para o servidor verificar. Se a verificação der errado, o servidor enviará uma mensagem de erro (ERROR).

Assim que a parte tiver enviado sua mensagem acabada, ela deve continuar a ouvir as mensagens de seu colega até também receber uma mensagem acabada. Assim que uma parte tiver tanto enviado uma mensagem pronta quanto a recebido do colega, o protocolo de aperto de mãos do SSL estará pronto. Nesse ponto, o **protocolo de aplicação** (por exemplo, HTTP ou FTP) começa a operar (como uma camada no topo do protocolo SSL existente). Você pode ir ao endereço http://developer.netscape.com/docs/manuals/index.html para ver o índice da documentação da Netscape, que inclui grandes seções dedicadas à segurança na Internet. Mesmo se o SSL estiver no servidor, ele só funcionará com navegadores que suportam SSL. Embora a maioria dos navegadores atuais ofereça suporte a SSL, algumas versões mais antigas dos navegadores da AOL não o suportam. Portanto, o comerciante que habilitar o SSL não pode deixar de fornecer um software coerente com a versão dos navegadores dos visitantes. O comerciante deve alertar os usuários sobre esse possível problema.

## Limites do SSL

O SSL depende de diversas tecnologias criptográficas. Como mencionado anteriormente, a **criptografia de chave pública da RSA** é utilizada para troca da chave da sessão e autenticação do cliente/servidor, enquanto os vários algoritmos criptográficos são usados para a **cifra de sessão**. Ainda que a possibilidade seja muito pequena, ataques criptográficos bem-sucedidos feitos contra essas tecnologias podem tornar o SSL inseguro. Essa possibilidade depende principalmente do poder de processamento do computador. Portanto, é razoável assumir que, quando ocorrerem ataques bem-sucedidos, o comprimento das chaves – 40, 64, 128 bits – aumentará da mesma forma.

Além disso, os ataques contra uma sessão específica de comunicação podem ocorrer ao se gravar a sessão e depois gastar um grande número de ciclos de computador para 'quebrar' ou a

## O E-Marketing em Ação

### VOCÊ TEM UMA APÓLICE CONTRA HACKERS?

Todos que trabalham com informática estão familiarizados com vírus, ataques DoS (*Denial of Service*) e ataques ao Website afligindo suas redes. Quase 2/3 das empresas, órgãos governamentais e universidades contaram com falhas de segurança em 1997, resultando em uma perda de pelo menos $ 137 milhões, com aumento de 16% em relação aos números de 1996 (Moukheiber, 1998). O ônus financeiro desses ataques está ficando pior. Um estudo feito pelo FBI e pelo Computer Security Institute mostra que as violações de segurança somaram $ 20,3 milhões de prejuízos em 2001 – quase o dobro da cifra de $ 10,7 milhões em 2000.

A situação é ameaçadora o suficiente para as empresas grandes arranjarem dinheiro para uma apólice de seguro extra. Em 1999, as seguradoras começaram a oferecer apólices separadas cobrindo ataques mal-intencionados. Em 2002, muitos começaram a excluir ativos on-line das apólices de seguro comercial padrão, exigindo suplementos caros. Um relatório previa que o mercado de seguros virtuais chegariam a $ 2,5 bilhões em 2004 (Lange, 2002).

Com a necessidade de cobertura suplementar de seguro está o infeliz fato de que a maioria das empresas não estará coberta se o crime virtual for considerado ataque terrorista para favorecer uma causa política ou religiosa. Na AH&T Insurance Broker, David Schaefer diz que as operadoras em geral insistem que as empresas passem por uma avaliação de segurança antes de a cobertura ser definida, analisando a abordagem da organização à segurança técnica e física, além das políticas e procedimentos estabelecidos (Cohen, 2000).

Para suprir a falha causada pela falta de seguro virtual das companhias de seguro, surgiu um punhado de seguradoras especiais. As maiores são a Insuretrust.com LLC (http://www.insuretrust.com/) e a Ace Limited (http://www.acelimited.com). Para reduzir ainda mais o risco, as seguradoras estão formando parcerias com empresas de serviços de segurança que lidam com auditorias contínuas e serviços de segurança terceirizados.

Segundo Brad Gow, vice-presidente assistente do grupo de produtos de TI ACE USA Philadelphia, os preços para esses tipos de seguros contra hackers podem variar muito, dependendo da indústria, da receita e da quantidade de segurança existente.

Os prêmios anuais em geral vão de $ 15.000 a $ 30.000 por ano para limites de $ 1 milhão a $ 2 milhões, com coberturas de até $ 25 milhões. As franquias podem ir até $ 10.000 ou mais (Mello, 2000). Para saber mais sobre esse assunto, confira a lista de verificação de seguro virtual publicada on-line pela *Darwin Magazine* (http://www.darwinmag.com/read/120100/worst_sidebar1.html) (Duffy, 2000).

chave da sessão ou a chave pública RSA, até que a comunicação possa ser feita às claras. Ainda que essa abordagem seja mais fácil que 'quebrar' as tecnologias criptográficas para todas as mensagens possíveis, o SSL tenta fazer que o custo de tal ataque seja maior que os benefícios ganhos com ele. Observou-se que a conseqüência da defesa do SSL é que um ataque de força bruta é a forma mais barata de atacar a chave privada. Os ataques de força bruta têm trocas de espaço/

tempo bastante conhecidas, e assim fica possível definir o custo de cada um. Para a chave privada de 128 bits (que só é permitida dentro dos Estados Unidos), o custo conhecido é essencialmente infinito. Para a chave privada de 40 bits (que o governo norte-americano permite em qualquer lugar do mundo), o custo é muito menor, mas ainda assim está além dos recursos de tempo e custo do hacker aleatório. No entanto, é muito possível, e até mesmo provável, que grandes quantidades de recursos (por exemplo, governos e corporações extremamente ricas) possam, de fato, penetrar na comunicação SSL.

## Secure Electronic Transaction (SET)

Em 1º de fevereiro de 1996, a MasterCard International e a Visa International anunciaram o desenvolvimento de um único padrão técnico para proteger as compras pagas com cartão feitas em redes abertas. O protocolo, chamado de Secure Electronic Transaction (SET), deveria ser desenvolvido pela Visa e pela MasterCard em conjunto com as principais empresas de tecnologia, incluindo Microsoft, IBM, Netscape, VeriFone, SAIC, GTE, RSA, Terisa Systems e VeriSign. Então, em 19 de dezembro de 1997, a SET – Secure Electronic Transaction LLC, também conhecida como SETCo, foi formada pela Visa e pela MasterCard para implementar as especificações do SET 1.0 recém-publicadas. Visite o Website http://www.setco.org para obter mais informações sobre a transação.

Desde então, tanto a Visa quanto a MasterCard continuaram sua busca por uma segurança melhor para tranqüilizar consumidores e comerciantes on-line e para lançar tecnologias mais novas desenvolvidas para a Internet que simplificariam o uso de todas as partes envolvidas em uma compra on-line. Para esse fim, ambas contam atualmente com programas especiais que permitem que seja definida uma senha para proteger o cartão contra uso não autorizado. Esse processo tanto protege o consumidor contra o uso não-autorizado de sua conta quanto aumenta a garantia de pagamento para os comerciantes on-line participantes.

O MasterCard® SecureCode permite que os emissores escolham entre uma ampla seleção de soluções de segurança para autenticar os proprietários do cartão e, ao mesmo tempo, preserva uma experiência comum de proprietário de cartão entre plataformas. Essas escolhas incluem: o Programa de Autenticação de PC e o Programa de Autenticação de Chip da MasterCard ou a Implementação de 3D-Secure pela MasterCard. Todas essas soluções permitem que os dados sejam transportados com segurança entre as várias partes da transação. O identificador oficial do programa agora pode ser visto no Website http://www.mastercardsecurecode.com (Figura 15.2).

A Visa usa um processo semelhante, chamado Verified by Visa, para ajudar os pagamentos com cartão de crédito feitos na Internet a serem tão seguros e confiáveis quanto as transações feitas pessoalmente. Os comerciantes só precisam instalar o software fornecido pela Visa para ativar uma interface do proprietário do cartão que lhe pede uma senha ou para inserir o Visa Smart Card em uma leitora de smart cards e digitar a senha. Por trás do serviço Verified by Visa está uma tecnologia chamada 3-Domain ou 3-D Secure Payer Authentication Protocol, que divide o trabalho de processamento para pagamentos com cartão entre o Comerciante, o Proprietário do Cartão, o Banco do Comerciante (Adquirente) e o Emissor do Cartão. Para obter mais informações sobre o programa da Visa, consulte o Website http://usa.visa.com/personal/secure_with_visa/verified_by_visa.html.

Pelo uso de certificados digitais (X509 versão 3), o SET procura reforçar a confiança no processo de pagamento ao garantir que os comerciantes sejam autorizados a aceitar pagamentos com cartão de crédito, reduzindo assim os riscos associados à fraude do comerciante e garantindo que o comprador seja um usuário autorizado do cartão usado para pagamento. Para apoiar esse objetivo, a SETCo foi originalmente encarregada de suportar a especificação e a infra-estrutura do SET ao se concentrar inicialmente nas duas seguintes duas iniciativas de comércio eletrônico:

- A criação, gestão e manutenção de uma Industry Root Key Certificate Authority (que pode ser traduzida como Autoridade Certificada de Chaves-Raiz da Indústria), a autoridade de certificação que gerenciará a Industry Root Key – um componente de todos os softwares que atendem ao protocolo SET.
- A coordenação dos Serviços de Teste e Adequação de Software do SET, com a Tenth Mountain Systems, Inc., para garantir que o software utilizado por consumidores, comerciantes e companhias de cartão de crédito esteja totalmente adequado ao protocolo SET publicado. Somente os softwares que passarem em todos os aspectos desse programa de teste serão elegíveis para exibir as marcas registradas do SET.

Como discutido anteriormente, o protocolo SSL oferece segurança de canais e, nesse aspecto, o SSL é uma poderosa ferramenta para a distribuição segura de informações, particularmente em relação à comunicação entre empresas. A comunicação é altamente segura, semelhante a uma conversa segura por telefone, durante a qual duas pessoas têm a certeza de que a conversa está protegida contra ouvidos curiosos, e devem ser realizadas outras etapas para garantir a distribui-

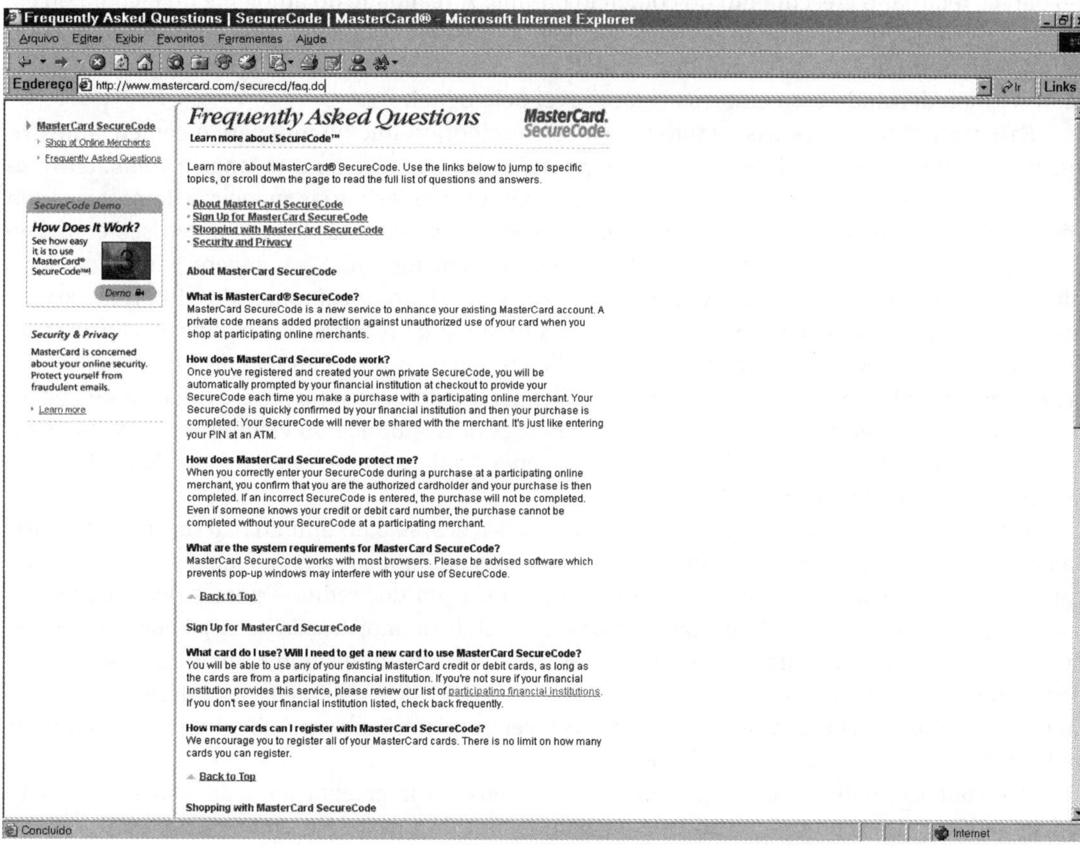


**Figura 15.2** Usando o MasterCard SecureCode, os consumidores digitam uma senha ao utilizar o cartão para compras on-line. Esse ambiente procura reforçar a confiança do consumidor no pagamento on-line e no e-commerce.
*Fonte*: MasterCard (http://www.mastercard.com/securecd/faq.do). Utilizado com permissão.

ção segura de informações e a identificação adequada de emissores e receptores dessas informações. O SSL não aborda todos os aspectos da segurança. Assim, embora os **proprietários de cartões** usando SSL possam enviar informações de pagamento com segurança pela Internet, ainda não haverá maneira de verificar a identidade da vitrine eletrônica que eles estiverem visitando. O SSL não garante que a fonte e o destino da conversa sejam confiáveis. Mais especificamente, com a transação de e-commerce baseada somente em SSL, os riscos associados ao envio e à aceitação de transações pela Internet ainda prevalecem. Entre esses riscos estão os seguintes:

- O comprador deve confiar na capacidade demonstrada pelo comerciante para guardar todos os dados pessoais e confidenciais, incluindo as informações de crédito, entre outras.
- O comprador deve confiar que o comerciante está autorizado a aceitar pagamentos com cartão de crédito.
- O comerciante deve confiar que o comprador está autorizado a usar o cartão de crédito.

A compra on-line está se tornando um processo doméstico comum em função do sucesso de vários Websites de comércio bem divulgados e do fator conveniência. No entanto, se fizermos uma busca rápida de notícias, veremos inúmeras histórias de fraude de cartões de crédito e roubo de identidade. Podemos supor que esses relatos deixaram o público um pouco inseguro, mas isso não parece retardar o crescimento do comércio on-line. A realidade do ambiente do e-commerce é que não vivemos em um mundo perfeito. Existem muitos vilões à solta, procurando por uma ou outra fraude virtual. Eles são bandidos virtuais que operam no anonimato, roubando do comerciante virtual, deixando essa empresa responsável pelo déficit.

Esse panorama parece triste tanto para o consumidor on-line quanto para o comerciante. No entanto, o comerciante atual de e-commerce possui muitas opções no que tange a combater fraudes. No Website da Visa (http://www.visa.com), são discutidas várias maneiras de proteger sua empresa contra fraudes. É necessário que você construa um sistema de gestão de risco confiável que suporte controles e ferramentas de detecção robustos. A Visa sugere Identificação e Autenticação do Proprietário do Cartão, Segurança de Dados/Segurança das Informações do Proprietário do Cartão, Controle de Fraude e uma maneira de proteger e simplificar o Sistema de Pagamento (Visa, 2003). Recentemente, a abordagem inicial à proteção incluiu um processo que usa o protocolo SET em conjunto com SSL. O SET foi criado para reforçar a confiança de consumidores on-line ao reduzir alguns dos riscos inerentes de segurança do e-commerce. Ainda que a meta do SSL seja reduzir a probabilidade de interceptação da comunicação, a meta do SET é reduzir a probabilidade de fraudes.

A autenticação é fundamental para todas as transações, seja no mundo real seja pela Internet. Na loja física, tanto consumidores quanto comerciantes apóiam-se nas credenciais físicas – como assinatura, identificação por foto, licença comercial ou carta de crédito – para provar sua identidade e assegurar à outra parte sua capacidade de concluir uma operação de negócios. Para adaptar um negócio comercial para a Internet, é necessário que os métodos tradicionais para estabelecer identidade sejam espelhados no mundo on-line. Isso significa que aqueles que desejarem entrar para os negócios devem se autenticar ao estabelecer com confiança sua identidade e apresentar credenciais como prova dessa identidade.

A comunicação eletrônica é, por natureza, suscetível à interceptação, e os comerciantes não podem verificar fisicamente a identidade do proprietário do cartão. No entanto, o processo ainda deve ser seguro para os consumidores terem a confiança de comprar. Os comerciantes devem transportar os dados de pagamento de seus consumidores para o banco de forma segura e confiável. Ao incorporar criptografia de tecnologia e certificados digitais, o protocolo do SET representa uma melhora sobre outras tecnologias de segurança da Internet, particularmente em relação às transações com cartão de crédito feitas pela Internet. Assim como uma assinatura no recibo do cartão de crédito verifica o proprietário do cartão, o SET usa a autenticação do lado do cliente para ajudar a proteger o comerciante contra possíveis fraudes, ao evitar que o comprador negue que fez a compra. Usando o protocolo SET, as informações suscetíveis da transação (nome, endereço, cartão de crédito etc.) são criptografadas. Isso torna a aparência do SSL muito mais segura, pois também criptografa a comunicação. No entanto, em função do uso de certificados digitais e outras criptografias, a segurança é estabelecida ao usar o SET. Qual é a vantagem de não criptografar a comunicação? Como as páginas da Web não são criptografadas, os designers podem usar gráficos com mais liberdade do que se usassem a criptografia de canal inerente ao SSL (Visa, 2002).

## Funcionamento do SET

O SET é um padrão aberto. Isso significa que as especificações ficam disponíveis publicamente e podem ser usadas de acordo com o reconhecimento da propriedade e de restrições da marca registrada. Além disso, o SET é um protocolo de múltiplas partes, o que quer dizer que ele usa vários protocolos, como os certificados digitais, funcionando juntos para proporcionar uma estrutura de transação segura. Com o SET, os comerciantes não têm acesso aos números do cartão de crédito. Essas informações ficam criptografadas por todo o processo de compra, reveladas somente ao processador do cartão de crédito, portador da chave privada necessária para descriptografar a mensagem de Internet contida nas informações de cartão de crédito do comprador.

A interoperabilidade é garantida pelo design de protocolos específicos e formatos de mensagem que são públicos e divididos com organizações de desenvolvimento de software participantes, cujo software é certificado pela SETCo (http://www.setco.org). O SET oferece integridade da mensagem, autenticação de todos os dados financeiros e criptografia de dados suscetíveis. Além disso, o SET é projetado para permitir criptografia adicional onde permitido, como a criptografia de 128 bits permitida para aplicativos dentro dos Estados Unidos. O SET fornece necessidades especiais de segurança de comércio eletrônico da seguinte forma:

- Privacidade dos dados de pagamento e confidencialidade da transmissão de informações do pedido. Os comerciantes que aceitarem transações de SET ficarão isentos da responsabilidade dos números de cartão de crédito no banco de dados, visto que eles não recebem as informações de cartão de crédito. Além disso, o consumidor pode fazer uma compra e ter a certeza de que não ocorrerá nenhuma atividade fraudulenta com seu número de cartão de crédito, assim que ele tiver sido transmitido.
- Autenticação do proprietário do cartão de uma conta bancária. A autenticação da conta do proprietário do cartão é garantida pelo uso de suas assinaturas digitais e certificados.
- Autenticação do comerciante para aceitar pagamentos de cartão de crédito. A autenticação do comerciante é conseguida pelo uso de assinaturas digitais e certificados do comerciante. As três maneiras incluem perda de confidencialidade de dados, perda de integridade dos dados e perda de disponibilidade do sistema.
- A integridade das informações de pagamento é garantida pelo uso de assinaturas digitais.
- Certificados digitais de objetivo especial.
- Não repúdio para resolução de disputas. O processo da distribuição do certificado digital que ocorre durante as transações de SET também responsabiliza o consumidor e o comerciante pelas informações contidas na transação. Assim, se o consumidor fizer um pedido de um produto usando o SET e depois receber esse produto, ele não poderá negar que o pedido foi feito. Do mesmo modo, os comerciantes não podem mais tarde reclamar que não receberam o pedido do produto.

## O processo de compra

Para entender como funciona o SET, o processo por trás dele precisa ser discutido com os componentes críticos identificados ao longo do caminho.

### A configuração

O comerciante abre uma conta em um banco emissor, assim como ele faria com uma conta empresarial normal. Para ser aceito pelo banco, o comerciante deve fornecer informações que serão usadas para verificar sua identidade e capacidade de crédito. Assim que o comerciante for aprovado, será configurada uma conta no banco; este enviará ao comerciante o software de pagamento SET (caso ele ainda não o tenha) e um certificado digital que identifica o cliente com exclusividade. O comerciante, então, integra o software ao seu Website.

O consumidor pede a um banco emissor um cartão de crédito digital, que é um certificado digital personalizado para o portador do cartão de crédito. Para ser aceito pelo banco, o consumidor deve dar informações que serão usadas para verificar a sua identidade e a sua capacidade de crédito. Assim que o consumidor tiver sido aprovado, será criada uma conta no banco e este lhe enviará um certificado digital que identifica com exclusividade o cartão (e o consumidor). Depois de o consumidor receber o cartão de crédito digital, ele o adicionará à **carteira do navegador (browser wallet)**.

### A experiência de compra

O consumidor navega pela Web por um determinado Website, como uma livraria on-line, por exemplo. Durante a navegação, o comprador faz um pedido pela Internet, enchendo um carrinho de compras com itens e, por fim, fazendo uma pilha virtual de livros e CDs. Na hora de passar pelo caixa, o Website pede o cartão de crédito do comprador. Em vez de digitar o número do cartão de crédito, a carteira do navegador recebe uma consulta do software SET do Website e, depois da seleção do cartão de crédito correto e de o consumidor digitar a senha, o cartão de crédito digital emitido pelo banco é enviado ao comerciante.

O comerciante recebe o cartão de crédito digital em um envelope digital (esse método evita que o comerciante veja o número do cartão) e, a partir daí, o software do comerciante cria uma transação SET com a própria identidade digital do comerciante anexada. Então, o software do comerciante envia uma transação SET para um processador de cartão de crédito (também conhecido como **gateway de pagamento** ou **adquirente**) para verificação. O processador de cartão de crédito abre o envelope, descriptografa, traduz e verifica as informações nele contidas e direciona a transação para a instituição financeira do comerciante, a qual é realizada sozinha com o software SET. A instituição financeira realiza funções, incluindo reversão de autorização, crédito e captura (anulação e reembolso) na transação e, após o sucesso do processamento, o comerciante, o proprietário do cartão e o processador de cartão de crédito são todos avisados eletronicamente que a compra foi aprovada. Após essa notificação, debita-se o valor do proprietário do cartão e o comerciante é pago por meio de subseqüentes transações de captura de pagamento. Então, o comerciante pode enviar a mercadoria, sabendo que a transação do consumidor está aprovada. O comprador também fica protegido, pois o comerciante foi verificado. O número do cartão de crédito ficou escondido de todos durante todo o processo bancário.

A IBM oferece o que é conhecido como "End-to-End Service", que é uma família completa de aplicativos que servem a todos, do consumidor ao comerciante e às instituições financeiras. Os aplicativos suportam o aplicativo SET Browser da IBM, Websites, acesso à Internet e gateway de pagamento. Além disso, como parte desse conjunto, a IBM oferece seu aplicativo Net.Commerce direcionado ao comerciante, o qual conta com os seguintes recursos:

- Reconhecimento, classificação e registro de estatísticas do navegador.
- Vitrine virtual para mercadorias personalizadas.
- Modelos preenchidos dinamicamente para entrada de pedidos, busca e cesta de compras
- Atualizações instantâneas da página da Web e informações do produto.
- Estatísticas rastreadas para análise de compras e perfis do comprador.
- O sistema AVP TAXWARE para calcular e fornecer índices precisos de impostos norte-americanos e canadenses.

Além disso, o Net.Commerce suporta os seguintes padrões:

- Secure Electronic Transaction (SET).
- Secure Sockets Layer (SSL).
- HyperText Markup Language (HTML).
- HyperText Transfer Protocol (HTTP).
- Common Gateway Interface (CGI).
- Java.
- Netscape Server Application Programming Interface (NSAPI), permitindo o uso com o servidor Commerce da Netscape.
- Internet Server Application Programming Interface (ISAPI), permitindo o uso com o Microsoft® Internet Information Server®.
- Electronic Data Interchange (EDI).
- Joint Electronic Payment Initiative (JEPI).

Você pode visitar o Website http://www.bankamerica.com/spare_change/set_pilot.html para fazer um tour do programa-piloto SET do Bank of America. A VeriFone (http://www.verifone.com) possui um bom Website que dá informações sobre SET e outras iniciativas de e-commerce. Além disso, a OpenMarket (http://www.openmarket.com/business) possui um Website repleto de boas informações sobre o SET.

## Limitações do SET e do SSL

Um lado negativo dos protocolos SSL e SET é que ambos requerem o uso de algoritmos criptográficos, o que impõe um ônus significativo aos sistemas informáticos envolvidos na transação comercial. Ainda que não criptografe a comunicação e, portanto, tenha um impacto menor que o SSL na experiência do usuário, o SET possui um impacto maior no desempenho do servidor. O SSL possui um impacto menor no servidor de e-commerce, mas não elimina o risco de segurança, enquanto o SET possui um hit com desempenho melhor, mas permite uma transação muito mais segura.

Como resultado da crítica ao SET na imprensa especializada, gerada em função da percepção de um desempenho lento, o GartnerGroup realizou um exame das diferenças de desempenho esperadas com o tempo entre o SSL e o SET, com base em cinco cenários típicos de aplicativos de servidor: servidores de e-commerce pequenos, médios e grandes com gateways de pagamento pequenos e grandes. Ao explicar os resultados, os analistas atribuíram a crítica a implementações de tecnologia precoces e não levaram em conta as melhorias substanciais no desempenho à medida que a tecnologia foi desenvolvida.

A implementação exigiu um investimento significativo em hardwares adicionais para dar suporte ao SET, o que muitas vezes colocou as empresas em apuros. Muitas das empresas já estavam processando 20 mil transações seguras por dia, sem sinais de lentidão no crescimento. Muitos pensavam que o SET não seria capaz de lidar com as cargas necessárias. Esses críticos também indicaram que os consumidores já estavam assumindo os riscos inerentes ao SSL. Então, por que mudar? Eles não pensaram muito bem no impacto positivo que pode resultar quando a segurança é demonstrativamente alta ou no risco que eles assumem de diminuição da confiança quando começam a surgir histórias de fraude.

Após a análise de Gartner, eles concluíram que, no computador, fazendo uso até mesmo de carteiras eletrônicas para fornecer informações de autenticação do usuário, o poder de processamento era mais que adequado para lidar com a carga criptográfica requerida pelo SSL e pelo SET. Na verdade, eles compararam o aumento na capacidade de processamento em relação à criptografia como uma correlação direta com o aumento no poder do computador, conforme aplicado a aceleradores gráficos e co-processadores numéricos. Do mesmo modo, no lado do servidor, a adição de aceleradores de hardware criptográfico e melhorias nos algoritmos criptográficos, com o aumento drástico do poder de processamento que se tornou a norma na indústria de TI, resolveram completamente a necessidade de mais poder de processamento.

Na época do estudo de Gartner, eles descobriram que aplicativos de e-commerce de níveis baixo e médio não precisavam dos custos adicionais de um servidor para dar suporte ao SET em

## O E-Marketing em Ação

### FERRAMENTAS PARA COMPRADORES VIRTUAIS

As compras on-line devem ser tão fáceis quanto pegar seu cartão de crédito e tão seguras quanto facilitar o e-commerce bem-sucedido. Para ajudar os consumidores on-line, os gurus da Internet inventaram algumas ferramentas de compras que podem facilitar um pouco mais as compras on-line.

Consumidores preocupados com privacidade e anonimato ao fazer compras on-line encontrarão um pouco de conforto em dois produtos marcados para reservar privacidade on-line. A Enonymous Advisor (http://www.timkane.com/enonymous/) oferece notificações no momento exato a consumidores on-line sobre classificações da política de privacidade de Websites que solicitam suas informações pessoais. Um segundo produto, o iPrivacy (http://www.iprivacy.com/), permite uma navegação anônima com apenas um clique. Ao fazer uma compra, o software iPrivacy preenche o formulário de pedido on-line com informações exclusivas e privativas geradas somente para aquela compra. É criada uma nova identidade privada para cada compra on-line.

Para compradores jovens demais para ter um cartão de crédito ou para quem não deseja usar o seu on-line, existem outras opções. Por exemplo, o Visa Buxx (http://www.visabuxx.com) é um cartão de débito recarregável feito para os pais propiciarem uma maneira de seus filhos fazerem compras on-line. O cartão vem armado com uma série de controles para os pais, como valores predeterminados de gastos, monitoramento da transação on-line e avaliação das habilidades financeiras administradas pelos pais. Essa pode ser uma alternativa ao uso on-line dos cartões de crédito normais para quem estiver preocupado com a segurança.

vez do SSL. O desempenho do servidor em cargas previstas para essas aplicações foi mais que adequado com as tecnologias empregadas. Com o aumento contínuo de poder em sistemas e tecnologia, não deveria haver problemas para aplicações futuras. Entretanto, com aplicativos de servidor de um grande e-commerce, o suporte ao SET requer uma aceleração de hardware adicional na faixa de 5 a 6% e aumenta os custos do servidor. Com a velocidade de crescimento da tecnologia, isso provavelmente já se tornou um problema sem importância.

Ao usar SET para aplicativos de gateway de pequenos pagamentos, a aceleração do hardware também é necessária. Isso valia tanto para o SET quanto para o SSL no momento em que Gartner conduziu o estudo. No entanto, com os avanços na tecnologia ocorrendo tão rapidamente, esse não é mais um grande problema. O Gartner previu que, desde que o desempenho continuasse a melhorar e processos como a criptografia de curva elíptica (CCE) fossem disponibilizados, o gateway para pequenos pagamentos não teria problemas em implementar o SET e o SSL. Na verdade, eles previram que, com o tempo, os servidores seguros incluiriam hardware criptográfico como parte da configuração padrão. Aplicativos de gateway de pagamentos de valor superior estão baseados em sistemas agrupados para garantir a robustez e a confiabilidade. Portanto, para que se possa utilizar o padrão SET nestes aplicativos é necessário apenas um investimento adicional em sistemas agrupados. Uma vez que é possível (hipoteticamente) suportar o padrão SSL em sistemas isolados, aparentemente o custo para suportar o padrão SET dobraria. Entretanto, uma vez que esta não é uma configuração recomendada, trata-se apenas de uma comparação exagerada.

## O E-Marketing em Ação (continuação)

Uma tendência no futuro é o e-commerce sem fio, e nesse quesito a Internet é só o começo. Você gostaria de não precisar mais preencher todos aqueles longos formulários para fazer suas compras? Há uma solução. Teve início com o conceito de carteiras virtuais e seguiu em frente com a tecnologia iPIN (http://www.ipin.com/). O iPIN é um cruzamento entre a carteira eletrônica e uma senha pessoal tradicional (PIN, de Personal Identification Number ou Número de Identificação Pessoal) e está ficando muito popular em vários lugares, e não apenas em ambientes on-line. O iPIN supera os pagamentos com cartão de crédito em favor de um faturamento mensal consolidado por meio do ISP on-line do comprador. Assim, é possível que os usuários, com facilidade e segurança e sem a utilização de fios, paguem por compras na Web usando as relações financeiras existentes, como contas bancárias, cartões de crédito, cartões de débito, contas de ISP, contas pré-pagas e dinheiro. Ele também possibilita que seus parceiros ofereçam pagamentos modulares para dar suporte a aplicativos B2C, B2B e interpessoais, tanto no ambiente sem fio quanto na Web. Um dos empreendimentos atuais do iPIN é equipar os automóveis com sistemas de pagamento eletrônico. O iPIN, em conjunto com uma empresa de automóveis não revelada e uma rede de fast-food também não divulgada, está trabalhando no conceito de pagamentos automáticos em drive-thrus semelhante ao SpeedPass (http://www.speedpass.com/index.jsp), que é usado pela Mobile e pela Exxon.

Enquanto os consumidores continuarem a comprar on-line, os gurus da Internet tentarão torná-la mais fácil e segura. Algumas dessas idéias criativas darão certo, outras darão errado. Será muito interessante ver o que virá a seguir.

*Fonte*: Consumer resources – Shopping tools. Copyright © 2002 About, Inc. com Frank Fiore.

Assim, a conclusão é que o SET, como uma tecnologia que está surgindo, possui um componente de segurança definitivo que representa com muita clareza um avanço na tecnologia sobre o SSL, e quaisquer déficits que possam estar relacionados ao desempenho serão rapidamente considerados de pouca importância, no ritmo dos avanços em hardware da tecnologia de processamento.

# Resumo

Foram cobertos neste capítulo os quatro componentes básicos do e-commerce: criptografia, certificados digitais, protocolo Secure Sockets Layer (SSL) e protocolo Secure Electronic Transaction (SET). A criptografia é o ponto principal de toda a segurança, enquanto os certificados digitais, com base criptográfica, permitem que sistemas e organizações identifiquem com exclusividade, ou autentiquem as partes envolvidas nas transações eletrônicas. O SSL leva em conta o fluxo de comunicação seguro entre sistemas e aplicativos, enquanto o SET vai mais além, permitindo conceitos avançados na forma de não repúdio de transações – as partes envolvidas não podem negar que participaram da transação. Essas ferramentas complexas permitem até mídias mais avançadas, como o dinheiro digital, cuja natureza parece ser um enigma – uma entidade sólida e material (a moeda) transportada do mundo real para um mundo virtual, cuja natureza é etérea e duplicável.

## *Perguntas e exercícios*

1. Você faz a ligação entre o departamento de marketing e o departamento de sistemas de informação da sua empresa. A empresa opera em 15 países e está criando um Website de e-commerce para vender Beanie Babies raros para colecionadores. No comitê de avaliação de softwares do qual você faz parte, surgiu o assunto da criptografia. Defina três fatores relacionados à criptografia que poderiam orientar suas recomendações e advertências. Redija um memorando ao diretor de marketing explicando suas recomendações e advertências.
2. Você está com a terrível sensação de que sua carreira está estagnada na empresa em que já trabalha há cinco anos. Assim, você decide que é hora de sair e seguir seu próprio caminho. Você deseja criar um Website de leilões para permitir que amigos, familiares e conhecidos leiloem qualquer coisa, até mesmo a pia da cozinha. No entanto, as informações que você está coletando dos seus consumidores são sensíveis. Como você pode lhes garantir que as informações estarão seguras? Crie um documento que especifique três problemas de segurança potenciais e como você pretende minorar possíveis preocupações com eles. Redija um memorando de planejamento para si próprio.
3. Você recebeu uma notificação de que precisa comparecer a uma reunião com o auditor de segurança da sua empresa. A auditoria em questão está relacionada ao novo Website de e-commerce internacional que você ajudou a terminar de implementar. Quais aspectos de segurança do Website você pesquisará para se preparar para a auditoria? Redija um documento de posicionamento de três páginas definindo uma estratégia para garantir que as medidas de segurança adequadas foram tomadas em relação aos dados confidenciais dos seus consumidores.
4. No cargo de auxiliar do CEO de uma pequena empresa (20 funcionários) que faz negócios em quatro países, o CEO lhe incumbiu de ajudar a criar uma presença on-line. A

empresa está implementando uma extranet na qual os clientes poderão obter a literatura de marketing do produto. Quais controles de segurança você recomendaria? Defenda sua decisão do ponto de vista de marketing, finanças e sistemas de informação. Redija um e-mail ao CEO definindo suas preocupações sobre os controles e o que eles farão pelos departamentos.

5. Durante os preparativos para a nova empreitada, você percebe que precisará de certificados digitais para estabelecer a segurança do Website baseado em SSL. Crie um memorando para seus parceiros potenciais esboçando as razões pelas quais você precisa de certificados digitais e quais serão as exigências para obtê-los. Preste atenção particularmente ao cronograma de incorporação legal da sua empresa e depois à implementação e marketing dessa presença on-line.
6. Você é o diretor de marketing de uma pequena empresa (50 funcionários) com escritórios nos Estados Unidos e na Europa. Quais fatores você levaria em conta para determinar o número de certificados digitais de que precisará para os dois novos Websites-espelho em Nova York e Londres? Redija um e-mail ao CFO explicando quais são as necessidades para os Websites-espelho.
7. Você é auxiliar do CIO de uma empresa presente na lista da Fortune 500, e ele recebeu a tarefa de criar um Website para vender os produtos que atualmente são vendidos por meio de catálogos de marketing direto. Além disso, decidiu-se que o Website aceitará pagamentos com cartão de crédito. O CIO pediu informações que o ajudariam a tomar algumas decisões. Quais fatores você usaria para determinar se o Website deve usar SSL ou SET? Prepare uma discussão de duas páginas sobre os méritos de cada protocolo e os fatores que entrariam em cena ao fazer uma recomendação.
8. Como diretor-assistente do departamento de marketing de uma empresa média (400 funcionários) e responsável por criar uma nova campanha para promover o novo catálogo on-line seguro, defina três vantagens relacionadas à segurança que você promoveria. Além disso, prepare um memorando estratégico de uma página que você criaria para comunicar a campanha de marketing ao departamento de sistemas de informação, que irá implementá-lo, mostrando-lhes que você compreende as necessidades dos consumidores em questão.
9. Você é consultor de marketing de uma empresa de pesquisa. Seu cliente pediu sua opinião sobre o uso de SSL ou SET como protocolo básico para o catálogo on-line. O motivo pelo qual pediram seu conselho é que eles querem fazer da decisão parte do plano de marketing. Quais informações você pediria a eles? Prepare um memorando com a pauta da reunião contendo os pontos que você pretende perguntar.
10. Com base no que você leu neste capítulo, você usaria um cartão de crédito digital? Por quê? Prepare um documento de uma página explicando a posição que você irá defender a um colega de classe, a seu cônjuge ou a um familiar.

## *Bibliografia*

COHEN, Bob. Wading in risky waters. *Infosec Outlook*. Disponível em: <http://www.cert.org/infosec-outlook/infosec 1-3.pdf>. Acesso em 1º jun. 2000.

DUFFY, Daintry. Are you covered? *Darwin Magazine*, dez. 2000. Disponível em: <http://www.darwinmag.com/read/120100/worst sidebar1.html>.

FIORE, Frank. Consumer resources—shopping tools. About, Inc. (c) 2000 Frank Fiore (http://onlineshopping.about.com), licenciado para About Inc. Utilizado com permissão de About Inc. Disponível em: http://www.about.com. Todos os direitos reservados.

LANGE, Larry. Cyberinsurance: IT in good hands? CMP Media LLC. Disponível em: <http://www.techweb.com/tech/ebiz/20020404 e business>. Acesso em abr. 2002.

LE TOCQ, Chris; YOUNG, Steve. A white paper from GartnerGroup, SET comparative performance analysis. Setco. Disponível em: <http://www.setco.org/download/setco6.pdf>. Acesso em 2 nov. 1998.

MELLO, John P. Jr. Attacks renew interest in hacker policies. CFO Magazine, 1º abr. 2000. Disponível em: <http://www.cfo.com/Article?article=1729&f=InceptorRedirect>.

MOUKHEIBER, Zina. Got a hacker policy? Forbes, 16 nov. 1998. Disponível em: <http://www.forbes.com/forbes/1998/1116/6211077a.html>.

VISA U.S.A. INC. Visa e-commerce merchants' guide to risk management: Tools and best practices for building a secure Internet business. 2002. Disponível em: <http://www.usa.visa.com/media/business/ecomm merch guide.pdf>.

WILSON, Tim. Feds push digital-certificate scheme. CMP Media LLC. <http://www.techweb.com/wire/story/TWB19980713S0012>. Acesso em 19 jul. 1998.

5

# Parte Cinco

## Tópicos Especiais

Até o momento, estudamos o processo de marketing que facilita o comércio eletrônico, aprendemos como criar uma vitrine virtual e usar as ferramentas de comunicação do consumidor que servem como suporte e desenvolvemos um programa promocional on-line e tradicional integrado. Agora voltaremos nossas atenções para tópicos que abrangem mais que o comprador virtual. São assuntos como as tremendas oportunidades de comércio business-to-business, programas iniciais de marketing internacional, ética do marketing eletrônico e visões sobre o futuro dos recursos de marketing eletrônico.

Esses são conceitos de grande importância ao comércio eletrônico. As transações business-to-business formam uma grande porção do comércio on-line, e os profissionais de marketing devem aprender a usar as ferramentas on-line para extrair o máximo benefício. A Internet já conta com um alcance global, e os profissionais de marketing devem empregar essa ferramenta se o marketing internacional for adequado para o produto, a empresa e o público. Assim como na publicidade, a Web é um meio de alta visibilidade, e qualquer ofensa a usuários, sociedades ou sistemas será esmiuçado ou receberá grande exposição. Não haverá alternativa para a atitude ética do comerciante virtual em seu uso da Web. Discutimos os valores e a fragilidade dessa maravilhosa invenção, e a sociedade espera que a empresa a proteja e nutra. O futuro é brilhante. Só podemos prever quais conveniências e benefícios a Web proporcionará a seus consumidores em termos de experiências passadas e expectativas futuras. A World Wide Web é uma rede maravilhosa para marketing, negócios e para toda a humanidade. Os profissionais de marketing virtual devem, com cuidado e responsabilidade, usar o que os recursos de marketing eletrônico têm de melhor para proporcionar satisfação ao consumidor.

# CAPÍTULO 16

## Oportunidades Especiais para Situações de E-Business

Não há nada de bonitinho nem de sensual no Website de Gordon Sinkez. Você não vai encontrar lá os resultados da rodada nem fotos alegres. Nem comprará *best-sellers* ou fará download de músicas da sua banda favorita. Mas não se engane: esse é o futuro do comércio eletrônico.

[Em 1996], Sinkez criou um Website para a CSX Corp. (http://www.csx.com), em Jacksonville, na Flórida, que opera uma das maiores ferrovias de carga dos Estados Unidos. Os consumidores clicam em uma de suas páginas mais de 400 mil vezes por mês – para agendar remessas, receber cotações ou examinar o mapa da rede [de mais de 37 mil km] da CSX, mostrando o local exato em que suas mercadorias estão no momento. O Website permite que a CSX economize dinheiro em tarefas administrativas, enquanto os consumidores conseguem dados tão completos que são quase viciantes. "Ouvimos falar de pessoas que entram diariamente no sistema e ficam atualizando a tela do computador para ver onde está cada vagão", diz Sinkez.

Muitas outras pessoas – tanto em ambientes corporativos quanto na vida cotidiana como consumidores – estão se voltando para a Internet e para a World Wide Web quando é hora de gastar dinheiro. Há alguns anos, a Web tinha uma reputação de se parecer com um porão digital, entupida de Websites oferecendo poesias malfeitas, fotos de viagens de férias e folhetos de produtos obscuros. Agora, no entanto, ela já se coloca com a principal tendência em termos de comércio. Os Websites estão vendendo de tudo, de ginseng a peças de motores a jato, e os novos consumidores continuam chegando.

*(Anders, 1998a, p. R4)*

# Objetivos de Aprendizado

- Documentar por que os profissionais de marketing business-to-business estão se voltando para as atividades de venda on-line.
- Demonstrar como a organização business-to-business integra o marketing on-line com as tradicionais atividades de vendas.
- Apresentar as tendências em termos de características demográficas para empresas e consumidores e em projeções de vendas de produto, ao redor das quais os empreendimentos business-to-business podem ser direcionados.

## Introdução

A World Wide Web dá a impressão de ser dominada por Websites com gráficos elaborados e informações intrincadas para chamar a atenção de hordas de consumidores. Muitos acreditam que a venda business-to-business é fácil e não tem visibilidade. Embora não haja atividades promocionais como existem no marketing para consumidores, seu volume de vendas on-line comercial é enorme em comparação às vendas ao consumidor. Segundo um estudo da Jupiter Research, o comércio business-to-business (B2B) deveria passar por um enorme crescimento nos últimos cinco anos.

Esse estudo da Jupiter, intitulado "US business-to-business trade projections" (Projeções de comércio business-to-business para os Estados Unidos), descobriu que as cadeias de suprimento on-line dominariam o cenário do comércio B2B, e as empresas deveriam adotar em peso novos modelos para comprar e vender à medida que o comércio business-to-business on-line aumentasse sua participação sobre o total de comércio B2B nacional. "Muitas empresas já estão acordando para a eficiência e aumento da competitividade que elas ganham por meio do comércio on-line e dos mercados da Web", disse Katsaros.

Os atacadistas e distribuidores citam velocidade e conveniência como motivadores para implementação de mais atividades e serviços on-line; essas ações estratégicas formam a base para a vantagem competitiva e a diferenciação da empresa. Na verdade, muitas empresas prevêem que a Web será essencial para alcançarem o sucesso. Seus clientes e consumidores estão declarando que, se a empresa mercantil não estiver na Web, ela estará fora da lista de fornecedores do cliente. Por exemplo: o gigante da área de redes Cisco Systems declarou, em 1998, que não faria mais negócios com fornecedores que não oferecessem o preenchimento de pedidos pela Web (Kupfer, 1998). Portanto, a Web está se emaranhando no dia-a-dia das empresas. Há diversas percepções e realidades que precisam ser resolvidas em relação à criação de comércio no século XXI e à suposição de que a Internet é essencial para as operações e o marketing das empresas.

## O admirável mundo novo da Internet

O posicionamento da United Parcel Service (UPS) – "Movendo-se na velocidade dos negócios" – resume o estado de espírito do comércio hoje em dia. Para pressões competitivas, a gestão das empresas está fazendo uma análise interna para avaliar seus próprios pontos fortes e fracos, definindo as competências corporativas e se apoiando na **terceirização** de suas deficiências. Velocidade e precisão de informações e satisfação do consumidor proporcionadas pela Internet são as urgências motivadoras que estão forçando as empresas a mudar suas práticas. As incertezas atormentam empresas grandes e pequenas, fabricantes e varejistas, fabricantes de produtos e prestadores de serviços. O profissional de marketing astuto adotará a mudança e reconhecerá que se trata de um estado constante para a empresa. É necessário adotar a mudança, até mesmo iniciá-la, para descobrir incompetências e falhas irreparáveis antes que elas causem impacto nas operações, no marketing ou nas finanças da empresa. Para aumentar os recursos e o desempenho, muitas empresas estão se voltando para a Web como uma solução parcial, ainda que ubíqua, para servir melhor seus consumidores empresariais. Segundo o relatório "E-commerce trade and B2B exchanges" (Negócios de e-commerce e trocas B2B) da eMarketer, o comércio B2B pela Internet alcançaria quase $ 2,4 trilhões em 2004 (CyberAtlas, 2002a). Portanto, para preparar sua empresa para uma mudança de paradigma, o profissional de marketing deve examinar a dinâmica dos quatro Ps de marketing (além de atendimento ao consumidor) na forma como eles se aplicam ao **comércio eletrônico**. Agora é necessário definir a diferença entre e-business e e-commerce. Assuma que o e-business engloba as atividades de marketing e vendas do mercado business-to-business. O e-commerce responderia tanto pelo volume de vendas de e-business quanto pelas vendas ao consumidor virtual. Feita essa distinção, serão estudados dois poderosos Websites, ambos apresentando e-business e oferecendo conselhos específicos sobre como entrar para o setor do comércio on-line.

## Definindo o usuário de negócios

Lembrando a citação de abertura sobre a CSX Corporation (http://www.csx.com), você consegue pensar em uma indústria mais desatualizada, presa às tradições ou inflexível? As ferrovias foram substituídas pelos fretes de caminhões e aéreos, sindicatos intratáveis tocaram as operações por muitos anos e a infra-estrutura férrea está presa ao chão por direitos de passagem adquiridos há uns 150 anos. Apesar desse histórico, a indústria ferroviária está mudando e integrando os recursos eletrônicos para servir melhor aos consumidores. Tomando como base o comportamento do internauta sério, o perfil das empresas que querem obter sucesso deve ser esboçado e projetado imediatamente. Como você faz para determinar as características do usuário de negócios? Para descobrir a resposta a essa pergunta, é importante fazer perguntas como estas: quantos usuários da empresa usam a Web no trabalho? Com que freqüência a Web é acessada no ambiente de trabalho? Já foram feitas muitas pesquisas para determinar as respostas a essas perguntas. Por exemplo, em 1998, o *Iconocast Newsletter* definiu um mínimo de 32 milhões de usuários corporativos em todo o mundo que respondiam por pelo menos 46% do volume total de tráfego naquele momento (Tchong, 1998). A seguir, estão outros resultados mais recentes de outras fontes de pesquisa, separados por categorias de usuários em comum:

- *O universo da empresa.* Segundo o eUser & Usage Report da eMarketer, o usuário corporativo representou 54% de todos os usuários da Internet em 1999 (Pastore, 1999). Em um artigo de março de 2002, a CyberAtlas estimou que mais de 500 milhões de usuários ativos acessaram a Internet (CyberAtlas, 2002d). Após a tendência definida pela Iconocast e pela eMarketer, isso significaria que mais de 270 milhões de usuários corporativos estariam acessando a Internet em 2001. No relatório "E-commerce trade and B2B exchanges", a eMarketer relatou que o comércio business-to-business em todo o mundo totalizaria $ 823,4 bilhões até o fim de 2002, o comércio B2B firmado na Internet alcançaria quase $ 2,4 trilhões em 2004 (CyberAtlas, 2002a).

- *O universo do Website.* Em 1998, quando a D&B comparou sua lista de dados corporativos norte-americanos (na época, 40 milhões de empresas) com os principais 1,3 milhão de domínios de Internet, descobriu que metade dos domínios, ou 665 mil, eram Websites corporativos inativos. Do restante, somente metade contava com Websites corporativos ativos (Tchong, 1998). Desde junho de 2002, a Dunn & Bradstreet relatou que mais de 75 milhões de empresas em todo o mundo constavam nesse banco de dados mundial. Dessas, 54,4 milhões eram empresas ativas disponíveis para decisões de risco de crédito, compra e e-commerce. Embora não sejam reportados dados atualizados para Websites ativos, é seguro apostar que o número aumentou significativamente. Em uma pesquisa de fevereiro de 2000 com 2.500 fabricantes, 80% responderam que tinham Websites, 43% tinham catálogos on-line, 32% usavam a Web para e-commerce business-to-business e 52% disseram que querem usar a Web para criar novos canais de vendas (D&B, 2002).
- *Uso da Web.* Em 1998, uma pesquisa on-line da *Thomas Register* e da *Visa USA* com duas mil empresas norte-americanas e canadenses (entre as 155 mil listadas na *Register*) mostrou que 40% delas usavam a Web pelo menos uma vez por mês, principalmente para pesquisa rápida (Tchong, 1998). Em dezembro de 1999, a média de uso/dia por usuário era de 9,7 por mês. Segundo a Nielsen//NetRatings, o uso combinado em casa e no trabalho em novembro de 2002 respondia por 49 sessões por mês, cada uma com cerca de 30 minutos de duração. Em uma pesquisa da AARP feita em fevereiro de 2000, 81% dos usuários pesquisados (todos com 45 anos ou mais) indicaram que tinham acesso à Internet (B2B online facts, 2002). Em relação ao acesso sem fio, a IDC (International Data Corporation) esperava que o número de internautas que acessam a Internet sem fio em empresas crescesse de 2,6 milhões em 2000 para mais de 49 milhões em 2005. A pesquisa da IDC também descobriu que os consumidores estavam interessados em acessar informações da Internet pelos telefones ou PDAs que, por sua vez, podiam fazer que a adoção do consumidor decolasse (Pastore, 2001).
- *Websites da Fortune 500.* Em outubro de 1997, a IDC mostrou um gráfico que estimava que 80% de todas as empresas da *Fortune 500* tivessem Websites em 1996 (Tchong, 1998). (Podemos presumir que o número atualmente ultrapasse os 95%.)
- *Segmentação pequena/média/grande.* Em 1997, a IDC estimou que usuários de pequenos negócios foram responsáveis por 17% do "uso total da Internet", enquanto as empresas com mais de cem funcionários foram responsáveis por 28% ("uso total da Internet" é um número de usuários duplicados, significando que a maioria também se conecta em casa). No mundo inteiro, a IDC estimou que empresas médias e grandes seriam responsáveis por 49 milhões de usuários até 2000. Estimava-se que, em 2002, o total de usuários ativos da Internet aumentasse para 88 milhões, representando 49,3 milhões (56%) de usuários corporativos e 39,7 milhões que acessam regularmente para fins não relacionados ao trabalho (Pastore, 1999). Na realidade, em 2002, o número de usuários ativos da Internet havia aumentado para 220 milhões (CyberAtlas, 2002b). Em janeiro de 2002, a Pew descobriu que 55 milhões de norte-americanos estavam on-line no trabalho, um aumento em relação aos 43 milhões que acessaram a Internet no trabalho em março de 2000. Em março de 2001, descobriu-se que, em um dia típico, 36% dos norte-americanos com acesso à Internet na empresa faziam pesquisas relacionadas ao trabalho, um bom aumento em relação aos 25% do ano anterior. Além disso, 44% daqueles que tinham acesso à Internet no trabalho diziam que as ferramentas on-line melhoravam a capacidade deles de executar as tarefas (CyberAtlas, 2002c).

- *Pequenas empresas*. Dos 501 donos/gerentes de pequenas empresas com menos de cem funcionários, os quais foram pesquisados para a Open Small Business Network 2002 Monitor da American Express, 66% revelaram que integraram a Internet como uma ferramenta para ajudá-los a tocar suas empresas (Greenspan, 2002). A IDC descobriu que, em 2003, 70% das pequenas empresas teriam acesso à Internet. A IDC também relatou que, em 2003, as pequenas empresas gastariam 13% a mais em TI que no maior segmento de mercado seguinte (B2B on-line facts, 2002). Assim como os consumidores, o mesmo número de usuários de pequenas empresas, 53%, usava a Internet diariamente (Tchong, 1998).
- *Volumetria*. Em 2002, os domicílios utilizavam a Internet cerca de 19 sessões por mês com duração aproximada de 30 minutos cada, enquanto o uso nas empresas batia nas 20 sessões por mês. O tempo médio que um usuário corporativo passava na Internet também era de 30 minutos por visita, mas o uso da Internet no mundo corporativo teve um aumento significativo (17%) em relação ao uso doméstico (4%). A Nielsen//Net Ratings relatou que em 2002 quase 46 milhões de trabalhadores de escritórios norte-americanos entraram para a Web, o maior pico desde que ela começou a monitorar o uso da Web nos escritórios, em janeiro de 2000.

Essas estimativas mostram que empresas e empresários utilizam a Web regularmente, seja em casa ou no trabalho, em organizações de pequeno, médio e grande porte. Isso faz bastante sentido, visto que as empresas devem procurar maneiras melhores, mais rápidas e mais completas de fazer as coisas. Os recursos da Web cobrem todas essas áreas.

## A lógica do uso da Internet por organizações business-to-business

A maneira como os empreendimentos comerciais fazem negócios mudou drasticamente na década de 1990, e poucos gerentes, incluindo os de marketing, poderiam ter previsto como a tecnologia poderia se emaranhar na rede dos negócios. As empresas agora estão correndo contra o tempo para melhorar suas operações, habilidades de marketing e recursos financeiros. Desde 1982, o mercado de ações empurrou as empresas públicas a um nível financeiro até então nunca visto, chamadas de "fator riqueza"; trocas de ações e transações em dinheiro, fusões e aquisições criaram enormes entidades corporativas espalhadas pelo país e pelo mundo. As fusões e consolidações fizeram que as forças de trabalho se desacelerassem, e isso levou a menos pessoas realizando mais tipos de trabalho. A comunicação, nacional e internacional, tornou-se mais complexa; os títulos financeiros eram comercializados 24 horas por dia, de Nova York a Tóquio ou Londres. Esperava-se um desempenho melhor dos gerentes, de marketing a tecnologia e rentabilidade. Os mercados tornaram-se ameaças competitivas maiores e de produção global. Recursos eletrônicos inovadores foram adotados por uma geração de usuários de computador, a qual amadureceu em cargos de gerência. Esses profissionais de marketing não têm medo de mudanças e sabem o que a tecnologia pode fazer.

Tais profissionais reconhecem que o maior benefício da Web ao setor de negócios é a eficiência. Os produtos podem ser empurrados às pressas para o mercado. Os custos de produção podem ser reduzidos por meio de design e fabricação auxiliados por computador. Melhor de tudo: o processo de marketing pode ficar mais eficiente com os recursos eletrônicos. A prospecção de clientes pode ser melhorada com Websites, listservs ou grupos de discussão na Usenet, dirigidos especificamente para investimentos de capital de risco, de empreendedor ou de suporte ao comércio eletrônico. As mensagens de publicidade podem buscar visitantes escolhidos segundo o Website que visitam, além de procurar opções de mecanismos; os releases publicitários eletrônicos que fazem

## Agora Você Sabe

### O ATACADO ENTRA NA ERA DA WEB

Robert Rodin, presidente e CEO da Marshall Industries (Avnet Electronics Marketing), vê o e-commerce como a base de um modelo de negócios inteiramente novo. A Marshall Industries, uma distribuidora de eletrônicos de $ 1,5 bilhão, quase dobrou sua receita desde que mudou o rumo do atacado para o e-commerce, há quatro anos. Quarta maior empresa do gênero nos Estados Unidos, a Marshall produz componentes em nome de cerca de 150 fornecedores – e uma bela fatia dessas vendas está ocorrendo on-line.

A Marshall não está só unindo o comércio na Web a uma estrutura corporativa existente. "Mudamos tudo", disse Rodin. "Eliminamos comissões para a equipe de vendas. Eliminamos bônus com base em lucro e prejuízo nas unidades de negócios. Agora todos participam de um plano de divisão de lucros, pois se trata de uma única empresa tridimensional construída ao redor do modelo eletrônico." Marshall também está reconstruindo seus relacionamentos de parceria em volta desse modelo. "Pensamos primeiro na Marshall quando temos consumidores que querem fazer negócios por e-commerce", disse John Simari, diretor de distribuição norte-americana na Texas Instruments de Dallas, um dos principais fornecedores da Marshall. "Esse mercado total [de e-commerce] ainda está em seus estágios de formação, mas quando pensamos na nossa própria estratégia de Internet, estamos contando com a Marshall e sua experiência."

A Marshall (http://www.avnet.com) desenvolveu a conexão **XML (Extensible Markup Language)** com cerca de cem fornecedores. Se o usuário solicitar informações sobre um produto do catálogo da Marshall, o sistema irá ao Website do fornecedor, acessará uma folha de dados e apresentará as informações de forma transparente pelo Website da Marshall. Mas navegar pelos dados do produto é só o começo. A Marshall também deixa os fornecedores fazerem apresentações pela Web de seus produtos e tecnologias. A rede de educação, notícias e entretenimento, um serviço do Website da Marshall, permite que os fornecedores façam seminários ao vivo sobre seus produtos e depois arquiva essas apresentações para exibição futura para possíveis consumidores. A Marshall inclusive relaciona as apresentações arquivadas para exibição futura às informações de produto em seus catálogos de componentes.

Como a Marshall conta com uma parte significativa de suas operações em outros países, seus dados de e-commerce estão traduzidos para 24 idiomas. "Fazer negócios na Internet é parecido com fazer negócios em outro país", diz Rodin. "São regras e hábitos diferentes, mas nós o vemos como outro mercado. O segredo é facilitar o comércio."

*Fonte*: Wilson, Tim. Wholesale shifts to the Web. *Internet Week*. CMPnet [citado on-line em 21 de julho de 1998].

a cobertura de tópicos de negócios acabam encontrando o caminho das agências de notícias. As empresas estão encontrando métodos para ajustar suas práticas de negócios na **economia da informação**.

Nem todas as empresas têm o pensamento tão avançado como o da Avnet Electronics Marketing (Figura 16.1), nem todo profissional de marketing está tão sintonizado como as pessoas mencionadas nos estudos anteriores. Muitas empresas e pessoas parecem esconder a cabeça embaixo da terra, negando que os negócios estão mudando. Para muitos gerentes, a mudança é assustadora. Mas, para os mais esclarecidos, nada mais é que bastante trabalho. Quais são as vantagens de adotar práticas de e-marketing e e-commerce em relação ao método tradicional de marketing? Essas vantagens serão discutidas nas próximas páginas.

## As oportunidades dos recursos em marketing eletrônico nas transações business-to-business

O primeiro pedido de e-business para muitas empresas foi em direção ao suprimento automático, pois boa parte do manuseio do material envolvia números facilmente reconhecidos por interfaces de computador. Os sistemas de suprimento se tornaram relacionados, eliminando uma papelada desnecessária e dando aos trabalhadores a capacidade de pedir itens essenciais por sua conta. Os leilões pela Web venderam mais bens supérfluos com desconto. Os que adotaram primeiro relataram que cortaram os custos dos sistemas de manuseio em 80%. Isso é difícil de negar e, dado o sucesso da gestão do banco de dados, muitas operações adicionais e aplicações de marketing procriaram para abordar necessidades específicas de negócios. A compra pela Web possibilitou que empresas como Chevron, Ford, GE, Merck & Co. e United Technologies implementassem melhor seus contratos e negociassem prazos com os fornecedores. À luz do amplo interesse em suprimento automático eletrônico, uma onda de grupos de desenvolvimento veio à tona. Esse sucesso encantou desenvolvedores de aplicativos corporativos, como a SAP e a Oracle, para o mix que levou em conta a compra de módulos para os sistemas dessas empresas. A **OBI (Open Buying on the Internet)** tornou-se o padrão para trocar e comercializar informações (Frook, 1998).

Com esse forte início, os recursos eletrônicos floresceram. Um dos Websites de e-commerce informativo que foram lembrados foi desenvolvido pela empresa de contabilidade e consultoria PricewaterhouseCoopers (http://www.pwcglobal.com). Eles ostentam que o e-business pode ajudar o usuário a se distanciar da concorrência ao criar fontes significativas de valor. Para o profissional de marketing virtual, esse Website é uma sólida base em relação aos benefícios business-to-business. Um conjunto de página Web particularmente esclarecedor apresenta a explicação "O que o e-business pode fazer por mim?". A seguir, está uma lista de valores proporcionados pelo e-business, conforme descrito pela PricewaterhouseCoopers.

- *Atingir a liderança do mercado.* Nesta economia da informação, a liderança envolve os fatores essenciais, como flexibilidade operacional, visão do futuro e inovação. Perguntas a serem consideradas ao buscar liderança no mercado: a reputação e posição tradicionais da minha marca serão aplicadas em um ambiente de e-business? Como posso treinar e orientar minha equipe, de forma que ela possa ser bem-sucedida na alta velocidade do e-business? Minha equipe tem acesso ao conhecimento de que necessita para tomar decisões rápidas e precisas? Como posso calcular meu retorno sobre os investimentos em e-business? Como faço para colocar minha equipe de liderança "a bordo" de uma estratégia de e-business em comum?
- *Alcançar novos mercados.* O que mais estimula a adoção do e-business é a capacidade de alcançar mercados muito além dos tradicionais, sejam eles distantes em geografia, perfil do consumidor ou outras definições. Muitas organizações foram lentas ao explorar o canal da Internet por causa dos receios de conflito de canais. Uma grande preocupação é a apresentação de uma imagem de marca consistente no canal tradicional e na Internet, além da divisão e integração de informações sobre consumidores, produtos e recursos da

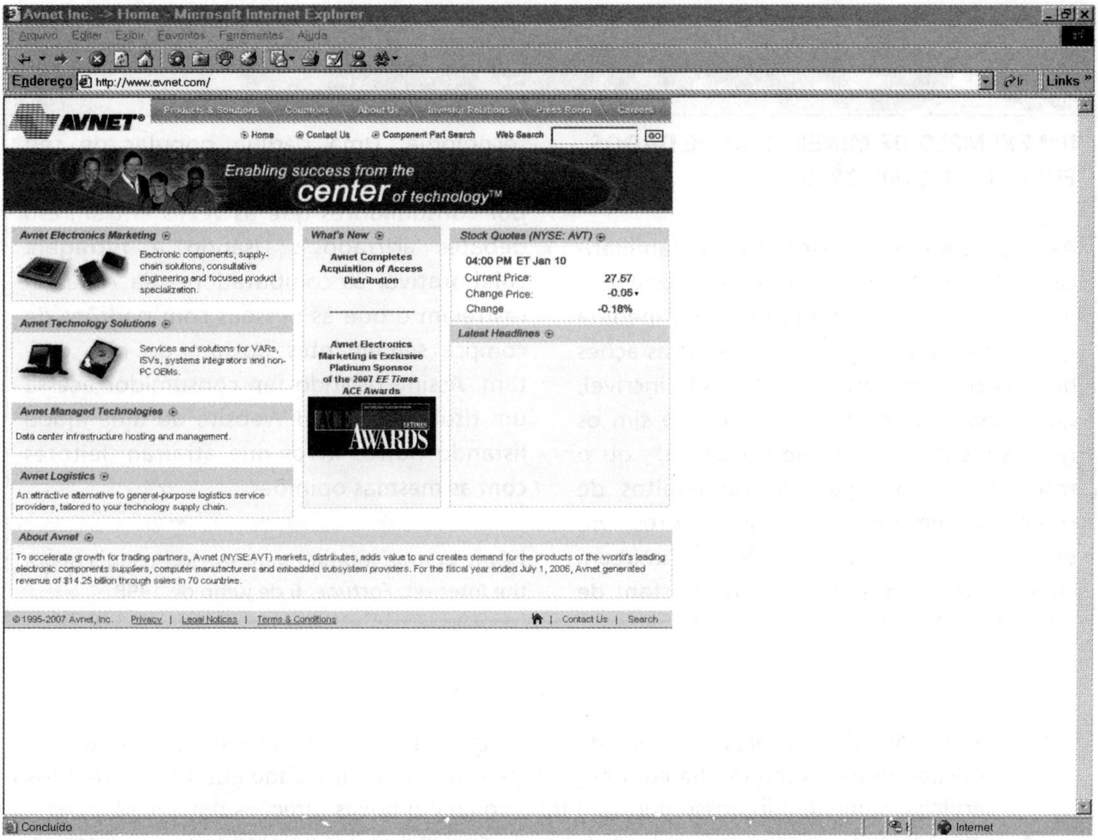


Figura 16.1 Como um dos maiores distribuidores de componentes eletrônicos industriais e peças de produção da América do Norte, a Avnet oferece muitos serviços convenientes para o setor industrial. Um deles é o "Instant Quote", ou orçamento instantâneo, no qual é possível conseguir um rápido orçamento de peças.
*Fonte*: Avnet (http://www.avnet.com). Copyright © Avnet Multimedia Services. Utilizado com permissão.

empresa. Perguntas a serem consideradas ao se alcançarem novos mercados: as organizações independentes de vendas ou os atacadistas irão se rebelar contra as vendas online diretas? Quais relações cobrem o marketing e as vendas para consumidores em diferentes continentes? Como posso suprir as necessidades de novos consumidores e, ao mesmo tempo, manter um relacionamento com minha base existente? Como posso reconfigurar produtos e serviços antigos para o e-business – e como faço para desenvolver outros totalmente novos? Meu sistema de cadeia de suprimento e atendimento ao consumidor mantém os novos mercados servidos de acordo com os padrões estabelecidos nos mercados existentes?

- *Criar novos produtos e serviços*. Os negócios de e-business permitem testar e refinar seus produtos e serviços e suas estratégias de marketing. Você pode conhecer e igualar as ofertas dos concorrentes rapidamente, desde que a infra-estrutura de e-business favoreça a flexibilidade e a rapidez na colocação no mercado. Perguntas que vêm à tona ao criar novos produtos e serviços: o que satisfaz meus consumidores? Como faço para implementar personalização em massa e preço individualizado? Quais métodos podem acele-

## Agora Você Sabe

### UM EXEMPLO DE MINERAÇÃO DE DADOS ENTRE CONSUMIDORES

As empresas têm capacidade de se familiarizar melhor com seus consumidores. Essa intimidade é particularmente valiosa à medida que as empresas começam a prever as ações de seus consumidores com precisão incrível, quase assustadora. Não é mágica, e sim os resultados da "mineração de dados", ou o rastreamento dos padrões ou hábitos de compra de empresas ou consumidores. Um exemplo é o da concentração da Amazon. com em torno dos clientes que gostam de tecnologia. Uma página popular de seu Website é a "sessão para análise de livros por consumidores que às vezes entram em debates acirrados". Usando a **filtragem colaborativa**, os computadores da Amazon rastreiam o que as pessoas com padrões de compra semelhantes gostam ou não gostam. Assim, quando um consumidor acessa um título na tela, o Website dá uma ajuda listando outros livros que atraíram leitores com as mesmas opiniões.

*Fonte*: Kupfer, Andrew. Four forces that will shape the Internet. *Fortune*, 6 de julho de 1998.

rar o tempo de colocação no mercado, assim que eu conhecer as necessidades dos meus consumidores? Como minha equipe pode pensar com criatividade em novos produtos e serviços, aumentando nosso portfólio tradicional em novas direções rentáveis?

- *Criar lealdade do consumidor.* Criar lealdade do consumidor na economia da informação significa colocar o poder e o potencial do e-business nas mãos do consumidor. Para o cliente, o e-business na verdade significa *me-business* (algo como "negócios feitos para mim"). Seja apresentando uma face completamente nova ao consumidor, seja estabelecendo relacionamentos proativos e individualizados ou produtos e serviços diferenciados por meio da personalização, o e-business pode ajudar a resolver a antiga preocupação de lealdade do consumidor e da Web. Perguntas a serem consideradas ao criar lealdade do consumidor: como eu faço para reter meus melhores consumidores quando a concorrência também quer tomá-los para si? Como posso melhorar o desenvolvimento e depois fazer vendas complementares de novos produtos e serviços aos meus consumidores mais leais? Como posso coletar, analisar e tomar medidas acerca de informações do consumidor que estão espalhadas por toda a organização? Será que minha organização de marketing está mudando e com o que ela se parecerá?
- *Otimizar os processos de negócios.* As metas de reduzir custos, acelerar o tempo de lançamento no mercado e melhorar a satisfação do consumidor estão no núcleo dos atuais negócios. Os consumidores demandam mais preços e opções, maior individualização, níveis de atendimento superiores e mais personalização. Para atingir essas necessidades, os executivos estão reconsiderando todos os aspectos das operações de seu empreendimento à luz das oportunidades de e-business. Perguntas a serem feitas ao otimizar os processos de negócios: como posso melhorar o desenvolvimento e o lançamento do produto? Como posso integrar e simplificar os processos de negócios? Como os relacionamentos com parceiros podem ser fortalecidos? Como podemos melhorar o nível de resposta e a interação com consumidores? Como podemos capturar e compartilhar dados abrangentes e em tempo real?

- *Melhorar o capital humano.* Os recursos do e-business estão tentando realizar uma grande alteração organizacional. As estruturas e culturas não estão mais ligadas por restrições geográficas, funcionais ou até mesmo temporais. O movimento para organizações virtuais que recorrem aos recursos globais para servir cada consumidor individualmente incita-nos a repensar exatamente como a organização opera. Perguntas preocupantes para melhorar o capital: de que preciso para transformar minha equipe e minha organização em um ambiente habilitado para e-business e focado no consumidor? Como faço para reter a equipe existente e, ao mesmo tempo, ganhar novas habilidades e recursos e atrair novos talentos? Que ferramentas de gestão do conhecimento podem ajudar a coletar informações essenciais e disseminá-las pela organização? Como isso pode ser usado em meu benefício? Como posso medir ganhos em produtividade e eficiência dos meus funcionários?
- *Controlar a tecnologia.* De um conjunto não testado de tecnologias acessadas somente por cientistas, a Internet amadureceu e agora está aberta ao mundo. O e-business derrubou os limites operacionais e técnicos, com soluções flexíveis e abertas, dando acesso a todos – em qualquer lugar –, com uma conexão de rede e software navegador da Web. Uma iniciativa de e-business é bem-sucedida quando reflete um alinhamento de todos os elementos. Se uma parte for ignorada, o projeto inteiro entra em risco. Perguntas a serem consideradas ao controlar a tecnologia: que mix de tecnologias executará melhor meu plano de e-business? Essas tecnologias se integrarão bem aos meus **sistemas legados**? Devo seguir uma abordagem mais lenta e experimentar uma pequena tecnologia ou é melhor arriscar um grande investimento? Estou ficando para trás enquanto a concorrência está a todo vapor? Minha infra-estrutura se mistura com as obrigações do e-business? Como protejo minha empresa contra riscos de segurança? Minha equipe técnica é trei-

## O E-Marketing em Ação

### GRUPO OFERECE SEGURO DESTINADO A RISCOS DE FAZER NEGÓCIOS PELA WEB

Um grupo de seguradoras e empresas de consultoria espera que a explosão de empresas que vendem suas mercadorias pela Internet aumente a demanda por um novo seguro para comércio eletrônico. A cobertura, conhecida como "Net Secure", é o que há de mais novo em seguros destinados a empresas com medo de que hackers, vírus, "spammers" ou outros perigos as arruínem ou as exponham a processos de responsabilidade. "A cobertura visa a contribuir com o pagamento de perdas de propriedade se o hacker violar e sabotar um banco de dados vital ou se um vírus tirar o Website da empresa do ar", disse Emily Freeman, vice-presidente sênior da J&H Marsh. "Ela também é feita para proteger empresas caso seus aplicativos de rede passem um vírus para outra empresa, causando prejuízos. A Net Secure também fornecerá uma quantidade predefinida de proteção da perda de 'propriedade intelectual' da empresa se estiver armazenada em uma rede que tiver sido violada. Essa cobertura pode contribuir também se as empresas violarem leis de direito autoral ou difamarem alguém em seus Websites", disse Freeman.

*Fonte*: Lohse, Deborah. Group to offer insurance targeting hazards of doing business over Web. *The Wall Street Journal*, 22 de março de 1999, p. B10.

nada em novas abordagens? E eles podem comunicar abordagens de e-business a partes não-técnicas da organização?

- *Gerenciar o risco e a aderência.* Os problemas de risco e aderência são mais complexos do que nunca na economia da informação, à medida que a alta gerência encara novos desafios ao identificá-los e dar-lhes uma resposta. A velocidade de uma infra-estrutura que não utiliza papel tem seus benefícios, mas você deve reconhecer os riscos. Por exemplo: formas eletrônicas de processamento e armazenamento de transações podem não criar uma trilha de auditoria tangível necessária para verificação da transação e correção de problemas. A estrutura jurídica que regula as transações digitais permanece em estado de incerteza, questionando a legalidade de determinados contratos, assinaturas e compromissos. Perguntas a serem feitas ao gerenciar risco e aderência: como faço para gerenciar questões de política global, leis, impostos e regulamentos? Como minha infra-estrutura técnica pode se proteger contra fraudes eletrônicas e acesso não-autorizado? Os dados corporativos e de clientes podem ser protegidos? Quais são os mecanismos necessários para a realização da auditoria e para aderência? Como posso me informar sobre as leis de proteção ao consumidor envolvendo a venda pela Internet em diferentes países? (PricewaterhouseCoopers, 1999).

Os argumentos apresentados são convincentes para as empresas fazerem a busca por uma parte das vendas das atividades da Internet. Com todas essas oportunidades, também há riscos. Os riscos podem ser minimizados? O quadro "Grupo oferece seguro destinado a riscos de fazer negócios pela Web" aborda a preocupação com o problema.

## Qual é a principal commodity em transações business-to-business?

Durante décadas, os métodos (e até mesmo a falta de métodos) das transações business-to-business foram considerados imaturos e até mesmo pouco profissionais por consumidores e profissionais de marketing. Deu-se pouca atenção à pesquisa de mercado; o estilo da publicidade ou o tom dos textos eram difíceis de serem vendidos – as opções de mídia eram limitadas. Campanhas de produtos business-to-business se limitavam a criar um anúncio que era então publicado em, quem sabe, três revistas de negócios. Agora, com a abundância de recursos de marketing eletrônico, incluindo o meio da Web, o marketing e a publicidade business-to-business amadureceram muito. Esta discussão explorará primeiro o problema da influência cada vez maior do comércio business-to-business – a de informações novas e vendáveis. Houve alguma controvérsia em relação a qual informação – conteúdo e entretenimento ou conteúdo orientado para o consumidor e familiaridade. A *Business Week* questionou que tipo de informação em Websites se traduz em sucesso on-line.

> Lembram-se de que "o conteúdo é a alma do negócio?" Esse foi o lema na primeira era da Internet comercial. A America Online, Inc. foi a líder do movimento, enquanto as outras operadoras de Website – como ESPN, iVillage, CNET e SportsLine – seguiram rapidamente o caminho, enchendo seus Websites de informações e entretenimento. De repente, o conteúdo conseguia tanto respeito quanto um palhaço. Adivinhe só: o conteúdo entrava novamente na moda. Para falar a verdade, o conteúdo nunca deixou de ter seu lugar; ele estava apenas abafado entre a confusão dos portais que o cercavam. Enquanto isso, as iVillages e as CNETs continuaram a criar materiais originais sobre todos os assuntos, de dicas para criar filhos a empresas que estavam fazendo os computadores de menor preço.

Agora, esses Websites são uma janela para ver melhor a verdadeira importância do conteúdo na Web. O que eles nos ensinaram é que o conteúdo é importante, agrega valor, mas não é suficiente. O conteúdo sozinho não necessariamente se traduz em lucro ou sucesso estrondoso, independentemente do nível de exclusividade ou profundidade das informações. Para criar uma verdadeira máquina de fazer dinheiro na Internet, as empresas de conteúdo precisam acumular tecnologia, serviços e e-commerce que as ajudem a descobrir gostos, preferências e hábitos do seu público. Só então elas podem personalizar melhor o conteúdo e, acima de tudo, desenvolver um banco de dados profundo sobre seus consumidores que despertará a inveja da concorrência.

A CNET (http://home.cnet.com) entendeu isso. A empresa começou a oferecer notícias de tecnologia e produtos, fazendo dinheiro com a propaganda. Mas, em outubro de 1998, após repensar sua estratégia, a CNET começou a acumular novas fontes de renda ao agir de acordo com os gostos de seu público. A CNET fornece informações sobre 120 mil produtos em seu Website Computers.com. Foi aí que começou a cobrar uma taxa fixa dos seus parceiros de negócios pelas 'indicações' – consumidores que a CNET envia de seu Website para os deles. Isso está dando resultado. A CNET diz que de 8 a 10% de suas 90 mil indicações diárias de fato levavam a compras. Essas indicações geraram $ 80 milhões em vendas para seus parceiros no inverno de 1998. Em relação à CNET, sua receita no trimestre encerrado em dezembro de 1998 quase dobrou para $ 19,2 milhões, em relação aos $ 10,7 milhões em 1997 (Green, 1999).

Então, como fica a CNET hoje? A CNET Networks se expandiu e formou uma grande empresa de Internet global que serve 150 mercados em todo o mundo, classificada como a 13ª maior propriedade on-line dos Estados Unidos e a 11ª maior propriedade on-line no mundo (CNET, 2002b). A base de consumidores de publicidade da CNET Networks totalizou 1.750 empresas no terceiro trimestre de 2002, um aumento de 16% em relação ao mesmo período de 2001. No terceiro trimestre de 2002, 88% dos cem principais anunciantes da empresa haviam renovado no segundo trimestre. A rede atual na Web possui 53 milhões de usuários exclusivos (globalmente) e 34 milhões de visualizações de páginas, em média, diariamente. A rede da CNET produz, em média, 280 mil indicações diárias, com uma receita líquida declarada de $ 56,3 milhões no total para o terceiro trimestre de 2002 (CNET, 2002a).

## Estratégias de e-business estão vendendo produtos e serviços

A história anterior da CNET define uma estratégia para vender uma qualidade intangível e abstrata – a informação – em um método de e-business novo e rentável. Existem muitos outros exemplos e Websites que estão comprando e vendendo produtos tangíveis, como computadores, maquinário de construção e peças para montagem de veículos. No final deste capítulo, serão apresentadas as categorias de e-business e projeções de vendas para diversos anos no futuro. Basta dizer que o e-business pode ser feito por meio de catálogos, e a Web serve muito bem como um catálogo. Listas, fotografias em cores, diagramas, preços e detalhes sujeitos a rápidas alterações são especificações populares de produtos; a venda do Website mantém as informações dos produtos atualizadas.

Serviços de gestão e aconselhamento são outras formas de informações valiosas que ganham impulso de vendas e lembrança por meio da Web. A **venda consultiva**, situações em que o representante externo se torna um membro confiável da equipe de gestão do cliente e a contribuição do vendedor é altamente valorizada, é uma atividade rentável em sua essência. A maioria das seis grandes empresas de contabilidade possui serviços de consultoria; em um caso, o braço de consultoria, a Andersen Consulting (Accenture), superou os contadores da Arthur Andersen (Andersen). A prática foi dividida em duas empresas, em grande parte porque cada uma perseguia negócios separados. Um método genial para colocar as instituições financeiras em um estado de espírito de varejo competitivo emprega táticas de e-business da PricewaterhouseCoopers usando a auto-avaliação "e-Doctor Questionnaire" (http://www.pwcglobal.com/frs/edoc_app.htm). Ao coletar informações sobre os recursos dos canais eletrônicos de uma organização financeira, o consultor da PricewaterhouseCoopers analisa o questionário, procurando por falhas de atendimento, e dá as recomendações e soluções de e-business. O profissional de marketing astuto desenvolverá uma oferta melhor, incluindo pelo menos uma parte dos produtos ou serviços da empresa.

A IBM usou outra tática para se tornar conhecida no e-commerce – começando a mostrar o círculo vermelho *e* na televisão, em revistas e anúncios de jornais. O Website da IBM está cheio de conteúdo em relação ao e-business, assim como o Website da PricewaterhouseCoopers. Em vez de ler página após página, no entanto, a IBM criou um "seminário virtual para e-business". Em meados de 1999, a IBM hospedou **seminários virtuais** nas páginas da Web de e-business (http://www-3.ibm.com/e-business/index.html). Depois de ser registrado para um seminário, você recebia as boas-vindas de Peter Rowley, gerente geral de pequenas e médias empresas globais, que destacava o potencial do e-business e o modo como a IBM poderia se tornar sua parceira. O Website mudou significativamente desde então; agora você pode ver os "Fusion Webisodes", episódios que o ajudam a entender como a IBM pode fazer com que sua empresa e suas estratégias e tecnologia atuem juntas para vencer. Além disso, você fica conhecendo diversos casos nos quais a IBM desempenha um papel principal, com suas soluções eletrônicas. Em 1999, o seminá-

## O E-Marketing em Ação

### A IBM AMPLIA O E-COMMERCE POR MEIO DE PARCERIAS

A IBM, pioneira de e-commerce em tecnologias de servidor para pagamentos, revelou uma enorme quantidade de parcerias em uma campanha agressiva para mostrar aos revendedores de e-commerce que todas as suas bases estão cobertas. Os executivos da IBM discutiram extensivamente como a tecnologia de cada um de seus 11 novos parceiros de negócios contribuem para melhorar o servidor Net.Commerce da IBM e o suporte ao consumidor. A empresa também desvendou sua estratégia para fazer a migração de consumidores do protocolo Secure Sockets Layer (SSL) para o protocolo Secure Electronic Transaction (SET).

Entre os parceiros que baseiam sua tecnologia no Net.Commerce estão Business Evolution, CommercialWare, Fisher Technology Group, Garg Data International, Impac Technology, Industri-Matematik International, Intelligent Interactions, Narrative Communications, Net Perceptions, NetGravity e PersonaLogic. Além disso, a IBM e a DPS (Danish Payment Systems) estão trabalhando em uma iniciativa conjunta, endossada pela Visa International, para fornecer processamento de certificados e gateways de hiperlink de pagamentos para instituições financeiras européias que procuram implementar o protocolo SET para pagamentos com cartão de crédito pela Internet.

*Fonte*: Dunlap, Charlotte. IBM broadens e-commerce through partnerships. *Computer Reseller News*. CMPnet [citado on-line em 15 de julho de 1998].

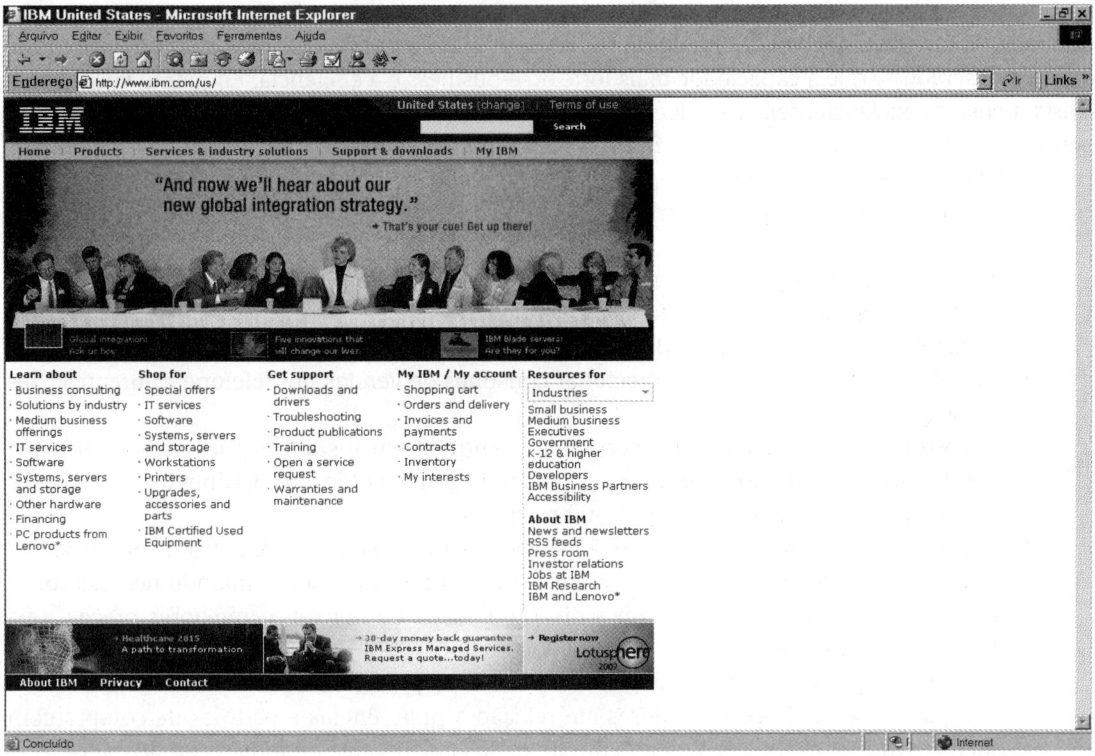


Figura 16.2 A ibm.com é um local de negócios integrado e robusto de negócios que permite que os consumidores façam transações comerciais pela Internet em seus termos. A IBM agregou valor ao adicionar soluções para parceiros de negócios como PartnerWorld, PartnerCommerce, QuickShip e B2B.
***Fonte***: IBM (http://www.ibm.com/us). Reimpressão cortesia de International Business Machine Corporation. Copyright © 2006.

rio virtual era uma implementação nova e simples, dando a impressão de que o e-business da IBM conhecia sua empresa, tinha experiência em vários setores e vários parceiros para ajudá-lo a tornar o e-business bem-sucedido para você.

Com esse exemplo, o uso e a familiaridade dos seminários da Web cresceram, tornando-se uma ferramenta essencial para fazer comunicação de marketing e pesquisa on-line. Empresas como a Intel, a Microsoft e a WorldCom estão usando essa ferramenta como parte do esforço contínuo para se comunicar com o consumidor e com a indústria. Os seminários na Web também eram oferecidos por especialistas no setor e por revistas on-line. Esses seminários permitiam que os usuários participassem sem sair do escritório e sem pagar altas taxas pela participação.

## Recursos de marketing eletrônico para e-business

O processo de e-business é jovem e passa por muitas experiências interessantes. No entanto, algumas ferramentas de marketing estão excedendo as expectativas, como os leilões on-line de equipamentos excedentes/com desconto e o volume de bens industriais vendido por meio de Websites. Serão discutidos exemplos dos recursos de marketing eletrônico a seguir, mas tenha em mente que poucos desses recursos estavam disponíveis para profissionais de marketing business-to-business há dez anos. As atividades de vendas business-to-business eram feitas há dez anos, mas no início deste capítulo observou-se que a capacidade mais forte do e-business é a eficiência. Enquanto você estuda a lista, pense na eficiência, seja ela velocidade, precisão, flexibilidade ou economia de custo; depois, pense nas breves histórias de cada método. O tempo e a experiência devem ajudar a melhorar cada recurso? Compare-os à velocidade, precisão e flexibilidade das atividades de marketing tradicionais, como correio direto ou telemarketing. Quais você integraria no programa de marketing?

- Leilões comerciais para vender itens excedentes feitos com lances ao vivo para conhecimento de todos, seja compradores ou vendedores.
- Consultoria virtual usando videoconferência ou Websites de realidade virtual.
- Reconhecimento de fala para direcionar consultas de vendas por telefone e autenticações de segurança.
- Quiosques automatizados que permitem a entrada em instalações fabris após o expediente, aceitam pedidos apenas com o toque de um botão ou distribuem informações impressas e gráficas, como mapas ou brochuras.
- Suprimento automatizado e repetição de pedidos por meio de Websites disponíveis, sejam esses pedidos feitos automaticamente ou processados apenas quando necessário.
- Utilização de robôs que verificam a disponibilidade de itens e os melhores preços, seja para uso por empresas ou por consumidores.
- Rastreamento da entrega, cujas pioneiras foram empresas como a FedEx.
- Criação de perfis de consumidores em relação a preferências e padrões de compra com análises que utilizam armazenamento de dados e softwares de mineração de dados.
- Controle de estoques, empregando mais uma vez armazenamento de dados e softwares de mineração de dados.
- Redes de comunicação personalizadas, desde o Lotus Notes pessoal até as intranets de empresas.
- Extranets do fornecedor para desenvolvimento de parcerias e colaboração.
- EDI para transmissão rápida e eficiente de grandes quantidades de dados, como transações financeiras, folha de pagamento e processamento de estoques.
- Presença de marketing da empresa por meio de publicidade na Web e comunicação com o consumidor, além de realização de pedidos de produtos e serviços habilitada pela Web.
- Serviço de atendimento ao cliente por e-email e sistemas de direcionamento de chamadas para atendimento ao consumidor.
- Seminários virtuais e treinamento em CD-ROM de funcionários para divisões que se encontram geograficamente distantes da empresa, economizando tempo e despesas com acomodação e viagem.

O profissional de marketing também deve examinar os recursos geográficos desses recursos de marketing, pois os programas de marketing podem ser executados com foco regional, nacional ou internacional.

Há também uma estratégia de gerenciamento que os e-businesses estão usando: formar parcerias com empresas especializadas para reforçar todas as áreas de tecnologia e serviços de uma organização de e-commerce. Terceirizar tarefas especializadas ou contratar funcionários técnicos para projetos de curta duração é um procedimento comum, quase padrão, para montar um esforço de e-commerce de último tipo. Trazer fornecedores externos não é admitir fraqueza, mas sim fazer uma avaliação realista da enormidade do projeto ou da impressionante profundidade de tecnologia necessária para produzir os resultados desejados.

Diversos outros aplicativos significativos de business-to-business estão sendo instalados prontos para serem utilizados na Web. Em vários Websites o usuário encontrará mecanismos de busca que economizam tempo para localizar informações contidas dentro do Website. Softwares complementares embutidos no Website e iniciados com o clique do mouse aceleram o comércio business-to-business, não só como uma ferramenta de busca, mas também como uma ajuda para o vendedor com verificação de identificação e autenticação. Essa capacidade elimina a famosa invisibilidade da Web, em geral igualada com a presença on-line. Um exemplo citado pela *Fortune* apontou que um comprador de uma empresa pode fazer uma busca na Internet por um ano de fornecimento de

## História de um Case de E-Marketing

### A DECISÃO: GESTÃO DA INFORMAÇÃO COM BASE EM TECNOLOGIA DA WEB?

A pesquisa industrial apoiada pelo governo foi muito reduzida ao final da guerra fria, e a indústria norte-americana perdeu seu domínio sobre os negócios globais. Profundamente afetadas por severos cortes de orçamento, todas as empresas aerospaciais precisaram fazer um *downsizing* maciço. As empresas aeroespaciais descobriram que os clientes haviam mudado: em vez de se comprometerem pela vida inteira com o programa, eles se comprometiam com cada fase, e o trabalho de acompanhamento dependeria do sucesso da fase anterior. Sistemas, processos e soluções novos e antigos foram examinados à luz dos drivers corporativos atuais. Da mesma forma, a divisão de pesquisa e desenvolvimento (P&D) reexaminou os pressupostos básicos de seus negócios e remodelou-os, onde necessário, para garantir custo mais baixo, com foco na entrega de informações essenciais. Usando a tecnologia da informática dos dias atuais, o departamento de P&D determinou que a mão-de-obra era o principal driver de custos da empresa, sendo responsável pela maior parte dos custos de criação, obtenção, uso e armazenamento de informações. A mão-de-obra direcionava o custo da informação nestas áreas:1) acesso e uso de informações; 2) criação de sistemas para adquirir, armazenar e usar informações; e 3) capacitação da "reutilização" das informações por meio da gestão de uma "memória corporativa" de informações já adquiridas. Além do mais, as tendências – estáveis ao longo dos 15 anos anteriores – indicaram que o custo da mão-de-obra como proporção do custo da informação deveria aumentar, embora todos os outros custos da informação deveriam diminuir rapidamente.

O departamento de P&D analisou, então, vários softwares disponíveis no mercado para determinar o potencial para reduzir o conteúdo da mão-de-obra dos seus sistemas de informação. Descobriu-se que os aplicativos de informação disponíveis para comercialização no mercado apresentavam várias desvantagens, como exigir que os usuários mantivessem múltiplos diretórios (agrupando informações por tópico) e diretórios "cestas de entrada" (locais do computador nos quais as informações que chegam são colocadas), e ofereciam diferentes interfaces de usuários, comandos e recursos. Também era extremamente difícil, se não impossível, usar esses aplicativos para integrar informações, como desenhos técnicos, modelos tridimensionais e figuras obtidas de múltiplas fontes. O resultado era uma confusão de computação, e não um "sistema" de informações consistente.

O departamento de P&D decidiu que os aplicativos disponíveis no mercado não eram a reengenharia fundamental pela qual estavam procurando e que as versões um material de escritório, como lápis ou blocos de papel, para localizar o melhor preço. O comprador pode, então, fazer o pedido. Com o software adequado, o vendedor pode superar o tão propagado anonimato da Internet para verificar se o pedido foi feito por uma empresa legítima e se o comprador vai pagar a conta. Empresas como a Concentric Network oferecem tecnologias para as partes que fazem negócios on-line verificarem a identidade uma da outra (Kupfer, 1998).

Por fim, enquanto muitos consumidores desejam envolver ativamente outras pessoas na Web, muitas empresas esperam avidamente desligar-se do contato pessoal, passando para sistemas automatizados de negócios. "Quando você clica em 'Sim' no Website da Dell, o fabricante de

## História de um Case de E-Marketing *(continuação)*

então disponíveis incorporavam opções de design que limitavam o retorno sobre o investimento a uma série muito pequena das metas do departamento de P&D. Além disso, após avaliar o impacto em sua própria visão de curto prazo do futuro da tecnologia, o departamento de P&D acreditou que a vida dos sistemas disponíveis no mercado era curta demais. O departamento de P&D precisava de uma estrutura de informações comum – que proporcionasse um único centro de computação em que todas as ferramentas estivessem acessíveis ao usuário e fossem fáceis de utilizar.

O departamento de P&D estudou os sucessos e fracassos das atividades anteriores de implementação de sistemas, tanto internas quanto externas à Lockheed, a maioria usando alguma forma de tecnologia do banco de dados para centralizar informações em um único local. Sem exceção, as implementações que o departamento de P&D examinou tinham problemas de desempenho, custo, licenciamento, desenvolvimento ou modificação. O departamento de P&D estava determinado a evitar, por meio do design adequado, tantos problemas quanto fosse possível.

A Internet deu ao departamento de P&D uma fonte de informações e um modelo para a troca de informações entre organizações independentes, mas cooperativas. Muitas das ferramentas e técnicas utilizadas na Internet foram transformadas em ferramentas de suporte de alto custo e altamente confiáveis para coletar, organizar, buscar, distribuir e arquivar fontes. Uma estratégia essencial foi o uso, pelo departamento de P&D, da tecnologia da Internet conhecida como World Wide Web (ou só Web) para definir um padrão de acesso ao usuário.

O novo modelo de gestão de informações do departamento de P&D se baseia na tecnologia da Web, que possibilita que o usuário acesse, busque, visualize e transfira informações de um servidor para o desktop do usuário. Informações especializadas ou um método especializado de exibir informações são programados somente no servidor, deixando o software do desktop do usuário inalterado para fornecer uma exibição "tamanho único", sem importar qual informação ou sistema de aplicativo o usuário estivesse acessando. Essa tecnologia, à qual o departamento de P&D se refere como "interface de usuário comum", é definida como o protocolo de HTML embutido nas especificações da Internet e é implementada nas ferramentas da Internet, como o Mosaic e o Netscape Navigator.

*Fonte*: Swenson, Steve L. Integrating information resources. In: Cronin, Mary J. (ed.) *The Internet strategy book*. Boston: Harvard Business School Press, 1996, p. 89-93.

computadores transmite os pedidos on-line diretamente para os montadores. Esse link sem intermediários entre o usuário e a corporação, difícil de ser imaginado [vários] anos atrás, irá se tornar cada vez mais comum" (Kupfer, 1998).

## Considerações internas para operações de negócios

As empresas sempre devem procurar pelos melhores métodos de fazer negócios, os quais podem estar fora do espectro específico do marketing, movendo-se em direção aos espectros operacionais ou financeiros do empreendimento. No entanto, se o empreendimento puder funcionar com mais eficácia e eficiência nas funções operacionais e financeiras, a atividade de marketing sem dúvida irá se beneficiar. No aspecto da execução organizacional, sempre se pensou com cuidado sobre a questão de fazer ou comprar. Muitas vezes, essa é uma decisão excepcional, pois suas conseqüências podem causar um impacto positivo ou negativo na empresa por anos. No caso da Lockheed Martin, a decisão de fazer ou comprar foi ainda mais confusa e complexa, pois a *commodity* considerada para compra era a tecnologia da World Wide Web. Uma das questões mais comuns é se a empresa deve dedicar recursos internos considerando os recursos de produção disponíveis para poder ganhar maior controle sobre os custos e prazos ou se deve utilizar um fornecedor qualificado para essa operação, dedicando os recursos de produção disponíveis para operações mais complexas e lucrativas. Em geral, essa decisão é acompanhada de uma análise de custo-benefício. O estudo do caso da Lockheed Martin (http://www.lmco.com) é um exemplo de análise interna, tomada de decisão e integração de recursos de informação relacionados a um processo de negócios com uma nova tendência - usando a tecnologia da Internet de uma nova forma.

As forças competitivas estão forçando muitas empresas a avaliar a Internet como uma ferramenta competitiva. Algumas empresas esperam até ser tarde demais para recuperar a distância, a expertise ou os serviços satisfatórios ao consumidor oferecidos pela concorrência agressiva e inovadora. Os recursos de marketing eletrônico respondem por uma grande parte das vantagens competitivas específicas da empresa, tanto no curto quanto no longo prazo. Os profissionais de marketing devem se familiarizar com as ferramentas eletrônicas discutidas neste capítulo e ler, semanalmente, Websites e publicações de tecnologia de marketing à medida que novos aplicativos forem apresentados.

## Desvantagens do comércio business-to-business on-line

Enbora a força do e-business seja a eficiência simplificada, as empresas que empregam o e-business perdem contato com seus canais de distribuição e seu pessoal de vendas. A maior desvantagem é a ameaça de alienar distribuidores e, portanto, a perda de pontos de distribuição físicos. Um artigo do *The Wall Street Journal* declarou o seguinte em relação às transações comerciais pessoais: "Durante muitos anos, [a venda de produtos corporativos] foi um negócio centrado em pessoas, no qual as reuniões pessoais, os apertos de mão e as demonstrações de produto construíram as relações com os clientes, as quais se traduziram em grandes somas de dinheiro" (Anders, 1998b, p. A1). O profissional de marketing atento reconhecerá esses elos de relacionamento e trabalhará para manter a distribuição off-line e os potenciais de vendas on-line. O *The Wall Street Journal* resume, nas passagens a seguir, a situação enfrentada pelas funções de marketing e distribuição.

> Com alguns cliques de mouse, esses clientes [médicos] podem comprar tudo, de aparelhos de ultra-som a eletrodos, sem sequer ver um vendedor. James Cyrier, chefe de vendas médicas e marketing da Hewlett-Packard (http://www.hp.com), está intrigado,

> mas se ele se mover rápido demais, correrá o risco de um motim da força de vendas e dos distribuidores tradicionais, que não querem abrir mão de suas comissões.
>
> Em todos os Estados Unidos, centenas de fabricantes enfrentam o mesmo dilema. A Internet pode se provar a mais eficaz das ferramentas de vendas desde o telefone, permitindo que as empresas alcancem milhões de consumidores potenciais de forma rápida e barata. No entanto, o comércio on-line é uma ameaça direta aos homens e mulheres que fazem vendas ou distribuição pessoalmente e que ainda controlam 90% ou mais do fluxo de pedidos da maioria das empresas. Como resultado, estrategistas corporativos apavorados tentam capitalizar sobre o potencial da Internet sem sabotar os canais de vendas tradicionais (Anders, 1986, p. A1).

Como os profissionais de marketing estão combatendo a deserção dos distribuidores? A indústria de computadores e outros campos de alta tecnologia estão sofrendo mais pressão dos tradicionais varejistas de computadores e entrando em ação para proteger seu território. Diferentes empresas estão tentando estratégias distintas para resolver o desagrado de distribuidores ou ven-

## História de um Case de E-Marketing

### DISTRIBUIDOR USA E-COMMERCE PARA CRIAR LEALDADE

A Ingram Micro, uma distribuidora de computadores de $ 16,5 bilhões, está planejando levar sua estratégia de comércio na Internet e extranet a um novo nível, hospedando – e, pelo menos em parte, financiando – Websites para cada marca em nome de seus clientes, revendedores de computadores. A atividade visa a manter os revendedores então inconstantes, que pesquisarão agressivamente em múltiplos distribuidores para conseguir o melhor preço, em benefício da Ingram, que tornará mais fácil a realização de negócios em um ambiente da Internet de baixo custo (Frook, 1998).

O segredo da estratégia era um aplicativo de e-commerce para Internet. A Ingram licenciou o servidor e o banco de dados Transact, da Open Market, para serem utilizados pelos **VARs (Value-Added Resellers** ou **Revendedores de Valor Agregado)**. Os negócios de licenciamento possibilitaram que os revendedores oferecessem aos usuários finais dados de estoque em tempo real, cálculo do imposto de vendas, processamento de transação, expedição e personalização no Website de cada uma das marcas. O link entre a Ingram e seus clientes é feito por meio da sua extranet existente (Frook, 1998). O software foi implementado com tanto sucesso que, em 2001, o software Transact, da Open Market, foi usado em quase 20 países em todo o mundo por Websites que incluem o Heat.net (http://www.heat.net/), da SegaSoft, o BuyDirect.com (http://www.buydirect.com/) e o Pathfinder (http://www.pathfinder.com/), da Time Inc. Segundo David M. Carlson, vice-presidente sênior e chefe de tecnologia da Ingram: "Vai nos ajudar o fato de configurarmos uma empresa bem-sucedida de hospedagem de revendedores na Web para os revendedores que desejarem uma solução completa, e isso nos permitirá habilitar para o comércio Websites existentes para os revendedores que já possuem Websites. É importante para nós também que a Open Market forneça suporte para vários idiomas, várias moedas e afins para o comércio internacional" (Nicholls, 1998).

dedores. Veja aqui algumas amostras de correção ou ruptura de laços de longa data na indústria de computadores:

- A Compaq apresentou seu próprio Website de Web commerce, vendendo computadores a preços de fábrica diretamente a pequenas empresas e pessoas físicas.
- A IBM tentou uma abordagem mais delicada, usando os Websites da Internet principalmente para guiar os compradores potenciais a Websites de pedidos on-line operados por revendedores estabelecidos há tempos. Isso não tira vantagem total dos recursos de redução de custos da Internet.
- Em maio de 1998, a Radius, Inc. iniciou as vendas on-line de seu software para fotos digitais. A empresa não fez praticamente nenhuma propaganda no Website, pois não queria alienar os distribuidores tradicionais. Os distribuidores ainda fornecem mais de 90% das vendas, e o CEO não quer arriscar nada que possa prejudicar o lucro – e levá-los a interromper o estoque de produtos da Radius.
- O fabricante de softwares Intuit, Inc. também tem aversão ao desconto on-line. Ele pode comercializar com agressividade na Web, mas ainda não o fez em deferência a revendedores terceirizados. Por mais de 18 meses, a Intuit ofereceu programas que vendem muito, como o Quicken e o TurboTax, em seu Website, mas somente pelo preço de tabela (Anders, 1998b, p. A14).

Quadro 16.1

**PREVISÃO DE RECEITA POR INDÚSTRIA (EM BILHÕES)**

| Indústria | 1998 | 1999 | 2000 | 2001 | 2002 | 2003 |
|---|---|---|---|---|---|---|
| Informática e eletrônicos | $ 20 | $ 50 | $ 121 | $ 229 | $3 19 | $ 395 |
| Veículos automotivos | 4 | 9 | 23 | 53 | 114 | 213 |
| Petroquímicos | 5 | 10 | 23 | 48 | 97 | 178 |
| Infra-estrutura | 7 | 15 | 32 | 63 | 110 | 170 |
| Papéis e material de escritório | 1 | 3 | 6 | 14 | 31 | 65 |
| Expedição e armazenagem | 1 | 3 | 7 | 15 | 33 | 62 |
| Alimentos e agricultura | 0,3 | 3 | 6 | 13 | 27 | 54 |
| Bens de consumo | 1 | 3 | 6 | 13 | 26 | 52 |
| Produtos farmacêuticos e médicos | 0,6 | 1 | 4 | 9 | 20 | 44 |
| Produtos aeroespaciais e de defesa | 3 | 7 | 15 | 26 | 34 | 38 |
| Construção | 0,4 | 2 | 3 | 7 | 14 | 29 |
| Indústria pesada | 0,1 | 1 | 3 | 5 | 29 | 16 |
| Equipamentos industriais | 0,1 | 1 | 2 | 5 | 9 | 16 |
| Total (em bilhões) | 43 | 109 | 251 | 499 | 842 | 1,331 |

***Fonte***: Adaptado de Forrester Research Inc., A real opportunity, *Iconocast Newsletter*, San Francisco, CA, 25 de março de 1999.

Há algum tempo, muitas outras indústrias têm formado parcerias com distribuidores ou revendedores terceirizados, e as estratégias de marketing de e-business devem ser estruturadas com a perspectiva de ganhar ou perder funcionários-chave ou pontos de distribuição a qualquer momento. Grandes e pequenas empresas se vêem às voltas com esse enigma. Os fabricantes de automóveis estudam e questionam o papel futuro dos revendedores individuais, enquanto se perguntam se estão agindo corretamente ao vender carros diretamente aos consumidores pelo Website da empresa. As companhias aéreas também examinam o valor futuro dos parceiros de viagem, como agências de turismo. A American Airlines registrou 1,6 milhão de pessoas que recebem e-mails regularmente sobre tarifas com desconto disponíveis nos fins de semana. Segundo a matemática da American, as mensagens de e-mail eliminam um custo excessivo de $ 20 em cada passagem, associado à disponibilização de um número 0800, além de comissões de agentes de viagem, que podem ser de até 9%.

Algumas empresas odeiam a perspectiva de limitar suas vendas pela Internet. A 3M Company (http://www.3m.com – Figura 16.3) lista centenas de seus produtos no Website, mas não permite

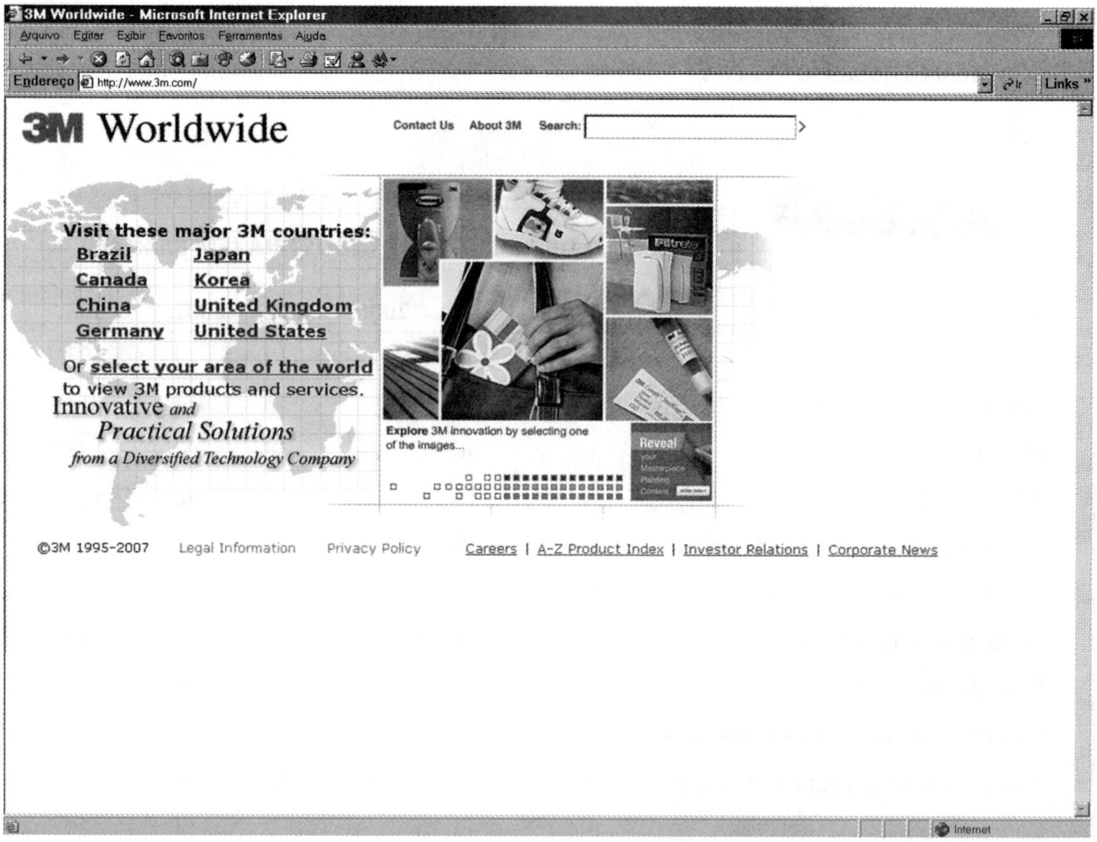


**Figura 16.3** Ao mesmo tempo que oferece excelentes possibilidades de se comunicar com os clientes e recursos para busca de produtos, o Website da 3M também apresenta as várias facetas da história da empresa e da preocupação com a inovação e com a comunidade. Compartilhando a história de seu logotipo: "A 3M levou quase 100 anos para atravessar as quatro fases que levaram ao logo e ao sistema de identidade atuais. É um bem precioso."
*Fonte*: 3M (http://www.3m.com). Copyright © 3M. Todos os direitos reservados. Utilizado com permissão.

que se façam pedidos desses produtos diretamente da empresa. Isso parece deliberado, pois a 3M está protegendo sua estrutura de canais de distribuição, tomando o cuidado de não danificar o relacionamento com os distribuidores. O profissional de marketing deve, portanto, considerar os objetivos da empresa, a organização de vendas e distribuição e o valor do relacionamento com vários públicos, como parceiros de longa data e, por fim, consumidores.

## Previsões de vendas em e-business por indústria

Você, profissional de marketing, deve se preocupar com a direção para a qual sua indústria está apontada e, para essa informação, as previsões futuras o ajudarão a se manter no ponto e preparado. Segundo a eMarketer, o e-commerce business-to-business no mundo inteiro totalizaria $ 823,4 bilhões até o fim de 2002, com um forte crescimento continuando até 2004. Além disso, o comércio business-to-business feito pela Internet alcançaria quase $ 2,4 trilhões em 2004 (CyberAtlas, 2002b). Segundo outro estudo feito pela Jupiter Research, esperava-se que o e-commerce business-to-business alcançasse $ 6,3 trilhões em 2005. Em 2003, esperava-se que o business-to-business fosse responsável por 9% do total de vendas corporativas, crescimento de meros 0,2% em relação a 1997 (Cox, 2000). Ao criar planos de marketing e tomar decisões, você provavelmente deve adotar uma estratégia conservadora, projetando o volume de vendas da sua indústria e o volume e a participação de mercado da sua empresa para não mais que dois anos. Muitos fatores incontroláveis, especialmente nos setores de tecnologia e varejo/atacado, podem abalar programas de marketing planejados com muita antecedência para produtos, serviços, demandas e, acima de tudo, atividades de marketing, que possivelmente se tornariam obsoletas. Estude as projeções da sua indústria para ver o que você considera razoável para as condições ambientais de hoje e, tomara, de amanhã.

## Resumo

A venda business-to-business é parecida com um *iceberg* na água. Só a ponta (as empresas com o perfil mais apurado) aparece. As atividades de marketing são direcionadas para públicos restritos em vários setores de médio porte, mas, em termos de total de dinheiro, estima-se que os mercados business-to-business excedam em nove vezes as compras dos mercados consumidores. A eficiência nos processos de segmentação, venda, manutenção de estoque, distribuição e contato e familiaridade com o consumidor foi melhorada usando ferramentas de marketing eletrônico, como sistemas de software de comunicação e banco de dados, Websites interativos da World Wide Web e transferência de informações precisa e rápida, como EDI. Com uma memória corporativa melhor, pode-se conseguir mais negócios, pois essas ferramentas produzem mais contatos potenciais, além de amplas áreas de entrega, locais e globais, e produtos mais direcionados e satisfatórios. O e-business é relativamente novo, assim como a Web e outros recursos eletrônicos, e os profissionais de marketing devem estar cientes não só da concorrência de suas empresas, mas também das capacidades estratégicas e táticas que surgem da tecnologia de marketing eletrônico. As empresas crescem por causa das vantagens competitivas, não das desvantagens competitivas.

## Perguntas e Exercícios

1. Como foi discutido neste capítulo, o ambiente business-to-business mudou rapidamente nos últimos 20 anos. Liste cinco fatores no mercado business-to-business que produziram uma alteração drástica. Quais são as vantagens e desvantagens afetadas pelas alterações? Redija um e-mail para o diretor de planejamento estratégico da empresa descrevendo essas alterações e as conseqüências esperadas.
2. Ao comparar o marketing on-line com o business-to-business, a eficiência se tornou uma competência tida em alta conta. Dê o nome de cinco recursos de marketing eletrônico que melhoraram a eficiência nas atividades de e-business. Redija uma carta de dúvida ao e-commerce da IBM solicitando esses recursos e especificando os benefícios de cada um deles. Peça a um representante de vendas para fazer uma apresentação de e-business para você.
3. Acesse as páginas de e-commerce do Website da IBM e faça uma crítica dos serviços oferecidos. Se estivesse iniciando seu próprio negócio, quais desses serviços teriam mais importância para você? Liste e classifique seis desses serviços e explique por que cada um deles é importante para sua empresa. Redija um memorando como parte do plano de negócios para entrevistar possíveis consultores de marketing.
4. Usando o Google Groups, localize um ou mais grupos de discussão business-to-business (provavelmente listados em alt.business ou misc.business) que discutem atividades da Web em e-business. Encontre cinco mensagens recentes, imprima cada uma delas e resuma as perguntas e respostas, se houver. Qual é o tom das mensagens? As pessoas têm confiança no e-commerce?
5. Analise a lista de oportunidades apresentadas pela PricewaterhouseCoopers. De todos esses objetivos para implementar os recursos de marketing eletrônico, quais seriam as quatro oportunidades mais importantes para uma concessionária automotiva especializada na venda de frotas? E para um time de basquete profissional? E para uma rede regional de madeireiras? E para uma rede nacional de serviços de manutenção e limpeza de edifícios comerciais? Explique sua lógica em um e-mail para o gerente da PricewaterhouseCoopers, que também é o seu professor.
6. Você é o gerente de marketing de uma empresa fornecedora de peças automotivas que acabou de se mudar para vendas diretas ao consumidor (como indivíduos, estações de serviço e centros de manutenção automotiva) por meio de um sistema de pedidos de um Website. Essa alteração nos relacionamentos de 40 anos da empresa com distribuidores exclusivos é um risco incerto. Quais recursos e ações de marketing você pode implementar para tranqüilizar tanto a equipe de vendas independente de longo prazo quanto os distribuidores de peças automotivas? Crie uma lista de atividades das relações de distribuidores e das relações dos vendedores externos feita para apoiar a reputação da sua empresa de ser uma parceira de confiança. Envie um esboço de uma página com suas idéias ao CEO.
7. Quais são as vantagens e as desvantagens de um acordo de distribuição exclusiva com o fabricante? Quais são as vantagens e desvantagens de canais de distribuição múltiplos, incluindo a Web, para o mesmo fabricante? Selecione um produto para descrever esses dois cenários. Redija um memorando de uma página ao gerente de logística explicando as situações e dê uma recomendação para a futura gestão do canal da empresa.
8. Discuta o conceito de formação de parceria com outros e-businesses. Explique quais situações podem surgir quando você serve a uma grande companhia petrolífera que lhe incumbiu da tarefa de avaliar, projetar e implementar um sistema de comunicação por

e-mail particular. Quais seriam as etapas que você planejaria para a tarefa e que tipos de parceiros especializados você recomendaria ao CIO da companhia petrolífera? Prepare esboços das etapas do processo de planejamento e dos fornecedores de tecnologia descrevendo seus papéis na construção do sistema de e-mail.

9. Há paralelos entre a mídia tradicional e a mídia on-line, como preparação de um programa no qual os *news releases* sobre as atividades da empresa devem ser distribuídos à imprensa. Alguns serão enviados pelo correio a algumas novas lojas, e alguns serão disponibilizados em serviços de notícias eletrônicas, como o BusinessWire. Por que você deveria usar os veículos de e-marketing e tradicionais? Você espera sobreposição da distribuição empregando os dois? E a propaganda tradicional e a propaganda na Web? Essa duplicação de esforços e exposições ao público têm uma boa relação custo-benefício? Escreva sua opinião nesse tópico e encaminhe sua resposta por e-mail a um colega de classe que lhe enviará sua opinião. Entreguem os dois e-mails ao professor.
10. Ao final do capítulo, as projeções de vendas de e-business foram apresentadas para diversos anos. Você espera que essas projeções sejam precisas, com uma variação de mais ou menos 10%? Quais são os cinco fatores ambientais que podem afetar muito essas projeções? Liste os cinco fatores e explique como essas condições poderiam parar ou limitar a realização dessas projeções. Quais indústrias você sente que são mais vulneráveis? Prepare suas idéias para uma discussão em classe.

## *Bibliografia*

ANDERS, George. Click and buy: Why and where Internet commerce is succeeding. *The Wall Street Journal*, 7 dez. 1998a, p. R4. Copyright 1998 Dow Jones & Co. Inc. Reproduzido com permissão de Dow Jones & Co. Inc. no formato Textbook via Copyright Clearance Center.

______. Some big companies long to embrace Web but settle for flirtation. *The Wall Street Journal*, 4 nov. 1998b, p. A1, A14. Copyright 1998 Dow Jones & Co. Inc. Reproduzido com permissão de Dow Jones & Co. Inc. no formato Textbook via Copyright Clearance Center.

B2B online facts: B2B online is the fastest growing segment with those not participating left in the dust. NelsonEcom. 2002. Disponível em: <http://www.nelsonecom.com/html/b2b.html>.

CNET. CNET networks reports third quarter 2002 financial results. CNET. Copyright 2004 Jupitermedia Corporation. Todos os direitos reservados. Utilizado com permissão. Disponível em: <http://www.cnet.com/aboutcnet/0-13613-7-20553459.html>. Acesso em 17 out. 2002a.

______. Target audiences: Reach influential technology buyers and decision makers. CNET. 2002b. Copyright 2004 Jupitermedia Corporation. Todos os direitos reservados. Utilizado com permissão. Disponível em: <http://www.cnet.com/aboutcnet/0-3942598-7-8749496.html?tag=swf>.

COX, Beth. U.S. B2B markets predicted to reach six trillion in 2005. *Internet News*, 26 jun. 2002. Copyright 2004 Jupitermedia Corporation. Todos os direitos reservados. Utilizado com permissão. Disponível em: <http://www.internetnews.com/ec-news/articlP.phe/402371>.

CYBERATLAS. 2002a. B2B e-commerce headed for trillions. Jupitermedia Corp., 6 March. Copyright 2004 Jupitermedia Corporation. All rights reserved. Utilizado com permissão. http://cyberatlas.internet.com/markets/b2b/article/0,,10091 986661,00.html. Acesso em 6 mar. 2002a.

______. Internet usage stats. Jupitermedia Corp. Copyright 2004 Jupitermedia Corporation. Todos os direitos reservados. Utilizado com permissão. Disponível em: <http://cyberatlas.internet.com/big picture/traffic patterns/article/0,,5931 1499791,00. html#table>. Acesso em 13 nov. 2002b.

______. More work, less play for American Internet users. Jupitermedia Corp. Copyright 2004 Jupitermedia Corporation. Todos os direitos reservados. Utilizado com permissão. Disponível em: <http://cyberatlas.internet.com/big picture/demographics/article/0,,5901 984721,00.html>. Acesso em 4 mar. 2002c.

______. The world's online populations. Jupitermedia Corp. Copyright 2004 Jupitermedia Corporation. Todos os direitos reservados. Utilizado com permissão. Disponível em: <http://cyberatlas.internet.com/big picture/geographics/article/0,1323,5911 151151,00.html>. Acesso em 21 mar. 2002d.

D&B DUNSRight™ quality process: The standard for information that drives decisions. D&B. Disponível em: < http://www.dnb.com/about/db database/infoquality/>. Acesso em jun. 2002.

FROOK, John Evan. Web proves it's good for business. CMP Media LLC. Disponível em: <http://www.techweb.com/wire/story/TWB19981224S0007>. Acesso em 24 dez. 1998.

GREEN, Heather. Content is prince. *Business Week*, 22 mar. 1999. Utilizado com permissão. <http://www.businessweek.com/ebiz/9903/ep90322.htm>.

GREENSPAN, Robyn. Small biz benefits from Internet tools. Jupitermedia Corp. Copyright 2004 Jupitermedia Corporation. Todos os direitos reservados. Utilizado com permissão. Disponivel em: <http://cyberatlas.internet.com/markets/smallbiz/article/0,,10098 1000171,00.html>. Acesso em 28 mar. 2002.

KUPFER, Andrew. Four forces that will shape the Internet. *Fortune*, 6 jul. 1998, p. 93, 98. ©2003 Time Inc. Todos os direitos reservados.

NICHOLLS, Paul. Ingram micro licenses open market's Internet commerce software. Jupitermedia Corp. Copyright 2004 Jupitermedia Corporation. Todos os direitos reservados. Utilizado com permissão. Dispomível em: <http://www.internetnews.com/ec-news/article.php/28991>. Acesso em 17 jul. 1998.

NIELSEN//NETRATINGS. Online usage at work jumps 17 percent year-over-year, driven by female office workers: Nearly 46 million Americans logged online at work in August. Nielsen//NetRatings. Disponível em: <http://www.nielsen-netratings.com/pr/pr 020912.pdf>. Acesso em 12 set. 2002.

PASTORE, Michael. More than half of Net users go online for business. Jupitermedia Corp. Copyright 2004 Jupitermedia Corporation. Todos os direitos reservados. Utilizado com permissão. Disponível em: <http://cyberatlas.internet.com/big picture/trafficpatterns/article/0,,5931 226921,00.html>. Acesso em 27 out. 1999.

______. To B2B or to not B2B? That is the question. Jupitermedia Corp. Copyright 2004 Jupitermedia Corporation. Todos os direitos reservados. Utilizado com permissão. Disponível em: <http://cyberatlas.internet.com/markets/b2b/article/0,1323,10091 475401,00.html>. Acesso em 3 out. 2000.

______. Businesses will lead wireless Net adoption. Jupitermedia Corp. Copyright 2004 Jupitermedia Corporation. Todos os direitos reservados. Utilizado com permissão. Disponível em: <http://cyberatlas.internet.com/markets/wireless/article/0,,10094 906771,00.html>. Acesso em 18 out. 2001.

PRICEWATERHOUSECOOPERS. eBusiness market driver. PricewaterhouseCoopers. 1999. Utilizado com permissão. Disponível em:. <http://www.pwcglobal.com/Extweb/industry.nsf/docid/DA6D 36617F8853C0852567920070C3A4>.

SWENSON, Steve. In: CRONIN, Mary (ed.). *The Internet strategy handbook*. Boston: Harvard Business School Press, 1996. Reimpresso com permissão de Harvard Business School Press. Copyright © 1996 Harvard Business School Publishing Corporation. Todos os direitos reservados.

TCHONG, Michael. Market update. Iconocast, 8 jul. 1998. Utilizado com permissão. Disponível em: <http://www.iconocast.com/issue/19980708.html>.

WILSON, Tim. Wholesale shifts to the Web. CMPnet. Disponível em: <http://www.techweb.com/wire/story/TWB19980721S0012>. Acesso em 21 jul. 1998.

# CAPÍTULO 17

## O Limite das Atividades Business-to-Business

"Em geral, o mercado está sempre presente na avaliação real dos negócios acerca do que pode ser conseguido ao se entrar no e-business. Há muitos investimentos malfeitos em soluções que nunca agregarão valor", diz Barbara Babcock, vice-presidente de comércio eletrônico da Unisys. "O senso de urgência para começar alguma coisa é muito forte, esforçamo-nos para não deixar os clientes nos convencerem a fazer coisas com as quais eles não vão conseguir nenhum valor."

Ela aponta os problemas enfrentados pela Borders Books, que estava com tanta pressa em responder ao sucesso da Amazon.com que seu Website inicial não conseguiu oferecer "valor algum aos negócios". Mesmo quando o modelo de negócios parece bom, há empresas iniciantes que não rendem um centavo, ela diz. "Um dos problemas é que elas se concentram na tecnologia, e não no consumidor. Muitas empresas podem me contar histórias maravilhosas de como seus Websites foram integrados nos sistemas de transações, mas não sabem muita coisa sobre como o consumidor deseja interagir." Essa desvantagem torna o lado business-to-consumer extremamente arriscado.

No outro lado, a cadeia de suprimentos, o problema é totalmente diferente. "Normalmente você não seduz uma pessoa a comprar, e sim apresenta fatos sobre o que está à venda, qual é o preço e como será entregue. Esses Websites se concentram em operações mais simplificadas e prestam mais atenção nas opções de tecnologia e em uma boa implementação, e não em marketing elaborado", diz Babcock. "As cadeias de compra estão estabelecidas. O trabalho inicial na cadeia de suprimentos business-to-business é mais bem-pensado e mais informado sobre onde está o valor na cadeia de suprimentos."

Ela continua: "Com o tempo, as duas precisam operar juntas. Você tem de gerenciar a conexão entre os seus clientes e os seus fornecedores. Estamos mudando a forma como a interação ocorre. Este é o começo da invenção de modelos de negócios que só são possíveis por causa do comércio eletrônico".

*(CIO, 1999)*

## Objetivos de Aprendizado

- Diferenciar as características e funções do e-commerce e do e-business.
- Explicar por que o e-business-to-business evoluiu e continua mudando em benefício das atividades promocionais dos profissionais de marketing virtual.
- Descrever funções como gestão da cadeia de suprimentos, sistemas de pagamento eletrônico e criação de parcerias para estratégias de e-business, além de como eles diferem das atividades de marketing tradicionais.
- Apresentar as tendências em participação em e-business e projeções de vendas de produtos.

## Introdução

Com mudanças drásticas e previsíveis na maneira como os negócios serão conduzidos no futuro, a evolução do e-business confundirá muitos executivos de negócios e equipes de gerência. Haverá certas questões estratégicas que devem ser perguntadas e respondidas. Essas questões primárias aplicam-se à formulação da empresa tradicional e ao planejamento de e-business. Como as empresas devem planejar a revolução de informações? A gerência deve preparar as estratégias corporativas básicas, não alternativas de tecnologia específicas. "Em que negócio estou? Em que negócio meus clientes querem que eu esteja? Daqui a um ano, em quais negócios meus clientes vão querer que eu esteja?" (Evans, 1999). Talvez futuros parceiros de comércio e-business devam abranger não só fornecedores, parceiros de negócios e clientes, mas também os clientes de seus clientes. Prestar serviços aos novos clientes pode ameaçar e alienar os clientes originais; deve-se tomar cuidado para criar valor aos novos *players*. Alterar a dinâmica do mercado pode forçá-lo a competir com alguns dos clientes originais pelos novos clientes (Evans, 1999). A natureza do e-business traz aos gerentes de todas as áreas vantagens e desvantagens para lidar com essas mudanças.

> Descobrimos que o e-business é uma faca de dois gumes: é tanto a raiz do problema, ajudando a criar e a multiplicar todos esses novos canais que desafiam e rompem modelos que já foram seguros e previsíveis, quanto a parte boa, dando às comunidades modernas a capacidade de atuar agressivamente na nova economia, em que informações e conhecimento têm preferência a bens e serviços físicos. Na forma como descreveu Michael Porter, da Universidade de Harvard, estamos mudando de um modelo puramente de **cadeia de suprimentos**, que o elemento de valor agregado é a distribuição física, para um modelo de comunidade comercial, em que a informação é o novo prêmio que as empresas iluminadas podem entregar e possuir. A teoria de Porter pode

ser debatida para mostrar que, por meio do poder combinado de novas tecnologias e do foco maior nos clientes, o novo elemento de valor agregado das informações está sendo melhorado e enriquecido no bem mais valioso, o conhecimento do consumidor (Evans, 1999).

São quatro as forças de mudança que devem ser integradas no planejamento estratégico de todas as empresas – as características do e-business lidam bem com essas mudanças.

1. As expectativas variáveis dos clientes, por um lado, e dos acionistas, por outro. Muitas vezes, essas expectativas são semelhantes, mas em outras elas são bastante divergentes. É de responsabilidade do gerente de marketing conseguir separar ou combinar as duas, conforme a necessidade.
2. Os profissionais de marketing devem perceber as ameaças impostas pelos desafios de concorrentes que têm acesso às mesmas tecnologias novas e brilhantes que você. Foi discutida a necessidade de "vigílias de tecnologia" por indivíduos ou equipes dentro da empresa; recomendou-se que a equipe de marketing receba publicações, conheça aplicativos tecnológicos, vigie a concorrência ou faça uso de outros métodos de inteligência para ficar par a par com os mercados e com o setor.
3. Avaliar o potencial que as novas tecnologias podem oferecer à sua empresa. Essas tecnologias só podem ser impulsionadas e aceleradas se você liderar com pensamento e ação de negócios. De nada valem sistemas de tecnologia potentes se a gerência não integrar os robustos recursos de marketing eletrônico no plano de negócios e não tomar a iniciativa de treinar a força de trabalho acerca de como usar a tecnologia com sigilo e eficiência. A gerência deve perceber a aceitação da mudança e filtrar a mensagem por toda a empresa.
4. O e-business requer ação. As sugestões anteriores devem ser mais que um simples lembrete das antigas frases que aparecem em anúncios, cartões de visita ou outras formas; em vez disso, essas palavras são um "chamado para a ação" e uma compreensão e reflexão da realidade desse e-business dinâmico. Assim como no comércio tradicional, a vitória irá para as empresas que agirem, e não para as que reagirem – aquelas que se guiam pelos clientes e prevêem as forças de mudança que darão forma ao futuro (Evans, 1999).

## Uma breve história sobre a breve história do e-business

Para fazer um mapa do início do e-business, o profissional de marketing deve primeiro considerar as origens da Internet. Criado há somente 30 anos, o sistema pioneiro conhecido como ARPANET, discutido no Capítulo 5, Introdução à Internet, foi usado pelo Departamento de Defesa Norte-Americano para possibilitar que os computadores acadêmicos e governamentais se comunicassem com mais eficiência. Com o sucesso, os sistemas da ARPANET ganharam popularidade no meio acadêmico dentro do governo. O correio eletrônico, surgido em 1972, tornou-se rapidamente o aplicativo mais popular da rede. No entanto, levaria anos para a ARPANET (e para o e-mail) crescer e se tornar a "Internet" na forma como ela é conhecida hoje.

E foi só na metade da década de 1980, quando os sistemas operacionais dos computadores de mesa (os conhecidos PCs) começaram a surgir, que a Internet atual começou a tomar forma. A computação pessoal abriu as portas ao público que, de outra maneira, não entenderia os códigos nem a programação de computadores. Em 1990, a ARPANET deixou de existir, e Tim Berners-Lee desenvolveu o primeiro software para a World Wide Web. Quando a Internet se abriu para o tráfego comercial no início da década de 1990, os serviços dial-up comerciais foram introduzidos no mercado. O ano de 1992 foi o verdadeiro início da economia de e-business. Esses serviços permitiram que usuários leigos acessassem informações e se comunicassem com outras pessoas, independentemente da localização física. Mais importante, provaram a viabilidade e a lucratividade do serviço on-line. Foi também em 1992 que a Internet Society (Isoc) foi criada. Em 1993, mais de cem países contavam com presença on-line. No mesmo ano, os usuários comerciais superaram em número os usuários acadêmicos pela primeira vez, especialmente porque essa foi a primeira vez que companhias privadas e indivíduos tiveram acesso permitido à Internet.

No meio da década de 1990, começaram a surgir navegadores como Netscape, Internet Explorer, Yahoo! e Lycos, oferecendo serviços gratuitos aos usuários. Com anunciantes assumindo os custos das **empresas ponto-com**, o e-commerce se tornou atraente para as empresas. Em 1997, quase todas as empresas, organizações, governos e serviços de notícias de grande porte marcavam presença na Web. Ao mesmo tempo, empresas virtuais como a Amazon.com levaram a Web à etapa lógica seguinte – a realização de negócios reais na Web.

Até o momento, parece haver dois estágios distintos de maturação no desenvolvimento do e-business usando a Web. Segundo Kirk Reiss, vice-presidente sênior do Meta Group Consulting:

> A primeira onda do desenvolvimento do e-business é conhecida como 'brochureware', na qual as empresas simplesmente publicavam informações [como reproduções de anúncios de revistas ou capas de brochuras] em seus Websites. Na segunda [e atual] onda de desenvolvimento, o foco muda e passa a incluir o canal de vendas. A onda seguinte resolverá os problemas da cadeia de suprimentos em função dos complexos problemas de business-to-business que devem ser solucionados para habilitar cadeias de suprimentos. Reiss diz que espera um novo investimento significativo de dinheiro e recursos nos próximos três anos (Pastore, 1999).

## Como as empresas de business-to-business estão respondendo à Internet?

Objetivos comuns, medidas de desempenho e culturas organizacionais estão mudando para reconhecer a nova maneira de fazer negócios – uma transição para o e-business que possui um ambiente muito melhor para o sucesso. Durante o ano de 2000, uma pesquisa com mais de 600 organizações globais feita pelo Delphi Group de Boston revelou que o e-business era responsável por quase 30% de todos os parceiros de negócios e interações da cadeia de valor entre as grandes organizações. Uma poderosa tendência que parece estar surgindo revela que, ainda que nos últimos dez anos os pioneiros estejam implementando regularmente estratégias de e-business, espera-se um crescimento exponencial à medida que o modelo de e-business se estender para todas as áreas do mercado. O Delphi Group define o "mercado de e-business como interações eletrônicas entre parceiros de negócios na cadeia de valor". Passando por um rápido crescimento nos últimos seis anos, o processo deriva da herança da Transferência Eletrônica de Dados (EDI) e da comunicação em rede entre parceiros de negócios (Wareham, 1999).

Os resultados indicam que, embora o e-business tenha crescido a um nível estável de menos de 25% por ano entre os pioneiros, o número de organizações que usa o e-business está quase dobrando a cada ano. O aumento da disponibilidade dos estudos de caso pioneiros influenciou empresas que tentavam estabelecer uma estratégia de e-commerce. Quando comparado ao crescimento do e-commerce, definido como "clientes que compram pela Internet", o e-business está sendo implementado em uma velocidade maior. A pesquisa compara esse ganho de experiência na nova forma de fazer negócios, o e-business, ao efeito dominó. A primeira peça precisa cair e, uma vez que isso aconteça, será um efeito de "bola de neve" (Wareham, 1999).

Segundo a Forrester Research, o mercado do e-commerce B2B cresceria de $ 43 bilhões em 1998 para $ 1,3 trilhão em 2003 (taxa de crescimento anual de 99%) (MCG, 2000). O Delphi Group estimou que o B2B somaria cerca de $ 5 trilhões em atividades econômicas até 2005 – e esse número poderia se provar conservador (Delphi Group, 2000). Ainda assim, entre essas estimativas e projeções entusiasmadas, uma pesquisa do Meta Group descobriu que somente metade das empresas entrevistadas percebe um impacto significativo do e-business sobre seus respectivos setores até o momento. Os três maiores problemas de impacto para cinco dos seis grupos da indústria são: 1) mudança dos canais de entrega, 2) acesso a dados/informações e 3) poder de compra e venda. A gerência dessas empresas está agindo com prudência ou indecisão diante da incerteza da mudança de paradigma do e-business? (Pastore, 1999)

## O que o e-business-to-business pode trazer para a economia norte-americana?

Os especialistas previam que, no setor de e-commerce, o e-business-to-business superaria a receita do e-business-to-business em aproximadamente 90% no ano de 2003; a Forrester Research esperava que as vendas de e-business-to-business excedessem $ 1,3 trilhão, em comparação com os $ 144 bilhões em vendas on-line para o consumidor. No mundo todo, o valor total de bens e serviços comprados por empresas por meio de soluções de e-commerce chegaria aos 5,8 trilhões em 2006, com os **e-marketplaces** capturando a maior parcela desse mercado em 2004 e aumentando sua participação até o término da previsão. Esse estudo detalhava como o mercado B2B nos Estados Unidos evoluiria ao longo de cinco anos, dividindo as compras por modelos de mercado como e-fornecimento, e-distribuição e e-marketplace. A previsão do mercado B2B também segmentava as vendas ao usuário final e na cadeia de suprimentos. O estudo também previa o crescimento das transações B2B norte-americanas em relação àquelas em outras regiões do mundo (Villars, 2002). Um estudo de 2001 feito pela IDC dizia que o B2B seria responsável por 83% das vendas on-line em 2002 e 88% em 2006 (Grant, 2002). O Quadro 17.1 apresenta uma amostra das receitas estimadas de venda com contribuição das transações on-line.

Categorias da indústria servidas inteiramente por e-business estão sublinhadas e totalizam $ 942 bilhões ou quase 56,3% desses setores selecionados de e-commerce. Outros setores, como construção, produção de energia ou peças automotivas, também devem ser considerados parte da contribuição de e-business.

## Conversão das práticas comerciais tradicionais em uma proposta de e-business

O e-business e o e-commerce baseiam-se em um sólido alicerce do modelo tradicional de negócios. No entanto, em função da velocidade de crescimento da tecnologia, o profissional de marketing é continuamente afetado por alterações significativas na estratégia, causando incerteza. O e-business e o e-commerce contam com comunicação on-line e melhorias no desempenho eletrônico, mas as versões eletrônicas das forças comerciais estão confundindo o cenário das duas. Os elementos comerciais que causam confusão incluem organização interna, relacionamentos de mercado, visões externas sobre concorrência e tecnologia, entre outros. Esses elementos estão mudando os modelos previamente usados nas empresas tradicionais à medida que se adaptam ao mundo eletrônico. Os modelos de e-business e de business-to-business estão ficando mais elabo-

Quadro 17.1

**PREVISÃO DE E-COMMERCE PARA 2004 POR SEGMENTO DA INDÚSTRIA**

| Segmento de Mercado | Porcentagem da Receita Total | Vendas On-Line (em bilhões) |
|---|---|---|
| Eletrônica aeroespacial/de defesa | 35% | $ 77 |
| Agricultura | 12% | 124 |
| Produtos químicos | 20% | 349 |
| Hardware/software | 35% | 221 |
| Construções e ramo imobiliário | 2% | 26 |
| Produtos de consumo | 1% | 12 |
| Eletrônicos | 25% | 4 |
| Energia/infra-estrutura | 16% | 133 |
| Serviços financeiros | 10% | 24 |
| Alimentos/bebidas/tabaco | 2% | 12 |
| Governo | 5% | 94 |
| Equipamentos industriais | 12% | 140 |
| Serviços de informação | 11% | 53 |
| Equipamentos médicos | 17% | 24 |
| Veículos e peças | 18% | 47 |
| Papel | 12% | 93 |
| Produtos farmacêuticos | 9% | 28 |
| Transportes/frete | 11% | 41 |
| Total | 11% | $ 1,500 |

*Fonte*: Adaptado de The big e – where the money is: B2B. *Iconocast Newsletter*, 6 jan. 2000. Utilizado com permissão.

rados com base nas alterações do domínio da tecnologia. Essas alterações estão criando uma nova linguagem, novas ferramentas e novas expectativas, que estão colocando obstáculos na implementação de e-business e e-marketing. A tecnologia está fazendo que a concorrência deixe de focar o produto para focar o consumidor. Aí está a grande diferença entre e-business e e-commerce. O e-commerce envolve o uso da Internet como ferramenta para comunicação digital e expande o uso da tecnologia para facilitar o processo de compra e venda. Por outro lado, o e-business permite que a empresa otimize sua oferta de valor e seu posicionamento na cadeia de valores, o que, por sua vez, aumentará a natureza centralizada no consumidor da organização. A implementação de novas ferramentas eletrônicas e o uso da Internet para o meio de comunicação primário colocam essa nova abordagem em ação.

É necessária uma compreensão melhor da gestão da cadeia de suprimentos, menos enfatizada por profissionais de marketing nas infra-estruturas business-to-consumer para diferenciar operações de comércio B2B de B2C, assim como o desenvolvimento de um plano realista com implementação tranqüila da função de logística. Basta dizer que as operações de e-business não são imagens-espelho da atividade de e-commerce guiada pelo consumidor.

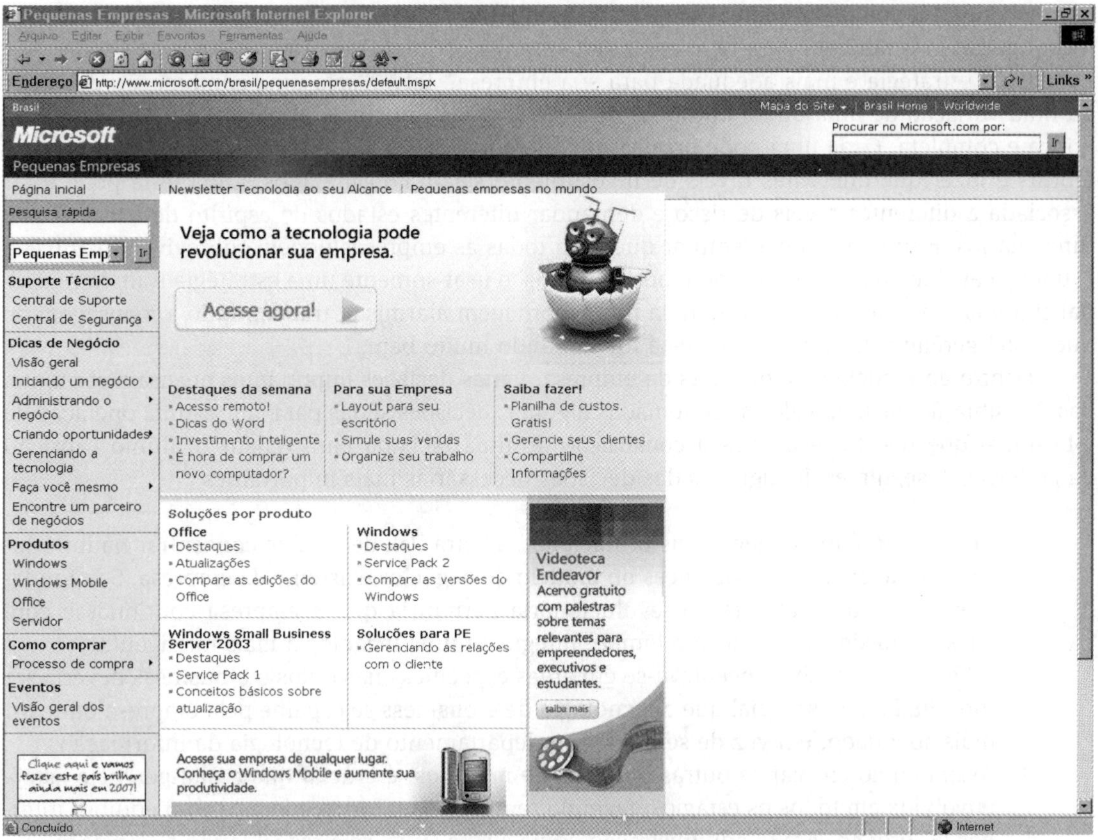


**Figura 17.1** A Microsoft® Pequenas Empresas vende ferramentas para deixar os clientes felizes. A divisão de B2B da Microsoft está analisando o valor de vendas de bens e serviços comprados on-line por empresas. O Website dá exemplos do que as ferramentas podem fazer para a pequena empresa.
***Fonte***: Microsoft® (http://www.microsoft.com/brasil/pequenasempresas/). Utilizado com permissão.

Greg Oppenheimer, vice-presidente do sistema de embalagens Roll Fed da Tetra Pak, lembra-se que era mais fácil antigamente. É claro que "antigamente" é há somente dez anos. As empresas sentiam que poderiam migrar sozinhas para a Web e o faziam de forma econômica. "É importante lembrar", diz Oppenheimer, "que em meados da década de 1990, o e-business era basicamente reunir alguns colegiais ou universitários para montar um Website e pronto." Então, a Web era mais uma declaração de posicionamento que qualquer outra coisa – a empresa deveria ter um Website, pois todas as outras empresas também tinham um. O que ela iria fazer com o Website era outra questão. "Basicamente, o que você queria era colocar um catálogo on-line, não muito mais que isso." De fato, era uma época mais simples – e não durou muito. Em 1998, ficou claro que a Web mudaria os negócios drasticamente.

"Começamos a insistir ativamente em uma estratégia para estabelecer nossa iniciativa de e-business." Essencial para essa estratégia era decidir como incorporar o e-business na Tetra Pak, uma empresa global sediada em Lausanne, na Suíça. "Há duas abordagens para fazer a transição: é possível adotar a abordagem evolucionária, na qual você usa novas tecnologias para melhorar o modelo de negócios atual. Ou então você pode assumir uma abordagem transformacional, na qual reconfigura completamente a empresa e as ofertas de valor e usa a tecnologia não só para reconfigurar, mas também para reinventar sua empresa" (Chief Executive, 2000).

Qual estratégia é mais adequada para sua empresa? Talvez seja uma combinação das duas ou uma variação de uma ou de outra. As duas estratégias principais implicam uma investigação crítica e completa. Cada uma pode precisar de diferentes prazos, diferentes habilidades e competências e fazer que diferentes níveis de investimento sejam considerados. Cada uma pode estar associada a diferentes níveis de risco e demandar diferentes estados de espírito de executivos e funcionários. É uma boa idéia lembrar que nem todas as empresas podem sobreviver sozinhas à estratégia evolucionária. Do mesmo modo, é um risco usar somente uma estratégia transformacional extrema – muitas vezes considerada uma abordagem alarmista, transmitindo a mensagem de que a alta gerência da empresa não está funcionando muito bem.

Dentro do modelo de e-business da empresa, várias decisões importantes precisam ser tomadas. Na situação da Tetra Pak, foram tomadas algumas decisões sérias para lançar uma operação de e-business que não fosse apenas a construção de uma fachada para refletir o último capricho da gerência. A seguir, estão algumas das decisões necessárias mais importantes:

1. Ao estudar a abordagem transformacional, a Tetra Pak decidiu se concentrar na introdução evolucionária do e-business no modelo de negócios existente da empresa. Seu fundamento foi que a abordagem evolucionária permitiria que a empresa continuasse com suas operações, e, ao mesmo tempo, integrasse uma tecnologia mais inteligente.
2. A Tetra Pak, então, concentrou-se em áreas específicas nas quais o e-business deveria ser introduzido. É essencial que a tecnologia de e-business se espalhe pela empresa onde for mais adequado, em vez de se limitar ao departamento de tecnologia da informação.
3. Assim como em várias outras políticas de negócios, é crucial que a alta gerência esteja envolvida em todos os estágios, fazendo reuniões com fornecedores e com equipes internas do projeto. A alta administração envia sinais sutis, seja respaldando a transição seja rejeitando-a. Quanto melhor a alta gerência entender a transição, mais confortável ou colaboradora ela pode ser ao endossar a iniciativa de e-business. Oppenheimer, da Tetra Pak, observa que "o envolvimento da alta gerência serve a diversos propósitos críticos. Ele envia uma mensagem de que a gerência está por trás da estratégia. Afinal de contas, essa é uma estratégia de negócios, não um problema de tecnologia. A gerência deve fazer que todos se concentrem para relacionar a implementação [de e-business] ao negócio central da empresa, a seus imperativos e metas estratégicos centrais".
4. Na visão da Tetra Pak, a satisfação do cliente foi a meta central perseguida pela evolução do e-business. O plano de implementação usaria a Web para resolver problemas e oportunidades de relacionamento com o consumidor. Esse plano era dividido em quatro partes:
   a. A primeira fase era simplesmente acessibilidade. Isso implica disponibilizar informações para os clientes atuais e potenciais. A mensagem era "a Tetra Pak mantém seus clientes bem informados".
   b. A segunda etapa incentivou a interação com a empresa. Esse objetivo usou a tecnologia para melhorar a capacidade do consumidor de fazer negócios com a empresa, ao facilitar a realização e a modificação de pedidos.
   c. A terceira fase é sobre as transações on-line. Ao passar por essa fase, o consumidor pode concluir uma transação on-line inteira. Os *inputs*? As informações devem estar acessíveis, o processo de interação deve ser eficiente e os sistemas devem estar ativos no processo inteiro.
   d. O estágio final incorporou a colaboração com clientes. A tecnologia agora está integrada nas operações da empresa e permite que ela vá além das vendas e da entrega. "A tecnologia permite que os funcionários trabalhem com os clientes para alcançar

metas, vejam além das transações atuais e pensem em desenvolvimento de produtos e inovação. Esses são os resultados do feedback do consumidor e derivam do sistema de e-business" (Chief Executive, 2000).

Ao estudar o comportamento de compra do ponto de vista do consumidor, com abordagens novas à integração do processo de compra no ambiente eletrônico, consegue-se uma nova apreciação da gestão da cadeia de suprimentos. Existem diversas variações de e-business, cada uma desenvolvida para facilitar a gestão da cadeia de suprimentos. Diferentes produtos ou serviços, sistemas de suprimento, exigências dos clientes por informação contínua ou suporte técnico e atendimento ao consumidor demandam distintos sistemas logísticos para integrar ou processar milhões de entradas de dados; são necessárias flexibilidade surpreendente, precisão apurada e velocidade até então desconhecida. Esses são atributos de negócios que serão expandidos, personalizados e aperfeiçoados por inovadores de e-business ao longo dos próximos anos.

## O e-business continua a crescer

Existem muitas estimativas dos totais de vendas no e-business presente e futuro. Portanto, o profissional de marketing deve ter cuidado ao usar qualquer número como verdade inabalável. É difícil prever o potencial de vendas futuro do e-business-to-business. A indústria e as empresas são tão novas no mercado tradicional que há pouco histórico e desempenho para prever o futuro a partir do conhecimento do passado. Existem vários e-businesses que foram criados há quatro ou cinco anos e que ainda estão dando prejuízo a seus investidores. Foi só no quarto trimestre de 2001 que a gigante Amazon.com finalmente fechou um trimestre com lucros desde a abertura de suas portas "virtuais", em julho de 1995. Como um exemplo de mistério e confusão em relação ao futuro, veja as estimativas das maiores e mais prestigiadas empresas de investimento e consultoria em e-commerce.

Por que há a divergência na visão dos especialistas quanto ao futuro? Eles acreditam que o e-commerce e o trabalho do e-business provocarão mudanças fundamentais na maneira como as empresas fazem negócios entre si. Segundo uma pesquisa do GartnerGroup, o B2B cresceria em uma velocidade espantosa até 2004. As razões que explicam esse crescimento explosivo são uma mistura saudável de financiamento de investimento, gastos com TI e euforia oportunista que faria

**Quadro 17.2**

| Empresa | Estimativa de e-business | Por ano |
|---|---|---|
| Forrester Research | $ 3,2 trilhões (no mundo) | 2003 |
| GartnerGroup | $ 3,95 trilhões (no mundo) | 2003 |
| PricewaterhouseCoopers | $ 133 bilhões (no mundo) | 2003 |
| Goldman Sachs | $ 1,5 trilhões (Estados Unidos) | 2004 |
| Forrester Research | $ 1,7 trilhões (Estados Unidos) | 2004 |
| GartnerGroup | $1 05 trilhões (no mundo) | 2004 |

*Fonte*: Adaptado de The big e – where the money is: B2B. *Iconocast Newsletter.* 6 de jan. 2000. Utilizado com permissão.

surgir empresas iniciantes e iniciativas de e-commerce das empresas tradicionais. Nas palavras de Leah Knight, analista do GartnerGroup: "Coletivamente, [essas forças] ocasionarão o rompimento econômico de curto prazo e a eficiência de longo prazo da empresa em todas as indústrias e geografias" (Pastore, 2000a).

Outras observações importantes são:

- 42% dos Websites de e-commerce B2B eram lucrativos, entre os que estavam on-line há três anos ou mais.
- 92% comercializavam pelos canais tradicionais; 8% eram empresas que existam somente na Internet. Em 2000, 1/4 de todas as compras business-to-business nos Estados Unidos foram feitas on-line.
- Em 2000, 98% de todas as grandes empresas venderam mercadorias pela Internet.
- Em 1998, 1/3 das empresas norte-americanas fizeram compras on-line. Em 2000, 2/3 farão compras dessa forma.
- Foram gastos $ 16 bilhões em leilões B2B (Iconocast, 2000b).

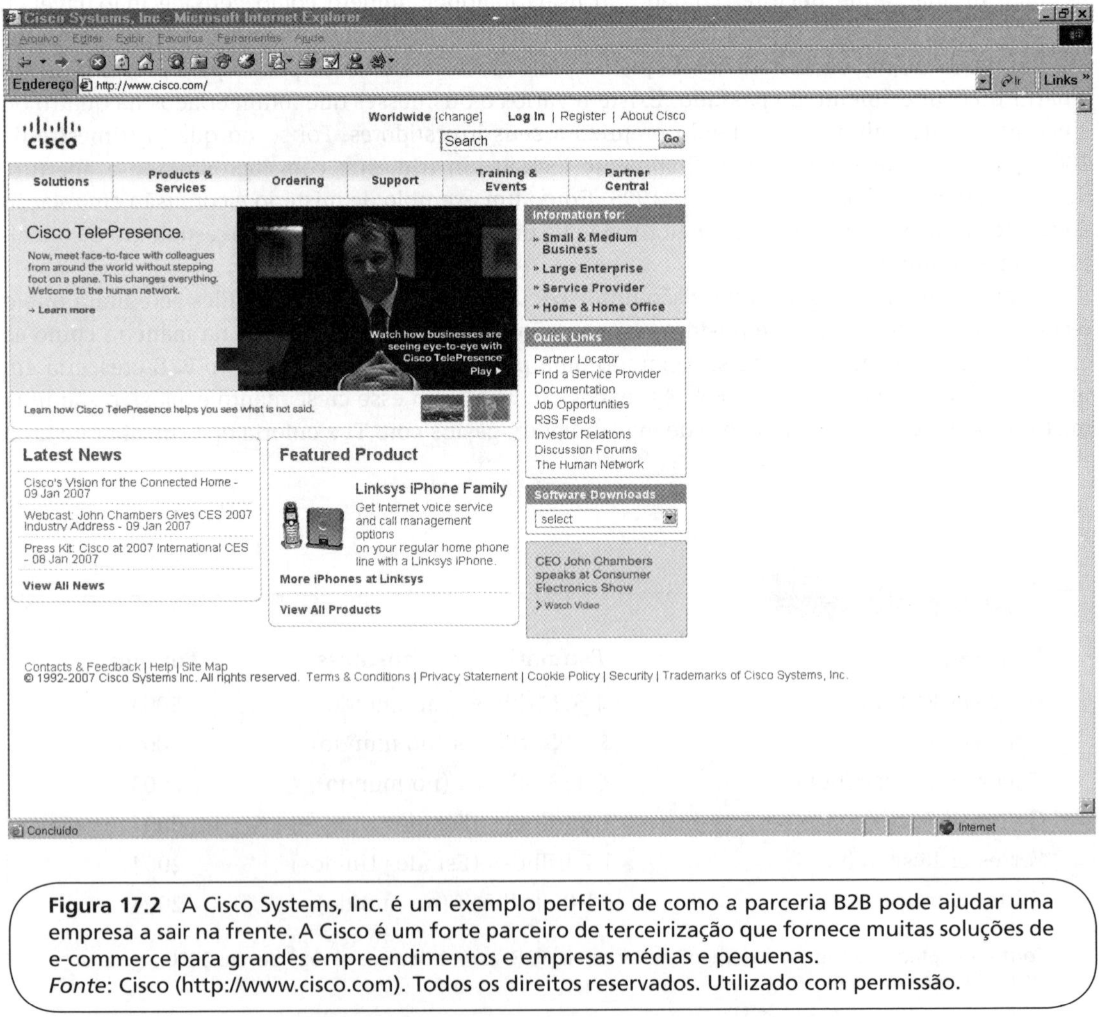


**Figura 17.2** A Cisco Systems, Inc. é um exemplo perfeito de como a parceria B2B pode ajudar uma empresa a sair na frente. A Cisco é um forte parceiro de terceirização que fornece muitas soluções de e-commerce para grandes empreendimentos e empresas médias e pequenas.
*Fonte*: Cisco (http://www.cisco.com). Todos os direitos reservados. Utilizado com permissão.

Ainda que o crescimento do e-business possa ser explosivo, gerentes de todos os setores da empresa devem tentar aproveitar e controlar a expansão on-line do e-commerce. O GartnerGroup oferece algumas idéias prudentes sobre a análise do possível futuro e do design de operações para a mudança para um modelo de e-business. Em outras palavras, o crescimento pode ser o melhor amigo ou o pior pesadelo de uma empresa.

Em 2004, o mercado de e-commerce business-to-business mundial deveria valer $ 7,3 trilhões, representando 6,9% da economia global, segundo previsão de Peter Sondergaard, vice-presidente do GartnerGroup Inc., feita durante seu discurso de abertura no Simpósio de Primavera do Pesquisador, em Florença. A mensagem para as empresas on-line dada pelo executivo do GartnerGroup era clara – mude o foco para business-to-business ou morra.

Resumindo, Sondergaard disse que um aumento no e-commerce business-to-business deve exceder o e-commerce business-to-business em pelo menos dez vezes. Para sobreviver a essa expansão, as empresas de TI precisarão acentuar seus pontos fortes, reduzindo as ofertas para somente o que elas fazem de melhor, usando-se a terceirização para o resto. Isso deixa as empresas com o desafio de determinar em qual processo elas devem se concentrar.

Como vimos, as empresas ponto-com não dominarão o mercado. A maioria fracassará logo, permitindo que outras empresas tangíveis ou híbridas assumam a liderança. Sondergaard também viu que o futuro do e-commerce incluirá tecnologias como XML, Web sem fio, Bluetooth, reconhecimento de fala e aplicativos de linguagem.

Dado esse curto, mas animado histórico, não é surpresa que as operações business-to-business façam alarde entre os investidores de risco. Ao contrário dos clientes, os executivos de negócios já estão precondicionados a compartilhar dados, em função da experiência com publicações de negócios. As oportunidades de e-business são moldadas pelas necessidades do mercado online e pela imaginação dos profissionais de marketing virtual. Enquanto estes preenchem os vazios do e-business, o estabelecimento de novos padrões no comércio business-to-business terá um papel muito importante. O sucesso no e-commerce exige que as informações sejam compartilhadas em tempo real por uma rede de relacionamentos comerciais. Para realizar isso, as empresas devem integrar sistemas de informação diferentes no limite organizacional inteiro e, até existir tecnologia para fazer dessa integração uma atividade sem percalços, a padronização continuará a ter um papel essencial na infra-estrutura do e-commerce (Accenture, 2001).

## Para que tamanho de empresa a estratégia de e-business é apropriada?

Parece que o comércio na Web está trilhando seu caminho pela maioria das empresas e indústrias. A entidade de e-business para uma organização existente é limitada somente pela imaginação do gerente de marketing e seus assistentes. Uma análise completa dos sistemas de entrada e saída de produtos determinará em que nível os sistemas de e-business podem ser integrados na ação global.

Definir a pequena empresa é como tomar conta de gatos – mas pelo menos um número suficiente está reunido na Internet. A maioria dos donos de pequenas empresas (66%) usava a Internet como uma ferramenta para ajudá-los a tocar seus negócios, segundo a Open Small Business Network 2002 Monitor da American Express (Kawamoto, 2002). Segundo a quarta pesquisa anual da Internet com pequenas empresas da SuperPages.com da Verizons, conduzida pela Gallup Organization, mesmo com a recessão econômica afetando quatro em cada cinco pequenas empresas – 40% de todas as pequenas empresas pesquisadas relataram que estavam "menos lucrativas" naquele ano e 40% declararam lucros baixos –, 96% das pequenas empresas ainda planejavam manter ou aumentar os gastos com Internet em 2003 (Fusco, 2003).

O e-commerce tem uma forma de crescer. Depois de lançar o Website, 41% das pequenas empresas relataram um aumento no volume de vendas, e mais da metade (55%) das que possuíam um Website diz que seus Websites geraram lucro ou pagaram-se sozinhos. Das pequenas empresas que ainda não tinham Website, 26% declararam que criariam um em 2003 (Fusco, 2003). Segundo pesquisa da American Express (2002), 50% dos donos de pequenas empresas que diziam planejar fazer investimentos de capital nos seis meses seguintes à pesquisa continuariam a adotar a tecnologia. Mais de 40% diziam que planejavam investir em computadores, impressoras ou scanners, em comparação a equipamentos de manufatura ou produção (35%) e suprimentos de escritório (28%) (Kawamoto, 2002). No geral, 63% das pequenas empresas pretendiam atualizar a funcionalidade de seus Websites. Além disso, 54% das pequenas empresas adicionariam uma lista de produtos e serviços ao seu Website em 2003, e 53% planejavam mudar o design do Website (Fusco, 2003). Segundo a American Express, as atividades corporativas on-line mais comuns, entre outras, são planos de viagens/compra de material de escritório, equipamentos ou outros serviços corporativos (empatados em 36%), realização de pesquisa no setor ou no mercado (34%) e marketing ou propaganda (29%). O interessante é que quase uma em cada quatro pequenas empresas (24%) disse que usa a Internet para fazer contatos com outros empreendedores. Outras atividades on-line incluem a compra de mercadorias de atacadistas (22%) e gestão de contas e realização de pagamentos (16%) (Kawamoto, 2002).

## Qual é a definição básica de e-business?

Como já foi discutido neste capítulo, o e-commerce é um termo amplo para fazer transações comerciais on-line. Na página de e-business da IBM (http://www.ibm.com/e-business/info), o termo é definido como "a transformação dos processos de negócios essenciais pelo uso de tecnologias da Internet". Muitos especialistas concordam que o e-business está fazendo que as pessoas repensem o uso dos recursos familiares da Internet. Essa necessidade de reconsideração, reestruturação e redistribuição dos recursos de marketing é difícil para quem não sabe muito ou nunca usou as estratégias e ferramentas de e-business. À medida que as empresas incorporarem a tecnologia da Internet nos processos centrais de negócios, elas começarão a alcançar um nível novo e real do valor dos negócios. As empresas atuais, grandes e pequenas, prevêem e empregam uma Web com propósitos múltiplos que pode resolver problemas operacionais existentes, como a introdução de novos métodos de distribuição on-line ou integração de sistemas inovadores de compras e distribuição; a agora indispensável capacidade de comunicação instantânea entre as empresas de clientes parceiros e fornecedores; a proficiência significativa para conexão com os sistemas de dados na retaguarda e a realização de transações comerciais instantaneamente e com precisão, fazendo do e-business uma necessidade. Conforme descrito pela IBM, "esse novo paradigma Web + TI mistura os padrões, a simplicidade e a conectividade da Internet com os processos centrais que são a base do e-business. Esses novos aplicativos são interativos e sensíveis às transações, além de permitir que as pessoas façam negócios de formas mais significativas" (IBM, 2002).

Existem diferenças nas estratégias e práticas do e-commerce e do e-business. O e-commerce realizado entre empresas difere do executado entre uma empresa e seus clientes, pois a Web está se transformando no principal canal de B2C. O e-commerce business-to-business assume muitas formas, algumas existentes há anos. A Transferência Eletrônica de Dados (EDI) é um formato para trocar informações de negócios por redes privadas. Ela foi criada para acelerar e automatizar a transferência de dados entre empresas que fazem negócios regularmente. Por exemplo: na terça-feira seu computador pode dizer automaticamente ao computador do cliente que sua empresa enviou os 500 *pallets* de lã encomendados. No dia seguinte, seu computador recebe a confirmação de envio da sua empresa e avisa o cliente que mil caixas de laranjas serão transportadas na quinta-feira. Não foi usado dinheiro na transação eletrônica, mas muitos dados de negócios passaram por aí. Se duas empresas fizerem transações assim com freqüência, o sistema automatizado será muito mais eficiente que as práticas manuais, como digitar e transmitir montanhas de informações por fax. Embora a EDI ainda seja utilizada, existem vários mecanismos para interação com negócios, como catálogos eletrônicos e sistemas de pagamento eletrônico. Em breve falaremos sobre os sistemas e aplicativos.

Provavelmente a maior reestruturação ou reengenharia necessária para iniciar uma operação de e-business envolva repensar o modelo da cadeia de suprimentos da empresa e adotar uma abordagem de parceira, caso isso ainda não tenha sido feito. A cadeia de suprimentos especifica e organiza todos os fatores envolvidos na compra de materiais e serviços para transformar e entregar o produto ou serviço acabado ao usuário final. A aquisição de matéria-prima e sua conversão em bens acabados que tenham valor para o mercado – essas ações associadas há tempos foram estudadas por engenheiros industriais, e as atividades da cadeia de suprimentos foram categorizadas em três principais áreas de interesse:

1. *Atividades upstream ou de produção* – como compra de matérias-primas ou materiais semi-acabados e serviços de "valor agregado", como consultoria em TI ou operações de fornecedores externos.
2. *Operações internas* – como os métodos usados na industrialização e na embalagem de produtos acabados.
3. *Atividades downstream ou de distribuição* – como distribuição, marketing e vendas dos produtos a distribuidores, revendedores e, por fim, clientes corporativos.

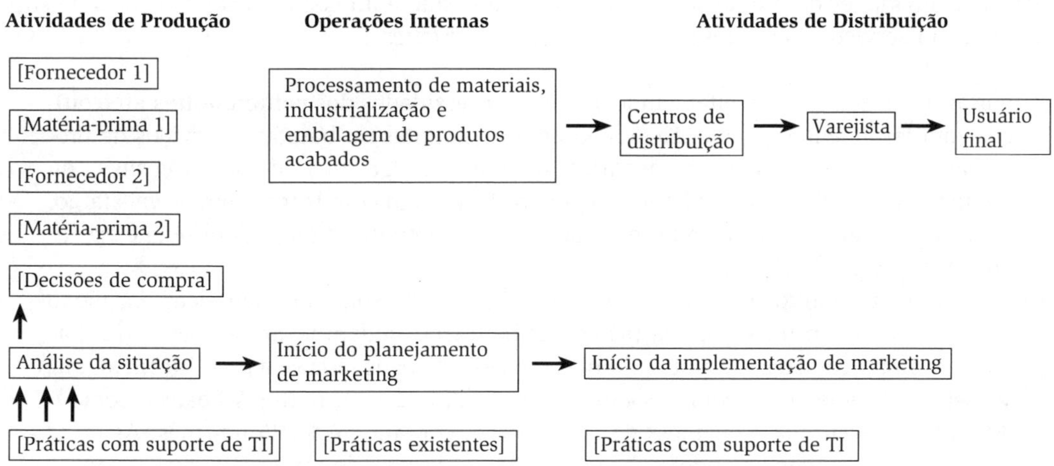


**Figura 17.3** Modelo do processo da cadeia de suprimentos do e-business
*Fonte*: Interpretation of a marketing-oriented supply chain process. Hanfield, Robert e Nichols, Ernest L., Jr. Introduction to supply chain management. Upper Saddle River, NJ: Prentice Hall, 1999.

Na última década, o fluxo da gestão da cadeia de suprimentos foi reanalisado em busca de mais eficiência e eficácia. Um dos principais resultados era que, no processo de gestão de estoques, a substituição do estoque por informações poderia acelerar o movimento das mercadorias pela cadeia de suprimentos. Isso resulta em movimentação zero dos níveis de estoque. Fabricantes e varejistas poderiam conseguir executar mais eficientemente os processos de compras e reabastecimento de armazéns e lojas. Nas empresas tradicionais, como mercados ou empresas de peças de substituição, pode ser muito eficiente manter níveis altos de estoque. Aumentar a visibilidade da cadeia de suprimentos permite que os varejistas consigam visibilidade de produtos em trânsito e um movimento eficaz do estoque físico para dar respostas mais rápidas às preferências do consumidor. Outra nuance da substituição do estoque por informações é que muitas atividades na cadeia do fornecedor utilizam registros em papel. A conversão de transações em papel para EDI foi onde o e-business começou, no início dos anos 1970, e agora é um de seus maiores pontos fortes. A partir do armazenamento digital de dados, o TI agora está fazendo contribuições significativas para automatizar a cadeia de suprimentos, de atividades de produção para operações internas até atividades de distribuição, como escaneamento, recuperação de informações, balanceamento do pedido, aceitação e verificação da ordem de compra, pagamento das faturas de acordo com os vencimentos e operações de distribuição e expedição. Os sistemas de processamento de pedidos eletrônicos e de pagamento de faturas que unem continuamente a produção dos parceiros e conferem o calendário de produção atualmente estão disponíveis com mais conveniência e eficiência em vista.

# A aplicação do e-business aos serviços

A discussão anterior concentrou-se principalmente na produção de mercadorias, em vez de na prestação de serviços e em como a cadeia de suprimentos facilita a compra, a fabricação, a distribuição e a comercialização dessas mercadorias. A estratégia de e-business pode ser igualmente benéfica às atividades de produção e distribuição da gestão e implementação da cadeia de suprimentos de um serviço. Como observou o *Iconocast Newsletter*:

> Portais e bancos estão capitalizando sobre as necessidades dos **comerciantes eletrônicos** com ferramentas de criação de loja on-line gratuitas ou baratas e serviços de processamento de transações com cartão de crédito. Por meio desses Websites, ou diretamente por Websites de bancos, como o WellsFargo.com (http://www.wellsfargo.com/biz/ – Figura 17.4), os **e-tailers** podem solicitar contas bancárias on-line e executar transações.
>
> Pode variar muito, mas quem optar por fazer tudo sozinho pode estar em pleno funcionamento em uma semana (as contas bancárias podem levar de dois a três dias para serem processadas). Embora montar uma loja e hospedá-la seja gratuito em alguns Websites (Freemerchant.com e BigStep.com são dois deles), outros Websites, como o iMall, um parceiro de e-business do Wells Fargo, cobram até $ 225 por mês. As taxas de inscrição nos bancos podem chegar a $ 250. As taxas de transação com cartão de crédito custam $ 14,95 por mês ou mais, as taxas de transação e autorização bancárias podem superar esses valores.
>
> A Yahoo! Store e a iMall agregam valor ao mix de serviços ao catalogar as mercadorias dos clientes em enormes bancos de dados com capacidade de busca. Como um serviço prestado aos visitantes de seus shoppings, tanto o Yahoo! quanto o Express Order da Excite avaliam o serviço de atendimento ao consumidor e os serviços de notificação e entrega de todos os comerciantes participantes. A First Data Corp., líder em

compensação de transações de cartão de crédito, criou uma parceria com Excite@ Home, iMall, Microsoft, IBM, Yahoo! e Verio. A Cardservice International, parceira da First Data, assim como a maior parte das emissoras de cartões, surgiu como uma empresa de serviços poderosa para o comerciante eletrônico e que serve a 160 mil comerciantes, de acordo com seus próprios lançamentos. Entre eles, estão os criadores de loja Microsoft bCenter e BigStep.com (Iconocast, 2000a).

A maioria dos portais e Websites de pequenas empresas que oferecem serviços de e-business está agindo como "líder de prejuízos" (com o preço alto que alguns deles cobram, a renda beneficia amplamente os parceiros de software e os bancos, mas não o Website de hospedagem), com o objetivo de criar uma base de usuários. A visão da criação de lealdade, e mais tarde da cobrança pelos serviços – ou da imposição de um modelo de receita com base em transações –, é ambiciosa, considerando a pequena receita de vendas que os Websites pequenos geram. Os grandes vencedores na área da pequena empresa são os bancos (Iconocast, 2000a).

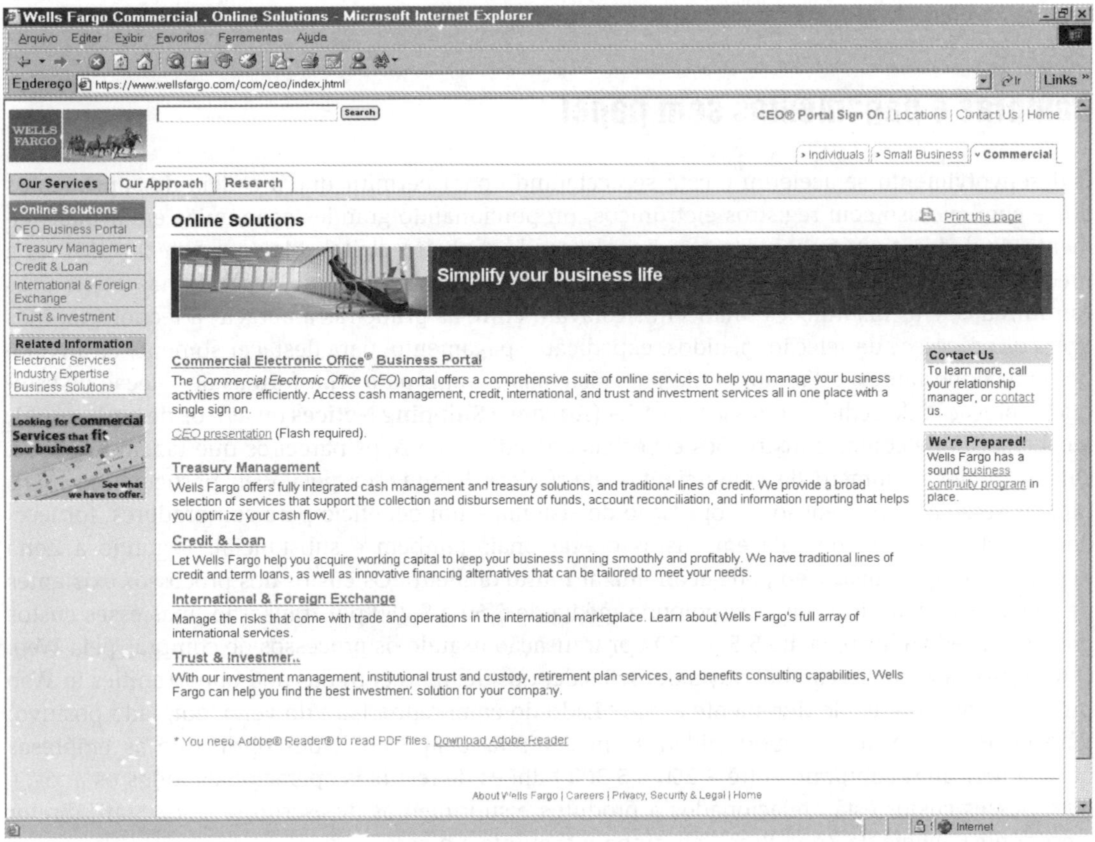


**Figura 17.4** O Escritório Comercial Eletrônico da Wells Fargo é o primeiro portal on-line do mercado que oferece em um único ponto diversos serviços financeiros para empresas. O acesso à Internet dá às empresas a conveniência de acesso 24 horas por dia/7 dias por semana do trabalho, de casa ou em viagens. O portal do CEO conta com serviços de gestão de caixa e tesouraria, investimentos, depósitos e serviços de crédito e empréstimo on-line.
*Fonte*: Wells Fargo (http://www.wellsfargo.com/ceo). Utilizado com permissão.

## Os serviços podem competir pela Internet

Estudos entre compradores on-line confirmam que os compradores pela Web encontram a mesma satisfação em relação à seleção, disponibilidade, preço e conveniência do processo de compra – todo o pacote de benefícios que o tradicional comprador nas lojas demanda quando comparado às transações de bens e serviços. Surge um componente ausente, que é a socialização. Talvez isso seja importante na experiência B2C, mas é de pouco interesse nas transações B2B. É mais difícil estabelecer utilidade e credibilidade do serviço de marketing por causa da natureza intangível do serviço; experimentação e consumo são necessários antes que a satisfação possa ser decidida. Produtos têm massa, dimensões, forma, textura e embalagem para apelo aos olhos, o que pode ser percebido como "valor agregado" em comparação à elusiva proposta de serviço antes da tentativa de consumo ou uso. Serviços on-line bem-sucedidos seguem três conceitos tradicionais para criar e reforçar a imagem: 1) uma estratégia de diferenciação bem pesquisada, separando o serviço de outros ao criar um recurso ou uma característica únicos, e espera-se inigualáveis, associados a tal serviço; 2) uma imagem de marca desejada que possa dar prestígio ou conveniência, como enviar por e-mail lembretes de aniversários ou datas comemorativas não oferecidos por nenhum outro concorrente do serviço; e 3) confiabilidade e, na mente do consumidor, uma loja on-line não tem desculpa para não operar 24 horas por dia.

## Compras e pagamentos sem papel

O desenvolvimento se acelerou e está se acelerando para permitir que a cadeia de suprimentos opere com sucesso com registros eletrônicos, proporcionando grandes economias em armazenamento de dados e em transações sem papel usando dinheiro digital. Mais uma vez, a EDI foi a precursora para pedir, rastrear e pagar transações business-to-business por linhas telefônicas estruturadas, e as instituições financeiras estavam entre as primeiras a abraçar a tecnologia. Mas agora os processos de seleção, pedidos, expedição e pagamento, para destacar somente as atividades mais importantes, estão migrando para sistemas virtuais para criar formas de seleção de estoques, colocação de pedidos, emissão de **ASN (Advance Shipping Notices** ou **avisos de embarque)**, reconciliação de contas e instruções especiais de pedidos entre os parceiros que fazem negócios. Quanto maior o número de comerciantes eletrônicos habilitados pela Web participando, mais rápidas serão a compreensão e a operação do sistema – um benefício para compradores, fornecedores e clientes. A economia em custos operacionais também é substancial. Segundo a Zona Research, comprar pela Web pode economizar muito dinheiro. Os custos dos processos existentes de compras podem ficar em uma polpuda média de $ 50 a $ 250 por transação, mas esses custos podem ser reduzidos para até $ 5 a $ 20 por transação usando os processos de compras pela Web. O relatório da Zona Research, "Buy side, sell side, upside: market trends and opportunities in Web procurement" [traduzido livremente como "Lado do comprador, lado do vendedor, lado positivo: tendências de mercado e oportunidades em compras pela Web"], descobriu que as empresas norte-americanas compram entre $ 250 e $ 300 bilhões de recursos operacionais todos os anos, e 80% desses custos estão relacionados a produtos e suprimentos de escritório. Jack Staff, diretor e economista-chefe da Zona Research, tinha o seguinte a dizer:

> Embora os avanços técnicos das soluções de compras pela Web estejam se aproximando de uma sofisticação digna dos Jetsons, nosso estudo mostra que os usuários procuram primeiro, e acima de tudo, dispositivos fáceis de usar que a maioria dos modelos integra, como busca de produtos na Web dentro do contexto da rede de compras de múltiplos fornecedores. Atualmente, o mercado de compras pela Web está responden-

## O E-Marketing em Ação

### CAPACIDADE DA REDE É ESSENCIAL PARA DESEMPENHO DE QUALIDADE

Para conseguir operações tranqüilas de e-business, independentemente de o Website ser orientado para produto ou serviço, quais são alguns dos problemas de desempenho importantes para os clientes? Jeff Hussey, CEO da F5 Labs, Inc., especialista em balanceamento de carga e disponibilidade de acordo com o serviço, concorda que uma das principais medidas de qualidade para Websites e sistemas corporativos é o tempo de resposta aos usuários. Um grande problema técnico para Websites B2B e B2C é a dificuldade de prever as necessidades de capacidade. O profissional de marketing não pode prever o comportamento do público. Se a campanha promocional estiver relacionada a uma campanha interativa, em uma questão de horas, milhares ou talvez dezenas de milhares de visitantes podem reagir à campanha e a seus elementos, pois não há limite de tempo e espaço.

"Os servidores não são construídos para essa explosão", diz Hussey. Quando as negações de acesso ao serviço forem levadas em consideração, o profissional de marketing pode prever o que aconteceria se o consumidor tentasse acessar o Website. "Se eu não tiver resposta ou ela for lenta, é tchau mesmo – vou para o seu concorrente. As pessoas não vêem o problema da capacidade sob essa perspectiva", disse ele.

O problema? "Além das exigências de alta confiabilidade que você tem em toda a empresa, o profissional de marketing precisa ter os meios para redimensionar e aumentar rapidamente a capacidade das redes. Para modelos corporativos de e-commerce, você precisa criar uma infra-estrutura que possa ser rapidamente aumentada tanto no nível local quanto no nacional e [seja] economicamente viável", adicionou Hussey. A tecnologia necessária para essa tarefa é uma combinação de balanceamento de carga e alta disponibilidade, incluindo serviços baseados em IP como instalações de intranet, extranet e Internet – cuja carga pode ser balanceada entre uma série de servidores, para Web, transferência de arquivos, comércio seguro, mídia streaming e DNA (abreviação de Distributed interNet Applications Architecture, nome comercial para uma coleção de tecnologias da Microsoft que possibilita que a plataforma Windows e a Internet funcionem juntas). Algumas das principais tecnologias que formam a DNA são ActiveX, Dynamic HTML (DHTML), COM e servidores de e-mail.

Os cinco fatores que matam um negócio de e-business, de acordo com Hussey, são:

1. Falha do servidor
2. Falha do software
3. Falha do conteúdo
4. Tráfego excessivo
5. Indisponibilidade da rede

A tecnologia de "alta disponibilidade e qualidade" para balancear cargas em todos os níveis precisa ser capaz de monitorar e encaminhar o tráfego relacionado à falha do servidor ou do software. Ela deve se projetar contra mensagens, como as respostas "Objeto não encontrado" às consultas de clientes, ao variar ativamente servidores no nível desse aplicativo. Também é necessário estabelecer limites para um desempenho aceitável, redirecionando para os outros servidores uma consulta não respondida de forma rápida o suficiente até que o tempo da resposta esteja certo.

*Fonte*: CIO. The means to an edge: e-commerce strategic directions. *White Paper Library*, 1º de maio de 1999.

do muito bem a duas necessidades básicas: links robustos de bancos de dados e terceirização de ASP que pode tirar dos novos comerciantes o fardo de implementar essas soluções complexas (Pastore, 2000b).

O relatório da Zona Research baseia-se em um estudo realizado em março de 2002, que entrevistou os principais compradores ou influenciadores da aquisição das soluções de compras pela Web em 97 organizações que implantaram ou planejavam implantar tais soluções nos 12 meses seguintes à pesquisa. Outros resultados do relatório da Zona Research incluem:

- 70% das empresas pesquisadas compravam ou planejavam comprar, nos próximos 12 meses, produtos e serviços de escritório pelo sistema de compras pela Web.
- 52% dos respondentes indicaram que a organização em que trabalhavam comprava ou planejava comprar, nos próximos 12 meses, produtos relacionados a viagens corporativas.
- 60% das organizações classificaram os recursos de busca de produtos pela Web, dentro de uma solução de compras pela Web, como um fator importante ou extremamente importante na seleção da implementação de compras pela Web.
- 57% da amostra classificou a possibilidade de uma abordagem individualizada para o sistema de compras como um fator importante ou extremamente importante na escolha das soluções de compras pela Web (Pastore, 2000b).

A Forrester Research também sustenta o crescimento de compras automáticas, e a maioria das empresas compra produtos e serviços de TI usando empresas que fornecem e-marketplaces. Essas empresas estão criando "locais" de comércio vertical para parceiros em várias indústrias. A Forrester acredita que as empresas com habilidades técnicas internas e relacionamentos com múltiplos fornecedores irão se conectar a mercados eletrônicos emergentes que oferecem um estoque de produtos de TI. A avaliação de distribuidores quanto à expertise logística, incluindo acesso em tempo real a estoque, incorporando regras de negócios e dando suporte a sistemas de retaguarda, possibilitará que eles contenham a integração. Empresas que requerem uma ampla variedade de serviços, além dos melhores produtos da categoria, devem se conectar a integradores familiarizados com o sistema de compras existente. No futuro, a compra de TI on-line será muito mais comum, pois o processo de compras on-line elimina o tedioso processo manual de TI; além disso, à medida que as empresas se concentrarem mais em e-commerce e e-business, serão usados aplicativos de compras on-line sustentados em regras em vez de em modelos de compra off-line ineficientes (Pastore, 2000b).

Durante o ano 2000, como precursoras da compra de tecnologia de sistemas, as manchetes de uma única semana em vários periódicos de negócios e newsletters on-line revelaram esse mercado de e-business e anúncios de parceiros (embora essas histórias possam parecer "notícia velha", elas demonstram como as parcerias e os mercados tiveram um *boom* em 2000 e ainda fazem uma contribuição significativa para o e-commerce).

- *Os analistas saúdam um novo portal B2B.* Um grande portal business-to-business levantou vôo na conferência anual de usuários da Computer Associates International, Inc., a CA World, quando a Nissho Iwai, um *keiretsu* localizado em Tóquio, e a Islândia, empresa com sede em Nova York, anunciaram juntas a criação da Cynomix Corp. A empresa recém-formada é uma joint-venture que cria um intercâmbio de treinamento on-line business-to-business entre indústrias chamado ETrade Lifeline. O novo mercado permitirá que os usuários lidem com a fase de concordância de uma venda, de localizar um vendedor ou comprador para garantir, transportar, armazenar, exportar e importar mercadorias. O portal integrará completamente os aspectos logísticos e financeiros, criando um genuíno intercâmbio business-to-business de classe empresarial.

- Compras de *suprimentos médicos*. Em um último esforço para simplificar a cadeia de suprimentos médicos, cinco dos maiores distribuidores de produtos médicos do país disseram que investirão pelo menos $ 100 milhões cada para criar um mercado na Web para a compra de medicamentos, equipamentos e produtos laboratoriais. Os fundadores da NewHealthExchange.com são AmeriSource Health Corp., Cardinal Health, Inc., Fisher Scientific International, Inc., McKesson HBOC, Inc., e Owens & Minor, Inc. As empresas disseram que agem coletivamente como intermediárias para cerca de 70% dos produtos de saúde usados pelos hospitais, médicos e casas de repouso do país. "Entregamos milhões de pedidos de centenas de fabricantes a milhares de prestadores de serviços de saúde, todos os dias", disse Robert D. Waller, presidente e CEO da Cardinal Health. A nova troca simplificará o complexo processo de pedidos e estabelecerá os padrões da indústria (Rundle, 2000).
- *Rede Internacional de Companhias Aéreas*. Os integrantes de uma rede internacional de companhias aéreas que serve as Américas, a Ásia e a Europa estão se agrupando para se tornarem um fornecedor de suprimentos para companhias aéreas. Essa rede, organizada pela Star Alliance, planeja ser lançada no fim deste ano – um portal business-to-business orientado para o comprador da indústria de linhas aéreas global. "O portal pretende permitir que todas as linhas aéreas participantes comprem os suprimentos pela Web, e o Website seja gerenciado e operado independentemente de qualquer linha aérea individual", disse Ingvar Soderlund, diretor de compras corporativas do Scandinavian Airlines System, membro da Star Alliance. Esse portal visa a permitir que os membros da Star Alliance comprem suprimentos pela Web. Os membros da Star Alliance respondem por 25% do mercado mundial para bens e serviços a linhas aéreas. A oferta é orientada para o comprador, com diversos benefícios para as linhas aéreas participantes. O Website será independente de qualquer linha aérea, mas acessível a todos os que participarem, fornecendo bens e serviços específicos da indústria que levarão a preços mais baixos e custos administrativos reduzidos para seus integrantes.
- *Redes de distribuição de alimentos*. Dois grupos de distribuição de alimentos, cujos membros negociam anualmente $ 800 milhões em negócios, anunciaram que estão formando uma parceria para criar um portal business-to-business pela Internet para seus integrantes. Haverá diversos componentes para o serviço na Web, disse o porta-voz da Food Distributors International, em Falls Church, Virgínia. O portal de compras permitirá que os integrantes agrupem seu poder de compra para conseguir preços menores em mercadorias não destinadas ao consumidor, como material de escritório e equipamentos de armazéns. Os membros da FDI e do Food Marketing Institute, em Washington, também poderão trocar ordens de compra, faturas e outros com seus clientes e fornecedores. Esse portal é digno de nota, pois está sendo montado por um grupo de membros na associação comercial, e não por uma organização com fins lucrativos.

Esses são todos bons exemplos de transações eletrônicas que se espalham por várias indústrias; avanços e melhorias nas tecnologias on-line que suportam a Internet estão prometendo um intercâmbio maior que a transação individualizada típica do e-commerce com um consumidor. Transações business-to-business via linhas ISDN de alta velocidade têm surgido como uma forma dominante de comércio on-line. Uma empresa industrial trabalhou durante oito anos para conseguir 71 fornecedores para seu sistema de Transferência Eletrônica de Dados (EDI). A empresa mudou para conexões na Web e agora conta com 1.300 fornecedores on-line. A facilidade da comunicação pela Internet rompeu a barreira que muitos clientes da empresa encararam ao implementar os sistemas de EDI mais caros e complexos. Avanços na segurança da extranet, além de ferramentas de desenvolvimento mais fortes e fáceis, também incentivaram esse tipo de conexão corporativa.

## As vantagens de uma infra-estrutura para transferência eletrônica

Como acontece com a maior parte do desenvolvimento e melhoria de tecnologias, diariamente são encontrados elementos novos e melhores em termos de infra-estrutura. Esse progresso é bom para os recursos e o aperfeiçoamento do sistema, mas provavelmente desanima algumas empresas a iniciar ou expandir um sistema de transferência eletrônica. Assim, na tomada de decisões, deve ser realizada uma análise cuidadosa dos benefícios e prejuízos dos **sistemas eletrônicos de compras** em relação aos processos manuais ou atividades de compra duplicadas. Assim como muitas outras mudanças grandes nos procedimentos da empresa, alterações no processo de compra, como uma possível desmontagem do centro de compras formado por funcionários especializados, podem ser combatidas pelos compradores e, possivelmente, por outros departamentos que prevêem mudanças em seus cargos. No entanto, as vantagens do sistema eletrônico de compras ou do pagamento eletrônico são significativas. Alguns dos benefícios mais importantes são:

- *Velocidade da troca de informações.* Informações valiosas podem ser enviadas on-line em base horária, diária ou semanal a clientes e fornecedores. Um exemplo pode ser configurar uma intranet para alertar clientes sobre as mudanças de preço ou informar os fornecedores sobre prazos de envio alterados. Esse recurso oferece vantagens significativas a empresas que fornecem serviços de conhecimento que possam ser entregues on-line em sua integridade.
- *Controle maior sobre a informação.* Esse benefício pode ser o resultado da manipulação de dados. A melhoria da capacidade de processamento gerada pela tecnologia habilitada pela Web também pode dar à intranet um poder analítico maior. Varejistas podem fazer projeções de estoque para determinar como uma promoção de vendas pode esgotar a mercadoria com estoque excessivo. E quando a análise estiver concluída, o varejista poderia se conectar com a extranet do fornecedor para fazer o pedido do incentivo promocional, saber quando ele chegará e determinar a margem necessária, levando em conta o incentivo para fazer lucro. Recursos de marketing eletrônico, como mineração de dados, teriam um grande papel na produção de uma solução rentável (PricewaterhouseCoopers, 2000).
- *Custos de manuseio e expedição amplamente reduzidos.* Como observado anteriormente, os sistemas de transferência eletrônica são capazes de automatizar grandes quantidades de trabalho de escritório e diminuir o tempo que a equipe gasta com os procedimentos rotineiros dos pedidos. Formulários de transação habilitados pela Web podem ser gerados automaticamente, editados para a precisão ou alterações das especificações do pedido, eficiências da expedição direta e projeções dos tempos de expedição e entrega.
- *Surgimento da moeda digital e padrões de processo para transações.* Liberação de fundos para pagamento automático ou a retenção de fundos devidos de transações anteriores. As transações digitais e seus elementos foram discutidos no Capítulo 15, Segurança no Website de E-Commerce.

## As desvantagens de uma infra-estrutura para transferência eletrônica

É difícil ignorar os muitos benefícios da ETI (electronic transfer infrastructure ou infra-estrutura para transferência eletrônica), ainda que seja uma boa idéia também considerar as desvantagens. Algumas das mais desconcertantes são:

- *O custo da integração da tecnologia.* Neste momento de desenvolvimento, são necessários fundos substanciais para criar e personalizar os sistemas de transferência eletrônica de acordo com as necessidades e os procedimentos da empresa. Os gerentes de marketing devem estar cientes de que quantias enormes de recursos foram desperdiçadas ao desenvolver sistemas de transferência eletrônica e de relatórios empresariais que simplesmente não funcionavam por falta de atenção ou visão gerencial. Pode-se dizer que, para o futuro imediato, o custo da integração evitará que a maioria das empresas crie relacionamentos on-line com mais de três fornecedores. Empresas que planejam comprar de alguns fornecedores preferenciais devem impor com rigidez padrões sobre a infra-estrutura para garantir que toda compra seja concentrada entre esses fornecedores, além de encontrar um mercado on-line para compras ocasionais no mercado à vista.

- *Falta de retornos financeiros claros e imediatos para os gerentes de compra.* Como sempre, espera-se que os gerentes produzam lucros e melhorem o valor da empresa a cada trimestre sem "lacuna nos lucros". Essa expectativa se aplica a todas as áreas da empresa – sejam processos geradores de receita, como produção de produtos, ou suporte eficiente a funções que não geram receita, como contabilidade ou relações humanas. Como os sistemas de transferência eletrônica ainda são muito novos, não há regras ou promessas sobre os impactos de rentabilidade por gerentes de compra. Pesquisas e retornos breves parecem muito positivos para reduzir os custos operacionais, mas será que uma empresa pode mostrar aos acionistas economias concretas no futuro? A gerência provavelmente adotará com timidez novas soluções de tecnologia por diversos anos à frente.
- *Relacionamentos existentes de atacado e varejo.* O valor dos relacionamentos estabelecidos com revendedores deve ser examinado para determinar quais deles levaram a resultados mutuamente benéficos e rentáveis. Devem ser considerados exames objetivos que julgam necessidades e correspondências de tecnologia, exigências de nível de serviço e capacidade de lidar com diversas linhas de produtos, bem como a geografia, antes de as empresas se unirem a fornecedores existentes e potenciais em projetos com alto preço de integração.

## A criação de parcerias

Alguns profissionais de marketing relatam que a Web pode ser um local solitário para fazer negócios. Embarcar sozinho nisso pode ser um modelo de e-business bastante corajoso para aqueles sem experiência de marketing on-line. Os profissionais de marketing de empresas novas e existentes que desejam expandir a exposição de suas empresas na Web devem pensar seriamente em buscar conselhos com consultores virtuais que possam produzir uma prova de conselho estratégico e estruturado a empresas em estágios iniciais do desenvolvimento de operações na Web. E assim que o empreendimento virtual estiver em pleno funcionamento, outros parceiros de negócios complementares podem trazer idéias novas e outras competências para fazer o e-business operar com mais tranqüilidade, particularmente na infra-estrutura da cadeia de suprimentos. Michael Parks, ao escrever no *The Journal of Business Strategy*, mostra suas visões sobre a ascensão da Internet e as complexidades de se estabelecer uma direção para uma função de e-business e de selecionar consultores virtuais ou buscar parcerias para sustentar os pontos fracos que as empresas certamente terão.

Desde a introdução da Web, a Internet evoluiu de um lugar em que as pessoas procuravam informações, transmitiam mensagens de e-mail e compravam mercadorias e serviços para se tornar a progenitora de um método totalmente novo de fazer negócios. Na verdade, segundo estimativas, 500 milhões de internautas já teriam feito transações no valor de mais de $ 1 trilhão em negócios pela Internet até 2004 (Parks, 2000).

Esse rápido crescimento está deixando o mercado lutar por direção, liderança e clareza. Processos, produtos e serviços de empresas tradicionais agora devem dividir as atenções com uma nova gama de ofertas virtuais. Ao mesmo tempo, as organizações virtuais estão entrando rapidamente no mercado com as infra-estruturas tecnológicas mais atuais que as das organizações tradicionais que fizeram investimentos significativos em legado tecnológico. As pessoas se perguntam como podem alavancar esse novo meio para se promoverem melhor e tirar vantagem de novas oportunidades. Além disso, elas perguntam como integrar sem problemas as iniciativas on-line com os processos de negócios e a infra-estrutura tecnológica existentes.

1. Crie parceria com uma empresa que adote uma abordagem estratégica, estruturada e pragmática para descobrir e capitalizar em cima de oportunidades de e-business. Um plano de negócios holístico e estratégico começa na reavaliação da estratégia de negócios e da segmentação de mercado. A isso se segue a análise SWOT (strengths, weaknesses, opportunities, threats – análise de pontos fortes, pontos fracos, oportunidades e ameaças). Esse nível de revisão oferece à organização uma compreensão de onde ela está, aonde se deseja ir e quais estratégias que precisam ser executadas para ajudá-la a alcançar essa meta. Procure por uma empresa de consultoria que possa facilitar esse processo de análise, que entenda vários modelos de e-business e que possa ajudar a definir como o modelo se aplica na cadeia de valores da empresa hoje e no futuro.
2. Nenhuma empresa terá toda a expertise necessária. Mas se ela escolher com sabedoria, o consultor pode oferecer um único ponto de contato e ajudar a gerenciar e recomendar os melhores fornecedores e/ou parceiros (como terceirização e/ou parceiros de marketing).
3. Depois de analisar as opções, a empresa precisa identificar e estabelecer prioridades para os processos mais adequados para o mundo on-line e medir os resultados em relação aos objetivos estratégicos. É essencial entender completamente a oportunidade, definir a direção, identificar e priorizar as iniciativas de e-business e depois vender a visão à equipe de gerência executiva. Um vasto número de projetos da Internet não cumpriu as expectativas porque as empresas fizeram más escolhas ao lançar iniciativas precoces de e-business.
4. Procure por expertise demonstrada no processo de negócios. Como o mercado eletrônico é relativamente jovem, é impossível encontrar uma empresa com dez anos de experiência em implementações de e-business – essa empresa ainda não existe. No entanto, procure por habilidades demonstradas no processo de negócios e pela capacidade de diminuir o vão entre os processos funcionais e a tecnologia. Descubra uma empresa de consultoria e aceite parceiros cujos funcionários consigam resolver os problemas de forma criativa e "pensem grande" no mundo on-line.
5. Selecione um parceiro com metodologias comprovadas de projeto e habilidades técnicas. Ao criar e gerenciar soluções de e-business, é importante selecionar um parceiro com métodos comprovados de gestão de projetos e capacidade de projetar, desenvolver, implementar e gerenciar a iniciativa e, ao mesmo tempo, ficar de olho nos resultados. Nunca assuma que seu parceiro possui o conjunto correto de habilidades. Procure capacidade comprovada.
6. Divulgue iniciativas virtuais ao gastar tempo nas fases de planejamento e lançamento do projeto para garantir que todas as partes interessadas – funcionários, fornecedores, clientes existentes e potenciais e parceiros de aliança – a bordo desde o primeiro dia. O marketing nunca deve assumir uma posição sem importância ao lançar um modelo de negócios on-line. Se o projeto não for lançado com eficiência, ele terá impacto mínimo, mesmo se estiver ligado à estratégia corporativa global.
7. O sucesso requer a busca de parceiros que compreendam o marketing do ponto de vista do processo de negócios e também entendam como é possível suportar melhor a introdução de implementações da Internet. Capacidades demonstradas em branding e habilidades criativas são essenciais. Esse é o caminho mais rápido para se chegar ao valor.

8. Pense no retorno sobre o investimento (ROI). É relativamente fácil quantificar ganhos imediatos gerados de projetos de e-business (como cortar estoque ou reduzir o tempo de resposta), mas o e-business abrange mais do que meramente ganhos a curto prazo. As empresas também devem medir lucros a longo prazo obtidos enquanto usam a Web para competir em novos mercados, e elas não devem se limitar às abordagens tradicionais para determinar o ROI.
9. O mercado eletrônico criou uma série totalmente nova de medições incrementais. Por exemplo, os pontos de retorno podem ser medidos por hora, por dia e até por minuto, o que pode permitir que a empresa mude transações para conseguir margens melhores. À medida que entram em peso no e-business, as empresas precisam entender que medições únicas permitem que elas modifiquem os processos de negócios, como estratégias de preço e promoções, com base nos dados coletados.

O e-business apresenta novos paradigmas para organizações. Organizações de consultoria devem poder ajudar seus clientes e parceiros a esclarecer a confusão em torno do e-business para chegar a soluções que incentivem o desenvolvimento a uma posição de liderança no novo mundo virtual. Ao mesmo tempo, essas empresas de consultoria não devem tentar agradar a todas as pessoas. A solução mais provável é a abordagem "a melhor de todas", na qual uma empresa fica com o papel principal e ajuda a identificar e a selecionar fornecedores de valor agregado (Parks, 2000).

Prioridades para iniciativas são assuntos críticos. O mercado precisa de empresas de **e-consulting** com capacidades de estratégia, marketing, funcionalidade, tecnologia e terceirização para escolher e implementar o modelo correto de e-business. No entanto, nenhuma empresa demonstrou expertise comprovada em todas essas áreas. Michael Parks discorre suas opiniões sobre como o profissional de marketing virtual faz para selecionar os parceiros certos. Com essa breve história de e-commerce e e-business, o profissional de marketing deve se esforçar para verificar credenciais e currículos da equipe, além de conversar com os clientes dos consultores virtuais para verificar os registros das empresas e o sucesso no cumprimento das promessas feitas.

## As vantagens do e-business

Historicamente, o e-business era confundido com o e-commerce. Enquanto especialistas previam que as compras na Internet gerariam pelo menos $ 1 trilhão por ano em 2002 (sendo que alguns consultores propunham uma atividade de vendas de mais de $ 3 trilhões em 2003), o conceito mais amplo de e-business "real" traria benefícios que valeriam muito mais. Na verdade, as maiores vantagens do e-business seriam encontradas nas áreas logísticas das operações de retaguarda e dos sistemas de cadeia de suprimentos. As oportunidades proporcionadas pelo e-business incluem:

- *Melhoria da eficiência das telecomunicações* – O e-business movimenta sem percalços dados e informações por redes abertas e fechadas, reunindo grupos previamente separados dentro e fora das empresas.
- *Melhora do desempenho da empresa* – As cadeias de valor díspares são conectadas, permitindo que novos relacionamentos sejam desenvolvidos. Essa nova parceria inspirada em e-business incentiva a organização a formar relacionamentos eletrônicos com distribuidores, fornecedores, revendedores e outros parceiros dos fornecedores.
- *Custo reduzido de operações* – Enviar alguns bytes por fios é mais barato, mais rápido e mais conveniente que enviar um mensageiro ou até mesmo fazer uma ligação telefônica. Com os custos operacionais logísticos reduzidos, os custos de vendas e marketing

## Agora Você Sabe

### O B2B EXPLODE NA WEB

Talvez as projeções de sucesso ou fracasso do e-commerce ou do modelo de e-business tenham ficado desequilibradas por causa do excesso de atenção ao lado apaixonante do e-commerce – os Websites dedicados a atender aos desejos do comprador virtual iniciante. Douglas Blackmon, escrevendo sobre e-commerce no *Wall Street Journal*, expressou sua opinião sobre o "cegamento" inicial ao estabelecer o modelo de negócio da Internet.

> [A ação real nos primeiros anos de euforia no comércio eletrônico] não estaria recebendo tanta atenção nos primeiros Websites ao consumidor, como Amazon.com, CDNOW, eToys ou qualquer outro lugar em que alguma porcentagem ínfima de todos os clientes optasse por comprar bens não-essenciais, disseram analistas. As jogadas com dinheiro grande aconteceriam quando transações corporativas gigantes – o alicerce da economia – entrassem para o mundo on-line.
>
> As empresas comprariam e venderiam umas às outras de forma maciça. O estoque inteiro de cadeias de lojas seria encomendado e gerenciado on-line. As fábricas requisitariam e coordenariam a entrega de materiais e peças na Web. Centenas de bilhões de dólares em vendas ocorreriam no espaço virtual. Eficiências maciças de estoque seriam obtidas por meio de comunicação eletrônica sofisticada. E, ao contrário das relativamente desvalorizadas – mas complicadas de executar – vendas ao consumidor que estavam conseguindo atrair tanta atenção, a Internet traria mudanças fundamentais ao núcleo do sistema econômico norte-americano.
>
> Websites obscuros vendendo lâmpadas e componentes de informática pareciam um grande furo no meio da década de 1990. Mas à medida que a dificuldade de tirar lucro de Websites de e-commerce orientados para o consumidor ficou cada vez mais clara, começaram a abundar mercados e, acima de tudo, investidores de risco na cena business-to-business. A sedução do business-to-business é o potencial de a Internet se tornar um tipo de sistema central de computadores para indústrias inteiras – permitindo que as empresas verifiquem instantaneamente os estoques de seus fornecedores ou façam compras imensas –, tudo com velocidade e precisão digital. As empresas esperam que as despesas diminuam, pois os sistemas da Web eliminam a necessidade de muitos trabalhadores que tocam escritórios de compras movidos a fax e telefone. E muitos esperam que os preços de materiais e componentes caiam drasticamente à medida que os fornecedores forem forçados a competir cabeça-a-cabeça on-line.
>
> [É inevitável] que, enquanto isso, alguns jogadores dos mercados superaquecidos titubeiem; os benefícios dos sistemas são grandes demais para serem parados. A única questão é quem liderará a transformação – os jogadores existentes da Velha Economia ou os mais fortes do rebanho de iniciantes da Nova Economia.

*Fonte*: Blackmon, Douglas A. Revamping the model: where the money is. *The Wall Street Journal*, 17 abr. 2000.

diminuem em função do uso, pela equipe, de informações de mercado melhores e mais oportunas.

## As desvantagens do e-business

A maioria das mudanças de paradigma é acompanhada por desvantagens, particularmente ao se mudar de um sistema familiar para outro tão incerto e inseguro como as operações de e-business. Poucas promessas podem ser feitas e cumpridas pela gerência, e os consultores que trabalham com os departamentos internos de TI muitas vezes se arrependem de fazê-las. A causa? A evolução constante dos recursos e dos aplicativos de e-business para vários setores. A maioria das estruturas de e-business é feita para se ajustar às práticas e operações da empresa, às especificações dos clientes e às exigências de entrega. Os sistemas de e-business são ótimos exemplos de que um modelo de operação de e-business não se ajusta a todos os contextos. As atuais desvantagens do e-business incluem:

- *A incerteza de transações seguras* – A principal preocupação de todos os parceiros de negócios é a segurança, a natureza aberta e pública do meio. Com o potencial de expansão da Internet, empresas privadas, organizações de interesse especial e agências governamentais estão trabalhando com diligência para construir a Internet com os mais altos padrões de segurança imagináveis. Essa desconfiança da infra-estrutura on-line enevoa os escopos de B2B e B2C das transações comerciais. Por causa dessa questão de segurança, muitas implementações de aplicativos para transações foram evitadas até que um sistema com segurança total pudesse ser implementado.
- *O medo do modelo de negócios desconhecido* – Uma mudança grande em qualquer aspecto da vida é alarmante e assustadora; assim, os gerentes de marketing devem encarar o modelo de e-business com uma mente aberta e positiva focada em fazer a estratégia funcionar – e bem. Apesar da moda, a maioria das empresas ainda está nos estágios iniciais vagos e confusos da implementação do e-business e "carece de estratégias efetivas de e-business", segundo pesquisa do Meta Group. Parece que os gerentes de marketing tradicional estão lidando com o B2B com estratégias e táticas tradicionais conhecidas e tentam aplicá-las à operação de e-business. Segundo a pesquisa, as atividades de e-business até o momento se concentraram em aplicações de e-commerce guiadas pelo consumidor e não representam uma reestruturação fundamental dos modelos de negócios ou do pensamento da empresa. A maioria das empresas vê o e-business como um canal adicional para o cliente, em vez de uma maneira de reformular a empresa. Ainda que pouco mais de 80% das empresas tenham relatado usar o e-business com clientes, um número muito menor usaria e-business com parceiros (43%), fornecedores (52%) e sistemas internos (27%) (Pastore, 1999).
- *A incerteza do gasto monetário* – Alguns gerentes temem uma despesa orçamentária enorme para estabelecer uma infra-estrutura de e-business. Podem ser chamados consultores para estudar a situação e o potencial do e-business, mas eles não podem dar um orçamento fechado de gastos para executar uma operação de e-business, seja para empreendimentos existentes ou novos. Um especialista comparou a questão do orçamento, particularmente para sistema de legado tecnológico (os sistemas de software e hardware que estão implementados há muitos anos e sofreram muitas correções – "*patches*" – para manter o sistema funcionando e nos quais muitos técnicos diferentes já trabalharam, muitas vezes tentando adivinhar qual era o design original do sistema, visto que não há documentação), à formulação de um orçamento para reformar uma casa antiga sem a planta

> original do imóvel. O pensamento é voltado para o desconhecido e as surpresas que estão por trás das paredes e do chão; o preço dessas surpresas não pode ser estimado e o "prejuízo" pode ser muito maior e mais complicado que o concebido inicialmente. Mesmo grandes organizações com amplos orçamentos de TI adotam timidamente uma iniciativa de e-business. Em 2001, o gasto em e-business continuou baixo em função de muitos problemas ocorridos após o 11 de setembro, da recessão geral, do fracasso das ponto-com. Entretanto, os resultados da pesquisa trimestral da AMR Research para o quarto trimestre de 2001 mostraram um aumento planejado de 9% nos orçamentos de e-business, uma alta em relação aos 7% do trimestre anterior (Pastore, 2002). Segundo a Forrester Research, o gasto em tecnologia de e-business sofreria até 2002, caindo de uma média de 3,5% da receita, em 2001, para 3%. A pesquisa também indicava que menos de metade das empresas pesquisadas consideraria, em 2002, a aquisição de um aplicativo empresarial de compra, como Gerência do Relacionamento com o Cliente (CRM), *enterprise resource planning* (ERP), cadeia de suprimentos e compras (Greenspan, 2002). A maioria do gasto geral com e-business se concentrava em áreas que incentivam a receita, incluindo iniciativas de vendas e gestão do consumidor (Pastore, 2002).

Os amadores do mercado à vista, aqueles executivos de compras que usam os e-marketplaces para fazer compras à vista para seus materiais diretos, gastarão $ 10,7 milhões para ajudar a gerenciar estoques caros e evitar deficiências. A Forrester diz que esses compradores pagarão o máximo pela instalação do novo software e pelas taxas de consultoria relacionadas. Os que habilitarem o empreendimento gastarão $ 22,9 milhões. Eles usarão os e-marketplaces para gerenciar todos os contratos de todas as compras diretas e indiretas de materiais. Para esses compradores agressivos, custos significativos virão de grandes equipes de consultoria necessárias para implementar essa abordagem complexa.

Com base nessas atividades de compra on-line, a Forrester também previa que projetos de consultoria de compras eletrônicas para integradores de e-commerce, como a Pricewaterhouse Coopers, aumentariam para $ 3,2 bilhões nos cinco anos posteriores à pesquisa. "Em média, as empresas esperavam que as atividades de compra on-line economizassem 4% em 2002, dobrando para 8% em 2003. Mas esses compradores não estavam cegos pelo entusiasmo", disse Sanders. "Mais da metade dos executivos de compras que entrevistamos reconhecia que obstáculos à adoção interna, como resistência no nível do usuário, podiam atrasar a economia".

Uma pesquisa feita pela International Data Corp. (IDC) descobriu que os gastos com serviços mundiais de e-marketplace aumentariam a uma taxa de crescimento anual composta de 27%, de $ 5,2 bilhões em 2000 para $ 17 bilhões em 2005. "A demanda por uma gama completa de serviços de consultoria, implementação e operação ocasionou um crescimento impressionante dos serviços de e-marketplace", disse Leo Lipis, analista sênior do programa eMarketplace Services da IDC. "Mais à frente, as maiores oportunidades das empresas de serviço ao e-marketplace estarão em integrar os sistemas internos dos participantes com aqueles do e-marketplace." Em 2005, a IDC acreditava, mais de 50% das oportunidades no mercado de serviços do e-marketplace viria dos participantes de e-marketplaces, enquanto quase 85% da receita estava vindo dos e-marketplaces. "As empresas de serviço de e-marketplace seriam bem servidas para desenvolver relacionamentos integradores preferenciais com e-marketplaces e para aumentar as atividades de marketing direcionadas aos participantes do e-marketplace", disse Lipis.

Segundo a IDC, o crescimento explosivo nos serviços de e-marketplace na América do Norte havia chegado a seu pico. No entanto, outras regiões compensariam essa diminuição da velocidade. A Europa Ocidental e a região da Ásia/Pacífico, por exemplo, representavam a maior oportunidade de crescimento dos gastos em serviços de e-marketplace na previsão (Pastore, 2001).

## O E-Marketing em Ação

### A SEGURANÇA OCUPA O PAPEL CENTRAL

David Remnitz, co-fundador da empresa de consultoria de segurança de alto nível Interactive Futures, diz que "a segurança é de importância absoluta no modelo de comércio eletrônico, tanto do lado business-to-consumer quanto do business-to-business". E as histórias de horror continuam a se acumular. "Recentemente, uma empresa veio nos pedir ajuda porque 20 mil cartões de crédito haviam sido roubados de um varejista", ele diz. "Além dos cartões de crédito, os hackers pegaram os bancos de dados demográficos e os transferiram para a concorrência. Vimos exemplos em que um comerciante tentava causar uma falha no Website do concorrente ou forçá-lo a negar acesso aos usuários. Adoraríamos ver empresas proativas vindo até nós, antes que esse tipo de desastre ocorresse."

"O fato é que o modelo de segurança está se desenvolvendo rapidamente, evoluindo do desincentivo de acesso por causa da proteção do perímetro (firewalls e dispositivos de autenticação) àquele que requer componentes de infra-estrutura de chave pública (PKI). Trata-se de mecanismos de autenticação que garantem que o consumidor ou parceiro de negócios é o indivíduo certo para consumar a transação e fazer valer mecanismos de não repúdio (na essência, documentar que uma transação ocorreu). As redes business-to-business agora estão começando nos setores jurídico, varejista, automotivo e outros, nos quais, com base na identidade da chave pública, as empresas estão permitindo que parceiros de negócios acessem Websites e fontes de informações seguros", diz Remnitz. "Os parceiros são registrados em uma autoridade de certificação que mantém um banco de dados dos usuários finais ou das identidades de ponto final, além de um certificado digital que lhes permite fazer negócios de forma mais segura."

"Muitas empresas também estão implementando sofisticadas ferramentas e práticas de monitoramento, como sistemas de detecção de intrusão (IDS – *intrusion detection systems*). Esses novos sistemas dão segurança à rede ao analisar atividades suspeitas, de certa forma análoga aos detectores de movimento. Empresas farmacêuticas que procuram proteger o acesso à tecnologia de pesquisa e varejistas proprietários de bancos de dados demográficos são os principais usuários do IDS." Remnitz aconselha que, antes de ser iniciado o comércio eletrônico [ou empresa eletrônica], as empresas devem impor uma política de segurança bem elaborada, na qual funcionários e parceiros são educados em relação às práticas de segurança adequadas. Se um sistema sólido estiver implementado, mas ninguém souber nada sobre ele nem como operá-lo, a segurança será um grande desperdício.

*Fonte*: CEO. The means to an edge: e-commerce strategic directions. *White Paper Library*, 1º maio 1999.

As alternativas de estratégia que as empresas optarão por empregar serão cada vez mais determinadas pelos resultados do trabalho na Internet por meio das experiências dos e-businesses. Estas serão radicalmente diferentes das idéias tradicionais de empresas existentes em um mercado, que conquistaram historicamente uma seção da cadeia de valores da indústria e forneceram um produto ou serviço para esse nicho. Em vez disso, o e-business atual deixa pouco nítidos os limites entre empresas e se junta a cadeias de valor em diferentes setores. As organizações encontrarão maneiras de trabalhar juntas para acumular pontos fortes em comum. No longo prazo, as cadeias de valor, e não as empresas, competirão entre si. As cadeias de oferta e demanda conjuntas das empresas que prosperarem serão integradas a ponto de as informações serem disseminadas de forma contínua e serem instantaneamente transmitidas a todos os parceiros, envolvendo inevitavelmente planejamento estratégico com múltiplas empresas, recursos humanos e finanças.

## Os principais benefícios do e-business: comércio rápido sem uso de papel ou dinheiro

A velocidade e a precisão da comunicação eletrônica, além da habilidade de realizar transações financeiras on-line, fazem do e-business um sistema de negócios atraente e que economiza trabalho. Na realidade, as maiores oportunidades do e-business devem ser encontradas no controle dos sistemas de cadeia de suprimentos e de retaguarda. O e-business movimenta dados e informações continuamente por redes abertas e fechadas, reunindo grupos previamente separados, como empresas com e sem EDI, permitindo que empresas de dentro e de fora executem transações. Em suporte ao comércio, o e-business melhora o desempenho da empresa ao conectar cadeias de valor díspares que incentivam novos relacionamentos a serem desenvolvidos. O e-business fornece informações instantaneamente, ajudando executivos a identificar seus melhores centros de lucros, modificar processos de negócios existentes e criar outros. O e-business permite que as organizações criem alianças e parcerias estratégicas e terceirizem funções e processos que poderiam ser executados de forma mais eficiente por outras pessoas (King e Clift, 1999). Nos últimos anos, os sistemas de pagamento eletrônico foram desenvolvidos para gestão de fundos comerciais em geral, serviços financeiros, serviços de pagamento para supermercados e distribuidores de alimentos, distribuidores de gasolina, lojas de conveniência e redes de restaurantes. Os serviços comerciais estão sendo usados para suprimentos de linhas aéreas, associações independentes de varejistas e suprimentos e serviços de saúde, entre outros. Tudo feito com métodos de pagamento que não utilizam dinheiro.

Como os sistemas de negócios eletrônicos funcionam? A infra-estrutura para transmitir dados e informações, consultas de cadeia de suprimentos e transações financeiras sem o uso de dinheiro é a rede da Internet. Os formulários de entrada são habilitados pela Web de forma que as empresas que não usam protocolos de EDI ainda possam preencher formulários para realizar transações entre compradores ou fornecedores. Ainda há muitas tarefas que os sistemas de e-business podem conduzir. A E-Com Systems, Inc. (http://www.ecomtoday.com/ – Figura 17.5), expedidora comercial líder de mercado, em seu Website descreve os serviços que presta da seguinte forma:

> A E-Com Systems, Inc. foi fundada em 1997 com o objetivo de desenvolver e implementar abordagens avançadas para realizar transações business-to-business (B2B) usando a Internet.
>
> Até recentemente, a Transferência Eletrônica de Dados (EDI) requeria grandes investimentos em equipamentos, infra-estrutura e equipe, além de gastos recorrentes muito altos usando redes tradicionais de valor agregado (VANs). Além disso, a EDI tradicional requer o desenvolvimento complexo e trabalhoso de diferentes perfis para cada parceiro com o qual uma empresa deseja trocar documentos de negócios. Tendo em vista esses fatores, a EDI foi utilizada por um número relativamente baixo de empresas no passado. Para superar essas dificuldades, a E-Com Systems desenvolveu soluções acessíveis de EDI para todas as empresas: pequenas, médias e grandes. A E-Com Systems oferece:

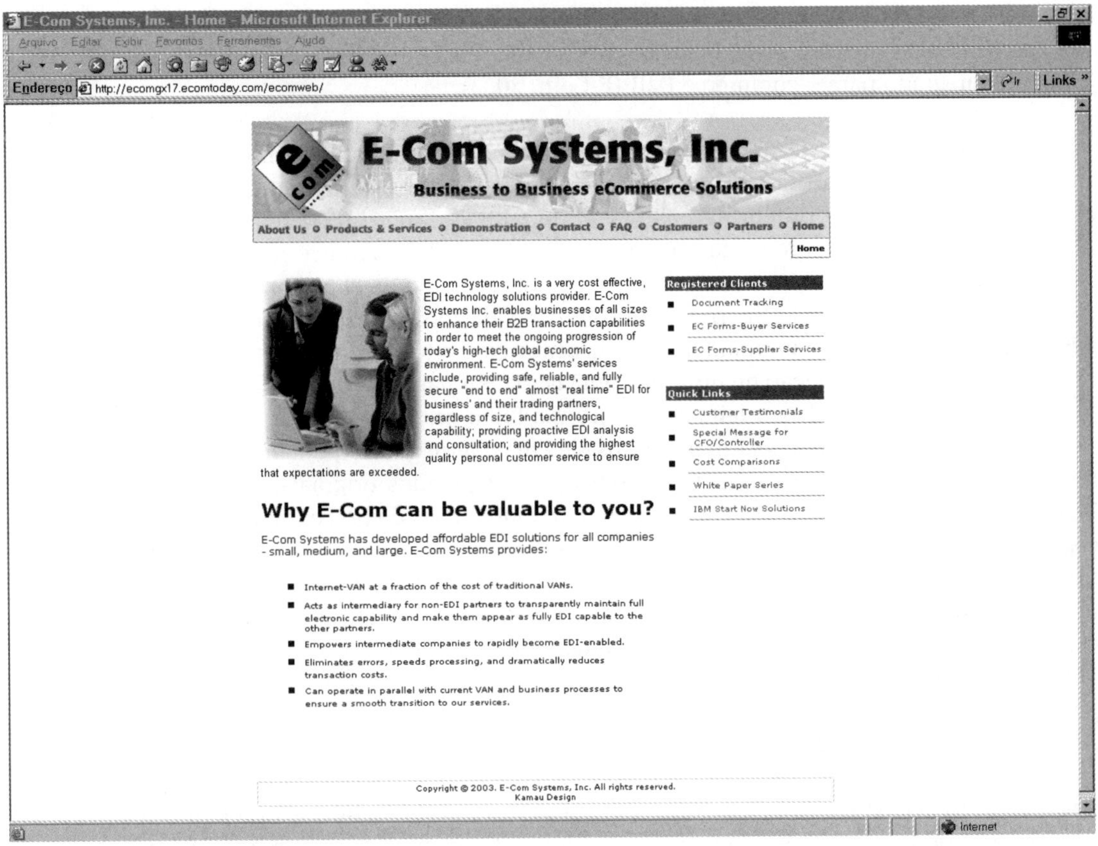


**Figura 17.5** A E-Com Systems usa um serviço abrangente e integrado que presta aos usuários serviços de suporte, comunicação e aplicativos necessários para fazer parte de todas as formas de comércio eletrônico.
*Fonte*: E-Com (http://www.ecomtoday.com/). Utilizado com permissão.

- VAN pela Internet com uma fração do custo das VANs tradicionais.
- Age como intermediária com parceiros sem EDI para manter com transparência todos os recursos eletrônicos e fazê-los aparecer como totalmente habilitados para EDI para os outros parceiros.
- Habilita empresas intermediárias para se tornarem rapidamente habilitadas para EDI.
- Elimina erros, acelera o processamento e reduz drasticamente os custos da transação.
- Requer custos baixos de antemão para software, hardware e treinamento operacional.
- Pode operar em paralelo com os processos comerciais atuais para garantir uma transição suave.
- Usa https com criptografia de 128 bits.
- Autentica o usuário, trilha de auditoria e relatórios estatísticos.
- Garante a entrega da mensagem.
- A redundância embutida protege os dados de falhas de energia ou comunicação.
- Suporte ao consumidor e operação 24 horas por dia/7 dias por semana.
- Serviço de Transferência Eletrônica de Fundos.

> A E-Com Systems, Inc. está sempre de olho no futuro quanto às melhorias que eles podem conseguir. A estratégia deles, com a experiência, torna-os um serviço abrangente e integrado para e-commerce B2B (E-Com, 2002).

Esses fornecedores de transações criaram sistemas configurados para lidar com ordens de compra, avisos de embarque (ASNs) e faturas. Esses sistemas permitem que o parceiro de EDI envie um formulário de ordem de compra a um fornecedor não-EDI sem usar ferramentas de transmissão "externas", como o fax. Essa transmissão digital significa que as ordens de compra não precisam ser impressas ou enviadas por fax de forma tangível ao fornecedor. Elas são, simplesmente, transmitidas pela Internet para o fornecedor do sistema de negócios eletrônico, como a E-Com, e aparecem no computador do fornecedor em texto claro e em um formato genérico de ordem de compra. Há a opção de imprimir uma cópia em papel do documento na Web. No entanto, a transação inteira pode ser feita sem usar uma folha de papel sequer.

As funções oferecidas pela maioria dos sistemas de negócios podem incluir formulários de negócios na Web para rastrear pedidos, criar e alterar pedidos originais, hospedar catálogos da Web que possam ser atualizados em tempo real por alterações de preço ou informações de promoções especiais ou para recursos de ciclo fechado, seguros e sem uso de papéis como a **EFT (Transferência Eletrônica de Fundos)**, produzindo rápidas transações de débito ou crédito com informações relacionadas de ajuste e fatura, economizando tempo e dinheiro. Os parceiros de comércio que podem fazer parte da comunidade do portal podem incluir varejistas, corretores, fabricantes, armazéns e processadores de pagamento. Com o número e o tamanho potencial dos portais comerciais de e-business, os mercados B2B devem estar equipados com recursos de TI que sejam seguros, integrados e confiáveis.

A segunda parte das soluções de transação de e-business é um sistema de pagamento on-line que possa aceitar cartões de crédito e acordos, faça interface com caixas eletrônicos e processe operações de negócios como pagamento da folha de funcionários e serviços de EDI. Às vezes chamados de "dinheiro digital", os sistemas sem uso de dinheiro vivo incluem recursos para pagamento on-line, balanço e ajuste de faturas e gestão de fundos para redes de lojas em vários setores – em outras palavras, o movimento eletrônico de fundos conforme necessário.

## Mudando para a gestão de marcas ao construir um e-business modular

Com as táticas e estratégias atualmente disponíveis para os sistemas de comércio eletrônico, a conclusão lógica é que haverá uma mudança para os negócios modulares. Assim como um módulo operacional separado pode ser colocado em um programa de computador maior, a verdadeira empresa de e-business será capaz de alocar seus sistemas e processos a um novo mercado com um custo mínimo. A empresa precisará somente fazer conexões comerciais, de processo de negócios e de sistemas com novos fornecedores ou parceiros. Não mais existirão algumas barreiras tradicionais para entrar em muitos mercados e setores.

Por fim, a empresa pode se concentrar somente em gerenciar sua marca, terceirizando todos os aspectos físicos dos negócios para as outras pessoas. Conforme a demanda aumentar, não haverá necessidade de passar pelas etapas usuais de aumentar a capacidade de produção e distribuição, pois isso irá simplesmente se conectar a terceiros que possuem o recurso. À medida que a velocidade da mudança acelerar, as empresas descobrirão que para ter sucesso é necessário uma mistura incomum de habilidades e experiência. Elas precisam ter a capacidade de integrar novas tecnologias, uma compreensão completa dos processos de negócios atuais e uma visão clara de como os processos futuros ocorrerão. Elas também precisam de uma visão bem informada das conseqüências estratégicas da realização de parcerias e alianças de que a empresa realmente necessita. No passado, a responsabilidade diária geral do CEO era gerenciar a equipe que executava as operações da empresa. À medida que essas atividades forem guiadas para empresas terceirizadas especializadas, as atividades centrais da gerência mudarão.

A verdade do e-business é que ele desafia a empresa. Une empresas. Destrói empresas. E parece que não vai parar. A tecnologia já existe e não pode ser "desinventada". É uma idéia que vai marcar época e que está rapidamente se transformando em um fato da vida (King e Clift, 1999).

# Resumo

A prática do e-business na Internet ainda é bastante recente, mas já é complexa o suficiente para os tomadores de decisão pensarem em mudar o modelo de negócios dos processos tradicionais para paradigmas de e-commerce ou e-business. Compreender o poder das melhorias eletrônicas requer visão, perseverança e, claro, uma visão de marketing sobre como essas ferramentas podem ajudar. Parece haver uma demanda crescente por soluções business-to-business integradas que correspondam às necessidades e aos desejos de e-places, e-tailers e outras pessoas que fazem parte do comércio eletrônico. O interesse nessas comunidades está guiando a necessidade por acesso rápido e em tempo real a processos de troca e a dados presos a sistemas de retaguarda. Os especialistas dizem que, para maximizar o potencial de B2B, novas infra-estruturas de TI precisam poder lidar e entregar os dados "pesados" que residem nos registros da empresa. Esses registros podem incluir preferências e perfis de clientes, dados de transação, como detalhes pré e pós-pedido (status do pedido, do faturamento e do estoque, pedidos em carteira, *status* da entrega), e muitas aplicações para planejamento e implementação de marketing. Os resultados? Os e-businesses podem oferecer a seus clientes e parceiros um controle mais rápido, preciso e eficiente dos dados de e-commerce.

Mas o profissional de marketing deve ter consciência de que as previsões do futuro do e-commerce são nebulosas. Websites de e-tail/B2C estão tendo dificuldades em equilibrar o "tripé" do processo de negócios – finanças, marketing e operações. Bem no início, foi dito que enquanto as empresas de e-commerce orientadas para produtos de consumo e serviços enfrentavam dificuldades, as empresas de business-to-business e os portais comerciais estavam prosperando, segundo a imprensa e as fontes do setor. Algumas empresas de destaque passavam por condições financeiras perturbadoras. Em outras palavras, as lojas ou Websites on-line não estavam gerando e repondo caixa suficiente por meio das vendas ou patrocínios para cobrir as despesas operacionais. Esse resultado não é surpresa para o profissional de marketing, pois diversas empresas ponto-com apresentaram fluxo de caixa negativo, e algumas até pediram falência. Na maioria dos casos, os analistas não esperam quebra total dessas empresas voltadas para consumidores, e sim venda do empreendimento a empresas mais fortes ou fusões ou consolidação em novas entidades de negócios. Talvez as projeções de sucesso ou fracasso do modelo de e-commerce ou e-business tenham ficado desequilibradas por causa do excesso de atenção para o lado animador do e-commerce, os Websites dedicados a satisfazer os desejos do comprador virtual com asas prontas para voar. Especialistas dizem que, no início, as vendas ao consumidor estavam recebendo tanta atenção que a maioria das pessoas não se dava conta de que a Internet traria uma mudança fundamental para o núcleo do sistema econômico norte-americano.

Quando a dificuldade de fazer lucro com Websites de e-commerce orientados para o consumidor ficou cada vez maior, os mercados e, acima de tudo, os investidores de risco começaram a abarrotar a cena de business-to-business. A sedução do B2B é o potencial de a Internet se tornar um tipo de sistema de computador central para todos os setores – permitindo que as empresas confiram instantaneamente o estoque dos fornecedores ou façam compras imensas –, tudo com velocidade e precisão digitais. É inevitável que alguns empreendimentos de e-business fracassem, mas os benefícios dos sistemas de B2B são grandes demais para serem ignorados. As únicas perguntas são quem irá liderar a transformação, com que rapidez ela ocorrerá e aonde ela nos levará.

## Perguntas e exercícios

1. Os recursos de marketing eletrônico possuem diversos usos na indústria e no comércio. Diferencie as características e as funções do e-commerce e do e-business.
2. Os consultores eletrônicos em todos os setores estão se dando conta de que "e-business não é a mesma coisa que e-commerce". Faça uma redação de quatro parágrafos apoiando essa noção ou opondo-se a ela.
3. Qual declaração é verdadeira em relação ao desenvolvimento da Internet?
   a. Os sistemas da DARPANET foram criados durante a Segunda Guerra Mundial, para apoio à comunicação.
   b. A base da Internet é o sistema ARPANET, construído pelo Departamento de Defesa.
   c. A Internet tem aproximadamente 30 anos de idade.
   d. A base da Internet é o sistema ARPANET, construído pelo Departamento de Transportes.
   e. As alternativas B e C estão corretas.
4. Para manter o pensamento estratégico da gerência atualizado e atuante, quais são as três perguntas de planejamento de e-business mais básicas?
5. Qual modelo de e-business é o melhor para empresas que estão começando? E para empresas estabelecidas que alocam fundos substanciais para entrar no e-business? Redija um memorando ao presidente da empresa justificando sua posição.
6. Entre em contato com um desenvolvedor de vitrine virtual e entreviste a empresa para compreender quais serviços eles prestam ao comerciante on-line. Discuta com o representante um cenário de produto ou serviço, converse sobre possíveis objetivos e implementação e depois faça um relatório de uma página sobre sua entrevista.
7. Na sua opinião, quais são as vantagens e desvantagens de operar um varejo tradicional e uma loja on-line? Prepare uma lista das vantagens e desvantagens da operação de cada uma delas ao mesmo tempo. Prepare-se para discutir suas opiniões na próxima aula.
8. Redija um e-mail ao desenvolvedor de vitrine virtual solicitando uma proposta para design e implementação de uma loja virtual. No e-mail, liste os serviços pelos quais você procura e quais especificações de hardware operarão seu Website. Seja detalhado nas instruções e mostre um esboço de cronograma que você espera que o desenvolvedor cumpra. Peça uma estimativa de orçamento.
9. Das táticas promocionais listadas no texto, quais as três que você considera mais eficientes para criar conhecimento inicial de uma loja virtual orientada para o consumidor? E de uma loja virtual business-to-business? Justifique seu pensamento apoiando esses três elementos de conhecimento e crie um esboço de palestra a ser feita em uma reunião de publicitários locais.
10. Qual é a definição de "processo da cadeia de suprimentos de e-business"? Quais são as três áreas de atividade? Dê exemplos de cada uma. As cadeias de suprimentos são eficazes para e-commerce ou e-business? Justifique suas respostas.

*Bibliografia*

ACCENTURE. Supply chain excellence: Institute for strategic change. Accenture. Disponível em: <www.accenture.com/isc>. Acesso em 30 maio 2001.

ANTHES, Gary H. Food distribution groups to set up B-to-B exchange. Computerworld Inc. Disponível em: <http://www.computerworld.com/news/2000/story/0, 11280,43859,00.html>. Acesso em 13 abr. 2000.

BLACKMON, Douglas A. Revamping the model: Where the money is. *The Wall Street Journal*, 17 abr. 2000. Copyright 2000 Dow Jones & Co. Inc. Reproduzido com permissão de Dow Jones & Co. Inc. no formato Textbook via Copyright Clearance Center.

CHIEF EXECUTIVE. E-business e-volution: Visions of the Internet age. *Chief Executive*, 2000.

CIO. The means to an edge: E-commerce strategic directions. *White Paper Library*. Disponível em: <http://www.cio.com/sponsors/050199 3.html>. Acesso em 1º maio 1999.

DELPHI GROUP. B2B e-business software tools market reaching $5 Billion: Projected to double in each of next three years. Delphi Group. Disponivel em: <http://www.delphigroup.com/about/pressreleases/2000-PR/20000131-b2b-market-segment.htm>. Acesso em 31 jan. 2000.

E-COM. About us. E-Com Systems Inc. Disponível em: <http://65.163.171.141/ecomweb/about.html>.

EVANS, Bob. Forces of change in e-business. CMP Media LLC. Disponível em: <http://www.informationweek.com/758/58uwbe.htm>. Acesso em 25 out. 1999.

FUSCO, Patricia. Internet future bright for small businesses. Jupitermedia Corp. Copyright 2004 Jupitermedia Corporation. Todos os direitos reservados. Utilizado com permissão. Disponível em: <http://www.smallbusinesscomputing.com/biztools/article.php/1569091%20>. Acesso em 14 jan. 2003.

GARTNERGROUP. GartnerGroup Insight 1, n. 2, p. 1, 7 out. 1999.

GRANT, Elaine X. E-commerce to top $1 trillion in 2002. Triad Commerce Group LLC. Disponível em: <http://www.ecommercetimes.com/perl/story/16314.html>. Acesso em 13 fev. 2002.

GREENSPAN, Robyn. Spending on e-biz technology on the decline. Jupitermedia Corp. Copyright 2004 Jupitermedia Corporation. Todos os direitos reservados. Utilizado com permissão. Disponível em: <http://cyberatlas.internet.com/big picture/hardware/article/0,,5921 1003581,00.html>. Acesso em abr. 2002.

HANFIELD, Robert; Nichols, Ernest L., Jr. Introduction to supply chain management. Upper Saddle River, NJ: Prentice Hall, 1998.

IBM. Small business solutions: E-business. IBM Corp. 2002. Copyright 2003 by International Business Machines Corporation. Utilizado com permissão. Disponível em: <http://www.pc.ibm.com/partner/us/r ebusiness.html>.

ICONOCAST. The big e—e-business services. *Iconocast*, 16 mar. 2000a. Utilizado com permissão. Disponivel em: <http://www.iconocast.com/issue/2000031603.html>.

______. The big e—where the money is: B2B. *Iconocast*, 6 jan. 2000b. Utilizado com permissão. Disponível em: <http://www.iconocast.com/issue/2000010603.html>.

KAWAMOTO, Wayne N. Two-thirds of small businesses using the Internet. Jupitermedia Corp. Copyright 2004 Jupitermedia Corporation. Todos os direitos reservados. Utilizado com permissão. Disponível em: <http://www.smallbusinesscomputing.com/emarketing/article.php/1000441%20>. Acesso em 29 maio 2002.

KING, Patrick, Clift, Joe. Time to distinguish between e-business and e-commerce. *Financial Times*, 2 jun. 1999. Utilizado com permissão.

LAIS, Sami. CA partners for exchange. Computerworld Inc. Disponível em: <http://www. computerworld.com/news/2000/story/0,11280,44426,00.html>. Acesso em 17 abr. 2000.

LANDERGTREN, Pia. Gartner: B-to-B e-sales will exceed B-to-C by tenfold next year. Computerworld Inc. Disponível em: <http://www.computerworld.com/news/2000/story/0,11280,43742,00. html>. Acesso em 3 abr. 2000.

MCG. Insights and outlooks: B2B Web growth presents opportunities for vertical market content providers. MCG Capital Corporation. Disponível em: <http://www.mcgcapital.com/research/pdf/ Insights and Outlook.B2B WebGrowth pdf>.

PARKS, Michael. Exchange—the new e-business consulting organization. The Revere Group, 2000. Disponível em: <http://www.reveregroup.com/138 005.shtm>.

PASTORE, Michael. Companies have a lot to learn about e-business. Jupitermedia Corp. Copyright 2004 Jupitermedia Corporation. Todos os direitos reservados. Utilizado com permissão. Disponível em: <http://cyberatlas.internet.com/markets/professional/article/0,1323,5971 194401,00.html>. Acesso em 2 set. 1999.

______. B2B e-commerce: $ 403 billion in 2000. Jupitermedia Corp. Copyright 2004 Jupitermedia Corporation. Todos os direitos reservados. Utilizado com permissão. Disponível em: <http:// cyberatlas.internet.com/markets/b2b/article/0,,10091 295831,00.html>. Acesso em 29 jan. 2002a.

______. Web-based procurement saving dollars. Jupitermedia Corp. Copyright 2004 Jupitermedia Corporation. Todos os direitos reservados. Utilizado com permissão. Disponível em: <http:// cyberatlas.internet.com/markets/professional/article/0,1323,5971 337681,00.html>. Acesso em 10 abr. 2000b.

______. Companies spending big bucks to move markets online. Jupitermedia Corp. Copyright 2004 Jupitermedia Corporation. Todos os direitos reservados. Utilizado com permissão. Disponível em: <http://cyberatlas.internet.com/markets/b2b/article/0,,10091 738891,00.html>. Acesso em 10 abr. 2001.

______. E-business spending creeping back. Jupitermedia Corp. Copyright 2004 Jupitermedia Corporation. Todos os direitos reservados. Utilizado com permissão. Disponível em: http://cyberatlas.internet.com/big picture/hardware/article/0,,5921 979621,00.html. Acesso em 22 fev. 2002.

PRICEWATERHOUSECOOPERS. Intranets, extranets, and the electronic storefront: Building of an e-business infrastructure. PricewaterhouseCoopers. 2000. Utilizado com permissão.

RUNDLE, Robert L. Five firms plan Web-based marketplace to provide products to medical industry. *The Wall Street Journal*, 17 abr. 2000, p. B-4. Copyright 2000 Dow Jones & Co. Inc. Reproduzido com permissão de Dow Jones & Co. Inc. no formato Textbook via Copyright Clearance Center.

UIMONEN, Terho. Airlines plan global B2B exchange. Computerworld Inc. Disponível em: <http:// www.computerworld.com/news/2000/story/0,11280,43855,00.html>. Acesso em 13 abr. 2000.

VILLARS, Richard. B2B forecast, 2002-2006: Next generation of e-business keys on cost reduction through process integration. Network World Inc. Disponível em: <http://www.nwfusion.com/ research/reports/IDC27423.html>. Acesso em 20 jun. 2002.

WAREHAM, Elynn. Study sees huge growth for e-biz. The Transcontinental ITBusiness Group. Reimpresso com permissão de Computing Canada. Disponível em: <http://www.itbusiness.ca/ index.asp?theaction=61&sid=32305>. Acesso em 26 nov. 1999.

# CAPÍTULO 18

## Implicações para o Programa de Marketing Internacional

Alan Webber, editor-fundador da Fast Company: "Estão falando sobre a globalização como se todos soubéssemos o que isso significa. O que 'globalização' significa para você?".

Fran Kelly, presidente e COO da Arnold Worldwide: "Da minha posição como presidente de uma agência, 'globalização' é tentar ajudar um cliente a criar uma marca que possa viajar, e empresas que podem viajar têm um potencial de crescimento muito maior que aquelas que são boas somente em seu país de origem. Diversas empresas muito fortes de Wall Street que estão cumprindo suas metas de crescimento são globais, e para muitas dessas empresas, as vendas internacionais representam mais de 50% de suas vendas, o que oferece à sua administração uma grande oportunidade."

*(Webber, 2002)*

### Objetivos de Aprendizado

- Examinar as semelhanças e diferenças do processo de marketing eletrônico internacional.
- Investigar as características demográficas e as preferências dos internautas internacionais.
- Explorar o potencial de e-commerce em várias regiões do mundo.

# Introdução

Este capítulo versa sobre uma redundância virtual. A Internet pode ser empregada para comércio internacional, mas ela já é um meio internacional. Talvez a intenção deva ser definida como o planejamento de comércio internacional, e não como comércio internacional sem finalidade. Independentemente das coincidências, a Europa é o foco do e-commerce global desde que a União Européia (UE) foi iniciada, em 1987, e expandiu-se para 15 estados-membros com o Tratado de Amsterdã, de 1997. O euro substituiu definitivamente diversas moedas européias no início de 1999. O mundo dos negócios está esperando para julgar o sucesso político e econômico da UE. Muitos, incluindo as empresas norte-americanas, estão surpresos com a resposta internacional das mensagens da Web e com as perguntas e os pedidos internacionais – o que os profissionais de marketing devem fazer com eles? Neste capítulo, serão discutidos o planejamento do processo de marketing do **e-commerce internacional** e os fatores que incentivam a revolução de informações em diferentes partes do mundo. Qual será o objetivo da comunicação da Web para o profissional de marketing? Ignorar ou melhorar as oportunidades de e-commerce? Vender apenas para os Estados Unidos e Canadá? Antes de tomar qualquer decisão sobre a política de como responder a essas demandas, você deve entender por completo o cenário de marketing internacional.

# Analisando os mercados internacionais por geografia

Seria a avaliação do processo e do potencial do marketing internacional radicalmente diferente da investigação completa envolvendo a análise da situação, o planejamento de marketing e a implementação de marketing em ambientes domésticos, que foi o que você aprendeu até agora? Não, as etapas são as mesmas, mas o pesquisador do mercado deve ser mais sensível às diferenças no uso e nas percepções sobre o produto e em relação às diversidades culturais. Você aprendeu, com discussões neste livro, a estudar os fatores ambientais que compreendem as influências demográficas, econômicas, políticas, jurídicas e culturais que dão forma aos mercados. Os profissionais de marketing do mercado interno terão a sabedoria de investigar cuidadosamente práticas importantes tidas como verdades nos Estados Unidos – estipulações sobre a privacidade dos sistemas e a distribuição de dados pessoais, tributação e leis de proteção ao consumidor. O e-commerce internacional é uma tarefa complexa que engloba itens como monitoria de flutuações de moeda no valor de certificados digitais, variação de leis de países no conteúdo do Website, tipos permitidos de abordagens de propaganda ou promoções de vendas e até mesmo verificação dos níveis de alfabetização nos países em desenvolvimento. Especialistas na Web em geral concordam que as empresas que se aventuram primeiro nos mercados estrangeiros e demonstram um compromisso de longo prazo com cidadãos e com os benefícios sociais e econômicos nacionais são vistos como parceiros valiosos no desenvolvimento do país. As relações públicas e os programas promocionais podem iniciar e, portanto, incentivar essas percepções à medida que a empresa continua com a execução do mix de marketing. Entretanto, em que ponto, você, o profissional de marketing, deve iniciar a análise? Para avaliar o potencial de e-commerce, o profissional de marketing deve estar alerta a diversas condições.

- Perfis de usuários da Web, de preferência revisados de acordo com o país.
- Perfis de uso da Web e penetração da Internet nos lares.
- Nível de interesse em compras on-line e volume de compras projetadas por categoria e país.
- Tendências nas ferramentas de comunicação da Web.
- Custo do tempo de acesso, do computador e seus acessórios.
- Características de utilização de produtos e serviços e propensão à compra on-line.

## Agora Você Sabe

### O E-COMMERCE E O TERCEIRO MUNDO?

O futuro do crescimento do e-commerce não está nem na Europa nem na Ásia, e sim no Terceiro Mundo. É essa a palavra do fundador e especialista digital do MIT Media Lab, Nicholas Negroponte. Para aqueles que acreditam ser impossível para o mundo em desenvolvimento adotar o e-commerce, ele dá diversos exemplos para apoiar seu ponto de vista de que, no mercado dos computadores de mesa, o remotamente provável está cada vez mais rapidamente se transformando no lugar-comum.

"As transações de e-commerce alcançarão um trilhão de dólares até o fim de 2000, eu garanto", disse Negroponte. As fontes do novo crescimento? As empresas estão dando computadores em troca dos dados demográficos dos usuários. Esse modelo de negócios pareceria "hilário" há alguns anos, mas agora mais de uma empresa entrou na onda dos computadores gratuitos, ele observa. E quando o índice de adoção do e-commerce entre os consumidores norte-americanos acabar ficando mais lento, ainda haverá crescimento – mas não nos lugares que muitos esperam.

"Eu estive há pouco tempo no Camboja, por exemplo, e em Phnom Penh todo mundo, literalmente, usa um telefone celular", disse Negroponte. "Isso ocorre porque o sistema de telefonia fixa existente não funciona bem e é caro. O mesmo vai acontecer com o e-commerce. O mundo em desenvolvimento adota a tecnologia em números muito maiores do que se espera atualmente, pois está desesperado por soluções dos problemas de infra-estrutura de telecomunicações, negócios e educação", ele declarou. "Eles transpuseram um nível inteiro de tecnologia, pois o sistema anterior era sofrível."

Em boa parte dos países em desenvolvimento, até os cidadãos com alguns recursos financeiros têm poucas opções de compra e poucas formas de pagamento disponíveis – atualmente. Mas, à medida que os sistemas de pagamento on-line melhorarem, e à medida que as grandes empresas de entregas reconhecerem o potencial de mercado que existe no mundo em desenvolvimento, ocorrerá um boom do e-commerce, levando mercadorias de todo o mundo a lugares como a África em números sem precedentes, ele disse.

"Eu também aposto na América Latina", falou Negroponte, observando que o Uruguai é o único país das Américas com um sistema telefônico completamente digital. É natural que esse país adote o e-commerce, por já ter adotado uma tecnologia de ponta em uma velocidade maior que a de seus vizinhos ricos, ele declarou (Seminerio, 1999).

Embora Negroponte esteja no caminho certo, o desaquecimento da economia global atrasou os esforços para alcançar um trilhão de dólares em vendas B2C on-line em 2000, e na verdade não alcançamos esse nível nem em 2002. No entanto, muito do que Negroponte previu está se realizando aqui em uma velocidade muito menor. Por exemplo, os Estados Unidos, pelo terceiro ano seguido, ainda é o país com a maior proporção de compradores on-line, com 32% de todos os internautas. Mas esse valor reflete uma queda de um ponto, que pode ser comparada com a média global estática de 15%. Na Bulgária, na Ucrânia e na Romênia, 2% ou menos da população on-line compra dessa forma. Enquanto isso, vimos na Ásia

**Agora Você Sabe** *(continuação)*

um aumento geral nas compras on-line, liderado principalmente por um boom na Coréia do Sul, onde 31% dos internautas compraram on-line. A França e a Noruega tiveram grandes aumentos nos compradores on-line em 2001, e Ucrânia, Austrália, República Checa e Finlândia tiveram as maiores quedas na atividade de compras on-line (Greenspan, 2002a).

Nem todos os países do Terceiro Mundo estão progredindo no nível que Negroponte previu, mas muitos estão seguindo em frente em um ritmo lento, mas estável. A discussão de Negroponte sobre os dispositivos sem fio como uma solução para vários países chega perto da questão principal. Em uma pesquisa feita pela Computer Industry Almanac Inc., a análise do uso da Internet em mais de 50 países indicou que, dos 1,12 bilhão de internautas projetados para o fim de 2005, um número significativo usará dispositivos sem fio, como celulares e PDAs com Internet, para se conectar on-line. Os dispositivos sem fio serão um suplemento do acesso à Internet pelo computador, para a maioria dos usuários nos países desenvolvidos, e o principal acesso em países com baixa penetração da Internet (Greenspan, 2002b).

- Sensibilidade a influências culturais que possam afetar de forma negativa a associação do seu produto com a Internet, seu conteúdo ou sua tecnologia na sociedade contemporânea.

Essas informações auxiliarão o profissional de marketing a segmentar países em grupos de acordo com os aspectos que são comuns. Essa investigação de forma alguma é uma informação abrangente, mas o profissional de marketing pode iniciar um processo de comparação de maçãs com maçãs nas oportunidades de marketing em outros países. Como enfatizamos anteriormente, alguns dos piores erros que os profissionais de marketing podem cometer são: não investigar a dinâmica do mercado no que tange ao que os consumidores querem e compram atualmente, o nível da concorrência na categoria e as diferenças em cada mercado. O profissional de marketing também deve investigar a infra-estrutura do país ou da região, incluindo transporte para distribuição, meios de comunicação tradicionais para transmissão da mensagem principal, padrões de vida, força dos sistemas financeiros, disponibilidade de fontes de crédito confiáveis, aceitação de cartões de crédito para compras on-line, sofisticação e disponibilidade de redes de comunicação e níveis de renda discricionária e impostos locais e nacionais. As respostas a essas perguntas darão pistas do nível de agressividade que o marketing deverá ter no país ou na região em questão, segundo sua análise do potencial de compra on-line. Se o mercado possuir infra-estrutura e economia mais desenvolvidas, há chances de que a população tenha mais meios para consumo geral. Em países com infra-estrutura e economia menos desenvolvidas, ainda haverá oportunidades de nicho que a pesquisa diligente e perceptiva poderá descobrir.

## As regiões geográficas em que o e-commerce promete

Usando Websites de pesquisa da Web, transações e registros governamentais e até mesmo fazendo perguntas em newsgroups da Usenet ou listservs, o profissional de marketing pode desenvolver inteligência competitiva para cada país. Ao observar a enorme quantidade de mensagens sobre a Europa e de endereços europeus da Web, você terá uma idéia real das pessoas reais. De comentários sobre o desempenho das redes de comunicação (por exemplo, quedas de rede ou falhas de serviço) até as reações do consumidor às compras pela Internet – são os tipos de informações que se somam à realidade do potencial de marketing.

Ao fim de 2001, 144,4 milhões de europeus estavam usando a Internet pelo menos uma vez por mês. Segundo a eMarketer, o número total de europeus on-line chegaria a 221 milhões em 2004, com um índice de crescimento anual de 21,7%, 50% a mais que o mercado norte-americano (Rado e Choo, 2002). Com base nesses dados, parece que a previsão feita pela Computer Industry Almanac, que relata que a Europa Ocidental está crescendo mais rápido que a América do Norte e que, em 2005, estaria próxima do segundo lugar, poderia muito bem ser verdade (Worldwide, 2000).

- **Dinamarca:** Um relatório de junho de 2002 feito pela TNS FutureNet mostrava que mais de 2,9 milhões de pessoas usavam a Internet na Dinamarca, aproximadamente 63% da

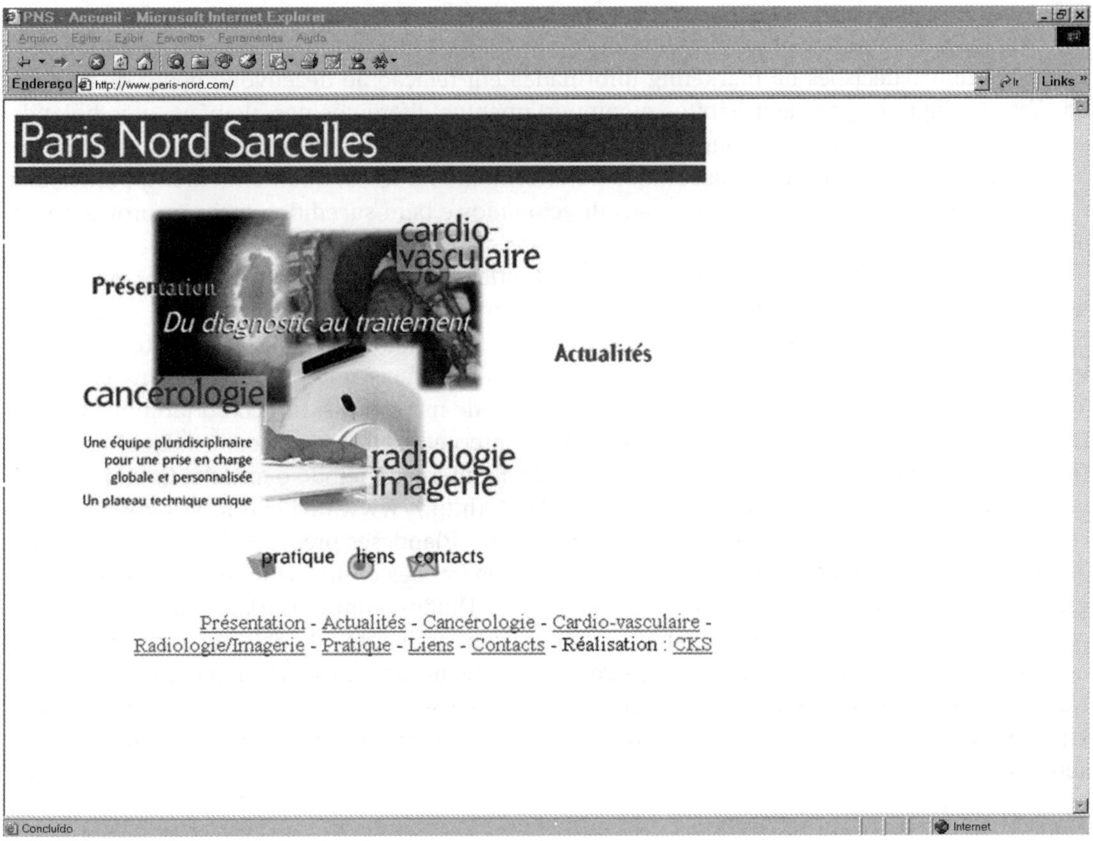


**Figura 18.1** Ainda que a maioria dos Websites seja criada em inglês, os internautas encontrarão com freqüência Websites nos idiomas do norte da Europa. Na *GVU Tenth WWW User Survey* com 369 usuários europeus, os idiomas encontrados com mais freqüência na Web, excetuando o inglês, eram o alemão (11,4%), o holandês (10%), o finlandês (4,9%) e o francês (4,3%). Os respondentes das Ilhas Britânicas compunham 29,5% dos respondentes nessa pesquisa.
*Fonte*: Paris Nord (http://www.paris-nord.com). Utilizado com permissão.

população. Desse número, 68% eram homens. Somente 22% dos internautas compravam on-line. Quando questionados sobre qual era a principal razão para não comprar on-line, a maioria disse que não queria dar detalhes do cartão de crédito (TNS, 2002).

- **Finlândia:** Segundo a Taloustutkimus, na Finlândia, de uma população de cinco milhões de pessoas, 2,15 milhões estavam on-line, ou seja, 43% da população – o que rendia ao país o marco de maior penetração da Web no mundo.
- **Alemanha:** Segundo a Forsa, em 2001 havia 23 milhões de pessoas on-line na Alemanha, um aumento significativo em relação aos 15,9 milhões relatados em 2000.
- **Irlanda:** A Amarach relatou que mais de um milhão de pessoas acessaram a Internet. Isso correspondia a 27% da população.
- **Itália:** Segundo a Nielsen//NetRatings, havia 11 milhões de pessoas on-line na Itália.
- **Reino Unido:** A Jupiter descobriu que mais de 33 milhões de residentes no Reino Unido acessavam a Internet – 32% acessavam do trabalho e 61% acessavam de casa. Os maiores públicos da Web estavam no grupo de 35 a 49 anos de idade (25%), seguido pelo grupo com mais de 50 anos (20%), e o de 25 a 34 anos (18,6%) vindo logo atrás. Além disso, havia 18,5 milhões de pessoas que acessavam a Web de telefones celulares ou de outros dispositivos móveis (CyberAtlas, 2002b).

O parágrafo anterior proporciona muitas informações que o profissional de marketing pode usar para tomar decisões de marketing informadas em relação ao desenvolvimento de recursos da Web. Os ingleses possuem hábitos e comportamentos diferentes dos alemães, e os holandeses, assim como os nova-iorquinos, exibem estilos de vida diferentes dos californianos e dos habitantes da Louisiana. Como discutimos anteriormente no texto, quanto melhor o profissional de marketing conhecer seu mercado, mais direcionados e bem-sucedidos serão os programas de e-commerce.

O profissional de marketing precisa se aprofundar para encontrar informações como as fornecidas anteriormente. Como podemos ver, essas informações foram compiladas de múltiplas fontes e levaram um bom tempo para serem reunidas. No entanto, você pode ter sorte e descobrir um relatório de pesquisa que alguém já compilou – então faça uma pesquisa on-line completa. Você pode querer contratar uma empresa de pesquisa de mercado, assim como faria nos Estados Unidos. Uma empresa de pesquisa internacional na Internet, a NUA, com sede em Dublin, Irlanda (http://www.nua.ie), é especializada em pesquisas da Internet em todo o mundo. Em uma página que cobria uma pesquisa de janeiro de 2003 da NUA (http://www.nua.com), eles apresentavam estudos e notícias sobre os seguintes temas: internautas irlandeses preocupados com a privacidade, parlamentares alemães entraram para a Internet, as fraudes on-line evitam que os canadenses gastem mais, mais usuários de banda larga nos Estados Unidos, empresas irlandesas lucram pouco com o e-commerce, Japão vê um rápido aumento nos assinantes de DSL, maioria dos idosos norte-americanos são também internautas veteranos e Reino Unido está se afogando em spams. A NUA e outras empresas de pesquisa respeitadas, como a Jupiter Communications (http://www.jup.com) ou a Forrester Research, auxiliaram muitas empresas internacionais com conselhos sobre o que não fazer.

## Todos os países possuem um código de endereço

Existe um código de endereço internacional que identifica todos os países de origem. Essas letras servem para usuários de todo o país (às vezes ilhas ou territórios são agrupados sob um único identificador) e agem como um sistema de classificação, semelhante aos códigos postais nos Estados Unidos, cobrindo uma área maior. Você pode determinar o país de origem da página da

Web pelas duas ou três letras após o nome do domínio, caso o nome de domínio .com ou .org não seja exibido. Um endereço que termina em smithind.uk é traduzido como Smith Industries no Reino Unido. Ao identificar endereços de Websites, você pode adquirir conhecimento sobre o patrocinador e o local de origem do Website. A **Isoc (Internet Society)** atribuiu esses **códigos de país**, conforme listado no quadro a seguir.

*Quadro 18.1*

| Nome abreviado ISO oficial do país | Elementos do código ISO Alfa |
|---|---|
| AFEGANISTÃO | AF |
| ÁFRICA DO SUL | ZA |
| ALBÂNIA | AL |
| ALEMANHA | DE |
| ANDORRA | AD |
| ANGOLA | AO |
| ANGUILA | AI |
| ANTÁRTIDA | AQ |
| ANTÍGUA E BARBUDA | AG |
| ANTILHAS HOLANDESAS | AN |
| ARÁBIA SAUDITA | SA |
| ARGÉLIA | DF |
| ARGENTINA | AR |
| ARMÊNIA | AM |
| ARUBA | AW |
| AUSTRÁLIA | AU |
| ÁUSTRIA | AT |
| AZERBAIJÃO | AZ |
| BAHAMAS | BS |
| BAHREIN | BH |
| BANGLADESH | BD |
| BARBADOS | BB |
| BELARUS | BY |
| BÉLGICA | BE |
| BELIZE | BZ |
| BENIN | BJ |
| BERMUDAS | BM |
| BOLÍVIA | BO |
| BÓSNIA-HERZEGÓVINA | BA |
| BOTSUANA | BW |
| BRASIL | BR |
| BRUNEI | BN |
| BULGÁRIA | BG |
| BURKINA FASSO | BF |
| BURUNDI | BI |
| BUTÃO | BT |
| CABO VERDE | CV |
| CAMARÕES | CM |
| CAMBOJA | KH |
| CANADÁ | CA |
| CAZAQUISTÃO | KZ |
| CHADE | TD |
| CHILE | CL |
| CHINA | CN |
| CHIPRE | CY |
| CINGAPURA | SG |
| COLÔMBIA | CO |
| CONGO | CG |
| CONGO, REPÚBLICA DEMOCRÁTICA DO | CD |
| CORÉIA DO NORTE | KP |
| CORÉIA DO SUL | KR |
| COSTA DO MARFIM | CI |
| COSTA RICA | CR |
| CROÁCIA | HR |
| CUBA | CU |
| DINAMARCA | DK |
| DJIBUTI | DJ |
| DOMINICA | DM |
| EGITO | EG |
| EL SALVADOR | SV |
| EMIRADOS ÁRABES UNIDOS | AE |
| EQUADOR | EC |
| ERITRÉIA | ER |
| ESLOVÁQUIA | SK |
| ESLOVÊNIA | SI |
| ESPANHA | ES |
| ESTADOS UNIDOS | US |
| ESTÔNIA | EE |
| ETIÓPIA | ET |
| FIJI | FJ |
| FILIPINAS | PH |
| FINLÂNDIA | FI |
| FRANÇA | FR |
| GABÃO | GA |
| GÂMBIA | GM |
| GANA | GH |
| GEÓRGIA | GE |

**Quadro 18.1**
*continuação*

| Nome abreviado ISO oficial do país | Elementos do código ISO Alfa | Nome abreviado ISO oficial do país | Elementos do código ISO Alfa |
|---|---|---|---|
| GEÓRGIA DO SUL E ILHAS SANDWICH DO SUL | GS | JAPÃO | JP |
| | | JORDÂNIA | JO |
| GIBRALTAR | GI | KIRIBATI | KI |
| GRANADA | GD | KUWAIT | KW |
| GRÉCIA | GR | LAOS | LA |
| GROENLÂNDIA | GL | LESOTO | LS |
| GUADALUPE | GP | LETÔNIA | LV |
| GUAM | GU | LÍBANO | LB |
| GUATEMALA | GT | LIBÉRIA | LR |
| GUIANA | GY | LÍBIA | LY |
| GUIANA FRANCESA | GF | LIECHTENSTEIN | LI |
| GUINÉ | GN | LITUÂNIA | LT |
| GUINÉ-BISSAU | GW | LUXEMBURGO | LU |
| GUINÉ EQUATORIAL | GQ | MACAU | MO |
| HAITI | HT | MACEDÔNIA | MK |
| HOLANDA | NL | MADAGÁSCAR | MG |
| HONDURAS | HN | MALÁSIA | MY |
| HONG KONG | HK | MALÁUI | MW |
| HUNGRIA | HU | MALDIVAS | MV |
| IÊMEN | YE | MALI | ML |
| ILHA BOUVET | BV | MALTA | MT |
| ILHA CHRISTMAS | CX | MARROCOS | MA |
| ILHA HEARD E ILHAS MCDONALD | HM | MARTINICA | MQ |
| ILHA NORFOLK | NF | MAURÍCIO | MU |
| ILHAS CAYMAN | KY | MAURITÂNIA | MR |
| ILHAS COCOS | CC | MAYOTTE | YT |
| ILHAS COMORES | KM | MÉXICO | MX |
| ILHAS COOK | CK | MIANMÁ | MM |
| ILHAS FAROË | FO | MICRONÉSIA | FM |
| ILHAS MALVINAS | FK | MOÇAMBIQUE | MZ |
| ILHAS MARIANAS DO NORTE | MP | MOLDOVA | MD |
| ILHAS MARSHALL | MH | MÔNACO | MC |
| ILHAS MENORES DISTANTES DOS ESTADOS UNIDOS | UM | MONGÓLIA | MN |
| | | MONTSERRAT | MS |
| ILHAS SALOMÃO | SB | NAMÍBIA | NA |
| ILHAS TURCAS E CAICOS | TC | NAURU | NR |
| ILHAS VIRGENS, AMERICANAS | VI | NEPAL | NP |
| ILHAS VIRGENS, BRITÂNICAS | VG | NICARÁGUA | NI |
| ILHAS WALLIS E FUTUNA | WF | NÍGER | NE |
| ÍNDIA | IN | NIGÉRIA | NG |
| INDONÉSIA | ID | NIUE | NU |
| IRÃ | IR | NORUEGA | NO |
| IRAQUE | IQ | NOVA CALEDÔNIA | NC |
| IRLANDA | IE | NOVA ZELÂNDIA | NZ |
| ISLÂNDIA | IS | OMÃ | OM |
| ISRAEL | IL | PALAU | PW |
| ITÁLIA | IT | PALESTINA | PS |
| JAMAICA | JM | PANAMÁ | PA |

Quadro 18.1
continuação

| Nome abreviado ISO oficial do país | Elementos do código ISO Alfa | Nome abreviado ISO oficial do país | Elementos do código ISO Alfa |
|---|---|---|---|
| PAPUA-NOVA GUINÉ | PG | SUÍÇA | CH |
| PAQUISTÃO | PK | SURINAME | SR |
| PARAGUAI | PY | SVALBARD E JAN MAYEN | SJ |
| PERU | PE | TAILÂNDIA | TH |
| PITCAIRN | PN | TAIWAN | TW |
| POLINÉSIA FRANCESA | PF | TAJIQUISTÃO | TJ |
| POLÔNIA | PL | TANZÂNIA | TZ |
| PORTO RICO | PR | TERRITÓRIO BRITÂNICO DO OCEANO ÍNDICO | IO |
| PORTUGAL | PT | TERRITÓRIOS DA FRANÇA NO SUL | TF |
| QATAR | QA | TIMOR LESTE | TL |
| QUÊNIA | KE | TOGO | TG |
| QUIRGUISTÃO | KG | TOKELAU | TK |
| REINO UNIDO | GB | TONGA | TO |
| REUNIÃO | RE | TRINIDAD E TOBAGO | TT |
| REPÚBLICA CENTRO-AFRICANA | CF | TUNÍSIA | TN |
| REPÚBLICA DOMINICANA | DO | TURCOMENISTÃO | TM |
| REPÚBLICA CHECA | CZ | TURQUIA | TR |
| ROMÊNIA | RO | TUVALU | TV |
| RUANDA | RW | UCRÂNIA | UA |
| RÚSSIA | RU | UGANDA | UG |
| SAARA OCIDENTAL | EH | URUGUAI | UY |
| SAINT-PIERRE E MIQUELON | PM | USBEQUISTÃO | UZ |
| SAMOA | WS | VANUATU | VU |
| SAMOA AMERICANA | AS | VENEZUELA | VE |
| SAN MARINO | SM | VIETNÃ | VN |
| SANTA HELENA | SH | ZÂMBIA | ZM |
| SANTA LÚCIA | LC | ZIMBÁBUE | ZW |
| SANTA SÉ (CIDADE DO ESTADO DA VATICANO) | VA | | |
| SÃO CRISTOVÃO E NÉVIS | KN | | |
| SÃO TOMÉ E PRÍNCIPE | ST | | |
| SÃO VICENTE E GRANADINAS | VC | | |
| SENEGAL | SN | | |
| SERRA LEOA | SL | | |
| SEYCHELLES | SC | | |
| SÍRIA | SY | | |
| SOMÁLIA | SO | | |
| SRI LANKA | LK | | |
| SUAZILÂNDIA | SZ | | |
| SUDÃO | SD | | |
| SUÉCIA | SE | | |

*FONTE*: Agência de Manutenção dos códigos de país ISO 3166. Newsletter IV-2, 14 JUL. 1997.
Esta lista apresenta os nomes de país (nomes abreviados oficiais em inglês) em ordem alfabética por país, conforme é apresentando no ISO 3166-1 e nos elementos de código correspondentes ISO 3166-1-alpha-2. Esta lista será atualizada sempre que houver uma alteração na lista de códigos oficial no ISO 3166-1 realizada pelo ISO 3166/MA. Ela conta com 239 nomes abreviados oficiais e elementos de código.

# Informações demográficas gerais sobre os mercados europeu e mundial

Você pode estar procurando informações sobre grandes mercados ou pode estar investigando pequenos nichos para os quais você personalizará o plano de marketing. Como foi definido na análise da situação, no Capítulo 2, defina as informações que você acha que vai precisar para implementar um plano de marketing internacional. Após ter definido as metas de informação, você terá uma direção dos dados do país de que precisará. Usando newsletters de marketing on-line, os recursos das Nações Unidas, os registros de comércio do Departamento Norte-Americano de Comércio, os serviços da Câmara Internacional de Comércio ou fontes privadas, como o Website Internationalist (http://www.internationalist.com – Figura 18.2), que é um Website para informações internacionais de negócios, você pode montar as informações de que precisa para comparação do mercado on-line dos países-alvo. Na pesquisa *GVU Tenth WWW User Survey*, revelou-se que a maioria dos entrevistados europeus começou a acessar a Internet nos últimos três anos, enquanto é mais provável que os respondentes dos Estados Unidos tenham entrado para a Internet no ano anterior. Além disso, 58% de todos os cinco mil entrevistados criaram uma página na Web. Fato interessante é que os entrevistados europeus (75%) apresentaram uma probabilidade maior de criação de páginas que os respondentes norte-americanos (55%). Como as condições de e-commerce mudaram desde então? Quais condições permaneceram as mesmas?

## A taxa de mudança na aceitação da Internet

- A Europa é uma colméia da atividade da Internet. De acordo com a Jupiter Research, haveria mais de 200 milhões de usuários da Internet na Europa em 2007. Isso representaria um aumento de 68% na população on-line em relação a 2001. A Jupiter Research previa que a população européia on-line cresceria a uma taxa de crescimento anual composta de 11% de 2001 a 2004 antes de cair para uma taxa de 9% (ETC, 2003).
- Crescimento de PCs: segundo a Computer Industry Almanac, o número de computadores cresceria a uma taxa de crescimento anual de 11,4% ao longo últimos anos chegando a mais de 1,15 bilhão de computadores no fim de 2007 (CyberAtlas, 2002a).
- Uso da Internet: todos os países da Europa já estão on-line e começando a criar um sólido bloco de usuários. No fim de 2001, um total de 144,4 milhões de europeus usavam a Internet pelo menos uma vez por mês. Alemanha, Grã-Bretanha, Itália e França responderam, coletivamente, por 63% de todos os usuários europeus on-line (Rado e Choo, 2002).

A penetração on-line é importante para selecionar um país e segmentá-lo. Veja aqui algumas estimativas de usuários em nações européias.

O profissional de marketing internacional deve examinar os mercados potenciais quanto à familiaridade com o uso da Web e outras tecnologias antes de lançar programas ambiciosos de e-marketing. Se ele não fizer isso, estará assumindo que todos os mercados são iguais. Para compreender outros mercados, uma das abordagens é analisar dados estatísticos coletados dos países em questão e ficar atento às atuais tendências por meio do uso de recursos regionais de informação. Por exemplo: um relatório feito pela European Internet Strategies declarou que "a maioria das pessoas com acesso à Internet em casa possui uma compreensão limitada, baixa ou inexistente da Internet (European Internet Strategies, 1999). Essa é uma informação importante para o profissional de marketing, mas, embora possa ter sido verdadeira em 1999, como estaria agora?

Um interessante relatório de 2002 sobre e-commerce na Europa declarava que mais de 1/3 (38%) dos lares na UE tinha acesso à Internet em novembro de 2001. Em quatro países, a maioria dos lares estava conectada à Internet, com os picos registrados na Holanda (64%), à frente da

**Figura 18.2** Informações internacionais são sempre valiosas, seja você um executivo, seja um viajante ou investidor internacional. Materiais de inteligência para bancos, consultores, escritórios de direito, imobiliárias, escolas de negócios, negócios de importação/exportação e mercados de ações são uma boa idéia para aprender as práticas comerciais e a etiqueta e para conhecer os consumidores antes de fazer negócios.
*Fonte*: The Internationalist (http://www.internationalist.com). Todos os direitos reservados. Utilizado com permissãoo

Suécia (61%), Dinamarca (59%) e Finlândia (50%). O menor número de lares conectados foi encontrado na Grécia (10%), e índices relativamente baixos de conexão também foram registrados na Espanha (25%), em Portugal (26%), na França (30%) e na Itália (34%). As barreiras para o uso da Internet nesses lares pareceram estar mais relacionadas a razões técnicas ou à falta de interesse do que a considerações financeiras. Na verdade, entre os lares que não usavam a Internet, a maioria disse que simplesmente não tinha um computador pessoal (38% dos não-usuários). Mais de 1/4 (27%) não via interesse em ter uma conexão com a Internet ou não queria uma, e 15% não sabia usar um computador. As preocupações com os custos dos computadores (12%) ou conexão com a Internet (11%) foram levantadas com menos freqüência como barreira para o uso da Internet. Não causa surpresa, então, que somente 20% daqueles que usavam a Internet tenham dito que o acesso à Web não havia alterado sua vida diária. A maior mudança relatada foi na sensação de estar mais bem-informado (42%), à frente da economia de tempo (39%). Mais de 1/3 dos internautas da UE declarou usá-la para comprar produtos ou serviços on-line pelo menos às vezes: 4% eram compradores on-line freqüentes, 16% compravam ocasionalmente e 16% raramente (Flash Eurobarometer, 2002). A Figura 18.3 apresenta dados mais atualizados desse relatório.

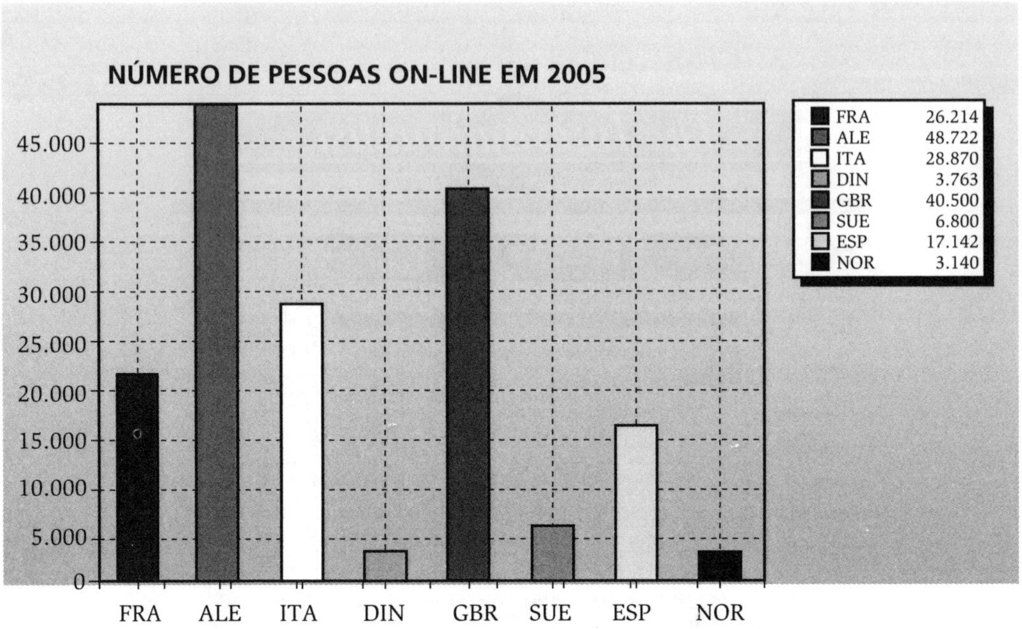


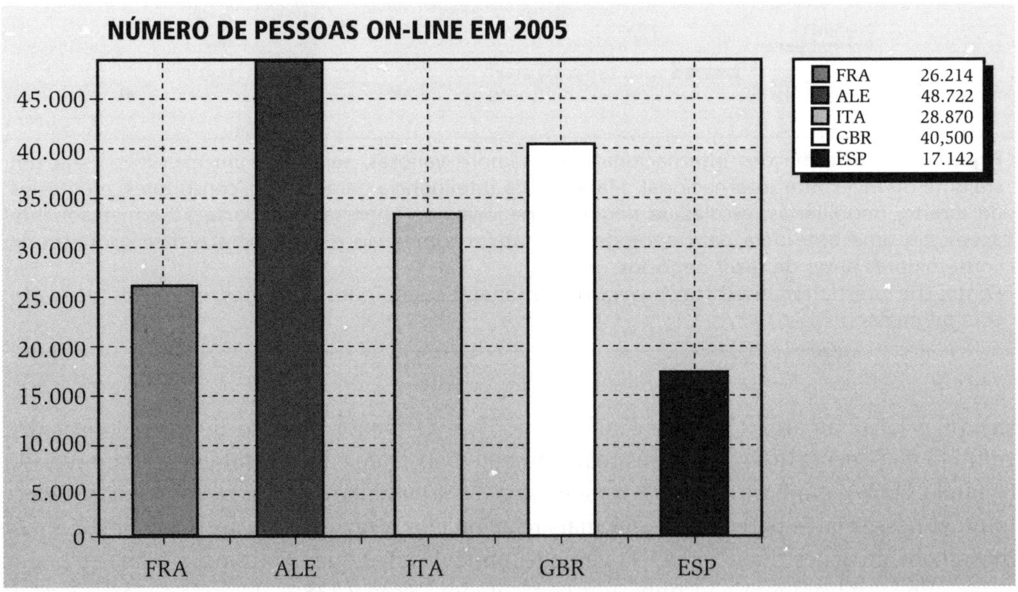


**Figura 18.3** A Comissão Européia de Turismo permite que os visitantes compilem seus próprios gráficos on-line (http://www.etcnewmedia.com/review/default.asp?SectionID=7). Os gráficos são formados por números disponíveis em um banco de dados do Excel. À medida que as estatísticas são coletadas de várias fontes, pode haver discrepâncias significativas entre os números. Nesse caso, é feito um julgamento ponderado para selecionar o número mais razoável com base nas comparações entre as várias fontes.

*Fonte*: Adaptado da Comissão Européia de Turismo. New Media Review: The Graphs. Copyright © 2006 European Travel Commission.

Parece que a Europa progrediu muito nos últimos anos. No entanto, o que soa familiar e natural para a maioria dos norte-americanos ainda pode ser complicado e obscuro para consumidores de outros países. Em muitos programas de comunicação estrangeiros, o profissional de marketing deve se lembrar de vender o jogo de beisebol antes de vender o time Yankees. Consumidores desinformados não terão preferência de marca se não souberem nada sobre a categoria do produto. Portanto, em todas as situações de tomada de decisão, você deve se perguntar se seu consumidor potencial possui conhecimento suficiente sobre o que seu produto faz, antes de você começar a lhe contar por que seu produto é melhor, tanto na comunicação on-line quanto na off-line.

## Agora Você Sabe

### EXPLOSÃO DA INTERNET NA CHINA

Segundo o décimo Relatório de Pesquisa Semestral sobre o Desenvolvimento da Internet na China (1997-2002), do China Internet Network Information Center, em 30 de junho de 2002 o número de internautas no país chegou a 45,8 milhões; desde o mesmo período de 2001, o número de internautas aumentou 72,8% e 74 vezes o número obtido na primeira pesquisa, em outubro de 1997. O número de hosts na China chegou a 16,13 milhões, mostrando um aumento de 28,6%, ou 3,59 milhões de unidades, nos últimos seis meses.

A pesquisa também revelou que 60,9% dos usuários da Internet eram homens e 39,1%, mulheres. Isso totalizava 27,892 milhões de usuários da Internet do sexo masculino (51 vezes o número de cinco anos atrás) e 17,908 milhões do sexo feminino (236 vezes em relação a cinco anos atrás). Desses internautas, 82% tinham idade igual ou inferior a 35 anos e 18% tinham mais de 35 anos. Analisando esse nível de educação, os que completaram o ensino médio respondiam pela maior proporção, de 30,5%, seguida por aqueles com educação universitária (29,2%) e por aqueles que concluíram somente o ensino fundamental (26,3%). Usuários com educação universitária ou mais constituíam 31,7%, e os sem educação universitária, 68,3%. A maioria dos internautas na China (62,1%) se conectava à Internet em casa, enquanto 43,3% se conectava no escritório. Outros locais populares eram escola (21,8%) e bares e lanchonetes com acesso à Internet (17,3%). Um pequeno número se conectava por meio de dispositivos móveis (0,9%). A média de uso semanal da Internet era de 3,1 dias e 8,3 horas.

Embora a Internet na China tenha feito um grande avanço em poucos anos, com a maioria das categorias aumentando dez vezes em comparação a 1997, é necessário observar que a Internet ainda está pouco desenvolvida em relação ao desenvolvimento global chinês. Por exemplo, os internautas constituem somente 3,6% da população total da China.

*Fonte*: China Internet Network Information Center. Semiannual Survey Report on the development of China's Internet (1997-2002). 2002.

## A paciência é necessária

O marketing internacional é perturbador e incerto para muitas pessoas, pois podem ficar desconfortáveis entre culturas ou ambientes pouco familiares. Outras, ainda, procuram por diferentes regiões quanto ao potencial de e-commerce. Se você estiver entre os que gostam de desafios, seu chefe pode lhe entregar um relatório de situação como o apresentado a seguir para saber o que você acha e quais são suas reações a uma oportunidade de e-commerce internacional.

Em 1998, a Merrill Lynch previu que o crescimento do PIB dos maiores países latino-americanos (Brasil, Argentina e México) deveria ter declinado em 2001, aproximando-se do zero em 2002. Além disso, havia uma incerteza significativa em relação à estabilidade das moedas locais. Considerava-se que todos esses fatores desacelerariam a expansão do uso da Internet na região (Yakirevich, 1998). No entanto, um artigo de outubro de 2002 no USATODAY declarava que "o crescimento foi forte na América Latina – especialmente no Brasil, no México, no Chile, na Colômbia e na Venezuela" (UN, 2002). Na realidade, segundo um estudo feito pela International Data Corporation, esperava-se que a região latino-americana obtivesse uma taxa de crescimento anual composta para o comércio na Internet de 117% de 2000 a 2005, e os $ 170 milhões [M] gastos on-line na América Latina em 1998 deveriam crescer para $ 8 bilhões [B] no ano de 2003 (Greenberg, 2000).

Esperava-se que a receita de e-commerce latino-americana atingisse $ 66,5 bilhões em 2004, um salto em relação aos $ 3,6 bilhões em 2001. No entanto, quando se fala em gastos B2C, fatores como baixos índices de penetração da Internet, posse limitada de computadores e baixo nível de uso do cartão de crédito estavam contribuindo para evitar que os consumidores latino-americanos gastassem on-line. Para a região total em 2001, o índice de penetração da Internet foi de só 2,7%; em comparação, o índice de penetração norte-americano foi de 39,8%. Mesmo com essas limitações, a eMarketer previa que o gasto B2C crescesse de $ 73 milhões em 2000 para $ 8,11 bilhões em 2004. Eles também descobriram que três países – Brasil, México e Argentina – respondiam por aproximadamente 65% dos internautas da região, e o Brasil representava outros 40% do total (Enos, 2001). Em um estudo de 2002, a eMarketer previa que o número de internautas em toda a região da América Latina cresceria para 60,6 milhões em 2004, sendo Argentina, Brasil e México responsáveis por 65% do total. O Chile e o Peru também eram lares de populações crescentes de usuários (embora, em função de sua pequena população, o Chile tenha alcançado uma saturação mais rapidamente que os outros) e, no futuro, Colômbia e Venezuela deveriam unir-se ao grupo da segunda camada dos países latino-americanos (Latin America on-line, 2002).

## Dispositivos de conexão com a Internet na Europa

Mencione World Wide Web na América do Norte, e o público em geral pensará em computadores pessoais e monitores coloridos. No entanto, existem várias opções sendo desenvolvidas separadas do computador. A computação móvel promete mais flexibilidade para aqueles que viajam; a possibilidade de liberdade que essa tecnologia oferece é extremamente sedutora, independentemente da nacionalidade do indivíduo.

> Uma pesquisa da Jupiter Communications projeta que, entre os melhores **dispositivos de conexão com a Internet** que surgiram na Europa, excluindo os computadores pessoais, os *smart phones* serão líderes do mercado, com mais de 12,9 milhões de usuários acessando o conteúdo da Internet em 2002. Para competir nesse mercado, os provedores de conteúdo devem filtrar e agregar o conteúdo bruto atual da Web para o tamanho reduzido e a funcionalidade limitada dos dispositivos de conexão com

## O E-Marketing em Ação

### O PLANO DE AÇÃO eEUROPE 2002 TEVE SUCESSO AO DISSEMINAR A INTERNET NA EUROPA

O Plano de Ação eEurope 2002, elaborado para disseminar a Internet na Europa tão rápido quanto possível, foi um grande sucesso de acordo com o relatório final da Comissão eEurope 2002, adotado hoje. O Plano de Ação eEurope 2002 foi lançado no Conselho Europeu na Feira em junho de 2000. O relatório mostra que o número de lares conectados mais que dobrou, e quase todas as escolas e empresas atualmente estão on-line. A Europa conta com a rede de pesquisa mais rápida do mundo. Graças à força política gerada pelo Plano de Ação, foi adotada na Europa uma nova e moderna estrutura jurídica para serviços de comunicação eletrônica e e-commerce, que entrará em vigor neste verão. Erkki Liikanen, responsável pela Comissão Européia da Sociedade Empresarial e da Informação, disse: "Maiores conectividade e investimento nas tecnologias de informação e comunicação são os principais alicerces para a melhoria da produtividade na Europa, se aliados à reorganização de processos em negócios e administração e à ênfase nas competências. As metas definidas pelo eEurope foram essenciais para ajudar a Europa a cumprir a meta de Lisboa de se tornar mais competitiva até 2010. Agora devemos olhar em frente e nos concentrarmos em como a banda larga pode ser disponibilizada em geral para os europeus, de forma que a velocidade da mudança possa aumentar".

O Plano de Ação é formado por um total de 64 metas, cada uma a ser atingida até o fim de 2002. A atual comunicação apresenta um relatório final sobre o plano de ação e uma análise do seu impacto. Onde a Europa está agora?

A conectividade com a Internet cresceu rapidamente. Em 2002, mais de 90% das escolas e empresas estavam on-line, mais da metade dos europeus eram internautas regulares e 43% dos lares europeus agora estão conectados à Internet. A Europa agora tem a rede de backbone de pesquisa mais rápida do mundo (Geant). A disseminação começa com as conexões de alta velocidade nos lares, e as pequenas e médias empresas serão o próximo desafio.

Foi criada uma estrutura legislativa para comunicação eletrônica e para e-commerce e entrará em vigor neste verão. Os preços de telecomunicações caíram; a concorrência cresceu e continuará crescendo. Foi adotada uma série de diretivas para aumentar a certeza em transações de e-commerce, particularmente no comércio internacional, e para garantir um nível ideal de proteção ao consumidor.

Aumentar o uso efetivo da Internet é o foco da etapa seguinte, o Plano de Ação eEurope 2005. Isso significa, por exemplo, mais empresas usando o e-commerce; escolas não só estarão conectadas, como também farão uso total da Internet em aula; serviços governamentais oferecidos on-line e totalmente interativos; uso maior no setor de saúde, no qual existem grandes demandas de informações atualizadas. É necessário mais treinamento e ação para garantir que todos os europeus tenham a oportunidade de tirar vantagem das chances oferecidas por tecnologias digitais.

Documento associado da Staff Working, o *eEurope 2002: Progresso alcançado no cumprimento das metas* descreve o progresso feito em relação a cada uma das 64 metas do eEurope 2002.

*Fonte*: Adaptado de The eEurope 2002 Action Plan has been a success in bringing Europe on-line. Comunidades Européias, 12 fev. 2003.

a Internet. Embora a maioria dos novos celulares esteja habilitada para a Internet (com um micronavegador), somente uma pequena porcentagem desses telefones será ativamente usada para transmissão de dados pela Internet. Embora esses dispositivos não tenham capacidade para exibir Websites, eles poderão acessar conteúdos especialmente filtrados dos servidores da Web existentes. No entanto, a Jupiter acredita que gestão de conta e gestão de conteúdo para *smart phones* ou outros dispositivos de conexão com a Internet devem ser manuseadas com um computador por meio de um Website. "As empresas nesse mercado devem pensar em uma estratégia sem fio centralizada na Web para ganhar vantagem competitiva", disse Noah Yasskin, analista da Jupiter (Internet appliances, 1999).

O relatório provou estar do lado mais tímido. Com os avanços feitos em **mCommerce** (como atualmente é conhecido o comércio móvel), como sms (*small messaging system*, ou sistema de mensagens curtas) e wap (*wireless application protocol*, ou protocolo para aplicativos sem fio), espera-se que as projeções fiquem desatualizadas muito rápido. Em um estudo recente, descobriu-se que a esmagadora maioria dos usuários de celulares gostaria de realizar pequenas transações por meio do uso de dispositivos móveis (MobileVillage, 2002).

## Deixando as páginas de Internet interessantes, mas neutras

O profissional de marketing virtual não pode vender a todas as pessoas do mundo. Portanto, depois que a análise da situação for concluída, permanecerão as perguntas básicas de marketing: quais mercados estão sendo negligenciados ou quais nichos nosso produto pode preencher? Essas são perguntas estratégicas que devem ser respondidas totalmente antes de quaisquer atividades ou recursos de marketing serem considerados. Com as soluções positivas e lógicas em mãos e com a bênção da gerência, programas táticos envolvendo os recursos de marketing eletrônico podem ser criados com sensibilidade e imaginação.

Como o relatório anterior da Jupiter Communications previu a importância dos *smart phones*, os profissionais de marketing devem ter cuidado ao desenvolver planos e designs de comunicação adequados à mensagem e ao meio. Um Website colorido com texto pequeno não será legível nem atraente em uma tela monocromática de um *smart phone*. Além disso, deve-se pensar bem no conteúdo, tanto no comprimento do texto quanto na escolha do idioma. Hoje em dia, a maioria dos Websites é escrita em inglês e, ocasionalmente, é possível escolher um segundo idioma, como o francês ou o alemão. O profissional de marketing deve conhecer a preferência de idioma do Website de seu mercado para ser realmente eficaz. Websites projetados para mercados internacionais devem ser 'desinfetados', excluindo jargões, bandeiras ou símbolos populares norte-americanos que possam ser reconhecidos somente nos Estados Unidos. Recomenda-se uma abordagem mais gráfica, pois fotografias ou ilustrações podem ser processadas visualmente para informações do consumidor ou business-to-business. Os consumidores asiáticos se impressionam menos com slogans inteligentes, mas estão mais interessados no que o produto fará por eles. Quanto menor o texto, menos confusa será a mensagem, do ponto de vista lingüístico. As interfaces gráficas são mais fáceis de serem seguidas. Você prefere lidar com um Website com mais instruções, botões, páginas ou navegação adicional? Provavelmente não. Portanto, considere as ferramentas de marketing eletrônico com uma operação mais simples e evidente para a conveniência do seu consumidor, particularmente quando ele estiver usando um idioma pouco familiar. Isso, no entanto, não implica que os Websites internacionais não possam ser criativos.

## O E-Marketing em Ação

### ACESSO À INTERNET DURANTE OS VÔOS!

Reportagem da CNN a 35 mil pés de altura – Em um recente vôo de Londres para Nova York, passei cinco horas conectado à Internet, atualizando-me em relação aos acontecimentos no escritório, respondendo a e-mails – e redigindo este artigo.

Em fevereiro, a British Airways seguiu o exemplo da maior linha aérea da Alemanha, a Lufthansa, ao iniciar experiências de Internet no vôo em rotas selecionadas. Era possível ligar seu laptop e começar a navegar na Internet, enviar e receber e-mails, incluindo anexos, e usar o Instant Messenger. Mas isso significa que a última fortaleza de refúgio do escritório – a viagem de avião – não é mais sagrada. Quando problemas estiverem à vista, os executivos não terão desculpas por estar incomunicáveis.

Com um e-mail a um clique a uma distância de até mesmo 35 mil pés, o viajante cansado não poderá mais dizer "Eu estava fora de contato... voando o dia inteiro". Agora, espera-se que você participe de reuniões pela Internet por meio de mensagens instantâneas, corrija minutas de documentos e devolva-os o mais rápido possível. E, claro, envie e-mails de manhã, de tarde e de noite.

O sistema de Internet Connexion instalado no Boeing 474-400 usa uma antena por satélite presa bem abaixo do teto da aeronave. Você quase consegue ver a protuberância, se observar com cuidado. Combinada com mais de 4.500 metros de cabos, a antena nos assegura a ligação de nossos laptops nos assentos. O laptop precisa estar configurado com um modem Ethernet. Muitos laptops corporativos já têm isso para os executivos usarem no escritório ou em conexões de banda larga em casa. Um modem de 56K não vai funcionar. Não é preciso softwares complicados – você conecta o laptop no assento, abre o Internet Explorer, e pronto.

A British Airways exigiu que houvesse a simplicidade de uso como uma alta prioridade, quando contratou o dispositivo. "Era fundamental para nós que os consumidores conseguissem se conectar tão facilmente quanto o fazem no escritório ou em casa", diz Kevin George, da BA, chefe de desenvolvimento do produto.

Eles só tiveram sucesso em parte. Depois de conectá-lo ao assento, meu laptop continuou a tentar discar como se eu usasse um modem dial-up, ainda que estivéssemos conectados à Internet banda larga a bordo. Alguns ajustes nas configurações das Opções da Internet logo acabaram com o problema. Os técnicos da Boeing estavam a bordo dos primeiros vôos durante o período de experiência de três meses. "Queremos garantir que os passageiros consigam se conectar ao sistema com um mínimo de alvoroço. Podem surgir alguns problemas", disse Mike Woodward, chefe da Connexion na Europa. Possíveis problemas incluem passageiros que não têm o modem correto no laptop. Depois, haverá o problema dos firewalls corporativos, configurações e políticas projetados para evitar o acesso não-autorizado.

A BA admite isso no folheto de instrução: "Seu laptop pode ter sido configurado pela empresa. É provável que a política de TI da sua empresa não permita alterações na configuração da rede. Consulte o administrador de TI", diz. Em outras palavras: azar o seu. Então, esqueça os filmes. Concentre-se nas planilhas. Isso é progresso? Essa eu deixo para você. Tenho alguns e-mails para responder.

*Fonte*: Quest, Richard. CNN reports from 35,000 feet. GMT London, Inglaterra (CNN), 21 fev. 2003.

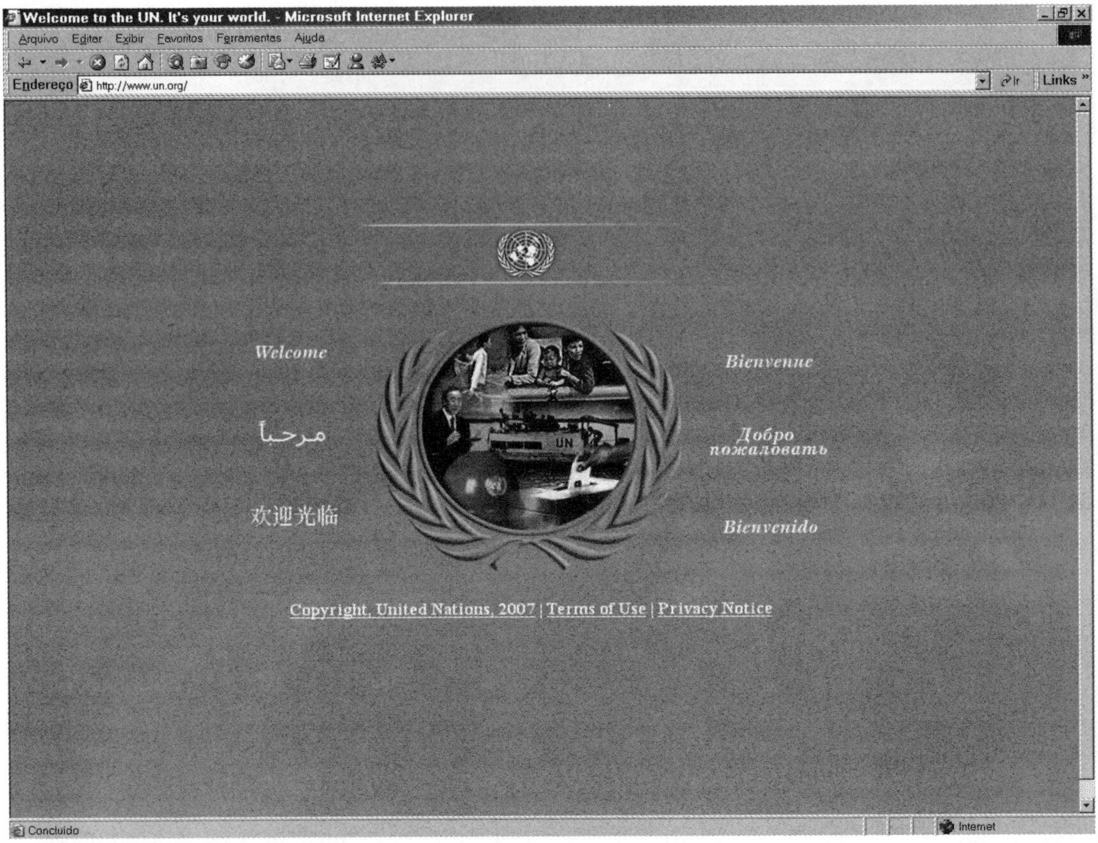


**Figura 18.4** Dadas as atividades globais das Nações Unidas, o uso da Web é uma praticidade. Um dos importantes hiperlinks nesse Website, Desenvolvimento Social e Econômico, leva a páginas sobre dados de comércio, desenvolvimento sustentável e desenvolvimento social.
*Fonte*: Nações Unidas (http://www.un.org).

## Os outros problemas do e-commerce internacional

O profissional de marketing deve estar ciente de que obstáculos maiores devem ser superados como aqueles que fazem os assuntos estratégicos parecerem triviais, como o grau de criatividade ou de humor em um Website. Os espectadores da era da informação, sejam eles executivos, consumidores, políticos, legisladores, universitários, professores – quase todas as pessoas vivas –, devem ter ciência do impacto que a Internet causa sobre as nações e suas estruturas sociais e governamentais. Diferentes países vêem os efeitos da Internet com distintos valores ao proteger seus cidadãos, economias, segurança nacional e cultura. Em função da natureza sísmica da Internet, concordar com assuntos de largo alcance, como privacidade e diferenças na lei internacional, é um processo extenso, e nenhum país quer criar uma legislação com pressa. São problemáticas as leis que restringem a coleta e a distribuição de informações pessoais e proíbem o envio desses dados para países sem tais leis ou as preocupações de privacidade médica ou financeira. As práticas de e-commerce internacional, como tributação, proteção ao consumidor, coleta de dados do consumidor e combate às operações fraudulentas, são todas novas experiências e levarão anos para se equilibrarem. Os profissionais de marketing querem que os detalhes de e-busi-

## Agora Você Sabe

**A COMISSÃO EUROPÉIA PROCURA POR UMA REDE CONFIÁVEL**

A Comissão Européia está procurando acalmar os compradores preocupados com a segurança na Web. A CE está determinada a introduzir um único esquema de marca confiável para garantir padrões mínimos de proteção ao consumidor on-line em toda a Europa. A comissão espera que, ao exibir um ícone reconhecível em seus Websites, os comerciantes possam mostrar aos consumidores que eles seguem determinados padrões de proteção. Esses padrões cobrirão privacidade de dados, preço e transparência de informações e maneiras sobre como lidar com reclamações.

O esquema é particularmente destinado a pequenas e médias empresas. Espera-se que, ao criar uma marca confiável, empresas menores comercializem com outros países. Espera-se que a marca confiável proposta, que tem suporte de empresas e grupos de consumidores, esteja disponível a partir do próximo ano. "Como essas empresas confiáveis foram elaboradas por consumidores e pela indústria, elas formam uma certa base para alcançar o sucesso", disse Agne Pantelouri, diretora de assuntos com o consumidor e diretora geral de proteção ao consumidor. Já existem esquemas semelhantes na Europa, mas eles tendem a ser específicos de determinados países – a marca TrustUK, por exemplo. Espera-se que a marca confiável UE substitua essas iniciativas dispersas por um esquema padronizado.

*Fonte*: European Commission looks for trustworthy Web. *Internet Magazine*, Emap Consumer Media Limited, 2003

ness sejam resolvidos primeiro, mas há pouco consenso sobre as leis para coleta de dados ou proteção do consumidor. Os profissionais de marketing atualmente estão assumindo uma posição de auto-regulamentação: as empresas ajustarão suas políticas de e-commerce e comunicação on-line para se adequarem às leis do país com o qual elas estão fazendo negócios. Alguns profissionais de marketing incentivam uma política diferente, a de que as empresas sigam as leis do consumidor e privacidade de seus países de origem e simplesmente mostrem essas leis a consumidores de outros países. Os princípios de e-commerce internacional não serão fáceis de criar nem implementar.

Os maiores executivos da Internet, da mídia e das telecomunicações iniciaram uma campanha ao vivo da indústria, chamada **GBD (Global Business Dialogue)** em e-commerce, que se concentra inicialmente em privacidade, tributação e confiança do consumidor. A Global Business Dialogue está particularmente preocupada com a tal **Diretiva da UE**, uma política da União Européia que entrou em vigor em outubro de 1998. A Diretiva da UE proíbe as empresas de enviar informações pessoais para fora da Europa, a menos que o país de destino tenha determinadas proteções de privacidade. Muitas empresas norte-americanas consideram a diretiva muito restritiva. A Global Business Dialogue foi criada em resposta parcial às demandas internacionais de e-commerce e aos críticos e regulamentadores de privacidade. A meta da GBD é gerar soluções líderes da indústria a problemas que afetam o comércio eletrônico. As nove áreas em que o grupo irá se concentrar são:

- Tributação.
- Segurança de dados.

- Privacidade on-line.
- Responsabilidade do conteúdo on-line.
- Proteção dos direitos de propriedade intelectual.
- Preocupações técnicas com a Internet.
- Conteúdo polêmico, como pornografia.
- Quem possui jurisdição sobre as transações da Internet.
- Confiança do consumidor em transações de e-commerce.

Se alguma lei precisar ser promulgada, as empresas internacionais vão querer fazer parte do processo de tomada de decisão. Como disse Gerald Levin, da Time Warner, Inc., "Sentimos que temos um papel a cumprir na formação da política pública. Somos capazes de superar pequenos problemas geográficos e problemas competitivos para darmo-nos conta da importância desse novo meio" (Peterson, 1999).

A campanha Global Business Dialogue ainda existe e está de olho no futuro. Em 2002, o Consumer Confidence Working Group, que agora incorpora preocupações com os pagamentos feitos pela Internet e ética virtual, além da proteção de dados pessoais, ADRs (Resoluções de Disputa Alternativa) e trustmarks (marcas de empresas confiáveis), continuou a perseguir a meta de implementação de soluções de confiança do consumidor do GBDe (Global Business Dialogue on Electronic Commerce, ou Diálogo dos Negócios Globais de Comércio Eletrônico). O Cyber Security Working Group concentrou-se em acordos mútuos de reconhecimento e em processos de compartilhamento de informações. A fim de incentivar o desenvolvimento do mercado com fóruns internacionais ativos nessa área, o Digital Bridges Working Group continuou a reforçar o papel do GBDe como um ponto de referência essencial do setor privado nas iniciativas de inclusão digital globais e contribuiu muito para o desenvolvimento da estrutura da política de e-commerce em economias em desenvolvimento. O e-Government Working Group complementou o trabalho no relacionamento *government-to-business* ao resolver os problemas de *government-to-consumer* (G2C). As recomendações sobre problemas de G2C foram fornecidas a governos, incluindo a base da implementação rápida e abrangente de administração pública baseada na Internet. O Taxation Working Group trabalhou com a coordenação internacional no desenvolvimento de políticas tributárias que promoverão o comércio eletrônico global para o benefício de empresas e consumidores em todos os lugares. O Trade Working Group se concentrou nas informações de negociação da OMC pós-Doha sobre as visões do GBDe sobre assuntos comerciais, conforme declarado nas Recomendações de Tóquio de 2001. Iniciativas específicas se concentraram nos ministérios do comércio, nos executivos da OMC e na participação substancial em determinados fóruns internacionais, incluindo Apec e Alca. Para obter mais informações sobre o que a GBDe está fazendo atualmente, você pode visitar o Website no endereço http://www.gbde.org/index1.html (GBDe, 2001).

## Um exemplo de e-commerce internacional

Pense globalmente, aja localmente: isso não vale só para o profissional de marketing tradicional. Na verdade, torna-se ainda mais essencial adotar essa estratégia ao usar a Web. Dada a natureza da Web, não existem fronteiras. A Amazon.com criou uma série de Websites internacionais enquanto fez duas coisas cruciais – implementou os mesmos conceitos de valor agregado que atraem os consumidores norte-americanos e personalizou o conteúdo e as ofertas da Amazon francesa (http://www.amazon.fr – Figura 18.5). A loja virtual francesa usa a mesma interface e práticas eficientes de navegação, mas apresenta recomendações, produtos e serviços muito diferentes. Então, por exemplo, percebendo que os europeus estão mais acostumados a usar cheques,

**Quadro 18.2**

**WEBSITES DA AMAZON PELO MUNDO**

| Endereço | País |
|---|---|
| http://www.amazon.com | Estados Unidos |
| http://www.amazon.fr | França |
| http://www.amazon.co.uk | Reino Unido |
| http://www.amazon.co.jp | Japão |
| http://www.amazon.at | Áustria |
| http://www.amazon.de | Alemanha |
| http://www.amazon.com (redirecionado) | Website em espanhol |

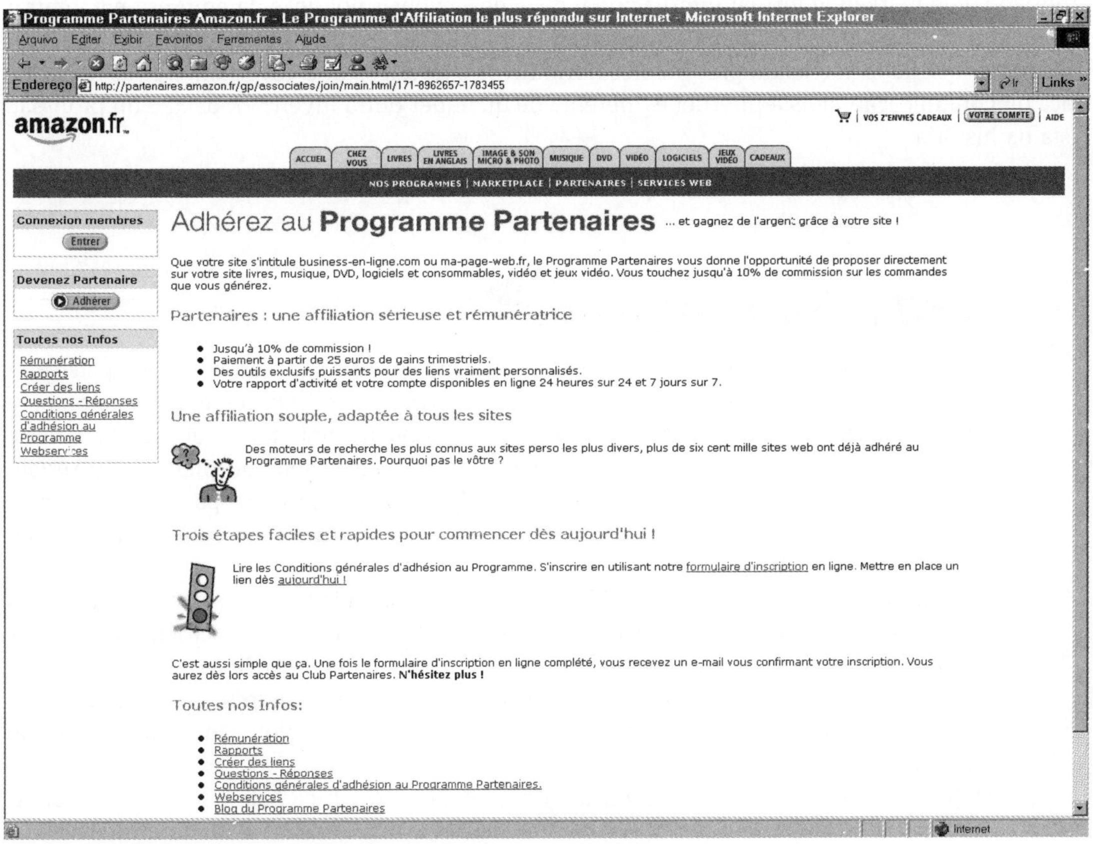


**Figura 18.5** Amazon.fr: Pense globalmente, aja localmente.
*Fonte*: Amazon.fr (http://www.amazon.fr). Copyright © 2006, Amazon.com, Inc. Todos os direitos reservados. Utilizado com permissão.

a Amazon.fr aceita métodos alternativos de pagamento. No entanto, a Amazon.fr não oferecia vendas de computadores pelo seu Website.

Usando essa estratégia, a Amazon criou uma série de Websites para diferentes países, cada um personalizado de acordo com as necessidades e gostos de mercados específicos.

## Resumo

Sim, a Web é global. Enquanto os continentes se aproximam cada vez mais por causa da comunicação eletrônica, o marketing internacional está ficando semelhante entre as nações e as indústrias. A Internet está se tornando a principal – e logo, o padrão – ferramenta em marketing para os mercados estrangeiros. Em 20 anos, a acessibilidade à Internet irá disparar, oferecendo uma extensa cobertura de mercado aos profissionais de marketing que usam a Web como parte da mídia e da comunicação corporativa. Os profissionais de marketing terão de agir com cuidado à medida que a comunidade internacional criar leis que governem o e-commerce internacional. No futuro, serão debatidos (e muitas vezes transgredidos) assuntos controversos, como proteção do consumidor, privacidade do comprador, segurança nacional e práticas de e-commerce internacional. O profissional de marketing virtual internacional deve desenvolver políticas da empresa para entrar no e-commerce, adotar as leis do país em questão ou seguir as leis do país de origem da empresa. Governo e sociedade não usam precedentes normativos e jurídicos que governam outros meios de troca ou comunicação, pois a Internet é diferente de qualquer outra invenção, paixão ou profissão vista na história.

### Perguntas e exercícios

1. Os costumes e os comportamentos afetam a visão ou o uso da Internet em um país? Procure na Web três Websites internacionais que considere incomuns, de mau gosto ou não-tradicionais em comparação aos valores ou normas brasileiros. Imprima cada um deles e explique por que você considera que esses gráficos, mensagens ou ofertas não seriam bem recebidos pelo comprador brasileiro médio. Redija uma carta para cada empresa fazendo sugestões sobre alterações no Website que seriam mais atraentes para o consumidor brasileiro médio.
2. Das várias características demográficas e fatores econômicos que foram discutidos na preparação da análise da situação, quais as duas condições que você considera mais importantes para entrar no mercado internacional? Existem condições demográficas, econômicas, culturais ou jurídicas/normativas? Redija um memorando para seu chefe explicando o que você pensa sobre os indicadores corretos de exploração de marketing no país hospedeiro.
3. O que você faria se seu chefe lhe desse uma tarefa na América Latina? Como você abordaria sua decisão? Quais seriam os fatores decisivos para aceitar a tarefa e qual seria a estratégia para mudar a direção do mercado? Digamos que sua empresa seja uma rede internacional de estações de rádio; qual país você selecionaria e por quê? Prepare um esboço do plano estratégico para o vice-presidente de marketing internacional da sua empresa.
4. Ao comparar o processo de marketing eletrônico internacional com o processo de marketing tradicional, quais são as semelhanças e diferenças de cada prática? Selecione os três

pontos mais semelhantes e os três mais diferentes e faça suas considerações. Redija um e-mail a um sócio que está abrindo uma filial de uma bolsa de valores internacionalmente conhecida na Ásia. Como essa é a primeira tarefa internacional dele e você já abriu filiais na América do Sul, dê-lhe conselhos sobre as semelhanças e diferenças no processo de marketing.

5. Por que os hábitos dos consumidores diferem de país para país na Europa? Se você comparar as populações listadas nos gráficos "População on-Line européia por país", encontrará diversos países com populações de menos de seis milhões de pessoas. Com ancestrais em comum, pequenas áreas terrestres e pequenas populações, os hábitos de compra e de Internet devem ser semelhantes? Prepare-se para uma discussão em sala de aula sobre esse tópico.
6. Se você fosse proprietário de uma loja de produtos eqüestres de alta qualidade, quais os dois países que escolheria como alvo na Europa? Por quê? Liste quatro razões e explique cada uma delas. Redija sua explicação como uma carta solicitando financiamento a um banco nacional; os lucros do empréstimo seriam utilizados para pagar o servidor da Web e os sistemas de bancos de dados.
7. Você é um profissional de marketing que trabalha com uma empresa envolvida nas negociações da Diretiva da UE. Redija uma política da empresa sobre e-commerce internacional em relação à responsabilidade legal da empresa. Você operará de acordo com as leis e regulamentos do país hospedeiro ou segundo as leis do país de origem, divulgando completamente a responsabilidade da empresa?
8. Como você abordaria a população chinesa para vender-lhes vestuário profissional especializado? Essas roupas de segurança são para trabalhadores em ocupações perigosas, como minas de aço, fábricas químicas e projetos de construção de hidrelétricas. Por que você optaria pela Internet? Quais mercados você usaria como alvo e com quais mensagens? Se você não usar a web, por que não o faria? Qual seria seu programa promocional alternativo? Você consideraria outras formas de comunicação on-line? Quais e por quê?

*Bibliografia*


CYBERATLAS. PC market headed for geographic shift. Jupitermedia Corp. Copyright 2004 Jupitermedia Corporation. Todos os direitos reservados. Utilizado com permissão. Disponível em: < http://cyberatlas.internet.com/big picture/hardware/article/0,1323,5921 988841,00.html >. Acesso em 11 mar. 2002a.

______. The world's online population. Jupitermedia Corp. Copyright 2004 Jupitermedia Corporation. Todos os direitos reservados. Utilizado com permissão. Disponível em: < http://cyberatlas.internet.com/big picture/geographics/article/0,,5911 151151,00.html >. Acesso em 21 mar. 2002b.

ENOS, Lori. Surge seen for Latin American e-biz. Triad Commerce Group LLC. Disponível em: < http://www.ecommercetimes.com/perl/story/6835.html >. Acesso em 19 jan. 2001.

ETC. New media review from the European travel commission: Markets by country, Europe. 2003. Disponível em: < http://www.etcnewmedia.com/review/default.asp?SectionID = 11&Country1D = 50 >.

EUROPEAN Internet Strategies. *Digital Digest*, 29 jan. 1999, p. 1.

FLASH Eurobarometer 125: Internet and the public at large. EOS Gallup Europe, maio/jun. 2002. Disponível em: < http://europa.eu.int/comm/public opinion/flash/fl125 en.pdf >.

GBDE. GBDe Brochure. 2001. Disponível em: <http://www.gbde.org/acrobat/brochuresm.pdf>.

GREENBERG, Paul. Latin American e-commerce to reach $ 82B by 2004. Triad Commerce Group LLC. Copyright 2004 Jupitermedia Corporation. Todos os direitos reservados. Utilizado com permissão. Disponível em: <http://www.ecommercetimes.com/perl/story/3062.html>. Acesso em 20 abr. 2000.

GREENSPAN, Robyn. E-shopping around the world. Jupitermedia Corp. Copyright 2004 Jupitermedia Corporation. Todos os direitos reservados. Utilizados com permissão. Disponível em: <http://cyberatlas.internet.com/markets/retailing/article/0,1323,6061 1431461,00.html>. Acesso em 23 jul. 2002a.

______. Wireless surfer numbers grow. Jupitermedia Corp. Copyright 2004 Jupitermedia Corporation. Todos os direitos reservados. Utilizado com permissão. Disponível em: <http://cyberatlas.internet.com/markets/wireless/article/0,,10094 1457671,00.html>. Acesso em 6 set. 2002b.

GVU TENTH WWW USER SURVEY. Georgia Tech Research Corporation. 1999. Disponível em: <http://www.cc.gatech.edu/gvu/user surveys/survey-1998-10/>.

INTERNET appliances in Europe. *Digital Digest*, 2 mar. 1999, p. 2.

LATIN AMERICA online: Demographics, usage & e-commerce. eMarketer. Disponível em: <http://www.emarketer.com/products/report.php?2000129>. Acesso em 2 out. 2002.

MOBILEVILLAGE. Study: Users know about 3G but not sure it's worth it. MobileVillage. Disponível em: <http://www.mobilevillage.com/news/2002.09.12/3Gstudv.htm>. Acesso em 12 set. 2002.

PASTORE, Michael. Europeans going digital. Jupitermedia Corp. Copyright 2004 Jupitermedia Corporation. Todos os direitos reservados. Utilizado com permissão. Disponível em: <http://cyberatlas.intemet.com/big picture/geographics/articIe/0,,5911 254661,00.html>. Acesso em 6 dez. 1999.

PETERSON, Andrea. Electronic-commerce initiative is set by top executives at 17 companies. *The Wall Street Journal*, I5 jan. 1999, p. B6.

QUEST, Richard. CNN reports from 35,000 feet. GMT London, England (CNN). Utilizado com permissão. Acesso em 21 fev. 2003.

RADO, Valeria; Choo, Geoff. Internet in Europe. Netstatistica. Disponível em: <http://www.netstatistica.com/reports/europe/demographics/may2002/index.html>. Acesso em maio 2002.

SEMINERIO, Maria. E-commerce in the third world? ZDNet News. 1999. Disponível em: <http://zdnet.com.com/2100-11-514119.html?legacy=zdnn>.

TNS Interactive. Global e-commerce report. Taylor Nelson Sofres PLC. Disponível em: <http://www.tnsofres.com/ger2002/keycountry/denmark.cfm>. Acesso em jun. 2002.

UN report cites global Internet growth despite economic woes. Reuters Limited. Disponível em: <http://www.usatoday.com/tech/news/2002-11-18-global-net x.htm>. Acesso em 18 nov. 2002.

WEBBER, Alan. Marketing to the world. Fast Company. Disponível em: <http://www.fastcompany.com/ftalk/boston2/marketing.html>. Acesso em jun. 2002.

WORLDWIDE Internet population. CommerceNet. Disponível em: <http://www.commerce.net/research/stats/wwstats.html>. Acesso em jan. 2000.

YAKIREVICH, Pat. Patience required. Individual Investor Group Inc. 1998. [citado anteriormente online].

# CAPÍTULO 19

# A Ética do Marketing Eletrônico

Os profissionais de marketing devem assumir a responsabilidade pelas conseqüências de suas atividades e fazer tudo o que for possível para garantir que suas decisões, recomendações e ações funcionem para identificar, servir e satisfazer todos os públicos importantes: consumidores, organizações e sociedade.

*(Associação Americana de Marketing, 1998)*

## Objetivos de Aprendizado

- Discutir a ética básica do marketing na Internet.
- Reiterar o conceito de que a satisfação do consumidor leva a relacionamentos de marketing longos.
- Estabelecer diretrizes com conceitos sensatos que possam incentivar profissionais de marketing a agir com responsabilidade e ética na prática do marketing eletrônico.

# Introdução

Agora que a Internet se tornou um meio popular para comunicar e fazer marketing para um grande número de consumidores e empresas, é importante que se reserve um tempo para levar em conta alguns possíveis problemas enfrentados pelos profissionais de marketing ao cumprir suas metas. É essencial, nesta era de acesso fácil à informação e tecnologia, que os profissionais de marketing ajam de forma responsável ao usar a Web. Isso pode exigir que eles se auto-regulem, desenvolvendo um "Código de Normas e Práticas", assim como fez a American Association of Advertising Agencies (http://www.aaaa.org – Figura 19.1) no início do século XX. Esse código da Web pode facilitar o uso bem-sucedido da Internet sem criar necessidade de leis adicionais. Assim como em qualquer outro meio, há regras de **ética** que precisam ser seguidas e compreendidas por todos os que criam materiais que serão vendidos ou exibidos publicamente. Essa é uma maneira de ajudar as empresas a auto-regular a Internet, tornando-a um lugar melhor para todos os usuários, empresas e consumidores. O material a seguir neste capítulo tocará em alguns desses assuntos e começará a despertar sua consciência.

# Comprometimento com o atendimento ao cliente

Trate os consumidores em todas as comunicações e transações como você gostaria de ser tratado, colocando as necessidades deles em primeiro lugar. É essencial que você ofereça conexões seguras e rápidas e melhore continuamente o conteúdo na sua infra-estrutura da Web. Você deve aos consumidores uma entrega segura e a satisfação prometida pelos serviços e mercadorias encomendados. A capacidade de fornecer uma resposta on-line 24 horas por dia às perguntas dos consumidores agora está na palma de sua mão. Use-a. Deixar o consumidor satisfeito com seus serviços e mercadorias e fazê-lo retornar é, afinal de contas, a principal meta da estratégia de marketing, seja ela on-line ou não. Seja honesto consigo mesmo e com o consumidor. Não o alicie com propagandas falsas e espere que ele se torne um cliente fiel. Esteja seguro de que, quando colocar mensagens ou informações na Web, você será capaz de proporcionar aquilo que prometeu. Se necessário, não se esqueça de adicionar avisos em páginas definindo importantes limitações de seus produtos e serviços, além de todos os avisos jurídicos necessários. Essas informações devem ocupar um lugar de importância e serem facilmente acessadas por todos os que visitarem seu Website.

Lembre-se do Capítulo 15, que fala que a lei não permite que o comerciante cobre do consumidor até que as mercadorias tenham realmente saído das instalações. Isso significa que você deve verificar se os pedidos estão sendo atendidos com precisão e no momento certo. Se o seu sistema de encomenda não confere o estoque automaticamente, dando ao consumidor um feedback imediato, não se esqueça de responder ao cliente rapidamente em relação aos itens encomendados que estejam fora do estoque, tenham sido descontinuados ou não estejam disponíveis por qualquer outra razão. Isso pode ser conseguido com uma ligação telefônica, uma carta ou, melhor, por e-mail. Se o tempo de entrega for usualmente longo, não prometa entregar o pedido do dia para a noite. Dê uma resposta para o pedido dos consumidores feito por e-mail ou por carta, de forma que eles tenham um registro da transação.

Se por algum motivo ocorrer um erro, não se esqueça de se desculpar e acomodar o consumidor da melhor forma que conseguir. Isso pode exigir alguma criatividade de sua parte, mas pense naquela criança de 4 anos de idade que não recebeu a casinha de brinquedo encomendada no seu Website para o aniversário dela. Você, o profissional de marketing, deve fazer alguma coisa especial por ela. Envie outra mercadoria que possa agradar a ela e aos pais, parentes e amigos.

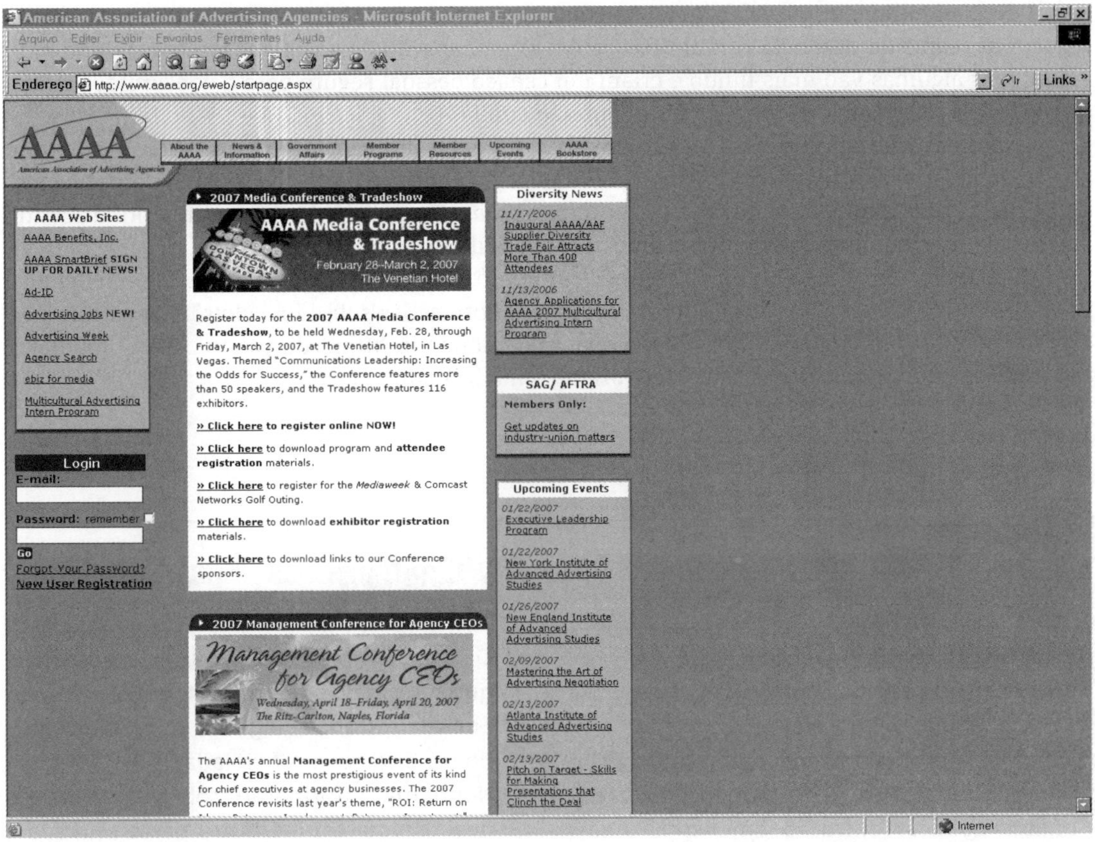


**Figura 19.1** Há dúvidas se o e-commerce precisará ser regulamentado pelo governo no futuro. Um modelo de auto-regulação consultado com freqüência é o da 4As, a prestigiosa organização das principais agências de publicidade. As responsabilidades dos membros incluem obedecer aos "Padrões de Prática", adotados no início dos anos 1920 para frear abusos e atividades antiéticas e que acabaram reduzindo a necessidade de intervenção governamental.
*Fonte*: American Association of Advertising Agencies (http://www.aaaa.org). Utilizado com permissão.

Pense na criança como se fosse seu filho. Erros podem acontecer; é o que você faz para mitigá-los que diferencia o espírito do seu Website. Você deve a seus consumidores uma política de devolução justa e responsiva, sem importunações, quando comete algum erro. Isso pode significar não lhes cobrar pela transação, dar-lhes um desconto nessa ou em outras compras, além de redigir uma nota pessoal de desculpas. Use o bom senso e tenha em mente que você também é um consumidor nesse mundo competitivo. O que é necessário para você se tornar um consumidor leal? O que faria com que nunca mais quisesse visitar ou consumir de uma empresa novamente? Se você tiver consciência de como está lidando com o consumidor, alcançará o sucesso.

## Privacidade pessoal

Todo mundo que usa a Internet merece privacidade. Por esse motivo, garantir a segurança da privacidade pessoal é um aspecto muito importante das obrigações éticas e **morais** que o profissional de marketing tem em relação ao consumidor e à empresa. Muitos dos tópicos nesta seção seguem as regras da decência comum básica e da preocupação e consideração pessoal pelo indivíduo, mas algumas vão mais fundo e criam um espaço pessoal seguro para o consumidor. Afinal de contas, você lidaria com alguém em quem não confia?

O correio eletrônico é uma das maravilhas da comunicação, porém, quando usado com abuso, pode ser tão inútil quanto palavras ao vento. Não aborreça possíveis consumidores enchendo as caixas de e-mail deles com avisos ou informações não-solicitados. O **spam** já foi discutido anteriormente e não é visto com bons olhos pela sociedade da Internet.

Para entrar em contato com um grande número de pessoas com interesses semelhantes, você deve usar uma lista de mala direta. Para mais informações sobre lixo eletrônico na Internet, experimente dar uma olhada na categoria spam do Yahoo em http://dir.yahoo.com/Computers_and_Internet/Communications_and_Networking_Email/Spam/.

## Agora Você Sabe

**DIRETRIZES PARA PROTEGER A PRIVACIDADE DO CONSUMIDOR**

Quando o profissional de marketing inicia seu relacionamento com os consumidores, muitas políticas entrarão em vigor. Umas são mais importantes que outras, mas todas devem ser desenvolvidas com o pressuposto de que o consumidor está quase sempre certo. Ao lidar com consumidores por um meio eletrônico, o profissional de marketing deve resolver os problemas de privacidade da empresa para dar aos funcionários e sócios um padrão de desempenho no qual o consumidor possa confiar. A profissional de marketing Komenar desenvolveu dez pontos sobre privacidade e coleta de dados do consumidor que constituem um excelente ponto de partida. Essas políticas se encaixam na cultura existente do uso da Internet.

- As informações do usuário são privadas e lhe pertencem.
- Os usuários devem concordar em revelar suas informações.
- Os usuários devem estar conscientes sobre todas as atividades de coleta de informações.
- Os usuários podem se recusar a permitir que seus dados sejam coletados.
- Em circunstância alguma a privacidade do usuário deve ser violada.
- Nenhuma informação sobre o usuário deve chegar a uma outra parte sem sua permissão explícita.
- Os usuários devem poder escolher o tipo e a periodicidade da informação que desejam receber.
- Só devem ser enviadas informações em que o usuário final esteja especificamente interessado e que tenha demonstrado o desejo de receber.
- Jamais se deve enviar lixo eletrônico ao usuário final.
- Os usuários devem ter o controle sobre as informações que desejam receber, de forma que, a qualquer momento, possam atualizar essa permissão com base em, por exemplo, uma compra recente que acabe com a sua necessidade de informações específicas.

*Fonte*: Komenar, Margo. Electronic marketing. Nova York: John Wiley & Sons, 1997, p. 396.

Se você estiver usando listas de mala direta para se comunicar com seus consumidores, siga algumas regras básicas. Para cada lista que você criar, não se esqueça de colocar uma opção para que os indivíduos se cadastrem nelas, em vez de torná-la obrigatória. Se o consumidor demorar para preencher as informações que você solicitou, não o penalize enviando-lhe lixo eletrônico, a menos que ele esteja interessado em recebê-lo. Receber um endereço de e-mail de um consumidor não significa necessariamente que ele vá querer lixo eletrônico de você. Apesar de o e-mail ser fácil de usar e barato, não envie e-mail de grupo (spam) para pessoas que não o esperam e não faça anúncios inadequados em newsgroups ou listas de mala direta.

Há algumas opções para ajudá-lo a criar suas listas de mala direta com aqueles que realmente estão interessados. É fácil colocar uma caixa de seleção em um questionário enviado ao consumidor para lhe permitir optar por não fazer parte da sua lista de mala direta. É permitido pedir aos consumidores atuais para encaminhar a informação a outras pessoas que possam estar interessadas ou para lhe fornecer uma lista de pessoas e seus endereços de e-mail, de forma que você possa convidá-los para participar da lista. É importante também fornecer aos consumidores uma maneira de serem excluídos da mala direta. Isso lhes deve ser enviado com o primeiro e-mail que eles receberem da lista. Caso o e-mail seja deletado ou depois for preciso prestar ajuda para removê-los da lista, você deve lhes servir da melhor maneira que puder.

## Segurança: validação e censura

Seus consumidores esperam privacidade e segurança, que é direito deles. Você lhes deve uma transação segura quando eles encomendam produtos ou serviços ou solicitam informações on-line. Se o consumidor desejar, você deve oferecer um método alternativo de pagamento. Ao lidar com comércio eletrônico, muitas vezes se lida com informações delicadas, como números de cartão de crédito, de segurança social, números de telefones e endereço. Respeite a privacidade dos seus consumidores ao fazer as transações da forma mais segura possível. Disponibilize uma política por escrito para avisar o consumidor de que o Website está coletando informações suscetíveis e como você está resolvendo os problemas de segurança.

A perspectiva de vender ou trocar as informações dos consumidores não deve soar tentadora se sua ética passar no teste. O endereço de e-mail do consumidor lhe é fornecido de boa-fé e não deve ser vendido nem trocado com ninguém sem primeiro pedir permissão. Seu consumidor escolheu fazer negócio com você e com sua empresa somente. Você gostaria que o carteiro entregasse sua correspondência primeiro para um estranho? Você coletou material e informações delicados sobre seus consumidores e deve a eles manter essas informações seguras, tanto da população geral quanto dentro da sua própria organização.

Os vários tipos de medidas de segurança discutidos ao longo deste livro, especialmente no Capítulo 15, devem estar operando para resolver esses problemas potenciais. Um exemplo discutido anteriormente é o **SSL (Secure Sockets Layer)**. O SSL usa um formulário de **criptografia** para oferecer privacidade para as informações transmitidas entre o navegador do usuário e o servidor do comerciante. Aprender a usar o SSL é uma maneira de sua empresa ajudar a cumprir a obrigação ética e moral com a privacidade do consumidor. Outra maneira de deixar as transações seguras ao usar cartões de crédito é utilizar o protocolo para **SET (Secure Electronic Transaction)**. Esse protocolo é proposto para guardar transações de cartão de crédito por redes abertas. Consulte o Capítulo 15 para ver uma boa discussão sobre o SET. Essa e outras medidas de segurança são obrigação do profissional de marketing e do comerciante. Crie um ambiente o mais seguro e amigável possível para o consumidor, e ele continuará a usar seus serviços.

## A tecnologia dificulta espionar os internautas

Os **firewalls** têm um importante papel na segurança das informações fornecidas a você pelos seus consumidores. O firewall da Internet é essencialmente um sistema projetado para evitar acesso não-autorizado a ou de uma rede privada, permitindo que o tráfego aprovado entre e saia de acordo com um plano esquematizado. Isso permite que você selecione os serviços adequados para as necessidades de negócios e, ao mesmo tempo, barre outras pessoas que possam ter falhas significativas de segurança. Os firewalls podem ser implementados em hardware, em software ou em uma combinação dos dois. Muitas vezes, eles são usados para evitar que internautas não-autorizados acessem redes privadas conectadas à Internet, especialmente as **intranets**. Todas as mensagens que entram ou saem da intranet passam pelo firewall, que examina cada uma delas e bloqueia aquelas que não estão de acordo com critérios de segurança especificados. Para uma maior segurança, os dados também podem ser criptografados. Os firewalls, com a criptografia e as senhas alteradas com freqüência, são maneiras de ajudar a deixar seus sistemas mais seguros contra **hackers** ou pessoas com más intenções. Sem pensar em problemas de segurança como esses, você deixa a empresa e os consumidores abertos a violações e roubo de informações. Para obter mais informações sobre os tópicos cobertos nesta seção, confira os Websites a seguir.

Outros assuntos importantes que caem na ampla categoria da segurança incluem coisas como a validação da idade ou da identidade da pessoa antes de um pedido ser feito ou de o Website ser exibido. Se seu Website contiver material inadequado ou se seus produtos não forem vendidos para menores de idade, você precisa garantir primeiro que eles estão conscientes disso e, segundo, que se responsabilizarão por aceitar uma política de usuário ou de pedido que declare que eles estão em idade de participar do Website. Há um debate muito acalorado sobre a censura na Internet e como isso deve afetar a maneira como a Internet funciona. Para descobrir mais

**Quadro 19.1**

| Websites e URLs | Descrição do Website |
|---|---|
| **Categoria de Segurança do Yahoo**<br>http://dir.yahoo.com/Computers_and_Internet/Security_and_Encryption/ | O Yahoo lista vários Websites que podem ser usados como ponto de partida para obter informações sobre segurança e criptografia. |
| **Categoria de Privacidade do Yahoo**<br>http://dir.yahoo.com/Computers_and_Internet/Internet/Issues/Privacy/ | Este Website oferece informações sobre privacidade disponíveis também no Yahoo. |
| **Programa de Privacidade Better Business Bureau**<br>http://www.bbbonline.org/privacy/ | O Better Business Bureau é um dos contribuintes deste Website, que oferece algumas boas dicas sobre como fornecer privacidade a seus usuários. |
| **Online Privacy Alliance**<br>http://www.privacyalliance.org/ | A Online Privacy Alliance também possui algumas boas informações sobre assuntos de privacidade para empresas e consumidores. |
| **Hackers**<br>http://dir.yahoo.com/Computers_and_Internet/Security_and_Encryption/Hacking/ | Há uma categoria especial em segurança e criptografia que lida com o tópico dos hackers. |

## O E-Marketing em Ação

### COMO ESCAPAR DOS LADRÕES DE DADOS, OS HACKERS

Um funcionário desleal de uma empresa de softwares de Nova York vende relatórios de crédito do consumidor a ladrões de identidade, ao preço estimado de $ 30 cada, em uma fraude de alta tecnologia que, os advogados afirmam, deixam milhares de vítimas. Um administrador de computadores inglês desempregado luta contra a extradição nos tribunais federais de Virgínia e New Jersey por ter invadido 92 diferentes redes militares e governamentais, muitas vezes indo além das senhas fáceis de serem descobertas para fazer o download de dados importantes. Essas e outras invasões recentes de dados, cujos autores tipicamente têm intenção de roubo, sabotagem ou terrorismo cibernético, provocaram o surgimento de uma promissora estratégia de criação de perfis e racionalização destinada a evitar violações on-line à medida que elas ocorrerem.

Assim como as autoridades estão usando a criação de perfis para se protegerem contra criminosos em portos e fronteiras, os pesquisadores da State University of New York, em Buffalo, estão desenvolvendo softwares que possam gerar perfis altamente personalizados dos usuários da rede ao analisar as seqüências de comandos inseridos em cada terminal do computador. O sistema – um protótipo deveria estar pronto para testes intensivos no verão de 2003 – poderia oferecer uma camada de ótima qualidade de proteção para instalações militares e agências governamentais, além de bancos ou outras redes comerciais que precisem de um monitoramento especialmente rígido. O software de 'detecção de anomalias no nível do usuário' formula perfis atualizados regularmente ao rastrear continuamente como cada pessoa realiza uma série de tarefas rotineiras, como abrir arquivos, enviar e-mail ou buscar arquivos.

Projetado para identificar se alguém entrou em uma zona não-autorizada ou se está mascarado como um funcionário usando uma senha roubada, o programa fica atento até mesmo a desvios sutis no comportamento. Alertados sobre anomalias, os administradores de rede então começam a fazer um monitoramento mais agressivo para avaliar se está ocorrendo um roubo. "A principal meta é detectar invasões ou violações que ocorrem durante as transações", disse o pesquisador-chefe Shambhu Upadhyaya, professor de ciência da computação da SUNY Buffalo. "Existem sistemas que tentam fazer isso em tempo real, mas o problema é que isso resulta em muitos alarmes falsos." Fazer com que os alarmes falsos cheguem a um mínimo controlável é essencial, mas extremamente difícil de se conseguir, disse Bruce Schneier, especialista em segurança em rede e criptografia e autor de *Secrets & lies, digi-*

sobre esse tópico, um bom lugar para iniciar é a categoria de **Censura da Internet** no Yahoo (http://dir.yahoo.com/Society_and_Culture/Issues_and_Causes/Civil_Rights/Censorship/). Esse local discute vários elementos da censura.

Com esse tópico está a legalidade de fazer vendas além das divisas estaduais e das fronteiras internacionais. Se seu Website se destina a fornecer produtos proibidos em determinados estados ou países, é importante que você se dê conta de que pode ser acessado de todo o mundo e deve apresentar as limitações e as regras de forma clara. Se você estabelecer com clareza essas limita-

## O E-Marketing em Ação (continuação)

*tal security in a networked world* (sem tradução para o português). "Esses sistemas surgem e morrem por causa de alarmes falsos", disse Schneier. "Você vê esse problema com o reconhecimento facial, tentando capturar terroristas ao reconhecer as faces nos aeroportos. Todas as tentativas falharam estrondosamente."

Essa universidade de Buffalo é um dos 36 centros de ensino e pesquisa designados pela Agência de Segurança Nacional norte-americana desde 1998, para ajudar a proteger os sistemas de tecnologia da informação dos Estados Unidos. Auxiliado pelo doutorando Ramkumar Chinchani e por Kevin Kwiat, do Laboratório de Pesquisa da Força Aérea em Rome, Nova York, Upadhyaya começou a examinar, em 1999, se o monitoramento de comandos simples de um usuário, em vez do tráfego da rede, poderia proporcionar um monitoramento mais rápido e eficaz. Alguns sofwares de segurança que desenvolvem perfis de usuário procuram desvios com base na enorme quantidade de dados que passa pelas redes inteiras. A confiabilidade desses softwares gira ao redor de 60% a 80%, embora os testes de simulação tenham indicado que novos softwares seriam até 94% confiáveis, diz Upadhyaya.

O software baseia-se em modelos econômicos de análise de risco, inspirando-se nas metodologias de engenharia e raciocínio dinâmico. E mesmo se se provar bem-sucedido, o software será apenas uma das ferramentas nessa arena de segurança de computadores que requer múltiplas camadas de defesa, disse Upadhyaya; "Os hackers sempre estão um passo à frente de você", ele explicou, observando que os militares "estão especialmente preocupados com o informante que está lá há muito tempo e aprendeu todos os furos". Mike Kurdziel, especialista em segurança da informação em Harris, que constrói rádios militares táticos, acredita que Upadhyaya "controlou o problema" ao instalar vários limites para reduzir os alarmes falsos. "Outras técnicas de invasão requerem algo como a análise de registros de auditoria após o dano já ter ocorrido", disse Kurdziel. "As vantagens oferecidas por esse método é que o invasor mal-intencionado pode ser identificado com bastante antecedência, e o operador do sistema pode conter o dano, reparando-o em tempo real e calando o invasor."

"Esse é um grande avanço", ele disse. "Isso significa que os sistemas que foram atacados por um invasor não precisam necessariamente ser desativados."

*Fonte*: Associated Press. How to foil data thieves, hackers. Lycos Inc., 20 jan. 2003. Reimpresso com permissão da The Associated Press.

ções e pedir que o consumidor confirme que ele compreende, há pouca coisa a ser feita nesse momento para controlar a situação eletronicamente. No entanto, pense com cuidado quem será responsabilizado se essas limitações não ficarem claras para o consumidor. Você pode se recusar a enviar produtos para locais que não sejam permitidos por lei, mas não deve se esquecer de notificar os consumidores de que não pode atender à encomenda deles. Nesse momento, há embargos de comércio entre os Estados Unidos e outros países do mundo que contam com acesso à Internet. O Capítulo 18 discutiu com mais detalhes os aspectos do marketing internacional.

Embora ainda não seja possível conferir com precisão quem está na outra ponta de uma transação, você assume uma certa responsabilidade por pelo menos tentar validar a identidade dos usuários. Fazer perguntas que ajudarão a dar autenticidade, como o nome de solteira da mãe ou data de nascimento, pode ser útil.

Outra abordagem para validar usuários são os **certificados digitais**, que não são especialmente novos, mas ainda são populares. Os certificados digitais foram discutidos no Capítulo 15, mas, para recapitular, eles permitem que as pessoas se autentiquem e que as empresas sejam autenticadas para o consumidor. Isso ajuda tanto o fornecedor on-line quanto o consumidor ao garantir que as operações são legítimas e que informações corretas são recebidas todas as vezes. O advento dessa tecnologia melhorou algumas das partes menos atraentes da transação virtual. Quando as transações são concluídas pessoalmente, é muito mais fácil verificar a identidade do consumidor. Nesse mundo virtual, os certificados digitais estão tentando trazer o mundo mais próximo de uma solução eletrônica aos problemas de validação. Toda essa discussão, portanto, sobre garantir quem está usando seu Website, suscita uma questão: quem deve assumir a responsabilidade, você ou o consumidor? É de sua responsabilidade, como profissional de marketing, procurar uma resposta a essa pergunta e não presumir que você está livre porque seu Website possui algum tipo de cláusula de isenção de responsabilidade.

## Problemas de direito autoral

Com o advento de toda essa comunicação eletrônica, vem a tentação de pegar emprestado na Internet as coisas dos outros. Ainda que esteja mais fácil que antigamente, ainda é ilegal copiar o trabalho de outra pessoa. Esteja atento às restrições de copyright e siga-as. Você pode conseguir

*Quadro 19.2*

| Website e URL | Descrição do Website |
|---|---|
| **CyberLaw**<br>http://www.cyberlaw.com | Este Website oferece um periódico que destaca os desenvolvimentos relacionados à indústria da informática. |
| **Cyberspace Law Center**<br>http://www.findlaw.com/ | Este é um útil meta-índice de assuntos de IP e Internet que inclui o mecanismo de busca FindLaw. |
| **Intellectual Property**<br>http://www.ipmag.com | Esta é uma revista on-line que enfatiza as preocupações com tecnologia e a Internet. |
| **Intellectual Property Mall Pointer Box Page**<br>http://www.ipmall.fplc.edu/imageipm/ | Este Website oferece uma lista enorme de Websites relacionados à Internet dedicados a assuntos de IP, transferência de tecnologia e copyright. |
| **KuesterLaw Technology**<br>http://www.kuesterlaw.com | Trata-se de um Website que inclui textos de casos relacionados à tecnologia IP, além de leis no Congresso norte-americano. |
| **World Intellectual Property Organization**<br>http://www.loc.gov/copyright/wipo/ issues. | Este Website contém minutas e pautas da Conferência Diplomática da Wipo, incluindo material relacionado a assuntos de copyright. |

informações atualizadas sobre as leis de marca registrada e copyright em vários locais da Web, então não há desculpas para não saber. Se você decidir que deseja se conectar ao Website de alguém ou usar algum material que eles desenvolveram, é melhor entrar em contato primeiro. Os internautas são amigáveis em sua maioria, desde que você não seja o concorrente direto, e em geral são abertos a relacionamentos recíprocos. Se você vir uma página que intrigá-lo e quiser fazer uma parecida, a cópia do código cai na mesma categoria. Se você estiver aprendendo a escrever códigos, pode visualizar e aprender com ele. Mas, quando chega a hora de colocá-lo na Web, certifique-se de que você tem a permissão ou de que você tenha escrito sozinho. Imagens e planos de fundo também são muito tentadores. Se você precisar de gráficos para seu Website, compre-os, não os roube. Você pode pensar até em contratar um bom artista gráfico. Valerá o investimento e é uma solução muito melhor que a possibilidade de ser processado. A seguir estão alguns Websites que dão boas informações sobre a legalidade do copyright e como isso ocorre no espaço virtual.

No mundo acadêmico, você muitas vezes ouvirá o termo **uso legítimo (*fair use*)** ao falar sobre assuntos de copyright. A Lei do Uso Legítimo (Fair Use) leva em conta o uso de pequenos pedaços de materiais protegidos por copyright com fins educacionais. É uma lei que já existe há algum tempo e agora está causando um grande dilema no mundo da Internet. Discussões do uso legítimo continuarão a avançar pelo tempo que a Internet continuar a crescer e a tecnologia continuar a se expandir. Para boas discussões sobre as limitações do uso legítimo, confira os Websites a seguir.

**Quadro 19.3**

| Website e URL | Descrição do Website |
|---|---|
| **The Copyright Website**<br>http://www.benedict.com/ | Este Website oferece informações reais, práticas e pertinentes de copyright a todos que estiverem interessados. |
| **Copyright Crash Course**<br>http://www.utsystem.edu/OGC/IntellectualProperty/cprtindx.htm | Este Website oferece um bom curso rápido de copyright, incluindo uma explicação completa do uso legítimo. |

## Vírus de computador

Os **vírus de computador** são aborrecimentos que causam muitos problemas para o consumidor e para o profissional de marketing. É importante que você tome precauções para garantir que não está passando o mal para os consumidores. Softwares antivírus podem ser encontrados com facilidade e não são muito caros. Valem o dinheiro gasto pelo sossego de saber que você não está aumentando os problemas passando vírus desconhecidos a outros pela Internet. Os vírus só podem ser passados de um usuário para outro se os arquivos forem baixados e abertos no computador do consumidor, não imediatamente pelo seu Website ou correio eletrônico. No entanto, se seu Website disponibilizar download de arquivos, é importante que você deixe seus softwares de antivírus atualizados e forneça apenas arquivos vacinados para seus consumidores.

Outro problema comum é a disseminação das informações em **hoaxes**. A Internet está sendo constantemente inundada por informações sobre vírus de computador e hoaxes. Ainda que esses

**Quadro 19.4**

| Website e URL | Descrição do Website |
|---|---|
| **Antivírus McAfee** Home Page http://www.mcafee.com/ | Este Website contém um dos melhores e mais populares softwares de proteção antivírus. Esse software é atualizado com freqüência e pode ser baixado pela Web. |
| **Página de vírus do Yahoo** http://dir.yahoo.com/Computers_and_Internet/Security_and_Encryption/Viruses_and_Worms/ | Este Website, mantido pelo Yahoo, contém informações sobre vírus. |
| **Enciclopédia de Vírus AVP** http://www.avp.ch/avpve/ | Este Website é uma enciclopédia que relaciona e descreve os vírus. |
| **CIAC On-line** http://ciac.llnl.gov/ciac/CIACVirusDatabase.html | Este Banco de Dados de Vírus on-line contém as descrições de vírus. |
| **Lendas Urbanas do Yahoo** http://dir.yahoo.com/Society_and_Culture/Mythology_and_Folklore/Folklore/Urban_Legends/Computer_Viruses/ | Este Website é outra seção do Website principal de Categorias do Yahoo e oferece informações sobre vírus de computador e hoaxes. |
| **Página de Hoax da Internet do CIAC** http://hoaxbusters.ciac.org | Esta página descreve somente um pequeno número de advertências de hoax encontradas na Internet atualmente e aborda algumas histórias dos hoaxes da Internet. |

hoaxes não infectem os sistemas, eles consomem tempo, e sua solução é cara. Ao descobrir um vírus, não se esqueça de avisar o administrador do sistema ou o provedor de serviços da Internet sobre o fato. Saiba também que nem tudo o que você ouve pela Internet é sempre verdadeiro. Existem Websites dedicados a acompanhar os hoaxes e as lendas urbanas atuais. Dedique algum tempo para consultar esses Websites, antes de encaminhar a mensagem sobre um vírus para todo mundo que você conhece. A seguir está uma lista de alguns Websites com informações sobre vírus e hoaxes.

## Softwares piratas

É ilegal copiar e usar softwares sem comprar uma licença. Isso se chama **pirataria** de software. Na era da nova tecnologia, isso ficou muito fácil, mas é ética e moralmente errado. É legal e permitido fazer uma cópia de backup de um software que você comprou somente para seu próprio uso. Esse mecanismo de arquivamento é útil para manter seu software na condição original, caso algo aconteça ao computador. No entanto, estimula a tentação de pegar emprestado o software de alguém que o comprou. Existem entidades por aí que procuram por empresas envolvidas em pirataria de software, e elas podem aparecer a qualquer minuto. Se as questões éticas não evitarem que você se envolva em pirataria de software, o fato de você saber que pode ir preso talvez evite. Para obter informações sobre pirataria de software, visite o Website da Business Software Alliance no endereço http://www.bsa.org.

## Quem usa a Internet?

Essa discussão não estaria completa sem explorar os vários problemas que a Internet vem enfrentando: quem deve usar a Internet e quem deve decidir qual é o conteúdo adequado para o meio? O profissional de marketing deve se fazer perguntas como se haveria regras sobre o uso da Internet, como as aplicadas ao uso infantil ou grupos militares extremistas em comunicações ou recuperação de informações? O equilíbrio entre a Quinta Emenda da Constituição norte-americana, Liberdade de Expressão, muitas vezes diverge em relação à moral e à decência da comunidade. Veja aqui um exemplo da luta com o problema da liberdade de expressão, contado novamente pelo *The Wall Street Journal* após o feriado de Ação de Graças de 1998.

> Por que um garoto de 14 anos de idade que não pode comprar uma cópia legal da *Hustler* na banca da esquina tem acesso a um conteúdo mais pesado na biblioteca local? Pergunte à American Civil Liberties Union (ACLU – União Norte-Americana de Direitos Civis), que entrou com um processo na Filadélfia contra a Lei de Prevenção Infantil On-line, que infligiria penalidades criminais a qualquer pessoa que conscientemente vendesse ou disponibilizasse material adulto on-line a menores de idade. No último mês, o juiz regional Lowell A. Reed concordou com a ACLU e baixou um mandato de restrição temporário sobre o cumprimento da lei. Três dias depois, outro juiz regional,

### O E-Marketing em Ação

**AINDA FALTA HARMONIA NO TERRENO DO CONTEÚDO**

Foi uma ocasião calorosa e confusa, segundo os padrões de Washington, mas o acordo feito entre grupos de música e de tecnologia na semana passada só pode ser sinal de mais rebuliço nos próximos meses, quando novas fissuras vierem à tona. Na semana passada, a Recording Industry Association of America, a Business Software Alliance e o Computer Systems Policy Project concordaram em se opor conjuntamente a mandatos de proteção de cópias digitais do Congresso, desenvolver esquemas voluntários de proteção de cópias e educar os consumidores sobre pirataria.

Foi uma tríade estranha, considerando as pedras atiradas entre os grupos de música e de tecnologia recentemente em relação ao o compartilhamento de arquivos e às redes peer-to-peer. A BSA e o CSPP representam jogadores de peso, assim como Microsoft, Intel e Dell.

"Estamos tentando nos livrar da retórica e voltarmos para os princípios", disse Cary Sherman, presidente da RIAA. "As pessoas consideraram as empresas de conteúdo e de tecnologia como adversárias, e não como parceiras. Mas temos muito mais em comum do que de diferente." Os dois lados perdem muito controle sobre seus produtos se o Congresso promulgar mandatos rígidos de proteção de cópias. Os fabricantes de hardware teriam de renunciar ao controle sobre o desenvolvimento, e as empresas de conteúdo perderiam o controle sobre a distribuição.

"A criação da política requer apenas essas coalizões de conveniência", disse Gary Arlen, da Arlen Communications, em Bethesda, Maryland. "É o processo mais enrolado, pois há muito em jogo. Vai ser uma briga feia."

## O E-Marketing em Ação (continuação)

É de se estranhar o fato de que as indústrias cinematográfica e de eletrônicos não estejam participando da nova aliança.

A Motion Picture Association of America apóia a legislação do senador Fritz Hollings (democrata, Carolina do Sul), a qual daria aos donos de conteúdo mais liberdade para restringir as cópias. A Consumer Electronics Association, entretanto, apóia um projeto de lei dos deputados Rick Boucher (democrata, Virgínia) e John Doolitlle (republicano, Califórnia), o qual facilitaria para os consumidores fazerem cópias digitais de filmes, músicas e outros conteúdos digitais.

Segundo a CEA, as empresas que fazem gravadores de DVD e vídeo pessoal ficaram com medo de inovar por causa das confusas cláusulas de copyright na lei atual. "Os fabricantes não sabem se alguns dos produtos que eles estão introduzindo são legais ou não", disse o presidente da CEA, Gary Shapiro. Os consumidores ficaram no meio do fogo cruzado. Dependendo da retórica em que acreditam, aqueles que fazem download e cópias de conteúdos digitais são ou usuários do uso legítimo ou piratas de roubo. É claro que a indústria fonográfica agora pode ter percebido que a cooperação é essencial se proteções a cópias trabalháveis forem frustrar o compartilhamento de arquivos e as redes peer-to-peer. "Vai ser preciso muito mais tempo se eles tiverem ressentimentos", disse Bobby Rosenbloum, advogado de música da Greenberg Taurig, em Nova York. "A indústria fonográfica está se dando conta de que as empresas que agem de forma legítima não são o maior problema... O problema real é o inimigo em comum."

Mas ainda não está claro se a recém-descoberta camaradagem entre as indústrias de música e de tecnologia produzirá medidas úteis de proteção de cópias. A atividade original da indústria – conhecida como Secure Digital Music Initiative (Iniciativa da Música Digital Segura) – está na parada desde maio de 2001. "A SDMI está hibernando", reconheceu Sherman. "Mas a mantivemos como uma entidade em caso de raios e trovões." Sherman culpou o Napster e outros serviços de compartilhamento de arquivos que dificultaram o ganho de força da iniciativa. É claro que, ao contrário da SDMI, o acordo anunciou na semana passada que não tenta restringir a proteção de cópias a somente um esquema. "Com a SDMI, eles tentaram agir de cima para baixo, impondo-se no mercado", disse Emery Simon, advogado geral da BSA. "O que eles conseguiram é que estão cheios de problemas."

Dessa vez, diz Simon, a meta é criar um "buffet" de esquemas de proteção de cópias que funcionem em um arsenal de aparelhos.

*Fonte*: Grebb, Michael. No harmony yet in content land. Lycos Inc., 20 jan. 2003.

Leonie M. Brinkema, disse à diretoria da biblioteca de Loudoun, em Virgínia, que não era possível usar 'softwares de bloqueio' para fazer uma triagem do conteúdo adulto nos computadores públicos.

Mas isso não é motivo para desistir. Nossa própria preferência é deixar as comunidades locais experimentarem suas próprias maneiras de lidar com a pornografia na Internet – assim como fazem com material de mau gosto em bancas de jornal, cinemas e shows em clubes para adultos –, em vez de pedir para o governo federal impor uma solução tamanho único para algo que está boa parte em andamento. Afinal de contas, o que funciona em Margaritaville pode não dar certo em Stepford (Review, 1998).

As perguntas a seguir ainda estão pendentes em relação à Internet: quem deve fazer a guarda do conteúdo da Internet? É do desejo de alguém fazer download de imagens indecentes e arquivá-las com a proteção da liberdade de expressão? Os filtros de conteúdo, chamados de software de bloqueio no editorial do jornal, violam os mesmos princípios de liberdade de expressão pelos disseminadores da pornografia? O governo deve decidir qual conteúdo é aceitável? Ou a indústria on-line deve se regular sozinha? Em todo caso, quais padrões devem ser estabelecidos? Até o momento, os legisladores estão hesitantes em lidar com esses assuntos.

Quando são considerados os direitos dos usuários, existem outros assuntos importantes que também precisam ser levados em conta. O acesso à Internet é um direito universal? Todos devem ter acesso livre à rede da Internet, assim como as pessoas agora têm acesso livre à transmissão de informação e entretenimento das redes televisivas? Os anunciantes devem ter permissão de colocar suas mensagens em qualquer lugar da Internet ou deve haver momentos ou canais seguros livres para propaganda, como manhãs de sábado ou transmissão da PBS[1] sem comerciais? A propaganda deve ser restrita aos canais promocionais nos quais as mensagens são transmitidas o dia inteiro, como nos canais de compra pela televisão? Muito disso depende da sua visão de propaganda como uma força positiva ou negativa e se a promoção é uma forma protegida de discurso livre.

Se o século XXI concluirá a transição da economia norte-americana de uma economia industrial e manufatureira para a economia da informação, que tipos de trabalhadores e trabalhos essa estrutura econômica demandará? Só pessoas especializadas em computadores? Como os leigos ou os que não tiverem computadores competirão nessa economia? Os Estados Unidos serão uma nação dividida entre ricos e pobres, possivelmente aumentando ainda mais a separação social e cultural? O financiamento comunitário pode ou deve pagar pelos custos do avanço da tecnologia? Ou essa pesquisa de tecnologia está incluída no papel do desenvolvimento do governo federal? Será que escolas mais pobres ou as escolas rurais afastadas dos centros tecnológicos podem preparar seus alunos tão bem quanto as administrações de escolas mais bem localizadas nesta era da tecnologia? Edifícios públicos como bibliotecas, correios, agências governamentais e talvez até shoppings podem ser obrigados a se equiparem com computadores para uso livre pelo público? Como serão pagos esses direitos de tecnologia? Deve haver uma concessão individual de tecnologia ou um crédito tributário de serviços on-line iniciado para ajudar estudantes e suas famílias a ficarem atualizados com o uso da Internet e seus novos aplicativos?

Seguindo essa linha de raciocínio, será que os perfis demográficos estão nivelando o uso da Internet? Na *GVU Tenth WWW User Survey*, que terminou em dezembro de 1998, a resposta parece ser incerta. Dos 5.022 participantes de todo o mundo, os homens norte-americanos representaram pouco mais de 64% dos internautas (61,3% na pesquisa anterior); os homens europeus responderam por quase 82% de uso on-line (83,7% na pesquisa anterior). A média de idade de todos os participantes era de 35,1 anos. Usuários com educação superior ou mais corresponderam a mais de 65% (80,9% na pesquisa anterior), dos quais 87% eram usuários caucasianos (87,4% na pesquisa anterior). O idioma falado com mais freqüência era o inglês, por 92% (93,1% na pesquisa anterior) dos participantes, seguindo pelo alemão, com 1,5%, e o francês e o holandês com 0,8% cada.

Esses problemas de pessoas merecem uma observação, de forma que o poder e a conveniência da Internet sirvam a todos. Há muitas áreas ainda não mapeadas da experiência humana e da interação com o meio on-line. Essas considerações éticas e morais devem ser monitoradas com cuidado, pois a Internet é uma entidade anônima, ubíqua e vulnerável. Profissionais de marketing e consumidores devem agir com responsabilidade, e um comportamento vai influenciar o outro.

1 A PBS (Public Broadcasting Service) é a maior TV pública dos Estados Unidos. (N.T.)

# Resumo

Muitos dos assuntos que foram discutidos neste capítulo são importantes para a comunidade como um todo, não só para o profissional de marketing. Mas você, o profissional de marketing, deve ter a capacidade de ajudar a Internet a se tornar um lugar maravilhoso de ser explorado. A **EFF (Electronic Frontier Foundation** – Figura 19.2), uma organização independente sem fins lucrativos fundada em 1990, funciona no interesse público de proteger liberdades civis fundamentais, incluindo privacidade e liberdade de expressão na área dos computadores e da Internet. Esse grupo trabalha para encontrar soluções aos problemas que cobrimos aqui. O parágrafo a seguir foi retirado do Website deles e é uma boa maneira de resumir o que foi discutido, deixando a você um assunto em que pensar.

> Pois, apesar de o fluxo livre de informações ser, em geral, um aspecto positivo, podem surgir sérios problemas quando as informações fluem livremente – problemas como de que forma proteger crianças e adultos da exposição indesejada a materiais de

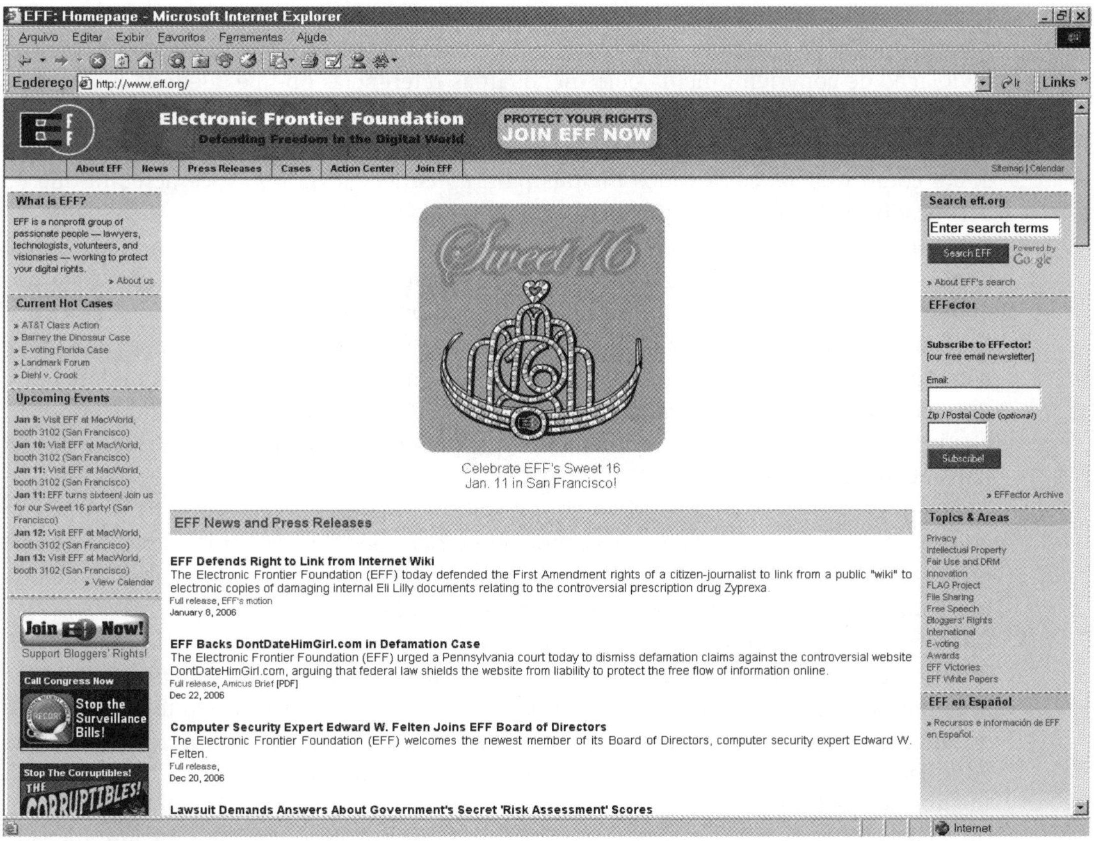


**Figura 19.2** O discurso livre on-line é um dos muitos direitos que a EFF defende. Interesses liberais, moderados e conservadores devem ser representados na Web, e a EFF oferece proteção para cada ponto de vista, conforme solicitado.
*Fonte*: Electronic Frontier Foundation (http://www.eff.org). Cortesia de Electronic Frontier Foundation. Utilizado com permissão.

sexo explícito ou potencialmente prejudiciais; como proteger direitos de propriedade intelectual; como determinar quais leis nacionais têm jurisdição sobre um meio que não está em lugar nenhum, mas está em todos os lugares ao mesmo tempo; como proteger melhor a privacidade e ainda assim permitir a recuperação do prejuízo; como garantir que legisladores, provedores de acesso, detentores de propriedade intelectual e usuários decepcionados da rede não reprimam um discurso desagradável ou polêmico. Embora os princípios legais e as normas culturais bem estabelecidos dêem estrutura e coerência aos usuários da mídia convencional, a nova mídia digital não se ajusta com tanta facilidade às estruturas existentes (Electronic Frontier Foundation)

## Perguntas e exercícios

1. Redija um trabalho de uma página sobre como o copyright na Internet afeta o processo de marketing e as atuais leis de copyright. Quais produtos ou serviços podem ter a proteção de copyright violada pela transmissão pela Internet? Redija um e-mail ao departamento jurídico da sua empresa pedindo uma verificação do seu entendimento de Internet e violação de copyright. Inclua pelo menos duas referências on-line, além daquelas relacionadas neste capítulo.
2. Faça uma busca na Internet por certificados digitais. Escreva quatro ou cinco parágrafos sobre como usar os certificados digitais para autenticar usuários. Você acredita que os certificados digitais conseguirão auxiliar bem o e-commerce?
3. Os vírus são um elemento perigoso aos usuários de computador. Faça uma busca e descubra as principais empresas de softwares de proteção contra vírus. Faça uma lista dos endereços na Web e dos produtos que eles disponibilizam.
4. Faça uma breve lista do que não deve ser feito com o correio eletrônico. Faça uma breve lista de maneiras de tornar o comércio eletrônico mais atraente aos consumidores que têm medo de perder a privacidade. Qual é a diferença entre e-mail solicitado e não-solicitado? Existem situações ou organizações que podem ser adequadas para enviar e-mail não-solicitado?
5. Acesse a página da American Marketing Association (AMA) e leia sobre os padrões de ética que eles oferecem. Com sua experiência e negócios na Web, você acredita que os profissionais de marketing virtual estão agindo de forma moral e ética na Internet? Redija um e-mail para a AMA com suas observações e opiniões.
6. Conservadores e liberais discordam do conteúdo adequado para a World Wide Web. Investigue na Web quais medidas podem ser tomadas para evitar que menores de idade acessem Websites que não sejam apropriados para eles. Discuta o assunto com o apoio de URLs sobre os diferentes métodos disponíveis. Você os considera eficazes? Redija um editorial de duas páginas dando sua opinião para o jornal local.
7. Visite pelo menos três grandes Websites de negócios que lhe sejam de interesse. Encontre a declaração da política de privacidade e, em duas páginas, faça um resumo de cada uma. Você, na posição de consumidor, se sente confortável com a proteção que eles afirmam lhe oferecer? Em quais áreas essas declarações de privacidade se comparam e em quais áreas elas contrastam? Com qual declaração de privacidade da empresa você mais concorda? Por quê?

*Bibliografia*

AMERICAN MARKETING ASSOCIATION. AMA code of ethics. MarketingPower, Inc. 2003. Disponível em: < http://www.marketingpower.com/live/content.php?Item ID = 435 > .

ASSOCIATED PRESS. How to foil data thieves, hackers. Lycos, Inc. Reimpresso com permissão de The Associated Press. Disponível em: < http://www.wired.com/news/print/0,1294,57302,00.html > . Acesso em 20 jan. 2003.

GREBB, Michael. No harmony yet in content land. Lycos, Inc. Disponível em: < http://www.wired.com/news/digiwood/0,1412,57267,00.html > . Acesso em 20 jan. 2003.

REVIEW and Outlook. *The Wall Street Journal*, 4 dez. 1998. Copyright 1998 Dow Jones & Co. Inc. Reproduzido com permissão de Dow Jones & Co. Inc. no formato Textbook via Copyright Clearance Center.

THE ELECTRONIC FRONTIER FOUNDATION. Introduction to the EFF. Disponível em: < http://www.eff.org/EFFdocs/about eff.html#INTRO > .

# CAPÍTULO 20

## O Futuro dos Recursos de Marketing Eletrônico

"O alvorecer do novo milênio – que é a maior medida que temos do tempo humano – nos permite pensar grande na história. Podemos dar uma parada para observar o que [Andy] Grove [ex-presidente da Intel] chama, um pouco sem elegância, de 'pontos de infecção estratégicos', aqueles momentos em que novas circunstâncias alteram o modo como o mundo se move. Isso pode acontecer por causa de uma invenção (a prensa de Gutenberg no século XV) ou uma idéia (a liberdade individual no século XVIII) ou uma tecnologia (a eletricidade no século XIX) ou um processo (a linha de montagem, no início deste século). O microchip se tornou – assim como o motor a vapor, a eletricidade e a linha de montagem – um avanço que move a nova economia."

*(Isaacson, 1997)*

### Objetivos de Aprendizado

- Discutir as possibilidades da tecnologia em marketing eletrônico no futuro.
- Especular sobre o papel dos recursos de marketing eletrônico no futuro.
- Prever as capacidades de serviço proporcionadas pelo comércio eletrônico.

# Introdução

Todas as cartas estão na mesa. Os profissionais de marketing devem escolhê-las para misturar o baralho das oportunidades de marketing. Cada profissional de marketing escolherá as cartas que representam as possibilidades e capacidades para que ele entre no jogo ou passe a vez. Somente pessoas confiantes e agressivas devem jogar, e com uma sólida compreensão dos métodos de marketing tradicionais e eletrônicos, muitos irão ganhar – o consumidor, o comerciante virtual, os fabricantes e distribuidores, a comunidade de negócios e a sociedade em geral. Em função de uma forte base nos processos de marketing eletrônico, o profissional de marketing virtual pode fortalecer e melhorar a **cadeia de valor** do comércio eletrônico para benefício de todos. Para atingir esse objetivo, há muito trabalho duro envolvido, alguns fracassos e alguns sucessos. No entanto, esse é o caminho para o aprendizado em todas as profissões. Escolado nos princípios do marketing eletrônico, o profissional de marketing virtual deve exibir habilidades de pensamento crítico de planejamento de marketing estratégico e tático, devendo ser capaz de usar os recursos do marketing eletrônico para produzir benefícios para todas as comunidades de marketing.

Quais serão os recursos de marketing eletrônico para conquistar essas metas? Existem muitas ferramentas eletrônicas com as quais trabalhar, mas são os recursos avançados que produzirão serviços de valor agregado, e não o lixo eletrônico, e são provavelmente inimagináveis em forma e em conseqüência. Entretanto, é saudável avaliar as condições atuais para especular sobre soluções. Para colocar todas as informações conflitantes de suporte em ordem, seguem quatro fatores ou conseqüências dos quais o marketing eletrônico pode ser influenciador ou sofrer influência: 1) a evolução da tecnologia, 2) a expansão do software, 3) o sucesso das aquisições e fusões da Internet e 4) o forte desejo de os profissionais de marketing servirem melhor seus consumidores. Todos os recursos de marketing eletrônico causarão impacto em uma dessas áreas, se não em mais; os profissionais de marketing virtual terão os meios de se comunicar com milhões de consumidores tão facilmente quanto com pequenos segmentos de consumidores. Com esse espectro de oportunidades disponível para servir consumidores, exigem-se previsão e preparação do profissional de marketing.

Quais serão as áreas estruturais de importância para o profissional de marketing virtual no futuro? As capacidades tecnológicas parecem ser o fator mais relevante para o crescimento contínuo da Internet, e o projeto mais importante para fazer a Internet avançar foi a **NGI (Next Generation Internet Initiatives)**, que foi seguida pelo **NITRD** (**National Coordination Office for Information Technology Research and Development**, http://www.itrd.gov), com o **LSN (Large-Scale Networking)** Working Group. O LSN conduz pesquisas em grande escala e networking em banda larga para dar suporte à liderança norte-americana de comunicação avançada. Eles fazem um protótipo de tecnologias da próxima geração para aumentar drasticamente a velocidade, a confiabilidade, a segurança e a versatilidade das redes. Instituições educacionais e governamentais, além de grandes corporações, estão liderando o desenvolvimento. Espera-se que essas iniciativas revolucionem a maneira como os negócios são realizados por meio da integração de vários meios de comunicação (NITRD, 2003).

# O poder da convergência

Boa parte da discussão sobre o futuro do marketing eletrônico contém algum elemento de **convergência**. No contexto da tecnologia de marketing, a convergência é a reunião de duas ou mais disciplinas ou tecnologias díspares para fornecer sistemas que proporcionam mais benefícios. Por exemplo, a chamada revolução do fax foi produzida pela convergência da tecnologia das telecomunicações, tecnologia de escaneamento óptico e tecnologia de impressão. Como exemplo de

## O E-Marketing em Ação

### RESUMO EXECUTIVO DAS INICIATIVAS DO PROGRAMA NEXT GENERATION INTERNET

Os investimentos do governo norte-americano em pesquisa e desenvolvimento (P&D) da Internet tiveram um sucesso estrondoso. A Internet cresce quase 100% por ano desde 1988, e o tráfego da Internet cresce 400% por ano. Esse crescimento da Internet criou empregos e indústrias totalmente novas, fazendo com que empresas norte-americanas e organizações governamentais se tornassem cada vez mais dependentes.

Desde então, a Internet vem mudando para atender às demandas dos usuários que se amontoam aos milhões, e em 2001 mais da metade da população norte-americana (54%) já acessava a Internet. Cada vez mais, os recursos da Internet são moldados pela necessidade de uma largura de banda maior e aplicativos multimídia. Em uma das primeiras tentativas de suprir essas necessidades e permitir que a indústria norte-americana e o público se beneficiassem das melhorias exponenciais em informática e comunicação, foram feitos investimentos estratégicos em P&D. A P&D necessária para resolver essas exigências estava, e ainda está, além do escopo de qualquer instituição, empresa ou indústria sozinha. A iniciativa Next Generation Internet (NGI), com suas amplas atribuições e capacidade de envolver governo, instituições de pesquisa e o setor de negócios, era um programa vindo em boa hora que abordava muitos desafios. A meta da iniciativa NGI era conduzir P&D em tecnologias avançadas de rede, para mostrar essas tecnologias em test beds que eram de centenas a milhares de vezes mais rápidos que a Internet existente, desenvolvendo e demonstrando aplicativos revolucionários que obedeciam a importantes necessidades nacionais e que não poderiam ser conseguidos sem a Internet existente. O governo federal teve um papel único ao estimular o progresso tecnológico. Por intermédio da iniciativa NGI, o governo ajudou a criar um ambiente em que eram possíveis inovações de P&D em networking avançado.

A iniciativa NGI criou, com outros setores de investimento, a base das redes do século XXI, montando o cenário de redes mais poderosas e versáteis que as existentes anteriormente. A NGI incentivou parcerias entre ambientes acadêmicos, industriais e governamentais (federal, estadual, local e estrangeiro) que manterão os Estados Unidos na vanguarda das tecnologias de informação e comunicação. A NGI estimulou a introdução de novos serviços multimídia em nossos lares, escolas e empresas à medida que as tecnologias e arquiteturas projetadas e desenvolvidas como parte da NGI foram incorporadas em produtos e serviços subseqüentemente disponibilizados ao público em geral. O programa da NGI era essencial para sustentar a liderança tecnológica dos Estados Unidos em computação e comunicação e melhorou a competitividade econômica norte-americana. A iniciativa NGI fez parte de um programa de P&D altamente bem-sucedido entre múltiplas agências. Foi um componente essencial das atividades do Large-Scale Networking (LSN) Working Group do setor de P&D do Subcomitê de Informática, Informação e Comunicação. Esse subcomitê ainda se reporta ao Comitê de Tecnologia do Conselho Nacional de Ciências Naturais e Tecnologia da Casa Branca. Desde a época da primeira edição deste livro, a NGI não existe mais, porém a pesquisa que ela iniciou foi continuada por grupos como o National Coordination Office for Information Technology Research and Development (NITRD) e o LSN Working Group. O NITRD continua a concentrar sua pesquisa na conquista dos avanços técnicos fundamentais necessários para tornar as altas velocidades, a confiabilidade, a segurança e o acesso flexível *end-to-end* recursos padrão dos sistemas de comunicação digital da nação.

*Fonte*: National Coordination Office for Computing, Information, and Communications. Plano de Implementação da NGI, Resumo Executivo, 1998.

convergência NGI, a tecnologia NGI oferece tecnologia para transmissão de componentes de vídeo – videoconferência, armazenamento de vídeo, transmissão de vídeo, entrega de vídeo de programação de televisão por satélite ou cabo sobre redes de banda larga e comutação de sinal de vídeo de **ATM (Asynchronous Transfer Mode)** para outros tipos de redes, como ATM-para-Ethernet – o sistema de Internet de muitas residências universitárias em todos os Estados Unidos. Essa infraestrutura usa tecnologia ATM e oferece uma flexibilidade nunca antes vista para alternar entre as redes.

## Visão geral do ATM no contexto de NGI

Hoje em dia, praticamente todo mundo, seja em casa ou no trabalho, acessa a Internet por meio de uma linha telefônica ou um cabo. Trata-se de uma conversa simples e analógica que ocorre entre duas máquinas com mentes digitais. Isso pode não ser de todo estranho se compreendermos os fundamentos das tecnologias analógica e digital e como elas estão ligadas. Lembre-se de que telefones tradicionalmente usam tecnologia *analógica*, referindo-se à transmissão eletrônica conseguida ao se adicionarem sinais de freqüência *variável* a ondas condutoras de uma freqüência *fixa* de corrente eletromagnética alternada. Isso se chama *modulação*. Na realidade, o termo deriva do fato de que a modulação da onda condutora é análoga às flutuações da voz humana em si. O modem é usado para converter as informações digitais no computador em sinais telefônicos analógicos para a linha telefônica e para converter sinais telefônicos analógicos em informações digitais para o computador. Basicamente, o modem é o tradutor da tecnologia digital para a analógica, e é aí que mora o problema.

Tradicionalmente, a tecnologia de comunicação alavancou a altamente previsível natureza dos dados de voz e os entregou eficientemente usando circuitos dedicados operando em uma largura de banda fixa. Ou seja, a comunicação por voz é amplamente constante na quantidade de dados que atravessa a linha. Portanto, boa parte da ênfase em telecomunicações se concentrou nas necessidades dos dados de voz. O modo de transmissão é pelo que é conhecido como tecnologia de comutação de circuito, que é a base da rede de telefonia. Mas isso está mudando. As companhias de telecomunicações estão adotando redes capazes de transmissão de alta velocidade de imagens – televisão aberta e a cabo. Ainda que a comunicação por voz represente uma despesa anual norte-americana de mais de $ 200 bilhões, a porção de dados de muitos orçamentos de telecomunicações continua a aumentar significativamente. No entanto, as redes que suportam a nova tecnologia continuaram, no nível prático, em um domínio separado. Isso ocorre porque a comunicação digital possui um caráter bastante diferente.

Como todos que já visitaram um Website na Internet ou abriram e-mails sabem, o tráfego se baseia em imagens, sons, texto e até mesmo vídeo streaming, que consiste de pequenos e irregulares fluxos de dados que se movem sem padrão previsível de tráfego. O método para transmitir esses dados usa o que chamamos de técnicas de comutação de pacotes, em que pequenas porções de dados são transmitidas individualmente por redes de comunicação digital, tipicamente conhecidas como **LAN (Rede Local)** ou **WAN (Rede de Larga Amplitude)**. Embora as comunidades que usam comutação de circuitos e tecnologias de comutação de pacotes tenham continuado muito separadas no passado, atualmente há um reconhecimento cada vez maior de que é necessária uma tecnologia que seja capaz de se adequar a ambos os estilos de operação. Cada vez mais, as redes telefônicas precisam lidar com tráfego digital, e essa exigência impôs novas demandas sobre os recursos de rede subjacentes (dados imprevisíveis em tamanho e momento), de forma a tornar atraentes os princípios da comutação de pacotes. Enquanto isso, os pontos fortes da abordagem de telecomunicação em gestão e controle de rede ficaram extremamente atraentes para a comunidade de informática, na qual problemas de rede, até mesmo interrupções, resultam do uso

## O E-Marketing em Ação

### LARGE-SCALE NETWORKING – REDES FUTURAS: FLEXIBILIDADE DINÂMICA, ALTAS LARGURAS DE BANDA E SEGURANÇA

Há três décadas, um grupo de pesquisadores financiados pelo governo federal inventou uma maneira de enviar mensagens de um computador a outro por meio de linhas telefônicas. A novidade que mudaria o mundo, elaborada em subseqüente P&D dos setores privado e federal, evoluiu e se transformou na Internet – a infra-estrutura básica, mas altamente diversificada e poderosa, para o empreendimento humano no novo século.

Pesquisas federais em grande escala e redes em banda larga continuam a suportar a liderança dos Estados Unidos em comunicação avançada ao desenvolver e criar protótipos de tecnologias da próxima geração para aumentar drasticamente a velocidade, a confiabilidade, a segurança e a versatilidade das redes. Como conseqüência do 11 de setembro, a ênfase em confiabilidade, segurança e privacidade da rede das atuais pesquisas das agências do NITRD também se transformou em uma preocupação nacional em comum.

Embora a Internet ainda tenha a aura de novidade sobre si, a realidade é que a Net é o produto de tecnologias mais antigas que limitam a velocidade e o tamanho das transferências de dados, abrem dispositivos de rede a ataques virtuais e não são escaláveis o suficiente para proporcionar uma conectividade confiável com os números rapidamente crescentes de dispositivos sem fio, móveis e incorporados. A pesquisa do NITRD se concentra em conseguir os avanços técnicos fundamentais necessários para transformar altas velocidades, confiabilidade, segurança e acesso flexível *end-to-end* nos recursos padrão dos sistemas de comunicação digital dos Estados Unidos.

Uma área de pesquisa essencial são as tecnologias ópticas, que oferecem larguras de banda exponencialmente mais altas que a Internet atual e assim possibilitam aplicativos avançados e expansão futura da rede. As agências do NITRD demonstraram a primeira rede óptica *end-to-end*, que é milhares de vezes mais rápida que a Internet, e estão trabalhando para desenvolver ainda mais os sistemas ópticos, que também oferecem segurança e confiabilidade de rede muito maiores que as possíveis atualmente. Por exemplo: o Star Tap, suportado pela NSF, uma conexão cruzada de redes de alta velocidade norte-americanas e internacionais, localizada em Chicago, está desenvolvendo o StarLight, uma infra-estrutura e *test bed* óptico experimental para serviços de rede otimizados para aplicativos que exigem muita largura de banda. O StarLight irá suportar redes experimentais a 1, 2,5 e 10 gigabits por segundo e redes de pesquisa a velocidades de até 10 gigabits. As conexões permitirão que redes de produção (para usos ordinários) operem a níveis de 1 gigabit.

A pesquisa do NITRD na ligação das tecnologias ópticas e sem fio de alta velocidade forma a base para avanços significativos em netwoking de que os Estados Unidos precisam para se manterem a par das demandas cada vez maiores, incluindo:

- Altos níveis de confiança na rede (o sistema é altamente confiável, e as informações carregadas por ele são seguras e privadas)

## O E-Marketing em Ação (continuação)

- Conectividade com rede em qualquer lugar e a qualquer momento
- Altas larguras de banda *end-to-end* para aplicativos de alto desempenho
- Grades para conectar sistemas de computador, armazenamento e instrumentação
- Segurança cooperada e qualidade de serviço (QoS), o que significa velocidades de rede altas e ininterruptas com baixa latência
- Redes de sensores – bilhões de sensores incorporados e em rede.

Em março de 2001, as agências tiveram um grande "Workshop sobre as Novas Visões das Large-Scale Networks: Pesquisa e Aplicações" em Vienna, na Virgínia. Mais de 160 participantes do governo, do ambiente acadêmico e da indústria analisaram seis cenários do futuro da rede (incluindo guerra de inteligência, resposta a desastres e transporte aéreo) e identificaram a pesquisa de longo alcance necessária para dar vida a essas visões (http://www.nitrd.gov/iwg/pca/lsn.html). As recomendações deles estão ajudando a guiar o planejamento da pesquisa do NITRD.

Para 2003, as áreas de foco do NITRD incluíam tecnologias e serviços para habilitar comunicação sem fio, ópticas, móveis e híbridas; software de rede para possibilitar que informações sejam disseminadas a indivíduos, divulgadas a grupos selecionados ou transmitidas a uma rede inteira; pesquisa sobre escalabilidade e sobre modelagem e simulação da Internet; desempenho melhorado *end-to-end* e medição do desempenho; software para desenvolvimento e execução eficientes de aplicativos distribuídos escaláveis; componentes de software para aplicativos distribuídos, como comércio eletrônico, bibliotecas digitais e cuidados com a saúde, e suporte à infra-estrutura e *test beds*.

A Biblioteca Nacional de Medicina da NIH, por exemplo, irá estender sua pesquisa de vanguarda em telemedicina com um novo programa para demonstrar a aplicação de sistemas de informação geográficos (GIS) escaláveis, em rede e sem fio, e tecnologias de segurança a ambientes de rede de cuidados com saúde. As propostas do projeto irão se concentrar em aplicativos para sistemas de prestação de cuidados com a saúde, tomada de decisões médicas, redes de saúde pública, emergências em massa, educação da saúde e pesquisa médica.

### PRINCIPAIS DESAFIOS DE PESQUISA

- Confiança: segurança, privacidade e confiabilidade
- Networking adaptável, dinâmico e inteligente
- Medição e modelagem de desempenho de rede
- Tecnologias escaláveis para aumentos maciços em tráfego heterogêneo de rede, incluindo bilhões de dispositivos e sensores sem fio
- Aplicativos de rede, incluindo integração vertical e ferramentas de suporte e serviços, como middleware
- Pesquisa revolucionária: teorias de complexidade, teoria de controle generalizado, outros modelos para abordar a evolução da funcionalidade da rede em meio ao crescimento exponencial em conectividade.

*Fonte*: NITRD. The supplement to the President's budget – Future nets: dynamic flexibility, high bandwidths, and security 2003.

de protocolos, ou padrões de transmissão de dados, que não são ideais para tais situações. Esses são os problemas que o Large-Scale Networking Group (LSN) irá resolver.

Reconheceu-se que nenhuma tecnologia única pode solucionar todos os problemas de *internetworking*, integração e outras comunicações digitais e, como resultado, diversos novos padrões foram e continuarão a ser criados para resolver as deficiências atuais. Um dos padrões que terão um papel central e estratégico nas redes do futuro é um novo protocolo de rede conhecido como Asynchronous Transfer Mode (ATM). O ATM é uma solução aberta que se baseia em padrões internacionais e da indústria que combinam os melhores recursos das abordagens de circuito e comutação de pacotes. O resultado é um protocolo que é adequado para transmitir tráfego de característica e largura de banda amplamente variadas e que possui a capacidade de oferecer um serviço de largura de banda sob demanda.

Particularmente, o ATM oferece um único serviço de rede capaz de dar suporte a necessidades de transmissão de vídeo, voz e dados, de forma flexível e responsiva, e incorpora os seguintes recursos:

- Capacidade de transmissão muito maior que as tecnologias de pacote e frames existentes. Desde o início, o ATM irá suportar velocidades de LAN dez a 20 vezes mais rápidas que os sistemas atuais.
- Flexibilidade e versatilidade. Voz, dados, vídeo e imagens podem ser transmitidos simultaneamente por uma rede corporativa única e integrada ou pela Internet.
- Universalidade e adaptabilidade. A tecnologia ATM tem o potencial de suportar uma ampla variedade de métodos de comunicação, dos onipresentes cabos de rede corporativos à fibra óptica de alta capacidade.
- A capacidade de suprir as necessidades de cada segmento da rede corporativa, suplementando e, por fim, substituindo as diferentes soluções de rede que agora prevalecem nos níveis de grupo de trabalho, LAN (Rede Local), **MAN (Rede Metropolitana)** e WAN (Rede de Larga Amplitude).

O ATM implica mudanças institucionais e tecnológicas de amplo alcance. Ainda que se trate de uma tecnologia nova, o desenvolvimento de padrões continua; órgãos de criação de padrões ainda estão resolvendo alguns detalhes das especificações do ATM, particularmente em suporte a vídeo, voz e multimídia. Em geral, a ordem de implementação da tecnologia do ATM será em nível de Rede Metropolitana no contexto do campus institucional/educacional, seguido pelo nível de Rede de Larga Amplitude, depois pelo nível de Rede Local e, por fim, pelas implementações no nível do grupo de trabalho e dos computadores.

O ATM, assim, representa um componente principal da NGI, pois proporciona o potencial de interligação de redes da Internet com as capacidades de gestão da transmissão de alta capacidade dentro da indústria das telecomunicações tradicionais. Muitos analistas da indústria esperam que a tecnologia ATM se torne um componente vital da NGI – e, de fato, a Otan disse o seguinte sobre a tecnologia ATM:

> Existem (...) alguns problemas com a utilização do ATM na defesa, pois ele foi projetado para explorar um meio de transmissão quase perfeito com alta largura de banda (fibra óptica). No domínio tático, particularmente, em que a largura de banda da transmissão é limitada e os canais são muito ruidosos, é improvável que o ATM seja eficaz, e assim serão necessárias medidas especiais. Apesar dessas dificuldades, no entanto, a importância e o potencial do ATM para cumprir exigências de comunicação civil sugerem que seria errado desconsiderar o seu potencial de utilização para fins de defesa (The Advanced Information Services Demonstration, 1996).

## NGI no contexto do marketing para consumidores

Por que isso é importante do ponto de vista do marketing? O consumidor direciona as atividades de marketing da organização, e a explosão da Internet colocou um grande fardo sobre a habilidade de as empresas cumprirem suas promessas de marketing. Lembre-se de que a Internet, em seus estágios de concepção, tornou-se um veículo que permitia às empresas criarem *outdoors* e brochuras eletrônicos – propaganda barata, em outras palavras. À medida que a confiança do consumidor aumentou por meio da aceitação e da vigilância em relação à privacidade e à segurança das informações pessoais, a tendência de geração de receitas da Internet tem se distanciado cada vez mais da propaganda direta (receitas de clique duplo) em direção à geração de receita por meio de e-commerce. Exemplos de vendas on-line e outros Websites de vendas diretas ao consumidor incluem serviços de compra (http://www.amazon.com), leilões (http://www.ebay.com), comércio de ações (http://www.etrade.com), banco (http://www.citibank.com) e até mesmo compras em supermercados (http://www.peapod.com). Esses Websites incorporam tecnologias que foram criadas para explorar a Internet, e eles foram os que mais contribuíram para o problema do gargalo da Internet.

Esse problema foi destacado em um fato recente no qual as operações de comércio de uma grande corretora on-line foram suspensas. Esse foi o resultado da sobrecarga de rede do Website deles causada por uma multidão de negociantes on-line que desejavam aumentar suas posições acionárias em um pequeno número de companhias públicas baseadas na Internet.

A qualidade do serviço tornou-se o problema com a Internet atual. Para o consumidor que faz uma compra, a confiabilidade de transações pela Internet é essencial. Para o consumidor que entra para a telefonia da Internet, a pontualidade na transmissão dos dados é o principal objetivo, mesmo quando a qualidade da voz é levemente degradada. Há sempre uma troca entre largura de banda, conveniência e confiabilidade. A pesquisa do NITRD concentra-se em conseguir os avanços técnicos fundamentais necessários para oferecer recursos padrão de alta velocidade, confiabilidade e acesso flexível *end-to-end* dos sistemas de comunicação digital dos Estados Unidos.

Nas palavras oportunas de Scott Bradner, consultor técnico sênior da Universidade de Harvard e membro do comitê técnico Internet2: "Se você tem um aplicativo que oferece vídeo interativo em tempo real, mas ele está competindo com sete mil universitários olhando a página da *Playboy*, é preciso ter certeza de que a coisa que está lhe dando dinheiro está dando certo mesmo" (Anthes, 1997).

## Projeto Internet2

Dentro da explicação da NGI estava uma menção da Internet2. O que é Internet2?

A página da Web (http://www.internet2.edu/ – Figura 20.1) descreve o projeto da seguinte forma:

> Internet2 é um consórcio liderado por 200 universidades que trabalham em parceria com a indústria e com o governo para desenvolver e implementar tecnologias e aplicativos avançados de rede, acelerando a criação da Internet do futuro. A Internet2 está recriando a parceria entre os setores acadêmico, industrial e governamental que incentivou a Internet que existe hoje em dia desde o seu nascimento. As principais metas da Internet2 são:
>
> - Criar uma capacidade de rede de vanguarda para a comunidade de pesquisa norte-americana.
> - Possibilitar aplicativos revolucionários da Internet.

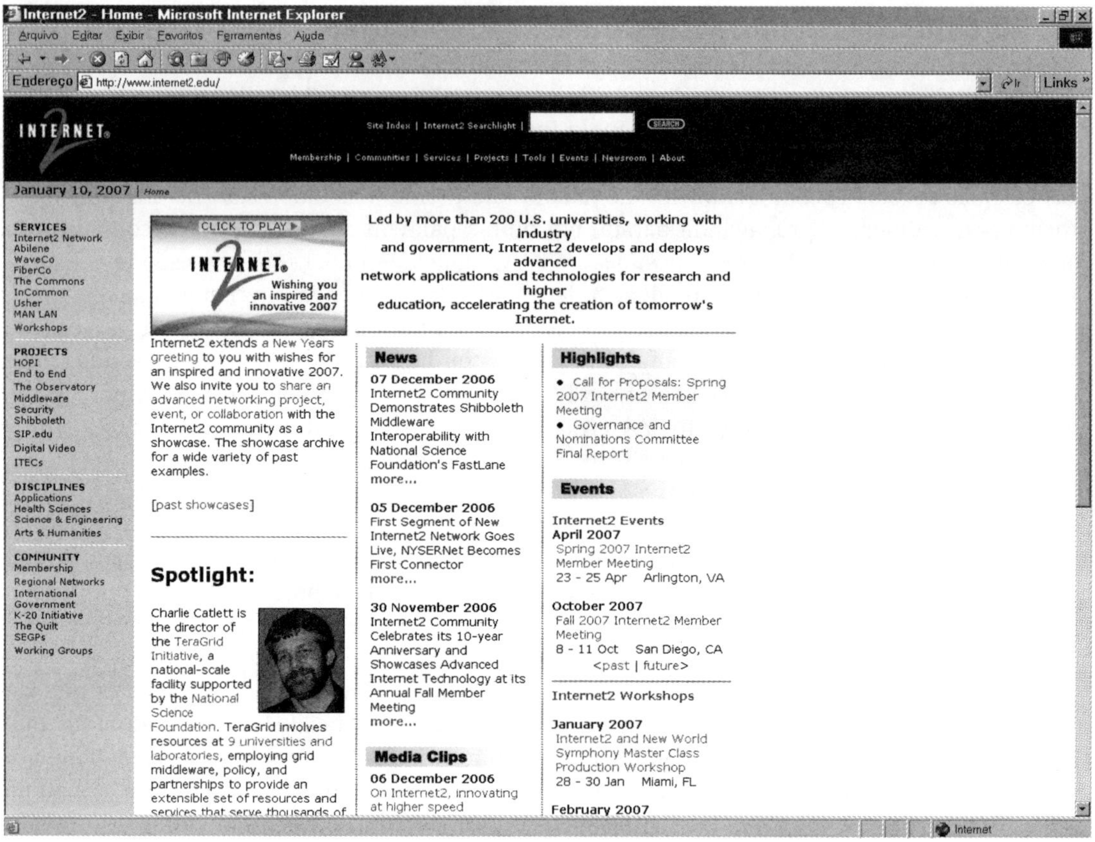


Figura 20.1 A iniciativa para expandir os interesses de universidades e instalações de pesquisa se chama Internet2. O projeto Internet2 está investindo foco, energia e recursos no desenvolvimento de uma nova família de aplicativos avançados para cumprir as exigências acadêmicas que surgem em pesquisa, ensino e aprendizado. As universidades com Internet2, que trabalham com indústria, governo e outras organizações de redes de pesquisa e educação, estão abordando os principais desafios enfrentados pela próxima geração de redes universitárias.
*Fonte*: Internet2 (http://www.internet2.edu). Utilizado com permissão.

- Garantir a transferência rápida de novos serviços e aplicativos de rede para uma comunidade maior da Internet.

Por intermédio dos Grupos de Trabalho Internet2, os membros colaboram em:

- Parcerias
- Iniciativas
- Aplicativos
- Engenharia
- Middleware (Internet2, 2003)

Mais especificamente, como a Internet2 irá beneficiar a comunicação das universidades sobre pesquisa e desenvolvimento da tecnologia da Internet? Ela foi feita para facilitar e coordenar o desenvolvimento, a implementação, a operação e a transferência de tecnologia de aplicativos avançados de rede e serviços de rede para promover a liderança norte-americana em pesquisa e alta educação e para acelerar a disponibilidade de novos serviços e aplicativos da Internet. Outras metas do projeto Internet2 são:

- Possibilitar uma nova geração de aplicativos
- Recriar uma capacidade de rede de educação e pesquisa de vanguarda
- Transferir novos recursos para a Internet de produção global

Alguns objetivos adicionais específicos incluem:

- Demonstrar novos aplicativos que possam melhorar drasticamente a capacidade dos pesquisadores de colaborar e conduzir experiências
- Demonstrar a melhoria na entrega de educação e outros serviços (por exemplo, cuidados com a saúde e monitoramento ambiental) ao tirar vantagem da **proximidade virtual** criada por uma infra-estrutura avançada de telecomunicações
- Apoiar o desenvolvimento e a adoção de aplicativos avançados ao fornecer ferramentas de middleware e desenvolvimento
- Facilitar o desenvolvimento, a implementação e a operação de uma infra-estrutura acessível de comunicação capaz de suportar **QoS (Qualidade de Serviço)** diferenciada com base nas exigências dos aplicativos da comunidade de pesquisa e educação
- Promover a experimentação da próxima geração das tecnologias de comunicação
- Coordenar a adoção dos padrões de trabalho acordados e práticas comuns entre as instituições participantes para garantir qualidade de serviço e interoperabilidade *end-to-end*
- Catalisar parcerias com organizações privadas e governamentais
- Incentivar a transferência de tecnologia de Internet2 para o resto da Internet
- Estudar o impacto da nova infra-estrutura, dos serviços e dos aplicativos na educação de nível superior e na comunidade da Internet em geral (Internet2)

Essas metas são muito ambiciosas e específicas e podem estabelecer um vínculo entre as universidades e a pesquisa governamental. A disseminação da pesquisa é sempre uma tarefa difícil em função da ampla dispersão dos interesses acadêmicos. Esses objetivos também podem ser benéficos à medida que forem previstos os aplicativos e as necessidades futuras de rede e informações. Ao longo da história da Internet, a tecnologia sempre trilhou as capacidades dela. Talvez o projeto Internet2 equilibre os recursos da tecnologia de comunicação e da tecnologia de entrega de networking.

## A evolução da tecnologia

Vamos assumir que os avanços tecnológicos das redes são capazes de fornecer alívio suficiente aos problemas de largura de banda para acelerar a transmissão de dados e reduzir o tempo de download. Dados esses benefícios, qual tecnologia interessaria ao profissional de marketing virtual? Qual será o aplicativo a ser escolhido pelos profissionais que trabalham com produtos e serviços virtuais? Os fabricantes de hardware estão procurando dispositivos compactos, móveis e portáveis contendo transmissão sem fio semelhante a um telefone celular em função e a um computador Palm Pilot em tamanho. Um **dispositivo de conexão com a Internet** que serviria consumidores e executivos da mesma forma provavelmente contará com a maioria dos seguintes recursos:

- Conexão fácil com a Internet
- Tela colorida para exibição à luz do dia

- Capacidade suficiente para processamento
- Capacidade de reconhecimento de voz e de escrita
- Memória para armazenamento de documentos de texto e gráficos
- Telefone celular com capacidade de enviar e receber arquivos
- Fone para escutar e falar, possivelmente um headset, a fim de eliminar ruídos, estática e interferência.

Esses itens podem constituir uma lista de desejos extensa, mas muitos desses recursos estão ficando muito comuns e baratos para aquisição.

Em relação ao futuro, as possíveis vantagens das práticas de negócios e dos sistemas de software foram discutidas extensamente. Considere uma pequena porção do panorama de hardware. A IBM comprometeu-se em eliminar o teclado no prazo de dois anos para facilitar tecnologias ativadas por fala, permitindo que mais pessoas usem computadores, e, assim, reduzir o custo da manufatura, visto que a produção do teclado será eliminada. Outras tecnologias que irão melhorar a comunicação, facilitando-a tanto quanto pegar o telefone, mas com muito mais impacto, usarão comunicação em tempo real, telefones com Internet e e-mail multimídia. O profissional de marketing ganhará a capacidade de enviar informações ao consumidor quando este se registrar no computador ou no dispositivo de conexão com a Internet por meio da tecnologia de push.

## A expansão em softwares imaginativos

O software de e-commerce do futuro será construído para um destes dois propósitos: 1) fornecer conhecimento e conveniência ao consumidor individual ou 2) fornecer conhecimento e vantagem competitiva para a empresa por meio dos sistemas corporativos. Para atrair o consumidor, Websites criativos e orientados para serviço oferecerão informações com várias plataformas – entretenimento, humor, informações racionais, comparações de fatos –, à medida que as execuções de mensagem forem feitas por técnicas de propaganda. Espera-se que os aplicativos de software, os principais componentes de construção dos Websites, sejam simulações de realidade virtual on-line incluindo **VRML (Virtual Reality Modeling Language)**, tecnologia de ferramentas gráficas tridimensionais e navegadores da Web que possam exibir esses espaços virtuais. Um dos fundamentos do ambiente de realidade virtual é o **avatar**, uma figura animada que representa uma pessoa nas realidades virtuais on-line – um substituto no espaço cibernético. Assim como o VRML, existem muitas ferramentas que ajudam a tornar a Web uma plataforma de apresentação atraente, o uso de animação interativa e em flash, transmissão de vídeo e aplicativos interativos, tudo para aumentar a atração da Internet. Portanto, o espaço cibernético está provando ser um local viável para encontros de marketing, como as conferências da indústria.

> O Contact Consortium, que hospedou as últimas quatro conferências de avatares, colocou o Avatar98 on-line para "fazer um 'test-drive' do meio e medir sua prontidão quanto a um acontecimento realmente global com contato humano". O consórcio Scotts Valey, na Califórnia, classificou o evento como a primeira convenção on-line 3D do mundo. "Provamos que você pode, de fato, fazer uma conferência, no sentido tradicional, nas instalações tradicionais, mas no espaço virtual", disse o membro do consórcio, Bruce Damer, que estava encarregado da conferência daquele ano. A decisão de abrigar o evento no espaço virtual, e não em San Francisco, significava que as partes interessadas de países distantes não só participariam, mas também reuniriam recursos locais. "Pessoas em Helsinque trouxeram seu museu de arte", disse Damer.

> Embora às vezes seja lento para ser processado, o mundo virtual era intuitivo e surpreendentemente convincente, e as conversas e palestras eram coerentes e interessantes. Combinou-se que o local principal do sábado seria o salão da conferência. Assim que uma pessoa deu início, os polígonos e **mapas de textura** – os blocos de construção de todos os mundos virtuais – lentamente foram tomando forma. O hall, não diferente demais daquele que você encontraria em qualquer convenção bem-organizada, apareceu. No fim, entrou o som, e o murmúrio de uma sala cheia de gente, completo com papéis sendo folheados e copos tinindo, deu um toque de realismo. Seja da Finlândia ou da Argentina, a maioria dos avatares era parecida. A figura masculina média usava *jeans*, camiseta e colete. As figuras femininas perambulavam em saias de comprimento e estilo populares na série *Jornada nas Estrelas* original. E havia vários magos barbados em longos robes pretos e diversos dragões.
>
> Muito do que aconteceu exigiu alguma imaginação para ser apreciado por completo. Alguns visitantes chamaram o evento de "caos louvável do IRC". Outros reclamaram dos tempos de download, que chegavam a 30 minutos ou mais para muitas figuras. "O tempo parece estar distorcido", escreveu uma pessoa. E as banalidades inerentes ao meio também estavam no ar, em um nível mais suave que na sala de bate-papo típica da AOL. [Damer] esperava que o Avatar99 fosse ainda maior. A passagem do milênio, esperava Damer, iria provar a realidade desse modelo emergente de interação humana (Alderman, 1998).

O programa Avatars continuou com o Avatars 2002. A cada ano, um tema diferente tem sido escolhido para ser o pano de fundo dessas celebrações da tecnologia de mundos interativos. "Do hall da feira em 1998 até as estações espaciais em 2001, cada ano trouxe um novo sentido de diversão e objetivo às comunidades em desenvolvimento do espaço virtual 3D." Em homenagem ao 111º aniversário de J. R. R. Tolkien, o tema de 2002 foi a mitologia da Terra Média. O evento se chamou Avatars 2002, uma alegre festa virtual (Contact Consortium, 2003).

A tecnologia Web3-D está ficando cada vez mais importante, pois o conteúdo baseado na Internet está disponível por cabos e outros sistemas de transmissão de alta velocidade. Para saber mais sobre essas tecnologias emergentes, o Fórum VRML abriga uma coleção de artigos técnicos; um dos melhores Websites para visitar, o VRML Repository (http://www.vrml.org), oferece diversos links, bibliografias, grupos de usuários, fornecedores de software e hardware e explicações técnicas.

Sistemas de software para a organização *business-to-business* irão enfatizar a interconectividade, agrupando pessoas e funções pela Internet. Os Websites multimídia e 3-D podem se tornar uma forte base para e-commerce, com programas também sendo utilizados para auxiliar a empresa em treinamento de funcionários e demonstrações de produtos. Sistemas de comunicação como Lotus Notes e Domino são bons exemplos de software de rede para empresas e outros grupos carentes de planos extensos de comunicação. A memória corporativa também continuará a se expandir com os sistemas avançados e de retaguarda mais sofisticados. Quanto mais rápida na resposta e mais intuitiva em manipulação de dados, mais a empresa poderá oferecer solicitações personalizadas de dados. Esses bancos de dados serão integrados à Internet, intranet ou extranet da empresa para compartilhamento de informações por meio de interconectividade e interatividade. A velocidade dos negócios só continuará a acelerar.

Os Websites portais devem continuar a amadurecer como elementos de vantagem competitiva para batalhas de mecanismos de busca e vendas colaborativas e, em relação ao e-commerce, os portais podem estabelecer a pauta tecnológica para as empresas que querem fazer negócios na Web. Atualmente, os portais estão simplesmente direcionando o tráfego de compras aos parceiros de e-commerce; em troca, o portal recebe uma comissão de vendas sobre cada transação de e-commerce. O processo pode ficar mais sofisticado em um futuro próximo, com cada usuário recebendo um pacote de informações digitais que ajuda o comerciante virtual a refinar o argumento de vendas. No horizonte estão tecnologias como reconhecimento de voz e anúncios personalizados, enquanto hoje em dia já se pode experimentar banners contendo recursos de vídeo e voz. Os portais terão de liderar e ajudar seus parceiros a implementar e integrar essas tecnologias em seus sistemas. Os profissionais de marketing serão espertos em manter um olho no desenvolvimento do portal e considerar a possibilidade de tornar-se parceiros de e-commerce com o portal da Web, como fazem atualmente.

## O sucesso de aquisições e consolidações na Internet

O final da década de 1990 viu uma agitação do interesse dos investidores e empresas já presentes na Internet por ações de empresas ligadas à Internet, a qual causou um frenesi de fusões e aquisições. As grandes empresas de Internet e mídia desenvolveram estratégias de integração verticais, acumulando novos especialistas em mídia como navegadores, mecanismos de busca, e-mail e outras entidades de e-commerce em um esforço para se manterem presentes nos lares americanos. Essas aquisições totalizaram muitos bilhões de dólares, e muitos investidores estavam inseguros do real valor das empresas da Internet. Essa dúvida não evitou a culminação das aquisições corporativas a seguir.

- A parceria da Walt Disney Company com um mecanismo de busca virou o portal da Web Infoseek Corp
- A NBC adquiriu uma parte minoritária da Snap!, serviço de portal da Internet de propriedade da CNET
- A fusão do provedor de serviços de Internet a cabo @Home e do portal da Web Excite
- O casamento de $ 4,2 bilhões de dólares da AOL e do navegador da Web Netscape Communications

Algumas dessas combinações tiveram sucesso e renderam lucros, dando às empresas da Internet investimentos maiores e melhores em tecnologia e sistemas da Internet. Sistemas melhores beneficiam o consumidor, o profissional de marketing virtual e o comerciante on-line por meio de qualidades como conveniência, velocidade, precisão e acessibilidade. A *Wired News* fez estas observações pouco depois de a combinação AOL/Netscape ser anunciada:

> Como uma combinação do Netscape AOL pode mudar a experiência do João Internauta? Não espere mudanças surpreendentes no navegador Netscape ou no serviço on-line da AOL, dizem analistas e observadores da Web. Pelo contrário, as mudanças serão mais invisíveis, mas irão muito além de mudanças simples na aparência.
>
> "De várias formas, Steve Case é co-capitão, com Bill Gates, do navio que guia o futuro da Internet", disse Jeff Chaster, diretor executivo do Center for Media Education, uma organização nacional sem fins lucrativos que busca uma melhoria na qualidade da mídia eletrônica. "A AOL é líder no desenvolvimento de estratégias inovadoras de e-commerce. Tudo vira uma oportunidade de comercializar e vender. Então, quando uma empresa como a AOL se apodera de um grande portal como o Netcenter, as obrigações comerciais mudarão a natureza desse serviço." Chaster vê principalmente a compra do controle acionário da empresa como um novo acúmulo de poder do portal. As notícias preocupam Chaster, no sentido de que a Web pode cumprir seu maior destino como uma rede infindável de compras em domicílio.

> Hiperbólico, talvez, mas analistas concordam que a aliança daria à AOL uma nova linha para um diferente segmento de usuários da Net e, portanto, clientes mais amplos para seus planos de e-commerce. "Para alcançar usuários com mais conhecimento da Web - além de almejar os 75% de lares norte-americanos que ainda precisam entrar on-line -, a AOL precisa de presença na Web e provavelmente tentará alavancar o Netcenter (portal da Netscape) para fazer isso", disse a analista Melissa Bane, do Yankee Group. "O que muitas vezes é evitado pela empresa é que eles compreendem, sim, o que é importante no mercado on-line do consumidor", disse o colega de Melissa no Yankee Group, Joe Bartlett. "Não é o acesso confiável [que importa]; é principalmente a interface com o usuário e a possibilidade de conseguir alguma usabilidade com isso" (Oakes, 1998).

De fato, agora que recordamos dessa fusão, vemos que a maioria das alterações pode ser vista no backbone e na eficiência desses serviços. Embora a interface ainda permaneça nas mãos dos departamentos criativos, essas fusões resultam em uma experiência de navegação muito mais eficiente, maior largura de banda e uma série maior de experiências on-line.

Do ponto de vista dos negócios, essas fusões não parecem inteligentes. Um analista da empresa de investimento Brown Brothers Harriman observou: "As empresas de televisão por rede e por cabo, e até mesmo as empresas de telecomunicações telefônicas, estão procurando por parceiros de conteúdo e, por fim, empresas de portal com marketing interativo ou banco de dados de usuários leais registrados que possam ser convertidos em assinantes" (The Internet: A look ahead, 1999).

## A persistência no atendimento ao consumidor

A concorrência fará com que os profissionais de marketing procurem em todos os lugares por vantagem competitiva. Mais uma vez, eles irão alavancar o ponto forte do meio da Internet - velocidade, precisão, acessibilidade, personalização e conveniência ao consumidor - e servirão os profissionais de marketing de formas inimagináveis. O profissional de marketing se transformará em técnico de informações, aprofundando-se mais em recuperação e transmissão de informações e aplicando a mesma estrutura à medida que desenvolver programas promocionais criativos, além de disseminação de informações. Essa é uma importante habilidade para ser equilibrada, pois saber o que deve ser feito é igual a saber como o programa deve ser implementado. O profissional de marketing precisará ser escolado na nova ciência dos hábitos de mídia da Internet, um tópico em pauta somente a partir de meados da década de 1990. Esse comportamento do consumidor em desenvolvimento é crucial para planejar a propensão de acesso. É importante entender a forma como os consumidores irão acessar a Internet à medida que executarem ou divulgarem hábitos de mídia. A mensagem será desperdiçada se o alvo só assistir à televisão a cabo e o profissional de marketing fizer propaganda na televisão aberta ou na página inicial do mecanismo de busca errado. Isso volta para se a Web deve ou não ser guiada para o computador, acessada pela WebTV, por telefone móvel ou por outros aplicativos desenvolvidos.

O profissional de marketing deve considerar os processos de marketing amigáveis ao usuário. Alguns conselhos sábios relacionados à publicação na Web foram dados a um público da Jupiter Research Conference por Patrick Naughton, vice-presidente sênior de tecnologia da Starwave Corporation, em Seattle. Essas sugestões são igualmente essenciais para profissionais de marketing com grandes e pequenos bancos de consumidores.

- Faça as coisas de maneira simples (sistemas amigáveis ao usuário)
- Projete sistemas para suportar cem vezes sua carga atual (capacidade)

- Mude de forma rápida, mas cuidadosa, para a nova tecnologia, e não pule na mais nova e legal só porque é nova e legal (investigue a tecnologia, mas não abandone os melhores interesses de seus consumidores).
- Coloque seus melhores funcionários próximos ao dinheiro, ainda que normalmente eles não exerçam os cargos com os maiores salários (uma interpretação de "dinheiro" poderia estar relacionada às vagas de vendedores que deveriam ser atribuídas aos "melhores funcionários"). No paradigma de marketing, agrupe bons sistemas e boas pessoas, e os beneficiados serão seus consumidores (ClickZ, 1998).

## As preocupações do consumidor continuarão a existir

Com um potencial tão poderoso quanto o da Internet, existem vários problemas essenciais que a indústria da Internet deve enfrentar e resolver. Uma pesquisa da Ipsos-Reid com consumidores em 16 países descobriu que a segurança das informações do cartão de crédito nas compras on-line é uma preocupação para a maioria dos consumidores. Quase metade dos 8.500 adultos pesquisados disse que o potencial para fraude on-line do cartão de crédito é uma "grande" preocupação (46%), enquanto um quarto (26%) o citou como preocupação "moderada". Não são só os consumidores que estão preocupados; a possibilidade de fraude on-line do cartão de crédito também tem um efeito aterrorizante sobre os compradores on-line potenciais. Entre os internautas norte-americanos que ainda não fizeram uma compra virtual, 55% alegam que o potencial de uso fraudulento das informações de seus cartões de crédito diminui a probabilidade de eles comprarem on-line (Ipsos-Reid, 2002).

## Excesso de confiança no e-commerce

Em todos os estudos e discussões de marketing eletrônico e comércio eletrônico, você deve se lembrar de que o e-marketing não é uma saída fácil, mas somente uma estratégia alternativa entre o árduo trabalho de marketing. As atividades de e-marketing devem ser integradas entre os tradicionais programas de promoção e de vendas para melhorar a sinergia adquirida por atividades de marketing atenciosas e sensíveis. Lembre-se do seguinte comentário sobre a natureza da Web:

> A Internet é, por natureza, hostil em relação às margens de lucro. A maioria dos investidores parece acreditar que a Internet irá, algum dia, produzir retornos incomumente altos, pois é uma maneira mais barata de abordar consumidores, sem as onerosas despesas de manutenção de registros em papel, lojas físicas e estoque empilhado. Mas as mesmas coisas que atraem usuários para a Internet – velocidade, conveniência e amplitude ilimitada – a tornam uma traidora para os comerciantes sedentos por lucro. Com apenas alguns toques no teclado, os consumidores podem colocar rivais corporativos um contra o outro. Essa capacidade está transformando a Internet em um mercado incansável e eficiente no qual os fornecedores sofrerão pressão de ganhar, e defender, qualquer vantagem que restar (Anders, 1998).

## As 12 regras de Bill Gates

No segundo livro do presidente da Microsoft, *Business @ the speed of thought* ("Negócios na velocidade do pensamento", sem tradução para o português), uma premissa lógica é sustentada em todo o livro: a de que somente os gerentes que dominarem o universo digital ganharão vantagem competitiva.

As empresas bem-sucedidas da próxima década serão aquelas que usam ferramentas digitais para reinventar a maneira como trabalham. Para fazer do fluxo das informações digitais uma parte intrínseca da sua empresa, veja os 12 principais passos a seguir:

1. **Insista para que a comunicação flua por e-mail**
A iniciativa e a responsabilidade pessoal são aperfeiçoadas em um ambiente que incentive a discussão. O e-mail, um componente essencial de nosso sistema nervoso digital, faz exatamente isso. Ele ajuda a transformar gerentes médios de nossos filtros de informação em "executores".
2. **Estude os dados de venda on-line para poder compartilhar idéias com facilidade**
Você precisa coletar os dados de negócios em todas as etapas do caminho e em todas as interações com seus consumidores. Com seus parceiros, também. Depois você precisa compreender o que significam os dados. Quando os números estiverem em forma eletrônica, trabalhadores do conhecimento podem estudá-los, anotá-los e analisá-los em qualquer quantidade de detalhes ou de qualquer perspectiva que desejarem e transmiti-los para colaboração. Entrar para a era digital muda seus negócios.
3. **Transforme os trabalhadores do conhecimento em pensadores de alto nível**
Os gerentes médios e os funcionários de linha, e não somente os executivos de alto nível, precisam ver os dados da empresa. Essas são as pessoas que precisam de dados precisos e processáveis, pois são elas que precisam agir. Elas precisam de um fluxo imediato e constante e perspectivas ricas da informação certa. As empresas devem gastar menos tempo protegendo dados financeiros de funcionários e mais tempo ensinando-os a analisá-los e a agir com eles.
4. **Use ferramentas digitais para criar equipes virtuais**
Uma cultura colaborativa reforçada pelo fluxo de informações possibilita que pessoas espertas de toda a empresa entrem em contato umas com as outras. Quando você consegue fazer com que uma massa crítica de pessoas com QI trabalhe em harmonia, os níveis de energia disparam para cima. Você está gerenciando dados, documentos e esforços pessoais. Seu objetivo deve ser melhorar a maneira como as pessoas trabalham juntas, dividir idéias, brigar de vez em quando e ampliar as idéias uns dos outros – e depois agir tendo uma finalidade em comum.
5. **Converta todos os processos em papel em processos digitais**
O consumo de papel [é] somente um sintoma de um problema maior: processos administrativos complicados e demorados demais. Usar nossa intranet para substituir formulários de papel nos rendeu resultados surpreendentes. Existe a possibilidade de que o uso da Internet diminua drasticamente o número de formulários utilizados na empresa; por exemplo, o número de formulários diminuiu de mais de 1.000 [antes] para um total de 60 [agora] na empresa inteira.

   Quando os funcionários vêem uma empresa eliminar de seu dia-a-dia os gargalos e as atividades rotineiras que desperdiçam tempo, reconhecem que a organização valoriza o tempo deles – e deseja que eles usem-no corretamente.
6. **Use ferramentas digitais para eliminar as funções simples**
Na nova organização, o trabalhador não é mais apenas uma engrenagem de uma máquina, mas uma parte inteligente do processo global. Fazer com que as pessoas se concentrem no processo como um todo permite que elas sejam motivadas pelo trabalho mais interessante e desafiador. As funções unidimensionais (repetitivas) podem ser eliminadas, automatizadas ou incluídas em um processo maior.

7. **Crie um ciclo de feedback digital**
A tecnologia digital possibilita o desenvolvimento de processos muito melhores, em vez de ficar parado com variações em processos antigos em papel que só lhe causam melhorias incrementais. Você precisa ser flexível em face das exigências que surgirem. Você deve ter um processo de decisão rápido para avaliar a alteração, incluindo uma cláusula para reavaliar as metas originais do projeto.
8. **Use os sistemas digitais para resolver imediatamente as reclamações do consumidor**
Ouvir os consumidores significa ouvir suas reclamações sobre os defeitos dos produtos atuais. Mas fazer com que as más notícias dos consumidores percorram todo o caminho até os grupos de design do produto é surpreendentemente difícil de ser feito. Recomendo a seguinte abordagem:
    1. Concentre-se nos consumidores mais insatisfeitos.
    2. Use a tecnologia para coletar informações ricas sobre as más experiências com o seu produto e para descobrir o que os consumidores querem que você coloque nele.
    3. Use a tecnologia para direcionar rapidamente as notícias às pessoas certas.

    Se você fizer essas três coisas, transformará essas cansativas experiências de más notícias em um processo estimulante para melhorar seu produto ou serviço. Consumidores insatisfeitos são sempre uma preocupação. Mas também são sua grande oportunidade.
9. **Use a comunicação digital para redefinir os limites**
Para a Microsoft, a terceirização foi a maneira de abrandar a expansão da nossa força de trabalho e reduzir os custos de gerenciamento, mas ela não brecou o crescimento da nossa força de trabalho. O estilo de trabalho da Web, no qual cada trabalhador ou empresa se organiza da melhor maneira possível, possibilita que estendamos nossa rede eletrônica de parcerias e – espero – evita que fiquemos muito grandes nas áreas erradas e nos tornemos ineficientes pelos gastos excessivos.
10. **Transforme todos os processos corporativos em entrega *just-in-time***
Produtores de bits podem usar a Internet para reduzir o tempo de entrega a praticamente zero. Produtores de átomos (produtos físicos) ainda podem formar equipes com objetos físicos através do espaço, mas eles podem usar a velocidade dos bits – coordenação digital de todos os tipos – para diminuir drasticamente o tempo de reação. Infelizmente, o problema mais importante da "velocidade" é cultural. Está alterando as percepções dentro de uma empresa sobre a rapidez com a qual todos têm de se mover. Todos devem perceber que, se você não satisfizer a demanda do consumidor com rapidez suficiente, sem sacrificar a qualidade, o competidor o fará em seu lugar.
11. **Use a entrega digital para eliminar o intermediário**
Se você é um intermediário, a promessa feita pela Internet de preços mais baixos e serviço mais rápido pode **desintermediá-lo** – eliminar seu papel de auxiliar a transação entre o produtor e o consumidor. Se a Internet estiver prestes a desintermediá-lo, uma tática é usá-la para voltar à ação. Para a maioria dos produtos, que estão disponíveis em várias lojas, os consumidores serão os grandes beneficiados (dos preços de leilão/liquidação em e-mails semanais). Para muitos produtos e serviços, os vendedores encontrarão mais consumidores potenciais e podem comandar preços mais altos. Quanto mais consumidores adotarem o estilo de vida da Web, mais próxima estará a economia do mercado perfeito de Adam Smith em todas as áreas do comércio.
12. **Use ferramentas digitais para ajudar consumidores a resolver problemas sozinhos**
Quando o comércio eletrônico explodir, não são só os intermediários que encontrarão maneiras criativas de usar a Internet para fortalecer seu relacionamento e os consumidores. Os comerciantes que tratarem o e-commerce como mais que uma caixa registra-

dora digital irão se sair melhor. Empresas inteligentes combinarão serviços da Internet e contato pessoal em programas que dão a seus consumidores os benefícios de ambos os tipos de interação. Se você quiser fazer transferências puras para a Internet, use comunicação on-line para compartilhar informações e comunicações de rotina e reserve interações cara-a-cara para as atividades que agregarem mais valor (Gates, 1999).

## Perguntas e exercícios

1. Ao colocar todas as informações conflitantes de suporte em ordem, os profissionais de marketing precisarão considerar a classificação de importância de quatro fatores ou conseqüências dos quais o marketing eletrônico pode ser influenciador ou sofrer influência: 1) a evolução da tecnologia, 2) a expansão do software, 3) o sucesso das aquisições e fusões da Internet e 4) o forte desejo de os profissionais de marketing servirem melhor seus consumidores. Em termos de comércio eletrônico, qual fator você acredita que será o mais afetado pelo e-marketing na próxima década? Especifique amostras para dar apoio à sua resposta. Redija um memorando de uma página ao gerente de planejamento estratégico, alertando-o sobre as futuras forças de marketing.
2. Assumindo que o LSN Working Group do NITRD será bem-sucedido e alcançará as metas estabelecidas, quais benefícios o pequeno comerciante virtual deve esperar do projeto? O que um grande profissional de marketing nacional deve esperar do projeto? Faça uma lista dos benefícios e explique por que eles são importantes para cada grupo. Esteja preparado para discutir suas opiniões em classe.
3. A NGI incentivou parcerias entre ambientes acadêmicos, industriais e governamentais (federal, estadual, local e estrangeiro) que manterão os Estados Unidos na vanguarda das tecnologias de informação e comunicação. Esse é um objetivo arrojado para o projeto; na sua opinião, quais são as vantagens e desvantagens do trabalho conjunto desses três grupos (ambientes acadêmicos, industriais e governamentais), que possuem diferentes objetivos e expectativas em relação à NGI? Prepare suas idéias em forma de um seminário de três minutos a ser dado a um departamento de Gerenciamento de Sistemas de Informação em uma universidade estadual.
4. Faça uma pesquisa sobre os benefícios e desvantagens da transmissão de dados analógica e da transmissão de dados digital. Essa pesquisa se refere à tecnologia Asynchronous Transfer Mode. Por que se espera que o ATM seja a tecnologia escolhida para a NGI? Resuma os benefícios e desvantagens em um memorando de uma página e envie por e-mail ao professor.
5. Como a tecnologia de ATM, os portais da Web e o e-commerce estão unidos? Descreva a compra de produtos ou serviços ao entrar em um portal. Como é o processo, da entrada à saída de um portal? Redija uma explicação de uma página da compra de um portal on-line.
6. No texto, foi discutida uma visão de um futuro dispositivo de conexão com a Internet para acessar a Web. Qual seria sua descrição de uma ferramenta da Internet orientada para o consumidor que você gostaria de usar? Liste os recursos e explique por que cada um pode apelar para o consumidor médio. Desenvolva um memorando de uma página.
7. Descreva como você vê que as linguagens de programação como VRML e Java podem melhorar os designs e gráficos da Web. Há perigo de que os Websites possam ser feitos mais para entretenimento que para fins de comércio? Faça uma lista de cinco objetivos

de comércio que você espera que seus Web designers sigam ao preparar o Website da empresa. Redija-a na forma de um memorando interno da empresa.

8. Na próxima década, você vê consumidores ficando mais ou menos preocupados com a privacidade, venda de informações privilegiadas ou abusos de transações fraudulentas de comerciantes virtuais? Aborde cada situação e expresse suas idéias sobre as reações do consumidor; redija uma carta ao editor do seu jornal local descrevendo seu apoio ou suas preocupações.
9. Você vai se lembrar deste comentário: "A Internet é, por natureza, hostil em relação às margens de lucro" (Anders, 1998). Qual é a base para fazer esse comentário? Como profissional de marketing virtual, como você evitaria cair nessa armadilha da Internet? Redija uma declaração de estratégia de uma página para um Website comercial que venderia fotos autografadas de celebridades ou pôsteres de filmes clássicos.
10. Das 12 novas regras de Bill Gates, com qual você, como profissional de marketing virtual, concorda mais, e como planeja integrá-la nas práticas de e-commerce? De qual regra você mais discorda e por quê? Redija cada explicação como uma revisão do livro a ser consultada pelo gerente de marketing. Faça com que suas opiniões tenham uma página de extensão.

*Bibliografia*


ALDERMAN, John. From earth to avatars. Lycos, Inc. Disponível em: < http://www.wired.cvom/news/culture/0,1284,16439,00.html >. Acesso em 23 nov. 1998.

ANDERS, George. Comparison shopping is the Web's virtue — unless you're a seller. *The Wall Street Journal*, 23 jul. 1998, p. A1. Copyright 1998 Dow Jones & Co. Inc. Reproduzido com permissão de Dow Jones & Co. Inc. no formato Textbook via Copyright Clearance Center.

ANTHES, Gary H. The strain for 'net gain. Computerworld Inc. Disponível em: < http://www.computerworld.com/news/1997/story/0,11280,13159,00.html >. Acesso em 29 dez. 1997.

CLICKZ. Jupiter Conference. Copyright 2004 Jupitermedia Corporation. Todos os direitos reservados. Utilizado com permissão. Acesso em 13 ago. 1998.

CONTACT CONSORTIUM. A merry cyber party. 2003. Disponível em: < http://www.ccon.org/conf02/atmo/index.htm >.

GATES, William H.; HEMINGWAY, Collin (cont.). *Business @the Speed of Thought*: Using a Digital Nervous System. Nova York: Warner Books, 1999. Com permissão de Warner Brothers, Inc.

Internet2. About Internet2®. 2003. Utilizado com permissão. Disponível em: < http://www.internet2.edu/about/aboutinternet2.html >.

______. About Internet2®. [citado anteriormente online].

IPSOS-REID. From zero to everything. Ipsos-Reid Corp. 2001. Disponível em: < http://www.ipsosreid.com/asp/search cdn.idq?UserRestriction = online + credit + card + fraud&CiScope = search&HTMLQueryForm = ..%2FTextSearch.cfm >.

ISAACSON, Walter. . . . driven by the passion of Intel's Andrew Grove. *Time*, 29 dez. 1997, p. 50.

NATIONAL COORDINATION OFFICE FOR COMPUTING, INFORMATION, AND COMMUNICATIONS. NGI Implementation plan, executive summary. 1998.

NITRD. The supplement to the president's budget—future nets: Dynamic flexibility, high bandwidths, and security. 2003. Disponível em: < http://www.itrd.gov/pubs/blue03/future nets 01.html >.

OAKES, Chris. For joe net, more consumption. Lycos, Inc. 1998. Reimpresso a partir de Wired News, http://www.wired.com. Copyright © Wired Digital Inc., a Lycos Network Company. Todos os direitos reservados. Disponível em: <http://www.wired.com/news/business/0,1367,16443,00.html>.

THE ADVANCED Information Services Demonstration, a cooperative propram within NATO. 1996.

THE INTERNET: A look ahead. Cable News Network (CNN). Disponível em: <http://money.cnn.com./1999/01/19/technology/outlook/>. Acesso em 19 jan. 1999.

# Glossário

## A

**Action, atributo**
Configura ou recupera a URL para a qual o conteúdo do formulário é enviado para processamento.

**Administrador do sistema**
A pessoa da área de sistemas responsável pelo computador.

**Adquirente**
A instituição financeira ou outro processador de pagamento que estabelece uma conta com um comerciante, processando as autorizações do cartão de pagamento e os pagamentos de acordo com as regras da empresa do cartão.

**Advanced Research Projects Agency Network (ARPANET)**
Rede pioneira patrocinada pela ARPA (atualmente DARPA). Ela serviu como base para as primeiras pesquisas em rede e como um backbone central durante o desenvolvimento da Internet. A ARPANET era formada por computadores individuais de comutação de pacotes interconectados por linhas alugadas.

**Agência de publicidade interativa**
Organização comercial, normalmente de propriedade independente, que se especializa na criação e na implementação de mídia interativa, como quiosques e Websites.

**Agrupamentos de lares**
Agrupamentos de residências, habitadas por famílias ou por indivíduos que moram sozinhos, que compartilham uma semelhança demográfica ou psicográfica.

**Alcance globalizado**
Capacidade de atingir mercados globais em função dos avanços da tecnologia.

**Align, atributo**
Configura ou recupera a forma como o texto ou as imagens são alinhados: à esquerda, à direita, centralizados ou justificados.

**Ambientes de Simulação Multiusuário (MUSEs)**
Outro nome dos MUDs, também chamados de Ambientes Compartilhados Multiusuário, MOO (MUD Orientadas para Objetos) e MUSH (Alucinação Compartilhada Multiusuário).

**Análise da seqüência de cliques**
Método para estudar o comportamento do cliente na Internet, no qual os relatórios de acesso registram a navegação do consumidor no Website por meio de várias medidas, como endereços de ISP, data e hora do acesso e quantos bytes de informação foram transferidos.

**Análise da situação**
Estudo mercadológico que cobre os pontos fortes e fracos, ameaças e oportunidades de uma empresa ou qualquer outro tipo de organização.

**Arbitron**
Empresa especializada em pesquisas de audiência de mídia (televisão, rádio, Internet e outros). Empresa semelhante ao Ibope, no Brasil.

**ARPANET**
Veja Advanced Research Projects Agency Network.

**Arquivo**
Unidade de armazenamento de dados e programas para a maioria dos computadores; termo utilizado como sinônimo para relação em alguns gerenciadores de banco de dados, como Access ou dBase.

**Arquivos sig (.sig)**
Algumas linhas de informação sobre o remetente de uma mensagem de e-mail ou de notícias. A maioria dos softwares de e-mail e notícias automaticamente consiste na assinatura a partir de um arquivo chamado .signature presente no diretório principal do usuário.

**ASNs (Advance Shipping Notices)**
Veja Avisos de embarque (ASNs)

**Assíncrono**
Processo em um sistema multitarefa cuja execução pode ocorrer de

forma independente "em segundo plano". Podem ser iniciados outros processos antes de o processo assíncrono ter terminado.

**Asynchronous Transfer Mode (ATM)**
Método para alocação dinâmica da largura de banda usando um pacote de tamanho fixo chamado célula.

**Atividades concomitantes**
Atividades que ocorrem ao mesmo tempo.

**Atividades lineares**
Atividades que precisam ser executadas uma por vez, pois a atividade seguinte depende da conclusão da anterior.

**ATM**
Veja Asynchronous Transfer Mode.

**Audiotexto**
Sistema automatizado que envia um documento para o usuário quando o número do documento em si é requisitado. Esses sistemas muitas vezes são utilizados em serviços de atendimento ao cliente para reduzir o número de perguntas repetitivas aos representantes do serviço. Esses sistemas muitas vezes estão na forma de um sistema de retorno de fax ou fax mediante solicitação.

**AUPs (Acceptable Use Policies)**
Veja Políticas de Uso Aceitável.

**Autenticação**
Capacidade de uma entidade determinar a identidade de outra entidade. A identidade é a ligação entre uma chave pública, um nome e a propriedade implícita da respectiva chave privada.

**Auto-conhecimento**
Softwares que simulam atividades da resposta humana.

**Avatares**
Imagens que representam os usuários em um espaço de realidade virtual com múltiplos usuários.

**Avisos de embarque (ASNs)**
Avisos que são enviados para o distribuidor assim que os planos finais de estocagem ficam prontos e os fornecedores estão liberados para despachar os itens ao distribuidor.

## B

***Back office***
Suporte a operações que não lidam com os clientes diretamente.

**Backbone**
O nível superior em uma rede hierárquica. Todos os sistemas que tiverem conexão com um sistema intermediário no backbone terão garantia de conectividade uns com os outros. Isso não evita que os sistemas configurem disposições particulares uns com os outros para ignorar o backbone por motivos de custo, desempenho ou segurança.

***Back-end***
Qualquer sistema em rede que executa o estágio final em um processo ou uma tarefa não aparente para o usuário.

**Bancos de dados relacionais**
Bancos de dados nos quais os dados são armazenados em múltiplas tabelas e, em seguida, essas tabelas se relacionam umas às outras para formar o banco de dados completo.

**Bancos de dados**
Conjunto de todos os dados necessários a uma pessoa ou empresa para realizar determinadas funções; grupos de arquivos relacionados; quaisquer grupos de dados organizados para responder consultas; sistemas de gerenciamento de banco de dados.

**Body**
O corpo de um documento HTML contém o conteúdo do documento.

**Botões de rádio**
Elementos gráficos do HTML que permitem a seleção de um item em uma lista de opções.

**Bots (robôs de compra)**
Forma abreviada da palavra inglesa *robot* (robô), um programa de computador que é executado automaticamente. Neste caso, estamos falando sobre robôs de compra, programas que automatizam o processo de compra on-line.

***Branding***
As atividades envolvidas no projeto de um ativo intangível de valor agregado, resultado de uma imagem positiva ou da diferenciação de um produto. Muitas vezes, os consumidores sentem uma forte ligação em função do nome de uma marca, de uma marca registrada ou do nome de uma empresa. O *branding*, em geral, ocorre ao longo de anos de exposição positiva.

## C

**Cadeia de suprimentos**
Todos os participantes e suas relações, das matérias-primas até o consumidor.

**Cadeia de valor**
Conceito de marketing de atividades seqüenciais, cada uma agregando valor ao produto final ou ao serviço.

**Campos**
Termo usado pelo Access como um sinônimo de atributos.

**Campos-chave**
Campos utilizados para classificar os dados. Eles também podem ser chamados de chaves de classificação, índices ou palavras-chave. Por exemplo: se você classificar os registros por idade, o campo idade será chave.

**Carteira do navegador (browser wallet)**
A carteira do navegador é um aplicativo integrado ao navegador da Internet que facilita o gerenciamento do certificado e o pagamento. Normalmente, ela é criada como um plug-in do Netscape ou um controle ActiveX, o que significa que é facilmente incorporada ao navegador do usuário. A carteira do navegador fornece ao usuário o armazenamento seguro e a gestão de cartões de crédito e certificados durante as compras.

**Cascading Style Sheets**
Um novo recurso adicionado ao HTML que oferece, tanto aos Web designers quanto aos usuários, mais controle sobre a forma como as páginas são exibidas. Com o CSS, os designers e os usuários podem criar folhas de estilo que definem de que forma aparecerão diferentes elementos, como cabeçalhos e links. Essas folhas de estilo podem, depois, ser aplicadas a qualquer página da Web.

**CD-ROM**
Veja Compact Disk Read-Only Memory.

**Censura da Internet**
A prevenção contra a publicação, transmissão ou exibição de material considerado indesejável à exposição do público em geral. Isso pode incluir a censura, segundo os interesses do país, de segredos militares ou material pornográfico.

**CERN**
Veja European Center for Particle Physics.

**CERT**
Veja Computer Emergency Response Team.

**Certificados digitais**
Anexo a uma mensagem eletrônica que tem por objetivo manter a segurança da mensagem.

**CGI**
Veja Common Gateway Interface.

**Chave da sessão**
Chave para a cifra de sessão. Em SSL, existem quatro chaves de sessão: chave cliente-leitura, chave cliente-gravação, chave servidor-leitura e chave servidor-gravação.

**Chave estrangeira**
Uma ou mais colunas em uma tabela cujos valores devem coincidir com os valores da chave primária da tabela referenciada. As colunas das chaves estrangeiras tipicamente fazem referência à chave primária de outra tabela, mas podem fazer referência à mesma tabela. Esse mecanismo permite que duas tabelas sejam agrupadas.

**Chave primária**
Coluna obrigatória para forçar a exclusividade de linhas em uma tabela. Esse normalmente é o meio mais freqüente pelo qual as linhas são acessadas. Ainda que se refiram principalmente a tabelas, as chaves primárias também podem pertencer a entidades.

**Checkbox**
Elemento gráfico em HTML para seleção entre uma lista de opções.

**Ciclo de vida do produto**
O ciclo de vida do produto (CVP) descreve os estágios que um produto atravessa desde a sua concepção até a sua retirada do mercado. O CVP está dividido em cinco estágios principais: desenvolvimento, lançamento, crescimento, maturidade e declínio.

**Cifra de bloco**
Técnica criptográfica com determinadas propriedades de desempenho que são utilizadas quando grandes quantidades de dados devem ser criptografadas/descriptografadas rapidamente. Entre os exemplos estão RC2, RC4 e IDEA.

**Cifra de sessão**
Cifra de bloco capaz de criptografar ou descriptografar grandes quantidades de dados. As cifras de sessão são usadas principalmente por motivos de desempenho.

**Cliente**
Sistema ou processo de computador que solicita um serviço de outro sistema ou processo de computador. Uma estação de trabalho que requisita o conteúdo de um arquivo de um servidor de arquivos é um cliente do servidor de arquivos.

**Código**
Conjunto de símbolos para representar algo. Por exemplo: a maioria dos computadores usa códigos ASCII para representar caracteres. Muitas vezes, refere-se a qualquer tipo de instrução de computador.

**Códigos de cupom**
Códigos ou senhas de identificação colocados em cupons ou propagandas on-line.

**Códigos de país**
Originalmente, uma abreviação de duas letras para determinado país,

geralmente utilizada como domínio de nível superior. Os códigos de país seguem o código ISO 3166 e são utilizados como domínio de nível superior para nomes de hosts da Internet na maioria dos países, mas quase nunca nos Estados Unidos (no Brasil, é o br do <nome do domínio.com.br>).

**Códigos SIC**
Veja Standard Industrial Classification.

**Colaboração**
Trabalhar em conjunto com outras pessoas, especialmente em uma tarefa intelectual.

**Colaboração preventiva**
Processo de cooperação no qual varejistas que não estão necessariamente próximos unem forças e recursos para eliminar ou reduzir os concorrentes em mercados similares.

**Comentário**
Regiões de texto e/ou tags de HTML que são ignoradas pelo navegador. Qualquer texto entre os delimitadores de abertura e o fechamento do comentário não aparecerá na tela.

**Comerciante**
Oferece bens ou serviços em troca de pagamento. O comerciante que aceitar cartões de crédito precisará ter um relacionamento com uma instituição financeira ou com outro processador de pagamentos, conhecido como adquirente.

**Comerciantes eletrônicos**
Compradores e vendedores de mercadorias que visam a obter lucro na Internet.

**Comércio eletrônico**
A realização de negócios e transações por meio de redes de computadores, incluindo a compra e a venda de bens e serviços e a transferência de fundos por intermédio de comunicação digital.

**Common Gateway Interface (CGI)**
Pequenos softwares para transferir informações entre um servidor de Internet e um programa CGI. Esse programa é projetado para aceitar e retornar dados que estejam de acordo com especificações CGI.

**Compact Disk Read-Only Memory (CD-ROM)**
Tipo de disco óptico capaz de armazenar grandes quantidades de dados – até 1 GB, ainda que o tamanho mais comum seja 650 MB (megabytes). Um único CD-ROM possui a capacidade de armazenamento de 700 disquetes, memória suficiente para guardar cerca de 300 mil páginas de texto.

**Compreensão da linguagem natural**
Programa de computador de inteligência artificial projetado para compreender a linguagem humana por meio de reconhecimento da fala, inserção de texto e outros métodos.

**Computer Emergency Response Team (CERT)**
Organização formada pela DARPA em novembro de 1988, em resposta ao que ficou conhecido nos Estados Unidos como "The Internet worm incident", ocorrido em 2 de novembro de 1988. O grupo CERT destina-se a trabalhar com a comunidade da Internet para facilitar a resposta a casos de segurança dos computadores que envolvam hosts da Internet, para tomar medidas proativas visando a aumentar a consciência da comunidade sobre assuntos relacionados à segurança de computadores e para conduzir pesquisas que tenham por objetivo melhorar a segurança dos sistemas existentes.

**Comunicação em pares**
Processo de comunicação direta entre duas pessoas ou partes, como um vendedor e um consumidor.

**Comunicação Integrada de Marketing (IMC)**
A coordenação das decisões relacionadas à propaganda, atividades promocionais de venda, relações públicas, publicidade, venda pessoal, marketing direto e embalagem.

**Comunicação com a empresa**
Procedimentos e processos de comunicação utilizados dentro de uma empresa. Por exemplo, o e-mail se tornou muito popular, ao lado do telefone.

**Comunidades**
Uma população interativa de vários tipos de indivíduos (como espécie) em um local comum. Neste caso, estamos falando sobre um local virtual na Internet, que pode ser um grupo de notícias, um blog, um listserv, uma sala de bate-papo ou até um Website interativo.

**Comutação de pacotes**
Paradigma de comunicação no qual os pacotes são individualmente enviados e recebidos pelos hosts, sem uma via de comunicação previamente estabelecida.

**Convergência**
A junção de mídias ou tecnologias díspares para complementar e expandir as capacidades de cada meio individual.

**Cookies**
Handles, IDs de transação ou outros sinais acordados entre programas de cooperação.

**CPM**
Veja Custo por milhar

**Crawlers**
Programas que capturam páginas da Internet automaticamente. Os crawlers são utilizados para alimentar páginas nos mecanismos de busca. Chamam-se *crawlers* por rastejarem pela Internet. Outra forma como é conhecido esse tipo de programa é *Spider*.

**Criatividade**
Capacidade de gerar abordagens únicas e inovadoras, que geralmente se refletem em soluções novas e aperfeiçoadas de alguns problemas; capacidade de expressar novas combinações de conceitos ou idéias existentes em propaganda.

**Criptografia**
Tradução de dados em um código secreto. A criptografia é um modo mais seguro de se conseguir segurança de dados.

**Criptografia de chave pública da RSA**
Tecnologia de criptografia de chave pública desenvolvida pela RSA Data Security, Inc. O acrônimo RSA significa Rivest, Shamir e Adelman, os inventores da técnica. O algoritmo RSA baseia-se no fato de não haver uma maneira eficiente de fatorar números muito grandes. Deduzir uma chave RSA, portanto, requer uma quantidade extraordinária de tempo e capacidade de processamento de um computador. O algoritmo RSA tornou-se o padrão para a criptografia industrial, especialmente para dados enviados pela Internet. Ele está embutido em vários softwares, incluindo o Netscape Navigator e o Microsoft Internet Explorer. A tecnologia é tão poderosa que o governo dos Estados Unidos restringiu sua exportação para outros países.

**CRM** (do inglês **Customer Relationship Management** ou **Gestão do Relacionamento com o Cliente)**
CRM envolve todos os aspectos da interação entre uma empresa e seus clientes, seja ela relacionada a vendas ou serviços de pós-vendas. A informatização mudou o modo como as empresas abordam as estratégias de CRM, porque o comportamento de compra do consumidor também se alterou. A cada novo avanço da tecnologia, uma parte cada vez maior do relacionamento é gerenciada eletronicamente. As organizações estão procurando maneiras de personalizar as experiências on-line.

**CSS**
Veja Cascading Style Sheets.

**Custo por milhar (CPM)**
É uma medida que relaciona o custo da propaganda e o número de pessoas que ela pode atingir em um determinado período de tempo. Normalmente utilizada para propaganda em jornal e rádio.

## D

**DARPA**
Veja Department of Defense Advanced Research Projects Agency.

**Data warehousing**
Termo genérico para um sistema de armazenamento, recuperação e gerenciamento de grandes quantidades de dados.

**Demografia**
Estudo estatístico de populações humanas em relação ao tamanho, à densidade, à distribuição e às estatísticas vitais.

**Department of Defense Advanced Research Projects Agency (DARPA)**
A principal organização de pesquisa e desenvolvimento do Departamento de Defesa norte-americano. O departamento gerencia e direciona determinadas pesquisas básicas e aplicadas, além de projetos de desenvolvimento para o Departamento de Defesa, faz pesquisa e desenvolve tecnologia quando os riscos e as recompensas são muito altos e o sucesso pode causar avanços drásticos para as missões e papéis militares tradicionais. Para obter mais informações sobre o DARPA, veja http://www.arpa.mil/.

**Desenvolvedor de vitrine virtual**
Fornecedor que pode desenhar e implementar as operações de uma vitrine virtual.

**Desintermediar**
O ato de separar ou desconectar.

**Dimensões Multiusuários (MUDs)**
Espaço virtual no qual os usuários podem assumir uma identidade na forma de um avatar ou interagir entre si. Originalmente, os MUDs tendiam a ser jogos de aventura jogados dentro de enormes castelos antigos com salões ocultos, alçapões, monstros exóticos e itens mágicos. Atualmente, o termo é usado de forma mais genérica para se referir a qualquer espaço virtual. Os MUDs também são conhecidos como *mundos 3D* e *mundo de chat*.

**Diretiva da UE**
Regras para comércio e comunicação eletrônicos adotadas pela União Européia.

**Dispositivo de conexão com a Internet**
Instrumento de acesso aos serviços on-line.

**Domínio**
Área definida de responsabilidade dentro do sistema distribuído e hierárquico que é a Internet. Os hosts da Internet são identificados pelo nome do domínio para fins de endereçamento e administração.

**Download**
Copiar dados (normalmente um arquivo inteiro) de uma fonte principal para um dispositivo periférico. O termo é muitas vezes utilizado para descrever o processo de cópia de um arquivo de um serviço on-line para um computador pessoal. O termo *download* também pode se referir à cópia de um arquivo em um servidor de arquivos na rede para um computador da rede.

## E

**E-commerce internacional**
A prática da comercialização e manufatura de bens e serviços para consumo global usando serviços on-line de compras e recuperação de informações acessadas por meio de um computador pessoal.

**Economia da informação**
Teoria econômica que se baseia no valor da troca de informações.

**E-consulting**
Ato de dar conselhos ou prestar serviços pela Internet. Isso muitas vezes é realizado utilizando-se e-mail e Websites.

**EDI (Electronic Data Interchange)**
Veja Transferência Eletrônica de Dados.

**EFF**
Veja Electronic Frontier Foundation.

**EFT**
Veja Transferência Eletrônica de Fundos.

**Electronic Frontier Foundation (EFF)**
Organização apartidária e sem fins lucrativos fundada na década de 1990 para trabalhar com o interesse público, protegendo liberdades civis fundamentais, incluindo privacidade e liberdade de expressão.

**Elementos**
Partes específicas do código HTML que formam as páginas da Internet.

**E-marketplaces**
Locais com Websites da Internet em que operam *mercados* ou são conduzidas vendas públicas. Em uma escala mais global, isso também pode significar o mundo dos negócios ou as atividades econômicas que vemos na Internet todos os dias.

**Emoticons**
Figuras em ASCII usadas para indicar estados emocionais em notícias ou correio eletrônico.

**Empresas ponto-com**
Empresas que comercializam seus produtos ou serviços on-line, por meio de um Website na Internet.

**Endereço de e-mail**
Endereço baseado no domínio que é utilizado para enviar correspondência eletrônica para um destino específico.

**Enterprise reporting**
Processo de reunir informações espalhadas pela organização e organizá-las na forma de relatórios abrangentes, em vez de trabalhar com relatórios empresariais dispersos e desconexos.

**Entidade**
Objeto com significado, real ou conceitual, sobre qual negócio ou sistema, que está sendo modelado, precisa manter as informações. Por exemplo, se o negócio precisar processar ordens de venda, será registrada uma Entidade para representar as ordens de venda. A Entidade geralmente corresponde a uma tabela física. *Veja também* Atributo.

**Espiral da promoção de vendas**
Armadilha resultante das promoções de vendas feitas por diversos concorrentes. Os concorrentes copiam as promoções uns dos outros levando os vendedores a equiparar as suas ofertas sucessivamente de tal forma que, ao final, ninguém obtém vantagens distintivas.

**Esquemas**
Descrição de um banco de dados no qual estão especificados as relações, seus atributos e os domínios dos atributos; descrição de uma relação.

**Estatística de espera**
A prática de aplicar métodos estatísticos para medir o tempo de espera de consumidores que tentam entrar em contato com uma empresa ou organização por telefone.

**Estilos físicos**
Categoria de estilos usada para formatar textos em código HTML.

**Estilos lógicos**
Categoria de estilos usados para formatar texto em código HTML.

**Estrutura plana**
Website com poucos níveis estruturais. Esse tipo de Website tem menos profundidade, mas muitas vezes é mais fácil de navegar.

**E-tailer**
Varejista de mercadorias que visa a obter lucro na Internet.

**Ética**
Padrões de conduta justa e honesta.

**European Center for Particle Physics (CERN)**
European Center for Particle Physics, ex-Centre European Researche Nuclear. Responsáveis pelo desenvolvimento inicial da tecnologia www e atuais responsáveis pelo desenvolvimento formal da definição do HTML, em conjunto com NSF, NCSA, IAB, ARPA e DARPA.

**Extensible Markup Language (XML)**
Especificação projetada especialmente para documentos na Internet que permite que os designers criem suas próprias tags personalizadas, possibilitando definição, transmissão, validação e interpretação de dados entre aplicativos e entre organizações.

**Extranets**
Extensões das intranets das empresas para a Internet para permitir que determinados consumidores, fornecedores e trabalhadores acessem os dados e os aplicativos particulares da empresa pela Internet.

## F

**Fac-símile**
Processo pelo qual o material gráfico que inclui fotos, texto ou imagens é escaneado, gerando informações que são convertidas em sinais elétricos, que por sua vez são transmitidos por telefone para produzir uma cópia em papel no aparelho de fax do destinatário.

**Feedback do consumidor**
Análises, recomendações e comentários coletados de consumidores que usaram o seu produto.

***Feedback loop***
Estratégia de comunicação na qual parte da resposta do destinatário é devolvida para o emissor.

**Ferramentas eletrônicas**
Ferramentas implementadas em um computador ou por meio dele. Há muitas delas que podem ser usadas em marketing, mas aqui seguem só alguns exemplos: Websites, listservs, grupos de discussão, conferências on-line, propagandas em banners e press releases on-line.

**Filtragem colaborativa**
Programa que aceita determinado tipo de dado como input, transforma-o de algum modo e tem como output o dado transformado.

**Filtrar**
Padrão pelo qual os dados são identificados.

**Firewalls**
Sistemas projetados para evitar acesso não-autorizado de ou para uma rede particular.

**Flaming**
Ato de enviar e-mails ou mensagens de notícias da Usenet com a intenção de insultar, provocar ou repreender. Falar de forma incessante e/ou radical sobre algum assunto relativamente desinteressante com uma atitude abertamente ridícula ou com hostilidade em relação a uma pessoa específica ou um grupo de pessoas.

**Fluxo**
O fluxo é uma função de características de controle, de conteúdo e motivacionais. É a sensação holística que as pessoas sentem quando interagem totalmente envolvidas com um Website. O consumidor é fisgado e deseja continuar a investigar o Website que chamou sua atenção.

**Formatação no nível de bloco**
Processo no qual as tags no nível de bloco são utilizadas para formatar a aparência de grandes blocos de texto.

**Formatação no nível de texto**
Formatação de texto em um documento HTML usando estilos lógicos ou físicos.

**Formulários**
Documentos com espaços em branco para inserção de informações obrigatórias ou solicitadas. Atualmente, é um formato eletrônico muito popular na Internet.

**FreeNet**
Sistema de quadro de avisos firmado em comunidades com e-mail, serviços de informação, comunicação interativa e conferências. Trata-se de parte da National Public Telecomputing Network (NPTN), organização com sede em Cleveland, Ohio, dedicada a tornar a comunicação por computador e os serviços de redes tão amplamente disponíveis quanto as bibliotecas públicas.

**Front-end**
Em aplicativos cliente/servidor, a parte cliente do programa muitas vezes é chamada de *front-end*, e

a parte servidor é chamado de *back-end*.

## G

**Gateway de pagamento**
Dispositivo operado por um adquirente ou por um terceiro que processa mensagens de pagamento de comerciantes, incluindo instruções de pagamento dos proprietários do cartão.

**Geodemográfico**
Estudo mercadológico das populações humanas concentrado em duas características: demografia e geografia.

**Gerenciamento de bancos de dados**
Grupo integrado de programas projetados para permitir que as pessoas desenhem bancos de dados, insiram e mantenham dados e realizem consultas a esses dados.

**Gerenciamento de custo**
Capacidade de controlar e reduzir o custo usando novas tecnologias.

**Get, atributo**
Método default para um formulário HTML que faz com que o conteúdo preenchido do formulário seja anexado ao URL como se fosse uma query normal.

**Global Business Dialogue (GBD)**
Coalizão criada por multinacionais para incentivar os diálogos de auto-regulamentação entre empresas e governos estrangeiros.

**Global Positioning System (GPS)**
Sistema que determina a posição na superfície da terra comparando sinais de rádio de diversos satélites.

**Google**
Nome de um website de buscas muito popular na Internet.

**Gopher**
Serviço de distribuição de informações que faz coleções hierarquizadas de informações disponíveis pela Internet. Usa um protocolo simples que permite a um único cliente do Gopher acessar informações de qualquer servidor Gopher acessível, dando ao usuário um "espaço Gopher" de informações exclusivo.

**GPS**
Veja Global Positioning System.

**GRC**
Veja Gerência do Relacionamento com o Cliente.

**Gross Rating Point (GRP)**
Trata-se de uma medida do número de pessoas que uma propaganda atinge em um determinado período de tempo. Está relacionada ao custo por mil.

**GRP**
Veja Gross Rating Point.

**GUI**
Veja Interface Gráfica do Usuário.

## H

**Hackers**
Amadores ou programadores sem treinamento formal; às vezes utilizado como termo depreciativo para se referir a indivíduos que conseguem acesso não-autorizado a sistemas de computador, com o fim de roubar e corromper dados. Os próprios hackers sustentam que o termo correto para tais indivíduos é *crackers*.

**Head**
Código utilizado para denotar o cabeçalho de uma página da Web. O código head define a função do documento e adiciona referências rápidas para os navegadores.

**Hidden, atributo**
Código utilizado para ocultar informações do navegador quando ele processa formulários Web. Os campos ocultos são úteis para armazenar informações obtidas de um formulário anterior.

**Hiperlinks**
Elementos em um documento eletrônico que direcionam para um outro lugar no mesmo documento ou para um documento inteiramente diferente. Normalmente, você *clica* em um hiperlink para seguir o link. O hiperlink é o ingrediente mais essencial de todos os sistemas de *hipertexto*, incluindo a *World Wide Web*.

**Hits**
Também chamado de hit de página. Recuperação de qualquer item, como uma página ou gráfico, de um *servidor da Web*.

**Hoaxes**
Mensagem fraudulenta informando a existência de um vírus a qual tem por objetivo causar confusão; um falso surto de vírus.

**Hosts**
Computadores que permitem que usuários se comuniquem com outros computadores host em uma rede. Usuários individuais se comunicam ao usar programas como correio eletrônico, Telnet e FTP.

**Hot spot**
Região da tela que é sensível a cliques do mouse que desencadeiam uma ação qualquer.

**HTML**
Veja Hypertext Markup Language.

**Hypertext Markup Language (HTML)**
Coleção de métodos de marcação de texto ASCII definidos em

Standard Generalized Markup Language (SGML) como elementos de HTML e que são usados para marcar os vários componentes de um documento da Internet, como a página da Web. As tags de marcação HTML são utilizadas em documentos da Web para incorporar informações usadas por um navegador do cliente para controlar a exibição de componentes substanciais do documento, como título, cabeçalhos, parágrafos e assim por diante.

## I

**Ícone clicável**
Pequena figura que representa um objeto ou programa que recebeu um link usando HTML ou outra linguagem de programação. Ao clicar no ícone, o usuário é transportado pelo navegador para outra página da Web ou para outro programa.

**Identidade**
Ferramentas que carregam a imagem desejada ou o *modo* como a imagem será exibida.

**Imagem**
Dados que representam uma cena bidimensional. A imagem digital é composta de pixels distribuídos em um vetor retangular com determinada altura e largura. Cada pixel pode ser formado por um ou mais bits de informação que representam o brilho e a cor da imagem naquele ponto.

**IMC**
Veja Comunicação Integrada de Marketing.

**Implementação de marketing**
São as atividades que executam as estratégias ou idéias do plano de marketing. O estágio de implementação inicia-se com a distribuição de produtos ou serviços, o desenvolvimento e a colocação de um Website no ar e o registro nos Websites de busca. A implementação de marketing também monitora o desempenho dos resultados da campanha de marketing.

**Inovações de produtividade**
Avanços tecnológicos que aumentam a produtividade, como Websites, comunicação sem fio e e-mail.

**Input, atributo**
O atributo *input* define um campo de input no formulário. O tipo de input é especificado com o atributo *type*. Os tipos de input utilizados com mais freqüência são os campos de texto, os botões de rádio e as caixas de seleção.

**Inteligência competitiva**
A competição é o esforço de duas ou mais partes que agem de forma independente para conquistar os negócios de uma terceira parte oferecendo termos mais favoráveis. Assim, inteligência competitiva refere-se ao completo arsenal de inteligência estratégica sobre a concorrência.

**Interface Gráfica do Usuário (GUI)**
Uso de figuras em vez de palavras para representar o input e o output de um programa.

**Internet Network Information Center (InterNIC)**
Desenvolvido em cooperação com a comunidade da Internet, este grupo solicita a um ou mais gerentes de Network Information Service (NIS) a prestação e/ou a coordenação de serviços para a comunidade NSFNet. Foram selecionadas três organizações para receber acordos de cooperação e, juntas, elas formam a InterNIC.

**Internet Relay Chat (IRC)**
Protocolo mundial que permite conversas entre usuários em tempo real. O IRC é estruturado na forma de uma rede de servidores, cada um dos quais aceitando conexões de programas clientes, um por usuário.

**Internet Society (Isoc)**
A Internet Society é uma associação profissional sem fins lucrativos que facilita e apóia a evolução técnica da Internet, estimulando o interesse e dando educação sobre tecnologia às comunidades científica e acadêmica, à indústria e ao público, além de promover o desenvolvimento de novos aplicativos para o sistema.

**Internet**
A Internet (observe a letra "i" maiúscula) é a maior matriz de redes do mundo. Trata-se de uma hierarquia de três níveis composta de redes backbone (como NSFNET, Milnet), redes intermediárias e redes stub. A Internet é multiprotocolo.

**Internet2**
Rede que funciona como área de testes para as universidades trabalharem juntas e desenvolverem tecnologias avançadas da Internet, como telemedicina, bibliotecas digitais e laboratórios virtuais.

**InterNIC**
Veja Internet Network Information Center.

**Intranets**
Redes que servem apenas uma organização e prestam serviços semelhantes aos prestados pela Internet. As intranets não estão necessariamente conectadas à Internet.

**IP (Internet Provider)**
Veja Provedor da Internet.

**IRC**
Veja Internet Relay Chat.

**ISDN (Integrated Services Digital Network)**
Veja Rede Digital de Serviços Integrados.

**Isoc**
Veja Internet Society.

**ISP (Internet Service Provider)**
Veja Provedor de Serviços da Internet.

## J

**Join**
Query que usa dados de mais de uma relação, as quais precisam ter pelo menos um atributo em comum, chamado de atributo de *junção* (*join*) ou *ligação* (*linking*).

## L

**LAN**
Veja Rede Local.

**Large-Scale Networking (LSN)**
*Networking* (trabalho em rede) em escalas muito grandes, como, por exemplo, a rede norte-americana ou de outro país. Esse nível de *networking* abrange ou engloba LANs, WANs e MANs.

**Lealdade do consumidor**
Comportamento que um consumidor demonstra ao optar pela compra freqüente de determinadas marcas.

**Leitora Óptica de Caracteres (OCMR)**
Refere-se a um dispositivo periférico que lê as marcas de um papel ou objeto e traduz as imagens de forma que o computador possa manipular.

**Length, atributo**
Código HTML utilizado para especificar quantos caracteres serão exibidos na caixa de input de um formulário na Web.

**Linguagem de script baseada em texto**
Linguagem simples de computador composta por texto ASCII normal compreensível por seres humanos e que não requer compilação.

**Linhas**
Coleções de todos os fatos relacionados a uma entidade, normalmente representada como uma linha de dados.

**Links de texto**
Em sistemas de hipertexto, como a Internet, o link é uma referência para outro documento. Esses links às vezes são chamados de hot links, pois eles o levam para outro documento quando você clica neles. O link de texto é um hot link somente de texto que faz referências a outro documento.

**Loja virtual**
Entidade abstrata que opera para fins de comércio on-line armazenada e mantida na World Wide Web.

**LSN**
Veja Large-Scale Networking.

## M

**Mailbot**
Sistema de correio eletrônico que envia e recebe automaticamente e-mails.

**MAN (Metropolitan Area Network)**
Veja Rede Metropolitana.

**Mapas de imagem**
Imagens gráficas únicas que contêm mais de um *hot spot*.

**Mapas de textura**
Imagem mapeada por pixel que pode ser armazenada na memória e aplicada a polígonos durante o processamento da imagem.

**Mapeamento**
Prática de segmentação que consiste em dividir mercados com características semelhantes por limites geográficos.

**Marketing de afinidade**
Estratégia de marketing que oferece benefícios a um grupo de pessoas que possui interesses semelhantes. A estratégia de segmentação de marketing apela para as emoções das pessoas que têm crenças, cultura ou passatempos em comum.

**Marketing direto**
Comunica e comercializa produtos e serviços diretamente para indivíduos, não utilizando métodos tradicionais de comunicação em massa, como a televisão ou a mídia impressa. O marketing direto pode usar telefone, correio, e-mail ou Internet ou ainda ser cara a cara.

**Marketing eletrônico**
Processo que envolve análise da situação, planejamento, implementação e controle de atividades de marketing, geralmente realizadas de forma on-line para facilitar o comércio eletrônico.

**mCommerce**
Forma abreviada de Mobile Commerce (comércio móvel). Trata-se de um subconjunto do comércio eletrônico, que pode ser definido como qualquer transação comercial eletrônica conduzida usando-se um dispositivo móvel.

**Mecanismos de busca**
Programas que procuram documentos de acordo com determinadas palavras-chave e apresentam uma lista dos documentos em que as palavras-chave foram encontradas. Embora o mecanismo de busca seja, na verdade, uma classe de programas, o termo é muitas vezes utilizado para descrever sistemas como o Alta Vista e o Excite, que possibilitam aos usuários buscar documentos na Internet e em newsgroups Usenet.

**Metasite**
Supersite que agrupa tudo em um só lugar. Veja também Portais da Web.

**Method, atributo**
Código HTML que define o método de envio de informações para o servidor.

**Método do objetivo e da tarefa**
Método em que o responsável de marketing define as atividades de marketing de um determinado período e, em seguida, calcula o custo de cada tarefa.

**Mineração de dados**
Análise de dados de um banco de dados usando ferramentas que buscam detectar tendências ou anomalias, mas sem conhecimento do significado dos dados.

**Modem**
Termo abreviado para modulador-demodulador. O modem é um dispositivo ou programa que possibilita que um computador transmita dados por meio de, por exemplo, linhas telefônicas ou cabo. Informações do computador são armazenadas digitalmente, enquanto as informações transmitidas pelas linhas de telefone são transmitidas na forma de ondas analógicas. O modem faz a conversão entre essas duas formas.

**Monitoramento tecnológico**
Esforço organizado no qual os membros de uma entidade comercial buscam e monitoram as atividades dos concorrentes, atitudes públicas, tecnologia emergente ou outras influências que podem afetar o desempenho no mercado.

**Moral**
Expressar ou ensinar um conceito ou um comportamento correto.

**Mosaic**
O primeiro programa a fornecer uma excelente interface gráfica do usuário multimídia para a riqueza florescente da Internet em uma época em que o acesso à Internet estava se expandindo rapidamente além do domínio do ambiente acadêmico e grandes instituições de pesquisa industrial.

**Mouse overs**
Elemento de JavaScript que aciona uma alteração em um item (normalmente uma alteração gráfica, como fazer uma imagem ou um link aparecerem) em uma página da Web quando o ponteiro do mouse passa sobre ela. A alteração normalmente significa que o item é um link para informações relacionadas ou adicionais. Os mouseovers são amplamente utilizados em barras de navegação, janelas pop-up e/ou envio de formulários.

**MUDs**
Veja Dimensões Multiusuários.

**MUSEs**
Veja Ambientes de Simulação Multiusuário.

## N

**Name, atributo**
Identifica o nome de um elemento de controle em um formulário HTML.

***Narrowcasting***
Enviar dados a uma lista específica de receptores. A Internet usa os modelos de *narrowcasting* e de *broadcasting*. Talvez os melhores exemplos de *narrowcasting* sejam listas de e-mail em que as mensagens só são enviadas a indivíduos que assinam a lista.

**National Coordination Office for Information Technology Research and Development (NITRD)**
A estrutura de pesquisa colaborativa das agências governamentais cujas missões exigem esforços avançados de pesquisa e desenvolvimento em tecnologia da informação. O esforço de pesquisa de várias agências é o sucessor do Programa de Computação e Comunicações de Alta Performance, fundado pelo Congresso norte-americano em 1991.

**National Science Foundation (NSF)**
Agência governamental norte-americana cuja finalidade é promover o avanço da ciência. A NSF financia pesquisadores, projetos científicos e infra-estrutura para melhorar a qualidade da pesquisa científica.

**National Science Foundation Network (NSFNET)**
Rede hierárquica de alta velocidade de redes nos Estados Unidos, fundada pela National Science Foundation.

**Navegação intuitiva**
Método de navegação de Websites que se baseia no conhe-

cimento ou na percepção pela intuição.

**Navegadores**
Ferramenta utilizada para exibir documentos HTML. Trata-se de um visualizador de páginas da Web (resultando em um documento no estilo da interface gráfica do usuário) que dá acesso a servidores HTTP da Internet, além de ser uma ferramenta para navegar e recuperar páginas da Internet e recursos de acesso relacionados por meio da utilização do protocolo HTTP. Normalmente, é possível acessar outros serviços (além do HTTP) nos hosts da Internet, comonotícias, e-mail, FTP, e assim por diante.

**Negócios business-to-business (B2B)**
Relação comercial na qual produtos ou serviços de uma empresa são vendidos para outra empresa para produção de bens ou serviços industriais ou ao consumidor. A maioria das vendas corporativas ocorre dentro da cadeia de suprimento.

**Negócios eletrônicos**
Outro termo para comércio eletrônico.

**Net Secure**
Apólice de seguro de risco virtual que oferece uma ampla variedade de proteções para empresas que temem ataques de hackers, vírus, spammers ou outros perigos que atrapalham os negócios ou os expõem a processos de responsabilidade.

**Netiqueta**
Brincadeira com a palavra "etiqueta", referindo-se ao comportamento adequado em uma rede.

**Netscape Navigator**
Navegador popular da *Netscape Communication*. Existem várias versões do Navigator, que podem ser executadas em todas as principais plataformas – *Windows*, *Macintosh* e *Unix*.

**Networking**
Uso de sistemas de comunicação de dados de hardware e de software ou "redes".

**Newsgroup Usenet**
Um enorme grupo de discussão on-line suportado pela Usenet. A Usenet contém mais de 14 mil *grupos de notícias*, que cobrem cada grupo de interesse imaginável. Ele é usado diariamente por milhões de pessoas em todo o mundo.

**Newsletters**
Pequenas publicações (como um folheto ou um jornal) contendo notícias de interesse dirigidas principalmente para um grupo específico. A Amazon costuma utilizar-se desse meio para se comunicar com seus consumidores.

**Next Generation Internet Initiatives (NGI)**
Programa norte-americano projetado para financiar e coordenar agências federais e comunidades acadêmicas para projetar e construir os serviços de Internet da próxima geração.

**NGI**
Veja Next Generation Internet Initiatives.

**Nicho**
Local, emprego ou atividade em que a pessoa ou o produto se encaixa melhor.

**NITRD**
Veja National Coordination Office for Information Technology Research and Development.

**Nomes de domínio**
Nomes formados por várias partes que identificam um servidor da Internet, em que cada componente refere-se a um computador, rede ou organização, como, por exemplo, rtfm.mit.edu, que representa um endereço na hierarquia.

**NSF**
Veja National Science Foundation.

**NSFNET**
Veja National Science Foundation Network.

## O

**OBI**
Veja Open Buying on the Internet.

**OCMR (Optical Character Mark Reader)**
Veja Leitora Óptica de Caracteres.

**Oferta de amostras grátis**
Amostra de um produto oferecida aos consumidores para persuadi-los a experimentar e se tornarem consumidores freqüentes.

**Open Buying on the Internet (OBI)**
OBI é uma estrutura para a realização de transações comerciais business-to-business pela Internet a qual está disponível gratuitamente. Trata-se de um projeto da American Express and SupplyWorks, Inc. A OBI foi projetada para ajudar os implementadores a reduzir o custo de fazer transações de compra pela Internet e para estimular o comércio eletrônico.

**Orçamento base zero**
Processo de elaboração de um orçamento em que o responsável de marketing lista todas as despe-

sas necessárias para o próximo período orçamentário e então estima o custo de cada item para se chegar ao orçamento total. O nome deriva do fato de que, no início do ano, o orçamento é zerado. Também conhecido como orçamento por objetivo e tarefa.

## P

**Pacotes**
Unidades de dados enviadas por uma rede; termo genérico usado para descrever unidades de dados em todos os níveis da pilha do protocolo, mas utilizado mais freqüentemente para descrever unidades de dados do aplicativo.

**Parceria**
Cooperação entre duas ou mais empresas independentes para desenvolver, fabricar, distribuir ou comercializar um produto ou serviço em comum.

**Parceria e logística**
Juntar-se a outras pessoas ou organizações em um esforço para lidar com os detalhes de uma operação da melhor maneira possível.

**Password, atributo**
Tipo de input que pode ser utilizado ao se criar um formulário em HTML para esconder uma senha substituindo as teclas digitadas por asteriscos.

**Pesquisa de marketing**
Processo de coletar informações sobre consumidores, concorrentes e o mercado para auxiliar na tomada de decisões.

**Pesquisa primária**
Pesquisa personalizada em que as informações obtidas são de propriedade da empresa que pagou pelo estudo ou pela pesquisa.

**Pesquisa secundária**
Dados coletados por uma fonte externa, normalmente a partir de documentos públicos como aqueles disponíveis no Census Bureau (corresponde nte ao IBGE no Brasil) ou o Bureau of Labor (correspondente ao Ministério do Trabalho no Brasil).

**PINE**
Acrônimo para *PINE, Is Not ELM* (PINE, não é ELM). Também *Program for Internet News and E-mail* (Programa para Notícias e E-Mails da Internet), um cliente para e-mails fundamentado em caracteres para sistemas Unix. Desenvolvido na Universidade de Washington, o PINE substitui um antigo programa de e-mails chamado *ELM*.

**Pirataria**
Cópias não-autorizadas de um software.

**Planejamento de marketing**
Com base nos resultados da análise da situação, estas são as atividades destinadas a construir uma estratégia exclusiva dos P's de marketing – inputs para produto, preço, promoção e distribuição. O planejamento de marketing é orientado para o futuro, enquanto a implementação de marketing é realizada principalmente no presente.

**Post, atributo**
O método mais comum para um formulário HTML enviar informações para o servidor. As informações são enviadas separadamente da URL.

**Políticas de Uso Aceitável (AUPs)**
As instruções oficiais da política sobre o uso de uma rede, conforme aplicado por diversas redes de transferência de dados que restringem o uso em relação às suas redes. Um bom exemplo é a NSFNET, que não permite uso comercial. A aplicação das AUPs varia com a rede.

**Popularidade do mecanismo de busca**
A adequação do mecanismo de busca à maioria de seu público. Aquele que é utilizado com mais freqüência.

**Portais da Web**
Websites ou serviços que oferecem uma ampla gama de recursos e serviços, como e-mail, fóruns, mecanismos de busca e shopping centers virtuais.

**Posicionamento**
Declaração criativa que inclui o benefício do produto.

**Postos de escuta**
Sistemas de coleta de informações para recuperação de opiniões, normalmente em ambientes informais.

**Privacidade**
Privacidade é a capacidade de duas entidades se comunicarem sem medo de escuta às escondidas e é muitas vezes implementada ao se criptografar o fluxo de comunicação entre as duas entidades.

**Projeto**
Consulta em que somente alguns dos atributos na relação original aparecem no resultado.

**Promoção de vendas**
Promoção de vendas cobre uma variedade de atividades destinadas a persuadir as pessoas a comprar coisas. A promoção pode incluir relações públicas, propaganda, programas de fidelidade, marketing direto, alguns aspectos de merchandising e até mesmo Websites. Os materiais agem como uma forma de persuasão e agregam valor ao produto para revendedo-

res, vendedores ou consumidores. Têm por objetivo o aumento imediato (curto prazo) das vendas do produto.

**Propaganda**
Qualquer forma de comunicação impessoal sobre organizações, produtos, serviços ou idéias e que é paga por um patrocinador identificado.

**Propriedade**
O estado, relação ou fato de ser o proprietário do design e do conteúdo do seu Website, de modo que você tenha poder e controle.

**Propriedade intelectual**
A posse de idéias e o controle sobre a representação tangível ou virtual dessas idéias. O uso da propriedade intelectual de outra pessoa pode ou não envolver o pagamento de royalties ou permissão, mas deve sempre incluir o crédito adequado à fonte.

**Proprietários de cartões**
Os proprietários de cartões (compradores) carregam suas carteiras do navegador e percorrem a Internet, visitando e fazendo pedidos em diversos Websites ao longo do caminho.

**Protocolo de aplicação**
Protocolo que normalmente é colocado logo acima do TCP/IP. Por exemplo: HTTP, Telnet, FTP e SMTP.

**Provedor da Internet (IP)**
Veja Provedor de Serviços da Internet.

**Provedor de Serviços da Internet (ISP)**
Host comercial da Internet; o operador de um host comercial da Internet, que dá acesso a serviços da Internet normalmente por meio de diversos métodos de conexão e tipos de conta.

**Proximidade virtual**
A tecnologia permite a impressão de proximidade. Apenas uma ligação telefônica, um e-mail ou uma videoconferência nos separam.

**Psicográfico**
Relativo aos valores ou estilos de vida de uma população. A psicografia procura descrever as características humanas dos consumidores as quais podem ter influência sobre como eles reagem aos produtos, embalagens, propagandas e esforços de relações públicas. Tais variáveis cobrem um amplo espectro que inclui o autoconceito, estilo de vida, atitudes, interesses, opiniões e percepções sobre os atributos de produtos.

**Publicação eletrônica**
A atividade de publicar documentos on-line.

**Publicidade**
Ato ou dispositivo que tenha por objetivo atrair interesse público. Tornar públicas informações noticiosas como forma de ganhar atenção ou apoio público. Pode incluir também disseminação de informações ou materiais de promoção, propaganda paga e atenção ou aprovação pública.

**Pull**
Requisitar dados de outro programa ou computador. O oposto de pull é *push*, no qual os dados são enviados sem que uma solicitação tenha sido feita. Os ermos *push* e *pull* são usados freqüentemente para descrever dados enviados pela Internet. A World Wide Web baseia-se em tecnologias pull, pelas quais a página não é enviada até que o navegador a solicite.

**Push**
Em aplicativos cliente/servidor, enviar dados para um cliente sem solicitação. A Internet baseia-se em tecnologia pull, na qual o navegador do cliente deve solicitar uma página antes que seja enviada. As mídias de difusão, por outro lado, são tecnologias push, pois enviam informações a despeito do fato de que haja alguém sintonizado.

## Q

**Qos**
Veja Qualidade de Serviço.

**Qualidade de serviço (Qos)**
Termo de rede que garante uma determinada taxa de transferência de dados. Uma das maiores vantagens do ATM sobre outras tecnologias concorrentes, como Frame Relay e Fast Ethernet, é que ele suporta determinados níveis de QOS. Isso permite que os provedores de ATM garantam aos seus consumidores que a latência ponta-a-ponta não excederá um nível especificado.

**Query de seleção**
Consulta em que somente uma das linhas da relação original aparece no resultado.

**Query**
Comando, escrito em linguagem de consulta, para que o banco de dados apresente um subconjunto específico de dados presentes no banco de dados.

**Quiosques interativos**
Cabines que fornecem serviços de informática, como os caixas automáticos. Espera-se que os quiosques com acesso à Internet sejam muito populares em um futuro próximo.

## R

**Recrutamento de pessoas**
Processo de atrair indivíduos talentosos para trabalhar para sua corporação. A era eletrônica facilitou significativamente o processo, especialmente se você estiver procurando por talentos em tecnologia.

**Recursos de marketing eletrônico**
Ferramentas eletrônicas como e-mail ou videoconferência, sistemas de bancos de dados ou redes como a Internet, as intranets ou as extranets, que facilitam as transações ou comunicações eletrônicas.

**Rede de Larga Amplitude (WAN)**
Rede, normalmente construída com linhas seriais, que cobre uma grande área geográfica.

**Rede Digital de Serviços Integrados (ISDN)**
Padrão internacional de comunicação para enviar voz, vídeos e dados por linhas telefônicas digitais ou por fios telefônicos normais. A ISDN suporta velocidades de transferência de dados de 64 Kbps (64.000 bits por segundo).

**Rede Local (LAN)**
Rede de dados destinada a servir uma área de apenas alguns quilômetros quadrados ou menos. Como se sabe que a rede é conhecida por cobrir apenas uma pequena área, podem ser feitas otimizações nos protocolos de sinal da rede que permitam velocidades de dados de até 100 Mb/s.

**Rede Metropolitana (MAN)**
Rede de dados que se destina a servir uma área do tamanho de uma cidade grande. Essas redes estão sendo implementadas por meio de técnicas inovadoras, como a colocação de fibras ópticas que passam por túneis do metrô. Um exemplo conhecido de MAN é SMDS.

**Registros**
Termo usado como sinônimo de linhas em alguns sistemas de gerenciamento de banco de dados.

**Relacionamento one-to-many**
Exatamente uma linha em uma relação está ligada por um atributo join a muitas linhas em outra relação. Isso implica que cada valor do atributo join é único na primeira relação, mas não necessariamente é único na segunda.

**Relacionamentos many-to-many**
Uma ou mais linhas em uma relação podem estar relacionadas a uma ou mais linhas em uma segunda relação por um valor comum de um atributo join. Isso quer dizer que cada valor do atributo join pode aparecer qualquer número de vezes em cada uma das relações ou em ambas.

**Relacionamentos**
Conexão entre dois ou mais dados armazenados em um banco de dados.

**Relações públicas**
Função que avalia atitudes públicas, identifica as políticas e as práticas de um indivíduo ou de uma organização, desenvolve estratégias e atividades correspondentes ao interesse do público e executa programas destinados a criar uma consciência positiva no público em geral ou em determinados segmentos.

**Relatórios**
Apresentações de dados organizadas e formatadas. A maioria dos sistemas de gerenciamento de banco de dados inclui um gravador de relatórios que lhe possibilita projetar e gerar relatórios.

**Revendedores de Valor Agregado (VARs)**
Intermediário que compra um produto ou serviço, incorpora um recurso exclusivo e revende o produto a terceiros, normalmente a preços mais elevados que o do produto original.

**Robôs**
Programas que exploram automaticamente a Internet acessando determinados documentos e alguns ou todos os documentos referenciados por eles. Veja também Crawler ou Spider.

## S

**Salas de conferência**
Os diversos ambientes de uma conferência. As salas de conferência são alvos táticos para propaganda e marketing on-line.

**Secure Electronic Transaction (SET)**
Padrão que possibilita transações seguras por cartão de crédito pela Internet. Ao empregar assinaturas digitais, o SET possibilita que os comerciantes chequem os compradores ao mesmo tempo em que evita que o número do cartão seja visualizado pelo vendedor.

**Secure Sockets Layer (SSL)**
Protocolo desenvolvido pela Netscape para transmitir documentos privados pela Internet. Funciona ao utilizar uma chave

privada para criptografar dados transferidos pela conexão SSL.

**Segmentação**
Processo de divisão de um mercado em subconjuntos ou segmentos.

**Segmentação comportamental**
Método de segmentação que consiste em dividir os clientes em grupos com base no uso, na lealdade ou nas respostas de compra a um produto ou serviço.

**Select, atributo**
Código HTML usado em formulários para exibir uma lista de opções ou no menu pop-up ou em uma lista rolável.

**Seminários virtuais**
Apresentações informacionais realizadas on-line em um Website.

**Sequential Query Language (SQL)**
SQL é uma linguagem padronizada de consultas que tem por objetivo solicitar informações de um banco de dados. A versão original chamada *SEQUEL* (*Structured English QUEry Language*, ou Linguagem de Query Estruturada em Inglês) foi projetada por um centro de pesquisa da IBM entre 1974 e 1975. O SQL é a linguagem preferida de consultas para sistemas de gerenciamento de banco de dados executados em minicomputadores e mainframes. Cada vez mais, o SQL está sendo suportado por sistemas de bancos de dados de microcomputadores, pois ele suporta bancos de dados distribuídos (aqueles que estão distribuídos por diversos sistemas de computador). Isso possibilita que diversos usuários em uma rede local acessem simultaneamente o mesmo banco de dados.

**Serviços de *turnkey***
Serviços completos, prontos para operar sem assistência do consumidor.

**Servidor**
Entidade de aplicativo que responde a solicitações de conexões de clientes. O servidor é passivo, aguardando por requisições de clientes; também é provedor de recursos.

**Servidores comerciais**
Os servidores comerciais são as ferramentas que permitem aos comerciantes vender pela Internet. Para que um pagamento possa ser efetuado, elas processam as informações do proprietário do cartão de crédito, comunicam-se com o banco ou com a empresa do cartão de crédito para obter aprovação e fazem o processamento da transação de pagamento.

**Sessões**
Períodos de tempo em que os processos estão ativos. Por exemplo, o período de tempo que o cliente e o servidor estão conectados.

**SET**
Veja Secure Electronic Transactions.

**Shoppings virtuais**
Grupos de lojas on-line.

**Sistemas de criptografia assimétrica**
Sistemas criptográficos que usam duas chaves – uma *chave pública* conhecida por todos e uma *chave privada* ou *secreta* conhecida apenas pelo destinatário da mensagem. Também conhecidos como sistemas de criptografias pública ou criptografia de chave pública.

**Sistema de criptografia de chave pública**
Sistema criptográfico que usa duas chaves – uma *chave pública* conhecida por todos e uma *chave privada* ou *secreta* conhecida apenas pelo destinatário da mensagem. Também conhecida como sistema de criptografia assimétrica ou criptografia de chave pública.

**Sistema de criptografia simétrica**
Tipo de criptografia em que a mesma chave é usada para criptografar e descriptografar a mensagem. Isso é diferente de criptografia assimética (ou chave pública), que usa uma chave para criptografar a mensagem e outra para descriptografá-la.

**Sistema eletrônico de compras**
Adquirir usando meios eletrônicos, como a Internet.

**Sistema reserva**
Repetição intencional de um determinado sistema de computador normalmente destinado a melhorar a confiabilidade.

**Sistemas legados**
Sistemas de computador ou aplicativos que continuam a ser utilizados apesar da baixa compatibilidade com equivalentes modernos, em função de o custo da substituição ou de um novo projeto ser muito alto.

**Smart cards**
Dispositivos programáveis portáteis contendo circuitos integrados que armazenam e processam informações.

**Snakes**
Outro nome para os Spiders, que são robôs que vagam pela Internet para buscar e indexar processos, ao mesmo tempo em que criam um banco de dados para ser utilizado por outros processos.

**Spam**
Lixo eletrônico na forma de e-mail ou notícias de grupo.

**Spiders**
Robôs que vagam pela Internet para buscar e indexar processos, ao mesmo tempo em que criam um banco de dados para ser utilizado por outros processos.

**SQL**
Veja Sequential Query Language.

**SSL**
Veja Secure Sockets Layer.

**Stakeholder**
Membro ou grupo em uma comunidade que possui interesse nas políticas e no desempenho de uma organização, independentemente da participação no capital da empresa.

**Standard Industry Classification (códigos SIC)**
Sistema de classificação no qual atividades industriais semelhantes recebem números exclusivos com o termo "Standard Industry Classification" (Classificação Padrão da Indústria).

**Submit, atributo**
Código HTML que envia os dados de um formulário HTML para serem processados pelo servidor.

**Suíte de Protocolo TCP/IP**
Veja Transmission Control Protocol e Internet Protocol Suite.

**Suprimento automatizado**
Sistema automatizado no qual os os produtos podem ser solicitados e comprados por meio de softwares. Os códigos de produtos e as senhas dos compradores protegem o sistema.

## T

**T1**
Linha de comunicação de 1.544.000 bps.

**Tabelas**
Coleções de registros em um banco de dados relacional.

**Tags**
Códigos usados na criação de documentos HTML para a Internet.

**Target Rating Point (TRP)**
Definição mais restrita de mercados demográficos, como, por exemplo, 18 a 25 anos de idade, em vez de se ter um GRP medindo o total de adultos com mais de 18 anos.

**Taxa de cliques (*clickthroughs*)**
Visitantes que clicam propagandas na Internet e vão para os Websites dos anunciantes. Também conhecida como cliques ou links patrocinados.

**Taxa de hits**
Relação entre visualizações da página e taxa de cliques. Muitas vezes, uma taxa de conversão de 1,5% a 0,5% de hits por clique é aceitável.

**Tecnologia de transferência**
Método de empregar um tom de toque ou reconhecimento de voz, menus para direcionar chamadas para o departamento adequado.

**Telefonia**
Ciência de traduzir o som em sinais elétricos, transmiti-los e convertê-los de volta para som; ou seja, a ciência dos telefones. O termo é usado com freqüência para referir-se a hardware e software de computadores que executam funções tradicionalmente realizadas por aparelhos telefônicos.

**Telemarketing**
Conduzir marketing pelo telefone.

**Teletrabalho**
O ato de trabalhar em casa e comunicar-se com os colegas de trabalho por telefone, computador e modem.

**Telnet**
Rede comutada de pacotes públicos que usa os protocolos CCITT X.25 e que não deve ser confundida com a Telnet.

**Terceirização**
Pagar outra empresa para executar serviços nos quais, em caso contrário, a empresa precisaria ter utilizado seus próprios funcionários, como o desenvolvimento de softwares.

***Test beds***
Redes experimentais para testar tecnologias ligadas à comunicação.

**Text, atributo**
Tipo de input padrão utilizado em um formulário HTML para exibir uma caixa de entrada apenas com texto.

**Thumbnails**
Miniaturas de uma página ou imagem a ser impressa. Os thumbnails permitem que você veja o layout de várias páginas ou imagens na tela de uma só vez. Geralmente, os thumbnails são pequenos demais para mostrar o texto ou as imagem reais, mas também podem ser usados para auxiliar o usuário a decidir se deseja esperar por um download.

**Transações**
Unidades fundamentais de alteração em vários bancos de dados; eventos da vida real que são modelados pelas alterações no banco de dados.

**Transferência Eletrônica de Dados (EDI)**
Troca de documentos padronizados entre sistemas de computadores para uso comercial.

**Transferência Eletrônica de Fundos (EFT)**
Transferência de fundos por meio eletrônico.

**Transmissão por fax**
Processo de transmitir informações a um grupo específico usando tecnologias de fax.

**Transmission Control Protocol e Internet Protocol Suite (Suíte de Protocolo TCP/IP)**
Protocolo de Controle de Transmissão por meio do Protocolo da Internet. Trata-se de um acrônimo comum que se refere à suíte de protocolos de transporte e aplicação executada sobre IP.

**TRP**
Veja Target Rating Point.

***Turnkey***
Refere-se a um sistema ou software que foi construído, instalado ou fornecido pelo fabricante completo e pronto para usar. Na indústria de computadores, o termo é utilizado para promover um sistema que possa ser facilmente configurado e operado.

## U

**Uma só voz**
Pessoas unidas por um só objetivo ou opinião.

**Uniform Resource Locator (URL)**
Padrão para especificar o local de um objeto na Internet, como um arquivo ou newsgroup. As URLs são usadas extensivamente na Internet e especificam o destino de um hiperlink, que muitas vezes é outro documento HTML.

**Unique selling proposition**
Estratégia de propaganda que se concentra no atributo de um produto ou serviço que é peculiar de determinada marca e oferece um importante benefício ao consumidor.

**Unix**
Sistema operacional interativo de tempo compartilhado inventado em 1969 por Ken Thompson e Dennis Ritchie.

**URL**
Veja Uniform Resource Locators.

**Usenets**
Conjunto de newsgroups agrupados por nome de tópico, os computadores que executam os protocolos e as pessoas que lêem e enviam notícias Usenet. Nem todos os hosts de Internet assinam a Usenet e nem todos os hosts da Usenet estão na Internet.

**Uso legítimo (*fair use*)**
O uso de uma porção de material protegido por copyright de modo que não infrinja os direitos do proprietário. O uso de parte de um material para fins educacionais, crítica literária e relato de notícias é considerado uso legítimo.

## V

**Valor**
Representação no computador de um fato sobre uma entidade.

**VALS**
VALS™ é uma ferramenta de marketing e de consultoria que ajuda empresas de todo o mundo a desenvolver e executar estratégias mais eficientes. O sistema identifica oportunidades atuais e futuras ao segmentar os consumidores com base nos traços de personalidade que guiam o comportamento do consumidor. O VALS é aplicado em todas as fases do processo de marketing, do desenvolvimento de novos produtos ao seu lançamento até a definição da estratégia de comunicação e propaganda.

**Value, atributo**
Código HTML usado em formulários para definir o texto padronizado exibido em um campo de input ou o valor que será retornado ao servidor se o botão de rádio ou a caixa de seleção forem selecionados. Pode definir também o texto dentro dos botões usados no formulário.

**Varejo on-line**
Processo de vender a varejo pela Internet.

**VARs (Value-Added Resellers)**
Veja Revendedores de Valor Agregado.

**Venda consultiva**
Método de venda pessoal no qual o vendedor dá idéias e conselhos ao consumidor para que ele passe a aceitar essas opiniões espontaneamente.

**Venda pessoal**
Processo de comunicação interpessoal durante o qual o vendedor descobre e satisfaz as necessidades e os desejos de um comprador para benefício mútuo e de longo prazo de ambas as partes, combinando as necessidades do consumidor com os serviços e mercadorias do varejista.

**Video streaming**
Termo aplicado às técnicas de compressão e transmissão que permitem que você transmita

vídeo em tempo real pela Internet.

**Videoconferência**
Discussão entre dois ou mais grupos de pessoas que estão em locais diferentes, mas podem ver e ouvir uns aos outros usando comunicação eletrônica.

**Virtual Reality Modeling Language (VRML)**
Documento que especifica o design e a implementação de uma linguagem independente de plataforma para descrição de uma cena em realidade virtual.

**Vírus de computador**
Programas ou pedaços de código potencialmente perigosos que são carregados em seu computador sem seu conhecimento e executados contra sua vontade. A maioria dos vírus também consegue se replicar sozinha e é criada pelo homem. Um simples vírus é perigoso, pois ele usará rapidamente toda a memória disponível e fará com que o sistema entre em pane. Os vírus mais perigosos são capazes de transmitir a si próprios pelas redes e burlar sistemas de segurança.

**Visitantes únicos**
Visitantes que são contados apenas uma vez, não importa quantas vezes eles tenham visitado o Website; visitantes não duplicados.

**Visitantes**
Pessoas que visitam um Website.

**Vitrine virtual**
Vitrine que possui um hiperlink para um Website popular de interesse geral.

**VRML**
Veja Virtual Reality Modeling Language.

## W

**WAIS**
Veja Wide Area Information Servers.

**WAN (Wide Area Network)**
Veja Rede de Larga Amplitude.

**Wanderers**
Processo automático de busca e indexação que faz buscas no espaço cibernético para criar um banco de dados para uso por outros processos. Veja também Spiders.

**Webmaster**
Pessoa responsável pelo desenvolvimento e manutenção do servidor da Internet e de algumas (ou todas) páginas de um Website.

**Websites de busca meta**
Websites abrangentes que cobrem um único tópico.

**Websites mortos**
Websites ou endereços que foram abandonados.

**Websites profundos**
Websites com diversos níveis em sua estrutura de arquivos. Esse tipo de Website requer vários cliques ou seleções para se chegar ao local desejado. Requerem uma navegação clara.

**WebTV**
Originalmente, termo geral para uma categoria inteira de produtos e tecnologias que possibilitavam a você navegar na Internet pela sua TV. Hoje em dia, a maioria dos produtos de WebTV consiste em uma pequena caixa conectada à linha telefônica e à televisão. A conexão com a Internet ocorre por meio do serviço telefônico, e a conversão das páginas da Internet para um formato que possa ser exibido na TV é feita por um modem específico. Esses produtos também vêm com um controle remoto, para que você possa navegar pela Internet. Mais recentemente, o nome WebTV foi registrado pela Microsoft.

**Wide Area Information Servers (WAIS)**
Serviço de distribuição de informações que oferece input por meio de uma linguagem natural simples, busca indexada para recuperação rápida de documentos e mecanismo de busca por relevância que permite que os resultados das buscas iniciais influenciem as buscas futuras.

**World Wide Web (WWW)**
Sistema de distribuição de informações firmado em hipertexto criado por pesquisadores do CERN na Suíça. Os usuários podem criar, editar ou navegar por documentos com hipertexto. Os clientes e servidores estão livremente disponíveis.

**Worm**
Programa de computador que se auto-replica e autopropaga. Os worms, ao contrário dos vírus, destinam-se a procriar em ambientes de rede.

**WWW**
Veja World Wide Web.

## X

**XML**
Veja Extensible Markup Language.

*Bibliografia*

Free OnLine Dictionary Of Computing. < http://wombat.doc.ic.ac.uk./foldoc/index.html > .

Internet.com PC Dictionary. < http://webopedia.internet.com/ > .

Sticky-Marketing.Net -Sales & Marketing Glossary of Terms. < http://www.sticky-marketing.net/glossary/index.htm > .

Merriam-Webster Online Dictionary. < http://www.m-w.com/ > .

# Índice remissivo

RR DONNELLEY
MOORE

IMPRESSÃO E ACABAMENTO
Av Tucunaré 299 - Tamboré
Cep. 06460.020 - Barueri - SP - Brasil
Tel.: (55-11) 2148 3500 (55-21) 2286 8644
Fax: (55-11) 2148 3701 (55-21) 2286 8844

IMPRESSO EM SISTEMA CTP